Bürokratie und Kult

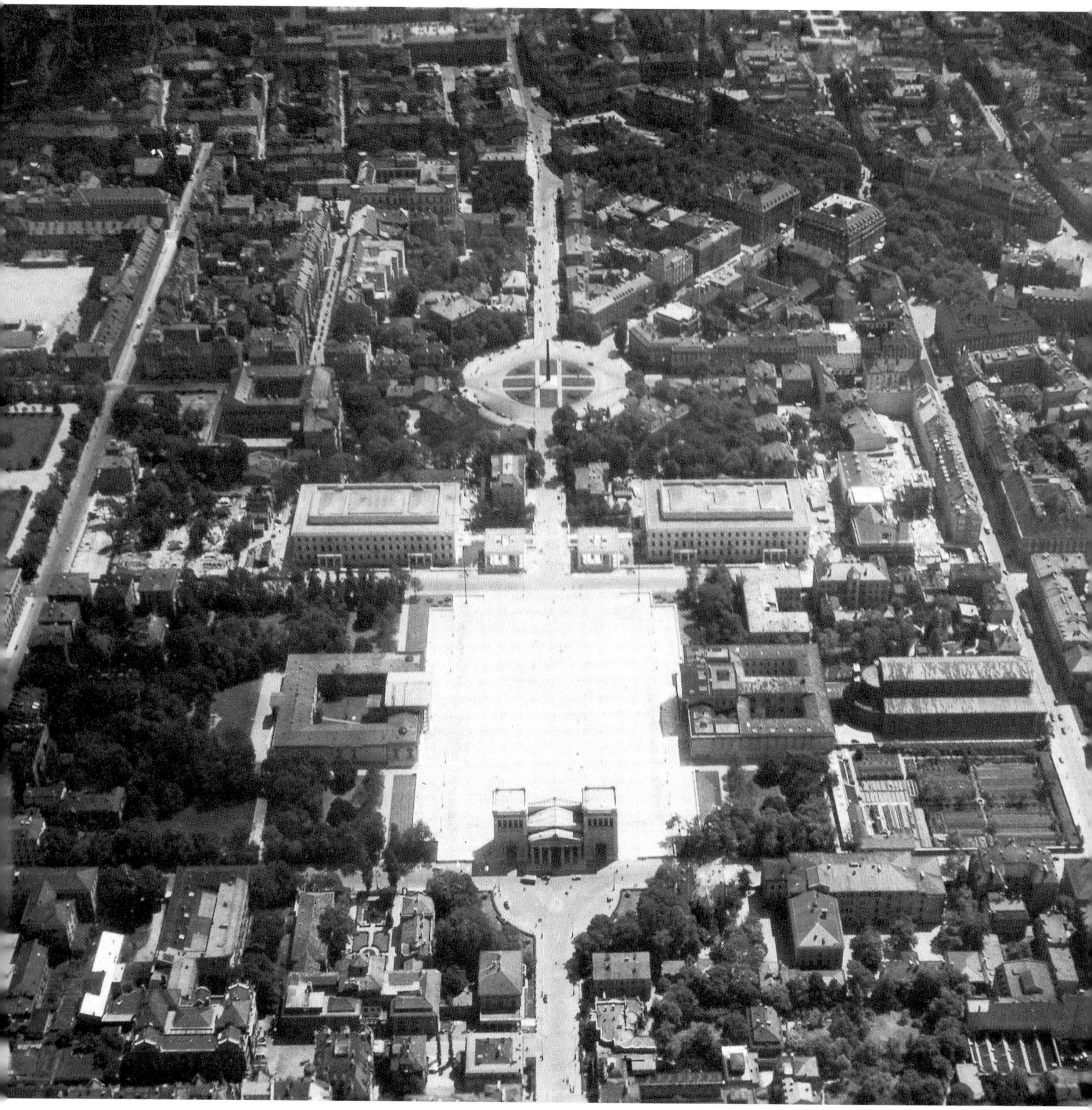

Bürokratie und Kult

Das Parteizentrum der NSDAP
am Königsplatz in München

Geschichte und Rezeption

Deutscher Kunstverlag

Veröffentlichungen des Zentralinstituts für Kunstgeschichte
Band X

Teil I
Herausgegeben von Iris Lauterbach (Zentralinstitut für Kunstgeschichte)
Redaktion
Iris Lauterbach unter Mitarbeit von Ulrike Steiner, Andreas Holleczek
und Carola Merseburger

Teil II
Herausgegeben von Julian Rosefeldt und Piero Steinle

Mit Photographien von Julian Rosefeldt und Piero Steinle

Gefördert durch die
s Finanzgruppe Bayern,
die Staatliche Lotterieverwaltung München,
sowie das Foto-Fachlabor Sedan Sieben,
München, und die Linhof Präzisions-Kamera-Werke GmbH.

Die Deutsche Bibliothek – CIP-Einheitsaufnahme
Bürokratie und Kult : das Parteizentrum der NSDAP am Königsplatz
in München ; Geschichte und Rezeption / [Teil 1 hrsg. von Iris Lauterbach.
Teil 2 hrsg. von Julian Rosefeldt und Piero Steinle. Mit Photogr. von Julian
Rosefeldt und Piero Steinle]. – München ; Berlin : Dt. Kunstverl., 1995
(Veröffentlichungen des Zentralinstituts für Kunstgeschichte in München ; Bd. 10)
ISBN 3-422-06164-9
NE: Lauterbach, Iris [Hrsg.], Rosefeldt, Julian; Zentralinstitut für Kunstgeschichte
<München>: Veröffentlichungen des Zentralinstituts

Lektorat: Elisabeth Motz
Herstellung: Rudolf Winterstein unter Mitarbeit von Carmen Asshoff

Umschlagentwurf: Studio Höpfner-Thoma, München
Duplex-Lithos: Repro-Center Färber, München
Schrift: Helvetica N 55 und 75
Papier: Daco-Seidenmatt 135 g/qm
Druck und Bindung: Universitätsdruckerei Wolf & Sohn, München

© 1995, Deutscher Kunstverlag GmbH München Berlin
ISBN 3-422-06164-9

Inhalt

Vorwort 7

Teil I:
Herausgegeben von Iris Lauterbach (Zentralinstitut für Kunstgeschichte)

Wolf Tegethoff, Zur Einführung 11

Hans Lehmbruch, ACROPOLIS GERMANIAE.
    Der Königsplatz – Forum der NSDAP 17

Annette Philp, Prägende Bilder. Die nationalsozialistischen Bauten
    am Münchner Königsplatz in Photographien von 1934 bis 1938 47

Ulrike Grammbitter, Vom »Parteiheim« in der Brienner Straße zu den
    Monumentalbauten am »Königlichen Platz«. Das Parteizentrum der
    NSDAP am Königsplatz in München 61

Bernhard Schäfer, Die Dienststellen der Reichsleitung der NSDAP
    in den Parteibauten am Münchner Königsplatz.
    Entstehung – Entwicklung – Strukturen – Kompetenzen 89

Ulrike Grammbitter, Das »Parteiviertel« der NSDAP in München 109

Bernhard Schäfer, Das »Münchner Abkommen« 115

Eva von Seckendorff, Monumentalität und Gemütlichkeit.
    Die Interieurs der NSDAP-Bauten am Königsplatz 119

Karl Arndt, Paul Ludwig Troost als Leitfigur der nationalsozialistischen
    Repräsentationsarchitektur 147

Iris Lauterbach, Austreibung der Dämonen.
    Das Parteizentrum der NSDAP nach 1945 157

Willibald Sauerländer, Erinnerungen an einen Arbeitsplatz
    im Palast der Amtswalter 181

Florian Zimmermann, Pflege eines lästigen Erbes?
    Zur Rolle der Denkmalpflege im Umgang
    mit den Bauten des Nationalsozialismus in München 195

Winfried Nerdinger, Steine des Anstoßes – Ort und Erinnerung 205

Teil II:
Herausgegeben von Julian Rosefeldt und Piero Steinle

Piero Steinle, Zur Einführung 215

Julian Rosefeldt, Gras drüber.
    Zum Umgang mit dem NS-Erbe am Königsplatz 1945 bis 1995 223

Manfred Sack, Glück mit einem Trampelpfad.
    Ein Besuch auf dem Königsplatz 231

Carl Amery, Entsühnung 241

Hans-Michael Herzog, Ketzerische Gedanken zum Königsplatz 253

Gottfried Knapp, Monumentaler Sondermüll, nicht entsorgbar.
   Zur politischen Karriere einer »Führerbüste« 259

Hans-Günter Richardi, Der Königsplatz als Forum
   der nationalsozialistischen Selbstdarstellung
   im Spiegel der Münchner Lokalpresse 269

Richard Chaim Schneider, ISAR 12 oder warum es egal ist,
   wo ich ein Mädchen küsse 293

Christoph Hackelsberger, Soldaten aus Plastilin. Ansprache
   am 8. Juni 1988 anläßlich der Wiederbegrünung des Königsplatzes 301

Hans Ernst Mittig, Am Karolinenplatz 309

Christoph Sattler und Norbert Huse, Bauen auf »kontaminiertem« Boden.
   Zwei Stellungnahmen zum Wettbewerb von 1990
   zur Bebauung des Areals der ehemaligen »Ehrentempel« 319

Wolfram Kastner, Die ordentliche Begrünung der Geschichte.
   Einige unordentliche Anmerkungen zum Königsplatz in München 335

Anhang

Teil I:
Karl Arndt, Filmographie zu Paul Ludwig Troosts Bauten
   am Münchner Königsplatz 345

Quellen bis zum Erscheinungsjahr 1945 348

Literatur und Quellen seit dem Erscheinungsjahr 1945 353

Abkürzungsverzeichnis 359

Namensregister 360

Abbildungsnachweis 364

Teil II:
Bildlegenden zu den Photographien
von Julian Rosefeldt und Piero Steinle 366

Vorwort

Das Parteizentrum der NSDAP an der Ostseite des Königsplatzes in München stellte das erste große Bauprojekt der Nationalsozialisten nicht nur in der »Hauptstadt der Bewegung«, sondern in ganz Deutschland dar. Das Ausmaß der Planung im Stadtviertel, die schiere Größe der am Königsplatz errichteten Gebäude sowie vor allem ihre Einbindung nicht nur in die bürokratischen Strukturen des Machtapparats der NSDAP, sondern auch in die kultische Selbstdarstellung des Regimes wiesen dem Parteizentrum eine funktional sowie ideologisch, auch ästhetisch zentrale Stellung innerhalb der NS-Diktatur zu. Noch heute prägen der ehemalige »Führerbau« in der Arcisstraße, in dem nunmehr die Musikhochschule untergebracht ist, und der ehemalige »Verwaltungsbau der NSDAP«, der in ein Haus für wissenschaftliche und Kulturinstitute umgewandelt wurde, das Stadtbild der Maxvorstadt.
Allerdings scheint der Ursprung der Gebäude heute weitgehend aus dem öffentlichen Bewußtsein getilgt – auch wenn die Monumentalität der Troostschen Architektur jedem Versuch der Verdrängung ihrer NS-Vergangenheit eigentlich hohnspricht. Die wenigsten Passanten jedoch dürften wissen, worin die frühere Funktion dieser Bauten bestanden hat: Kein sichtbarer Hinweis kennzeichnet die Musikhochschule als den Ort des »Münchner Abkommens«, das Haus der Kulturinstitute als den Ort der Kartei, in der über sieben Millionen NSDAP-Mitglieder erfaßt waren, und als den Sitz des Reichsschatzmeisters, der den gewaltigen Parteiapparat der NSDAP dirigierte. Auch in den von harmlosem Grün überwucherten Steinsockeln der »Ehrentempel« ist nicht mehr die Kulisse erkennbar, vor der das Regime seinen quasi-religiösen Kult zelebrierte. Der Königsplatz ist inzwischen in pseudoklassizistische Gestalt zurückgeführt, und in viele der ehemaligen Parteigebäude des Stadtgebiets sind seit 1945 öffentliche Institutionen, Banken und Versicherungen eingezogen. Der 1990 ausgelobte »Städtebauliche Ideenwettbewerb Brienner Straße« ließ deutlich werden, daß das allgemeine Wissen über die Vergangenheit des Viertels, gerade was die Zeit des Nationalsozialismus und die Nachkriegsjahre angeht, reichlich vage ist.
Zwar hat sich die Kunstgeschichte schon zu einem frühen Zeitpunkt um die Bauten bemüht, dennoch ist das Interesse an nationalsozialistischer Architektur im allgemeinen gering. Zuletzt hat Winfried Nerdingers Ausstellung »Bauen im Nationalsozialismus. Bayern 1933–1945« (1993) die Thematik ins öffentliche Bewußtsein gerückt. Es erschien uns daher vordringlich, das Quellenmaterial zu diesem Gegenstand möglichst vollständig aufzuarbeiten, um nicht auf die Veröffentlichungen aus der NS-Zeit angewiesen zu sein und somit der nationalsozialistischen Propaganda aufzusitzen. Es war naheliegend, daß das Zentralinstitut für Kunstgeschichte, das seit knapp fünfzig Jahren seinen Sitz im ehemaligen »Verwaltungsbau« in der Meiserstraße 10 hat, sich endlich um eine Erforschung des Gebäudekomplexes bemüht – um mit dieser sachlichen Dokumentation nicht etwa den heiklen Gegenstand zu neutralisieren oder zu entpolitisieren, sondern um am Beispiel des NSDAP-Parteizentrums über die subtilen Methoden und Wirkungsmechanismen nationalsozialistischer Durchdringung des öffentlichen Raumes aufzuklären. Die Beschränkung auf einen in seiner Entstehungsgeschichte und in seinen Funktionszusammenhängen kompakten Gegenstand wie das NSDAP-Parteizentrum versprach – im Rahmen des Realisierbaren – präzisere Ergebnisse als eine Ausweitung des Themas etwa in Richtung einer Troost-Monographie, in der u.a. auch auf das »Haus der deutschen Kunst« am Englischen Garten natürlich sehr viel ausführlicher einzugehen gewesen wäre. Vorrangig stilistische Untersuchungen verboten sich von selbst: NS-Kunst als explizit politische Kunst kann nicht in einen scheinbar neutralen kunsthistorischen Rahmen gestellt werden, sondern ist in ihrem historischen Kontext zu untersuchen.
Eine Einführung in die Problematik des Themas aus architekturhistorischer Sicht gibt der Beitrag von Wolf Tegethoff. Die Bau- und Nutzungsgeschichte des Parteizentrums der NSDAP vor und nach 1945 erschließt sich durch die Aufsätze im

ersten Teil des Buches, die in den meisten Fällen aus dem Impetus des täglichen Umgangs mit dem ehemaligen »Verwaltungsbau« erwachsen sind. Hans Lehmbruch ordnet die Umwandlung des klassizistischen Platzensembles mit seinen Museumsbauten in eine Arena nationalsozialistischer Aufmärsche und Totenfeiern in den Planungsgesamtzusammenhang ein. Annette Philp entschlüsselt den propagandistischen Gehalt der geläufigen Photographien der Bauten am Königsplatz, die noch heute oft genug als – scheinbar – neutrales Abbildungsmaterial Verwendung finden. Ulrike Grammbitter zeichnet die sukzessive Ausbreitung der NSDAP im Areal Arcisstraße – Karlstraße – Barer Straße – Gabelsbergerstraße nach. Eine ebenfalls von Ulrike Grammbitter erstellte Übersicht über die verschiedenen Ämter und Dienststellen der NSDAP, die sich seit 1933 in diesem Viertel niederließen, ermöglicht die Rekonstruktion der einzelnen Gebäude im ehemaligen Parteiviertel. Bernhard Schäfer analysiert die komplexen Organisationsstrukturen der am Königsplatz untergebrachten Institutionen und Dienststellen der NSDAP, u.a. die des Reichsschatzmeisters und die des »Stellvertreters des Führers«. Die durch Eva von Seckendorff untersuchten Interieurs der Parteibauten, vom Atelier Troost entworfen, erhellen den eigentümlichen Kontrast zwischen monumentaler Architektur und in deutscher Möbelwertarbeit daherkommender Spießigkeit. Karl Arndt stellt den Vorbildcharakter der Arbeiten Paul Ludwig Troosts, des bereits 1934 verstorbenen »Ersten Baumeisters des Führers« für spätere NS-Architekten, so vor allem Albert Speer, heraus.

Mit der Geschichte der Parteibauten seit 1945 befassen sich die weiteren Beiträge. Die Herausgeberin behandelt die durch die amerikanische Militärregierung veranlaßte Neunutzung der NSDAP-Bauten durch Kulturinstitutionen und die bis in neuere Zeit reichenden städtebaulichen Gestaltungsversuche des Terrains der ehemaligen »Ehrentempel«. Die Beiträge von Willibald Sauerländer, Florian Zimmermann und Winfried Nerdinger thematisieren aus unterschiedlicher Sicht die Frage, in welcher Weise heute mit den NSDAP-Bauten am Königsplatz und mit NS-Architektur umgegangen werden soll. Diese Artikel leiten zu dem von Julian Rosefeldt und Piero Steinle herausgegebenen zweiten Teil dieses Bandes über, der der Rezeption der NSDAP-Bauten – damals wie heute – gewidmet ist.

Die Konzeption des Buches, wissenschaftliche Texte zur Bau- und Nutzungsgeschichte im ersten Teil mit essayistischen Beiträgen im zweiten Teil sowie historisches Abbildungsmaterial mit Aufnahmen des aktuellen Zustandes zu kombinieren, ging auf die Überlegung zurück, auf diese Weise dem schwierigen Gegenstand nicht nur mehr Facetten abgewinnen, sondern auch ein breiteres Publikum ansprechen zu können. Dem Leser der Texte und dem Betrachter der von Julian Rosefeldt und Piero Steinle erstellten aktuellen Aufnahmen der Gebäude wird sich erschließen, daß die Befassung mit dem Thema sowie die moderne Sicht und photographische Annäherung noch immer problematisch ist.

Die Realisierung des Bandes wäre ohne die Ideenfülle, Bereitschaft zur Zusammenarbeit und Tatkraft einer ganzen Reihe von Mitstreitern nicht möglich gewesen. Ulrike Grammbitter und Hans Lehmbruch waren unermüdliche, kritische und immer zuversichtliche Diskussionspartner. Die Unmenge an Archivmaterial war nur dank kollegialer Kooperation der Genannten wie auch Eva von Seckendorffs zu bewältigen. Die Gestaltung des Buches, soweit sie über eine rein wissenschaftliche Annäherung an das Thema hinausführt, erwuchs aus der Zusammenarbeit mit Julian Rosefeldt und Piero Steinle.

Bei unseren Recherchen stießen wir ausnahmslos auf Interesse und Unterstützung. Dies gilt in erster Linie für das Haus Meiserstraße 10, Sitz des Zentralinstituts, selbst, als dessen Verwalter zunächst Herr Dr. Vierneisel, seit 1995 Herr Prof. Dr. Wünsche uns alle Wege ebneten und überhaupt unserer Arbeit wohlwollend gegenüberstanden. Der Kanzler der Musikhochschule im ehemaligen »Führerbau«, Herr Henkel-Ernst, gab uns bereitwillig carte blanche für Besichtigungen in seinem Haus. Der Architekt Herr Lang vom Landbauamt machte uns im früheren »Verwaltungsbau« mit jedem Winkel vom Bunker bis aufs Dach vertraut und half uns mit seinen exakten technischen Kenntnissen des Gebäudes weiter. Im Bauamt der Technischen Universität wurden wir von Herrn Bachl, Herrn Pfab und Herrn Droz mit großer Geduld unterstützt. Bei Begehungen der unterirdischen Anlagen haben wir von Herrn Dr. Beste (Technische Universität) wichtige bautechnische Details erfahren. Den Hausmeistern der Musikhochschule und des Heizkraftwerks, Herrn Reichenberger und Herrn Höfer, verdanken wir den Einblick in normalerweise nicht zugängliche Räumlichkeiten.

Die Kollegen und Mitarbeiter an den Münchner Archiven, Bibliotheken und Forschungseinrichtungen, die wir im Zusammenhang unserer Recherchen aufsuchten, ließen uns uneingeschränkt Unterstützung zukommen. Für Vorschläge, Hinweise sowie konkrete, unbürokratische Hilfe danken wir insbesondere Herrn Prof. Dr. Möller sowie Herrn Weiß, Herrn Dr. Röder und Frau Deniffel (Institut für Zeitgeschichte); Herrn Direktor Dr. Bauer (Stadtarchiv München); Herrn Dr. Braun (Staatsarchiv); Herrn Dr. Saupe und Herrn Liess' sowie Frau Auguscinski (Bayerisches Hauptstaatsarchiv); Frau Dr. von Moisy und besonders Herrn Dr. Horn, Photoarchiv Hoffmann (Bayerische Staatsbibliothek); Herrn Dr. Duvigneau (Münchner Stadtmuseum) und Herrn Dr. Peters (Amerika-Haus).

Die Crew am Zentralinstitut für Kunstgeschichte befand sich auf gewohnt effiziente Weise im Einsatz: Bei der Bild- und Textredaktion war auf Frau Steiner M.A. stets Verlaß, Herr Holleczek M.A. sowie Frau Merseburger trugen die Last der Textredaktion mit, Anregungen kamen immer wieder von Herrn Hölz M.A. Unermüdlich bei der Sache war die Photographin des Instituts, Frau Behrens. Das erstmals zusammengestellte Abbildungsmaterial zur Geschichte des Hauses, von dem ein Teil vorübergehend in einer Dokumentation im Zentralinstitut für Kunstgeschichte ausgestellt sein wird, ist mit freundlicher Unterstützung von Herrn Prof. Dr. Vignau in der Photothek einsehbar. Herrn Dr. Tegethoff als dem Direktor des Instituts sei herzlich dafür gedankt, daß er uns den nötigen Freiraum für die zeitintensiven Forschungen zu diesem Buch ließ.

Für produktive Kritik ist auch Herrn Dr. Ostermann zu danken. Dem Deutschen Kunstverlag, vertreten durch Frau Motz M.A. und Herrn Winterstein, sei für die selbst in den heißen Phasen der Buchproduktion immer angenehme Zusammenarbeit gedankt.

Hervorgehoben sei schließlich die großzügige Unterstützung durch den Bayerischen Sparkassen- und Giroverband, die Bayerische Landesbank und die Versicherungskammer Bayern. Gleichermaßen sei hierfür der Staatlichen Lotterieverwaltung München gedankt.

Iris Lauterbach

Teil I

Wolf Tegethoff

Zur Einführung

Durch die Megalomanie geht der Maßstab verloren; andere Momente spielen in die Kunst hinein als künstlerische und zerbrechen das Gefühl für die Proportion. Der Staat verlangt daraufhin ganz folgerichtig, daß seine großen Gebäude in erster Linie seine Größe und Macht ausdrücken sollen. Damit verlangt er etwas anderes als architektonische Schönheit. Dies wird deutlich durch folgende Anekdote illustriert: einer meiner Freunde bewunderte in Kopenhagen gute moderne Bauten, die ausgesprochen dänisches Feingefühl zeigen. Er sagte zu dem Kritiker Hansen: »Das ist wirkliche nationale Architektur.« Der sagte: »Jede gute Architektur ist national«, und nach einer Weile: »Jede nationale Architektur ist schlecht.«
Bruno Taut: Ikamono und Inchiki [Kitsch und Tinnef], 1936

Das vorangestellte Zitat aus einem 1936 entstandenen Manuskript Bruno Tauts reflektiert die Stimmungslage der dreißiger Jahre aus der Sicht des sozial engagierten Architekten und ehemals führenden Vertreters der Moderne. Ob dem Autor dabei das seiner baldigen Vollendung entgegensehende Parteizentrum der NSDAP am Münchner Königsplatz, der erste repräsentative Großauftrag des »Dritten Reiches«, vor Augen gestanden hat, scheint indes eher zweifelhaft. Tauts in der Emigration verfaßter Aufsatz galt den aktuellen Architekturströmungen in seinem damaligen Gastland Japan und bezieht sich in der zitierten Passage insbesondere auf die neuen imperialen Machtgebärden des dort herrschenden Regimes. Erst das locker eingeflochtene Aperçu eines dänischen Kritikers verleiht der Aussage allgemeineres Gewicht. Taut hatte Deutschland nach der nationalsozialistischen Machtübernahme fluchtartig verlassen müssen und war bereits im Mai 1933 einer Einladung nach Japan gefolgt. Das aus der Erinnerung kolportierte Kopenhagener Gespräch dürfte somit wohl vorher anzusetzen sein. Es bestätigt die Virulenz des Themas – und dies bereits zu einer Zeit, da die Frage eines national geprägten Baustils durch den universalen Anspruch der Moderne nun ein für alle Male überwunden schien. Die Krise der zum »International Style« erklärten Moderne war gewissermaßen vorprogrammiert. Der Sieg der Reaktion unter den veränderten politischen Konstellationen der dreißiger Jahre hat das Ende ihrer ersten Phase besiegelt, doch keineswegs erst gewaltsam herbeigeführt.
Das programmatische Bekenntnis der Avantgarde zu einer »dem Menschen« und damit einem mehr oder weniger abstrakten Menschen-Bild verpflichteten Architektur war weitgehend einseitig auf die Befriedigung der dringendsten materiellen Bedürfnisse gerichtet, sofern nicht etwa ein dezidiert »geistiger« Anspruch ihr von vornherein ausgesprochen elitäre Züge verlieh. Der rationale Planungsansatz und eine neuartige, hochentwickelte Bautechnologie bewirkten neben einer länderübergreifenden Vereinheitlichung der Formensprache eine allgemeine Nivellierung des Ausdruckswertes zwischen funktional identischen, doch nach allgemeiner Vorstellung durchaus nicht gleichrangigen Bauaufgaben (wie beispielsweise dem Wohnhaus eines beliebigen Privatmanns und der Residenz des Staatsoberhaupts). Der Bruch mit überkommenen Traditionen, der Verlust regionaler, nationaler und öffentlich repräsentativer Identifikationsmomente hinterließ in breiten Kreisen der Bevölkerung ein emotionales Vakuum, das den Nährboden für reaktionär-konservative Gegenströmungen lieferte. Der zunächst als Erfolgsbestätigung gefeierte internationale Charakter der Moderne entwickelte sich so zusehends zum Angelpunkt der Kritik.
Der Niedergang der Moderne unter den veränderten Vorzeichen eines allenthalben wiedererstarkenden Nationalbewußtseins kam daher alles andere als überraschend. Die Moderne Architektur – und das muß ihr in moralischer Hinsicht als Vorzug angerechnet werden – fordert eine der Gegenwart verpflichtete Geistes-

haltung und ist als Träger diffuser vergangenheitsorientierter Stimmungswerte grundsätzlich ungeeignet. Ihre offizielle Verfemung im nationalsozialistischen Deutschland war daher, allen anderslautenden Spekulationen zum Trotz, unausweichlich. Sie entsprang nicht nur der persönlichen Abneigung einzelner Repräsentanten des Regimes, sondern lag im System selbst begründet, dessen propagandistischer Zielrichtung die Moderne diametral zuwiderlief. Der auch in dieser Hinsicht totalitäre Charakter des Nationalsozialismus läßt jedoch leicht darüber hinwegsehen, daß auch in den stabilen Demokratien der damaligen Welt die Traditionalisten auf dem Vormarsch waren. Zumal die öffentlichen und staatsrepräsentierenden Bauten lassen dabei eine spürbare Verhärtung und Monumentalisierung der Ausdruckswerte erkennen, wobei einmal mehr, einmal weniger eine Anlehnung an klassische Gestaltungsschemata offensichtlich wird. Diese unbestreitbare Affinität der Entwicklung über alle politischen und ideologischen Grenzen hinweg hat neuerdings einer zunehmenden Relativierung und Rehabilitierung der neoklassizistischen Bauten des »Dritten Reiches« das Wort geredet, die letztlich auf eine wertfreie Beurteilung des auf uns gekommenen architektonischen Erbes abzielt.

Dieser Einstellung gegenüber den gebauten Manifestationen des Nationalsozialismus ist ohne Ansehen qualitativer Urteilskriterien entgegenzuhalten: Sie ist in doppelter Hinsicht historisch insofern, als sie auf einer der Situation der frühen dreißiger Jahre phänomenologisch vergleichbaren Ausgangslage beruht und sich in erster Linie aus einer Abwehrhaltung speist, die in einem allgemeinen Unbehagen an der Moderne und den kulturellen, sozialen und politischen Umständen der Jetztzeit wurzelt. Sie beruft sich dabei damals wie heute auf überkommene Normen und Wertvorstellungen, die als Heilmittel gegen die komplexen und zunehmend unüberschaubar gewordenenen Probleme der Gegenwart ins Feld geführt werden. Zu deren Lösung propagiert sie die Übernahme vergangener, allseits vertrauter Bauformen, deren Qualität und Effizienz immer noch unübertroffen sei und daher zeitlose Gültigkeit beanspruchen dürfe. Ihr Ansatz ist folglich nicht problemorientiert konstruktiv, sondern nostalgisch rückwärtsgewandt, was langfristig die Diskrepanz von Wunsch und Wirklichkeit, von architektonischer Form und gesellschaftlicher Realität verschärft und daher die verdrängten Fragen und unausgetragenen Konflikte nur um so krasser hervortreten läßt.

Die genannte Einstellung ist zugleich jedoch eine zutiefst ahistorische, da sie ausschließlich auf subjektiv ästhetischen Kriterien gründet und den zeitgeschichtlich bestimmten Kontext des Gegenstandes ihrer Wertschätzung bewußt ausklammert. Die »unvoreingenommene« Betrachtung der Architektur der dreißiger Jahre aber negiert den ausschließlichen Grund ihres So- und nicht Andersseins: Die monumental-klassizistische Form ist Vehikel einer offen zur Schau getragenen ideologischen Botschaft, die jenseits aller individuellen ästhetischen Wirkung Wesen und Ziele des totalitären Staates an den Betrachter vermitteln will. Darin begründet sich nicht zuletzt der fundamentale Unterschied zu den zeitgleichen neo-klassizistischen (oder klassizisierenden Bauten) in Nordamerika und den demokratisch gebliebenen Staaten Westeuropas.

Form und Inhalt bilden im Selbstverständnis des »Dritten Reiches« eine untrennbare, wenn auch nur äußerst künstlich herbeigeführte Einheit. Der nationalsozialistische Staat baut klassizistisch, weil nur dieser Stil seinem Weltbild einer totalitär gelenkten und hierarchisch gegliederten Volksgemeinschaft Ausdruck verleihen kann. Indem nun dieses Weltbild aber zugleich den veränderten Bedingungen einer modernen Massengesellschaft Rechnung zu tragen hat, verändern sich die tradierten Ausdrucksmodi entsprechend und in grundlegender Hinsicht: Das vitruvianisch geprägte Modell der Säule, das sich seit der Antike am menschlichen Maßstab bemessen hatte, verliert seinen ursprünglich organischen Bezug wie auch seine individuelle Stellung im Gesamtzusammenhang des Baukörpers. An die Stelle fein differenzierter Abstufungen tritt die stereotype Reihung isolierter Versatzstücke, die ihrer proportionalen Bindung zum Ganzen verlustig gegangen sind. Beides ist nicht zuletzt Ausfluß einer ausschließlich auf Überschau und Fernsicht hin angelegten Gesamtwirkung: Der ständig wechselnde Blick-

Wolf Tegethoff

winkel des flanierenden Betrachters wird dabei bereits weitgehend durch das statische Auge der Kamera ersetzt, die nur in der Einstellung der Totalen ihre volle Suggestionskraft zu entfalten vermag. Damit erklärt sich letztendlich auch die entscheidende Rolle des Architekturmodells im nationalsozialistischen Planungsprozeß, dessen Herstellungsaufwand in keinem Verhältnis zum tatsächlichen Nutzen steht. Der Blick des »Führers« auf das Speersche Modell seiner zukünftigen Reichshauptstadt – Berlin – entlarvt die kindische Gier nach der zugreifenden Herrschaft über die miniaturisierte Replik, während sich die realen Größenordnungen jeder noch so perfekt organisierten planerischen Kontrolle entziehen.

Hier, in den städtebaulichen Konzepten des »Dritten Reiches«, schließt sich der Kreis zwischen nationalsozialistischer Architekturauffassung und der ihr zugrundeliegenden Ideologie. Letztere erhielt den entscheidenden Zulauf im Chaos der Weltwirtschaftskrise, als sich für viele der lange gehegte Glaube an die Beherrschbarkeit der modernen Welt endgültig als Illusion entpuppte. Wollte der Nationalsozialismus sein Versprechen einlösen und der aus dem Ruder gelaufenen Entwicklung ein auch wieder dem einfachen Menschen begreifbares Gesellschaftsmodell entgegensetzen, mußte er zumindest langfristig den Moloch Großstadt in den Griff bekommen, der seit Ausgang des 19. Jahrhunderts zum Inbegriff der modernen Zeit geworden war. Die Megalomanie nationalsozialistischer Städteplanung ist folglich nicht allein mit dem zunehmenden Größenwahn Hitlers und seiner Hofarchitekten zu erklären. Sie liegt vielmehr von Anbeginn an im Programm des Nationalsozialismus selbst begründet, das auf totale Herrschaft und Reglementierung des gesellschaftlichen Lebens hin ausgerichtet war und sich dazu der Architektur als eines unverzichtbaren Mittels bediente. Daß auch dieser – nur ansatzweise verwirklichte – Anspruch schließlich an der Unvereinbarkeit von Fiktion und Wirklichkeit hätte scheitern müssen, liegt in der Natur der Aufgabe begründet.

Die Entscheidung, daß alle öffentlich-repräsentativen Bauten des NS-Regimes in einer mehr oder weniger als klassisch empfundenen Stilrichtung auszuführen seien, stand wohl niemals außer Frage, zumal tragfähige Alternativen außerhalb der als »international«, »bolschewistisch« und »undeutsch« diskreditierten Moderne nicht zur Verfügung standen. Hitlers bekannte dilettantische Neigung zur Architektur hat hieran gewiß nicht unerheblichen Anteil gehabt – um so mehr, als er sich bei allen größeren Staatsaufträgen ein persönliches Eingriffsrecht vorbehalten hatte, das er auch emsig auszuüben pflegte. Dennoch zeigt die hier erstmals aufbereitete Planungsgeschichte der Parteibauten am Münchner Königsplatz, die bereits im Jahr der Machtübernahme begann, eine anfänglich große Unsicherheit in bezug auf die zu wählenden Ausdrucksmittel. Die ersten Entwürfe Paul Ludwig Troosts schlagen einen Mittelweg zwischen nüchterner Zweckarchitektur und einer vorsichtig historisierenden Formensprache ein, wobei schon hier die Bauten der Münchner Ludwigstraße aus der ersten Hälfte des 19. Jahrhunderts die entscheidenden Anregungen lieferten. Troosts Skizzen verraten in ihrer geradezu verblüffenden Einfaltslosigkeit und eher unbeholfenen Fassaden- und Massendisposition die noch unsichere Hand des Innenarchitekten, der sich bis dahin vor allem durch die Ausstattung großer Atlantikdampfer und dem schon 1931 erfolgten Umbau des Palais Barlow zum »Braunen Haus« hervorgetan hatte. Der gestalterische Schritt von diesen frühen Entwürfen zum Ausführungsprojekt des mittlerweile zum »Parteiforum« erweiterten Gesamtkonzepts scheint auf den ersten Blick gewaltig, verbleibt aber dabei durchaus noch im Kanon der konservativen Münchner Schule, wie das dem NSDAP-Verwaltungsbau unmittelbar gegenüber gelegene Landesamt der Evangelisch-Lutherischen Landeskirche von Oswald Bieber aus dem Jahre 1929 bestätigt.

Eine weitere wichtige Quelle, derer sich Troost in den wenigen Monaten vor seinem Tod im Januar 1934 offenbar noch ausführlich bediente, bilden die zwischen 1910 und dem Ausbruch des Ersten Weltkriegs entstandenen Bauten von Peter Behrens. Der Verweis ist nicht ganz unproblematisch, wird er doch des öfteren auch von den Apologeten einer wertneutralen Architekturkritik als Beleg für die Kontinuität des Neoklassizismus im 20. Jahrhunderts herangezogen (so wie er

Abb. 1
Peter Behrens, Mannesmann-Röhrenwerke Düsseldorf, Verwaltungsgebäude, 1911/12

im umgekehrten Falle eine Auseinandersetzung mit diesem wichtigen Phänomen aus der Frühphase der Moderne weitestgehend verhindert hat). Mehr noch als Behrens' Petersburger Botschaft von 1911–12, deren Wirkungsgrad wohl nicht zuletzt aufgrund des Standorts in eher bescheidenen Grenzen blieb, haben hier die gleichzeitig oder kurz darauf entstandenen Verwaltungsgebäude der Mannesmann-Röhrenwerke in Düsseldorf (Abb. 1) und der Hannoveraner Continental-Gummiwerke (Abb. 2) vorbildgebend gewirkt. Ihnen verdanken insbesondere die Lichthöfe im ehemaligen »Verwaltungsbau der NSDAP« ihre entscheidende Inspiration, während die hinter das Kranzgesims zurückgesetzte Attikaverkleidung der Glasdächer wohl unmittelbar von Klenze entlehnt ist.

Schließlich dürfte bei der Ausarbeitung der Innendisposition, die bezeichnenderweise erst in einem relativ fortgeschrittenen Planungsstadium in Angriff genommen wurde, ein Blick in Jean-Nicolas-Louis Durands *Précis des leçons d'architecture* (Paris, 1802–1805 und spätere Ausgaben) den entscheidenden Anstoß vermittelt haben. Durands auch für die Geschichte der Moderne als wegweisend erachtetes Werk lieferte ein rationales (um nicht zu sagen: rationelles) Anleitungsverfahren zur Grundrißgestaltung größerer Gebäudekomplexe, das in den schematisch angelegten Rastermaßen der Parteibauten seinen unmittelbaren Niederschlag fand. Der dabei notgedrungen anfallende, unverhältnismäßig hohe Anteil an Lichtraum- und Erschließungsflächen betont rein vordergründig die Großzügigkeit der Gesamtanlage, ist aber tatsächlich nur die Folge eines starr durchgehaltenen Planungskonzepts, das sich ganz und gar dem Diktat der Symmetrie unterwirft und allen wirtschaftlichen wie funktionalen Gesichtspunkten rundheraus Hohn spricht. Wenn sich die vorhandenen Räumlichkeiten auch heute

Wolf Tegethoff

Abb. 2
Peter Behrens, Continental-Gummiwerke Hannover, Verwaltungsgebäude, 1911/12

noch – unter gänzlich veränderten Nutzungsbedingungen – alles in allem als leidlich brauchbar erweisen, so nicht zuletzt deshalb, weil ihre Proportionen jedes gewohnte menschliche Maß überschreiten und dadurch der individuellen Gestaltung wenig entgegenzusetzen haben. Dies war so nicht die Absicht von Architekt und Auftraggeber, denn die ursprüngliche und zum Teil noch vorhandene Möblierung folgte im Maßstab den vorgegebenen Dimensionen. Das allem zugrundeliegende Prinzip ist heute noch *en détail* ablesbar: Hinter jedem einzelnen Funktionsträger steht die Allgewalt des »Führers« und der Partei; er selbst ist nur ein kleines oder größeres Rad im Getriebe der »Bewegung«, als deren Sinnstiftung und Ziel der Mythos »Übermensch« beständig aufscheint.

Wenn Troosts Gesamtkonzept für das »Parteiforum« der NSDAP in München sich gegenüber den megalomanen Projekten seiner Nachfolger vergleichsweise bescheiden ausnimmt und das Regime erst in den späteren Planungen für Nürnberg und Berlin eine härtere Gangart einschlug, verbirgt sich dahinter eine durchaus erkennbare tiefere Absicht. Unmittelbar nach der Machtübernahme, in einer Phase also, da die totale Gleichschaltung der öffentlichen Meinung noch keineswegs als gesichert gelten konnte, bot der klassizistische Rahmen des Königsplatzes einen idealen Standort für die Selbstinszenierung einer Partei, der in den führenden Kreisen der Bevölkerung noch weithin der Ruch des Kleinbürgerlich-Proletarischen anhaftete. Hitlers sicherem Gespür für die symbolhafte Geste an geschichtsträchtiger Stelle, das er bereits beim »Marsch auf die Feldherrnhalle« unter Beweis gestellt hatte, dürfte dies kaum entgangen sein. Wenig vermochte den Makel des »noch nicht ganz Salonfähigen« besser zu tilgen als die gezielte Einbeziehung der Platzbebauung Ludwigs I. und ihre räumliche Abschließung nach Osten durch »Ehrentempel« und »Parteibauten der NSDAP«, die mit Rücksicht auf die Gesamtwirkung die vorhandenen Strukturen zu integrieren hatten. Hitler suchte mit dieser traditionsbeschwörenden Entscheidung gezielt den Anschluß an eine Epoche, die in den Augen vieler Zeitgenossen die Projektionsbühne für das Ideal eines glücklicheren, einstmals »in neuem Griechentum« sich sonnenden Lebens bildete. »Führerbau« und »Verwaltungsbau« rahmen gleichsam den Rückblick auf die großen Leistungen der Vergangenheit, denen vorgeblich erst das »Dritte Reich« wieder zu wahrer Geltung verholfen hatte, indem es die bürgerliche Vereinnahmung durch die Randbebauung des 19. Jahrhunderts tilgte. Troosts ganz »im Geiste des Klassizismus geschaffene Umgestaltung des Königsplatzes« (Thieme-Becker Bd. 33, 1939) ließ nicht nur die stattgefundenen und durchaus schwerwiegenden Eingriffe für damalige Augen erträglich erscheinen, sondern gab vor, im Großen zu vollenden, was Ludwig I. dereinst begonnen hatte. Auf dem ehemals königlichen Platz, der auch nach dem erfolgten Umbau zum »Parteiforum« bezeichnenderweise keine Neubenennung erfuhr, marschierten nun die Kolonnen eines »wiedererwachten« Deutschlands. Zur Stadtseite ruhten vor ihm die verblichenen Knochen der »Kämpfer der ersten Stunde«, um *in praesentia (ad ultimo non) aeterna* auch weiterhin zu Ruhm und Endsieg des »Dritten Reiches« ihren Beitrag zu leisten. Hinter den Fassaden der flankierenden Bauten aber bündelten sich die Fäden bürokratischer Parteimacht, die ihre Marionetten zur Kultfeier des »Totenappells« am 9. November in Reih und Glied antreten ließ.

Hans Lehmbruch

ACROPOLIS GERMANIAE
Der Königsplatz – Forum der NSDAP

»Acropolis Germaniae«: Auf der Suche nach einer Bezeichnung für den 1935 eben zu einer Kultstätte der NSDAP »geweihten« Königsplatz fand Alexander Heilmeyer allein den Vergleich mit dem antiken Tempelberg von Athen für angemessen. Andere Benennungen, »Forum« oder »Agora«, beide für ihn zu sehr mit dem Alltag der antiken Stadt verbunden, schienen ihm zu niedrig gegriffen.[1]
Heute, fünfzig Jahre nach dem Ende der NS-Diktatur und fünfzig Jahre nachdem demokratische Institutionen von dem Platz wieder Besitz ergriffen haben, bleibt es aus ganz anderen Gründen eine schwere Aufgabe, Bericht zu geben von einem Werk, bei dem, scheinbar vollkommen, Architektur und Städtebau als Propaganda-Instrument für die NSDAP entworfen und genutzt wurden, ohne sich, und sei es durch bloße Verharmlosung, noch nachträglich zum Komplizen des Unrechtregimes zu machen.

Der Entwurf zu den Bauten der NSDAP an der Arcis- und Meiserstraße ist mit dem Ausbau des Königsplatzes von der NS-Propaganda stets als ein noch vor 1933 aus einheitlichem Konzept entwickeltes städtebauliches Gesamtkunstwerk dargestellt worden.[2] Im Licht der Quellen erweist sich diese Behauptung als Propagandalüge, die den heute erschlossenen Dokumenten keineswegs entspricht. Hier nun soll der Versuch unternommen werden, die wichtigsten Fakten und Daten der 1935 erfolgten Umgestaltung des Königsplatzes, wie sie von Paul Ludwig Troost entworfen und nach seinem Tod durch sein Atelier unter der Leitung von Leonhard Gall zu Ende gebracht wurde, aufzuzeigen. Das gesteckte Ziel ist bescheiden: Es geht allein um den materiellen Bestand, um Planungs- und Baugeschichte der Anlage, nicht um ihre Nutzung durch die NS-Partei und nicht um die Deutung des Projekts im Rahmen der NS-Ideologie. Andere haben die Deutung des Königsplatzes als einen der zentralen Orte der NSDAP geleistet. Auf sie ist in diesem Punkt zu verweisen.

Der Platz

Bis zu den Umgestaltungsmaßnahmen der NS-Zeit war der Königsplatz noch weitgehend in dem von Leo von Klenze konzipierten und mit Fertigstellung der Propyläen im Jahr 1862 vollendeten Zustand, der heute annähernd wieder hergestellt ist. Die Entwicklung der Platzgestalt seit seiner Gründung ist in den Hauptzügen bekannt und oft beschrieben worden, muß daher nicht wiederholt werden.[4] Hier sollen als Basis der Erörterung lediglich der Zustand des Platzes vor der Umgestaltung durch die NSDAP und das Resultat des Eingriffs von 1935 gegenübergestellt werden.

Der Königsplatz um 1930

Der Königsplatz war 1808/09 bei Gründung der Maxvorstadt als eine in Ost-West-Richtung gestreckte freie Fläche aus dem Rechteckraster der Straßenanlage ausgespart worden. Seine Grundgestalt blieb durch alle Planungen hindurch unberührt, seine Gestaltung und Bebauung erfolgten ab 1816 unter mehrfachem Wandel des städtebaulichen Konzepts nach den Ideen Klenzes und seines Auftraggebers Ludwig I.[5] durch die Errichtung der drei Solitärbauten an den beiden Langseiten sowie an der westlichen Schmalseite des Platzes und durch ihre Einbettung in Grünanlagen: Auf dem Mittelgrundstück im Norden die Glyptothek von Klenze (1816–1830), gegenüber im Süden das von Ziebland errichtete Ausstellungsgebäude, die heutige Antikensammlung (1838–1845),[6] im Westen der

1 »So konnte auch ein durch Opfergedächtnis geweihter Bezirk von Würde und Hoheit erstehen, eine Acropolis Germaniae.« (Heilmeyer 1935, S. 141).

2 VB 6.11.1935: »Wahrzeichen des neuen Lebenswillens«. Sinngemäß Kiener 1937a, S. 346; Heilmeyer 1935, S. 137; Ders. 1938c, S. 8; u.a.m. Vgl. auch Anm. 66.

3 Vgl. hier vor allem die in der Bibliographie genannten Beiträge von Arndt, ferner: Taylor 1974, S. 192 ff.; Bärnreuther 1993, S. 83 ff.

4 Lehmbruch, Hans: Der Königsplatz. In: Klassizismus in Bayern, Schwaben und Franken: Hg. Winfried Nerdinger. Ausstellungskatalog München 1980, S. 225 ff.; Ders.: Propyläen und Königsplatz in München. In: Romantik und Restauration: Hg. Winfried Nerdinger. Ausstellungskatalog München 1987, S. 126–133; Gottlieb Leinz: Baugeschichte der Glyptothek 1806–1830. In: Glyptothek München: Hg. Klaus Vierneisel und Gottlieb Leinz, Ausstellungskatalog München 1980, S. 107 ff.

5 Zu der wechselvollen Geschichte der Klenze-Planungen für den Königsplatz vgl. die in Anm. 4 angeführte Literatur.

6 Seit 1920 bis zur Räumung und Zerstörung im Krieg: »Neue Staatsgalerie« (für moderne Kunst). Im folgenden als »Staatsgalerie« bezeichnet.

Abb. 3
Königsplatz und Maxvorstadt von
Nordwesten, Luftbild, um 1932

ebenfalls von Klenze geschaffene Torbau der Propyläen (1846–1862). Die vierte, der Altstadt zugewandte Seite blieb unbebaut (Abb. 3).

Die Platzfläche war zur Mitte abgesenkt. Klenze hatte sie, um die Monumentalität der Bauten, zumal der Glyptothek zu steigern, im Jahr 1824 um etwa 1,30 Meter abgraben lassen.[7] Bis auf die gepflasterte Fahrstraße und die Fußwege war sie mit Rasen begrünt, der sich bis in die parkartig gestalteten Grünanlagen um die Ausstellungsbauten fortsetzte. Die Grenze zwischen Grünanlagen und begrünter Platzfläche war unbestimmt; so blieben die Bauten als körperhafte, dreidimensionale Gebilde im Platzensemble wirksam.

Die Rasenflächen waren einer strengen Geometrie unterworfen: Die Wegverbindungen zwischen den Gebäuden und die über den Platz führende Fahrstraße unterteilten sie in rechteckige Kompartimente und bildeten einen Raster, der auf die Achsen und Baufluchten der Architektur bezogen war. Ausgenommen aus dem Raster war die Anlage hinter der Glyptothek; sie war mit geschwungenen Wegen dem Stil Englischer Gärten angenähert.

Die Brienner Straße, Hauptachse der Maxvorstadt, durchschnitt den Platz in der Mitte. Sie war als Fürstenweg, dann Königstraße, zur Gründungszeit der Vorstadt die wichtigste Verbindung zwischen der Stadtresidenz und Nymphenburg, dem Sommerschloß der bayerischen Monarchen, und sie blieb bis in unser Jahrhundert die Hauptausfallstraße von der nördlichen Altstadt nach Westen. Sie war einst schmäler und geradlinig, ohne Ausweitungen und Verschwenkungen durchgeführt; der Wechsel zwischen Straße und Platz war daher stärker ausgeprägt als heute. Am westlichen Rand der Platzanlage hatte Klenze über der Straße die Propyläen errichtet. Ihre Funktion als Torbau und die Bestimmung des Königs-

7 Laut Stellungnahme des Stadtbaumeisters Probst vom 20.9.1823 betrug die geplante Abgrabung 4 Fuß und 32 Zoll (StadtA Mü, städt. Grundbesitz 433). Klenze selber spricht in einem Memorandum vom 16.5.1824 von 4 Fuß (BayHStA, GL 2780/1127). Bis 1934 hatte sich die Absenkung zur Platzmitte vermutlich durch inzwischen durchgeführte Straßenbauarbeiten auf etwa 80 cm reduziert (StaatsA Mü, Landbauämter 2399, Querprofilpläne Nr. 2 bis 5 von 1934).

8 »Es würde also, wenn das Stadttor [am Königsplatz] an die Seite nach Nymphenburg zu käme, ein Effekt entstehen, wie auf dem Platz del Popolo in Rom, wie an der Barriere du Throne zu Paris, wie am Brandenburger- und am Potsdamer Thore u.s.f. Man würde in die Stadt selbst eintretend gleich den vollen Effekt ihrer Pracht und Schönheit umfassen.« (Klenze an Kronprinz

Hans Lehmbruch

platzes als Durchgangs- und Grenzort war für ihn ein wichtiges städtebauliches Motiv seines Bebauungsplans.⁸

Die in der Querrichtung kreuzenden Straßen führten am Platz vorbei, ohne ihn zu schneiden. Bäume und Büsche schirmten Platzfläche und Grünanlagen gegen sie ab. Im Westen, entlang der Luisenstraße, waren die Propyläen zusätzlich in eine Mauer eingespannt. Aller Verkehr mußte daher durch das Tor. Erst 1930 wurden neben den Propyläen gesonderte Durchlässe für Fußgänger angelegt.⁹

Im Osten bildete die Arcisstraße die Tangente.¹⁰ Sie endete im Süden an dem 1809 durch Friedrich von Sckell angelegten Alten Botanischen Garten, seit 1931 vor der geräumten Fläche des am 5.Juni des Jahres abgebrannten Glaspalasts, die im Winter als Eisbahn benutzt wurde.¹¹ Jenseits, das heißt östlich der Arcisstraße war die Bebauung noch weitgehend von der durch Friedrich von Sckell als Landschaftsplaner und Carl von Fischer als Architekt seit 1808 realisierten Vorstadtanlage geprägt: freistehende Villen, häufig Adelsresidenzen, als Solitärbauten auf großzügig zugeschnittenen Gartengrundstücken errichtet. Unmittelbar im Osten des Königsplatzes standen beiderseits der Brienner Straße an der Kreuzung mit der Arcisstraße zwei kubische Wohngebäude mit Pyramidendach: Im Süden das ehemalige Wohnhaus des Architekten Carl von Fischer, 1810 von ihm selbst errichtet, das Pendant gegenüber im Norden wurde 1832 von Baumeister Joseph Höchl nach demselben Muster und denselben Abmessungen ausgeführt.¹² Als Eckpfeiler an der Zufahrt zum Königsplatz hatten die beiden Häuser eine wichtige städtebauliche Funktion und wurden aus diesem Grund bis zu ihrem Abbruch für die NS-Bauten von den staatlichen und städtischen Baubehörden hartnäckig gegen jede Veränderung verteidigt (Abb. 4 u. 59).¹³

Denn längst schon hatte in der Maxvorstadt die Citybildung eingesetzt, hatten sich große Firmen, besonders Versicherungen, in den alten Adelspalais niedergelassen oder sie durch Großbauten zu ersetzen begonnen, die den Maßstab der alten Bebauung sprengten und die soziologische Struktur der ehemaligen Vorstadt als vornehmes Wohnviertel unaufhaltsam veränderten.¹⁴ 1930 erwarb die NSDAP an der Brienner Straße zwischen Königs- und Karolinenplatz eine 1828 von Jean-Baptiste Métivier errichtete Villa, das Palais Barlow; es wurde bis 1931 zunächst durch die Architekten Schiedermaier und Zöberlein, dann durch Paul Ludwig Troost zu einem repräsentativen Sitz der Partei ausgebaut. Das Gebäude sollte als »Braunes Haus« zum Nukleus aller weiteren Bautätigkeit der NSDAP in der Maxvorstadt werden.¹⁵

Noch war bis 1930 an der Arcisstraße die offene Bauweise weitgehend erhalten. Nur südlich des Königsplatzes war sie dichter besetzt: Dort standen bürgerliche Wohnhäuser in Reihenbauweise (Abb. 60); unmittelbar am Rand des Königsplatzes, angrenzend an die Staatsgalerie, erhob sich ein Bürogebäude der Evangelischen Landeskirche (heute: Meiserstraße 13), 1929 von Oswald Bieber anstelle eines Adelspalais¹⁶ errichtet. Der Neubau war umstritten; Pressepolemik und Proteste der Öffentlichkeit richteten sich gegen seine Ausführung, obwohl Bieber sich bemüht hatte, ihn der Architektur des Vorgängerbaus anzugleichen: Die Citybildung, der Einbruch der modernen Welt, kam hier dem klassizistischen Platzensemble gefährlich nahe und bedrohte seine Essenz und Substanz.¹⁷

Der Königsplatz nach 1935

Die 1935 realisierte Umgestaltung des Königsplatzes führte zu einem radikalen Wandel seines Erscheinungsbilds (Abb. 5 u. 6). Das Konzept hatte Paul Ludwig Troost noch vor seinem Tod am 21. Januar 1934 entworfen. Als sein Nachfolger im Atelier übernahm Leonhard Gall die Leitung der Planung und gab ihr in der Ausführung die letzte Gestalt.¹⁸ Obwohl Ausdehnung und Bebauung des Platzes wesentlich gleich geblieben waren, erschien der Platz vollständig verändert: Der Rasen war verschwunden, die Platzfläche eingeebnet, die von Klenze geschaffene Absenkung zur Mitte und die eingetiefte Fahrstraße waren auf einheitliches Niveau gebracht. Auf einem massiven Unterbau aus Beton wurden mehr als 20 000 Granitplatten von knapp einem Quadratmeter Grundfläche aufgebracht.¹⁹ Drei kaum wahrnehmbar abgesenkte Rinnen, eine in der Mittelachse

Abb. 4
Königsplatz mit Karolinenplatz von Südwesten, Stadtmodell der Gebrüder Seitz, 1846/68, Detail

Ludwig 30.7.1817.GHA, Nachlaß Ludwig I., IA 36 I, zitiert nach: Hederer, Oswald: Die Ludwigstraße in München. München 1942, S. 126). Vgl. auch Lehmbruch 1987 (wie Anm. 4).

9 BayHStA, MK 41286; StaatsA Mü, Landbauämter 2397 (mit Plänen).

10 Der Südteil der Straße trägt heute bis zur Kreuzung mit der Brienner Straße den Namen Meiserstraße. Im folgenden wird der gesamte Straßenzug als Arcisstraße bezeichnet.

11 BayHStA, MF 712465.

12 Vgl. Grammbitter im vorliegenden Band, Anm. 44 und 47.

13 BayHStA, OBB Akten 12735; ebenda, MK 41286.

14 Vgl. Grammbitter im vorliegenden Band.

15 Ebenda, Anm. 9.

16 Nach Ausweis der Stadtpläne errichtet zwischen 1812 und 1814; Architekt unbekannt (Carl von Fischer?). Der Stadtatlas von Gustav Wenng aus dem Jahr 1849 nennt als Besitzer Graf Öttingen-Wallerstein. Besitzer 1928: von Maffei.

17 BayHStA, MK 41286; StaatsA Mü, Landbauämter 2395; StadtA Mü, städt. Grundbesitz 434.Bieber plädierte im Laufe der Debatten für eine allseitige Umbauung des Königsplatzes »auch als Versammlungsraum […]. Man denke sich […] den Platz mit Plattenbelag und Pflasterung […] und man wird zustimmen müssen, daß dem fremden Besucher hier Eindrücke vermittelt werden können, die unvergeßlich sein werden.« (MNN 27.6.1928) Die Frage blieb kontrovers. Unter dem Hinweis auf den Zusammenklang von Grün und Marmorbauten, etwa in Pisa, meldeten sich auch entschiedene Gegner eines Plattenbelags zu Wort (vgl. u. a. MNN 30.6. und 17.7.1928).

18 Ob Hitler, wie in der Literatur der NS-Zeit behauptet, über seine Rolle als kritischer Begleiter der Planung hinaus tatsächlich wesentlichen Anteil an der Entwurfs-

Abb. 5
Königsplatz mit den Bauten der NSDAP von Westen, Luftbild, um 1937

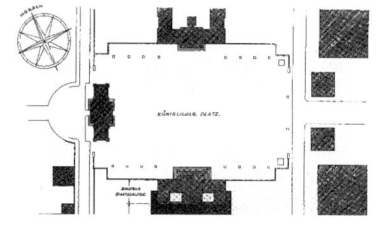

Abb. 6
Königsplatz, Lageplan, 1938, Detail

findung hatte, läßt sich derzeit nicht klären. Seine Mitwirkung wird in den Akten an einer Stelle erwähnt: Auf Wunsch des »Führers« wurden die Umfassungsmauern auf 20 cm hohe »Estraden« (Fußplatten) über das Platzniveau gesetzt (StaatsA Mü, Landbauämter 2398, Schreiben des Stadtbaurats Fritz Beblo an das Bayerische Staatsministerium des Innern vom 8.7.1935).

19 Grundfläche der Platten: 0,97 x 0,97 m. Die hier und im folgenden genannten Angaben zu Material und Technik der Ausführung in: StaatsA Mü, Landbauämter 2398 und 2399.

20 Der Sammelkanal lag mit acht Abläufen in der Mittelachse, die je sieben Sinkkästen der seitlichen Wasserrinnen entwässerten

und zwei näher den Platzrändern, waren in Ost-West-Richtung als Abfluß für das Regenwasser in die Fläche eingetieft.[20] An die Stelle der großräumigen Geometrisierung der Platzfläche durch die Wegverbindungen und die Fahrstraße trat in strenger Ausrichtung nach den Gebäudeachsen der kleinteilige Raster der Plattenfugen, ohne gliedernde Wirkung gegenüber der einheitlich steinernen Fläche.[21] «Inmitten der gähnenden Weite» empfand jeder Besucher »seine eigene Kleinheit«, Menschen ließen »in ihrer Winzigkeit den stillen, weiten Steinplatz nur noch größer und geräumiger erscheinen«.[22]

Durch die Ebnung und Erhöhung der Platzfläche erschienen die klassizistischen Bauten, zumal die Glyptothek, wie eingesunken und in ihrer Monumentalität gemindert. Tatsächlich wurde ihre Höhe durch das Pflaster um eine Stufe ihrer Eingangstreppe reduziert. Etwa schulterhohe Brüstungsmauern[23] säumten die steinerne Fläche an den Langseiten und faßten auch ein kurzes Stück der Schmalseiten mit Zungenmauern ein, die mit verstärkten Eckpfeilern endeten. Sie bestanden aus einem Betonkern und waren mit Muschelkalk verkleidet; durch eine Stufe, eine breite Fußplatte, waren sie um zwanzig Zentimeter über das Platzniveau gesetzt. An den Langseiten waren sie mit vorkragenden Sitzflächen zu Bänken gestaltet, die an den Platzecken, wo die Mauern mit rechteckigen Ausladungen in die Platzfläche eingriffen, und an den Schmalseiten aussetzten (Abb. 7 u. 8).

Die Brüstungsmauern trennten den hellen, das Licht reflektierenden Plattenbelag von den Grünanlagen im Hintergrund des eingegrenzten Areals und banden die Fronten der Museumsgebäude in die Umzäunung der Platzfläche ein; die Baukörper wurden dadurch aus dem Platzbild ausgeblendet;[24] ihre Tiefenerstreckung, ihre Dreidimensionalität war zugunsten eines kulissenhaften Aspekts aufgegeben.[25] Nur die Propyläen lagen mit dem ganzen Baukörper vor der Mauerlinie. In der Flucht der Luisenstraße waren sie anstelle der alten von Klenze erstellten Mauer durch die neuen Brüstungsmauern in die Platzbegrenzung eingebunden. Wie zuvor blieben für die Fußgänger auf beiden Seiten Durchlässe frei.

Hans Lehmbruch

Abb. 7
Königsplatz, Brüstungsmauer im Südosten, um 1938

Abb. 8
Königsplatz mit »Führerbau« und »Ehrentempeln« von Westen, 1936

Die Schmalseite zur Arcisstraße war zwischen den Eckpfeilern der Zungenmauern weit geöffnet. Dort standen zwei Fahnenmaste von knapp 33 Meter Höhe. Sie überragten als weithin sichtbare Zeichen der Münchner Zentrale der NSDAP alle Gebäude der nahen Umgebung.[26] Über dem tief in der Erde verankerten Fundament stützte ein Fahnenfuß aus Gußeisen auf einer zweistufigen, quadratischen Sockelplatte aus Granit die schlanke Stahlnadel des Mastes.[27] Sie war von dem in Kupfer getriebenen »Hoheitszeichen« der NSDAP bekrönt, ein frontal aufgerichteter Adler mit ausgebreiteten Schwingen über dem Hakenkreuz im Lorbeerkranz. Vorbild war das von Hitler für die NS-Parteistandarten entworfene Emblem,[28] die spezifische Ausformung stammte von dem Bildhauer Kurt Schmid-Ehmen, der sich auf Adlerdarstellungen besonders spezialisiert hatte (Abb. 9).[29]

Achtzehn zweiarmige Kandelaber aus Gußeisen beleuchteten den Platz bei Nacht (Abb. 10 u. 44). Zwei Lampen standen an der östlichen Schmalseite gegenüber der Brienner Straße, die 16 anderen waren je vier und vier an den Langseiten beiderseits der Museumsgebäude in einigem Abstand vor den Brüstungsmauern aufgereiht.[30] Gleich den Fahnenmasten ruhten sie auf einem mehrstufig abgetreppten Sockel aus Granit, darüber erhob sich der vierkantige kannelierte Schaft, bekrönt von einem gleichsam gedrechselten Knauf. Ein Querarm, gestützt von Konsolen, trug an beiden Enden zwei runde, mit Milchglas bestückte Laternen aus Kupfer und Bronze. Vier schmale Metallbänder bildeten das Gerüst für den nach unten verjüngten Glaszylinder und verbanden den auf dünnem Stiel sitzenden Lampenteller mit der Abdeckung, auf der gleichfalls ein runder Knauf saß.[31]

Die Form der Kandelaber war abgeleitet von historischen Vorbildern, von Entwürfen Schinkels und seiner Schule für Berlin, darauf deutet auch das Material, das Gußeisen. Die Einzelformen jedoch gehörten zu dem von Troost für die Bauten der NSDAP entworfenen Motivrepertoire. Der kannelierte Schaft auf quadratischem Grundriß war den kantigen Pfeilern der »Ehrentempel« und der Eingangsvorbauten an den Hauptgebäuden angeglichen; die Laternen wiederholten die 1931 für das »Braune Haus« entworfenen Außenlampen.[32]

Die Laternen verströmten ein mildes, durch das Milchglas gedämpftes Licht, sie erhellten nur ihre unmittelbare Umgebung. Nachtaufnahmen lassen erkennen, wie klein der Lichtkreis war, der auf die Platzfläche fiel (Abb. 11). Wie ein leuchtendes Spalier säumte die Lichterkette die weite Platzfläche und definierte sie auch bei Nacht als gestalteten, umgrenzten Raum.[33] Aber auch tagsüber hatten die Kandelaber eine wichtige tektonische Funktion. Sie verankerten durch ihre Reihung an den Langseiten die Museumsgebäude auf der ungegliederten Platzfläche, auf der sie trotz der Einbindung in die Brüstungsmauern richtungslos zu schwimmen schienen.

Für die Beleuchtung nächtlicher Veranstaltungen reichten die Kandelaber nicht aus. Eine Flutlichtanlage ergänzte sie, dazu bestimmt, die Fahnenmaste und die Gebäudekulisse um den Platz als helle Lichterscheinungen aus dem Dunkel zu

ebenfalls in diesen Sammelkanal (StaatsA Mü, Landbauämter 2399: Lageplan 1:100 der Stadtentwässerung vom 9.3.1937). Auf Photos nach Regenwetter sind die Eintiefungen gelegentlich als Feuchtigkeitsstreifen zu erkennen.

21 Der Plattenraster diente, wie Photos zeigen, bei Aufmärschen als Richtschnur für die Reihung der Marschblöcke.

22 Rüdiger 1935a, S. 281f. Dort als positives Merkmal verstanden.

23 Die Höhe variierte außen zwischen 136 und 149 cm, innen zwischen 126 und 144 cm (StaatsA Mü, Landbauämter 2399: 3 Pläne der Brüstungsmauern 1:100).

24 Die Museumsbauten »standen auf dem Königsplatz, jetzt stehen sie an seinem Rande« (Bauwelt 1934, S. 311). Sinngemäß Heilmeyer 1935, S. 138.

25 Schon seit Ausgang des 19. Jahrhunderts wurden für die auf dem Königsplatz stattfindenden feierlichen Veranstaltungen die Gebäudefronten meist in eine Festkulisse eingebunden, die den Bauten ihre dreidimensionale Wirkung nahm (Abb. in: Königsplatz 1988, S. 30f.).

26 Die beiden Großbauten an der Arcisstraße hatten bis zum Hauptgesims eine Höhe von 18 m, der zurückgesetzte Dachaufsatz hatte eine »Firsthöhe« von 24 m.

27 Das Fundament reichte 4,20 m tief unter den Betonunterbau der Plattenfläche, der Durchmesser des Mastes aus Mannesmannrohr betrug 0,70 m (StaatsA Mü, Landbauämter 2399, Plan 15, »Fundament für die 4 [sic!] Hoheitsmasten«).

28 Hitler: »Auch sie [die Standarte] habe ich selbst entworfen und dann [...] dem Goldschmiedemeister Gahr zur Ausführung übergeben.« (Mein Kampf, München, Ausgabe 1932, S. 557). Sinngemäß: Rosenberg, Alfred: Letzte Aufzeichnungen – Ideale und Idole der nationalsozialistischen Revolution, Göttingen 1955, S. 321.

29 Von Schmid-Ehmen stammten u.a. auch die Adler an der Fassade der NS-Bauten an der Arcisstraße und die Adler auf dem Reichsparteitagsgelände in Nürnberg.

30 Der Abstand von den Brüstungsmauern ergab sich aus der Fluchtlinie der untersten Stufe der Freitreppe vor der Staatsgalerie.

31 Die Kandelaber haben den Krieg weitgehend unbeschädigt überstanden. Reste sind bei der städtischen Straßenbeleuchtung erhalten, ein Exemplar in der Neuen Sammlung München.

32 Gleiche Form hatten auch die Außenlampen der beiden Großbauten an der Arcisstraße.

33 »Achtzehn in Eisen gegossene Lichtträger flankieren den Platz und geben auch bei Nacht den geschlossenen Eindruck des riesigen Raumes wieder.« (Dresler 1939, S. 27).

Abb. 9
Königsplatz mit »Verwaltungsbau« und »Ehrentempeln« von Nordwesten, um 1938

34 Nach Dresler 1939, S. 27.

35 Pläne mit Darstellung der Anschlußschächte in: StaatsA Mü, Landbauämter 2399. Zwei der originalen Schachtabdeckungen sind nahe den Sockeln der »Ehrentempel« auf dem Gehweg unmittelbar vor der Grundstückseinfassung Meiserstraße 10 bzw. Arcisstraße 12 noch vorhanden.

36 Das südliche Gebäude bei der Staatsgalerie ist knapp 60 m lang und auf 31 m Länge unterkellert. Es hat eine Traufhöhe von etwa 3,55 m. Das nördliche bei der Glyptothek war kleiner: Länge knapp 30 m, der Keller 14 m, Traufhöhe etwa 2,50 m. Beide waren knapp 5 m breit (Pläne in: StaatsA Mü, Landbauämter 2399). Das südliche Nebengebäude wurde seit 1946 durch die städtische Straßenreinigung und durch die Wasserwerke benutzt und in den Jahren 1949/50 einer Renovierung unterzogen (StaatsA Mü, Landbauämter 2396). Heute befindet sich dort die Gipsformerei der Glyptothek. An der Stelle des nördlichen Gebäudes steht heute ein kleineres, neu errichtetes Funktionsgebäude.

heben. Außerdem waren für besondere Feierlichkeiten zur Anstrahlung von Fahnen an den Umfassungsmauern 24 Anschlüsse für Scheinwerfer und zusätzlich im Plattenbelag eine ganze Reihe von Anschlußstellen für Filmscheinwerfer installiert. Sie wurden durch Kabel von etwa drei Kilometer Länge[34] in betonierten Kabelgräben unter dem Plattenbelag mit elektrischem Strom versorgt. Das Kabelnetz verband den Platz mit dem »Führer-« und mit dem »Verwaltungsbau« und beide Gebäude untereinander. In den Gebäuden waren Schaltzentralen eingerichtet, von denen Verbindungen nach innen zum »Hausrundfunk« und nach außen zum Platz und den anliegenden Straßen hergestellt werden konnten. Die aufwendige Verkabelung erlaubte die Installation von Mikrophonen und Lautsprechern, von Rundfunkübertragungsanlagen und Filmscheinwerfern an zahlreichen Punkten auf der Platzfläche und rund um den Königsplatz, vor den Parteibauten und bis in die Brienner Straße. Die Anschlüsse waren unter Schachtdeckeln in Kabelschächten verborgen (Abb. 12).[35]

In den Grünanlagen westlich der Museumsbauten waren nahe den Propyläen zwei Funktionsgebäude errichtet. Das eine stand (und steht bis heute) bei der Staatsgalerie an der Mauer der benachbarten Klostergärtnerei, das andere befand sich in den Anlagen westlich der Glyptothek. Beide waren niedrige, langgestreckte Schlichtbauten mit Keller und Erdgeschoß, das südliche unter einem Pultdach mit Walm im Westen, das nördliche unter einem Satteldach, das an beiden Schmalseiten abgewalmt war. In dem nördlichen Gebäude bei der Glyptothek waren eine Bedürfnisanstalt und ein Sanitätsraum, im südlichen außerdem eine Schaltzentrale für die Lautsprecher- und Mikrophonanlage, eine Fernsprechzentrale sowie Räume für die Versammlungsleitung, für Presse und Rundfunk untergebracht. An der Schmalseite zur Luisenstraße lagen bei beiden Gebäuden zwei öffentliche Telephonzellen (Abb. 13).[36]

Die Bäume und Büsche, die bis 1935 den Platz gegen die vorbeistreichenden Straßen abschirmten, wurden beseitigt. Die Propyläen blieben allein durch die Brüstungsmauern in die Platzbegrenzung eingebunden; die Schmalseite an der Arcisstraße aber war freigestellt. Nur seitwärts blieb der Blick durch den hohen Bewuchs in den Grünanlagen bei den Museumsgebäuden begrenzt. Jenseits der Arcisstraße zeigte sich ein ähnliches Bild wie heute noch: Die Altbauten im Osten des Platzes waren gefallen. An ihrer Stelle waren die vier Neubauten der NSDAP als spiegelbildlich symmetrische Anlage errichtet: Zwei langgestreckte, horizontal geschichtete Großbauten nahmen links und rechts der Brienner Straße zwei nied-

Hans Lehmbruch

Abb. 11
Königsplatz und »Ehrentempel« bei Nacht

Abb. 10
Königsplatz, Kandelaber vor der Staatsgalerie, um 1939

Abb. 12
Königsplatz, Schächte für Scheinwerfer, Lageplan 8.7.1936, Detail

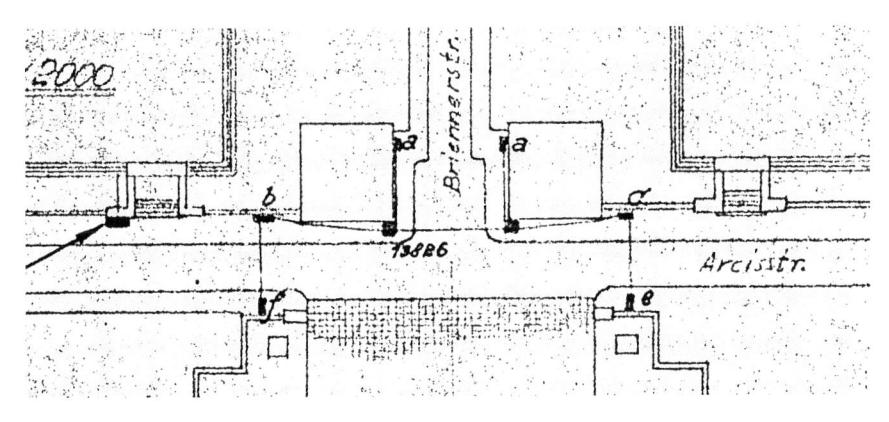

rige, zum Himmel geöffnete Pfeilerhallen in die Mitte. Im Norden der sogenannte »Führerbau«, heute Hochschule für Musik (Arcisstraße 12), im Süden das ehemalige Verwaltungsgebäude der Partei, heute Sitz der staatlichen Graphischen Sammlung und mehrerer wissenschaftlicher Institute (Meiserstraße 10), dazwischen die 1947 mit Ausnahme der Sockel abgetragenen »Ehrentempel«, in denen seit dem 9. November 1935 die zweimal acht Sarkophage der Toten des 1923 gescheiterten Putschversuchs Hitlers aufgebahrt waren (Abb. 73).[37]
Die beiden »Ehrentempel« besetzten die Eckpositionen an der Kreuzung der Brienner Straße und Arcisstraße. Ihnen kam eine wichtige städtebauliche Funktion zu. Im Blick von den Propyläen flankierten sie gleichsam wie Torhäuser den Zugang zum Königsplatz. Zwischen ihnen war die Fahrbahn der Brienner Straße wie zu einem kleinen Vorplatz ausgeweitet.[38] Der einst stärker akzentuierte Wechsel zwischen Platzfläche und Straße war dadurch verschliffen, der Blick wurde in die Tiefe der Brienner Straße bis zum Karolinenplatz geführt, wo der 1833 von Klenze errichtete Obelisk die Perspektive nach Osten schließt (Abb. 14).[39]
Mit einem Schlußbild rechnete auch der Blick aus der Brienner Straße nach Westen, zum Königsplatz. Auch aus dieser Sicht erschien die Grenze zwischen Straße und Platz durch die Ausweitung der Straßeneinmündung verschliffen; die städtebauliche Funktion der beiden flankierenden Pfeilerhallen als Eingangsbauten vor dem Königsplatz trat um so deutlicher hervor. Über die Steinfläche hinweg zeigte sich die Verwandtschaft ihrer Architektur mit den Obergeschossen der Propyläen (Abb. 15).
Den Schlußprospekt des Platzensembles bildeten die Propyläen: Ihre Torfunktion, ein wichtiges Motiv der Entwurfsfindung von Klenze, hatte an Bildwirksamkeit ver-

37 Die Großbauten sind bis auf geringe Kriegsschäden noch erhalten; der Oberbau der »Ehrentempel« über dem Stufensockel wurde 1947 gesprengt (vgl. Lauterbach im vorliegenden Band).

38 Heute wieder begradigt.

39 Der Karolinenplatz war in die Inszenierung der Feierlichkeiten auf dem Königsplatz zum 9. November optisch eingebunden. Der Obelisk im Zentrum wurde, wie sich bei einer vor wenigen Jahren erfolgten Restaurierung zeigte, zu diesem Anlaß durch einen Überzug schwarz eingefärbt, um ihn den mit schwarzem Tuch bespannten, als ephemere Trauerdekoration erstellten Pylonen in der Farbe anzugleichen (Mitteilung Florian Zimmermann). Als Nachwirkung der 1935 realisierten optischen Anbindung des Karolinenplatzes an den Königsplatz sind die 1947 entworfenen Pläne zu verstehen, die den tatsächlichen Zusammenschluß der beiden Plätze zu einer Gesamtanlage vorsahen (vgl. Lauterbach im vorliegenden Band).

Abb. 13
Königsplatz, Funktionsgebäude westlich der Glyptothek, um 1937

Abb. 14
Blick vom Königsplatz nach Osten zum Karolinenplatz, um 1938

Abb. 15
Blick aus der Brienner Straße nach Westen auf den Königsplatz, um 1938

40 Die Anfahrt zum »Verwaltungsbau« durfte nur von der Karlstraße und nur bis zum südlichen, zum »Führerbau« nur von der Gabelsbergerstraße bis zum nördlichen Eingang erfolgen, dort mußte gewendet und zurückgefahren werden (VB 8.3.1937).

41 »Um die Feierlichkeit dieses ehrwürdigen Raumes [...] noch mehr hervortreten zu lassen, ist jeglicher Fahrverkehr auf dem Platz und in den Zugangsstraßen untersagt.« (Dresler 1939, S. 27). Durch die Sperrung der Brienner Straße und der Arcisstraße als Durchfahrtstraßen waren wichtige Verbindungen im städtischen Verkehrsnetz berührt. Den Ost-West-Verkehr mußte einerseits die Gabelsbergerstraße als Ausfallstraße nach Westen und andererseits die 1934 auf Kosten des Alten Botanischen Gartens verbreiterte Elisenstraße als Verbindung zum Hauptbahnhof aufnehmen (München baut auf 1937, S. 101).

42 Seit 1935 als »neuer Stadtpark« bezeichnet.

loren; der Königsplatz wurde zum Ziel und Endpunkt der Aufmärsche, er erschien nun ausgerichtet nach Osten, wo durch die beiden Pfeilerhallen, ihrerseits Ziel und Fokus der Platzgestaltung, eine neue Torsituation entstanden war. Die Brienner Straße endete hier: Seit der Einweihung der Neugestaltung am 9. November 1935 wurde der Fahrverkehr über den Platz untersagt, die steinerne Fläche war im Alltag Fußgängern reserviert. Gleiches galt für die Kreuzung der Brienner Straße und Arcisstraße: Auch die Vorbeifahrt an den »Ehrentempeln« wurde verboten (Abb. 17).[40] So blieb der Ort vom geschäftigen Treiben der Stadt weitgehend unberührt.[41] Seine Bestimmung erfüllte sich allein in den Aufmärschen und Ritualen der Hitler-Partei (Abb. 16).

Im Blick von den Propyläen über den Königsplatz waren von den Großbauten nur wenige Achsen und nur ein Eingangsvorbau zu sehen. Die ganze Erstreckung des Baukomplexes blieb hinter den Bäumen in den seitlichen Grünanlagen verborgen. Erst von einem Standort nahe der Arcisstraße erfaßte der Blick die ganze

Hans Lehmbruch

Abb. 17
Münchener Zeitung 6.12.1935

Abb. 16
Einweihung des neugestalteten Königsplatzes mit der Überführung der 16 Toten des 1923 gescheiterten Putschversuchs Hitlers in die »Ehrentempel« am 9.11.1935

Abb. 18
Café im Alten Botanischen Garten, Oswald Bieber, 1935

Dimension der symmetrischen Anlage. Die monotone Größe der gelagerten Baukörper und der monumentale Anspruch der kantig gefügten Architektur gegenüber den feingliedrigen klassizistischen Bauten am Königsplatz wurden deutlich erkennbar.

Im Süden wird die Arcisstraße bis heute durch einen Neubau am Scheitel des Alten Botanischen Gartens[42] (Abb. 114) aufgefangen. Oswald Bieber hat das Gebäude am Standort des abgebrannten Glaspalasts als Teil der noch von Troost konzipierten Neugestaltung des Areals im Jahr 1935, also gleichzeitig mit der Neueinrichtung des Königsplatzes, als Café errichtet.[43] Es ersetzte ein bescheidenes Sommercafé, das am Rand des Botanischen Gartens an der Elisenstraße in einem kleinen Ausstellungsgebäude untergebracht war und mit ihm bei der Erweiterung der Straße abgetragen wurde.[44] Bieber war sich der städtebaulichen Bedeutung des Neubaus in unmittelbarer Nachbarschaft der NS-Parteigebäude als Schlußbild der Arcisstraße sehr bewußt. In Anlehnung an die Formmotive der Troostschen Bauten entwarf er einen Pfeilerportikus von der gleichen kantigen Sprödigkeit und mit ähnlich weiter Pfeilerstellung wie die vorbildgebende Architektur: als Eingang für ein Café zu schwerfällig, überinstrumentiert und bei weitem überdimensioniert (Abb. 18).

Die Planung

Die bis 1937, bis zur Übergabe der Parteigebäude an der Arcisstraße, am Königsplatz geschaffene städtebauliche Realisation schien noch bis in Einzelheiten so vollkommen, daß sie sich den Zeitgenossen tatsächlich wie eine Planung aus einem Guß präsentierte. Doch entgegen dem Augenschein und entgegen den zur NS-Zeit verbreiteten Darstellungen lag der Neugestaltung des Königsplatzes und der Errichtung der Parteigebäude an der Arcisstraße keineswegs ein gemeinsames, schlüssiges Gesamtkonzept von Anbeginn zugrunde. Vielmehr zeigen die nun erschlossenen Quellen, daß der Königsplatz erst zu einem vergleichsweise späten Zeitpunkt, und zwar erst als Folge der Gebäudeplanung in das Entwurfsprogramm mit einbezogen wurde. Wie an anderer Stelle dieses Bandes von Ulrike Grammbitter überzeugend dargelegt,[45] resultierten die Planungen für die Gebäude an der Arcisstraße aus der Absicht zur Erweiterung des 1930 als Parteizentrale angekauften Palais Barlow an der Briennerstraße, dem »Braunen Haus«. Mit der Mitgliederzahl und der politischen Bedeutung der NSDAP wuchsen der repräsentative Anspruch und die administrativen Bedürfnisse der Partei und als Folge auch

43 Ausarbeitung von Plänen und Modell für die Neuanlage und die Bauten im Alten Botanischen Garten durch Oswald Bieber und Josef Wackerle nach Skizzen Troosts ab April 1934, grundsätzlich gebilligt durch Hitler im Juli, baureif bis November des Jahres. Die zu diesem Zeitpunkt vorliegende Kostenschätzung belief sich auf 800 000 RM (BayHStA, OBB Akten 12743 und 12745. Vgl. auch: Kiener, Hans: Die Ausgestaltung des Münchener Stadtparkes. In: KDR 1.1937.6, S. 172 ff.).

44 Wie Anm. 70. Einrichtung des Cafés 1926 (BayHStA, MK 14360).

45 Vgl. Grammbitter im vorliegenden Band. Für zahlreiche förderliche Gespräche und Diskussionen, ohne die der folgende Abschnitt nicht hätte geschrieben werden können, habe ich Ulrike Grammbitter zu danken.

46 Auch nach der Erinnerung von Gerdy Troost (Mai 1981) »wurden seit 1931 die Parteibauten als Erweiterung der Verwaltung von Troost neu und nach geplant; dann erst hatte Hitler den Gedanken, die ›Ehrentempel‹ in die Baugruppe einzufügen.« (Zitiert nach Rasp 1981, S. 223, Anm. 66).

das Bauprogramm. Es mündete, schrittweise und in mehreren Etappen, schließlich in dem Gesamtkomplex der vier Parteigebäude an der Arcisstraße.[46] Der Vorgang braucht hier nicht noch einmal im einzelnen dargelegt zu werden; es soll an dieser Stelle lediglich auf die für den Königsplatz bedeutsamen Stationen der Entwurfsentwicklung hingewiesen werden.

Nach dem Ausbau des Palais Barlow zur Parteizentrale war das erste an der Arcisstraße geplante Projekt Troosts ein einzelner Verwaltungsbau (1931) unter Aufgabe eines ursprünglich im Garten des »Braunen Hauses« geplanten Rückgebäudes. Er sollte nördlich der Brienner Straße am Ort des späteren »Führerbaus« errichtet werden. Repräsentative und administrative Funktionen waren in diesem Entwurf noch vereint. Obwohl in prekärer Nähe zum Königsplatz geplant, ergibt sich kein erkennbarer Bezug zu dem historischen Platzensemble. Eine Reihe von Skizzen und Vorentwürfen, datiert vom Dezember 1931 bis zum Februar 1932, macht in vielfältigen Variationen diese Feststellung deutlich.[47] Die Reihe der Vorentwürfe läßt sich in zwei Serien grob unterteilen: Die eine, vom Dezember 1931 und Januar 1932,[48] zeigt ein Gebäude von 15 Achsen mit zwei Seitenrisaliten unter einem Satteldach, wohl als Putzbau konzipiert; die andere, vom Februar 1932,[49] nähert sich dem »heroischen« Stil[50] des Ausführungsplans; sie zeigt ein Gebäude von 21 Achsen[51] mit flachem Dachabschluß (Abb. 52–57). Die Entwürfe beider Serien aber sind zentriert auf den meist dreiachsigen, oft durch Skulpturenschmuck und/oder den darüber plazierten Partei-Adler betonten Mitteleingang, eine Bildung, die angesichts der geplanten Situation des Gebäudes eine unmittelbare städtebauliche Ausrichtung auf den nahegelegenen Königsplatz ausschließt.

Besonders eine der Zeichnungen macht ohne jeden Zweifel deutlich, daß zu diesem Zeitpunkt weder die Reihe der vier Gebäude an der Arcisstraße noch infolgedessen die Umgestaltung des Königsplatzes bereits mitbedacht war. Sie ist datiert vom 6. Januar 1932 und zeigt ein Gebäude von 15 Achsen und neben ihm, verbunden durch einen offenbar zu diesem Zweck entworfenen Zaun, den Eckbau aus dem frühen 19. Jahrhundert an der Kreuzung der Brienner Straße und Arcisstraße.[52] Der Altbau ist auf der Zeichnung unberührt, an seinen Abbruch ist damals noch nicht gedacht.[53]

Eine weitere Einzelheit deutet bei mehreren Skizzen der beiden Entwurfsserien darauf hin, daß damals die Gestaltung des Königsplatzes noch nicht beabsichtigt war: Zwei Fahnenmaste, die unmittelbar vor dem Gebäude den Mitteleingang flankieren,[54] können als sicheres Indiz dafür verstanden werden. Denn schon der erste überlieferte Entwurf für die Umgestaltung des Königsplatzes, ein Modell aus dem Jahr 1933, zeigt die beiden hohen Maste, die 1935 als »Sinnbilder dessen, was hier bauliche Gestaltung gefunden hat«,[55] aufgerichtet wurden. Undenkbar, daß sie in nahezu gleichartigen, wenngleich weniger hohen Fahnenmasten[56] vor den Parteibauten unmittelbare Konkurrenz erhalten sollten. Dafür spricht auch, daß die in den frühen Skizzen vor die Baufront plazierten Maste nur in den Vorentwürfen zu finden sind, in denen der Zugang in der Mitte des Gebäudes liegt. Mit der Verdoppelung der Eingangssituation durch zwei weit auseinandergerückte Zugänge nahe den äußeren Achsen verschwinden sie aus den Plänen. Diese Verdoppelung aber fällt, soweit erkennbar, in die spätere Phase der Projektentwicklung, als mit der Ausweitung der Planung auf den Gesamtkomplex der vier Gebäude auch die Neugestaltung des Königsplatzes tatsächlich gefordert war.

Dieser Gang der Planung läßt sich auch in der parteinahen Berichterstattung verfolgen. Noch im April 1933 wird in einem Artikel des *Völkischen Beobachters* über die von der NSDAP in München geplanten Neubauten lediglich ein »monumentales Parteihaus« erwähnt, das an der Ostseite der Arcisstraße in der Nachbarschaft des »Braunen Hauses« und zwar in Erstreckung nach Norden bis an die Gabelsbergerstraße, also weg vom Königsplatz, errichtet werden sollte.[57] Noch ist weder von symmetrischer Verdoppelung der Anlage und von den »Ehrentempeln«, noch von der Neugestaltung des Königsplatzes die Rede. Und selbst im Dezember des Jahres vermeldete ein ähnlicher Bericht in *Das Bayerland* lediglich ein einziges großes Verwaltungsgebäude, das »mächtig die

---

47 BSB, Ana 325 (Nachlaß Troost), Mappe V (dort auch eine Anzahl undatierter Vorentwürfe derselben Reihe). Drei Vorentwürfe der Serie abgebildet in: KDR 1.1937.6, S. 63 f. Ein weiterer Vorentwurf: BayHStA, NSDAP Baupläne 1471.

48 Zugehörig sind auch einige undatierte Entwürfe.

49 Zugehörig sind auch hier mehrere undatierte Entwürfe.

50 »Heroisch«, eine besonders von Hans Kiener, aber auch von anderen benutzte Kennzeichnung des von Troost für die Bauten der NSDAP entwickelten Stils. Beispiele: Kiener, Hans: Vom Werden des neuen Stils. In: KDR 1.1937.1, S. 8; Kiener 1937b, S. 54; Breuer 1937a, S. 351.

51 Ein undatierter Entwurf zeigt 23 Achsen.

52 Abb. in: KDR 1.1937.6, S. 63.

53 Der Altbau ging nach längeren Verhandlungen im Januar 1932 in die Hände der NSDAP über. Noch im Mai 1932 entwarf Troost eine neue Einfriedung für das Gebäude (StadtA Mü, LBK 1622).

54 Eine Zeichnung zeigt anstelle der Fahnenmaste einen hohen, adlerbekrönten Steinpfeiler (BSB; wie Anm. 47).

55 Bauwelt 1934a, S. 310 und wörtlich ebenda 1934b, S. 8 sowie Monatshefte für Baukunst und Städtebau 1934, S. 212.

56 Die Fahnenmaste in den Vorentwürfen reichen nur bis zur Firsthöhe der Gebäude.

57 Genannt sind ferner: Das »Haus der Deutschen Kunst«, ein Theatermuseum, das Staatsgebäude für den Reichsstatthalter sowie ein »Monumentalbau für Zeitgeschichte«.

Hans Lehmbruch

Straßen beherrschend« an der Arcisstraße geplant sei. Auch dort sind weder die »Ehrentempel« noch die Absicht zur Umgestaltung des Königsplatzes erwähnt.[58] Zu diesem Zeitpunkt jedoch hatte das Projekt bereits neue Dimensionen gewonnen; das Bauprogramm begann sich auszuweiten und zu differenzieren. Die Planung eines zweiten Gebäudes im Süden der Brienner Straße unter Trennung der administrativen von der repräsentativen Funktion war die Konsequenz. Notwendigerweise zog das Übergreifen der Planung auf das Gelände südlich der Brienner Straße weitere Überlegungen nach sich. Der Abbruch der zwischen den beiden projektierten Neubauten stehenden Eckhäuser aus dem 19. Jahrhundert an der Kreuzung der Arcis- und der Brienner Straße war nur eine Folge. Als Fremdkörper in dem geplanten Ensemble sollten sie durch stilkonforme Neubauten, zwei niedrige Pfeilerhallen zunächst noch unsicherer Bestimmung, ersetzt werden. Ihre Architektur nahm die Formmotive der Großbauten auf, doch blieb die städtebauliche Funktion der Altbauten als »Eckpfeiler« am Königsplatz, zugleich als maßstäblicher Übergang zu den ehemaligen Wohnbauten in der Nachbarschaft gewahrt: Situation und Abmessungen entsprachen annähernd den beiden Wohnhäusern, die sie am Angelpunkt zwischen Brienner Straße und Arcisstraße zu ersetzen hatten.[59]

Jetzt erst, mit der Planung des gesamten vierteiligen Baukomplexes als einheitlicher Front gegenüber dem Königsplatz, wurde das Projekt für das historische Platzensemble unmittelbar relevant, stellte sich zwingend die Frage nach seiner städtebaulichen Einbeziehung in das Neubauprogramm. Zu welchem Zeitpunkt mit ersten Planungen für den Königsplatz zu rechnen ist, läßt sich jedoch nach den bisher bekannten Dokumenten nicht mit Sicherheit sagen. Denn auch das genaue Datum für die Ausweitung der Gebäudeplanung auf das Gebiet südlich der Brienner Straße steht nicht fest. Der früheste datierte Entwurf, der den »Führerbau« und den benachbarten »Ehrentempel« zeigt und daher mit Sicherheit auf die Planung der gesamten Anlage schließen läßt, ist vom August 1933 (Abb. 63). Im Laufe dieses Jahres erfolgte auch der Ankauf der Altbauten südlich der Brienner Straße durch die NSDAP; sie mußten dem Neubauprojekt weichen. Mit hoher Wahrscheinlichkeit aber ist das Konzept für den Gesamtplan früher anzusetzen, doch klafft zwischen den vom Februar 1932 datierten Vorentwürfen und dem Plan vom August des folgenden Jahres eine nicht mit genauen Daten zu schließende Lücke. Das »missing link« könnte eine undatierte Zeichnung aus der Serie der Vorentwürfe sein (Abb. 55).[60] Das dort dargestellte Gebäude steht sowohl in der großen Form der Architektur als auch in allen wesentlichen Einzelmotiven dem Ausführungsplan sehr nahe, wenngleich sich Details noch unterscheiden. Die Längserstreckung der Front entspricht mit 21 Achsen der Ausführung. Damit geht einher, daß anstelle der Zentrierung des Baublocks durch ein Mittelportal zwei weit aus der Mitte gerückte Eingangsvorbauten dargestellt sind. Beides, die Verlängerung des Baublocks und die symmetrische Verdoppelung der Eingangssituation, sind als sicheres Indiz auch für die symmetrische Wiederholung des Bauwerks selbst auf dem Areal südlich der Brienner Straße zu verstehen, zwangsläufig verbunden mit der Planung der beiden Pfeilerhallen als Bindeglied zwischen den Großbauten. Darüber hinaus aber ist nun auch der Königsplatz offensichtlich mitbedacht: Die Eingangsvorhallen der Großbauten sind so weit zur Seite versetzt, daß sie mit den begleitenden Achsen im Blick vom Platz als Teil des Gesamtbauwerks und zugleich als in sich geschlossenes, vollständiges Architekturmotiv zu erkennen sind.[61]

Die Neugestaltung des Königsplatzes in der Beschreibung Troosts von 1933

Trotz großer Lücken in den Quellen läßt sich der Planungsprozeß für die Parteigebäude seit 1931 kontinuierlich verfolgen. Nur wenige datierte Dokumente sind dagegen bislang über den Entwurfsprozeß zur Gestaltung des Königsplatzes bekannt geworden. Sie setzen erst zu einem Zeitpunkt ein, als die Planung für die Parteibauten bereits weitgehend abgeschlossen war. Ein erstes Zeichen, daß die städtebauliche Konsequenz des Vorhabens der NSDAP für den Königsplatz

58 Weigel, Helmut: Bayern im Dritten Reich. In: Das Bayerland 44, 1933, S. 732 und 740. Auch bei den dort ebenfalls aufgezählten Arbeitsbeschaffungsmaßnahmen in München ist weder unter den Tiefbauprojekten noch unter den Denkmalsplanungen vom Königsplatz und von den »Ehrentempeln« die Rede (ebenda S. 733). Das gilt auch für die in den Akten von 1934 und 1935 verzeichneten Arbeitsbeschaffungsmaßnahmen der Stadt München: Die Umgestaltung des Königsplatzes ist nicht genannt (StadtA Mü, BuR 305/8b).

59 Die beiden »Ehrentempel« standen im Unterschied zu den beiden Großbauten, die 8 m hinter die alte Baulinie der Arcisstraße zurückversetzt waren (vgl. u. a. die Grundrisse und Lagepläne BayHStA, NSDAP Baupläne 1, 1352 und 6972 sowie StadtA Mü, LBK 19303), sowohl an der Arcis- als auch an der Brienner Straße in der Baufluchtder Altbauten.

60 BSB, wie Anm. 47. Vgl. dazu Grammbitter im vorliegenden Band.

61 In den Modellbeschreibungen von 1934 wird besonders betont, daß die Großbauten beim Blick von den Propyläen »nur zum Teil in Erscheinung treten und den Platz nicht erschlagen.« (Bauwelt 1934 b, S. 8 und wörtlich: Monatshefte für Baukunst und Städtebau 1934, S. 212).

jedenfalls von den Baubehörden mitbedacht wurde, ist eine Stellungnahme zu dem Bauprojekt, die das Landbauamt am 28. April 1933 an die Regierung von Oberbayern richtete: »Mit Rücksicht auf die sehr stark verpflichtende unmittelbare Nachbarschaft des Königsplatzes«, heißt es dort, »dürfte die Ergänzung des überreichten Planmaterials durch Modell, ev. Einzeichnungen in photographische Aufnahmen sich empfehlen, um die Beziehung zur näheren und weiteren Umgebung sicherer beurteilen zu können.«[62] Von Umgestaltungsplanungen für den Königsplatz jedoch war auch damals offenbar noch keine Rede.

Die früheste bisher bekannt gewordene Nachricht über dieses Vorhaben ist einem Bericht des *Völkischen Beobachters* vom 15. Oktober 1933 zu entnehmen. Es handelt sich um die Wiedergabe eines Gesprächs, das Franz Hofmann[63] anläßlich der Grundsteinlegung zum »Haus der Deutschen Kunst« mit Troost führte. Thema waren die von dem Architekten ausgearbeiteten Planungen für München, darunter die Umgestaltung des Königsplatzes. Aus der kurzen Beschreibung des Projekts geht hervor, daß zu diesem Zeitpunkt wesentliche Elemente der Planung bereits feststanden: »Der Platz selbst, führte [Troost] aus, solle mit Steinplatten belegt werden und die Grünflächen und Bäume sollten als stilistisch nicht gerechtfertigte romantische Zugaben wegfallen.«[64] Offenbar befand sich die Entwurfsentwicklung noch ganz im Anfangsstadium, denn die Brüstungsmauern, Kandelaber und Fahnenmaste sind nicht erwähnt, waren daher wohl noch nicht Gegenstand der Planung.[65]

Das Modell von 1933

In dem Gespräch mit Hofmann begnügte sich Troost mit einer mündlichen Schilderung des Projekts. Keinerlei wie immer geartete Darstellung der Planung lag, so scheint es, im Gegensatz zu dem ausdrücklich erwähnten Modell der Parteigebäude, der Beschreibung zugrunde. Doch nur wenig später als das Interview dürfte ein Modellphoto der von Troost geplanten Anlage anzusetzen sein, das den ersten Entwurf der Platzgestaltung überliefert. Zwar wurde das Photo erst am 7. November 1935 zur Einweihung des Königsplatzes veröffentlicht,[66] doch ist es noch vor Ableben des Architekten am 21. Januar 1934 entstanden. Es zeigt Troost neben einem Modell des neugestalteten Platzes mit den benachbarten Parteigebäuden und dem angrenzenden Gebiet bis zum Karolinenplatz (Abb. 19).

Nicht alle Details des Entwurfs sind auf dem Zeitungsphoto zu erkennen, zumal die Bildperspektive auf den Architekten, nicht auf das Modell ausgerichtet ist. Doch es zeigt, daß außer der in dem Interview genannten Pflasterung der Platzfläche weitere wesentliche Elemente der 1935 ausgeführten Umgestaltung hier bereits vorliegen: Die Fahrbahn der Brienner Straße und die Rasenvierecke sind aus dem Platz verschwunden und durch eine einheitliche und ebene, wohl gepflasterte Fläche ersetzt. Sie ist an den Langseiten in der Bauflucht der beiden Museumsbauten durch niedrige Mauern eingefaßt, die mit kurzen Mauerzungen auch ein Stück der Schmalseite an der Arcisstraße umgreifen und dort mit einer Figur enden, bei der nicht zu erkennen ist, ob es sich um eine Skulptur oder einen Zierpfeiler, vielleicht auch nur um den Fuß einer Straßenlaterne handelt. An den Platzecken ragen die Mauern mit rechteckigen Ausladungen in den Platz.

Die Grünanlagen sind hinter die Einfriedung zurückgedrängt. Und während im Westen, an der Luisenstraße, die schirmende Baumkulisse noch bis zu den Propyläen reicht, ist die Schmalseite zur Arcisstraße im Osten weit geöffnet. Hier stehen im Winkel der Brüstungsmauern an den Platzecken zwei Fahnenmaste; sie erscheinen weniger hoch und gedrungener als 1935 ausgeführt.[67] Außer den Fahnenmasten ist keine andere Möblierung der Platzfläche zu erkennen. Die Beleuchtung bleibt unklar: Die alten Straßenlaternen sind verschwunden; die Kandelaber an den Langseiten des Platzes sind offenbar noch nicht eingeplant.

Außer zur Platzgestaltung überliefert das Modellphoto auch für die beiden »Ehrentempel« einen Vorentwurf, der anderweitig nicht dokumentiert ist: Die große Form der Pfeilerhallen ist schon gefunden, doch erscheint ihr Aufbau schwerer, massiver. Die flachen Dächer sind geschlossen, noch ohne die spätere Hypäthralöffnung. Akroterien an den Ecken des Dachs weisen deutlicher als die aus-

---

62 StaatsA Mü, Landbauämter 2400; StadtA Mü, LBK 11591. Die Regierung von Oberbayern leitete die Stellungnahme des Landbauamts unter ausdrücklicher Unterstützung der dort gestellten Forderung am 3.5.1933 an das Innenministerium weiter.

63 Ab 1934 Nachfolger Hanfstaengls als Direktor der Städtischen Galerie im Lenbachhaus.

64 Ähnlich heißt es in den späteren Modellbeschreibungen von 1934, der Königsplatz würde durch die Umgestaltung von den Grünanlagen »befreit« (Bauwelt 1934b, S. 7 und wörtlich: Monatshefte für Baukunst und Städtebau 1934, S. 211).

65 Über die Beschreibung hinaus gab Troost auch eine Interpretation seines Entwurfs. Davon wird weiter unten die Rede sein.

66 Veröffentlicht im IB 7.11.1935 mit der Bildlegende (u. a.): »Die Pläne für die Parteibauten in Ausgestaltung des Königsplatzes sind schon vor der Machtergreifung von Troost gemeinsam mit dem Führer ausgearbeitet worden.«

67 Nur ein Mast ist auf dem Photo mit Sicherheit auszumachen.

Hans Lehmbruch 29

Abb. 19
Paul Ludwig Troost vor dem Modell des Königsplatzes, August 1933/Januar 1934

geführten Bauten auf die Obergeschosse der Propyläen als Inspirationsquelle für die von Troost entworfene Architektur.

Die Frage nach dem Datum des in dem Photo vorgestellten Modells läßt sich nur ungefähr beantworten. Ein Hinweis sind die beiden Altbauten, die an der Arcisstraße die geplanten Parteigebäude rahmen. Der Altbau im Vordergrund des Photos, also im Süden der Neubauten, wurde 1933 in der zweiten Jahreshälfte abgetragen, der nördliche bei der Gabelsbergerstraße blieb länger erhalten. Das Modell dürfte also dem Entwurf vom August 1933 nahe stehen, der als erster ein Datum für den Gesamtkomplex der vier Bauten an der Arcisstraße mit Sicherheit erschließen läßt. Er zeigt ebenfalls noch einen, wenngleich anders gearteten Vorentwurf der Pfeilerhallen an der Ecke der Brienner Straße. Der mit dem Modell abgebildete Troost erkrankte bald nach der Grundsteinlegung zum »Haus der Deutschen Kunst« (15. Oktober 1933) an einer Lungenentzündung. Im Januar 1934 erholte er sich soweit, daß er sein Atelier stundenweise wieder besuchen konnte, ehe er einen Rückfall erlitt und am 21. des Monats starb.[68] Angesichts der Weiterentwicklung des Projekts gegenüber dem in dem Interview geschilderten Entwurf ist zu vermuten, daß die Aufnahme entweder kurz vor der Erkrankung Troosts oder bei einem Atelierbesuch im Januar 1934 entstanden ist.

Das Modell von 1934

Das in dem Pressephoto mit dem Architekten gezeigte Modell war, darauf deutet der späte Zeitpunkt seiner Publikation, zur Zeit der Aufnahme offenbar nicht für die Öffentlichkeit bestimmt. So blieb das ganze Ausmaß der am Königsplatz geplanten Baumaßnahmen der Münchner Bevölkerung vorerst weitgehend verborgen. Erst nach dem Ableben Troosts wurde das Publikum mit dem Gesamtprojekt bekannt gemacht und mit den bevorstehenden tiefgreifenden Veränderungen des historischen Stadtbilds am Königsplatz konfrontiert.[69]

Im März und April 1934 wurden die von Troost hinterlassenen Projekte seiner für die NSDAP in München entworfenen Bauten mit Plänen und Modellen ausgestellt.[70] Der Königsplatz mit den angrenzenden Parteibauten nahm neben dem »Haus der Deutschen Kunst« in der Ausstellung eine prominente Stelle ein. Zur Erläuterung der Planung diente ein auf den neusten Stand gebrachtes Modell, das hinfort und bis zur Vollendung der Umgestaltung allen Publikationen über das Projekt zugrunde lag (Abb. 20).

Das durch zahlreiche Abbildungen verbreitete Modell umfaßte wiederum den Königsplatz und die benachbarten Parteigebäude mit dem östlich angrenzenden Gelände bis zum Karolinenplatz, »bereinigt« um die in der älteren Darstellung

68 Laut Nachruf von Franz Hofmann (VB 22.1.1934).

69 Daß es in der Bevölkerung Vorbehalte gegen die Veränderungen gab, ist nur indirekt zu erfahren. Wilhelm Rüdiger schreibt (1935a, S. 281) nach der Einweihung des umgestalteten Königsplatzes im November 1935 abwiegelnd, daß der Bevölkerung »das alte Bild lieb gewesen« sei, schreibt von »Wunden und Verzicht auf Liebgewordenes«, von »Menschen, die erschrocken waren«, als die Altbauten abgebrochen wurden, daß aber durch »das kleine Opfer [...] aus einem Bildungsplatz [...] das Forum der Bewegung« wurde, das »Gestalt und Sinn vom Leben selbst erhielt«.

70 Ort der Präsentation war ein kleines, seit 1924 geplantes und 1925 von Oswald Bieber am Rande des Alten Botanischen Gartens an der Elisenstraße errichtetes Ausstellungsgebäude (BayHStA, MK 14360; OBB Akten 12745). Es fiel 1935 der Erweiterung der Elisenstraße zum Opfer und wurde bei der Neugestaltung des Alten Botanischen Gartens durch den von Oswald Bieber und den Bildhauer Josef Wackerle gestalteten Ausstellungspavillon ersetzt (wie Anm. 43).

Abb. 20
Modell des Königsplatzes mit den Bauten der NSDAP, 1934

71 Schrägansichten gelten vor allem der Darstellung der NS-Bauten ohne den Königsplatz (u.a. in: Bauwelt 25.1934.1, Heft 1, Bild 10, 12, 17). Vgl. Philp im vorliegenden Band.

72 Das gleiche gilt auch für die »Ehrentempel«.

73 Dieses Prinzip war Endpunkt der Entwurfsentwicklung. In den frühen Skizzen experimentierte Troost noch mit Portalfiguren auch an den Bauten, die zuletzt eliminiert wurden.

74 Seit 10.4.1934 ebenfalls im Besitz der NSDAP (Dresler 1939, S. 21).

75 Die Baumreihen östlich der »Ehrentempel« wurden, wie auf Photos zu erkennen, tatsächlich gepflanzt. Rüdiger (1935a, S. 282) spricht in der Beschreibung des fertiggestellten Platzes von der »fast schwerelosen Säulenstellung der Ehrentempel, hinter denen bald abtrennende dunkle Baumwände aufwachsen werden«.

noch gezeigten Altbauten an der Arcisstraße. Anders als das 1935 publizierte Photo des Vorläufermodells sind die ab 1934 verbreiteten Aufnahmen meist frontal und achsgenau in gemäßigter Vogelschau auf den Königsplatz und den Baukomplex an der Arcisstraße ausgerichtet. Der Blick geht entweder von Westen über die Propyläen zum Karolinenplatz, oder er zeigt die umgekehrte Perspektive mit den Propyläen als Schlußbild; seltener sind Detailphotos oder Schrägaufnahmen.[71]

Gegenüber dem älteren Modell ist der Entwurf zum Königsplatz in allen Hauptpunkten gleich geblieben, jedoch weiterentwickelt und in Details präzisiert, ohne bereits der Ausführung zu entsprechen.[72] Deutlich ist die Rasterung der Platzfläche durch Steinplatten zu erkennen, deutlicher als auf dem älteren Pressephoto auch der Verlauf der niedrigen Brüstungsmauern, ihre Gestaltung und Profilierung. Sie nehmen an den beiden Langseiten des Platzes die Bauflucht der Museumsbauten auf, mit Durchgängen seitlich der Bauten zu den Grünanlagen im Hintergrund der Platzfläche, ragen mit rechteckigen Ausladungen an den vier Ecken in die Platzfläche hinein und umgreifen mit Zungenmauern ein Stück der Schmalseiten. Neu, zumindest auf dem älteren Modellphoto nicht zu erkennen, sind die vier Eckpfeiler an den Enden der Mauerzungen an den Schmalseiten der Platzfläche. Sie sind als Sockel zur Aufstellung mächtiger Großplastiken bestimmt, die gleichsam als Wächter den Zugang zum Platz besetzen (Abb. 21). Hier ist das Prinzip der figurenlosen, allein durch die große Form wirkenden Architektur der Neubauten[73] durchbrochen und die Nähe zu den skulpturgeschmückten Fronten der klassizistischen Bauten gesucht. Die Endpunkte der Mauer bei den Museumsbauten bleiben dagegen ohne diese Betonung. Dort sind die Mauern lediglich um ein kurzes Stück rechtwinklig nach hinten abgeknickt.

Die Bäume in den Grünanlagen sind gelichtet, verdichtet ist lediglich eine Baumreihe als Abschirmung vor dem Bürogebäude der Evangelischen Landeskirche im Südosten des Platzes. Eine ähnliche Baumkulisse trennt auch die »Ehrentempel« von den benachbarten Altbauten an der Brienner Straße, dem »Braunen Haus« und der ehemaligen Nuntiatur,[74] und blendet sie als nicht stilkonform aus dem Bild der Neubauten aus.[75]

Im Westen reichen die Brüstungsmauern bis an die Propyläen; dort bleiben Durchlässe für die Fußgänger. Im Osten an der Arcisstraße liegt gegenüber den »Ehrentempeln« der Zugang zur Platzfläche weit offen. Nahe der Arcisstraße überragen zwei Fahnenmaste, höher und schlanker als in dem Vorgängermodell, den gesamten Baukomplex. Sie sind bekrönt von dem zum »Hoheitszeichen« der NSDAP stilisierten Adler.

Das 1934 vorgestellte Modell der Platzgestaltung ist der Ausführung schon sehr

Abb. 21
Modell des Königsplatzes mit den Bauten der NSDAP, 1934, Aufnahme: H. Hoffmann

nahe. Noch scheint das Muster der Steinplatten kleinteiliger als die 1935 verlegten Granitplatten,[76] noch fehlen auch die Kandelaber, die vor den Brüstungsmauern zu seiten der Museumsbauten die Langseiten der Platzfläche säumen sollten. Sie fehlen auch auf den gleichzeitig veröffentlichten Lageplänen und Grundrissen des Platzes, so daß es sich nicht um eine Auslassung des Modellbauers handelte.

Das 1938 ausgestellte Modell
Schließlich ist noch ein drittes, abermals verändertes Modell durch photographische Aufnahmen überliefert (Abb. 22). Es wurde 1938 in der »1. Deutschen Architektur- und Kunsthandwerksausstellung« im Münchner »Haus der Deutschen Kunst« ausgestellt. Gegenüber dem Modell vom Frühjahr 1934 steht es der Ausführung wiederum einen Schritt näher. Das zeigt unter anderem die veränderte Ausbildung der Brüstungsmauern. Auf dem 1934 gezeigten Modell standen die nur durch ein gestuftes Längsprofil gegliederten Mauern auf demselben Niveau wie die Platzfläche. Im Modell von 1938 dagegen erheben sie sich auf einer Fußplatte, auf einer breit ausladenden Stufe. Außerdem sind die Mauern an den Langseiten des Platzes beiderseits der Museumsbauten (nicht jedoch an den Zungenmauern der Schmalseiten) mit einer auskragenden Steinplatte zu Sitzbänken gestaltet: Beide Veränderungen entsprechen der Ausführung von 1935. Als Folge dieser Umplanung ist auch der Standort der beiden Fahnenmaste verschoben. Es erschien nicht tunlich, sie vor den Steinbänken zu belassen. Sie sind daher von den Langseiten zur östlichen Schmalseite des Platzes versetzt und erheben sich jetzt, enger zusammengerückt und näher bei der Arcisstraße, in der Achse des Freiraums zwischen den Großbauten und den »Ehrentempeln«. Auch dies entspricht der Ausführung. Mehr als zuvor erscheinen sie daher auf die Parteigebäude bezogen, zugleich sind sie als hochragende Wahrzeichen des Parteizentrums um so weiter sichtbar.

Die Datierung des Modells wirft Fragen auf. Die Präsentation im Jahr 1938 ließe vermuten, es handle sich um ein Bestandsmodell der drei Jahre zuvor fertiggestellten Platzgestaltung. Darauf scheint hinzudeuten, daß auch die in dem Vorgängermodell dargestellten Großplastiken auf den Eckpfeilern der Brüstungsmauern fehlen, so wie es dem Bestand von 1938 tatsächlich entsprach. Dennoch kann es sich kaum um ein Bestandsmodell handeln, da die 1935 ausgeführten Kandelaber ebenfalls nicht gezeigt sind. Diese Tatsache deutet als wichtiges Indiz auf eine Entwurfphase zur Zeit des Baubeginns im Frühjahr 1935. Tatsächlich könnte das Modell der ersten Etappe der Arbeiten als Ausführungsmodell gedient

76 Sofern nicht Verzerrungen der Perspektive bei den Modellaufnahmen täuschen, sind jeweils mehrere kleinere querrechteckige Platten zu größeren, quadratischen Einheiten zusammengefaßt.

Abb. 22
Modell des Königsplatzes mit den Bauten der NSDAP, 1938

77 Eine weitere Modelldarstellung des umgestalteten Königsplatzes ist einem aus 22 Teilen bestehenden Gesamtmodell der erweiterten Innenstadt von München etwa zwischen Theresien- und Goethestraße sowie zwischen Isar und dem Königsplatz integriert (Platten auf der Unterseite z.T. durch Stempel bezeichnet: »Hermann Richter/Werkstatt für Architektur/München 23/Zechstr. 10.«). Es zeigt für den Königsplatz etwa den gleichen Stand wie das 1938 ausgestellte Modell, d.h. das Plattenpflaster mit den Brüstungsmauern und die Fahnenmaste, jedoch keine Kandelaber, in diesem Fall tatsächlich wohl als Wiedergabe des Bestands (MSM, L 1238).

78 In einer Liste vom 30.8.1943 über 47 aus dem Atelier Troost »als Reserve« nach Schloß Greifenberg verbrachte Planrollen sind zwar Pläne für den »Führer-« und den »Verwaltungsbau«, für die Heizzentrale an der Arcisstraße mit dem Kamingebäude und für die unterirdischen Verbindungen zwischen diesen Bauten sowie für das »Haus der Deutschen Kunst« und für das »Haus der Architektur« in München, schließlich auch für die Bibliothek in Linz verzeichnet, jedoch keinerlei Pläne für den Königsplatz (BayHStA, NSDAP Baupläne 5010).

79 Lichtpause, teilweise mit Farbstift übergangen, aus dem Atelier Troost (BayHStA, MK 41286).

80 BayHStA, MK 41286 (Kopie an das Kultusministerium).

81 Tatsächlich weisen eine 49 m breite Bahn in der Mitte der Platzfläche und zwei 8 m breite seitliche Abzweigungen zu den Museen 20 cm starken Betonunterbau und 10 cm starke Granitplatten auf; auf der restlichen Platzfläche war der Betonunterbau nur 12 cm und die Plattenauflage 5 cm stark (StaatsA Mü, Landbauämter 2398 sowie 2399, Lagepläne Nr.1, 1a und 11, datiert vom 1.10.1936. Auf dem Lageplan Nr.16 ist dagegen nur die verstärkte Mittelfahrbahn bezeichnet). Die zuvor den Platz querende Brienner Straße war nur 11,35 m breit.

haben, denn, wie noch zu zeigen, wurde die Platzbeleuchtung durch die Kandelaber erst nach Beginn der Umgestaltung, wohl frühestens im Juni 1935 in die Planung eingeführt. Das Fehlen der ursprünglich geplanten Großplastiken muß, wie ebenfalls noch zu diskutieren sein wird, kein Gegenargument gegen die Deutung als Ausführungsmodell sein.[77]

Nachrichten zur Entwurfsentwicklung

Das 1935 publizierte Interview zur Platzgestaltung und die drei Modellaufnahmen lassen sich nur durch wenige weitere Nachrichten zur Entwurfsentwicklung ergänzen. Sie ist auch durch gezeichnete Entwürfe kaum zu belegen.[78] Beinahe alles Planmaterial bezieht sich, sieht man von einer Skizze für die Fahnenmaste ab, auf die finanzielle Abrechnung der Bauleistung, stammt also aus der Ausführungsphase der Arbeiten. Ein einziges Blatt unter den bisher bekannt gewordenen Plänen geht dem Baubeginn voraus. Es handelt sich um eine Lichtpause, datiert vom 23. November 1934.[79] Sie zeigt den Stand der Planung, der dem 1938 ausgestellten Modell entspricht: Die Brüstungsmauern sind auf eine Stufe gestellt und an den Langseiten des Platzes als Sitzbänke gestaltet, dementsprechend sind die Fahnenmaste näher zur Arcisstraße an die Schmalseite gerückt. Und auch hier sind die Kandelaber noch nicht dargestellt. Noch einmal erweist sich, daß ihre Aufstellung erst zu einem späten Zeitpunkt in das Projekt eingefügt wurde.

Tatsächlich waren die Planungen noch bei weitem nicht abgeschlossen, als bereits die Vorbereitungen und selbst erste Arbeiten zur Ausführung des Projekts begannen. Viele Ideen konkretisierten sich erst im Lauf der Realisation. Ein Schreiben des Gauleiters Adolf Wagner vom 5. Dezember 1934, das er in seiner Eigenschaft als bayerischer Innenminister an Oberbürgermeister Fiehler richtete, gibt den Stand der Planung nur wenig vor Ausschreibung der Arbeiten wieder.[80] Gänzlich unausgereift waren damals noch die Überlegungen zum Bau der für die Abwicklung der Veranstaltungen so wichtigen Betriebsgebäude in den Grünanlagen bei den Propyläen. Vorerst war allein die Schaffung unterirdischer Bedürfnisanstalten geplant. Noch sollte auch der rollende Verkehr über den Platz nicht völlig ausgeschlossen werden. Für leichte Fahrzeuge war in der Achse der Brienner Straße eine Fahrbahn mit verstärktem Unterbau geplant.[81] Sie sollte jedoch, um die einheitliche Platzfläche nicht zu unterbrechen, mit ihr auf demselben Niveau liegen. Die Frage war, wie läßt sich die Straße ohne optische Störung des Plattenbelags abgrenzen? Das Problem blieb ungeklärt, es löste sich von selbst, nachdem 1935 völliges Fahrverbot für den Königsplatz ausgesprochen wurde.

Auch die Art der Beleuchtung war zur Zeit des Schreibens noch völlig unklar. Wagner schreibt von vier monumentalen Kandelabern mit Anstrahlvorrichtungen durch Scheinwerfer, die anstelle der alten Bogenlampen aufgestellt werden sollten.[82] So steht es auch noch in dem ersten, am 21. Dezember 1934 erstellten Kostenvoranschlag.[83] Doch zeigte sich, daß selbst noch nach Beginn der Umgestaltungsarbeiten im Frühjahr 1935 über die Platzbeleuchtung keineswegs Klarheit herrschte, wie aus dem Protokoll einer Arbeitsbesprechung hervorgeht, die am 18. März 1935 zwischen den mit der Durchführung der Arbeiten beauftragten städtischen Ämtern stattfand. Danach sollten die Pläne für die Beleuchtungsanlagen in Absprache sowohl mit dem Atelier Troost als auch mit der Propaganda-Abteilung der Gauleitung München der NSDAP erst noch erstellt werden.[84] Endgültige Klarheit brachten erst Versuche vor Ort durch die Aufstellung von Probebeleuchtungen. Drei Alternativen standen zur Auswahl: Die Ausführung der ersten Idee mit vier sechsarmigen Lichtmasten, ferner die Reihung von 22 mehr als sechs Meter hohen zweiarmigen Laternen an der Ost-, der Süd- und an der Nordseite des Platzes, schließlich – der Ausführung vermutlich am nächsten – die Aufstellung von acht zweiarmigen »Beleuchtungsständern« westlich der Glyptothek mit einer »Lichtpunkthöhe« von 5,50 Metern.[85] Es handelte sich nicht etwa um die provisorische Arbeitsbeleuchtung, denn die probeweise aufgestellten Lampen waren mit »Kathedral-« und mit »Opalglasscheiben« bestückt und außerdem – wie die Rechnungen beweisen – bereits am 11. Juni 1935, also weit vor Abschluß der Arbeiten wieder abgebaut.[86] Erst danach wurde offenbar die endgültige Lösung für die Platzbeleuchtung entwickelt.

Auch für andere wichtige Teile der Umgestaltungsplanung wurde die endgültige Lösung durch Versuche vor Ort entwickelt. So wurde auch über die Gestaltung der Umfassungsmauern erst nach der Aufstellung eines Modells in natürlicher Größe auf dem Platz entschieden. Es bestand aus einem Lattengerüst, das mit über 207 Meter Rupfen bespannt war,[87] also eine gehörige Erstreckung gehabt haben dürfte. Und selbst der Entscheidung über die Gestaltung des Plattenbelags der Platzfläche gingen im Januar Versuche mit »Muster legen« durch zwei Steingeschäfte voraus.[88]

Die Entwicklung des ikonographischen Konzepts

Der neugestaltete Königsplatz bot, obwohl er bis zu 50 000 Personen fassen konnte,[89] einen vergleichsweise »intimen« Rahmen für Parteiveranstaltungen, denen er als historischer Ort scheinbare Legitimierung durch die Geschichte und durch die Hoheitsformen der klassizistischen Architektur zugleich eine besonders feierliche Prägung verlieh. Ausgerichtet auf die in den »Ehrentempeln« aufgebahrten Sarkophage der »Gefallenen der Bewegung« vom 9. November 1923 schien seine Neugestaltung ganz dem Gedanken des Totenkults entsprungen – ein Gedanke, der in der Tradition des Königsplatzes weit zurückreichende Wurzeln hatte. Von Anbeginn war seine Anlage mit der Denkmalsidee und dem Totengedächtnis verbunden. Bereits das erste, 1808 entworfene Gründungsprojekt der Maxvorstadt zeigt auf dem zentralen Platz, dem späteren Königsplatz, die Andeutung eines Denkmals noch unbestimmter Form.[90] 1812 wurde das Thema durch einen Entwurf des Architekten Carl von Fischer für ein »Armeedenkmal« auf der Südseite des Platzes konkretisiert, das nach dem Wunsch der bayerischen Armeeführung den gefallenen Offizieren und Mannschaften der Feldzüge von 1805 bis 1812 gewidmet werden sollte (Abb. 23–25).[91] Der Entwurf zeigt eine Architektur, deren Zentrum ein überkuppelter Rundbau nach dem Vorbild des römischen Pantheons ist. Als Kirche und Fahnenhalle war das Bauwerk nach Fischers Erläuterung dazu bestimmt, »den Gebliebenen an den geeigneten Tagen ein feierliches Hochamt zu halten, die Fahnenweihe darin zu vollziehen, die militärischen Ehrenzeichen darin zu verteilen, die Trophäen glorreicher Feldzüge daselbst aufzubewahren«.[92] Dem Kuppelbau sind zu beiden Seiten symmetrische

82 Wie ältere Photos zeigen, standen auf dem Platz als Beleuchtung für die Brienner Straße sechs paarweise gegenübergestellte Bogenlampen. Sie waren außerdem mit Scheinwerfern als Flutlichtanlage bestückt (StaatsA Mü, Landbauämter 2398 und 2399).

83 StaatsA Mü, Landbauämter 2398. Der Kostenvoranschlag selbst ist nicht im Akt erhalten, doch sind seine Positionen in einem Schreiben des Stadtbaurats Beblo an das bayerische Innenministerium vom 8.7.1935 wiedergegeben.

84 StaatsA Mü, Landbauämter 2398.

85 StaatsA Mü, Landbauämter 2399.

86 Als Arbeitsbeleuchtung könnte viel eher die Anbringung von 32 »Behelfsscheinwerfern« auf den Dächern der drei Gebäude am Königsplatz verstanden werden (StaatsA Mü, Landbauämter 2399).

87 StaatsA Mü, Landbauämter 2399. Voraus ging ein Holzmodell, »sauber gehobelt«.

88 StaatsA Mü, Landbauämter 2399.

89 »Aufmarschboden für 50000« (Rüdiger 1935a, S. 281); »R« [= Ders.?]: Wahrzeichen des neuen Lebenswillens. In: VB 6.11.1935: »Ein gewaltiger Versammlungsplatz für 50000 Volksgenossen«.

90 BSB, Cod. icon 179m/2; Staatliche Verwaltung der bayerischen Schlösser, Gärten und Seen – Gartenabteilung: München, Historische Gartenanlagen C 28/6. Auch die zugehörige Erläuterung der Baukommission vom 13.4.1808 spricht von der Anlage eines Denkmalplatzes (BayHStA, GL 2781/1137).

91 MSM, Slg Lang VI/10, 11 und 12 (Grundriß, Aufriß, Schnitt, signiert: »Carlo Fischer«, datiert: »1812«). Vgl. Springorum-Kleiner, Ilse: Karl von Fischer. Diss. München 1936: Hg. Winfried Nerdinger. München 1982, S. 64f.; Fräßle, Klaus: Haller von Hallerstein. Diss. Freiburg 1977, S. 404ff., Anm. 394f.; Nerdinger, Winfried: Entwurf für ein Armeedenkmal. In: Carl von Fischer: Hg. Winfried Nerdinger. Ausstellungskatalog München 1983, S. 156ff. und 219.

92 Erläuterung Fischers vom 9.12.1812. (BayHStA, MK 14564; GHA, Nachlaß König Ludwig I, IA 40 I. Dort auch das Folgende). Die Erläuterung Fischers ist abgedruckt in: Carl von Fischer 1983 (wie Anm. 91), Dokument XVI, S. 191.

Abb. 23–25
Carl von Fischer, Entwurf für ein Armeedenkmal am Königsplatz, 1812: Aufriß, Längsschnitt, Grundriß

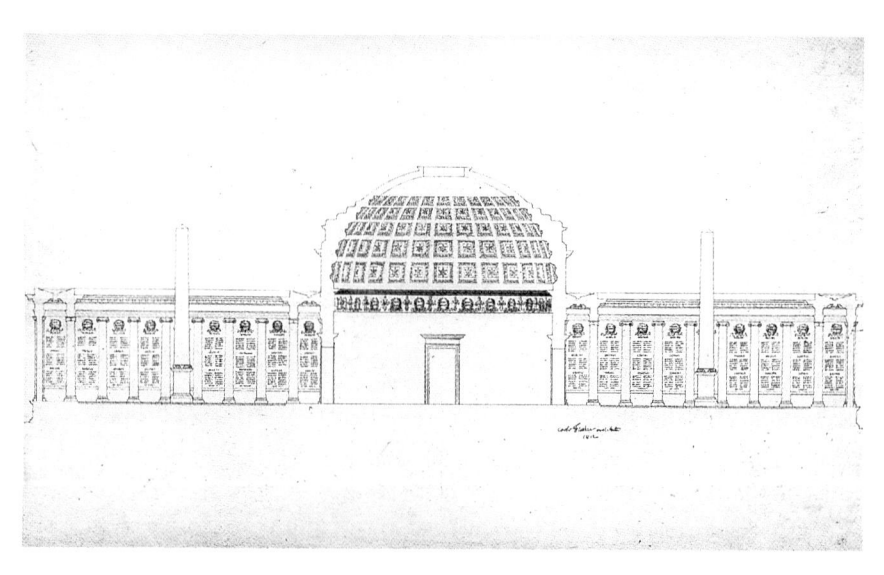

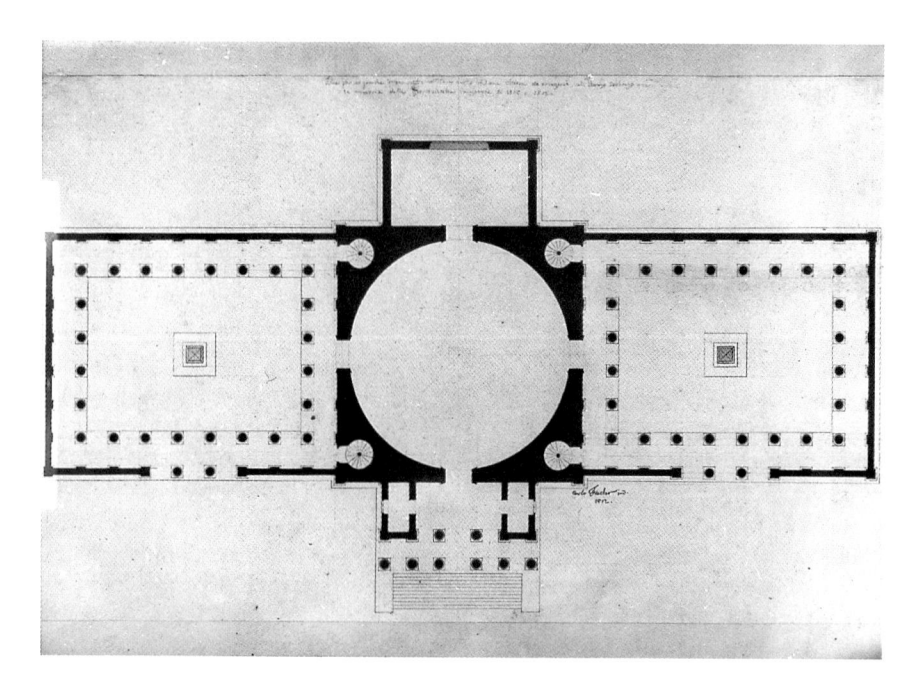

Höfe angefügt, mit offenen Säulenhallen auf den vier Seiten; ein Obelisk in der Mitte trägt an seinen Seiten Inschriften mit den Orten und Jahreszahlen der Schlachten, in denen die Soldaten ihren Tod fanden. Kultstätte und Denkmal der Totenehrung zugleich, zwei symmetrische, zum Himmel offene, säulenumstandene Höfe, dazu die Obelisken: Hier sind formal und inhaltlich beinahe alle Elemente der von Troost am Königsplatz zum Totengedenken entworfenen Architektur vereint, zählt man den 1833 von Klenze als Denkmal für die Gefallenen der bayerischen Armee errichteten Obelisken auf dem Karolinenplatz hinzu, der als Schlußbild der vom Königsplatz nach Osten gerichteten Perspektive in die Komposition des Platzensembles miteinbezogen war.

Unübersehbar jedoch sind auch die Unterschiede. So vor allem sind die von Fischer entworfenen Säulenhallen nach außen durch hohe Mauern geschlossen und nur durch einen säulenbesetzten, dreiachsigen Durchgang zum Königsplatz geöffnet. Auf der Hofseite der Umfassungsmauern sollten »auf marmornen Tafeln die Namen der Gebliebenen nach der geeigneten Rangordnung eingegraben« werden.[93] Zwar hatte auch Troost, wie die in der Presse veröffentlichten Beschreibungen der im Frühjahr 1934 ausgestellten Modelle bezeugen, ursprünglich geplant, die Toten der NSDAP nicht durch die Aufbahrung der Sarkophage, sondern lediglich durch Namenstafeln zu ehren, die in den »Ehrentempeln« angebracht werden sollten. Dennoch ist eine direkte Inspiration Troosts durch den Entwurf Fischers kaum anzunehmen, zumal unwahrscheinlich ist, daß er das Projekt Fischers überhaupt kannte.[94]

Der Entwurf Fischers wurde 1812 als zu kostspielig verworfen. Doch der Gedanke, den Königsplatz als Stätte der Totenehrung zu gestalten, blieb bis in das 20. Jahrhundert präsent; er soll hier im einzelnen nicht verfolgt werden. Als Beispiel für das 19. Jahrhundert sei lediglich ein Projekt Klenzes ebenfalls für ein Denkmal zu Ehren der in Rußland gefallenen bayerischen Soldaten genannt. Klenze schlug 1818 als Alternative zu dem eigenen Entwurf für einen Obelisken (damals auf dem Odeonsplatz geplant) die Errichtung eines Denkmalstors auf dem Königsplatz vor.[95] Doch auch er stieß mit seinem Plan auf die Ablehnung der Armeeführung.[96] Dennoch verwirklichte er ihn, wenn auch mit großem zeitlichen Abstand und mit veränderter Ikonographie, durch die Errichtung der Propyläen, die nach dem Willen Ludwig I. der Herrschaft der Wittelsbacher in Griechenland nach der Befreiung des Landes von der türkischen Besatzung als Denkmal gewidmet wurden.[97]

Zunächst jedoch drängte die Nutzung des Platzes als Ausstellungs- und Museumsort den Denkmalsgedanken in den Hintergrund. Gleichwohl blieb die Idee der Totenehrung allezeit latent. Sie fand ihren Ausdruck besonders in den Trauerkondukten über den Königsplatz und in den Aufbahrungsfeierlichkeiten für die bayerischen Monarchen von Ludwig I. im Jahr 1868 bis zu Ludwig III. am 5. November 1921.[98] Seit dem Ersten Weltkrieg aber gewann der Gedanke, den Königsplatz zu einer Gedächtnisstätte für die Kriegstoten umzuwidmen, von neuem an Aktualität. Ohne Auftrag arbeiteten mehrere Architekten entsprechende Entwürfe aus. Den Projekten ist gemeinsam, daß sie sich nicht mehr allein auf ein einzelnes Denkmal, sondern auf die Gestaltung des gesamten Platzes als Ort des Heldengedenkens richten, eine Absicht, die meist mit dem Plan für eine einheitliche Gestaltung der Platzfläche etwa durch Steinplatten verbunden war. Die damals in diesem Sinn entwickelten Entwürfe sind in neuerer Zeit mehrfach publiziert worden.[99] Daher soll hier allein auf ein Projekt von Otho Orlando Kurz noch einmal hingewiesen werden.[100] Es nahm in formaler wie in ikonographischer Hinsicht wesentliche Ideen vorweg, die wenige Jahre später auch die von Troost entwickelte Planung bestimmten: die Eliminierung der Grünanlage aus der Platzfläche und ihre Befestigung, Errichtung einer Halle an der Schmalseite zur Arcisstraße, in der »sämtliche Namen der Gefallenen Münchens hätten angebracht werden können«, und schließlich die Aufstellung von vier mal vier Sarkophagen an den Langseiten des Platzes »als symbolische Male für die Märtyrer des Vaterlandes« (Abb. 26). Ausdrücklich ist neben Palm, hingerichtet 1806 durch die Franzosen, auch Albert Leo Schlageter genannt, 1923 durch ein Militärgericht der

93 Aus der Erläuterung Fischers (wie Anm. 91 und 92).

94 Die Fischer-Forschung kam damals erst in Gang: Vgl. die in Anm. 91 genannte Dissertation von Springorum-Kleiner aus dem Jahr 1936.

95 Klenze an Kronprinz Ludwig 5.2.1818 (GHA, Nachlaß Ludwig I., IA 36 I). Wiedergegeben bei: Fräßle 1977 (wie Anm. 91), S. 217, Anm. 409.

96 StadtA Mü, BuR 2358/1.

97 Lehmbruch 1987 (wie Anm. 4); Raff, Thomas: Die Münchner Propyläen – ein Denkmal des griechischen Freiheitskampfes. In: Die erträumte Nation – Griechenlands Wiedergeburt im 19. Jahrhundert: Hg. Reinhard Heydenreuther, Jan Murken, Raimund Wünsche. München 1993, S. 195 ff.

98 Abb. der Trauerfeierlichkeiten auf dem Königsplatz in: Königsplatz 1988, S. 26 f.

99 Nerdinger, Winfried: Vorschläge zur Bebauung des Königsplatzes. In: Die Zwanziger Jahre in München: Hg. Christoph Stölzl. Ausstellungskatalog München 1979, S. 468 f.; Königsplatz 1988, S. 38; Bärnreuther 1993, S. 83 ff.; Schäfer 1994, S. 17 ff.

100 Neuere Bauten von Arch. B.D.A. Prof. O.O. Kurz u. E. Herbert-München. In: Der Baumeister 23.1924, S. 58 und 60.

Abb. 26
Otho Orlando Kurz, Entwurf zur Umgestaltung des Königsplatzes zu einem »vaterländischen Heldenplatz«, 1924

101 Vgl. auch Bieber zur Platzgestaltung (wie Anm. 17).

102 Ein 1921 publiziertes Projekt von Karl Jäger zur Umgestaltung des Königsplatzes (Deutsche Bauzeitung 55.1921, S. 233 ff.) zeigt am Platzeingang bei der Arcisstraße zwei Großplastiken auf einem Sockel: Auch dies könnte als Anregung für den Entwurf von Troost verstanden werden.

103 U. a. Feier zum 100. Geburtstag Klenzes im Jahr 1884, ferner die wegen des Ablebens Ludwig II. verschobene Zentenarfeier für Ludwig I. 1888 oder die Feiern zum 70. und 80. Geburtstag Bismarcks 1885 und 1895 sowie 1917 zum 70. Geburtstag Hindenburgs (Abb. in: Königsplatz 1988, S. 26 f.; Auktionskatalog Neumeister 286, München 1994, Nr. 469. Den Hinweis auf diese Abb. verdanke ich Friedrich Kobler).

104 Faschingsumzüge, Vereinsfeste, Katholikentage und ähnliche Veranstaltungen.

105 Verfassungsfeier des »Sozialdemokratischen Vereins« am 11.8.1922 (StaatsA Mü, Landbauämter 2397).

106 BayHStA, MK 41286; StaatsA Mü, Landbauämter 2397. Beispiele aus der langen Liste u.a. für 1922: »Deutsche Arbeitsgemeinschaft für Wahrheit, Ehre und Recht« mit einer »Großkundgebung« gegen die Kriegsschuldlüge (d. h. gegen die Aussage, Deutschland habe den Weltkrieg schuldhaft begonnen); Divisionsfeier der sechsten bayerischen Landwehrdivision; »Riesenkundgebung« der »Vereinigten vaterländischen Verbände« gegen das »Republikschutzgesetz« zur »Erhaltung der bayerischen Hoheitsrechte« (gegenüber dem Reich). Für 1923: »Ring München der Arbeitsgemeinschaft vaterländischer Kampfverbände« mit einer »Gedächtnisfeier für den von den Franzosen ermordeten Kaufmann Schlageter« unter massiver Teilnahme der Hitler-Partei. Für 1924: Kundgebung des »Pfälzer Treubundes« für die »bedrängte bayerische Pfalz«. Für 1925: »Koloniale Reichsarbeitsgemeinschaft« mit einer »Grossen Kolonial-Gedächtnisfeier«; Kundgebung zur Jahrtausendfeier der Rheinlande mit Fackelzug der Münchner Studentenschaft. Für 1927: Kundgebung des »Waffenrings der Münchner Burschenschaft« zur Feier des 80. Geburtstags von Hindenburg. Für 1931: Gedenkfeier der Münchner Studentenverbände zur zehnjährigen Wiederkehr der »Befreiung Oberschlesiens« durch Erstürmung des Annabergs durch deutsche Freikorps; Kundgebung der »Deutsch-Österreichischen Arbeitsgemeinschaft für das Reich«. Die Liste ließe sich erweitern.

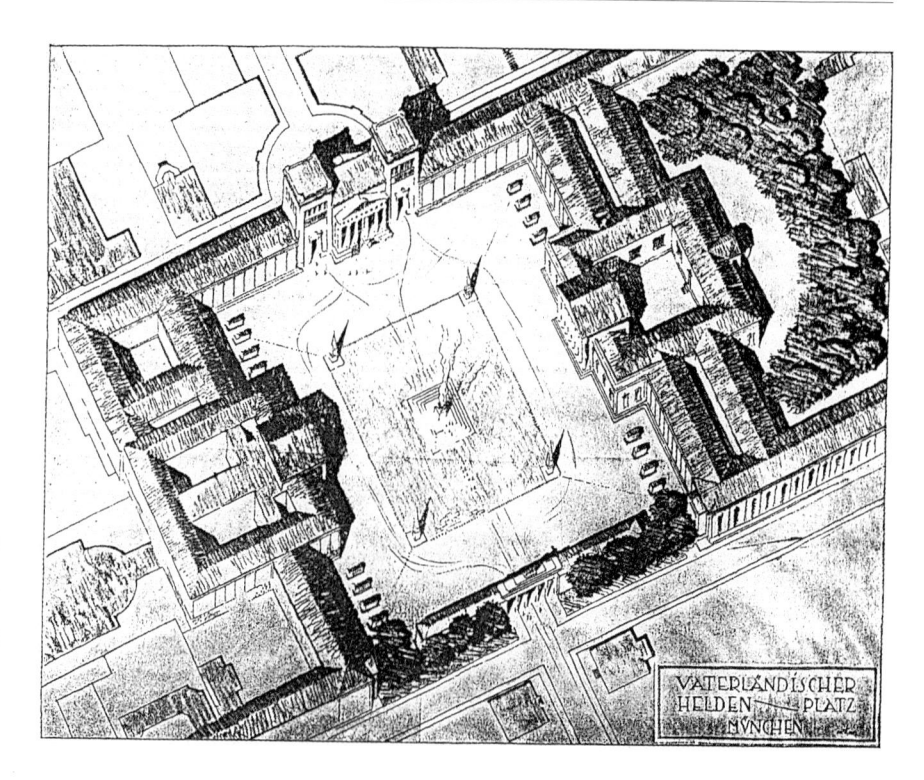

französischen Besatzungsmacht als Saboteur zum Tode verurteilt und in der Golzheimer Heide bei Düsseldorf standrechtlich erschossen: Die NSDAP betrachtete ihn als einen ihrer »Märtyrer«. Ein wesentlicher Unterschied dieses Projekts und vergleichbarer Entwürfe zu der 1935 realisierten Planung war jedoch, daß der Platz als Ort der Totenehrung allseits eng umbaut und als geschlossener Bezirk ganz nach innen gerichtet sein sollte.[101]

Das Projekt von Kurz war gleich anderen ähnlichen Entwürfen publiziert und ohne Frage auch Troost und Hitler bekannt. Daher erscheint die Schlußfolgerung beinahe zwingend, daß Troost mit seinem Entwurf für die »Ehrentempel« und zur Umgestaltung des Königsplatzes die dort formulierten Ideen unmittelbar aufgegriffen und im Sinne der NSDAP weiterentwickelt habe.[102] Doch so sehr sich diese Schlußfolgerung aufdrängt, läßt sich zeigen, daß der Architekt am Ausgangspunkt seiner Planung ein anderes Ziel vor Augen hatte: Die Gestaltung des Königsplatzes zu einem Sammelplatz und Kundgebungsort der NSDAP, noch ohne jede darüber hinausweisende ikonographische Prägung.

Auch die Nutzung des Platzes als Versammlungsort reicht bis in das 19. Jahrhundert zurück. Der weite, nur durch die querende Straße vom Großstadtverkehr berührte Platzraum in der Nähe des Stadtzentrums und die hochgestimmte, pathetische Architektur der klassizistischen Bauten als Kulisse prädestinierten ihn als eine Stätte für öffentliche Veranstaltungen unterschiedlichster Art. Seit der zweiten Hälfte des 19. Jahrhunderts, und solange die Monarchie in Bayern den Ton angab, war der Königsplatz ein Ort für öffentliche Feiern vor allem der wohlsituierten bürgerlichen Gesellschaft: Denkmalspräsentationen zu Ehren bayerischer Monarchen, deren Standbilder auf dem Weg von der Erzgießerei im Westen vor der Stadt zu ihrem künftigen Standort im Zentrum die Propyläen passierten und hier feierlich in Empfang genommen wurden, oder Geburtstagsfeiern für Könige, Künstler, Staatsmänner oder Militärs – öffentliche Feiern, die stets mit großem Pomp und einem hohen Aufwand an Dekoration begangen wurden.[103]

Nach dem Ersten Weltkrieg jedoch bekamen die Veranstaltungen überwiegend einen politischen, oft aggressiven Charakter: Der Königsplatz wurde zur Sammelstätte politischer Parteien; daneben blieben die Veranstaltungen ohne unmittelbar politische Zielsetzung in der Minderzahl.[104] Und es fällt auf, daß – abgesehen von Ausnahmen[105] – linke Parteien und ihnen nahe stehende Vereinigungen den Königsplatz als Versammlungsstätte mieden. Für die politische Rechte aber wurde der Königsplatz zu einem bevorzugten Sammelort.¹⁰⁶ Haupt- und Mitveranstalter der Kundgebungen auf dem Königsplatz war seit ihrer Gründung (unter ihren wechselnden Namen) die NSDAP, zumal seit sie 1930 in unmittelbarer Nachbarschaft die Parteizentrale im ehemaligen Palais Barlow an der Brienner Straße, in dem von ihr so benannten »Braunen Haus« etabliert hatte (Abb. 27).¹⁰⁷

Der Königsplatz war vor seiner Umgestaltung für Großkundgebungen keineswegs besonders geeignet. So fehlte vor allem beinahe vollständig die für Massenveranstaltungen notwendige Infrastruktur. Es gab in erreichbarer Entfernung kaum Gasthäuser, in denen sich die Teilnehmer erfrischen konnten, und es gab, außer einem in den Büschen bei den Propyläen versteckten Pissoir, keine öffentlichen Toiletten. Wohl zu Recht klagte der Hausmeister der Staatsgalerie, daß seine Haustoilette bei Kundgebungen als öffentliche Bedürfnisanstalt mißbraucht wurde. Diesem Mangel konnte zwar durch fahrbare Toiletten abgeholfen werden,¹⁰⁸ doch weiterhin fehlten Sanitätsräume oder Arbeitsmöglichkeiten für die Versammlungsleitung sowie für Presse und Rundfunk, die sich durch Provisorien behelfen mußten.¹⁰⁹

Vor allem jedoch war der Zustand der Platzfläche selbst ein Hindernis für Veranstaltungen. Sie war uneben, zur Mitte abgesenkt und von der vertieften Fahrbahn der Brienner Straße durchschnitten. Die Rasenflächen vor den Gebäuden waren in mehrere Kompartimente unterteilt, die durch niedrige Einfassungen vor Betreten geschützt waren. Sie mußten für jede größere Veranstaltung entfernt und anschließend wieder montiert werden. All diese Gründe mußten Hitler zu der Überlegung führen, die praktischen Bedingungen für Massenveranstaltungen der NSDAP auf dem Königsplatz zu verbessern und dabei zugleich das Erscheinungsbild des Platzes im Sinne der Partei zu verändern.

Tatsächlich stand am Anfang der Umgestaltungsplanung offenbar allein diese Überlegung. Dieser Sachverhalt ist durch die gelenkte Berichterstattung nach der Einweihung des Platzes als Stätte des Totengedenkens im Jahr 1935 verschleiert worden, um den Eindruck einer in der Zielsetzung unbestimmt schwankenden Projektentwicklung nicht aufkommen zu lassen. Doch es läßt sich zeigen, daß nicht die Totenehrung, sondern die Herstellung einer geeigneten Versammlungsstätte Ausgangspunkt der von Troost entwickelten Umgestaltungsmaßnahmen war.

Troost selbst kann dafür als Zeuge zitiert werden: In dem bereits erwähnten, am 15. Oktober 1933 im *Völkischen Beobachter* publizierten Gespräch mit Franz Hofmann äußerte er sich nicht allein zu der geplanten Umgestaltung, sondern auch, soweit wir sehen, zum ersten und einzigen Mal in der Öffentlichkeit, über die Idee, die seinem Entwurf zugrunde lag. Den naheliegenden, auch von Hofmann angesprochenen Vergleich mit italienischen Stadtplätzen wies er zurück: »Es stecke«, berichtet der Interviewer, »dahinter etwas viel Allgemeineres, und [er] zeigte mir in einem Werke über altgermanische Vorzeit das Bild einer Siedlung, auf dem, durch Gehöfte begrenzt, bereits ein rechteckig umschlossener größerer Platz zu sehen war. Wir kamen mit einem vergleichenden Seitenblick auf die altgermanische Wagenburg und ähnliches zu dem Schlusse, daß sich die Formen bei den arischen Völkern wohl allgemein aus Wehrmaßnahmen heraus entwickelt hätten.«

Eine erstaunliche Interpretation. Noch ist von Totenehrung und Weihestätte nicht die Rede, kein Hinweis deutet auf eine Ausrichtung des Platzes auf die jenseits der Arcisstraße geplanten »Ehrentempel«. Nicht die Öffnung der Platzanlage auf ein außen liegendes ikonographisches Ziel ist Sinn der Planung, vielmehr verbindet Troost mit seinem Entwurf die Idee eines umschlossenen, nach außen abgeschirmten, wehrhaften Bezirks für eine gefährdete Gemeinschaft. Ein Gedanke, der ganz offenbar noch aus dem Geist der »Kampfzeit« der NSDAP vor 1933 geboren war. So ist auch verständlich, daß nach dem Tod von Troost diese Erklärung nie wieder aufgegriffen wurde. An ihre Stelle trat der Hinweis auf Klenze und Ludwig I., deren Werk hier fortgesetzt und vollendet werden sollte.¹¹⁰

Die 1933 von Troost gegebene Interpretation der Platzgestaltung wurde korrigiert und durch die parteiamtliche Erläuterung ersetzt, als nach seinem Ableben die von ihm hinterlassenen Projekte, wie oben erwähnt, im März und April 1934

Abb. 27
Bücherverbrennung auf dem Königsplatz am 10.5.1933

107 Zum »Braunen Haus« vgl. Grammbitter im vorliegenden Band.

108 Zuweisung von Mitteln an das Landbauamt zur Anschaffung eines »beweglichen Pissorts«, um die Verunreinigung der Grünanlagen zu verhindern, im November 1921 (StaatsA Mü, Landbauämter 2395 und 2397).

109 So etwa mußten zum »Tag der Deutschen Kunst« am 14.10.1933 für die Übertragung der Schlußfeier vom Königsplatz unter dem Gehweg vor der Glyptothek Rundfunkkabel provisorisch verlegt werden (StaatsA Mü, Landbauämter 2400).

110 Vgl. u.a.: Deutsche Bauzeitung 1934, S. 276; Kiener 1935, o.S.; Der Baumeister 1935 (Beilage), S. 230 f.; Heilmeyer 1935, S. 141; Dresler 1939, S. 10; München 1939, S. 6; grundsätzlich: Hermann Giesler ⁴1978, S. 243.

zum ersten Mal einer breiten Öffentlichkeit vorgestellt wurden. Die Präsentation war von einer massiven Pressekampagne begleitet. Sie sollte über München hinaus den Aufbauwillen der NSDAP und Hitler als den Begründer einer neuen Baukunst feiern. Zahlreiche Artikel in Tagespresse und Fachzeitschriften erläuterten die Projekte mit zum Teil ausführlichen Besprechungen, deren Aussage, oft selbst der Wortlaut, durch die Pressemitteilungen der NSDAP einheitlich geregelt war. Sie können daher ohne weiteres als offizielle Interpretation der Projekte gelten.

Die Planungen für den Königsplatz mit den angrenzenden Bauten der NSDAP wurden ausführlich gewürdigt. Hier geht es nur darum, die Berichte zur Zielsetzung der Platzgestaltung zu befragen. Dabei läßt sich eindeutig feststellen, daß 1934, zum Teil noch bis in das folgende Jahr hinein, der Königsplatz nicht als Ort der Totenehrung, sondern allein als Versammlungsstätte, als »Rahmen für die großen Kundgebungen der durch den Geist des Führers zum bewußten Volk gewordenen Deutschen« beschrieben wird.[111] Zwar wird der enge städtebauliche Zusammenhang mit den Parteibauten an der Arcisstraße betont, ein wie immer gearteter ikonographischer Bezug zu den »Ehrentempeln« wird jedoch nicht hergestellt.

Aus den Besprechungen der Modelle geht überdies hervor, daß auch die Bestimmung der »Ehrentempel« zur Zeit der Ausstellung noch keineswegs endgültig feststand. Noch enthalten die Beschreibungen keinen Hinweis auf die besondere Weihe der Bauten, noch ist von der Nutzung als Mausoleen für die Toten des 9. November 1923 nicht die Rede. Wohl gelten sie schon als Gedächtnishallen, doch war damals lediglich beabsichtigt, Namenstafeln in den Bauten anzubringen,[112] und zwar offenbar nicht mit den Namen der Novembertoten allein, sondern auch von »Männern [...], die sich um die Bewegung und den Staat verdient gemacht haben.«[113]

Selbst die Benennung der Pfeilerhallen war zu Beginn der Planung noch schwankend: Auf einem Plan vom Januar 1934 sind sie als »Ehren-Halle«,[114] dann im März des Jahres als »Tempel«[115] bezeichnet, bis sich im August die Benennung »Ehrentempel« endgültig durchsetzte.[116] Vieles scheint darauf hinzudeuten, daß die erste Idee zur Nutzung der beiden Eckgebäude an der Brienner Straße der Gedanke war, die Funktion der Ehrenhalle mit den Namenstafeln der Novembertoten im Obergeschoß des »Braunen Hauses« als Gedächtnisraum nach außen zu tragen und damit öffentlich zu machen.[117]

Auch die Architektur der »Ehrentempel« hatte im Frühjahr 1934 noch nicht ihre letzte Gestalt gefunden. Sie zeigt sowohl auf Plänen wie im Modell im Inneren der Pfeilerhallen auf der Plattform des Sockels ein erhöhtes Podest, an dem vermutlich die Namenstafeln angebracht werden sollten (Abb. 20). Die stufenweise Absenkung des Bodens zu einer offenen Gruft für die Aufnahme der Särge stammt erst aus einer späteren Planungsphase. Die Reihe der Entwürfe mit erhöhtem Podest auf der Sockelplattform reicht bis zum August 1934,[118] erst in den vom November des Jahres datierten Plänen findet sich die Absenkung zu einer offenen Gruft (Abb. 88).[119] Mithin scheint dieses Datum der Zeitpunkt zu sein, an dem sich das Konzept von Gedenkhallen mit Namenstafeln zu Mausoleen für die Toten wandelte.[120]

Insgesamt spricht der Ablauf der Planung, so wie er sich nach diesen Beobachtungen darstellt, dafür, daß bei dem Entwurf der »Ehrentempel« das städtebauliche Konzept für den Königsplatz und seine Nachbarschaft noch vor dem ikonographischen Programm entwickelt war.[121] Bei unvoreingenommener Betrachtung der Gesamtplanung liegt angesichts der Bauformen und der Situation der Pfeilerhallen zu beiden Seiten der Straße am Zugang zu der Platzanlage der Vergleich mit Tor- und Zollhäusern der Zeit um 1800 näher als jede andere Interpretation.[122] Tatsächlich erscheint im formalen wie im ikonographischen Sinn die Anbringung von Namenstafeln oder die Aufbahrung der 16 Sarkophage in zwei weit auseinandergerückten Mausoleen wenig einleuchtend. Die von Hitler an prominenter Stelle in *Mein Kampf* erhobene Forderung nach einem gemeinsamen Grab für die Toten[123] war auf diese Weise jedenfalls nicht erfüllt. Zwar läßt sich die

---

111 Baugilde 1934, S. 271 und wörtlich: Zentralblatt der Bauverwaltung 1934, S. 227 sowie Kiener 1937a, S. 340 (Wiederabdruck eines Textes von 1934), wörtlich wiederholt in: Kiener 1935, o. S. Sinngemäß: Bauwelt 1934 b, S. 8 und wörtlich: Monatshefte für Baukunst und Städtebau 1934, S. 212.

112 Saarbrücker Zeitung 22.4.1934; Heilmeyer, Alexander: Der große Plan. In: MNN 18.3.1934; Deutsche Bauzeitung 1934, S. 275; Baugilde 1934, S. 272; Kiener noch 1935, o.S.

113 Bauwelt 1934 b, S. 8 und wörtlich: Monatshefte für Baukunst und Städtebau 1934, S. 212.

114 BayHStA, NSDAP Baupläne 4601.

115 BayHStA, NSDAP Baupläne 1352; StadtA Mü, LBK 19303.

116 U.a. die in Anm. 118 und 119 genannten Pläne.

117 Vgl. auch die am 9. November 1933 enthüllte Namenstafel an der Feldherrnhalle.

118 BayHStA, NSDAP Baupläne 4503 (Grundrisse) und 4511 (Aufriß); StadtA Mü, LBK 19303 (Lageplan, Aufrisse, Grundrisse, Schnitte).

119 BayHStA, NSDAP Baupläne 1436 und 4508; StaatsA Mü, Planrolle 124 (Schnitte). Dieselbe Entwurfsentwicklung zeigen auch die Fundamentpläne: Während die Pläne vom August 1934 nur die Pfeilerfundamente an der Peripherie der »Ehrentempel« zeigen (BayHStA, NSDAP Baupläne 4501 und 4502 sowie StadtA Mü, LBK 19303), weisen die Pläne ab November vier nach innen gerückte zusätzliche Fundamentpfeiler zur Abstützung der schweren Sarkophage aus Gußeisen auf (BayHStA, NSDAP Baupläne 4504, 4604 und 4605; StaatsA Mü, Planrolle 123).

120 Folglich wurde der für Nutzung und ikonographische Bedeutung sowohl der »Ehrentempel« als auch der Königsplatzgestaltung entscheidende Planungsschritt erst nach dem Ableben Troosts unter der Leitung Galls ausgearbeitet. Zu klären bleibt, ob ursprünglich an anderer Stelle, etwa »auf dem heiligen Boden des Odeonsplatzes«, bei der Feldherrnhalle als dem »Wallfahrtsort« der NSDAP, ein gemeinsames Grab für die Toten des 9. November 1923 geplant war (vgl. Weigel 1933, wie Anm. 58, S. 708 ff. und 756 f.).

121 In den Berichten zur Modellausstellung 1934 werden allein der städtebauliche Effekt und die Funktion der »Ehrentempel« als »Lückenfüller« betont: Danach wurden die beiden Großbauten weit auseinandergerückt, um den Königsplatz nicht zu erdrücken, die »Ehrentempel« aber sollten den Zwischenraum füllen und die maßstäbliche Überleitung zu den Altbauten der Brienner Straße leisten (Bauwelt 1934 b, S. 8 und wörtlich: Monatshefte für Baukunst und Städtebau 1934, S. 212).

symmetrische Verdoppelung der Mausoleen auch mit der »Wächterfunktion« der Toten am Eingang des Parteiforums interpretieren. Viel mehr aber trifft die von Alfred Rosenberg geäußerte Kritik den Kern der Sache: »Es waren«, schrieb er, »an der Feldherrnhalle sechzehn Mann gefallen, nicht zweimal acht. Der Wille zur Symmetrie hatte der ganzen Anlage entscheidend geschadet.«[124]

Der im August 1934 zu beobachtende Konzeptwechsel für die »Ehrentempel« von bloßen Memorialbauten zu Mausoleen mußte zur gleichen Zeit auch für den Königsplatz den Wandel der Entwurfsidee von einem Versammlungsort zu einer Weihestätte der NSDAP zur Folge haben. Die unmittelbaren Auswirkungen auf die Umgestaltungsplanung blieben insgesamt jedoch gering. Sie betrafen vor allem zwei, allerdings wichtige Einzelheiten des Entwurfs, beide in gleicher Weise signifikant für die Neuausrichtung des Platzes auf die »Ehrentempel«:

So läßt sich besonders die erst 1935 nach der Jahresmitte als neues Element in die Platzgestaltung eingeführte Aufstellung der Kandelaber als Folge des Planungswechsels verstehen. Ihre Reihung parallel zu den Langseiten des Platzes mit der gleichgerichteten Stellung ihrer Querarme bedeutete die Neuausrichtung der Platzanlage auf die »Altäre der Bewegung«[125] in den »Ehrentempeln«, mithin eine Umorientierung des ursprünglich als Versammlungsort konzipierten, ungerichteten Freiraums zu einem Vorhof für die beiden Mausoleen als der »ikonographischen Mitte« der Platzanlage.[126]

Das Skulpturenprogramm für den Königsplatz

Auch das Schicksal der von Troost für die Eingangsseiten des Königsplatzes entworfenen Großplastiken kann als ein Argument für die nachträgliche Umorientierung der Planung dienen. Die vier Skulpturen bildeten in dem 1934 vorgestellten Modell der Platzgestaltung ein Hauptmotiv, sie wurden dementsprechend in allen Presseberichten gewürdigt. Damals war eine Entscheidung weder über den ausführenden Künstler noch über die inhaltliche Bestimmung getroffen. Beide Punkte sollten durch einen Wettbewerb entschieden werden. Doch unabhängig von dem noch ungeklärten ikonographischen Programm geht aus dem 1934 vorgestellten Modell die Bedeutung der Skulpturen als Platzwächter hervor. Sie sind, plaziert im Osten und Westen auf den Eckpfeilern der Brüstungsmauern an den Zugängen zum Platz, eindeutig auf den von den Mauern eingegrenzten Bezirk bezogen. Mit der Ausrichtung der Platzanlage auf die »Ehrentempel« wurden die mächtigen Skulpturen, jedenfalls die beiden im Blickfeld der »Ehrentempel« an der Arcisstraße geplanten, nicht allein überflüssig, sondern sogar zu einem Hindernis für den nun konzipierten Totenkult. An prominenter Stelle vor die Pfeilerhallen plaziert, hätten sie sowohl faktisch als auch durch ihre Aussage die Blickachse zu den »Ehrentempeln« besetzt und verstellt, hätten in doppelter Weise der Totenehrung und der Ausrichtung auf die Mausoleen entgegengestanden.

Wird solchermaßen verständlich, wie sehr das von Troost entworfene Figurenprogramm der nach seinem Ableben vollzogenen Umorientierung der Platzgestaltung widersprach, verwundert es nicht, daß es nie realisiert wurde. Zwar wurden die vier Großplastiken nie ausdrücklich aus dem Programm gestrichen, in den Kostenberechnungen sind sie noch bis zum Dezember 1937 als Ausgabeposten eingesetzt.[127] Zu ihrer Ausführung aber wurde lange Zeit nichts unternommen, ein erstaunlicher Umstand angesichts der im übrigen angeordneten Eile bei der Durchführung der Platzgestaltung. Im April 1936 wurden die als Skulpturensockel vorgesehenen Eckpfeiler der Brüstungsmauern schließlich mit Abdeckungen versehen.[128] Erst ein Jahr nach der Einweihung des neugestalteten Platzes und der »Ehrentempel« wurde im November 1936 ein Entwurfswettbewerb eingeleitet und zwar offenbar nur auf Drängen des Gauleiters Adolf Wagner.[129] Gefordert waren vier Plastiken mit Themen wie »›Ehre‹, ›Tapferkeit‹, ›Treue‹, ›Gehorsam‹ oder ›Deutsches Volk‹, ›Deutsche Erde‹ [...] Darstellungen bestimmter Ereignisse oder Personen [waren] nicht erwünscht.«[130] Ein Preis zu 4000, drei zu 3000, zehn zu 2000 und zwölf zu 1000 Reichsmark waren für die besten Arbeiten ausgesetzt; Einlieferungstermin war der 1. April 1937.[131] Der

122 Die Nähe zu klassizistischen Vorbildern ist evident. Arndt (1989, S. 71) nennt als besonders nahen Vergleich die Torhäuser von 1811/1815 beim Ratinger Tor in Düsseldorf. Andere Beispiele von Paris bis Berlin ließen sich aufzählen.

123 In der vom 9. November 1924 datierten Widmung des ersten Bandes an die Novembertoten von 1923: »Sogenannte nationale Behörden verweigerten den toten Helden ein gemeinsames Grab.« So noch der Auflage von 1932 vorangestellt.

124 Rosenberg 1955 (wie Anm. 28), S. 336. Danach hat Rosenberg seine Kritik auch Hitler vorgetragen. Die Aussage erscheint glaubhaft, obwohl erst nach der Niederlage des Nationalsozialismus während des Nürnberger Prozesses geschrieben: Rosenberg sagte sich weder von seiner Überzeugung noch von seiner Anhängerschaft an Hitler los.

125 Rüdiger 1935a, S. 281.

126 Bärnreuther 1993, S. 91.

127 StaatsA Mü, Landbauämter 2399.

128 Ebenda. Zur Einweihungsfeier des Königsplatzes im November 1935 wurden hölzerne, steinfarben bemalte Abdeckungen aufgesetzt, die im April des folgenden Jahres gegen Abdeckungen aus Stein ausgetauscht wurden.

129 Wagner an Hitler, 24.11.1936: Einsendung des Entwurfs für die Wettbewerbsausschreibung; Antwort des Chefs der Reichskanzlei Lammers unter Rücksendung des Entwurfs mit eigenhändigen Korrekturen Hitlers am 28. des Monats (BAP, R 42/II 1179. Den Hinweis verdanke ich Eva von Seckendorff); Einsendung des korrigierten Entwurfs durch Wagner am 30.11.1936 (Backes 1984, S. 245; dort als Standort angegeben: BAK, 43 II/1179).

130 »Münchener Künstlergenossenschaft«, Mitteilungen Januar 1937, hier zitiert nach Rasp 1981, S. 24.

131 Der Baumeister 1937, Beilage S. 37.

Wettbewerb wurde ohne Nachdruck unter Verschiebung des Einlieferungstermins bis zum 1. Juli des Jahres durchgeführt.[132] Die Publikation des Resultats erfolgte erst im März 1938.[133]

Offenbar hatte die Konkurrenz trotz reger Teilnahme keine befriedigende Lösung für das Skulpturenprogramm gebracht; unter den 491 Einsendungen wurde kein eindeutiger Sieger ermittelt. Vielmehr wurden in drei Preiskategorien insgesamt 26 Arbeiten prämiert. Die erste Gruppe mit 4, die zweite mit 5, die dritte mit 17 Nennungen.[134] Die Presseberichte begnügten sich mit der bloßen Auflistung des Resultats, ohne jeden Kommentar. Einzige Anmerkung war, daß über die Ausführung nichts entschieden sei.[135] Und dabei blieb es, ohne weitere Folgen.[136]

Daß man das Figurenprogramm stillschweigend fallen ließ, erklärt sich vermutlich aus der Überlegung, daß es einem inzwischen überholten Konzept der Platzgestaltung angehörte. Damit hängt möglicherweise auch zusammen, daß bei dem am meisten fortgeschrittenen Vorprojekt, bei dem erst 1938 ausgestellten vermutlichen Ausführungsmodell, die Skulpturen nicht mehr dargestellt sind. Eine andere Erklärung wäre – sie hängt mit der ersten eng zusammen –, daß der am 9. November 1935 eingeweihte Platz seinen Zweck so vollkommen erfüllt hatte, daß die Ergänzung durch die vier Großplastiken als überflüssig angesehen wurde, zumal Hitler sich inzwischen längst anderen Großprojekten zugewandt hatte, die sein Interesse stärker in Anspruch nahmen: Dem Ausbau der »Führerstädte« München, Berlin, Hamburg und Linz sowie der Ausgestaltung des Parteitagsgeländes in Nürnberg.

Die Durchführung der Umgestaltung

Noch bevor die Planungen für die Neugestaltung des Königsplatzes ausführungsreif waren, wurden die Vorbereitungen zu ihrer Realisierung eingeleitet. Im November 1934 begannen die Absprachen zwischen staatlichen und städtischen Behörden über Vorgehensweise und Finanzierung des Umgestaltungsprojekts. Am 27. des Monats wurde der Stadtrat von Oberbürgermeister Fiehler offiziell zum ersten Mal von dem Unternehmen in Kenntnis gesetzt. Auf Wunsch Hitlers, führte Fiehler aus, sollten die Arbeiten bis zum Sommer 1935 gleichzeitig mit der Neugestaltung des Alten Botanischen Gartens abgeschlossen werden. Wenige Tage später gab das Innenministerium durch das oben erwähnte Schreiben Adolf Wagners vom 5. Dezember des Jahres an Oberbürgermeister Fiehler unter Darlegung des Planungsstands erste konkrete Anweisungen zur Durchführung der Arbeiten. Die Abfolge der Maßnahmen, die Bauleitung und Bauaufsicht wurden in der Folge geklärt: Die Oberleitung wurde der Ministerialbauabteilung im Innenministerium übertragen, die Überwachung sollte durch das Landbauamt erfolgen, die praktische Durchführung der Arbeiten war Aufgabe des Stadtbauamts. Sämtliche Baumaßnahmen wurden durch das Atelier Troost unter der Leitung von Leonhard Gall entworfen und, wo nötig, durch die städtischen Bauämter zur Baureife gebracht.[137] Das Stadtbauamt unter seinem Leiter Stadtbaurat Fritz Beblo erstellte den Kostenvoranschlag, koordinierte die Ausschreibung und Vergabe der Arbeiten sowie der Materiallieferungen und war schließlich für Rechnungslegung und Bezahlung der Leistungen verantwortlich. In einer Besprechung der an den Arbeiten beteiligten städtischen Ämter wurden am 18. März 1935 der Aktionsplan mit den wichtigsten Arbeitsschritten und die Reihenfolge ihrer Durchführung festgelegt.[138] Die Pläne für einige wichtige Arbeiten standen zu diesem Zeitpunkt noch aus. Neben der Platzbeleuchtung war es vor allem die Bestimmung der Standorte für die Lautsprecheranschlüsse und für die Scheinwerferanlagen. Für beides sollte die Festlegung in Absprache mit dem Atelier Troost und mit der Propaganda-Abteilung der NSDAP sowie mit der Rundfunkdirektion erst noch erfolgen.

Die Realisation des Projekts stand unter großem Zeitdruck. Sie mußte binnen weniger Monate, bis zum 9. November 1935, dem Jahrestag des Putschversuchs Hitlers von 1923, abgeschlossen werden.[139] Unmittelbar nach Ende des Winters begann man daher noch vor Abschluß der Planungen, infolgedessen noch vor

132 VB 6.3.1937.

133 VB 10.3.1938; MNN vom gleichen Tag; KDR 2.1938, Anhang S. IV; Der Baumeister 1938, Beilage, S. 146.

134 Die Preisgelder wurden anders gestaffelt als in der Ausschreibung. Preisträger der 1. Gruppe (3500 RM) waren: Arno Breker/Berlin, Augustin Lohr/München, Hans Schmidt/Berlin, Otto Sonnleitner/München; 2. Gruppe (2800 RM): Georg Johann Lang/Oberammergau, Erich Prüssing/München, Hans Schmidt/Berlin, Anton Stöckl/Ramsau, Bernhard Verkerk/Berlin; 3. Gruppe (1000 RM): A. Breker (mit zwei Nennungen), Alois Dorn/München, Hans Faulhaber/München (zwei Nennungen), Richard Gerwerk/München, Hanns Goebl/München, Andreas Lang/Partenkirchen, Ernst Laurenty/München, Ferdinand Liebermann/München, Josef Müller/Augsburg, Hans v. Saalfeld/München, Walter Schuberth/Butzbach, A. Stöckl, B. Verkerk, Hans Wimmer/München sowie eine anonyme Arbeit.

135 MNN 10.3.1938.

136 Zuletzt meldete das Zentralblatt der Bauverwaltung im Jahr 1939 (S. 403), daß »die Abschlußpfeiler der Brüstungsmauern [...] in Kürze noch durch Plastiken geschmückt und betont« werden. Soweit bekannt, wurde keine der Arbeiten als für das Skulpturenprogramm Königsplatz entworfen je ausgestellt. Auch der dreifach prämierte Breker verschwieg in seinen Memoiren die Teilnahme am Wettbewerb.

137 Lediglich die beiden Betriebsgebäude wurden in Absprache mit dem Atelier Troost durch das städtische Hochbauamt selbständig geplant.

138 StaatsA Mü, Landbauämter 2398. Außer dem Hochbauamt wurden das Straßenbauamt, die Straßenbeleuchtung, die Elektrizitäts-, Gas- und Wasserwerke, ferner die Stadtentwässerung, die Stadtgärtnerei sowie das Vermessungsamt von seiten der Stadt tätig.

139 Gleiches galt für die Fertigstellung der »Ehrentempel« (vgl. Grammbitter im vorliegenden Band).

Hans Lehmbruch

41

Berechnung der genauen Bausumme, im März 1935 mit dem Abhub der Humusdecke auf der Platzfläche die Umgestaltung des Königsplatzes zu einem Aufmarschplatz für die NSDAP.[140] Der verwertbare Humusboden wurde für die gleichzeitig begonnene Neuanlage des Alten Botanischen Gartens verwendet, nicht verwertbarer Aushub wurde in die »städt. Grube an der Knorrstraße (Milbertshofen)«[141] verfrachtet. Der Auftrag ging an die Münchner Firma Leonhard Moll, die sämtliche Erdarbeiten[142] sowie, nach Abbruch der alten Umfassungsmauern, die Fundamentierung der Brüstungsmauern, ebenso für die Kandelaber und Fahnenmaste, ferner für die vier (nie aufgestellten) Trinkbrunnen in den Grünanlagen, schließlich auch die Erd- und Betonierarbeiten für die Kabelgräben und -schächte und als vordringliches Werk die Herstellung des Unterbaus aus Beton für die Verlegung der Platten auf der gesamten Platzfläche übernahm.[143]

Die ersten Ausschreibungen für die Materiallieferungen und Arbeiten waren im Januar 1935 erfolgt. Den größten und finanziell gewichtigsten Posten bildete die Lieferung und Verlegung der Granitplatten auf einer Fläche von rund 22 000 Quadratmetern. Den Zuschlag als Generallieferant erhielt durch Vertrag vom 27. Mai 1935 die Vereinigte Fichtelgebirgs-, Granit-, Syenit- und Marmorwerke A.G. (»Grasyma«) in Wunsiedel. Der Lieferumfang betrug 21 545 Granitplatten von knapp einem Quadratmeter Grundfläche,[144] davon 13 180 Platten mit einer Stärke von 5 cm und 8 365 Platten mit einer Stärke von 10 cm, hinzu kamen rund 500 kleinere Platten beider Stärken. Die »Grasyma« als Generalunternehmer vergab Teilaufträge an mehr als 16 Steinbrüche im Schwarzwald, Fichtelgebirge und Odenwald.[145] Die Anlieferung sollte ab dem 15. Juni 1935 mit drei Eisenbahnwaggonladungen täglich erfolgen, als Endtermin war der 1. August des Jahres festgelegt.[146]

Abb. 28
Königsplatz, Verlegung der Granitplatten, 1935

140 Laut Zentralblatt der Bauverwaltung 1939, S. 430 war Arbeitsbeginn der 15.3.1935, laut Dresler 1939, S. 27 der 20. des Monats.

141 StaatsA Mü, Landbauämter 2398.

142 U.a. zur Legung der Wasserleitungen für die in den Grünanlagen geplanten Trinkbrunnen und zu ihrer Entwässerung sowie zur Ableitung des Regenwassers von der Platzfläche.

143 StaatsA Mü, Landbauämter 2398 und 2399. Dort auch das Folgende.

144 Grundfläche der Platten: 0,99 x 0,99 m.

145 In dem Vertrag vom 27.5.1935 sind nur die Subunternehmen aus dem Fichtelgebirge und der Oberpfalz aufgezählt. Genannt sind Steinbrüche in: Floss (= Flossenbürg), Hildenbach, Höchstädt, Hof (a.d. Saale ?), Kaiserhammer, Kirchenlamitz, Marktleuthen, Münchberg, Rehau, Tröstau und Wunsiedel. Als Steinmaterial ist genannt: Waldsteingranit, Epprichstein blau

Abb. 29
Leonhard Gall und Steinmetzarbeiter auf dem Königsplatz bei der Brüstungsmauer südlich der Propyläen, 1935

und gelb, Schlossberggranit, Kösseine, Groppenhardt und rosa aurora Schwarzwaldgranit (StaatsA Mü, Landbauämter 2398).

146 Tatsächlich erreichte die erste Lieferung erst am 5.6., die letzte am 23.10.1935 München.

147 Ein vom 1. Oktober 1936 datierter Abrechnungsplan der Platzfläche mit den einzelnen Losen der an der Plattenverlegung beteiligten Firmen zeigt die Vielzahl der beschäftigten Steinmetzbetriebe (StaatsA Mü, Landbauämter 2399).

148 BayHStA, OBB Akten 12735.

149 StaatsA Mü, Planrolle 122 (Vorentwurf mit Grundriß und Aufriß, vom Zeichner signiert: »Weber«). Die dort angegebene Gesamthöhe (Fuß und Mast) beträgt 32,50 m.

150 StaatsA Mü, Landbauämter 2399.

151 Münchener Zeitung 27.10.1935.

152 Das Folgende: StaatsA Mü, Landbauämter 2395 (mit Plänen) sowie 2400 und 2401. Erste Steinuntersuchungen erfolgten seit 1925 an der Staatsgalerie, ab 1930 auch an der Glyptothek.

153 Auftrag des Kultusministeriums an das Landbauamt zur Erstellung von Gutachten für die Restaurierungen vom März und April 1935. Vorlage der Gutachten im Mai des Jahres.

154 Kostenvoranschlag für die Restaurierung der Nischenfiguren vom 10.2.1936, Vergabe der Stein- und Verputzarbeiten sowie Auftrag zur Erstellung der Gerüste im August 1938. Die auf Photos der Umgestaltungsarbeiten von 1935 erkennbaren Gerüste an der Glyptothek waren für die Voruntersuchung bestimmt.

155 Für die Feierlichkeiten 1935 und für andere große Veranstaltungen in der Folge wurden über den Brüstungsmauern bis in die Grünanlagen hinein neben den Museen, gelegentlich auch zu seiten der Propyläen, in die Höhe gestaffelte Tribünen aus Holz als ephemere Bauten aufgestellt.

156 Münchener Zeitung 22.11.1935.

157 StaatsA Mü, Landbauämter 2398 und 2399.

158 Gleichzeitig wurden auch die Gehwege auf der Ostseite der Arcisstraße mit gleichartigen Platten gepflastert. Pläne für die Pflasterung der Gehwege vor den NS-Bauten vom Februar 1936, für die unmittelbar an die Platzfläche angrenzenden Gehwege in der Luisen- und in der Arcisstraße vom April 1937 (BayHStA, NSDAP Baupläne

Als am 5. Juli die ersten Eisenbahntransporte mit Granitplatten in München anrollten, war der Betonunterbau der Platzfläche vollendet. Mit aller Beschleunigung wurde an der Verlegung der Platten gearbeitet; offenbar hatte man für diese Arbeit die meisten Steinmetzfirmen der Stadt, insgesamt etwa 26 Arbeitsgemeinschaften und selbständige Unternehmen, mobilisiert.[147] Die letzte Anlieferung von Platten erfolgte am 23. Oktober 1935, nur zwei Wochen vor der Einweihung des Platzes (Abb. 28).

Inzwischen schritten auch die andere Arbeiten voran. Die Pläne für die Fundamentierung der Brüstungsmauern lagen im April 1935 vor. Ihre Gestaltung wurde im Juni durch Aufstellung des oben erwähnten Modells in natürlicher Größe endgültig festgelegt und nach Guß des Betonkerns die Verkleidung mit Grünsfelder Muschelkalk (Mauer und Sitzfläche) sowie Gaubüttelbrunner Kern (Sockel und Konsolen) durch mehrere Steinmetzbetriebe ausgeführt (Abb. 29).

Im Juni und Juli legte das städtische Hochbauamt die Pläne für die beiden sogenannten Nebengebäude in den Grünanlagen bei den Propyläen vor. Sie wurden am 17. Juli zur Genehmigung eingereicht, die jedoch erst mit langer Verzögerung am 23. Oktober des Jahres erfolgte.[148] Zu diesem Zeitpunkt waren die beiden Bauten schon weitgehend erstellt.

Als beinahe letzte Maßnahmen vor der Einweihung des neugestalteten Platzes wurden die beiden Fahnenmaste und die 18 Kandelaber aus Gußeisen aufgestellt. Der Entwurf für die Fahnenmaste mit dem bekrönenden Adleremblem aus dem Atelier Troost ist vom 22. April 1935 datiert (Abb. 30),[149] der Fundamentplan vom 7. Juli 1935.[150] Bildhauer Schmid-Ehmen, der die »Hoheitsadler« modellierte, fertigte auch ein verkleinertes Gesamtmodell der beiden Maste. Ihre Lieferung und Montage erfolgte Ende Oktober durch die Firma MAN, Anfang November waren sie aufgestellt.

Ungefähr gleichzeitig arbeitete der Gipsformator Max Grabmeyer nach einer Vorlage des Bildhauers Hanns Goebl aus München an dem Gußmodell für die achtzehn Kandelaber. Es wurde im September 1935 probeweise auf dem Königsplatz aufgestellt, ehe es in das Hüttenwerk Weiherhammer nach Weiden (Oberpfalz) transportiert wurde. Im Oktober war der Guß beendet und noch im selben Monat die Kandelaberreihe auf der Südseite des Platzes aufgestellt,[151] bis Anfang November folgte die Reihe auf der Seite der Glyptothek.

Die Restaurierung der klassizistischen Bauten

Gleichzeitig mit der Herstellung der neuen Anlagen auf dem Königsplatz wurden an den drei klassizistischen Bauten Restaurierungsarbeiten durchgeführt. Gegenüber der noch unberührten Reinheit und Helligkeit des neu erstellten Plattenbelags und der Brüstungsmauern erschienen die von Alter und Luftverschmutzung beschädigten und geschwärzten Gebäude schäbig und dem mit der Neugestaltung des Platzensembles verbundenen repräsentativen Anspruch nicht mehr

Hans Lehmbruch 43

angemessen. Schon Jahre zuvor hatten Steinuntersuchungen an den beiden Museumsbauten gezeigt, daß Reinigungs- und Unterhaltsmaßnahmen an den Gebäudefassaden dringend erforderlich waren.[152] Die 1935 begonnene Umgestaltung des Platzes beschleunigte die Arbeiten.[153]

Die ersten Restaurierungsmaßnahmen erfolgten an der Staatsgalerie. Dort mußte rechtzeitig für die Pflasterung der Platzfläche zuerst die Freitreppe instandgesetzt werden. Doch konnten die Restaurierungen nicht in demselben Maß forciert werden wie das übrige Vorhaben. Nur ein Teil der Arbeiten an den Museumsgebäuden war bis zur Einweihung des Platzes abgeschlossen; andere Maßnahmen, so die Restaurierung der Nischenfiguren an der Glyptothek, wurden erst nach diesem Datum begonnen.[154] Auch die Erneuerungsarbeiten an den Propyläen gelangten nicht rechtzeitig zum Ziel. Bis zur Einweihung des Platzes wurde lediglich das von Tauben verschmutzte Innere des Torbaus gereinigt und die verblaßten Farben wieder aufgefrischt. Die vom Alter geschwärzten Außenfassaden jedoch blieben, wie auf Photos zu erkennen, in ihrem patinierten Zustand bestehen.

Fortsetzung der Umgestaltungsarbeiten nach der Platzweihe

Die Hauptarbeiten am Königsplatz, das heißt die Pflasterung der Platzfläche, die Setzung der Brüstungsmauern, die Aufstellung der Fahnenmaste und Kandelaber, waren bis zum 7. November 1935, dem Beginn der feierlichen Veranstaltungen zur Einweihung des neugestalteten Ensembles vollendet.[155] Sie fanden am 9. des Monats mit der Überführung der Särge der an der Feldherrnhalle gefallenen Parteitoten in die »Ehrentempel« ihren Höhepunkt. Nach den Tagen der feierlichen Totenehrung leitete am 22. November eine Wachparade mit Standmusik auch die touristische Nutzung der Anlage ein.[156] Noch aber blieben vor allem in den Randbereichen Restarbeiten auszuführen.[157] So wurden unter anderem 1936 und 1937 die an den Königsplatz angrenzenden Gehwege der Luisen- und Arcisstraße durch ein neues Pflaster der Platzfläche angeglichen. Verwendet wurden Platten aus farbigem Granit, die mit 0,49 x 0,49 m ein Viertel der Grundfläche der auf dem Platz verlegten Platten hatten.[158] Auch die Grünanlagen bei den Museen waren noch nicht wiederhergestellt. Diese Arbeiten wurden nach dem Plan des Ateliers Troost durch die städtische Gartenbauabteilung vom April 1936 bis zum Oktober des Jahres ausgeführt.[159] Der Boden mußte aufgefüllt werden, da er durch die Erhöhung der Platzfläche um den Betonunterbau und die Steinplatten »erheblich tiefer« lag als diese. Er wurde mit 2000 Kubikmeter Humusboden aufgefüllt, der bei den Erdarbeiten für die Siedlung an der Nibelungenstraße abgehoben wurde,[160] erst dann begann die Begrünung und Bepflanzung.

Nach den Plänen von 1935 sollten in den Grünanlagen nahe den Brüstungsmauern vier Trinkbrunnen gesetzt werden. Sie waren zur Erfrischung der Kundgebungsteilnehmer und der Zuschauer bestimmt, sollten daher besonders viele Wasserspender mit anhängenden Trinkbechern erhalten. Die Fundamente sowie die Zu- und Ableitungen für das Wasser wurden im Zuge der Gestaltung der Grünanlagen durch die Wasserbauabteilung des städtischen Tiefbauamts gelegt. Dann aber blieben die Arbeiten stecken; die Brunnen wurden nie aufgestellt, unbekannt aus welchen Gründen.[161]

Kosten und Finanzierung

Die Kosten für die Umgestaltung des Königsplatzes betrugen rund zwei Millionen Reichsmark (RM). Aus heutiger Sicht eine relativ kleine Summe,[162] damals jedoch ein sehr hoher Betrag. Der erste Kostenvoranschlag mit der genannten Summe lag am 21. Dezember 1934 vor;[163] er sollte sich im Lauf der Arbeiten durch nachträgliche Projektänderungen auf 2 138 145 RM erhöhen,[164] die jedoch nicht voll ausgeschöpft wurden, weil nicht alles Geplante zur Ausführung kam, so daß zuletzt die ursprünglich angesetzte Summe sogar noch unterschritten wurde.[165] Die Finanzierung erfolgte auf der Grundlage des ersten Kostenvoranschlags nach einem am 25. Januar 1935 vereinbarten Schlüssel: Der bayerische Staat und die

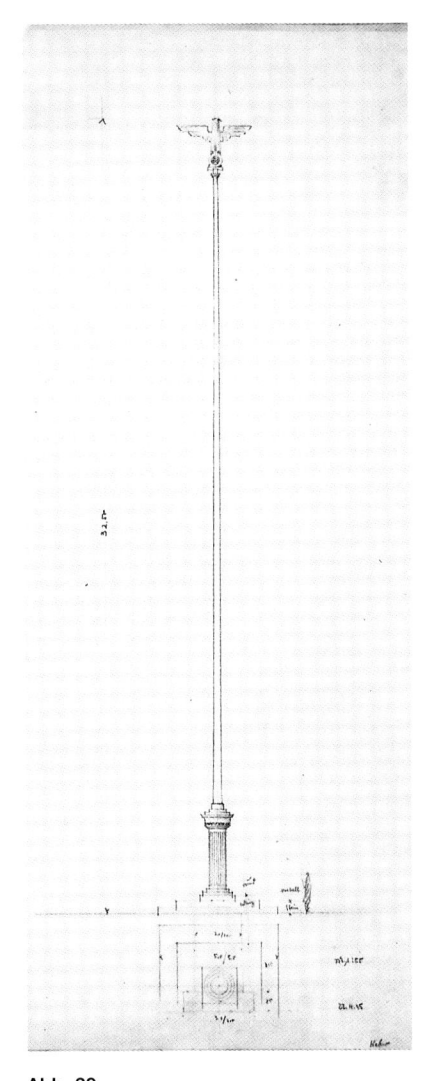

Abb. 30
Königsplatz, Entwurf für die Fahnenmaste, Grund- und Aufriß, Atelier Troost, 22.4.1935

4728 und 4730; StaatsA Mü; Landbauämter 2399). Einige Reste des Plattenbelags sind vor der Musikhochschule noch erhalten.

159 StaatsA Mü, Landbauämter 2398 und 2399: Pläne vom Februar 1936.

160 StaatsA Mü, Landbauämter 2399; VB 5.4.1936, mit Bericht über die 1936 noch ausstehenden Arbeiten.

161 StaatsA Mü, 2399.1942 wurden in den Grünanlagen östlich der Glyptothek und westlich der Staatsgalerie (wie zuvor schon hinter dem »Führer-« und dem »Verwaltungsbau«) unterirdische Löschwasserbehälter angelegt, die vom Wassernetz der Stadt unabhängig waren (BayHStA, MK 50906). Heute sind nur noch die Behälter westlich der Staatsgalerie mit einem Inhalt von ca. 300 cbm und im Hof des ehemaligen »Führerbaus« (Musikhochschule, Arcisstraße 12) mit einem Inhalt von ca. 500 cbm in Betrieb. (Diese Auskunft verdanke ich Herrn Fürsicht, Branddirektion München.)

NSDAP hatten je ein Viertel der Summe, jeder also 500 000 RM aufzubringen, die verbleibende Hälfte in Höhe von einer Million die Stadt München. Der Kostenanteil vom Staat und von der NSDAP wurden in mehreren Raten entsprechend dem Arbeitsfortschritt ausgezahlt, die Stadt finanzierte den größten Teil ihres Beitrags aus einem »günstigen Darlehen« der NSDAP, das ihr am 20. Dezember 1934 zu diesem Zweck gewährt wurde.[166]

Es kann an dieser Stelle nicht auf alle Ausgabenposten eingegangen werden; nur die wichtigsten seien hier nach der Schlußabrechnung vom Jahresende 1937 angeführt: Den höchsten Betrag erforderte die Pflasterung der Platzfläche, die mit insgesamt 1 455 513 RM zu Buch schlug. Davon nahm die Lieferung der Granitplatten mit Fracht und Anfuhr rund eine Million, ihre Verlegung etwa 200 000, die Erd- und Betonierarbeiten für den Plattenunterbau durch die Firma Leonhard Moll 240 000 RM in Anspruch. Die Wiederherstellung der durch die Bauarbeiten verwüsteten Grünanlagen bei den Museen durch die Stadtgartendirektion kostete 36 000 RM.[167]

Die Ausgaben der Hochbauabteilung betrugen 270 000 RM. Darin enthalten waren unter anderem die Baukosten für die Betriebsgebäude mit insgesamt 98 000 RM, die Beschaffung und Errichtung der Fahnenmaste mit 46 000 RM und die Ausführung der Brüstungsmauern mit 108 000 RM. Die Erstellung der Lichtanlagen durch die städtische Straßenbeleuchtung erforderte insgesamt 138 000 RM, davon 38 000 RM für die Anfertigung und Errichtung der 18 Kandelaber und 17 000 RM für die Einrichtung der Flutlichtanlage. Hinzu kamen die Kosten für die Kabelverlegung und für die Beschaffung der Filmscheinwerfer mit den erforderlichen Anschlüssen.[168] Die Lautsprecheranlage sollte mit Kabelverlegungen, Stromversorgung und Geräten 125 000 RM kosten[169]; sie wurde von der Propaganda-Abteilung der Münchner NSDAP bezahlt.[170]

Zuletzt seien noch die Honorare erwähnt, die für die Ausarbeitung der Entwürfe gezahlt wurden: Das Architektenhonorar für das Atelier Troost betrug 20 000 RM, 1 % des ersten Kostenvoranschlags,[171] dazu kamen 478 RM als Spesenersatz. Der Bildhauer Kurt Schmid-Ehmen erhielt für den Entwurf der »Hoheitsadler« für die Fahnenmastbekrönung einschließlich der Ausarbeitung von Modellen insgesamt 3100 RM, an den Bildhauer Hanns Goebl gingen 1000 RM für die Gestaltung des Kandelabermodells, weitere Honorare von insgesamt 166 RM wurden an den Bildhauer Konrad Buchner für die Ausarbeitung von Architekturmodellen für die Umgestaltung des Königsplatzes gezahlt.[172]

Schon am 20. November 1936, rund ein Jahr nach der Einweihung des Platzensembles, hatte das Landbauamt in Schreiben an das Innen- und an das Finanzministerium die Umgestaltung des Königsplatzes für im wesentlichen abgeschlossen erklärt.[173] Die Nachfolgelasten: Betrieb, Unterhalt und Reinigung des neugestalteten Ensembles blieben noch zu regeln. Das Landbauamt hatte bereits am 6. Juli des Jahres vorgeschlagen, diese Kosten nach demselben Schlüssel aufzuteilen wie die Finanzierung der Platzgestaltung. Mit anderen Worten: je ein Viertel sollten der Staat und die NSDAP, die verbleibende Hälfte die Stadt zu tragen haben. Gleichzeitig galt es, die Eigentumsverhältnisse an der Platzfläche zwischen Stadt und Staat neu zu regeln. Durch ihre einheitliche Gestaltung war die zuvor bestehende Abgrenzung zumindest optisch nicht mehr auszumachen: Die Fahrbahn der Brienner Straße gehörte der Stadt, die Restflächen dem Bayerischen Staat.[174] Um neuerlich zu einer eindeutigen Abgrenzung der Anteile zu gelangen, sollte nach einem Vorschlag des Landbauamts der Stadt die gesamte Platzfläche zugeschlagen werden, der Staat sollte allein die Grünanlagen bei den Museen behalten. Wie die gefundene Lösung tatsächlich aussah, bleibt noch zu klären.[175]

Exkurs: Königsplatz – Königlicher Platz?

In den Jahren unmittelbar nach dem Krieg wurden wie andernorts auch in München Straßen mit Namen, die an das vergangene NS-Regime erinnerten, neu- oder rückbenannt, eine Maßnahme, die den Umbenennungsaktionen der NSDAP nach der »Machtergreifung« im Jahr 1933 spiegelbildlich glich.[176] Damals wurde

---

162 Für die Wiederbegrünung des Königsplatzes wurden 1986 über sechs Millionen Mark veranschlagt (SZ 17.10.1986).

163 Wie Anm. 83. Neuerliche Berechnungen der Kosten erfolgten am 25.11.1935 und am 25.4.1936, die Abschlußrechnung am 30.12.1937 (StaatsA Mü, Landbauämter 2398 und 2399. Dort auch das Folgende).

164 Kostenvoranschlag vom 25.4.1936.

165 Laut Abschlußrechnung vom 30.12.1937 waren bis zu diesem Zeitpunkt 1 953 764,10 RM ausgegeben. Nicht ausgeführt waren die von Troost geplanten Großskulpturen und die vier Trinkbrunnen in den Grünanlagen (StaatsA Mü, Landbauämter 2399).

166 StadtA Mü, Ratsprotokolle. Wie die »günstigen« Konditionen aussahen, zu denen das Darlehen erteilt wurde, ist nicht genannt.

167 Hier und im folgenden abgerundete Summen. Nebenausgaben sind zum Teil nicht mitgezählt. Abweichende Angaben in den verschiedenen Berechnungen bleiben hier ungeklärt.

168 Rechnung vom 25.11.1935. Die »Lieferung und Aufstellung von 4 Kandelabern mit Laternen in besonderer Ausführung nächst den Ehrentempeln«, stand bis 1937 noch aus, da für sie noch keine Entwürfe aus dem Atelier Troost vorlagen. Wofür sie bestimmt waren (für die Eingänge zu den »Ehrentempeln« an der Brienner Straße?), und ob sie je ausgeführt wurden, bleibt noch zu klären (StaatsA Mü, Landbauämter 2398 und 2399).

169 U.a. 26 Rundstrahler, 2 bewegliche Lautsprecher, 6 Mikrophone (laut Versandanzeige vom 5.11.1935. StaatsA Mü, Landbauämter 2398).

170 Laut Schreiben des Stadtbaurats Beblo an das bayerische Innenministerium vom 10.8.1935 (StaatsA Mü, Landbauämter 2398).

171 Gezahlt am 24. Juni 1936 aus dem »Ausserordentlichen Haushalt Strassenbau; Umgestaltung des Königsplatzes« (StaatsA Mü, Landbauämter 2399).

172 StaatsA Mü, Landbauämter 2399.

173 StaatsA Mü, Landbauämter 2398. Dort auch das Folgende.

174 Dem Staat gehörten einschließlich der Gebäude 42050 Quadratmeter Grundfläche, der Stadt 5500 Quadratmeter (die Brienner Straße, die Grünfläche im Osten neben der Staatsgalerie und die Propyläen mit dem Rondell, auf dem sie standen).

175 Offenbar kam es zu keiner eindeutigen und rechtsverbindlichen Regelung, wie sich nach dem Kriege bei der Wiederbegrünung des Königsplatzes zeigte (Vgl. u.a. SZ 14.5.1986).

176 StadtA Mü, BuR 1986 und 1988. Vgl. auch SZ vom 26.6.1995.

unter anderem auch der Vorschlag gemacht, die von dem NS-Regime hingeschlachteten Opfer durch eine Gedenkstätte auf dem Königsplatz zu ehren. Dementsprechend sollte der Denkmalort den Namen »Platz der Opfer des Faschismus« oder »des Nationalsozialismus« tragen. Der nach dem Krieg durch die amerikanische Besatzungsmacht wieder in das Amt geholte Oberbürgermeister Scharnagl lehnte beides ab: Als städtebauliche Schöpfung Ludwig I. sollte der Platz unangetastet bleiben.[177] Auch die Namensänderung hielt er für überflüssig, da nach seiner Meinung schon die »Rückbenennung« in Königsplatz, nachdem die traditionelle Bezeichnung zuvor »vom Nationalsozialismus abgeändert« worden war, als ausreichende Wiedergutmachung anzusehen sei.[178] Scharnagl spielte auf die Tatsache an, daß der Platz seit 1935 in Reden und schriftlichen Äußerungen statt mit dem traditionellen Namen im öffentlichen Sprachgebrauch als »Königlicher Platz« bezeichnet wurde. Wie aber verhielt es sich mit dieser Benennung?

Als Oberbürgermeister Fiehler in einer feierlichen Ansprache vor der Stadtratsfraktion der NSDAP die am 2. August 1935 erfolgte »Ernennung« Münchens zur »Hauptstadt der Bewegung« bekanntgab,[179] war die Verleihung des Ehrentitels durch Hitler für ihn eine Genugtuung: Mehrfach hatte er bei dem Versuch, die besondere Beziehung der Stadt zu der NSDAP durch Umbenennung innerstädtischer Straßen nach den Namen der neuen Machthaber zu demonstrieren, Ablehnung durch Hitler erfahren müssen. So etwa mußte er am 30. Mai 1933 im Stadtrat bekanntgeben, daß der Wunsch, die Brienner Straße in »Adolf-Hitler-Straße« umzubenennen, von dem zu Ehrenden abgelehnt worden sei, weil »die architektonische Anlage und Ausgestaltung der Brienner Straße auf die Zeit der Wittelsbacher zurückgeht«.[180] Schon zuvor hatte Hitler auch die Umbenennung des Odeonsplatzes nach seinem Namen oder alternativ in »Platz der Freiheit« abgelehnt.[181]

Ähnlich war es Fiehler ergangen, als er 1934 nach dem Tod von Troost den Architekten durch die Umbenennung einer Straße im Innenstadtbereich zu ehren gedachte. Durch einen Beschluß des Stadtrats vom 18. Oktober 1934 ließ er die Galeriestraße in »Trooststraße« umtaufen (Abb. 172).[182] Doch schon am 20. November des Jahres mußte er den Beschluß rückgängig machen, da Hitler die Galeriestraße der Bedeutung Troosts nicht angemessen fand. Ein großer Platz, »an dessen Ausgestaltung – wenigstens im Grundplan – Herr Professor Troost selbst noch mitgearbeitet hat«, sollte, so Hitler, den Namen des Baumeisters tragen, und zwar das noch zu schaffende Parteiforum zwischen der Alten Pinakothek und dem in Planung begriffenen Kanzleigebäude der NSDAP an der Gabelsbergerstraße.[183]

Fiehler wurde vorsichtiger: 1935 trug er sich mit der Absicht, den neugestalteten und am 9. November eingeweihten Königsplatz in »Königlicher Platz« umzubenennen.[184] Bevor er jedoch zur Tat schritt, ließ er durch Leonhard Gall, bauleitender Architekt der Umgestaltung in der Nachfolge Troosts, die Meinung Hitlers erfragen. Wiederum lehnte Hitler ab. Am 23. Dezember 1935 teilte Gall Oberbürgermeister Fiehler in knappen Worten die Entscheidung mit: »Der Führer ist der Ansicht, daß der Platz nicht umbenannt werden, also weiterhin Königsplatz heißen soll.«[185]

Die Antwort war unmißverständlich, und sie war Befehl. Eine offizielle Umbenennung des Platzes fand nicht statt. Dementsprechend verzeichnen auch die Stadtadreßbücher bis zum Ende des NS-Regimes keinerlei Namensänderung: Die Benennung »Königsplatz« blieb. Auch die Gegenprobe fällt negativ aus: In den bisher erschlossenen Akten zu den Rückbenennungsmaßnahmen der Nachkriegszeit findet sich kein Nachweis über eine offizielle Rücktaufe.

Dennoch ist in zahlreichen Publikationen und selbst in amtlichen Schreiben seit November 1935, und zwar oft nebeneinander, sowohl die Bezeichnung »Königsplatz« als auch »Königlicher Platz« zu lesen.[186] Es gab in dieser Hinsicht keine Regel, auch dies ein Hinweis, daß eine amtliche Umtaufe nie stattgefunden hat. Doch durch die häufige Verwendung des Zweitnamens ist bis heute entgegen den Tatsachen der irrige Eindruck entstanden, der Name »Königlicher Platz« sei zwischen 1935 und 1945 die amtliche Bezeichnung des Königsplatzes gewesen.

177 Von der Rückgängigmachung der 1935 erfolgten Umgestaltung ist in der Stellungnahme Scharnagls nicht die Rede!

178 Erster Antrag durch die Betreuungsstelle für politisch Verfolgte zur Umbenennung der Brienner Straße und des Königsplatzes in »Straße« bzw. »Platz der Opfer des Faschismus« im Januar 1946. Abgelehnt, weil traditionelle Straßennamen nicht geändert werden sollten. Wiederaufnahme des Antrags für den Königsplatz durch die SPD-Fraktion im Rathaus am 2.12.1946. Obengenannte Stellungnahme durch Oberbürgermeister Scharnagl vom 13.1.1947 (StadtA Mü, BuR 1986).

179 Sitzung des Stadtrats am 6.8.1935 (StadtA Mü, BuR 161).

180 StadtA Mü, BuR 306/6. Einzige Neubenennung in der Maxvorstadt zwischen 1933 und 1945 war, soweit wir sehen, der Name »Walter-van-Dyk-Platz« (1856–1934, Mathematiker, Dozent und Rektor der Technischen Hochschule München) für den Vorplatz vor der Hochschule gegenüber der Alten Pinakothek an der Arcisstraße (Beschluß des zuständigen städtischen Hauptausschusses vom 14.12.1933. StadtA Mü, Straßenbenennungen 35).

181 StadtA Mü, BuR 305/6.

182 StadtA Mü, Straßenbenennungen 35 und 40/56; Ratsprotokoll vom 18.10.1934 (zitiert nach Münchener Gemeindezeitung vom 24.10.1934).

183 StadtA Mü, Ratsprotokoll vom 20.11.1934.

184 Vermutlich sollte durch Änderung des Bestimmungsworts in ein beschreibendes Attribut die zur Ehrung der Monarchie gewählte Platzbenennung abgeschwächt werden.

185 StadtA Mü, BuR 305/8b.

186 Als Beispiel für wechselnde Bezeichnungen in derselben Publikation: Dresler 1939, S. 23 »Der Königsplatz« in der Kapitelüberschrift; S. 24 (und an weiteren Textstellen) »Königsplatz« und »Königlicher Platz«; VB 6.3.1937: »Die Plastiken für den Königsplatz« als Überschrift; »auf dem Königlichen Platz« im Text. Die Beispiele ließen sich vermehren.

Abb. 31
VB (Süddt. Ausgabe) 11.11.1935, Aufnahmen (von links oben):
Dietrich, Henkel, M. Berndl, Kurt Huhle, Hans Dietrich, Nortz, Valérien, Presse-Illustration Nortz, Nortz, Weltbild

Annette Philp

Prägende Bilder
Die nationalsozialistischen Bauten am Münchner Königsplatz in Photographien von 1934 bis 1938

Die ins heutige Bildgedächtnis eingegangene Vorstellung von der Gestaltung des Königsplatzes in München im Nationalsozialismus basiert auf zeitgenössischen Photographien, die die Anlage mit den Mitteln der konventionellen Architektur- und Stadtphotographie darstellten. Sie zeigen einen gepflasterten, menschenleeren Königsplatz mit Glyptothek, Propyläen und damaliger Staatsgalerie[1] an seinen Rändern, sowie, ihn nach Osten abschließend, die beiden »Ehrentempel« mit den sie achsensymmetrisch flankierenden Parteibauten. Diese scheinbar neutralen Photographien einer monumentalen Platzanlage werden auch heutzutage als Anschauungsmaterial und zur Illustration herangezogen. Quellenkritische Fragen nach damaligen Entstehungsbedingungen und Publikationsstrategien bleiben dabei weitgehend unberücksichtigt. Nun erhalten aber diese Architekturphotographien ihren Sinnzusammenhang erst, wenn sie im Rahmen nationalsozialistischer Selbstdarstellung gesehen werden. Um diesen Zusammenhang zu untersuchen, wurden Photographien in verschiedenen Publikationstypen wie Architekturfachpresse, Kulturzeitschriften und Bildbänden herangezogen. Allem voran aber waren die Abbildungen in den NSDAP-eigenen Tageszeitungen und Illustrierten besonders wichtig.

Nach der nationalsozialistischen Machtübernahme am 30. Januar 1933 wurde als erstes monumentales Bauvorhaben neben dem »Haus der Deutschen Kunst« die Umgestaltung des Königsplatzes in Angriff genommen. Das Großprojekt der NSDAP, das von dem Architekten Paul Ludwig Troost geplant und nach seinem Tode 1934 von seinem Atelier ausgeführt worden war, umfaßte zwei Parteibauten, den nördlichen Bau für Repräsentationszwecke Hitlers, den südlichen als Verwaltungsgebäude der NSDAP. Dazwischen standen zwei offene Pfeilerbauten, die sogenannten »Ehrentempel«, Ruhestätte für die »Helden der Bewegung«. Der Königsplatz, der als Aufmarschplatz dienen sollte, wurde gepflastert. Da der öffentlichkeitswirksame Akt der Grundsteinlegung des sich nur sukzessiv entwickelnden Projekts[2] entfallen war, setzte die ausführliche Berichterstattung in den Medien erst ein, als im März/April 1934 im kleinen Ausstellungsgebäude im Alten Botanischen Garten die Modelle von Königsplatz und Parteibauten der Öffentlichkeit präsentiert wurden. Publikationsstrategien mußten für dieses Projekt, das im Nationalsozialismus ohne Vorläufer war, Schritt für Schritt entwickelt werden.

Mit der Einrichtung des Propagandaministeriums unter Joseph Goebbels im März 1933 war die Umorganisierung und Zentralisierung des Pressewesens in die Wege geleitet worden.[3] Der Zugang zum Journalistenberuf wurde mit dem Schriftleitergesetz, das am 1. Januar 1934 in Kraft trat, nach rassischen und politischen Gesichtspunkten reglementiert. Auch die Photoreporter hatten nun den Status eines Schriftleiters und waren fortan als »Bildberichterstatter« zu bezeichnen. Auf der täglich in Berlin stattfindenden Pressekonferenz des Propagandaministeriums wurden laufend Anweisungen ausgegeben, meist in Form von Empfehlungen, seltener als Verbote. Zur Kontrolle des Feuilletons, das als idealer Ort der unauffälligen Indoktrinierung galt, wurde ab 1936 zusätzlich die Kulturpolitische Pressekonferenz eingerichtet. Noch im November des Jahres erließ Goebbels das generelle Verbot der Kunstkritik, stattdessen forderte er die »Kunstbetrachtung«, die nur die positiven Erscheinungen würdigen sollte.[4] Schon im ersten Jahr der Presselenkung begannen sowohl die Redakteure als auch die Leiter der Pressestellen über die uniforme Berichterstattung zu klagen. Davon waren die Pressephoto-

---

1 Zu den verschiedenen ehemaligen Nutzungen der heutigen Antikensammlung vgl. Königsplatz 1988, S. 32.

2 Vgl. Grammbitter im vorliegenden Band.

3 Zur nationalsozialistischen Presselenkung zuletzt: Hoffmann und Hitler 1994, S. 70–89 [mit Literaturverzeichnis].

4 Fröhlich, Elke: Die Kulturpolitische Pressekonferenz des Reichspropagandaministeriums. In: Vierteljahrshefte für Zeitgeschichte 22.1974.4, S. 348–381.

Abb. 32
Die Bauzeitung 32. 1935. 31, Titel,
Aufnahme: Presse-Illustrationen Heinrich
Hoffmann

Abb. 33
Die Bauzeitung 32. 1935. 31, S. 437,
Aufnahme: unbekannt

5 Vgl. die fortlaufenden Diskussionen zur
Uniformierung in Wort und Bild im Jahrgang
1934 der Zeitschrift *Deutsche Presse*.

6 Zu der Flut von Publikationen im Jahr
1934 vgl. die Bibliographie im vorliegenden
Band.

graphen nicht ausgenommen, denen standardisierte Aufnahmen, vor allem der Massenveranstaltungen, vorgeworfen wurden.[5]

Die zahlreichen Artikel anläßlich der Ausstellung des Königsplatzmodells, die in den großen Tageszeitungen, Wochenillustrierten und Architekturfachblättern erschienen, waren einander bis ins Detail ähnlich.[6] Offensichtlich war die Presse angewiesen, über dieses Ereignis mit vorgegebenem Inhalt und Abbildungsmaterial zu berichten. Aus der Summe der Artikel läßt sich ohne Schwierigkeit der zugrundeliegende Pressetext rekonstruieren, darüber hinausgehende eigenständige Beurteilungen gab es, wenn überhaupt, nur in den Fachblättern. In der Regel zeigten mindestens zwei Photographien das Übersichtsmodell, während im Text die wichtigsten gestalterischen Merkmale der Bauten aufgezählt und eine Sinndeutung mitgeliefert wurde (Abb. 32). Die Abbildungen halfen, eine konkrete Vorstellung vom Bauprojekt zu vermitteln. Die Modellphotos vom Königsplatz, die von der Firma Heinrich Hoffmanns angefertigt wurden,[7] sind erste Schritte in Richtung einer bald perfekt eingesetzten Modellaufnahmetechnik, die eine Unterscheidung von gebautem und projektiertem Bau zunehmend verhinderte, um so den Mythos vom geschlossenen »Bauwillen« zu unterstützen.[8] Mit nur einem starken Scheinwerfer beleuchtet, erhielt das weiße Modell durch kräftige Schlagschatten Plastizität, während die Kamera die Perspektive einnahm, die sich einem zukünftigen Passanten vom fertiggestellten Bau bieten würde. Hier war ein Erscheinungsmodus vorgegeben, der später am vollendeten Bau von den Photographen nachgeahmt werden sollte. Eine zweite Photographierweise wurde in einer Freilichtsituation entwickelt. Ein penibel ausgeführtes Teilmodell des Parteigebäudes im Maßstab 1:20 mit aufgemalten Steinquadern und Miniaturdekorationen wurde bei Sonnenlicht vor dem Hintergrund von Bäumen und Gebäuden photographiert, um so ein existierendes Gebäude vorzutäuschen (Abb. 33, 174, 175).[9] Dies paßt zu den detaillierten Schilderungen von Maßen und Baumaterialien in den Texten – eine Eigenheit der nationalsozialistischen Propaganda, alles bis ins Kleinste vor Augen zu führen und nichts im Ungewissen zu belassen. Auch über den Zweck des Bauwerks wurde der Leser aufgeklärt: »Der Königsplatz in seiner Ausgestaltung soll der architektonisch und zugleich symbolhaft sinnvolle Rahmen werden für die großen Kundgebungen der durch den Geist des Führers zum bewußten Volk gewordenen Deutschen.«[10] Mit dieser Verkündigungskampagne von 1934 war das neue Bauprojekt eingeführt.

In Architekturzeitschriften finden sich 1935 keine Artikel, die die Bauphase bildlich dokumentierten. Offensichtlich wollte man dort die tatsächliche Entstehung des Bauwerks, die Stückwerk war, nicht zu Propagandazwecken auswerten. Erst mit der Fertigstellung konnte in der Rückschau die Bauphase als straff umgesetzter »Bauwille« und Leistungsbeweis deutscher Arbeitskraft dargestellt werden.[11] In Tageszeitungen und Illustrierten hingegen erschienen im Frühjahr 1935, als auch mit den Arbeiten zur Pflasterung des Platzes begonnen wurde, Berichte von der Baustelle (Abb. 34). Diese Berichte waren nicht etwa Informationen zum Baufortgang, sondern wurden lanciert, um Adolf Hitler in der Rolle des Bauherrn zu zeigen, der persönlich über die Bauausführung wacht. Dies war die Visualisierung einer der zentralen Metaphern der Führerpropaganda, vom »Ersten Baumeister des Dritten Reiches«.[12] Hitlers enger Freund, der Photograph Heinrich Hoffmann, entwickelte aus diesen durchaus den Neigungen des »Führers« entsprechenden Interessen eine Ikonographie, die diesen über Jahre hinweg beim Besuch von Architekten, beim Begutachten von Plänen und Modellen und beim Besichtigen von Baustellen – auch der der Autobahn – zeigte.[13] Diese Stilisierung kulminierte, als im November 1935 in München neben dem Richtfest der Parteibauten auch noch Aufnahmen von den Richtfesten der neugebauten Ludwigsbrücke, der Umgestaltung des Alten Botanischen Gartens und des »Hauses der Deutschen Ärzte« erschienen. In der Berichterstattung über das Richtfest am Königsplatz wurde mit der vielphotographierten Festrede des Poliers[14] noch einmal »Aufbau«-Propaganda betrieben. Veranschaulicht wurde die soziale Wirkung des Großprojekts als Mittel der Arbeitsbeschaffung und Wiederbelebung der traditionellen Handwerksberufe, vor allem dem des Steinmetzes. Hitler, der als

Annette Philp

Abb. 34
IB 22.8.1935, Aufnahmen: Heinrich Hoffmann

Bauherr angesprochen wurde, erschien in der Rolle des persönlichen Auftraggebers.¹⁵
In den Artikeln zum Richtfest am Königsplatz waren die ebenfalls fertiggestellten »Ehrentempel« kaum erwähnt oder abgebildet worden. Dabei galt ihnen die Eile, mit der die Bautätigkeit vorangetrieben worden war. Immerhin deuteten die Berichte an, daß sie wenige Tage später mit den Feiern zum 9. November 1935 eingeweiht werden sollten. Am 9. November 1923 waren fünfzehn Anhänger Hitlers sowie ein Unbeteiligter beim Putsch an der Feldherrnhalle erschossen worden, derer die NSDAP in der Folge alljährlich gedachte. Dieser parteiinterne Gedenktag wurde erstmals im Jahr der Machtübernahme, 1933, aufwendig öffentlich inszeniert. Für die Organisation des Festprogramms war eigens ein »Amt für den 8./9. November« unter SS-Leitung eingerichtet worden.¹⁶ Die wichtigsten Programmpunkte umfaßten für den 8. November das Treffen der »Alten Kämpfer« im Bürgerbräukeller mit Ansprache Hitlers; am 9. November folgte die feierliche Wiederholung des historischen Marsches zur Feldherrnhalle, wo das von Troost entworfene Mahnmal eingeweiht wurde. 1935 wurde das Gedenkritual, erweitert um die Station des Königsplatzes, zur nationalen Feier ausgebaut.¹⁷ In der Presse wurden die einzelnen Programmpunkte in Text und Bild (Abb. 35) vorgestellt: Die exhumierten Leichen der Toten von 1923 wurden zum Königsplatz überführt und in den »Ehrentempeln« in Eisensarkophagen bestattet.¹⁸ Im »Letzten Appell«, der bildlich nicht erfaßbar war, wurden die Toten beim Namen gerufen, an ihrer Stelle antworteten die aufmarschierten Parteigliederungen mit »Hier!«. Danach legte Hitler Kränze nieder und kondolierte den Hinterbliebenen. Eine Formation der SS marschierte auf, um erstmals die Ehrenwache zu beziehen. Zum Schluß wurde die Jugend zum Eintritt in die Partei vereidigt.
Der an christlichen liturgischen Formen, vor allem der Osterpassion orientierte Programmablauf konnte, gerahmt von aufwendiger Festdekoration und Musik, eine enorm suggestive Wirkung entfalten. Mit den Feiern vom 8./9. November sollte der Nationalsozialismus historisch verankert werden. Die als Märtyrer gefeierten Toten waren Garanten für die Richtigkeit des eingeschlagenen Weges. Im Ritual des repetitiven Gedenkens, das sich im Akt der Vergegenwärtigung besonders auffällig religiöser Praktiken bediente, wurde das Zugehörigkeitsbewußtsein zur Partei und im erweiterten Sinne zur »Volksgemeinschaft« gestärkt. Gebettet auf die Ideologie vom Opfertod, wurde, in Traditon der Heldengedenken des Ersten Weltkriegs, die Verpflichtung zur nationalsozialistischen Idee eingefordert. Aus der einfachen Vorstellung, daß Leben aus dem Tod erwächst, wurde die soldatische Formel »Sieg aus dem Opfer«.¹⁹ Die Formel, die eine unauflösliche, ja biologisch determinierte Verbundenheit der Lebenden mit den für sie Gestorbe-

7 Vgl. den Urhebernachweis (S. 212) der ansonsten anonym publizierten Aufnahmen in Monatshefte 1934. Mit acht Modellaufnahmen ist dieser Bericht am umfangreichsten bebildert. Im Nachlaß Hoffmann, BSB, haben sich einige Aufnahmen erhalten, die dokumentieren, wie das Modell photographiert wurde. Auffällig ist das improvisierte Vorgehen; das Modell wurde in einem notdürftig mit Papierbahnen abgespannten Lagerraum photographiert. Man vertraute auf die Nacharbeiten mittels Retusche.

8 Vgl. dazu Schönberger 1981, S. 56–59.

9 Auf der abgebildeten Aufnahme konnte der Sonnenstand nicht mit der Ausrichtung des Gebäudes in Einklang gebracht werden. Hier fallen die Schatten von Norden nach Süden. Weitere Abbildungen in: Zöberlein 1934a, S. 592; Fellheimer 1935.

10 Baugilde 1934, S. 271.

11 Vgl. den Sammelbericht in: Bauzeitung 1935, S. 433–440.

12 Zur Rolle Hitlers als »Erster Baumeister des Dritten Reiches« vgl. Hoffmann und Hitler 1994, S. 260–277. Vgl. auch Arndt im vorliegenden Band.

13 Zur zentralen Rolle Heinrich Hoffmanns in der nationalsozialistischen Bildpublizistik vgl. Hoffmann und Hitler 1994.

14 Vgl. die Abb. [Hitler dankt dem Polier], VB (Norddeutsche Ausgabe) 5.11.1935, Titelseite – Photo: Weltbild; die Abb. [Rede des Poliers], Berliner Illustrirte, 7.11.1935 – Photo: Max Ehlert.

15 Vgl. den Richtspruch eines Arbeiters in VB (Süddeutsche Ausgabe) 4.11.1935.

16 Wesentlich zur Feier des 8./9. November: Baird 1990, S. 41–72, hier S. 49. Bairds Darstellung beruht auf den Akten der NSDAP-Propagandastelle. In kunsthistorischen Belangen gibt es einige Ungenauigkeiten. Vgl. auch Arndt 1989, der sich v.a. auf ein Minutenprogramm von 1938 stützt.

17 Wegen der Unruhen nach der Ermordung Ernst Röhms wurde 1934 kein Marsch durchgeführt. Baird 1990, S. 58. Stattdessen fand eine Feier mit Kranzniederlegung an der Feldherrnhalle statt. IB 17.11.1934.

18 Zum Verbleib der Sarkophage vgl. Lauterbach im vorliegenden Band.

19 Das rhetorische Motiv war bereits in einer Rede Hitlers von 1927 ausgebildet. Zitiert bei Baird 1990, S. 48.

Abb. 35
IB 14.11.1935, Aufnahmen: Heinrich Hoffmann

nen reklamierte, war im Feierritus anschaulich gemacht. Die zeremonielle Bestattung hatte mit den »Appell«-Rufen den einschwörenden Höhepunkt erreicht. Der »Appell« markierte die Transformation des Trauerritus in einen Siegesritus und fand seinen Initiationsmodus darin, daß anschließend die volljährigen Jugendlichen aus HJ und BDM feierlich »der Partei übergeben« wurden. Daß die Formel »Sieg aus dem Opfer« tatsächlich jedoch eine Leerformel war, eine nach Bedarf mit Inhalten füllbare Hülse, sollte schnell deutlich werden:[20] Bereits wenige Tage nach den Feiern wurde das Neubauprojekt eines überdimensionierten Opernhauses für München mit dem Hinweis auf die Taten, die aus dem Geist der Toten entstünden, angekündigt. 1938 wiederum, nach dem »Anschluß« Österreichs, lautete eine Überschrift im *Völkischen Beobachter*: »Das Großdeutsche Reich die schönste Erfüllung der Blutopfer der Bewegung.«[21] Und nach Kriegsbeginn wurde der 9. November mit konkreten Siegesaussichten verknüpft. So wurde schließlich jede materielle wie immaterielle Entwicklung als Einlösung des Versprechens an die »Opfer« dargestellt.

Die propagandistische Verwertung des 9. November 1935 erfolgte in ganz Deutschland unter großem medialen Aufwand. Der Rundfunk brachte reichsweit die Geschehnisse den Hörern nahe, Wochenschau und Film hielten die Feier fest. In der Tagespresse war bereits mit ausführlichen Vorberichten auf das Ereignis eingestimmt worden. Dazu gehörten in gewisser Weise auch die Artikel zu den wenige Tage zurückliegenden Richtfestfeiern, vor allem aber die historischen Rückblicke auf die Anfänge des Nationalsozialismus in München sowie Text- und Bildporträts der einzelnen »Gefallenen«. In der Parteipresse, allem voran der Münchner Ausgabe des *Völkischen Beobachters*, steigerte sich die Berichterstattung geradezu ins Delirische. Der minutiös geschilderte Ablauf der eigentlichen Festtage schließlich wurde in den Tageszeitungen und Illustrierten mit Pressebildreihen anschaulich gemacht. Die zentralen Stationen der Feier erschienen zum Teil über mehrere Bildseiten. In diesem Umfang wurden sonst nur die allerwichtigsten Ereignisse, wie etwa die Reichsparteitage, bebildert. Offensichtlich waren aber besonders die Zeitungen mit den Anforderungen der nationalsozialistischen Bildpropaganda noch wenig vertraut. Der *Völkische Beobachter* zeigte auf einer Seite in einfachstem Layout zehn Aufnahmen von den Ereignissen des 9. November (Abb. 31). Die zehn Bilder waren von sieben verschiedenen Münchner Pressephotographen gemacht worden. Auch stimmte die Bildabfolge nicht mit der Chronologie der Ereignisse überein. Die aus kleinformatigen Aufnahmen kompilierte Bildseite hatte die Aufgabe, den Text zu bebildern und setzte noch nicht auf die Wirkungsmöglichkeiten einer einheitlichen Bildstrecke.[22] Es reichte aus, die einzelnen Feierstationen im Bild vorzustellen und die beteilig-

20 Arndt versuchte der Formel eine Bedeutung zuzuordnen. Vgl. Arndt 1970, hier S. 48f.

21 VB (Norddeutsche Ausgabe) 10.11.1935, S. 4; 10.11.1938, S. 5.

22 Vgl. dagegen die Berichterstattung mit fünf ganzseitigen Aufnahmen und Titel im IB vom 18.11.1937.

Annette Philp

Abb. 36
Das Schwarze Korps 14.11.1935, S. 2,
Aufnahme: Friedrich Franz Bauer

Abb. 37
München. Hauptstadt der Bewegung: Hg.
Boris Spahn. o.O. [1937], Umschlag,
Aufnahme: Max Ehlert

ten Funktionäre und Parteigruppen zu zeigen. Entsprechend ist unter den Bildern, die 1935 vom 8. und 9. November publiziert wurden, kein Photo auszumachen, das den Symbolwert dieses so bildkräftig inszenierten Rituals in einer einzigen Aufnahme zusammengefaßt hätte.

Mit der November-Feier von 1935 war nach den vorausgehenden Publikationsschwerpunkten ›Modell‹ und ›Baustelle‹ die Etablierungsphase für Sinn- und Nutzungsrahmen dieses neuen nationalsozialistischen Denkmals[23] abgeschlossen. Die Bedeutung des Münchner Königsplatzes war damit festgelegt. Nun konnte das entscheidende Bild des Ortes, das Bild der in ihm symbolisierten Idee gesucht werden.

In den folgenden Jahren galt es, verschiedenen Leserkreisen die Bedeutung des Königsplatzes immer wieder ins Gedächtnis zu rufen. Dazu stand eine breite Palette von Publikationstypen zur Verfügung, die das Thema unter jeweils anderen Gesichtspunkten präsentierten. Noch 1935 waren in Nachberichten zum 9. November vereinzelt Aufnahmen abgebildet worden, die nicht mehr das konkrete Ereignis auf dem Königsplatz zeigten, sondern die weihevolle Stimmung der Feier in ein Symbol zu übersetzen suchten. Darunter fällt eine noch etwas ungelenke Aufnahme des Berliner Pressephotographen Enno Folkerts, die die von zwei kannelierten Pfeilern gerahmte Feuerschale aus den »Ehrentempeln« gegen den freien Himmel zeigt.[24] Dynamischer war die durch die verzerrende Perspektive der Kleinbildkamera festgehaltene Version der lodernden Feuerschale des Münchner Pressephotographen Friedrich Franz Bauer (Abb. 36). In einem einzigen Bild waren alle Dekorationssymbole versammelt: Die mit hoher Flamme brennende Schale, der adlerbekrönte Mast mit Fahne, wie sie am 9. November aufgezogen war, und, als schräg aufsteigende Rahmung, der kannelierte Pfeiler des »Ehrentempels« mit Gebälk. In ihrer Symbolhäufung paßte sich die Aufnahme in den Publikationskontext der Wochenzeitung der SS, *Das Schwarze Korps*, ideal ein. Schnell wurde die Feuerschale, deren Opfergehalt universell einsetzbar war, zum beliebtesten Zeichen. Man scheute sich nicht, eine viersprachige Fremdenverkehrsbroschüre für München mit diesem Motiv zu betiteln (Abb. 37).

Ebenfalls im Winter 1935/36 machte Heinrich Hoffmann oder ein Photograph seiner Firma eine Aufnahme, die zum meistpublizierten Photo der »Ehrentempel« wurde (Abb. 38). Die Aufnahme zeigt im Hochformat, von leicht erhöhtem

23 Arndt 1989.

24 VB 17.11.1935.

Abb. 38
IB, Sonderbeilage: Adolf Hitler. Ein Mann und sein Volk. München 1936, S. 70 f., Aufnahmen: Heinrich Hoffmann

Standpunkt und von Osten aus gesehen, eine frontale Ansicht des nördlichen »Ehrentempels«. Die Hälfte des Formats füllend, steigt die Treppe, von einem Absatz gegliedert, hinauf zu den schwarz uniformierten SS-Ehrenwachen. Die Pfeiler, die mit den verstellbaren Standarten der Fachkamera senkrecht gestellt werden konnten, bilden eine nach oben sich öffnende Torsituation, die stimmungsmäßig das Kernstück des Baus, die tieferlagernden Sarkophage, andeutet. Die monumentalen Blöcke der Treppenwangen leiten den Blick durch das Pfeilertor zu der Kolonnadenreihe der Propyläen, deren fünf Öffnungen die symmetrische Ordnung ins Unendliche perpetuieren. Um dieses Fluchtpunkts willen nahm der Photograph einen leicht aus der Achse nach rechts verlegten Standpunkt in Kauf. Auch der Sonnenstand wurde mit einkalkuliert: Nur im Winter, mit flach von Süden einfallender Sonne, konnten die Feuerschalen lange Schatten parallel zur Architektur werfen. Die Aufnahme evoziert in der grauen Winterstimmung und achsialen Komposition einen feierlichen, steinernen Eindruck der Anlage, der sich, unterstützt durch die SS-Wachen, zu einem Bild verbindet, das repräsentativ werden konnte für die Selbstdarstellung des NS-Staates. Diese Photographie wurde regelmäßig als Frontispiz oder in vergleichbar prominenter Plazierung verwendet.[25] Keine spätere Aufnahme konnte es an finsterer Eleganz mit ihr aufnehmen.

Die Münchner Photographin Erika Schmauß verband in einer Aufnahme eines einzelnen Wachpostens die Dynamik von Bauers brennender Feuerschale mit der bei Hoffmann anklingenden SS-Erotik (Abb. 39). In schräger Untersicht aufgenommen, ragt der SS-Mann, hinterfangen vom kannelierten Pfeiler, empor. Der durch das Kranzgesims gesehene Adler komplettierte die Symbolversammlung, deren Emotionsträger jedoch nun der SS-Posten wurde. Die breitbeinige Positur, die Details der Uniform, das geschulterte bajonettbepflanzte Gewehr und die im Helmschatten verborgenen Augen strahlen männlich-soldatische Wirkung aus.

25 Frühe Veröffentlichungen sind: IB 30.1.1936, S. 127; Kunst und Volk 4.6.1936, S. 163; Adolf Hitler. Bilder aus dem Leben des Führers: Hg. Cigaretten-Bilderdienst [Bildauswahl Heinrich Hoffmann]. Altona-Bahrenfeld 1936, S. 75.

Annette Philp

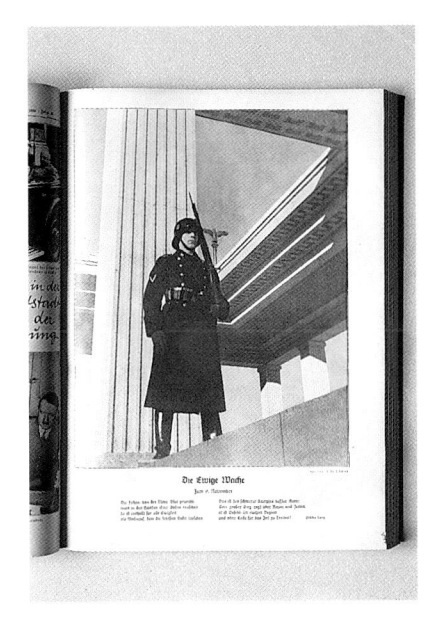

Abb. 39
IB 5.11.1936, Aufnahme: Erika Schmauß

Abb. 40
IB 11.11.1937, Titel, Aufnahme: Heinrich Hoffmann

Die Photographie bedient sich in mustergültiger Weise der Mechanismen der Erotisierung der Macht. Die Kameraposition vollzieht die Unterwerfung unter das Begehrte.[26] Von einem einschwörenden Gedicht begleitet, wurde die Aufnahme 1936 im *Illustrierten Beobachter* ganzseitig gedruckt, um auf den nahenden Festtag des 9. November einzustimmen.

Eine nahezu identische, nur weniger kühn beschnittene Aufnahme von Hubs Flöter belegt die Popularisierung des Motivs. Abgedruckt im *Deutschen Kamera-Almanach* von 1937, einem traditionsreichen Jahrbuch für die Photo-Amateure, war es als den Motivkreis erweiternde Anregung und formales Vorbild gedacht. Es ist zu vermuten, daß der ambitionierte Amateur tatsächlich sein Objektiv auf die »Ehrentempel« richtete und sei es nur als Kulisse für das Familienphoto.[27] Daß selbst dem Amateurkreis diese kühne Bildformel empfohlen wurde, die mit dem Motiv auch eine stilistische Vorgabe machte, weist auf den öfter beobachteten Umstand hin, daß in der nationalsozialistischen Photographie die eigentlich verpönten Darstellungsmittel des »Neuen Sehens« der zwanziger Jahre durchaus noch Verwendung fanden, solange sie den propagandistischen Bildinhalten zu gesteigerter Wirkung verhalfen.

1936 boten die Feiern zum 8./9. November erneut Gelegenheit, symbolträchtige Bilder für das Ereignis zu suchen. Der Ablauf der Feiern war vom Vorjahr bekannt, die Photographen wußten, mit welchen Programmpunkten zu rechnen war. Da aber nur eine Handvoll unter den zugelassenen Reportern sich frei bewegen konnte und nicht auf verordnete Plätze verbannt war, entstanden kaum neue Bilder. Der privilegierte Heinrich Hoffmann konnte eine ideale Bildsituation nutzen. Die Aufnahme von der Weinstraße im Altstadtbereich zeigt im Gegenlicht die Spitze des Marschzugs der »Alten Kämpfer« mit Julius Streicher, gefolgt von der Dreiergruppe mit dem Träger der »Blutfahne«, der obersten Reliquie der NSDAP (Abb. 40).[28] Wimpel und Fahnen, brennende Feuerpfannen auf hohen Pylonen schmückten die Straße, die von Zuschauern mit Hitlergruß gesäumt war. Starker Rauch aus den Feuerschalen hüllte die Straße in mystischen Nebel, aus dem heraus, ihre Schatten vorauswerfend, die Marschordnung auf den Betrachter zuschritt. Diese in mehreren Fassungen existierende Aufnahme wurde noch im November 1936, an relativ unbedeutender Stelle, in einem Nachbericht zu den Feierlichkeiten im *Völkischen Beobachter* veröffentlicht. Erst im November des folgenden Jahres gelangte sie auf die Titelseite des *Illustrierten Beobachters*.

26 Vgl. Friedländer, Saul: Kitsch und Tod. Der Widerschein des Nazismus. München 1986. Friedländer reflektiert in seinem Essay das Verhältnis zwischen Erotik und Gewalt im Nationalsozialismus anhand von Filmen und Literatur aus den achtziger Jahren, die diesen Aspekt besonders herausgriffen.

27 Ein vor den »Ehrentempeln« gemachtes Familienphoto ist abgebildet bei Sutor, Stefan: Macht und Ohnmacht der Bilder. In: Die Zeichen der Zeit. Alltag in München 1933–1945: Hg. Bernhard Grau, Marita Krauss. Berlin 1991, S. 115–125, hier S. 124.

28 Zur »Blutfahne« vgl. Baird 1990, S. 44.

Abb. 41
IB 19.11.1936, Titel, Aufnahme: Heinrich Hoffmann.

29 Abbildungen: Hoffmann 1937, Stereoaufnahme Nr. 38; München baut auf 1937; München. Hauptstadt der Bewegung: Hg. Boris Spahn. [o.O.] [1937]; KDR 5.1942.11 zeigt als Frontispiz ein auf die Photographie zurückgehendes Gemälde.

30 11 Kontaktbögen im Nachlaß Hoffmann, BSB. Ich danke Herrn Horn und Herrn Eder herzlich für ihre unbürokratische Hilfe.

Nunmehr konnte eine Presseaufnahme an Symbolwert mit den abstrakten Symbolen der »Ehrentempel« konkurrieren und im folgenden für sich alleinstehend Frontispizfunktion übernehmen.[29] Damit war das Symbolbild gefunden, das sich direkt aus den Ereignissen der Feiern vom 8./9. November speiste.

Immer wieder wurde versucht, ein ebensolches Bild von der Person Hitlers im Rahmen der Feiern zu machen. Als beste Lösung muß der Aufnahmetypus gelten, der Hitler auf einem Podest unter den Propyläen mit dem Träger der »Blutfahne« zeigt (Abb. 41). In Versionen dieser Aufnahme, die jährlich wieder gemacht und veröffentlicht wurden, konnte Hitler allmählich ohne Begleiter gezeigt werden. Den Ortsbezug stellten schließlich nurmehr die Säulenkanneluren her (Abb. 42). Was schon die publizierten Presseaufnahmen deutlich machen, belegt auch eine Serie von Kontaktbögen, die sich im Nachlaß Heinrich Hoffmanns[30] von den Feiern zum 8./9. November 1938 erhalten hat: Für Hitler selbst gab es bei diesem Anlaß keine bildsymbolisch relevante Auftrittsmöglichkeit. Das Ritual ließ sich, anders als die übrigen nationalsozialistischen Feiern, zumindest optisch nicht personalisieren. Umso bedeutsamer waren daher die abstrakten Symbole, die von den Pressephotographen entwickelt worden waren. Sie vermochten von Opfer und Sieg zu künden und dies über Tageszeitungen und Illustrierte dem Massenpublikum der nationalsozialistischen Leserkreise nahezubringen.

Mit anderer Bildsprache suchten Kulturzeitschriften und Bildbände den neuen Königsplatz zu erfassen. Ganz in der Tradition der idyllisierenden Stadtphotographie der »schönen Winkel« wurde ein freundliches Bild des Platzes gegeben. Die in diesem Stil arbeitenden Photographen konnten ihre Aufnahmen in konservativen Blättern oder bei Postkartenverlagen veröffentlichen. Diesen Typus verdeutlicht eine Aufnahme eines für die Agentur *Münchner Bildbericht* arbeitenden Photographen (Abb. 43). Gerahmt von einer Arkade der Loggia des Lenbachhauses geht der Blick auf den gepflasterten und mauergesäumten Königsplatz. Unbelaubte Bäume und Zweige überdecken Glyptothek und den noch unfertigen NSDAP-Verwaltungsbau, lassen freie Sicht auf die beiden weiß retuschierten »Ehrentempel«. Mit der beliebten Konvention des Durchblicks wurde der massive städtebauliche Eingriff, den die Neugestaltung des Platzes bedeutete, in ein vertraut scheinendes Motiv umgewandelt. 1937 im konservativen Kulturblatt *Das Bayerland* zu einem Artikel über Münchens historische Entwicklung zur Kunststadt veröffentlicht, stand diese Aufnahme in einer Reihe mit malerisch photographierten Münchner Sehenswürdigkeiten.

Verwandt damit sind die regelmäßig publizierten sommerlichen Aufnahmen vom belebten Königsplatz. Die diagonale Ansicht des Platzes eines Photographen der Münchner Firma Jaeger & Goergen ist dafür repräsentativ (Abb. 44). Bei Sonnenschein und weißen Wolken tummeln sich spielende Kleinkinder, rollerfahrende Buben und kinderwagenschiebende Mütter auf dem Platz, dessen steinerne Wüste durch die diagonale Reihe der Kandelaber verharmlost wird. Dieses Bild des heiteren Lebens auf dem sauberen, verkehrsbefreiten und sichtlich für das Volk geschaffenen Platz fand etwa im Bildband *Die neue Heimat* ihren geeigneten Publikationskontext. Die Darstellungsweise, die sich überholter, aus der Zeit der Jahrhundertwende stammender idyllisierender Mittel bediente, war auf ein konservativ-bürgerliches Publikum gemünzt, dem die neuen Ideen in vertrauter Verpackung unter dem Etikett »Stadt als Heimat« nahegebracht werden sollten.

Im Jahr 1938, ein Jahr nach Bezug der Bauten am Königsplatz, scheint eine letzte Stufe ihrer bildlichen Verwertung erreicht. Neue Kontexte waren geschaffen worden, in denen die Bauten nun als Exponenten nationalsozialistischer Baukunst propagiert werden konnten. Im Januar 1938 wurde die 1. Deutsche Architektur- und Kunsthandwerks-Ausstellung im Münchner »Haus der Deutschen Kunst« eröffnet. Das Spektrum der wichtigsten nationalsozialistischen Bauprojekte wurde dort in Großmodellen und Großlichtbildern vorgestellt. Der erste Raum der Ausstellung war dem Modell des Königsplatzes, dem ersten und auch bereits fertiggestellten Großbau gewidmet. Ein Gipsrelief mit dem Signet der Großen Deutschen Kunstausstellung und der Jahreszahl 1933, symbolisches Datum der »Machtübernahme« und Beginn der Bauplanung zugleich, zierte die Stirnwand.

Abb. 42
IB 10.11.1938, Titel, Aufnahme: Heinrich Hoffmann

Abb. 43
Das Bayerland 48.1937.17/18, S. 517, Aufnahme: *Münchner Bildbericht*

Monumentale, in schweren Holzrahmen aufgezogene Schwarzweißphotographien von Heinrich Hoffmann und Stephan Kaminski ergänzten das Modell. Sie zeigten den von Troost gestalteten Senatssaal des »Braunen Hauses«, »Urzelle« der NSDAP-Macht, die oben bereits vorgestellte Aufnahme des »Ehrentempels« (Abb. 38), den Eingangsportikus des »Führerbaus« und, in den nächsten Raum überleitend, eine Innenaufnahme von der Eingangshalle des »Führerbaus« (Abb. 45, Blick von Saal 2 in Saal 1). Die objektbezogenen Architekturaufnahmen vermittelten den Eindruck von ruhiger Klassizität, wobei die Aufnahme des »Ehrentempels« einen ungewöhnlich martialischen Ton anschlug.

Den wiederholten Anweisungen des Propagandaministeriums Folge leistend, berichtete die Tagespresse ausführlich und anhaltend über den Architekturteil der Schau und konnte so das Kulturthema NS-Baukunst zu einer populären Angelegenheit machen.[31] Die Ausstellung zog Darstellungen in Architekturzeitschriften, einen Film und schließlich Bildbände nach sich.[32] Das Ausstellungskonzept wurde auf diese Weise ständig wiederholt und führte rasch zu einer Kanonisierung der einzelnen Bauvorhaben wie der Ideologie des NS-Bauens an sich. Weitere, später aktualisierte Bildbände folgten bis in die Kriegsjahre hinein, ohne den engen rhetorischen Rahmen, unter dem das Thema zunächst dargestellt worden war, zu verlassen.

Die Architektureuphorie brachte auch für die Renommierzeitschrift *Die Kunst im Dritten Reich* eine Neuerung. Im Oktober 1938 wurde sie auf Wunsch Hitlers um die Abteilung *Die Baukunst* erweitert.[33] Das erste Heft war allein dem Werk Paul Ludwig Troosts gewidmet, der nach seinem Tod 1934 als Ahnherr nationalsozialistischen Bauens fungieren konnte. Erstmals erschien hier eine ausführliche photographische Dokumentation der Bauten am Königsplatz. Das Heft begann mit einer übergewichtigen Bildstrecke zu den »Ehrentempeln«, darunter – dem Geleitwort des Herausgebers Albert Speer zugesellt – die oben besprochene Aufnahme Hoffmanns. Es folgte eine Bildstrecke mit Aufnahmen von den Parteibauten in Außen- und einigen wenigen Innenansichten.[34] Zum Photographen wurde Walter Hege bestimmt, den Speer schon aus früherer Zusammenarbeit am Reichsparteitagsgelände in Nürnberg kannte. Hege, der Griechenlandspezialist, dessen Ruf sich auf seinen 1930 erschienenen Akropolis-Bildband gründete, hatte 1935 in Olympia für einen Bildband photographiert, der schließlich der offizielle Geschenkband für die Olympiateilnehmer 1936 wurde.[35] Seine verhalten

31 Zu den Presseanweisungen zur kontinuierlichen Berichterstattung vgl. Thomae 1978, S. 69–71. Zu ihrer Befolgung vgl. die Berichtserie in MNN ab 21.1.1938.

32 Zu Walter Heges Film »Die Bauten Adolf Hitlers« vgl. Lähn, Peter: Zwischen Kunstwollen und Naturschönem. In: Dom, Tempel, Skulptur. Architekturphotographien von Walter Hege: Ausstellungskatalog Köln 1993, S. 53–59. Als Bildband sei stellvertretend genannt: Das Bauen im Neuen Reich 1938.

33 Vgl. die Mitschrift einer Presseanweisung, die auf die Erweiterung der Zeitschrift um den Baukunst-Teil hinweist: »vertraulich: der teil wurde auf wunsch des fuehrers und reichskanzlers angefuegt.« (BAK, Slg. Sänger, Zsg. 102/13, 5.11.1938; in Kopie im IfZ). Vgl. ebenso Thomae 1978, S. 26, ohne Beleg.

34 Der Innenausbau wurde gleichzeitig im Kunstteil des Heftes (Abt. A) ausführlich vorgestellt.

35 Zu Hege allgemein: Dom, Tempel, Skulptur 1993 (wie Anm. 32), darin besonders: Hübner, Gerhild: Walter Heges Blick auf die griechische Antike, S. 41–52 sowie Derenthal, Ludger und Annette Philp: Walter Heges heroische Sinnbilder, S. 60–67.

Abb. 44
Fritz Wächtler: *Die neue Heimat. Vom Werden der nationalsozialistischen Kulturlandschaft*. München 1940, S. 40, Aufnahme: Jaeger & Goergen

modernen Skulptur- und Architekturaufnahmen galten als vorbildlich. Sein Renommee ermöglichte ihm, unabhängig als Photograph und Kulturfilmer zu arbeiten.

Ein bislang unbekannter Briefwechsel gibt Einblick in die Einzelheiten des Auftrags.³⁶ Am 21. Juni 1938 nahm Erich Böckler, Redakteur der Abteilung *Die Baukunst*, für das Troost-Heft Kontakt auf mit Gerdy Troost, der Witwe des Architekten und Leiterin des Architekturbüros Troost. Böckler teilte Speer am 13. Juli 1938 über die Verhandlungen mit Gerdy Troost mit: »5. Die Durchsicht der Lichtbilder ergab, dass der größte Teil unbrauchbar ist. 6. Dr. Heege [sic] soll neue Aufnahmen machen. Für das Haus der Deutschen Kunst geht das einfach zu verwirklichen. Für die Parteibauten am Königlichen Platz hat Hoffmann das alleinige Veröffentlichungsrecht.« Heinrich Hoffmann besaß also nicht nur für die Photographien von Hitler, sondern auch von Repräsentationsbauten der Partei ein Monopol. Am 18. Juli 1938 präzisierte Böckler in einem Aktenvermerk:

»*Entsprechend dem ersten Vorschlag bittet Frau Professor Troost den Fotografen Hege mit den Aufnahmen zu betrauen. Frau Professor Troost teilt mir mit, dass sie beim Führer die Genehmigung erwirkt habe, für Hege alle Räume und Bauten zu fotografieren. Ich habe bei den Fotografen Wasow München, Schmausz München, Jaeger-Goergen München, Hess München und Kaminski München die Lichtbilder aller vorhandenen Aufnahmen angefordert. [...] Sofern Sie damit einverstanden sind, dass Hege die Aufnahmen macht, möchte ich ihm noch heute den Auftrag erteilen.*«

Finanziert wurde der Auftrag durch den Eher Verlag, der als größter Verlagskonzern Deutschlands sich im Besitz der NSDAP befand und auch die Zeitschrift verlegte. Für das Heft wurde ein enormer Aufwand getrieben. Sämtliche Auf- und Grundrisse wurden neu gezeichnet. Bei den im Aktenvermerk genannten Photographen handelte es sich um die wichtigsten Münchner Architekturphotographen. Inwiefern ihre Aufnahmen, soweit sie die Bauten am Königsplatz betrafen, noch vor oder trotz des Monopols Hoffmanns entstehen konnten, muß offen bleiben. In kaum drei Wochen erstellte Hege die Dokumentation. Wie aus einem Lieferschein vom 9. August 1938 hervorgeht, fertigte er nicht weniger als 180 Aufnahmen an. Diese für Heges Arbeitsweise enorm überstürzte Aktion hatte Auswirkungen auf die Qualität der Bilder. Gerdy Troost schrieb am 16. August 1938 an Böckler: »In der Anlage gebe ich Ihnen die Fotos wieder zurück. Wie ich Ihnen schon telefonisch sagte, haben mich die Aufnahmen von Professor Hege sehr enttäuscht. Ich habe nun aus dem vorhandenen Material die mir für Ihre Veröffentlichung am besten erscheinenden Aufnahmen ausgewählt und sie durch Fotos aus meinem

---

36 BAP, 46.06 (GBI), Nr. 456 (Briefe Speer, H-K), 596, 574, 579 (KDR). BSB, Nachlaß Troost, Korrespondenz Gerdy Troost – Walter Hege. Dank an Frau von Moisy, BSB. Ich danke Ludger Derenthal, der die Akten in Potsdam recherchierte und mir nicht nur dieses Material zur Verfügung stellte, sondern das Entstehen dieses Aufsatzes freundschaftlich unterstützte.

Abb. 45
Münchner Mosaik, Feb. 1938, S. 49.
Aufnahme: Friedl Lautenbacher

Archiv ergänzt.« Am 22. August 1938 teilte Böckler Gerdy Troost mit, daß mit dem Layout begonnen wurde. Zwei Monate später, Ende Oktober, kam die Zeitschrift heraus. Gerdy Troosts Kritik an Heges Aufnahmen ist ein seltenes Korrektiv zum Image eines Starphotographen und seiner lückenlosen Erfolge; nur zehn Aufnahmen konnte Hege der Zeitschrift in Rechnung stellen. Hege erhielt offensichtlich keine Direktiven zum Photographieren. Was er aufnahm, welche Standpunkte er wählte, entschied er allein. Er selbst war sich über die mangelnde Qualität seiner Aufnahmen im klaren und suchte sich mehrfach vor Gerdy Troost zu verteidigen: »Sollte ich wieder nach München kommen, werde ich nicht versäumen weitere Aufnahmen herzustellen, denn von den vielen Gesichtern der Bauwerke habe ich noch nicht viel erwischt.« Gerdy Troost scheint sich mit der Qualität von Heges Aufnahmen doch noch angefreundet zu haben, denn im Oktober erbat sie über Böckler von Hege Aufnahmen für ihr Archiv. Im November schickte Hege Probeabzüge und aus dem Antwortschreiben Gerdy Troosts vom 28. November 1938 ist zu erfahren, daß inzwischen für die Photos eine unerwartete Nobilitierung vorgesehen war:

»Die Vergrößerungen sind sehr gut geworden und auch die Größe mit 30 auf 40 ist richtiger. Ich bin überzeugt, daß es mit ungefähr 50 Aufnahmen eine sehr wirkungsvolle Zusammenstellung geben wird. Da [...] die Zeit bis Weihnachten für eine gute Arbeit der Vergrößerungen und für die Anfertigung einer wertvollen Mappe oder Kasette [sic] zu kurz geworden ist, habe ich mich entschlossen, dem Führer diese Zusammenstellung nicht zu Weihnachten, sondern zu seinem Geburtstag im nächsten Jahr zu schenken.«

Es ist nicht bekannt, ob die Mappe tatsächlich zustande kam. Die Aufgabe am Königsplatz ging Hege, wie die publizierten Bilder in Verbindung mit den im Nachlaß überlieferten Aufnahmen[37] zeigen, in bewährter Methode an. Hege wollte das »griechische Licht« mit starke Schatten hervorrufender Sonne und Wolkenhimmel auf die neoklassizistischen Bauten übertragen. Seine Aufnahmestandpunkte suchte er, wie er es für das Vorgehen bei der Akropolis immer wieder geschildert hatte,[38] nach einem durchdachten System. Schrittweise näherte er sich den Gebäuden (Abb. 46). Den Übersichtsaufnahmen folgten Fluchten, denen folgten wiederum Einzelaufnahmen der Gebäude, um schließlich das Kernstück, die beiden »Ehrentempel«, zu umkreisen. Das nichtveröffentlichte Material zeigt, daß sich dort für Hege ein Problem ergab. Die klassischen Standpunkte führten bei den offenen Tempeln, besonders bei orthogonalen Ansichten, zu ungünstigen Überschneidungen und Durchblicken. Auch die Zweizahl erwies sich als bildnerisch problematisch. Zudem besichtigten Scharen von Besuchern die »Ehren-

37 Insgesamt handelt es sich um etwa 25 Motive mit Außenaufnahmen. Nachlaß Hege, Eva Bollert, Karlsruhe.

38 Vgl. die Zusammenfassung eines Lichtbildvortrags von Hege bei: W.P.S.: Ein Lichtbildner erlebt die Architektur. In: VB 14.12.1943.

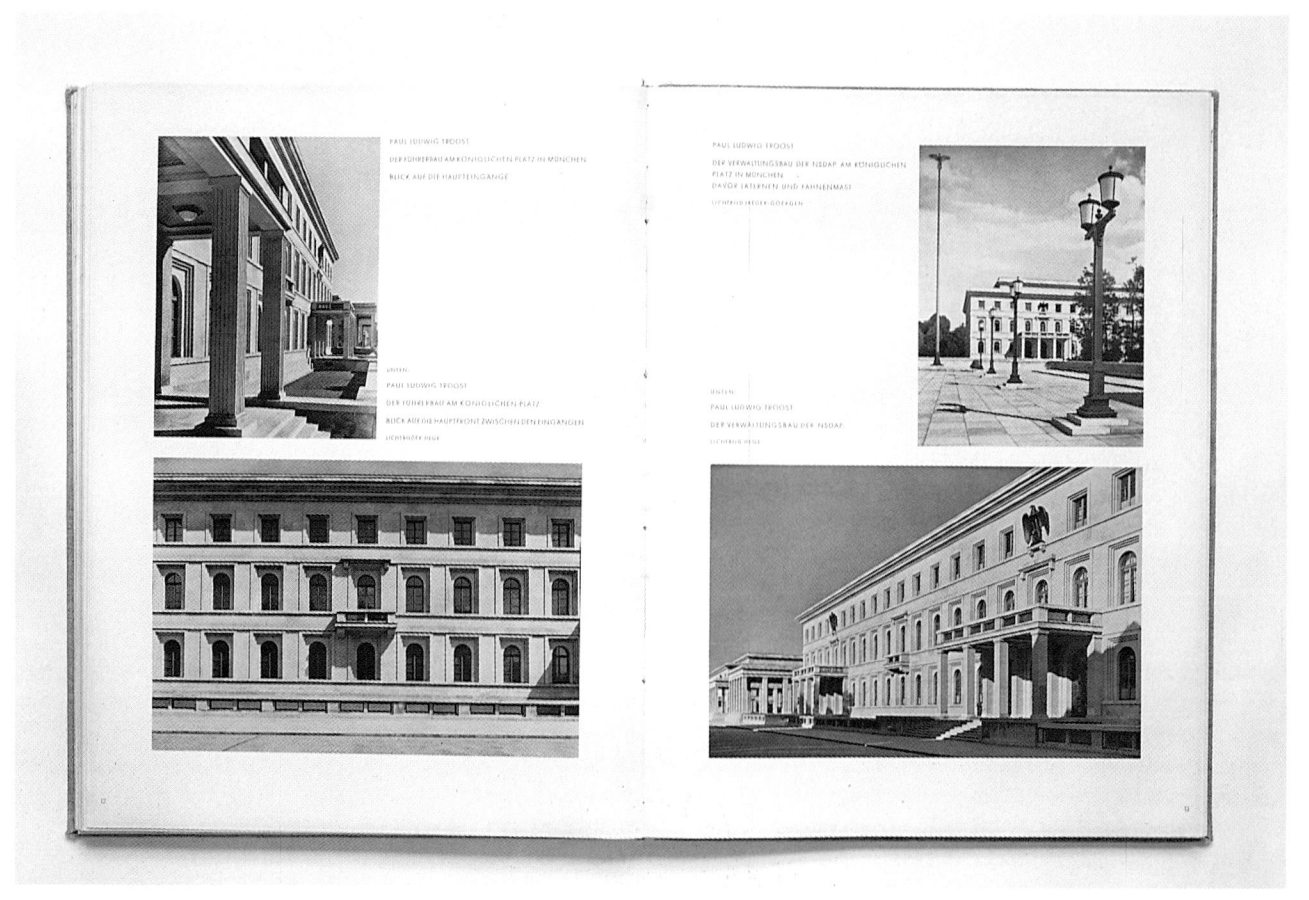

Abb. 46
KDR 2.1938.10, Abteilung *Die Baukunst*,
S. 12–13, Aufnahme: Walter Hege

39 Heges Bildfindung der Feuerschale war in anderen Publikationskontexten kaum zu gebrauchen. Lediglich ein weiteres Mal wurde eine ebenfalls durch Ausschnittvergrößerung hergestellte Version der Aufnahme veröffentlicht – auf dem Titelblatt zu einem umfangreichen Artikel über die Bauten am Königsplatz im Zentralblatt 1939.

tempel«, was zu einer unfreiwilligen optischen Kollision von Alltagsnutzung und Erhabenheit führte. Für den Abdruck in der Zeitschrift wurden auf allen Aufnahmen die Personen wegretuschiert. Erst in Ausschnittaufnahmen, wie jener von der südöstlichen Ecke des südlichen »Ehrentempels«, lagen wieder bildwirksame Möglichkeiten (Abb. 47 links). Schon im knappen Beschnitt wirkt der Tempel sehr groß. Zusätzlich jedoch wurde die Kamerahöhe auf das Bodenniveau des Tempels eingestellt, dadurch erhebt sich der Tempel monumental in die Höhe. Hege zitierte sich in dieser Aufnahme selbst, indem er, die sehr verschiedenen Dimensionen der Bauten negierend, eine Aufnahme der Nordostecke des Parthenon wiederholte (Abb. 48). Immer enger wurden dann die Ausschnitte gefaßt, bis schließlich nur noch die Feuerschale vor der geschlossenen Reihe der kannelierten Pfeiler übrigblieb (Abb. 47 rechts). Dieser letzte Schritt entstand, wie die nachgelassenen Aufnahmen zeigen, erst in einer Ausschnittsvergrößerung in der Dunkelkammer. Die mittels eines Teleobjektivs zu einer Front zusammengezogenen Pfeiler, deren Kanneluren im Streiflicht der hochstehenden Sonne ein graphisches Muster bildeten, wurden zur strengen Folie für die Schale. Das bewährte Motiv der Feuerschale erschien nun im Kleid beinah neusachlicher Photoästhetik. Innerhalb der Bildstrecke in der Zeitschrift *Die Kunst im Dritten Reich* war nur für die Motive von Tempelecke und Feuerschale eine Doppelseite reserviert worden. Dies waren die beiden symbolkräftigen Motive, die Hege im Rahmen der Architekturdokumentation extrahiert hatte. Heges hoher Stil, der die nationalsozialistisch-klassizistische Architektur mit antiker Klassik unterfütterte, richtete sich an ein kulturbewußtes, gebildetes Publikum. Ein »ewiges Bild« des nationalsozialistischen Königsplatzes war gefunden.[39]

Die Stationen auf dem Weg zu den prägenden Bildern vom Münchner Königsplatz belegen, daß nur bei Berücksichtigung der verschiedenen photographischen Sparten der Bedeutungsrahmen eines Einzelphotos verständlich werden kann. Die im offiziellen Auftrag angefertigten Photographien von NS-Bauten sind be-

Annette Philp

Abb. 47
KDR 2.1938.10, Abteilung *Die Baukunst*,
S. 6–7, Aufnahme: Walter Hege

Abb. 48
Walter Hege, Gerhard Rodenwaldt:
Akropolis. Berlin 1930, Tafel 17, Aufnahme:
Walter Hege

stimmbare Bilddokumente, deren Autoren, Stil und Auftragsumfeld betrachtet werden sollten, will man ihnen Informationen entnehmen oder mit ihnen gar argumentieren. Für den Königsplatz zeigte sich, daß es eine einzige Ideologie war, die in verschiedenen Typen von Aufnahmen präsentiert wurde. Nur ihre motivische und stilistische Einkleidung wandelte sich je nach Adressatenkreis. Dabei entging auch die »neutrale« Architekturphotographie nicht der Ideologisierung.

Abb. 49
»Braunes Haus«, vor 1933

Ulrike Grammbitter

Vom »Parteiheim« in der Brienner Straße zu den Monumentalbauten am »Königlichen Platz«
Das Parteizentrum der NSDAP am Königsplatz in München[1]

Die Parteibauten der NSDAP am Münchner Königsplatz, »Führer-« und »Verwaltungsbau« sowie die »Ehrentempel«, stellen das erste Großprojekt der Nationalsozialisten nicht nur in München, sondern innerhalb ganz Deutschlands dar (Abb. 50).[2] Allerdings gibt es bis heute keine Darstellung aus nachnationalsozialistischer Zeit, die sich ausschließlich mit der Entstehungsgeschichte und der Architektur dieser Baugruppe beschäftigt. Die zeitgenössische Literatur wiederum ist infolge ihrer propagandistischen Absichten in vielerlei Hinsicht unzuverlässig.[3] Zwar gehen sämtliche Studien zur Architektur des Nationalsozialismus auf die Umgestaltung des Königsplatzes in den dreißiger Jahren ein, doch quellengestützte, eingehende Forschungen haben nur wenige Autoren vorgelegt.[4]

Archivmaterial ist überaus reich vorhanden, aber es erschließt sich nur schwer, da es meist nicht aus den ursprünglichen Zusammenhängen überkommen ist, sondern mehr oder minder zufällig – oft nach Umwegen über die Vereinigten Staaten von Amerika – nach Fund und Zuständigkeit auf verschiedene Archive in München, Koblenz und Berlin, neuerdings auch Potsdam, aufgeteilt ist. Der überwiegende Teil ist Planmaterial, schriftliche Quellen hingegen sind nur spärlich überliefert.[5]

Die Entstehung der Parteibauten am Königsplatz ist eng verknüpft mit dem politischen Aufstieg der Bauherrin, der NSDAP. Die Geschichte der Umgestaltung des Königsplatzes setzt freilich nicht mit dem ersten Spatenstich im September 1933 ein, sondern mit der Erwerbung eines eigenen Hauses für die Geschäftsstelle der Partei im Mai 1930. Im *Völkischen Beobachter* legte Adolf Hitler die Gründe dar, welche die »Arbeiterpartei« bewogen hatten, sich vom Mieter in einen Eigentümer zu verwandeln:

»Die Nationalsozialistische Deutsche Arbeiterpartei ist die größte nationale Bewegung Deutschlands. Es ist selbstverständlich, daß sich die Bedeutung dieser Bewegung in allem ausdrücken muß. So waren wir im Winter 1929 auf 1930 entschlossen, der Partei ein eigenes Haus zu geben, das der Größe der Bewegung auch in seiner Würde entsprach. [...] Es war ein Zufall, daß uns auf der Suche nach einem neuen Parteiheim in den Maitagen plötzlich das ›Haus Barlow‹ zum Kaufe angeboten wurde. [...] Ein Besitz in der würdigsten Lage der Stadt München. [...] Wir wollen den Herrschaften nun zeigen, daß wir mehr Kultur besitzen als unsere Kritiker. Sie sollen nur die Geschäftsstellen dieser Parteien mit Millionenvermögen vergleichen mit unserem neuen Hause und mögen dann selbst urteilen.«[6]

Allerdings sollte dieses Urteil in der demokratischen Presse ganz anders ausfallen, als es Hitler wohl erwartet hatte. Hier nur ein kleines Presseecho:[7] »Der Münchener Palast der Nazi-Bonzen. Hitler ist zur Zeit ausschließlich mit der Ausschmückung des Münchener Parteipalastes beschäftigt.« Ein anderer Artikel sprach süffisant vom »Palais Größenwahn«. Der *Vorwärts* titelte: »Hitler spielt Bayernkönig. Größenwahn hinreichend vorhanden.« Auch die *Münchener Post* mokierte sich über die braunen Parvenüs: »Über die Sicherung der Paläste, die die ›Arbeiterpartei‹ ausgerechnet im sogenannten Adelsviertel in der Brienner Straße erworben hat, machen sich die Nazi viel Kopfzerbrechen.«[8]

Das Palais Barlow[9] lag an der Brienner Straße, kurz vor deren Einmündung in den Königsplatz, nach Hitlers Geschmack einer der schönsten Plätze Münchens (Abb. 49). Der *Illustrierte Beobachter* feierte es als Triumph, daß es der NSDAP gelungen war, sich in ein vornehmes Viertel, dessen beste Tage allerdings bereits vorüber waren, wie ein Blick in die Münchner Adreßbücher der Jahre 1930 bis

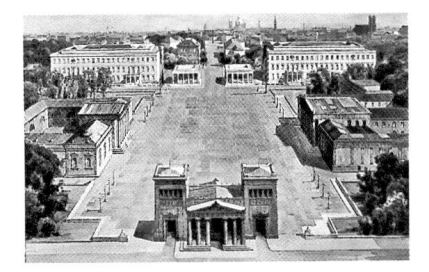

Abb. 50
Königsplatz, Ansichtskarte nach einem Gemälde von Richard Wagner

1 An dieser Stelle möchte ich Iris Lauterbach, Hans Lehmbruch und Eva von Seckendorff für anregende Diskussionen danken. Mein besonderer Dank gilt Eva von Seckendorff für ihre Kooperationsbereitschaft.

2 Auf das zeitgleich entstandene »Haus der Deutschen Kunst« in München kann im Rahmen dieser Studie nicht eingegangen werden.
Der ehemalige »Führerbau« beherbergt heute die Staatliche Musikhochschule; den damaligen »Verwaltungsbau« nutzen heute Kulturinstitute, darunter das Zentralinstitut für Kunstgeschichte; die »Ehrentempel« wurden 1947 gesprengt. Zum Schicksal der Parteibauten und der »Ehrentempel« nach 1945 vgl. Lauterbach im vorliegenden Band.

3 Vgl. Thomae 1978.

4 Vgl. Arndt 1968; Arndt 1970; Arndt 1978; Arndt 1981; Arndt 1987; Arndt 1989. Karl Arndt möchte ich an dieser Stelle für seine mündlichen Auskünfte, insbesondere für den Hinweis auf die Existenz von Akten in der Lokalbaukommission der Stadt München danken. Vgl. ferner Bärnreuther 1993; Rasp 1981; Schäfer 1994. Bernhard Schäfer danke ich für die Überlassung seines unveröffentlichten Manuskripts.

5 Zur Quellenlage vgl. Schäfer 1994, Kapitel 1.2.

6 Hitler, Adolf: »Das Braune Haus«. In: VB 21.2.1931.

7 Alle folgenden Angaben aus der Presseausschnittsammlung Rehse 831 BayHStA, Abt. V: Fränkische Volkstribüne 24.2.1931; Westf. Allgemeine Volkszeitung 9.9.1931; Vorwärts 21.2.1931.

8 Münchener Post 5.7.1932.

9 Das Palais Barlow wurde 1828/29 erbaut. Bauherr und Architekt war Jean-Baptiste Métivier. Vgl. Rose-Jena 1934. Die Rentierswitwe Elise Barlow verkaufte es am 26.5.1930 an die NSDAP. Vgl. BAK, NS 1/854: Aufstellung der NSDAP-Grundstücke in München vom 2.12.1938; die Kenntnis der in diesem Beitrag zitierten Archivalien aus dem BAK verdanke ich Iris Lauterbach. Das »Braune Haus« wurde im Krieg zerstört und 1947 abgebrochen.

10 Vgl. dazu die Angaben über die Eigentümer der acht für die Parteibauten und »Ehrentempel« abgebrochenen Häuser in den Anmerkungen 44–47.

11 IB 19.7.1930.

12 Die Tagebücher von Joseph Goebbels. Sämtliche Fragmente: Hg. Elke Fröhlich. München 1987, hier Teil I, Bd.1, 24.5.1930.

13 Vgl. IB 7.6.1930.

14 Vgl. Trumpp, Thomas: Zur Finanzierung der NSDAP durch die deutsche Großindustrie. Versuch einer Bilanz. In: Nationalsozialistische Diktatur 1983, S.132–154.

15 Vgl. VB 21.2.1931. Vgl. ebenso Seckendorff im vorliegenden Band.

16 Paul Ludwig Troost, geb. am 17.8.1878 in Elberfeld, gest. am 21.1.1934 in München. Über Troost gibt es bis heute keine Monographie, zu seinem Werdegang vgl. Thieme/Becker 1939 [mit Bibliographie]; Seckendorff 1994; Utermann 1988. Zum Auftrag für den Umbau des Palais Barlow vgl. Dehlinger, S. 21: »Troost erhielt den Auftrag, den bereits begonnenen Umbau des Braunen Hauses am Karolinenplatz nunmehr ganz in seine Hand zu legen.« Vgl. München – ›Hauptstadt der Bewegung‹ 1993, S. 175: Abb. einer 1930 datierten Skizze Troosts für den Umbau des Palais Barlow.

17 Hans Zöberlein, geb. 1895 in Nürnberg, Maurerlehre, Besuch einer Bauschule, in München als Bauführer tätig, 1921 Eintritt in die NSDAP, 1933 Dichterpreis der Stadt München. Seit 1934 ehrenamtlicher Leiter des Kulturamtes der Stadt München und Sachberater für Filmfragen. Vgl. BayHStA, Abt. V, Slg. Personen 3229.

18 Otto Schiedermaier, geb. 1878 in München, Maurerlehre, Baugewerkeschule, seit 1919 Inhaber eines Baugeschäfts, seit 1921 Mitglied der NSDAP, seit 1933 Stadtrat in München, seit 1938 Leiter der Bayerischen Baugewerks-Berufsgenossenschaft. Vgl. BayHStA, Abt. V, Slg. Personen 1313. Schiedermaier fertigte die ersten Umbaupläne für das »Braune Haus«, datiert vom 20.7.1930, vgl. StadtA Mü, LBK 1623. Auf diesen Plänen unterzeichnete noch Hitler als »Bauherr«; bei allen späteren Plänen, auch denen für die Parteibauten, findet sich dann die Unterschrift von Reichsschatzmeister Franz Xaver Schwarz.

1934 zeigt,[10] eingekauft zu haben: »Auf dem Dache des neuen Heimes, an einem der schönsten Plätze Münchens, flattert unser Symbol zur Freude unserer Anhänger und zur Wut unserer Gegner.«[11]

Sofort wurde mit dem Umbau des Palais zum Bürogebäude begonnen, die entstehenden Kosten wurden ebenso wie der Kauf des Gebäudes vor allem über Mitgliedsbeiträge finanziert. Goebbels notierte in seinem Tagebuch: »[...] ein ganzes Haus in München, wie ein Regierungsgebäude. Er [Hitler] ist für den Plan, ein 700 000 Mk Projekt, Feuer und Flamme.«[12] Im Mai 1930 erging im *Völkischen Beobachter* ein Spendenaufruf Hitlers, zudem wurde eine einmalige außerordentliche Parteiumlage in einer Mindesthöhe von zwei Reichsmark erhoben. Desgleichen wurden verzinsliche Darlehen von 500 RM aufwärts erbeten.[13] Der Großindustrielle Fritz Thyssen verhalf zu einem solchen Darlehen. Da die NSDAP jedoch nur einen Teil davon zurückzahlen konnte, mußte Thyssen später nicht ganz freiwillig rund 150 000 RM aus eigener Tasche beisteuern. Auch der Unternehmer Friedrich Flick hielt es ab 1930 für geraten, der NSDAP zu spenden. Insgesamt flossen jedoch zu dieser Zeit nur relativ kleine Beträge seitens der deutschen Großindustrie an die NSDAP. Das Übergewicht lag auf der Selbst- und Auslandsfinanzierung.[14]

Hitler stellte für den Umbau des Palais Barlow ein detailliertes Bauprogramm auf, das bereits die Kernräume benennt, die später die Grundlage für die Raumdisposition von »Führer-« und »Verwaltungsbau« der NSDAP bilden sollten. Für Repräsentationszwecke hatte er eine Fahnen- und eine Standartenhalle vorgesehen, außerdem einen sogenannten Senatorensaal sowie einen Sitzungssaal für etwa 50 Personen. Die Verwaltung der Partei erforderte einen großen Kartothekssaal für die Mitgliederkartei.[15]

Vermutlich im Spätherbst 1930 wurde der Münchner Architekt Paul Ludwig Troost mit dem Umbau und der Innenausstattung des Palais Barlow betraut.[16] Allerdings war dieser offensichtlich nicht von Anfang an in das Projekt involviert gewesen, denn der *Völkische Beobachter* nannte am 14. September 1930 als Architekten zwar Hans Zöberlein[17] und Otto Schiedermaier[18], nicht aber Troost.[19] Hitler hatte Troost, seit August 1930 Parteigenosse,[20] spätestens im Herbst 1930 im Hause des Münchner Verlegers Hugo Bruckmann kennengelernt.[21] Bruckmann beschäftigte Troost schon seit 1905 mehrfach als Innenarchitekten, während Hitler durch Elsa Bruckmann Zugang zum Salon der Verlegerfamilie hatte. Die Legenden, die sich um die erste Begegnung des »Führers« und »seines Baumeisters« ranken, brauchen hier nicht weiter verfolgt zu werden.[22] Hitler hatte in Troost jedenfalls einen konservativen Architekten gefunden, der die modernen Baustömungen ablehnte und zudem bereit war, sich für die Ziele einer reaktionären Kulturpolitik zu engagieren. So hatte Troost 1933 einen Aufruf des »Deutschen Künstlerbundes« unterzeichnet, der sich gegen »die künstlerischen Schrittmacher der zersetzenden kommunistischen Revolution«[23] wandte, war Mitglied des 1928/29 entstandenen »Kampfbundes Deutscher Kultur« unter Leitung Alfred Rosenbergs und seit dessen Gründung 1931/32 Mitglied des »Kampfbundes der Deutschen Architekten und Ingenieure«.[24] 1933 zettelte er eine Kampagne gegen den ersten Präsidenten der Reichskammer der Bildenden Künste, den Architekten Eugen Hoenig, an und zeigte sich damit dem engen Kreis um Rosenberg zugehörig.[25] Troost war zudem für die NSDAP von April 1933 bis August 1933 Mitglied des Münchner Stadtrats.

Ein knappes Jahr nach dem Kauf des Palais Barlow, inzwischen »Braunes Haus« genannt, wurde Troost mit einer ersten Erweiterung beauftragt, einem zweistöckigen Neubau im östlichen Gartengelände (Abb. 51). Doch Gerhard von Pölnitz verweigerte als Vertreter der westlichen Nachbarn, den Eigentümern des Hauses Brienner Straße 44, seine Zustimmung zu dem Bauvorhaben. Er klagte:

»Schon heute sind wir im Anwesen Brienner Str. aufs schwerste geschädigt durch die Nachbarschaft des sogenannten Braunen Hauses. [...] Die ganze Gegend, Königsplatz und Karolinenplatz, zählte vor Erwerb des Braunen Hauses zu den vornehmsten und ruhigsten Wohnlagen Münchens. [...] Es ist ein ganz ungewöhnlicher und bisher wohl kaum in der Praxis vorhandener Fall, daß eine politi-

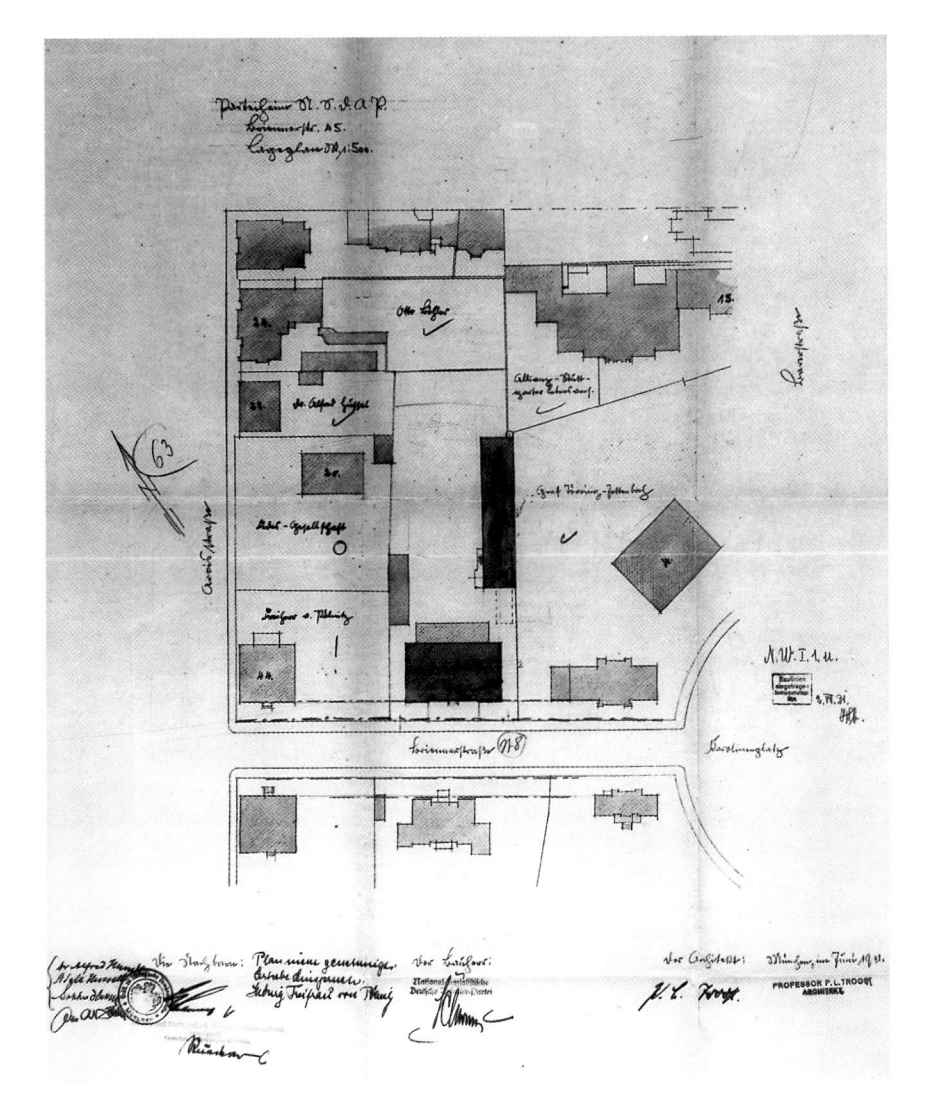

Abb. 51
»Parteiheim N.S.D.A.P.« und »Braunes Haus«, Lageplan 1:500, sign. P. L. Troost, Juni 1931

sche Partei mit einem technischen Apparat von außergewöhnlicher Größe, wie hier die National-Sozialistische Partei, einer Stadtgegend einen völlig veränderten Charakter gibt. Die früher ruhige und verhältnismäßig wenig begangene Gegend ist heute einer der unruhigsten Punkte der Stadt geworden. Ständig befinden sich vor dem Braunen Hause Ansammlungen von Passanten und Parteimitgliedern, ganze Ketten von Autos umsäumen das Haus. Wie soll das erst werden, wenn dort auch noch ein Gesellschafts-, Kasernen- oder Bürohaus stehen sollte? Ich erhebe daher mit aller Kraft und Energie Einspruch gegen diesen Plan. Es ist mir bekannt, daß dies nur der erste Teil einer weiteren Ausbau-Idee sein soll und mit der Zeit auf der anderen Seite des Grundstücks ein gleicher Flügelbau errichtet werden soll wie der jetzt geplante.«[26]

Die Polizei teilte die Bedenken der Anwohner: In einem Schreiben an die Oberste Baubehörde des Landes Bayern berichtete sie, die NSDAP beabsichtige, in ihrem Neubau eine Kaserne für die Reichsführerschule unterzubringen. Dies sei in einer solch vornehmen Gegend in höchstem Maße unerwünscht.[27]

Immer wieder waren Bauvorhaben der Anlieger des Königsplatzes an der rigiden Münchner Bauordnung für dieses Areal gescheitert. Schon 1930 warnte Fritz Gablonsky von der Obersten Baubehörde vor einem schleichenden Verfall des Viertels und vertrat die Auffassung, daß der Charakter der Brienner Straße zwischen Königsplatz und Karolinenplatz nur zu erhalten sei, wenn der Staat die Gebäude Brienner Straße 44 und 45 (Palais Barlow), die seit längerem zum Kauf angeboten wurden, erwerbe.[28] In dieser für die NSDAP ungünstigen Situation griff

19 Vgl. VB 14.9.1930; IB 27.9.1930.

20 Der Mitgliedsausweis mit der Nr. 291704, ausgestellt am 1.8.1930, befindet sich im BAK, Außenstelle Zehlendorf (BDC Mitgliederkartei).

21 Vgl. Schäfer 1994, S. 29 mit Anm. 97. Laut Picker, Henry: Hitlers Tischgespräche im Führerhauptquartier. Stuttgart 1976, S. 128, Anm. 98 fand die erste Begegnung im September 1930 statt; vgl. Schroeder 1989, S. 374, Anm. 342. Joachimsthaler behauptet abweichend von der übrigen Literatur, Hitler und Troost hätten sich schon 1929 kennengelernt.

22 Ausführliche Belege für den Beginn der Bekanntschaft von Hitler und Troost bei Arndt 1981, S. 444, Anm. 2. Dehlingers »geheimnisvolle Quelle« (Arndt) ist niemand anderer als Leonhard Gall.

23 Zitiert nach Arndt 1981, S. 458.

24 Vgl. Brenner 1963, S. 7f. und S. 20. Zur Mitgliedschaft im »Kampfbund Deutscher Kultur« vgl. dessen Todesanzeige für Troost (BayHStA, Abt. V, Slg. Personen 3728).

25 Vgl. Steinweis 1993, S. 57.

26 Schreiben Gerhard von Pölnitz' vom 2.7.1931 an die Regierung von Oberbayern, Kammer des Innern (BayHStA, OBB Akten 12735).

27 Polizeibericht vom Juni 1931 (BayHStA, OBB Akten 12735).

28 Notiz Gablonskys vom Juli 1930 (BayHStA, OBB Akten 12735).

Hitler persönlich ein, indem er einen achtseitigen Brief an den bayerischen Innenminister Dr. Karl Stützel richtete.[29] »[...] ich ersehe, daß das Staatsministerium des Innern sich mit dem Gedanken trägt, [...] zu dem Bauvorhaben der Partei Rückgebäude Brienner Straße 45 die vorgeschriebene Genehmigung allenfalls nicht zu erteilen.« Hitlers Hauptargument bestand darin, daß sich der Wandel eines Stadtviertels nicht aufhalten lasse: »So sind in der Brienner Straße besonders nach dem Kriege eine große Anzahl ehemaliger Palais zu Geschäftshäusern umgebaut worden. Diese Umwandlung ist durchaus nicht das Ergebnis einer vorher gefaßten bewußten Absicht, sondern die Folge eines unabwendbaren wirtschaftlichen Zwanges.« Was nun die NSDAP angehe, so sei von ihren Baumaßnahmen keine Beeinträchtigung des Stadtbildes zu erwarten, im Gegenteil: »Als ich für den Nationalsozialistischen Deutschen Arbeiterverein das Anwesen Brienner Straße 45 erwerben ließ, war ich mir der Verpflichtung vollständig bewußt, das klassische Stadtbild, soweit es in dieser Straße überhaupt noch vorhanden ist, aufrechtzuerhalten. Tatsächlich ist dieses durch die von einem unserer ersten Künstler [gemeint ist Troost] vorgenommene Ausgestaltung der Fassade in rein ästhetischer Hinsicht in einem Umfange gehoben worden, der m. E. und Wissens bei keinem zweiten Umbau in dieser Zeit auch nur annähernd erreicht wurde.« Abschließend appellierte Hitler an die Neutralität Stützels, denn es könne »entscheidend für die Prüfung der gesamten Verhältnisse nur das Bauobjekt selbst und nicht die Person des Gesuchstellers sein.«

Hitlers Intervention zeigte Wirkung: Die Baugenehmigung wurde erteilt, allerdings durfte der Neubau im östlichen Gartengelände nur eingeschossig ausgeführt werden. Da jedoch eine Befreiung von der Vorschrift in Aussicht gestellt wurde, daß der Fußboden bei Untergeschossen nicht tiefer als 1,20 Meter unter Bodenniveau liegen durfte, waren die von der NSDAP beantragten zwei Stockwerke doch noch zu realisieren. Die Lösung, die vorgegebene Firsthöhe durch Ausweichen in die Tiefe zu erreichen, wurde später auf die Bauten am Königsplatz übertragen.

Die Auseinandersetzungen um die Genehmigung des Seitengebäudes bezeugen, wie sich die Nähe des Königsplatzes nicht nur auf die Bauvorschriften für die unmittelbar angrenzenden Grundstücke, sondern auf das Viertel insgesamt auswirkte. Zugleich erhellen sie den sozialen Wandel innerhalb der Wohnbevölkerung, der die alten Vorschriften nicht mehr durchsetzbar erscheinen ließ. Auch fiel mit der Genehmigung dieses Antrages seitens der Obersten Baubehörde im Grunde schon eine Vorentscheidung im Hinblick auf die später von der NSDAP betriebene Umgestaltung der Ostseite des Königsplatzes.

In die Zeit zwischen November 1931[30] und November 1932 fällt eine Projektphase, innerhalb derer sich die ursprünglichen Planungen für Erweiterungsbauten auf dem Gelände des »Braunen Hauses« unversehens zu Neubauplänen wandeln, welche die Bebauung des nordöstlichen Teils der Arcisstraße in Richtung Gabelsbergerstraße ins Auge fassen. Spätestens nach der Machtübernahme beabsichtigte die NSDAP überdies, auch den südöstlichen Teil der Arcisstraße[31] in Richtung Karlstraße zu vereinnahmen. Infolgedessen mußte für den östlichen Abschluß des Königsplatzes insgesamt eine städtebauliche Lösung gefunden werden.

Zunächst jedoch sollte im November 1931 dem östlichen Seitengebäude des »Braunen Hauses« ein westliches Pendant gegenübergestellt werden.[32] Der Bauantrag wurde freilich im Januar 1932 wieder zurückgezogen, da durch den Ankauf des Hauses Arcisstraße 20 nunmehr ein wesentlich größeres Baugelände zur Verfügung stand.

Aus dieser Zeit haben sich mehrere Fassadenentwürfe Troosts erhalten, die auf Grund ihrer Datierung zweifelsfrei diesem neuen Projekt zuzuordnen sind und sich in drei Gruppen einteilen lassen.[33] Die erste Gruppe zeigt ein dreigeschossiges Gebäude mit Walmdach und fünfzehn Achsen in verschiedenen Gliederungsvarianten (Abb. 52 u. 53). Alle Varianten weisen dreiachsige Seitenrisalite und einen mittelachsigen Eingang auf. In diesen Entwürfen zeichnen sich schon drei Grundkonstanten der Fassaden der später ausgeführten Parteibauten ab: die Rundbogenfenster in Rechteckrahmung, die rhythmische Gliederung der Fassade durch Betonung einzelner Achsen, die keine Steigerung zur Mitte hin erfahren,

---

29 Brief Hitlers vom 7.8.1931 (BayHStA, OBB Akten 12735).

30 Rasp 1981, S. 23 datiert den Planungsbeginn, allerdings ohne Quellenangabe, schon auf den Sommer 1931. In seinem jüngsten Beitrag: Rasp, Hans-Peter: Bauten und Bauplanung für die ›Hauptstadt der Bewegung‹. In: München – ›Hauptstadt der Bewegung‹ 1993, S. 294 – 299, verlegt er das Datum ohne Begründung sogar auf »1930/31« (S. 296). Dagegen beginnen nach Arndt 1970, S. 46 und Arndt 1989, S. 70 die Vorplanungen im Winter 1931/32.

31 Der südliche Teil der Arcisstraße, bis zur Ecke Brienner Straße, heißt heute Meiserstraße.

32 Vgl. StadtA Mü, LBK 1622.

33 BSB, Nachlaß Troost Ana 325, C, Mappe V. einige davon veröffentlicht als »Vorentwürfe zu den Parteibauten« bei Kiener 1937b, Abb. S. 63 – 64 und Speer 1944, Abb. S. 4.

Ulrike Grammbitter

Abb. 52 – 55
Entwürfe für einen Parteibau der NSDAP

Abb. 52
sign. P. L. Troost, 29.12.1931

Abb. 53
sign. P. L. Troost, 30.12.1931

Abb. 54
P. L. Troost, 18.1.1932

Abb. 55
P. L. Troost, undatiert

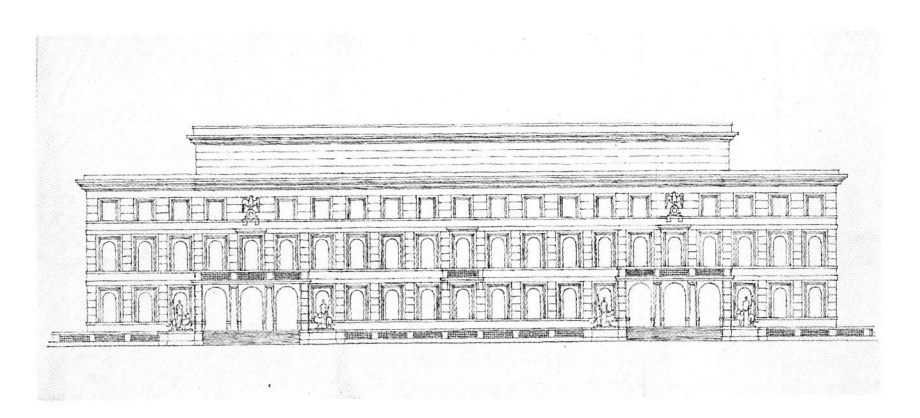

ferner eine Akzentuierung mittels Balkonen, wobei die Gestaltung des Eingangsbereichs bei den Plänen vom 30. Dezember 1931 und vom 6. Januar 1932[34] der Ausführung schon sehr nahekommt. Die letztgenannte Skizze deutet das Nachbargebäude Brienner Straße 44 noch an. Auch dies spricht, wie oben dargelegt, für eine sukzessive Entwicklung der Planung, ebenso der mittelachsige Eingang, der die Orientierung auf den Königsplatz noch nicht mitbedenkt.

Die zweite Gruppe zeigt ebenfalls in jedem Entwurf einen dreigeschossigen, fünfzehnachsigen Bau mit Seitenrisaliten und Walmdach (Abb. 54). Insgesamt ist hier jedoch die Fassade durch Gesimsbänder zwischen Erd- und Obergeschoß stärker horizontal gegliedert. Der mittige Eingang öffnet sich in einigen Varianten in fünfachsigen Rundbögen. Eine Sonderform stellt die Variante vom 14. Januar 1932[35] dar, bei der zwischen zwei Seitenpavillons eine zweigeschossige Arkadenreihe angeordnet ist, deren drei mittlere Bögen sich im Erdgeschoß als Eingänge über einer breiten Freitreppe öffnen.

In der dritten Skizzengruppe ist die Anzahl der Achsen bereits wie bei den ausgeführten Bauten um sechs auf insgesamt einundzwanzig erweitert. Die Entwürfe zeigen schon die Attika der realisierten Gebäude als Dachabschluß, ferner deren starke horizontale Akzentuierung. Die Fenster der drei Geschosse sind rechteckig gerahmt, der in der Mitte liegende Eingang ist über Freitreppen betretbar. Die drei Eingangsachsen werden paarweise von Fenstern eingefaßt, so daß sich insgesamt ein neunachsiger Mittelteil ergibt. Bei einer undatierten Variante dieser Gruppe ist das mittige Portal durch zwei seitlich angeordnete dreiachsige Eingänge ersetzt und weist damit auf die ausgeführte Lösung hin (Abb. 55 u. 56). Vermutlich datiert diese Skizze aus einem Planungsstadium nach dem Februar 1932, in dem bereits die Verdoppelung der Bauten und die Umgestaltung des Königsplatzes erwogen wurden, denn infolge der Orientierung der Pendantbauten auf den Königsplatz und ihrer Funktion als Ostabschluß des Platzes waren für einundzwanzigachsige Gebäude zentral angeordnete Eingänge wegen der fehlenden achsialen Bezüge zum Platz ästhetisch nicht vertretbar.

Zwei der Entwürfe dieser Gruppe vom 14. und 18. Februar 1932 weisen andere als die für Troost sonst typischen Gestaltungselemente auf und deuten meines Erachtens auf eine Einflußnahme Hitlers hin.[36] Beide Fassaden zeigen über einem Souterrain zwei Geschosse. Das Hochparterre wird über eine Rampe mit seitlichen Treppenaufgängen erschlossen, wobei der Eingang in der Mittelachse angeordnet ist. Der Entwurf vom 14. Februar ist stärker vertikal akzentuiert, der Wand ist hier eine beide Geschosse verbindende Pfeilergliederung vorgelegt; durch das Vorspringen von elf Achsen wird eine Art Mittelrisalit gebildet. Am auffälligsten ist jedoch bei beiden Entwürfen ein breiter Wandabschluß[37] mit bekrönender Balustrade, der die Attikazone überragt und der in der Variante vom 18. Februar sogar noch von einem turmartigen Vorbau überhöht wird. Der Plan vom 14. Februar 1932 (Abb. 57) wiederum erinnert an Albert Speers Entwurf für den Berliner »Führerbau«.[38]

Einen weiteren Hinweis auf das NSDAP-Projekt bieten zwei Tagebucheintragungen Goebbels' vom Februar und März 1932: »Der Führer beschäftigt sich in seinen Mußestunden mit Bauplänen für ein neues Parteihaus […].« Im März notierte er: »Bei Professor Troost im Atelier. Er hat den Neubau unseres kommenden Parteihauses entworfen. Er ist von einer klassischen Linienklarheit. Darüber stehen die Ideen des Führers.«[39] Auf November 1932 ist die nächste Nachricht über Pläne für einen Neubau an der Arcisstraße zu datieren.[40]

Nur wenn man von einer Vorplanung des Neubauprojekts im Zeitraum November 1931 bis November 1932 ausgeht und nicht von einem bereits fertigen Gesamtprojekt, das bloß noch der Umsetzung harrte, wird überhaupt verständlich, warum in allen hier genannten Quellen nur von einem Parteigebäude die Rede ist und nicht von zweien.[41] Weder der Ostabschluß des Königsplatzes, eine Umgestaltung des Platzes selbst noch »Ehrentempel« finden in den Jahren 1931 und 1932 in irgendeiner Weise Erwähnung oder einen Niederschlag in Skizzen.

Im April 1933, als im Zuge der »Gleichschaltung« der Länder auch in Bayern die Nationalsozialisten bereits fest im Sattel saßen, wurden die von Hitler für

---

34 Von diesem Plan ist nur eine Abbildung bei Kiener 1937 b, S. 63 oben, erhalten. Weder Arndt (wie Anm. 4) noch Rasp 1981 und 1993 (wie Anm. 30) erwähnen die drei bei Kiener abgebildeten Fassadenentwürfe.

35 Das Original befindet sich in der BSB (wie Anm. 33); abgebildet bei Speer 1944, Abb. 4 und Rasp 1981, S. 23.

36 Das Original der Skizze vom 14.2.1932 befindet sich in der BSB (wie Anm. 33), abgebildet bei Speer 1944, S. 4 und Rasp 1981, S. 23.

37 Ob diese Wand eine Blendmauer oder den Abschluß eines aufragenden Gebäudeteils darstellen soll, ließe sich nur anhand von Grundrißplänen klären, die aber nicht auffindbar sind.

38 Vgl. Backes 1988, Abb. S. 132.

39 Die Tagebücher von Joseph Goebbels (wie Anm. 12), hier Teil I, Bd. 2, Eintragungen vom 3.2.1932 und 27.3.1932.

40 Schreiben von Josef Heldmann 21.11.1932 an die Lokalbaukommission (StadtA Mü, LBK 1622).

41 Diese Tatsache wurde bisher in der Literatur übersehen.

42 Vgl. VB 22./23.4.1933.

43 Zur Geschichte des Königsplatzes vgl. Schäfer 1994 und Lehmbruch im vorliegenden Band.

44 Das Wohnhaus Brienner Straße 44 wurde 1832 im Auftrag von Julius Schnorr von Carolsfeld von Josef Höchl erbaut. Die Vorlage bildeten die Pläne Carl von Fischers für das Gebäude Brienner Straße 16. Im Januar 1932 verkauften die Erben des Fabrikanten Georg Steib, vertreten durch Gerhard von Pölnitz, das Anwesen an die NSDAP. Darin wurde die »Reichsführerschule« der NSDAP untergebracht – Ironie des Schicksals, wenn man an von Pölnitz' vehementen Einspruch gegen das geplante Seitengebäude des »Braunen Hauses« denkt! Nach dem Abbruch des Hauses im Februar 1934 zog die Schule in die Schwanthalerstraße 68 um. Vgl. BAK (wie Anm. 9); StadtA Mü, LBK 1622. Der Kaufpreis betrug vermutlich eine halbe Million RM. Vgl. Berliner Tageblatt 16.4.1931. Auf dem Grundstück Brienner Straße 44 wurde der nördliche »Ehrentempel« errichtet.

Ulrike Grammbitter

Abb. 56
»Führerbau«, Vorderansicht, Entwurf 1:100, P. L. Troost, Oktober 1933

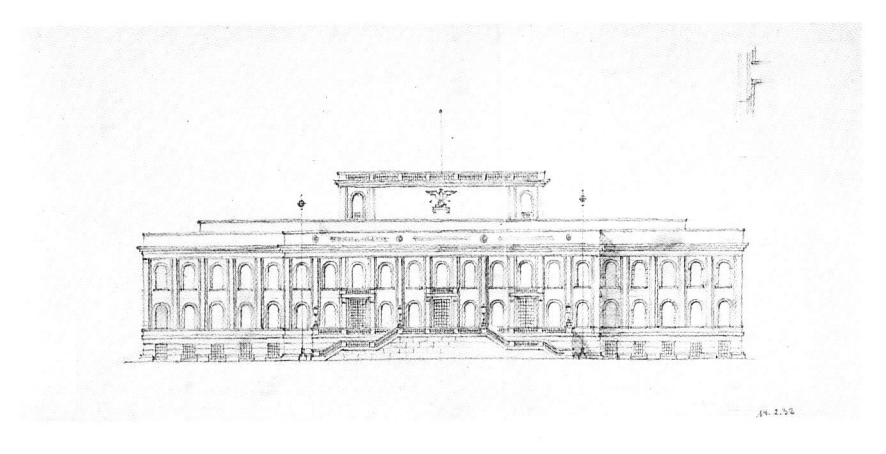

Abb. 57
Entwurf für einen Parteibau der NSDAP, P. L. Troost, 14.2.1932

München insgesamt vorgesehenen Bauprojekte erstmals in der Öffentlichkeit angekündigt. Der *Völkische Beobachter* berichtete unter der Überschrift: »Adolf Hitlers Monumentalbaupläne für München« unter anderem von einem »Parteihaus« der NSDAP, das an der Ecke Arcis-/Brienner Straße beginnen und an der Ecke Arcis-/Gabelsbergerstraße enden sollte. Auch hier ist wieder lediglich von einem einzigen Gebäude die Rede, der Königsplatz wird nur kurz erwähnt, die Situierung des Baus orientiert sich eindeutig nach Norden in Richtung Gabelsbergerstraße. Von einer südlichen Erstreckung in Richtung Karlstraße, einem Pendantbau oder gar »Ehrentempeln« ist auch in diesem Bericht von 1933 noch nicht die Rede.[42] Dennoch dürften zu dieser Zeit schon Überlegungen bestanden haben, die gesamte Ostseite des Königsplatzes umzugestalten. Dabei lag die Idee nahe, das eine Gebäude an der Ecke Arcis-/Brienner Straße aus Gründen der Symmetrie auf der anderen Seite der Brienner Straße zu wiederholen; hieraus wiederum folgte der nächste Schritt, diesen beiden großen Baublöcken aus ästhetischen Gründen zwei kleinere Bauten zuzuordnen. Auch in funktionaler Hinsicht ist die Verbindung der beiden Parteibauten als Symbole der »Bewegung« mit zwei Wachgebäuden bzw. Ehrenhallen zur Ausübung des Parteikultes durchaus plausibel. Die Umgestaltung des Königsplatzes insgesamt schließt sich als nahezu zwingender Gedanke an, denn seit seiner Entstehung wurde dieser von einem Teil der Fachwelt als unvollendet angesehen. Immer wieder hatte es Versuche gegeben, den Platz an der Ostseite zu schließen. Zudem lagen seit der Mitte des 19. Jahrhunderts Überlegungen für die Umwandlung des Platzes in eine Gedenkstätte vor.[43]

Doch kommen wir zurück zur zeitlichen Abfolge der Grundstückserwerbungen. Nach dem Kauf des Palais Barlow war die NSDAP bereits im Januar 1932 Eigentümerin des westlichen Nachbargebäudes, Brienner Straße 44, geworden (Abb. 58 u. 59).[44] Die drei nördlich daran anschließenden Wohnhäuser in der Arcisstraße, die der Neubebauung ebenfalls zum Opfer fallen sollten, wurden 1932 und 1933 von der Partei gekauft.[45] Die drei Gebäude im südlichen Teil der Arcisstraße[46] sowie

45 Das Wohnhaus Arcisstraße 20 war in den zwanziger Jahren des 20. Jahrhunderts von Theodor Fischer entworfen worden. Die Fides AG Schaffhausen verkaufte es im März 1932 an die NSDAP, die es im August 1933 abbrechen ließ. Vgl. BAK (wie Anm. 9); StadtA Mü, LBK 741; Adreßbuch der Stadt München und Umgebung 1932 und 1934. Das Wohnhaus Arcisstraße 22 wird 1933 laut Adreßbuch der Stadt München und Umgebung von den Eigentümern, dem Privatgelehrten Alfred Hussell sowie Adele und Sophie Hussell, Töchtern des Malers Otto Hussell, bewohnt. Im April 1933 geht es in den Besitz der NSDAP über, die es im folgenden Monat von der Firma Schiedermaier abbrechen läßt. In den Bauakten finden sich weder Baudaten noch der Architekt. Vgl. BAK (wie Anm. 9); StadtA Mü, LBK 742. Das Gebäude Arcisstraße 24 wurde bis 1933 von dem Besitzer Otto Alfons Böhler, einem Kunsthändler, zusammen mit seinem Mieter, dem Maler Ludwig Putz, bewohnt. Vgl. Adreßbuch der Stadt München und Umgebung 1932 und 1933. Die Bauakten vermerken weder das Baudatum noch den Architekten. Der Abbruch erfolgte im Juli 1933 durch die Firma Schiedermaier. Vgl. StadtA Mü, LBK 744. Die drei Gebäude Arcisstraße 20 bis 24 mußten dem »Führerbau« weichen.

46 Das Wohnhaus Arcisstraße 14, nördlich anschließend an Brienner Straße 16, wurde 1889/90 im Auftrag des Kommerzienrates Moritz Guggenheimer und des Bankiers Eduard Guggenheimer von dem Berliner Architekturbüro Kayser & von Großheim erbaut. Später erwarb der Mathematiker Professor Alfred Pringsheim das Gebäude und vermietete es. Vgl. StadtA Mü, LBK 737. Das Wohnhaus Arcisstraße 12 wurde im Auftrag von Alfred Pringsheim ebenfalls 1889/90 von Kayser & von Großheim erbaut. Die Bauherren von Arcisstraße 12 und 14

Abb. 58
Areal zwischen Karolinenplatz und
Königsplatz, Luftbild, um 1932

Abb. 59
Arcisstraße, Ecke Brienner Straße in
Richtung Gabelsbergerstraße mit Eckhaus
Brienner Straße 44, vor 1931

Abb. 60
Arcisstraße, Blick von der Karlstraße in
Richtung Brienner Straße, vor 1931

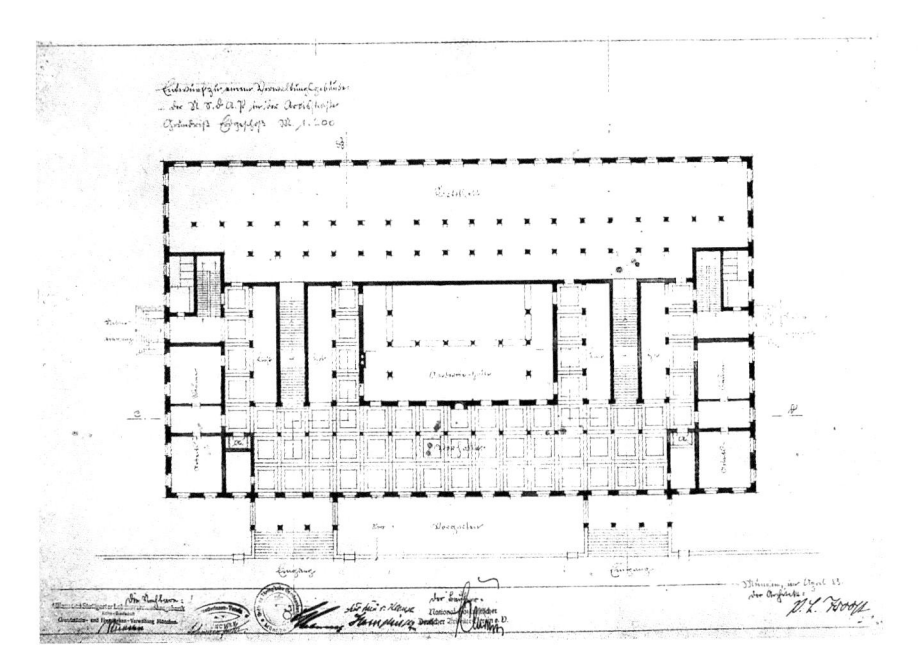

Abb. 61
»Verwaltungsgebäude der NSDAP«, Grundriß des Erdgeschosses, Entwurf 1:200, sign. P. L. Troost, April 1933

das Eckhaus, Brienner Straße 16,[47] kamen alle erst in der zweiten Hälfte des Jahres 1933 in den Besitz der NSDAP (Abb. 60).
Nach dem 30. Januar 1933 erhielt das Bauprojekt eine völlig neue politische Dimension: Die NSDAP war Regierungspartei geworden und stellte mit Hitler den Kanzler des Deutschen Reiches. Infolge dieser Machtposition rückte die Umgestaltung des Königsplatzes in erreichbare Nähe, so daß die Planungen nun auch in die südliche Richtung der Arcisstraße ausgedehnt werden konnten. Daß auf die Eigentümer ab Januar 1933 Druck ausgeübt wurde, ihre Häuser zu verkaufen, ist zu vermuten, läßt sich aber aufgrund der vorliegenden Quellen nur im Fall Alfred Pringsheims, des Schwiegervaters von Thomas Mann, nachweisen.[48] Wie aus einer Tagebuchnotiz Thomas Manns zu schließen ist, veräußerte Pringsheim seinen Besitz unter Zwang: »Neue Nachrichten über das Schicksal des Hauses in der Arcisstraße, dessen Enteignung mit oder ohne Entgelt bevorsteht. Die alten Leute müssen hinaus, damit das Haus, das sie 40 Jahre bewohnten, einem weiteren der verschwenderischen Parteipaläste Platz mache, aus denen dieses ganze Viertel in Kurzem bestehen soll.«[49] Einige betroffene Gebäude waren bereits in der Hand von Gesellschaften, für andere Verkäufen war vielleicht die Umwandlung des vornehmen Wohnviertels in einen Büro- und Verwaltungsstadtteil und damit verbunden der Prestigeverlust des Viertels, mitverursacht durch die Ausbreitung der NSDAP, ausschlaggebend.
Im Mai 1933 wurde mit dem Wohnhaus Arcisstraße 24 das erste der acht Häuser im nördlichen Teil des Straßenverlaufs niedergelegt. In nationalsozialistischer Diktion las sich die Nachricht vom Abriß dieser stattlichen, zum Teil von namhaften Architekten errichteten Wohnhäuser so: »Eine Reihe unansehlicher alter Baulichkeiten, die wirklich nicht dazu beitrugen, dem Platz nach Osten den erforderlichen monumentalen Abschluß zu geben, wurde abgebrochen.«[50]
Bereits im April 1933 hatte die NSDAP bei der Lokalbaukommission Pläne für ein »Verwaltungsgebäude« an der Arcisstraße eingereicht, wobei ausdrücklich von einem Vorprojekt die Rede war.[51] Diesem läßt sich allerdings aus den überlieferten Plänen nur ein einzelner Erdgeschoßgrundriß aus dem April 1933 zuordnen (Abb. 61).[52] Bei diesem erfolgt der Zugang zu dem einundzwanzigachsigen Bau über zwei seitlich angeordnete dreiachsige Portale, denen Pfeilerportiken und breite Freitreppen vorgelegt sind. Die Grundrißdisposition vereinigt Elemente der beiden später ausgeführten Gebäude, des »Führer-« und des »Verwaltungsbaus«, in sich. Die große Vorhalle auf der Westseite des Gebäudes entspricht der Wandelhalle des »Führerbaus«, die sich zu den Treppenhallen öffnet. Die einläufigen Treppen beginnen hier allerdings nahezu unmittelbar hinter der Wandelhalle. Die Lichthöfe werden

stellten einen gemeinsamen Bauantrag. Im August 1933 wurden beide Wohnhäuser von der NSDAP gekauft, im November 1933 erfolgte ihr Abbruch. Vgl. BAK (wie Anm. 9); StadtA Mü, LBK 735. Die Hausnummer Arcisstraße 12 wurde nach dem Abbruch des Hauses Pringsheim ausgerechnet dem »Führerbau« zugeteilt. Das anschließende Gebäude Arcisstraße 10, 1862 für einen Herrn Björkstén erbaut, war bis Juli 1933 im Besitz von Bankdirektor a. D. Dr. Alfred Wolf, der 1932 aus der Widenmayerstraße in das 2. Obergeschoß seines ansonsten vermieteten Hauses zog. Im Erdgeschoß befand sich die Pension »Glaspalast«. Ende Oktober 1933 ließ die NSDAP das Gebäude abbrechen. Vgl. Adreßbuch der Stadt München und Umgebung 1932; BAK (wie Anm. 9); StadtA Mü, LBK 734/1. Die Wohnhäuser Arcisstraße 10 bis 14 mußten dem »Verwaltungsbau« Platz machen.

47 Das Haus Brienner Straße 16 erbaute Carl von Fischer 1810 für sich selbst. 1930 bewohnte der Besitzer Moritz Prinz von Hohenlohe-Schillingsfürst das Gebäude, von dem es die Baugesellschaft Monachia im Dezember 1932 erwarb. Diese baute in das Einfamilienhaus drei Wohnungen ein. Im April 1933 waren die Umbaumaßnahmen abgeschlossen, doch im Juni des gleichen Jahres hatte das Gebäude bereits einen neuen Besitzer, die NSDAP. Die Wohnung im 1. Obergeschoß bewohnte bis zum Abbruch im Januar 1934 der ehemalige Besitzer, Prinz von Hohenlohe-Schillingsfürst. Vgl. BAK (wie Anm. 9); StadtA Mü, LBK 1600a; Adreßbuch der Stadt München und Umgebung 1930–1933.Das Wohnhaus von Fischers mußte dem südlichen »Ehrentempel« weichen. Vgl. auch Burmeister 1986. Vor dem Abbruch zeichneten Helmut Megele und Hans Döllgast eine Bauaufnahme (Abbildungen bei Burmeister 1986). Burmeister irrt allerdings, wenn er S. 131 schreibt, daß auch das Palais Degenfeld, Brienner Straße 15, gegenüber dem »Braunen Haus« gelegen, für die Errichtung der »Ehrentempel« abgerissen wurde. Das Palais Degenfeld, 1810 von Carl von Fischer erbaut, später Sitz der päpstlichen Nuntiatur, wurde nach deren Auflösung 1934 vom Land Bayern an die NSDAP verkauft. Ob zu einem symbolischen oder realistischen Preis, bliebe noch zu untersuchen. Es wurde im Krieg zerstört.

48 Pringsheim bewohnte das Gebäude Arcisstraße 12 (vgl. Anm. 46). Vgl. Kruft 1993. Kruft beschäftigt sich ausführlich sowohl mit der Baugeschichte als auch mit der Innenausstattung des Hauses Pringsheim.

Abb. 62
Richard Berndl, Entwurf für ein »neues Nuntiaturgebäude«, 1918

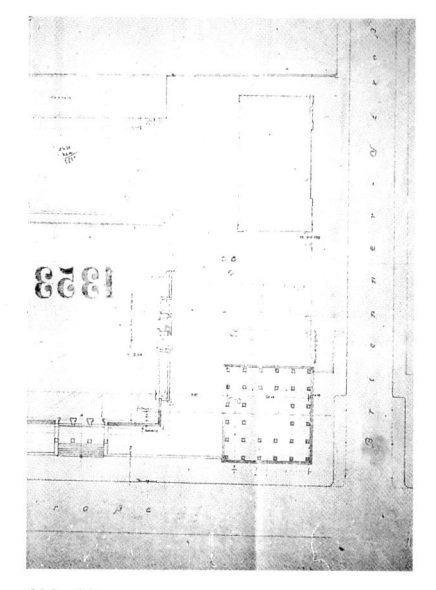

Abb. 63
»Führerbau der NSDAP« und nördlicher »Ehrentempel«, Lageplan 1:250, sign. P. L. Troost, August 1933, Detail

49 Zitiert nach Kruft 1993, S. 21.

50 Zöberlein 1934b, S. 594.

51 Städtische Lokalbaukommission, Akte Meiserstraße 10.

52 Grundrißentwurf M 1:200, signiert: »P. L. Troost, München, im April 33« im BayHStA, NSDAP Baupläne 6927.

53 Dies bedeutet, daß der halbrunde Kongreßsaal des »Führerbaus« im April 1933 noch anders geplant war.

54 Städtische Lokalbaukommission, Akte Meiserstraße 10.

55 Vgl. StadtA Mü, LBK 741, Arcisstraße 20.

56 Vgl. VB 5.9.1933.

57 StadtA Mü, LBK 11591, Arcisstraße 10, 19.10.1933.

58 Für diesen Hinweis danke ich A. Philp.

in diesem Entwurf von Doppelstützen, nicht, wie beim ausgeführten »Führerbau«, von Säulen begrenzt. Die im Mittelteil untergebrachte Garderobe ist noch nicht halbkreisförmig, sondern rechteckig abgegrenzt.[53] Die Eingänge an den Seitenfassaden, die zu Nebentreppenhäusern führen, finden sich auch bei den ausgeführten Bauten wieder. Der große Kartothekssaal, der die gesamte Ostseite des Baues einnimmt, wird später in den »Verwaltungsbau« verlegt.

Das Vorprojekt wird im Juli 1933 genehmigt.[54] Weshalb lediglich ein Vorprojekt eingereicht wurde, läßt sich aufgrund der Quellenlage nur vermuten. Entweder war die Planung für ein erweitertes Projekt unter Einbeziehung der südlichen Seite der Arcisstraße noch nicht antragsreif, oder die NSDAP, die ja zum Zeitpunkt der Antragstellung im April in Bayern erst seit knapp einem Monat an der Macht war, wollte ausloten, wieviel Widerstand die Behörden der brisanten Bebauung am Rande des Königsplatzes entgegenzusetzen geneigt waren.

Wahrscheinlich kannte Troost seit 1932 die unausgeführten Bebauungspläne für das Grundstück Arcisstraße 20 aus dem Jahre 1918,[55] da er als Architekt der Eigentümerin, der NSDAP, die Bauakten einsehen konnte. Dort sollte nach einem Entwurf von Richard Berndl ein neues päpstliches Nuntiaturgebäude entstehen (Abb. 62). Wie aus den Plänen ersichtlich ist, dachte man an einen dreigeschossigen Bau mit elf Achsen. Ein dreiachsiger Säulenportikus, dessen gedoppelte ionische Säulen einen Balkon tragen sollten, dominierte die Mitte. Das Gebäude sollte hinter die Bauflucht zurücktreten. Da dieser Bauplan genehmigt worden war, konnte man sicher sein, daß die Behörden einer ähnlich repräsentativen Lösung wohlwollend gegenüberstehen würden.

Im September 1933 informierte der *Völkische Beobachter* seine Leser über die Aufnahme der Bauarbeiten für das neue »Verwaltungsgebäude« an der Arcisstraße. Das Großprojekt biete vielen Arbeitern Beschäftigung; demgemäß ist denn auch ein Photo der Baustelle mit der Parole »Arbeit und Brot« untertitelt.[56]

Auch in der Lokalbaukommission hatte man den *Völkischen Beobachter* gelesen und feststellen müssen, daß endgültige Baupläne niemals eingereicht worden waren. In geheimer Sitzung beratschlagte man die Vorgehensweise angesichts der ungenehmigten Bauarbeiten. Immerhin war inzwischen bereits im nordöstlichen Teil des Areals mit dem Betonieren der Fundamente begonnen worden. In Anbetracht der Bauherrin scheute man natürlich die Konfrontation und zog es vor, in einem zurückhaltenden Schreiben die NSDAP zu ersuchen, Pläne vorzulegen und einen Bauleiter zu benennen; doch verlangte man die Einstellung der Bauarbeiten bis zur Erfüllung der rechtlichen Vorschriften.

Die Bauarbeiten schritten dennoch voran, und es wurde Oktober, bis sich die NSDAP bequemte, die angeforderten Baupläne einzureichen, wobei in diesem Antrag zum ersten Mal vom »Führerbau« gesprochen wurde.[57] Als das Projekt den Instanzenweg durchlaufen hatte und genehmigt war, schrieb man den Februar 1934. Bis dahin war die Bautätigkeit für eines der ersten repräsentativen Großprojekte der NSDAP unbestreitbar illegal. Dies erklärt auch, warum der sonst – beispielsweise beim »Haus der Deutschen Kunst« – von der Partei pompös inszenierte Akt der Grundsteinlegung bei diesem so bedeutenden Gebäude nicht stattfand.[58]

Da das ursprünglich als »Verwaltungsbau« bezeichnete Gebäude nunmehr in den Plänen »Führerbau« genannt und der Name »Verwaltungsbau« auf das Pendant südlich der Briennerstraße übertragen wurde, finden sich in den Akten oft irreführende Bezeichnungen oder falsch abgelegte Berichte, zumal beide Gebäude seit Baubeginn als eigenständige Planungen behandelt wurden. Nicht nur damals dürfte dieser Namenswechsel für Verwirrung gesorgt haben, sondern umso mehr bei allen, die sich in späterer Zeit mit der Planungsgeschichte beschäftigt haben. Auch für den »Verwaltungsbau«, der im Februar 1934 begonnen wurde, mußten die Baupläne von der Lokalbaukommission mehrmals angemahnt werden.[59] Im April 1934 wurden die Pläne endlich vorgelegt, im Mai 1934 genehmigt.[60]

Der erste auffindbare Plan, der die »Ehrentempel« und damit einen Ostabschluß des Königsplatzes in die Planungen einbezieht, ist ein Lageplan für den »Führerbau« vom August 1933 (Abb. 63).[61] Die »Ehrentempel« weisen schon die quadra-

tische Grundform mit jeweils sechs Pfeilern pro Seitenlänge auf, sind aber noch von einer inneren Stützenreihe begleitet. Ein unausgeführter Entwurf Leonhard Galls vom August 1934 reduzierte diese innere Reihe auf vier Eckpfeiler.[62]
Im November 1933 notierte der *Völkische Beobachter*, daß »die Pläne zum großen Verwaltungsbau I der N.S.D.A.P. an der Arcisstraße« von der Lokalbaukommission endgültig genehmigt worden seien.[63] Für den oberflächlichen Leser war dies eine harmlose Meldung, tatsächlich jedoch handelte es sich um eine Unverfrorenheit, denn bereits im September hatte man über den Beginn der Bauarbeiten berichtet. Zudem wurde verschwiegen, daß es nur eine Teilgenehmigung war, denn die Zustimmung des bayerischen Innenministeriums stand noch aus. Tags darauf folgte eine ausführliche Besprechung des Bauprojekts. Neben dem bereits erwähnten Grundriß vom April 1933 gewährt nur noch dieser Bericht Aufschlüsse über das vorletzte Planungsstadium des neuen Parteigebäudes. 4000 Quadratmeter, ein »bayerisches Tagwerk«, sollten überbaut werden, kündigte das Blatt stolz an. »Die Hauptfront liegt an der Arcisstraße, zwei seitlich angeordnete Eingänge mit je drei Hauptoren, erreichbar über breite Freitreppen, führen ins Innere.« Im Erdgeschoß werden eine Wandelhalle und zwei Treppenhallen hervorgehoben. Im Hauptgeschoß wird als zentraler, durch zweieinhalb Geschosse reichender Raum ein großer, halbkreisförmiger Kongreßsaal mit etwa 600 Quadratmetern gewürdigt. Dieser Saal sollte durch ein Glasdach beleuchtet werden. Im Obergeschoß waren Arbeitsräume vorgesehen. Auch Einzelheiten der Fassade werden beschrieben, die allerdings nicht mit dem ausgeführten Zustand übereinstimmen: »Das Dachgesimse wird in der Mitte etwas hochgezogen, um den Einblick auf die Glasdecken zu verhindern. Im übrigen wird über den beiden Freitreppen im zweiten Stock unter dem Gesimse jeweils ein Adlerrelief angebracht werden, während die Mitte der Hauptfassade durch einen kleinen Vorbau leicht betont wird.« Das als »Verwaltungsbau I« bezeichnete Gebäude entspricht dennoch im wesentlichen dem ausgeführten »Führerbau«, allerdings ist von einem Arbeitszimmer des »Führers« noch keine Rede.
Im Januar 1934 starb Troost überraschend. Für den »Baumeister des Führers« wurde ein Staatsbegräbnis angeordnet, an dem die wichtigsten NS-Größen teilnahmen. Die Witwe, Gerdy Troost,[64] selbst Innenarchitektin und Mitarbeiterin ihres Mannes, führte zusammen mit dessen langjährigem Mitarbeiter Leonhard Gall[65] das Baubüro unter dem Namen »Atelier Troost« weiter. Die Gesamtbauleitung wurde Ludwig Weiersmüller übertragen, seitens der NSDAP-Bauleitung blieb weiterhin Josef Heldmann[66] verantwortlich.
Nach Troosts Tod erhob sich im Fachpublikum die Frage, wie weit die Planung des Neubauprojekts überhaupt gediehen war. Die Spekulationen darüber wurden im März 1934 mit einer Ausstellung im Pavillon des Alten Botanischen Gartens beendet, die Modelle und Pläne der beiden Parteibauten, der »Ehrentempel« und des umgestalteten Königsplatzes zeigte. Vermutlich wurde hiermit erstmals einer breiten Öffentlichkeit offiziell bekannt gemacht, daß sich die Pläne der NSDAP von einem Erweiterungsbau des »Braunen Hauses« zu einer völligen Neugestaltung des Königsplatzes gewandelt hatten. In den Architekturzeitschriften fand das städtebauliche Großprojekt erwartungsgemäß positive Resonanz.[67] Es wurde gelobt, daß Troost die beiden Parteibauten so weit auseinandergerückt hatte, daß sie, von den Propyläen aus gesehen, nur zum Teil in Erscheinung traten. Bei einem geringeren Abstand hätte die Gefahr bestanden, daß sie mit ihren gewaltigen Baumassen[68] sich nicht nur gegenseitig, sondern auch den Platz als solchen erdrückt hätten. Den dadurch entstandenen Zwischenraum hatte Troost durch zwei niedrige, im Grundriß quadratische »Ehrentempel« in Form offener Pfeilerhallen ausgefüllt. Ihre ästhetische Funktion war es, der Baugruppe einen architektonischen Rhythmus zu verleihen und durch ihre Proportionen zu den Villenbauten der Briennerstraße überzuleiten.
Die symmetrische Anordnung der beiden Gebäude bedingte ihr äußerlich identisches Aussehen. Indes standen die spiegelbildlichen Fassaden im Widerspruch zu dem herrschenden Dogma: »Stets soll der Zweck Form und Ausdruck eines Bauwerks bestimmen.«[69] Der »Führerbau« sollte der Repräsentation dienen, sein

59 Städtische Lokalbaukommission, Akte Meiserstraße. 10, Kontrollbogen.

60 Städtische Lokalbaukommission, Akte Meiserstraße 10.

61 Lageplan, M 1:250, »Führerbau der NSDAP an der Arcisstraße«, gestempelt: »Professor P. L. Troost«, datiert August 1933 (BayHStA, NSDAP Baupläne 1353).

62 StadtA Mü, LBK 19303.

63 VB 19.11.1933 und 20.11.1933.

64 Gerdy [Gerhardine] Troost, geb. 3.3.1904, seit 1932 Mitglied der NSDAP, auch nach dem Tod ihres Mannes einflußreiche Ratgeberin Hitlers – nicht nur in Ausstattungsfragen – lebt heute in Süddeutschland.

65 Leonhard Gall, geb. 24.8.1884, gest. 20. 1. 1952. Vollmer 1955 vermerkt ihn als »ansässig in München«. Seit 1908 war er Mitarbeiter im Atelier Troost. 1935 wurde Gall Mitglied des Stadtrats von München. In einem Pressebericht »Künstler um den Führer« wird von ihm gesagt, er gehe vollkommen in seinem Beruf auf, weshalb wenig Privates von ihm bekannt sei. Vgl. BayHStA, Abt. V, Slg. Personen 4019.

66 Josef Heldmann, geb. 1886, baute 40–50 Einfamilienhäuser in Nymphenburg und Gern sowie in Geiselgasteig ein Filmatelier. Seit 1930 für die NSDAP beschäftigt, war Heldmann oberster Bauleiter der Partei und Beauftragter des Reichsschatzmeisters Schwarz für alle Bauangelegenheiten der NSDAP. Nach der Bauleitung für das Seitengebäude des »Braunen Hauses« übernahm er Mitte 1933 die Bauleitung für »Führer-« und »Verwaltungsbau«. Vgl. BayHStA, Abt. V, Slg. Personen 4154.

67 Stellvertretend sei hier auf den Bericht eines anonymen Verfassers verwiesen, der sich am ausführlichsten mit den städtebaulichen Aspekten des Bauprojekts befaßte: Monatshefte 1934. Zur Umgestaltung des Platzes vgl. Lehmbruch im vorliegenden Band.

68 Die Ausdehnung der gesamten Front beträgt 300 Meter, jedes Gebäude ist 85 Meter lang, 45 Meter breit und bis zum First 24 Meter hoch. Die »Ehrentempel« hatten eine Seitenlänge von je 21 Metern und waren 10 Meter hoch.

69 Deutschland baut 1939, S. 6.

Abb. 64
Baustelle »Führerbau« mit aufgerissener
Brienner Straße, 1934/35

Abb. 65
Baustelle »Führerbau« mit südlicher
Freitreppe, 1934, Aufnahme: H. Hoffmann

Abb. 66
Rohbau »Führerbau«, Lichthof mit Marmorsäulen, 1935

Abb. 67
Rohbau »Verwaltungsbau«, Lichthof mit
Betonstützen, 1935

Abb. 68
Königsplatz mit Rohbauten, Luftbild, 1935,
Aufnahme: H. Hoffmann

Abb. 69
»Führerbau«, Richtfest, 3.11.1935

Pendant in der heutigen Meiserstraße dagegen der Verwaltung, was selbstverständlich unterschiedliche Raumdispositionen zur Folge hatte. Doch was nicht sein darf, kann nicht sein, weshalb denn auch ein Interpret tapfer behauptete: »Das Äußere der Bauten ist folgerichtig aus dem Grundriß entwickelt [...].«[70]

Zur Planung gehörten noch weitere Gebäude, in denen ein Fernheizwerk mit Kamingebäude, eine technische Zentrale, eine Poststelle und Dienstwohnungen untergebracht waren. Diese schließen an den »Verwaltungsbau« an und reichen bis zur Ecke Arcis-/Karlstraße.

Die eigentliche Baugeschichte beginnt beim »Führerbau« im August 1933, beim »Verwaltungsbau« im Februar 1934. Der Rohbau war bei ersterem Ende, bei letzterem Anfang August 1934 fertiggestellt. Im Dezember des gleichen Jahres wurde die Brienner Straße aufgerissen, um den Straßenkanal und sämtliche Versorgungsleitungen neu zu installieren. Ab Januar 1935 wurden die unterirdischen Verbindungsgänge zwischen »Führer-« und »Verwaltungsbau«, der Rohr- und Gehkanal, erstellt. Im Mai 1935 begannen schließlich die Arbeiten an den »Ehrentempeln« (Abb. 64–68).[71] Die Anträge für diesen Teil des Projekts wurden übrigens erst im September 1934 gestellt und im Januar 1935 genehmigt.[72]

Am 3. November 1935 fand mit großem Propagandaaufwand – Hitler und Gefolge waren anwesend – das Richtfest der Parteibauten statt (Abb. 69). Die »gleichgeschaltete« Presse nahm das Ereignis zum Anlaß, Hitler als visionären Stadtplaner zu feiern, der nicht nur in der Nachfolge Ludwigs I. stehe, sondern überhaupt der »Erste Baumeister des Dritten Reiches« sei:[73] »Immer schon dachte sich der Führer den herrlichen, von antikem Geist erfüllten königlichen Platz als gegebene Stätte würde- und weihevoller Kundgebungen. Wie sich dann die Erwerbung des Braunen Hauses dazufügte, da erstand in ihm der organisch beseelte und großzügig gedachte Plan, die ganze künftige bauliche Entwicklung, Führerhaus und Verwaltungsgebäude mit dem Königlichen Platz zu einer monumentalen Anlage zusammenzuschließen.«[74]

Sechs Tage später, am 9. November 1935, wurden die »Ehrentempel« mit einer ersten kultischen Handlung eingeweiht. Die beim »Marsch auf die Feldherrnhalle« am 9. November 1923 ums Leben Gekommenen wurden aus ihren Ruhestätten exhumiert und im Rahmen eines großen Umzugs zu ihrer neuen Unterkunft verbracht. Sechzehn Särge aus Eisen, »dem Werkstoff des Kampfes und der Arbeit«,[75] die auf beide »Ehrentempel« verteilt wurden, nahmen die Gebeine auf. Unter offenem Himmel sollten die Toten »ewige Wache« halten. Ein »neuartiger Rostschutz« sollte gewährleisten, daß die eisernen Särge die Zeiten überdauerten.[76]

---

70 Deutsche Bauzeitung 1934, S. 274. Zum Widerspruch zwischen Fassaden- und Raumdisposition vgl. Nerdinger, Winfried: Bauen im Nationalsozialismus. Zwischen Klassizismus und Regionalismus. In: Architektur und Städtebau 1994, S. 8–19, der in einer polemischen Kritik der Parteibauten Troost zum »drittklassigen Architekten« erklärt, S. 14–15

71 Vgl. Städtische Lokalbaukommission, Akte Meiserstraße 10 [»Verwaltungsbau«], mit verschiedenen ausführlichen Bauprotokollen; StadtA Mü, LBK 11591 [»Führerbau«], ebenfalls mit ausführlichen Bauprotokollen; StadtA Mü, LBK 19303 [Verbindungskanäle und »Ehrentempel«].

72 Vgl. StadtA Mü, LBK 19303.

73 Dieser Propagandabegriff meinte den Staatsmann, der das Reich auf neue Fundamente stellte, ebenso wie den Baumeister, der mit eigenen Entwürfen die Architektur Deutschlands prägte. Nach der Konsolidierung der NS-Herrschaft ging das Epitheton »Erster Baumeister des Dritten Reiches« auf den »Ersten Baumeister des Führers«, Paul Ludwig Troost, über. Vgl. zum Beispiel Rittich 1938, S. 42.

74 Heilmeyer 1935, S. 137; vgl. Dresler 1939, S. 10.

75 IB 7.11.1935. Die Eisensärge wurden von dem Parteimitglied Hanns Markus Heinlein gefertigt. Zu ihrem Verbleib nach 1945 vgl. Lauterbach im vorliegenden Band.

76 IB 7.11.1935.

Abb. 70
Modell eines »Ehrentempels«,
nach März 1934

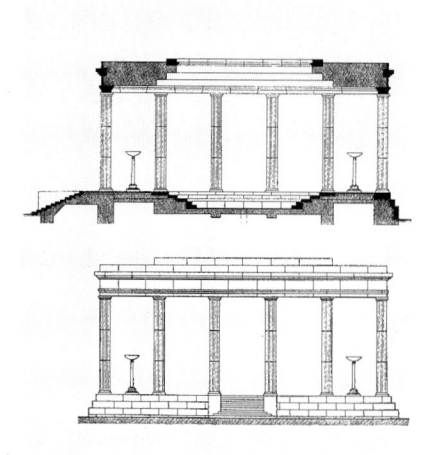

Abb. 71
»Ehrentempel«, Schnitt und Ansicht 1:200

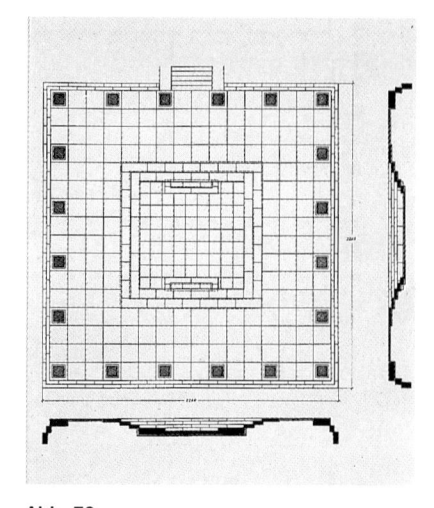

Abb. 72
»Ehrentempel«, Grundriß mit Schnitten 1:200

Abb. 73
»Ehrentempel«, nach 1935

77 Monatshefte 1934, S. 212. Auch der stets gut informierte Kunsthistoriker Hans Kiener spricht von geplanten Gedenktafeln in den »Ehrentempeln«, vgl. Kiener 1935.

78 Für die Photos der Modelle vgl. Verzeichnis [ca. 1935]; vgl. Lehmbruch im vorliegenden Band.

79 IB 7.11.35. Pütz gestaltete auch das Barometer am Turm des Deutschen Museums und die Hoheitszeichen im Sitzungssaal des »Braunen Hauses«.

80 Vgl. zur Entwicklung offener Tempelhallen als Ehrenmale Arndt 1989, v. a. S. 71f.

81 Vgl. Nerdinger, Winfried: Wilhelm Kreis. Repräsentant der deutschen Architektur im 20. Jahrhundert. In: Wilhelm Kreis 1994, S.8–27, hier S. 24.

82 Vgl. Feller, Barbara: Ein Ort patriotischen Gedenkens. Das österreichische Heldendenkmal im Burgtor in Wien. In: Kunst und Diktatur 1994. Bd.1, S.142–147.

83 Vgl. VB 12.2.1937.

84 Vgl. VB 26.9.1937.

85 Vorwort von Reichsschatzmeister Schwarz. In: Dresler 1939, S. 6.

Die »Ehrentempel« waren nicht von Anfang an zur Aufnahme der Särge bestimmt. Noch im Frühjahr 1934 sollten sie lediglich »eherne Tafeln aufnehmen, auf denen die Namen von Männern verewigt werden, die sich um Bewegung und Staat verdient gemacht haben.«[77] Über die Gründe der Funktionsänderung läßt sich angesichts der Quellenlage nichts sagen. Sicher aber ist, daß die Tafeln auf Podesten im Innern der »Tempel« angebracht werden sollten, denen unmittelbar an den Ecken vier Feuerschalen, sogenannte Pylone, beigeordnet gewesen wären. Diese Podeste sind an dem Modell der Ausstellung vom März 1934 deutlich zu erkennen. Mit der Idee, das Innere der »Ehrentempel« in Grüfte umzuwandeln, machten die Podeste einer Vertiefung an der gleichen Stelle Platz, die Feuerschalen rückten dagegen in die äußeren Achsen, wie auf einem späteren, undatierten Photo, welches das Modell eines »Ehrentempels« zeigt, zu erkennen ist. Das hier noch vorgesehene Geländer unterblieb bei der Ausführung (Abb. 70).[78]

Die Decke des weit ins Innere hineinragenden, abgetreppten Gesimses zierte ein Mosaikfries von Wilhelm Pütz: »Damit der Beschauer bei der großen Entfernung auch wirklich ein Mosaik sieht, mußte ich mich von der erstarrten italienischen Überlieferung freimachen: ich verwandte größere Glassteinchen und breitere Fugen.«[79]

Die Gestaltung der »Ehrentempel« als nach oben offene Pfeilerhallen ist in den dreißiger Jahren des 20. Jahrhunderts nichts Ungewöhnliches (Abb. 71–73).[80] Eines der Vorbilder war das Reichsehrenmal in Bad Berka, 1926 von Wilhem Kreis entworfen.[81] Eine weitere nationale Kultstätte, die Hitler und Troost inspiriert haben dürfte, war das 1933/34 entstandene österreichische Heldendenkmal in Wien.[82]

Der »Verwaltungsbau« wurde im Februar 1937 feierlich von Hitler an Reichsschatzmeister Schwarz übergeben.[83] Der »Führerbau« wurde anläßlich des Staatsbesuchs von Mussolini am 25. September des gleichen Jahres eingeweiht.[84]

Stolz stellte Reichsschatzmeister Schwarz, der Hausherr des »Verwaltungsbaus«, die Parteibauten vor: »Die beiden äußerlich gleichen Neubauten am Königlichen Platz sind gleichsam das Symbol für die beiden wichtigsten Kräfte in der Partei: Führung und Verwaltung.«[85] Der »Führerbau« sollte hauptsächlich den Repräsentationspflichten Hitlers dienen, die allerdings im Laufe der dreißiger Jahre immer mehr nach Berlin in die Neue Reichskanzlei verlegt wurden. Im »Verwaltungsbau« waren die wichtigsten Ämter des Reichsschatzmeisters sowie die umfangreiche Mitgliederkartei der NSDAP untergebracht (Abb. 74).[86]

Das Grundrißschema beider Gebäude bildet eine einbündige Vierflügelanlage, die durch einen mittleren Quertrakt zwei überdachte Binnenhöfe erhält (Abb. 94–105). Dieses Schema mit zwei Innenhöfen ist für Verwaltungsgebäude

Ulrike Grammbitter

Abb. 74
Modell der Parteibauten

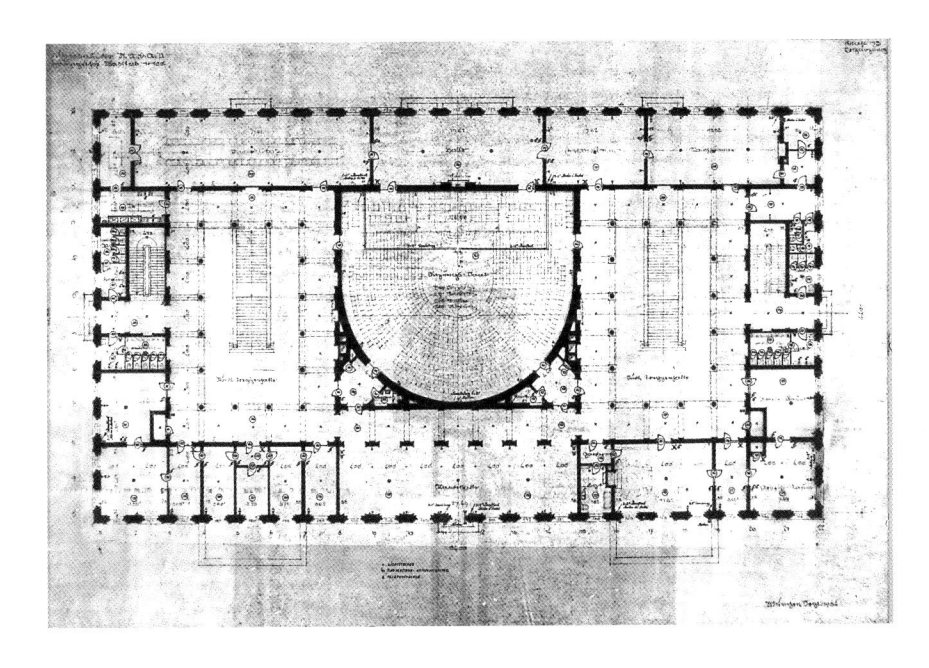

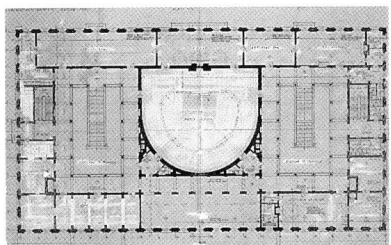

Abb. 76
»Führerbau«, 1. Obergeschoß, Grundriß 1:100, nach 1936

Abb. 75
»Führerbau«, 1. Obergeschoß, Grundriß 1:100, 1934

seit dem späten 19. Jahrhundert gebräuchlich, wie ein Blick in das Handbuch der Architektur, ein damals weit verbreitetes Standardwerk, zeigt.[87] Neu ist jedoch die Verlagerung des Eingangs aus der Mittelachse an beide Seiten der Hauptfassade und damit einhergehend konsequenterweise auch die veränderte Anordnung der Verkehrswege. Das sonst den Mittelteil beherrschende Treppenhaus wird in den Binnenhöfen doppelt angelegt, die damit eine neue Funktion als Treppenhallen erhalten. Die Verdoppelung der Verkehrswege durch die Anlage von zwei Treppenhäusern war funktional gesehen durchaus sinnvoll, da der »Führerbau« bei Veranstaltungen zeitweise 700 Personen, der »Verwaltungsbau« mindestens 200 Personen an ständigem Personal aufnehmen sollte (Abb. 99 u. 101). Durch die Glasdächer der Treppenhallen fällt genügend Licht in alle Flure, obwohl sie im Gebäudeinnern angeordnet sind. Die Nebentreppen in den Seitenflügeln sind durch eigene Eingänge an den Seitenfronten direkt erreichbar.

In den Quertrakten konnten nun Säle mit großem Raumbedarf, die keiner direkten Beleuchtung bedurften, untergebracht werden. Den Mittelpunkt des »Führerbaus« sollte ein Kongreßsaal bilden, der noch auf den Plänen von 1936 vorgesehen war, danach aber in eine große »Wohnhalle« umgewandelt wurde (Abb. 75 u. 76).[88]

86 Zum historischen Aspekt vgl. Schäfer, zur Innenausstattung von »Führer-« und »Verwaltungsbau« Seckendorff, beide im vorliegenden Band.

87 Vgl. Handbuch der Architektur: Hg. Eduard Schmitt. Stuttgart 1900, hier Teil IV.7.1., zum Beispiel S. 155: Finanzministerium, Dresden, und S. 184: Regierungsgebäude, Breslau. Parallelen weist auch der Grundriß der Münchner Staatsbibliothek auf, deren Innenhöfe allerdings nicht überdacht sind.

88 Über die Gründe der Planungsänderung ist im einzelnen nichts bekannt. Infolge der Verlagerung des politischen und repräsentativen Zentrums der NSDAP von München nach Berlin seit 1934 war die Notwendigkeit eines Kongreßsaales im »Führerbau« im Grunde schon vor 1936 nicht recht einsehbar, zudem machte das Kongreßgebäude,

Abb. 77
»Führerbau«, Lichthof,
Aufnahme: H. Hoffmann

Abb. 78
»Verwaltungsbau«, Lichthof, Aufnahme:
H. Hoffmann

das seit 1935 für das Reichsparteitagsgelände in Nürnberg geplant war, einen großen Kongreßsaal im »Führerbau« überflüssig.

89 Vgl. den Aufruf Hitlers im IB vom 7.6.1930, in dem er von einem Kongreßsaal für über 2000–3000 Personen spricht.

90 Vgl. Handbuch der Architektur (wie Anm. 87), hier Teil IV.7.2, S.13.

91 Dresler 1939, S. 39 unterlief der Lapsus, in seiner Beschreibung des »Verwaltungsbaus« die Bibliothek als Gegenstück zum – nicht existenten – Kongreßsaal zu bezeichnen; immerhin handelte es sich um eine offizielle Veröffentlichung, die der Reichsschatzmeister Staatsbesuchern überreichte.

92 Heute ist dort der Lesesaal des ZI untergebracht.

93 Technisch könnten die vorhandenen Leitungen auch zu Abhörzwecken genutzt worden sein, dies kann jedoch bei der Bestimmung des Hauses verworfen werden, zumal es durch Akten nicht belegbar ist.

94 Schon zu Zeiten der Weimarer Republik waren bei öffentlichen Gebäuden Luftschutzkeller vorgesehen, die Nationalsozialisten intensivierten diese Baumaßnahmen jedoch erheblich.

Dieser Sitzungsraum, ein langgehegter Wunsch Hitlers,[89] war ein im Halbrund angeordneter, durch zweieinhalb Stockwerke gehender Raum, in dem 700 Personen Platz finden sollten. In der zeitgenössischen Literatur wurde er vom griechischen Amphitheater, manchmal auch von Universitätsaulen abgeleitet. Zudem gab es bereits seit dem frühen 19. Jahrhundert mit den Parlamentsgebäuden und ihren Versammlungsräumen eine weitere Bauaufgabe, die zum Vergleich herangezogen werden kann. Deren häufigste Form ist das Halbrund, erhellt durch Deckenlicht.[90] Der Name »Wandelhalle« für die Hallen, die im »Führerbau« den Treppenhäusern an der Eingangsseite vorgelagert sind, findet sich als Funktionsbezeichnung sowohl bei Theatern als auch, häufiger, bei Parlamentsgebäuden. Da der Kongreßsaal wegfiel, reduzierte sich die Größe des ausgeführten Restaurants im Untergeschoß von 400 Plätzen auf 100. Das Herzstück des Gebäudes, auf das der ganze Grundriß eigentlich zugeschnitten war, wird nun in eine Halle umgewandelt, deren Funktion unklar bleibt, da das Gebäude bereits über eine Empfangshalle und zwei Wandelhallen verfügte.[91] Der neue Mittelpunkt, das »Arbeitszimmer des Führers« dagegen, das in den Beschreibungen der Jahre 1934 und 1935 noch nirgends erwähnt wird, befindet sich, erstaunlicherweise aus der Mittelachse gerückt, an der Südwestecke des Gebäudes mit Blick auf den Königsplatz. Es geht auf einen der beiden Balkone hinaus, die von den Pfeilern der Eingangsportiken getragen werden.

Aufgrund der symmetrischen Gestaltung der Baukörper mußte im »Verwaltungsbau« für den durch zwei Stockwerke gehenden, von oben beleuchteten Saal im Mitteltrakt eine Funktion gefunden werden, und das in einem Gebäude, das ausdrücklich keinen Repräsentationszwecken dienen sollte. Man verfiel auf einen Bibliothekssaal, der mit verwaltungsrechtlicher Literatur ausgestattet wurde.[92] Die Treppenhäuser des »Führerbaus« werden von einläufigen Treppen beherrscht, die nur ins Hauptgeschoß führen (Abb. 77). Diejenigen des »Verwaltungsbaus« sind aus der Mitte herausgenommen und verbinden, zweiläufig an den Quertrakt angegliedert, das ganze Gebäude (Abb. 78). Die monolithischen Marmorsäulen der Treppenhallen des »Führerbaus« zeichnen dieses Gebäude deutlich gegenüber dem »Verwaltungsbau« aus, dessen Stützen lediglich mit Marmor verkleidete Pfeiler sind. Die Anordnung der Kartei in einem langgestreckten, die ganze Ostfront einnehmenden Saal, der über eigene Treppen mit einem weiteren Karteisaal im Untergeschoß verbunden war, erinnert an die Gestaltung von Großraumbüros der zwanziger Jahre.

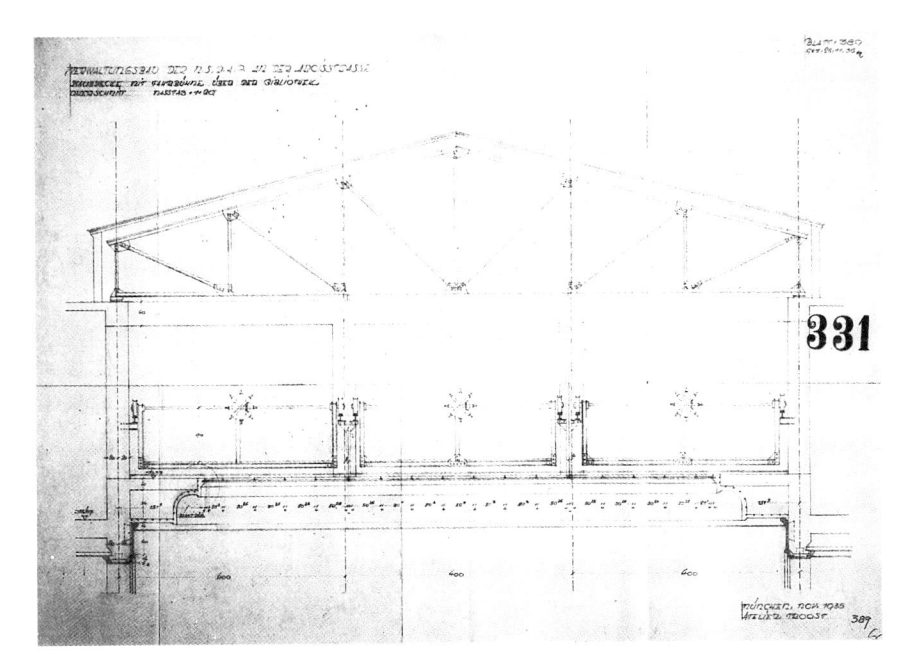

Abb. 79
»Verwaltungsbau«, Fahrbühne über der Staubdecke der Bibliothek, 1935

Abb. 80
»Verwaltungsbau«, Kellergeschoß, Fernheizwerkanlage, Aufnahme: H. Hoffmann

Abb. 81
»Führerbau«, Querschnitt 1:100 mit Luftschutzkeller und darüberliegendem Montagegeschoß an der Westseite

Alle vier Bauten wurden mit den Mitteln der damals modernsten Technik errichtet und ausgestattet. Die Parteibauten, im Kern aus Eisenbeton, haben beide mehrere Personen- und Lastenaufzüge. Die Arbeitsräume waren mit Warmwasserheizung versehen, die Treppenhallen zum Teil mit Fußboden- und zum Teil mit Dampfniederdruckheizung. Die Glasdächer konnten im Sommer durch ein Röhrensystem berieselt werden, eine Oberlichtheizung hielt sie im Winter frei von Schnee. Über den Staubdecken befinden sich Fahrbühnen, mit denen man über die Dächer gelangen kann, um Defekte zu beheben (Abb. 79). In die Decken der Lichthofumgänge des »Verwaltungsbaus« waren sechzig Lautsprecher eingebaut, die im gesamten Gebäude Rundfunkempfang ermöglichten.[93]

Die spektakulärsten technischen Einrichtungen verbargen sich im Kellergeschoß (Abb. 80, 95, 97): Dort waren neben den Maschinenanlagen Luftschutzkeller untergebracht, die die gesamte Westseite des Gebäudes einnahmen und Raum für 400 Personen boten (Abb. 81). Sie waren mit Gasschleusen ausgestattet und durch 2,50 Meter dicke Eisenbetondecken geschützt.[94] Beide Gebäude sind durch einen 105 Meter langen Tunnel, den sogenannten Gehkanal,[95] dessen

95 Die Bezeichnung »Diplomatengang« findet sich zum ersten Mal in einem Schlüsselverzeichnis des »Führerbaus« von 1942 (BayHStA, NSDAP Baupläne 4991). Der Verbindungsgang ist heute in der Mitte zugemauert, seine beiden Teile werden von beiden Häusern als Kellerräume genutzt, auch die Zugangstreppen im Kellergeschoß sind in beiden Häusern verbaut. Die Behauptung, durch diesen Gehkanal seien damals Autos gefahren, läßt sich durch keine mir bekannte Quelle belegen, zumal die Breite des Ganges und auch Probleme der Entlüftung diese Möglichkeit von vornherein ausschließen. Ganz abgesehen davon bringt schon die damalige Bezeichnung »Gehkanal« die Funktion zum Ausdruck.

Abb. 82
»Führerbau«, Längs- und Querschnitt 1:400 mit Luftschutzkeller und Verbindungsgängen

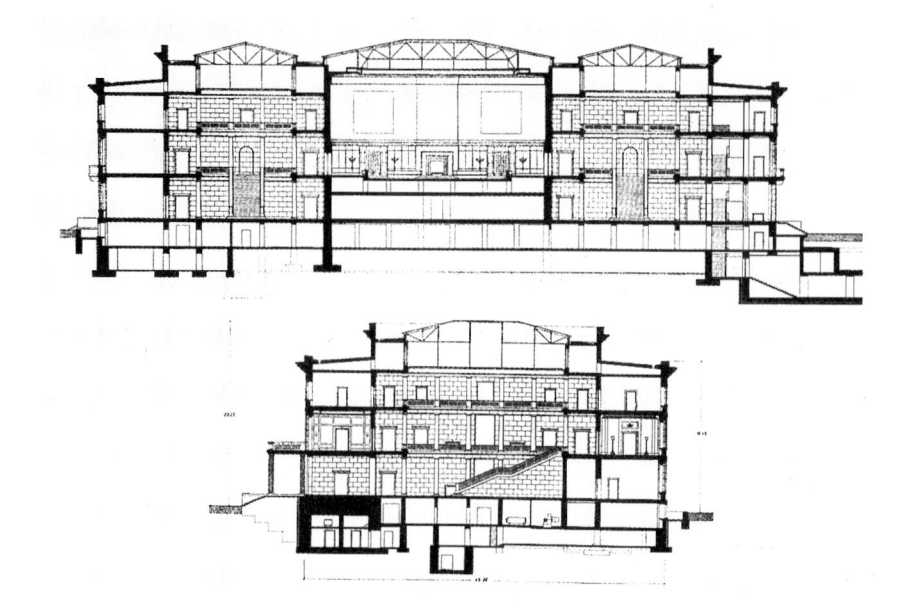

Abb. 83
»Führerbau«, Längsschnitt 1:100, Detail mit unausgeführtem Kongreßsaal, Rohrkanal und Treppe zum »Gehkanal« auf der Südseite

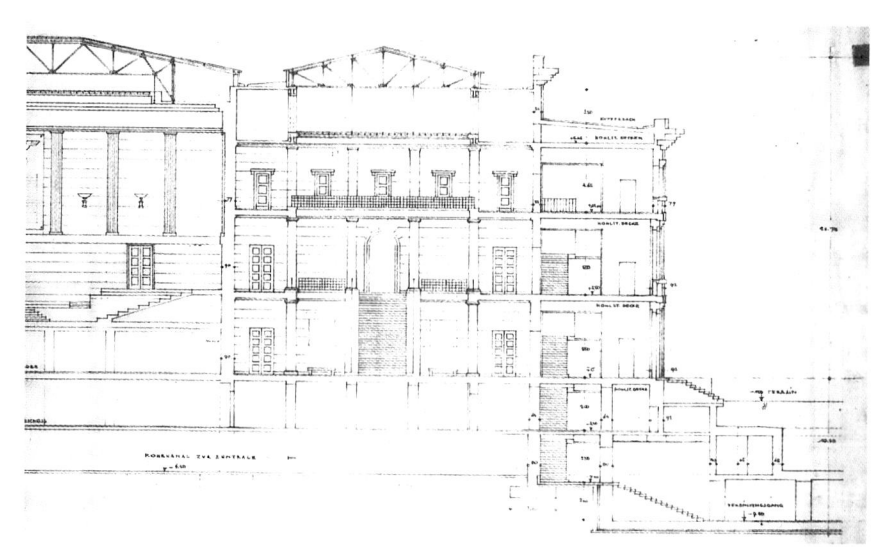

Abb. 84
»Gehkanal«, Schnitt 1:50, 1934

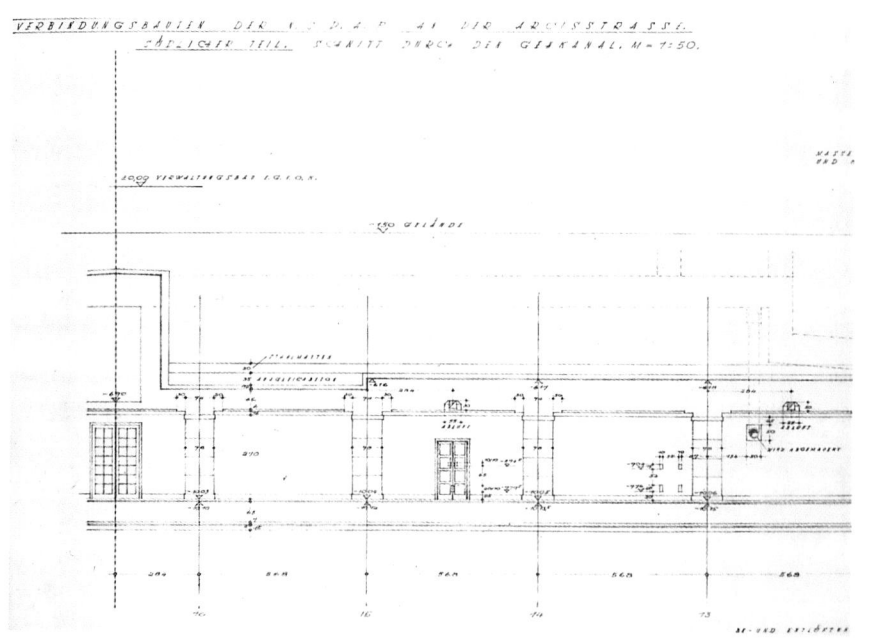

Ulrike Grammbitter

Abb. 85
»Gehkanal«, Ausgußnische, 1:10, 1935

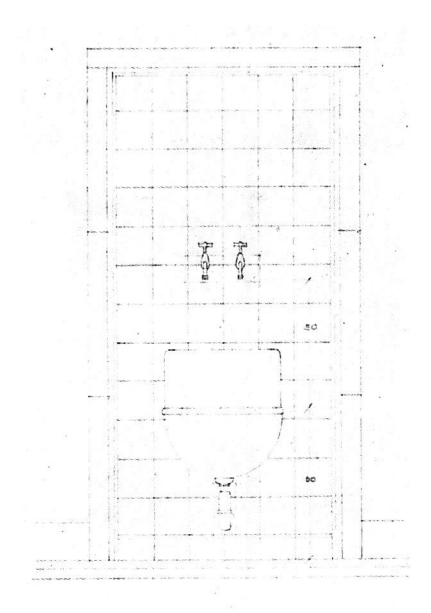

Abb. 86
»Gehkanal«, Ansicht, Atelier Troost

Abb. 87
Heizkraftwerk, Arcisstraße 6–8,
Maschinenraum, 1945/46

Sohle 12 Meter tief unter der Brienner Straße verläuft und durch den man bequem und trockenen Fußes von einem Gebäude zum andern gelangen konnte, untereinander verbunden (Abb. 82–86). Die Zugänge waren durch breite Treppen von den Kellergeschossen aus möglich. Diese unterirdische Verbindung übertraf den 1928 eingeweihten, 80 Meter langen »größten Hoteltunnel der Welt« vom Anhalter Bahnhof zum Hotel Excelsior in Berlin immerhin um 25 Meter.[96] Parallel zum Gehkanal verläuft der sogenannte Rohrkanal, in dem alle Versorgungsleitungen verlegt sind. Er führt in den Kellergeschossen durch beide Gebäude und endet im Heizkraftwerk, heute Meiserstraße 6–8 (Abb. 87). Da das Kraftwerk langfristig alle in diesem Areal geplanten Parteibauten versorgen sollte, war ein unterirdisches Netz von Verbindungsgängen vorgesehen, die zum Teil auch ausgeführt wurden. Diese Verbindungsgänge beflügeln heute noch weithin die Phantasie, da die funktionale Bestimmung nicht mehr bekannt ist.[97] Auch zu den Fundamenträumen unter den »Ehrentempeln«, deren Funktion nicht ersichtlich ist, bestanden durch den Rohrkanal Verbindungsgänge. In Verbindungskammern zwischen Rohrkanal und »Ehrentempeln« waren Bewetterungsanlagen und Filterkammern untergebracht, von denen aus die Temperatur und der Feuchtigkeitsgehalt der Luft in allen Räumlichkeiten geregelt werden konnte (Abb. 88). Eine Klimaanlage verarbeitete die durch große Schächte im Garten angesaugte Luft. Der Gartenschacht hinter dem »Verwaltungsbau« wird von einem Betonoktogon überdacht. Sowohl vom »Führer-« als auch vom »Verwaltungsbau« aus führte ein unterirdischer Quergang zu den der Brienner Straße abgewandten Seiten der »Ehrentempel«. Dort gelangte man über eine Treppe, die mit einem Metalldeckel abgedeckt war, auf Bodenniveau ins Freie (Abb. 90).

Anders als etwa bei der Architektur des Bauhauses kommt der Technik bei der Repräsentationsarchitektur der NSDAP keinerlei ästhetische Bedeutung zu, was der nationalsozialistische Kunsthistoriker Hans Kiener ausdrücklich hervorhebt: »Die Tatsache, daß in diesen Monumentalbauten der NSDAP alle Einrichtungen moderner Hygiene und modernen Komforts in mustergültiger Weise vorgesehen sind, läßt erkennen, daß sich die Errungenschaften moderner Technik selbstverständlich mit der edelsten und würdigsten Formgebung vereinbaren lassen. [...] Heute wird mancher Architekt noch von der Technik beherrscht; erst wenn der Architekt die Technik beherrscht, wie es hier der Fall ist, vermag diese ihre wohltätige Seite voll zu entfalten. Im wirklich modernen, in die Zukunft weisenden Bau-

96 Diesen Tunnel kannte Hitler sicher, da er sich 1928 darum bemühte, im Hotel Excelsior sein Berliner Hauptquartier aufzuschlagen. Vgl. Schade, Waltraud: Hotel Excelsior, Stresemannstraße 78. In: Geschichtslandschaft Berlin. Orte und Ereignisse. Bd. 5. Berlin 1994, S. 70–83.

97 Das Verdienst, eine breitere Öffentlichkeit auf dieses Tunnelsystem aufmerksam gemacht zu haben, gebührt Rosefeldt/Steinle 1994.

Abb. 88
Nördlicher »Ehrentempel«, Schnitt 1:50 mit Verbindungsbauten und Bewetterungsanlage, 1934

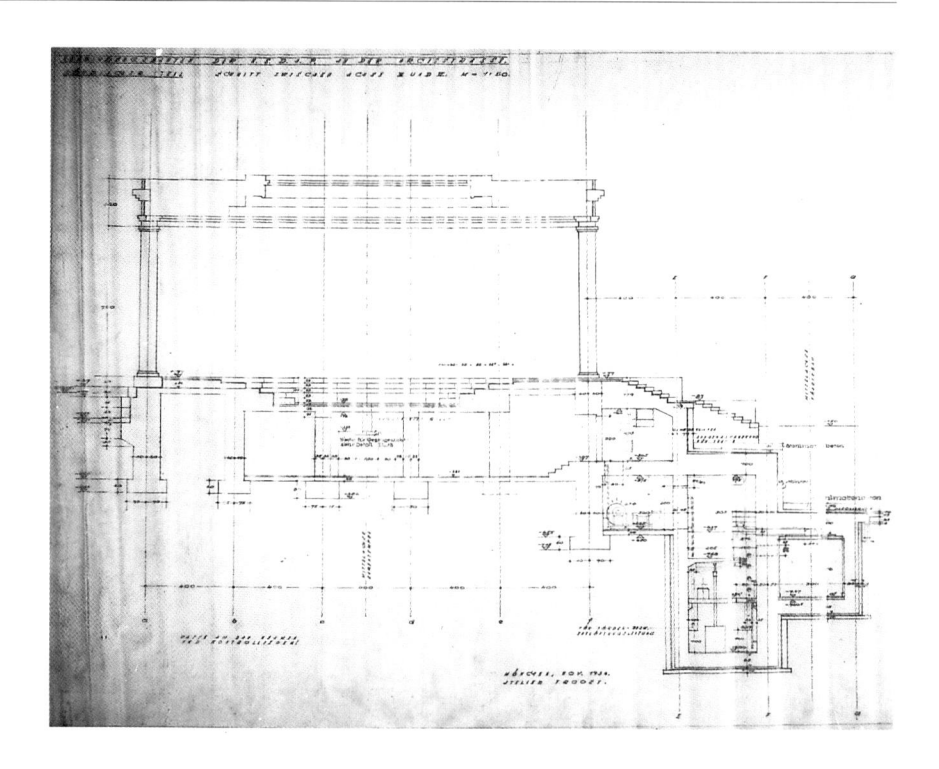

Abb. 90
Ausgangstreppe beim nördlichen »Ehrentempel«, Schnitt 1:20, 1937, Detail

Abb. 89
»Verwaltungsbau«, nördlicher Eingang, Aufriß 1:50, Materialaufteilung, 1934, Detail

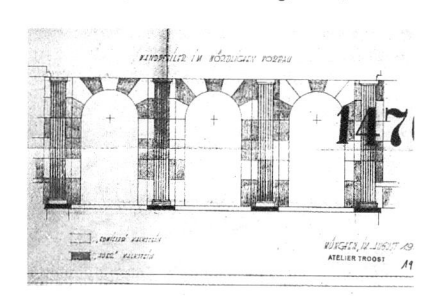

98 Kiener 1937a, S. 344. Zum Verhältnis von Technik und Ästhetik im Nationalsozialismus vgl. Nerdinger, Winfried: Modernisierung, Bauhaus, Nationalsozialismus. In: Bauhaus 1993, S. 8–23. Auch die Verwendung eines Rasters von 4 m für die Grundrißgestaltung der beiden Bauten und der »Ehrentempel«, beispielsweise für die Interkolumnien der Stützen, wäre noch genauer zu untersuchen. Vgl. dazu: Wang, Wilfried: Geometrie und Raster. Der mechanisierte Mensch. In: Moderne Architektur 1994, S. 33–49.

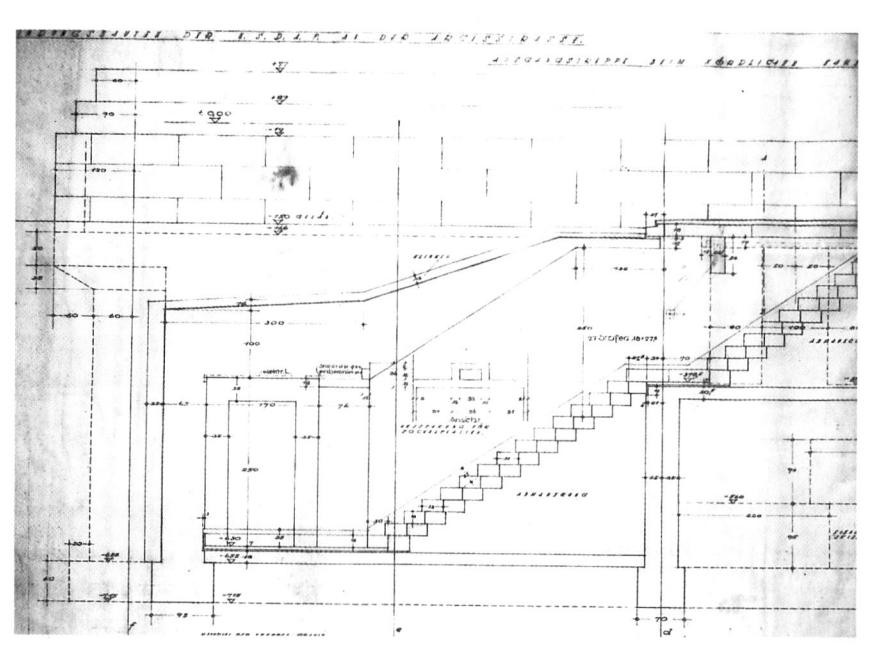

werk müssen alle technischen Errungenschaften da sein, müssen aber demütig da sein, müssen sich einordnen [...].«[98]

Abschließend sei ein Blick auf die Fassaden geworfen, deren Gestaltung bereits anläßlich der Entwürfe besprochen wurde. Das verwendete Material, Kelheimer Kalkstein auf einem Sockel aus Muschelkalk, knüpft an die bestehenden Gebäude des Königsplatzes an. Aus ästhetischen Gründen wechselten bei den Eingangsportiken ein dunklerer mit einem helleren Kalkstein ab (Abb. 89). Eine Neuerung gegenüber den Fassadenskizzen sind die »Vierpfeilerhallen«, die den Eingang überdachen und im Hauptgeschoß einen breiten Balkon tragen. Sie nehmen nicht nur das Motiv der »Ehrentempel« auf[99] und verbinden dadurch die breitgelagerten

Ulrike Grammbitter

Abb. 91
»Verwaltungsbau«, Anbringung eines der
NSDAP-Embleme, Aufnahme: H. Hoffmann

Abb. 92
Villa Becker, P. L. Troost, 1903

Abb. 93
Villa Becker, Vestibül

Baublöcke mit den quadratischen »Tempelhallen«, sondern gleichen auch das Zurücktreten der Gebäude aus der Bauflucht aus. Die vorgelagerten Freitreppen enden in einer Linie mit den Sockeln der »Ehrentempel«. Das erklärt auch die Dimensionen der Balkone, die eigentlich keine Funktion haben, sondern allenfalls eine Auszeichnung der dahinterliegenden Zimmer bedeuten.[100] Der einzige »Schmuck« der Gebäude waren bronzene Adler mit Hakenkreuzen in den Krallen, die im zweiten Obergeschoß über den Mitten der Vierpfeilerhallen angebracht waren (Abb. 91).[101]

Einige Gestaltungselemente der Fassade finden sich schon in der Frühphase des Architekten, werden dann aber kanonische Motive der Repräsentationsarchitektur des Nationalsozialismus: z. B. die kannelierten Pfeiler,[102] die Reduktion des Bauschmucks auf Vor- und Rückspringen der Wandflächen, die die Fenster einrahmen, ferner als offensichtlich einzig zulässiges Ornament eine Mischung aus Mäander und gerastertem Hakenkreuz, die bereits an Decken und Fußböden der Troostschen Dampfereinrichtungen zu beobachten ist.[103] Die Gliederung durch Wandvorsprünge weist schon die Eingangsfassade der Villa Becker in München, Troosts erster selbständiger Bau von 1903, auf (Abb. 92). Auch zeigt dieses Frühwerk bereits die Akzentuierung des Eingangs durch einen Pfeilerportikus, der im Obergeschoß einen Balkon trägt. Nicht zuletzt die gerasterte Eingangshalle dieses Gebäudes mit ihrer Kassettendecke läßt den späten Troost schon erahnen (Abb. 93).

In die überarbeitete Ausgabe des Handbuchs der Architektur von 1943 ist das Verwaltungsgebäude der NSDAP als Prototyp aufgenommen.[104] Vollends in die Sphäre des Überzeitlichen wurde das erste nationalsozialistische Großprojekt aber dadurch entrückt, daß Troosts »Ehrentempel« eine zeitgenössische Vitruvausgabe illustrieren.[105]

Zeitgleich mit dem Entstehen der ersten Repräsentationsbauten der Partei richtete das NS-Regime in Dachau das erste Konzentrationslager in Deutschland ein.[106] Spiegelten sich in den Parteigebäuden am Königsplatz Machtanspruch und Selbstverständnis des Regimes, so waren vor den Toren der Stadt die Mittel sichtbar, mit denen totalitäre Herrschaft durchgesetzt wurde. Wer vom Parteizentrum in der »Hauptstadt der Bewegung« spricht, sollte das Konzentrationslager in Dachau mitbedenken.

99 Die Soffitten der Pfeilerhallen sind ebenfalls mit Mosaiken geschmückt.

100 Der ikonologischen Bedeutung von »Führerbalkonen« vor Hitlers zahlreichen Arbeitszimmern kann hier nicht nachgegangen werden. Vgl. dazu: Schönberger 1981, S. 35 f.

101 Sie wurden von dem Bildhauer Kurt Schmid-Ehmen entworfen.

102 Vgl. Arndt, Karl: Problematischer Ruhm. Die Großaufträge in Berlin 1937–1943. In: Wilhelm Kreis 1994, S. 168–187, hier S. 178. Kannelierte Pfeiler, allerdings im Innenraum, verwendete Troost bereits 1912 bei der Ausgestaltung der Repräsentationshalle der Kunstgewerbeausstellung in München.

103 Troost entwarf fünfzehn Jahre lang für die Reederei Norddeutscher Lloyd in Bremen Dampferausstattungen, vgl. Utermann 1988.

104 Vgl. Seeger, Hermann: Öffentliche Verwaltungsgebäude. Leipzig 1943; Handbuch der Architektur (wie Anm. 87), hier Teil IV.7.1b, S. 147–150. Für diesen durch Iris Lauterbach vermittelten Hinweis danke ich Wolfgang Arnade, Bonn.

105 Vgl. Vitruvius Pollio, Marcus: Über die Baukunst: Hg. Erich Stürzenacker. Essen 1938, Buch I,5 [ohne Seitenzählung]. Für diesen durch Iris Lauterbach vermittelten Hinweis danke ich Hans-Christoph Dittscheid, Regensburg.

106 Das Konzentrationslager in Dachau wurde im März 1933 eingerichtet. Vgl. zur »Innenansicht des NS-Reiches«: Bauen im Nationalsozialismus 1993.

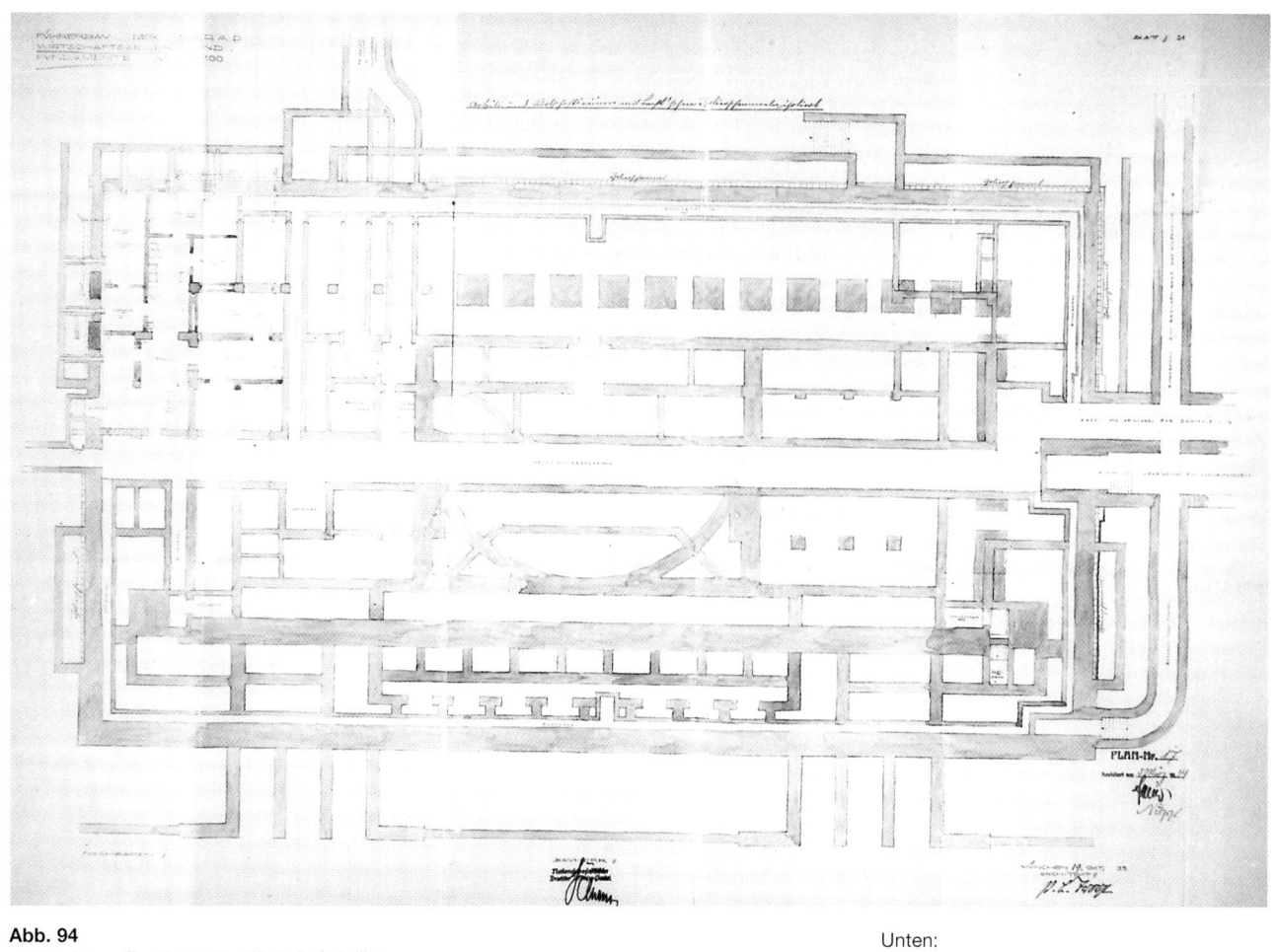

Abb. 94
»Führerbau«, Fundamente, Wirtschaftskeller,
Rohr- und »Gehkanal«, Grundriß 1:100, sign.
P. L. Troost, 19.10.1933

Unten:
Abb. 95
»Führerbau«, Kellergeschoß, Grundriß 1:200,
Atelier Troost, 20.11.1936

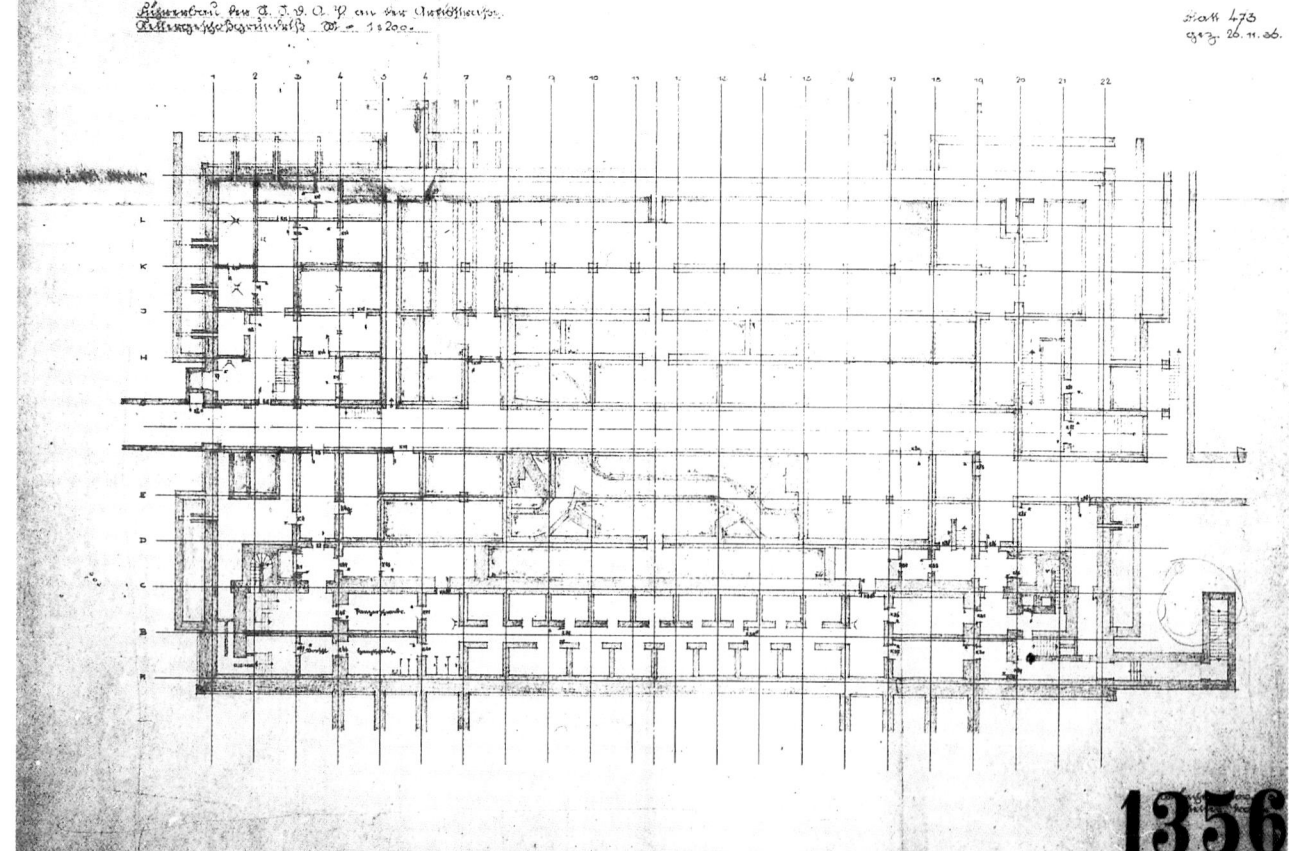

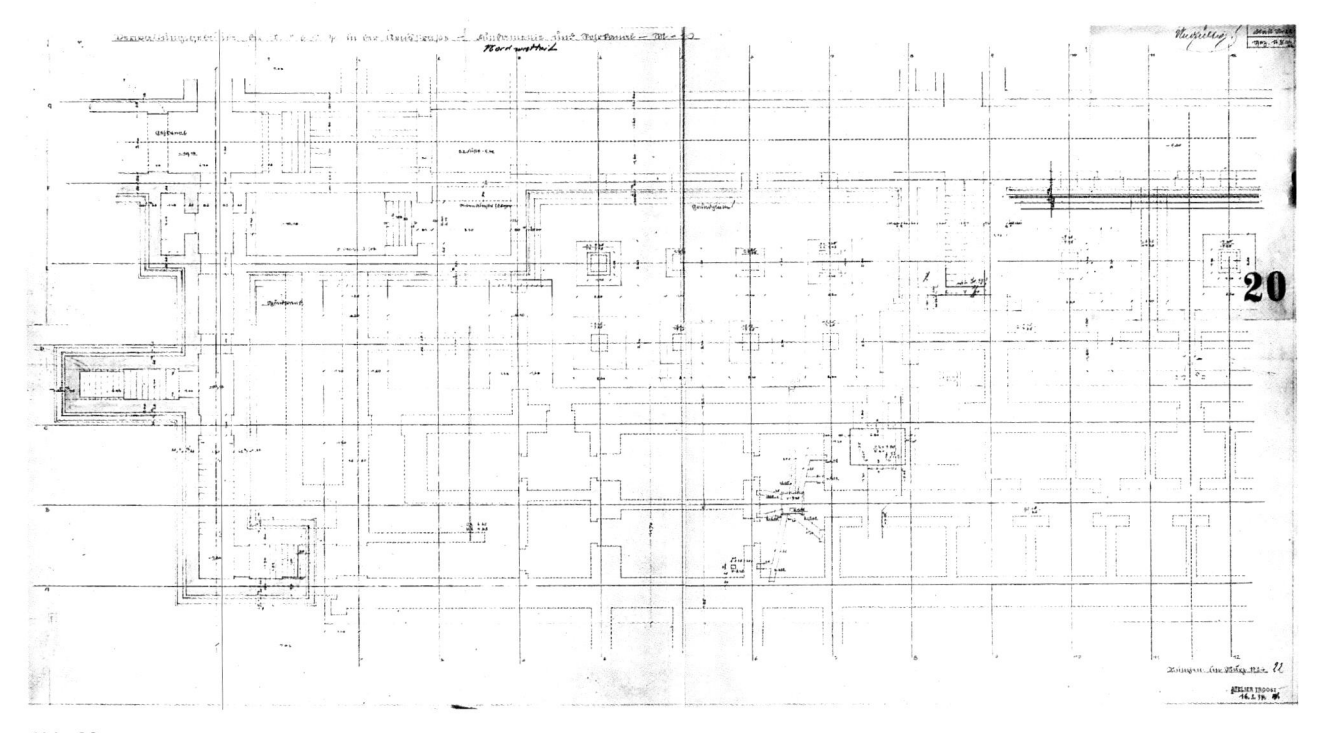

Abb. 96
»Verwaltungsbau«, Fundamente, Rohr- und
»Gehkanal«, Nordwestteil, Grundriß 1:50,
Atelier Troost, 16.3.1934

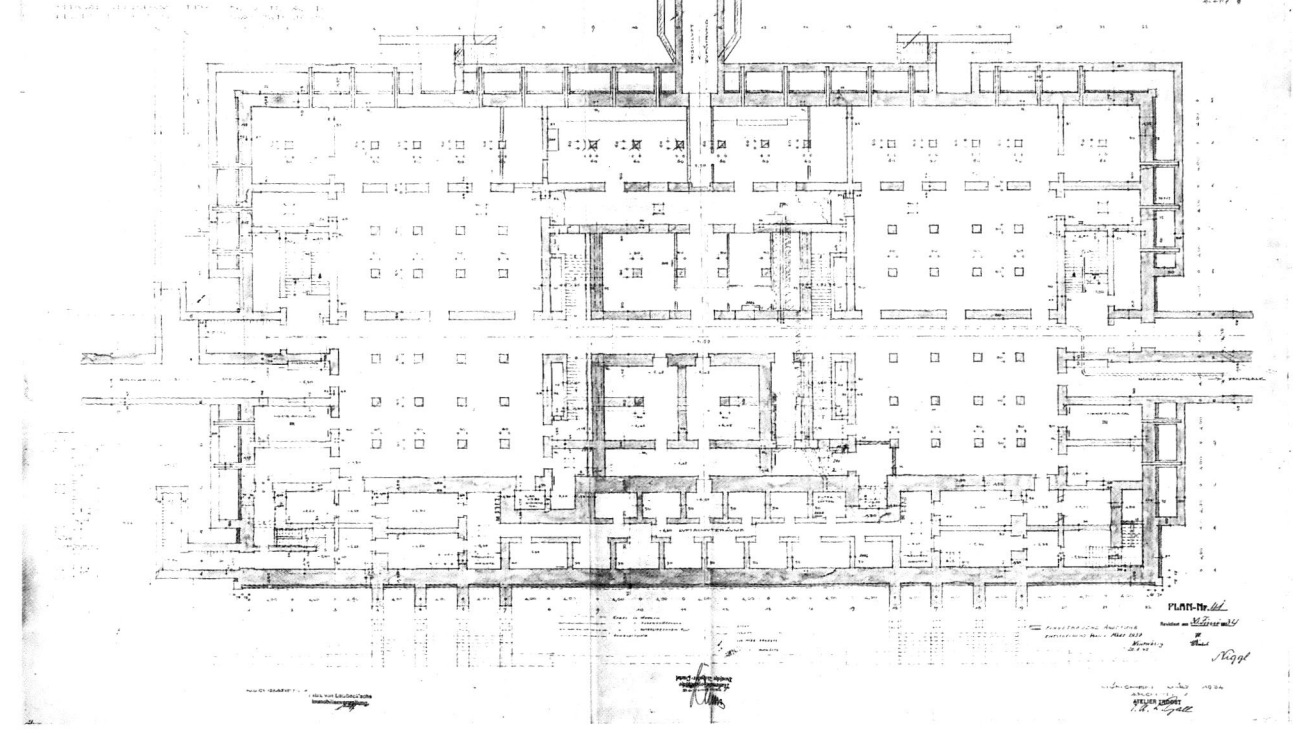

Abb. 97
»Verwaltungsbau«, Kellergeschoß, Grundriß
1:100, Atelier Troost, März 1934

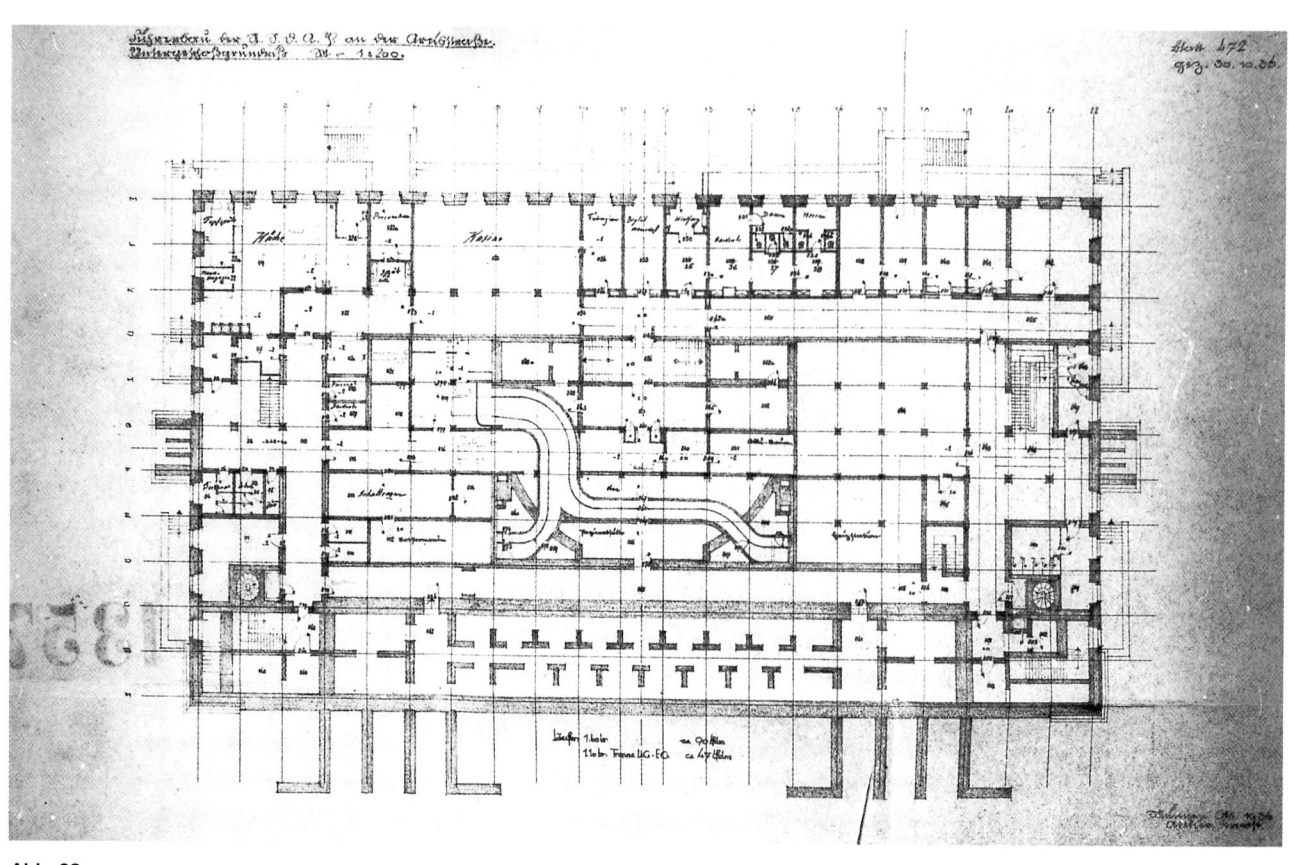

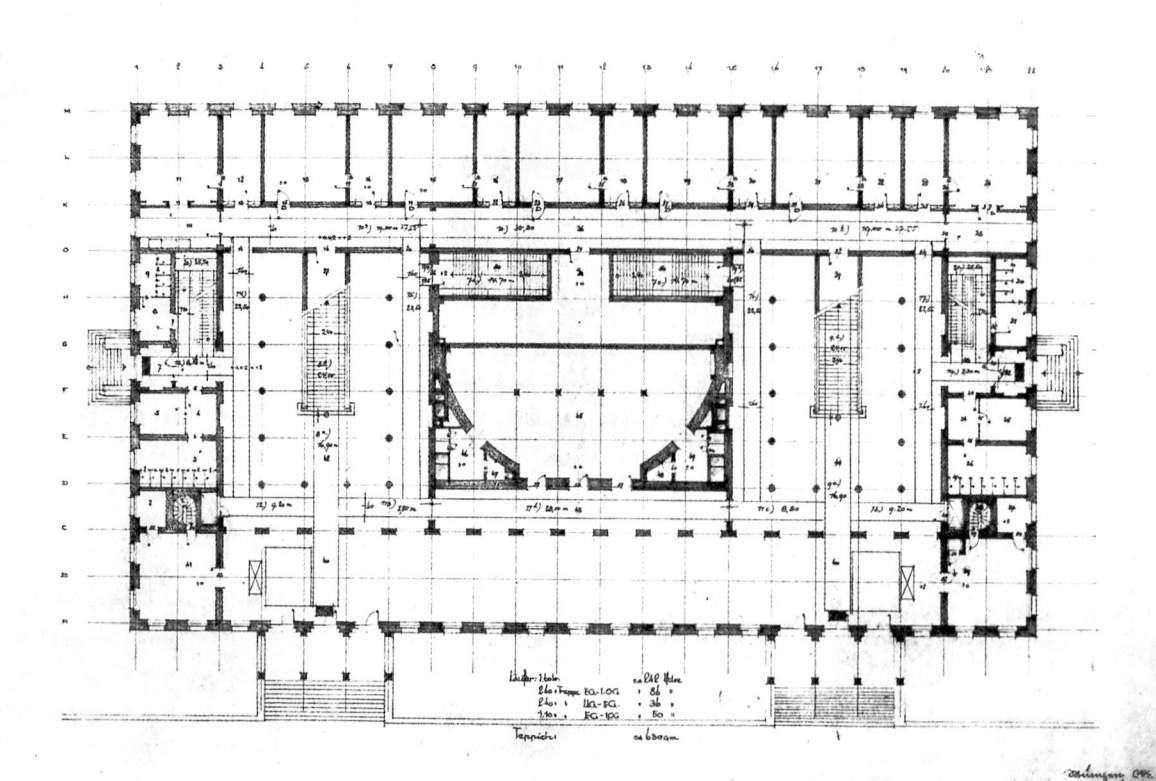

Abb. 98
»Führerbau«, Untergeschoß, Grundriß 1:200,
Atelier Troost, 30.10.1936

Abb. 99
»Führerbau«, Erdgeschoß, Grundriß 1:200,
Atelier Troost, 16.10.1936

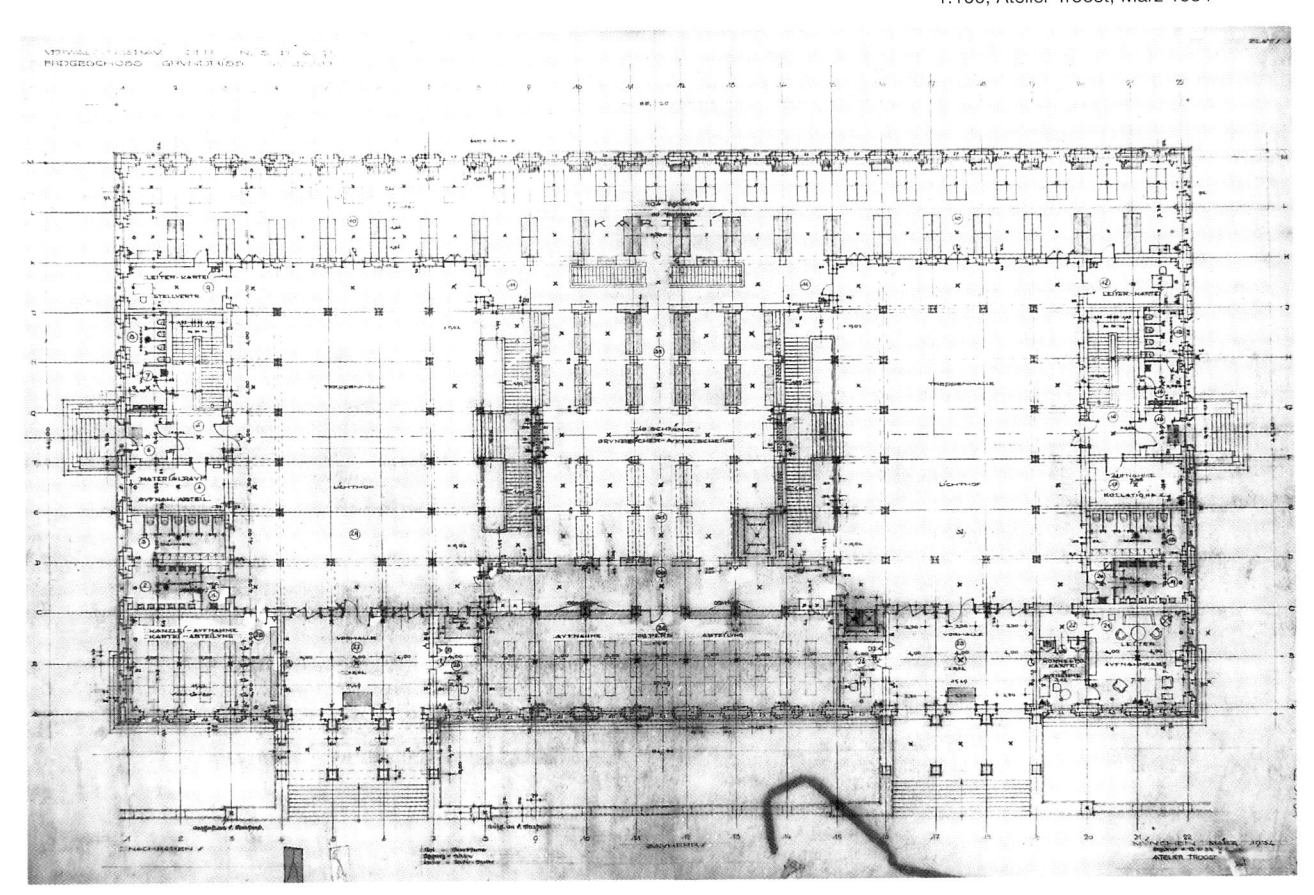

Abb. 100
»Verwaltungsbau«, Untergeschoß, Grundriß
1:200, Atelier Troost, Januar 1934

Abb. 101
»Verwaltungsbau«, Erdgeschoß, Grundriß
1:100, Atelier Troost, März 1934

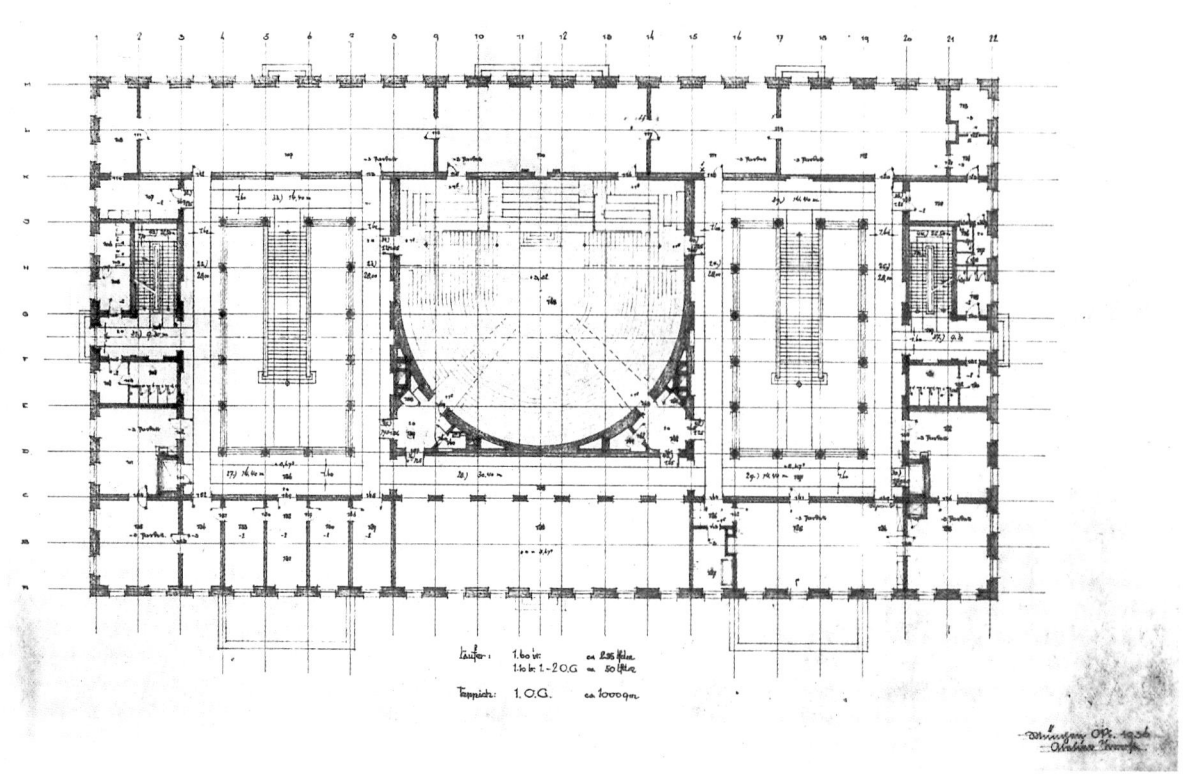

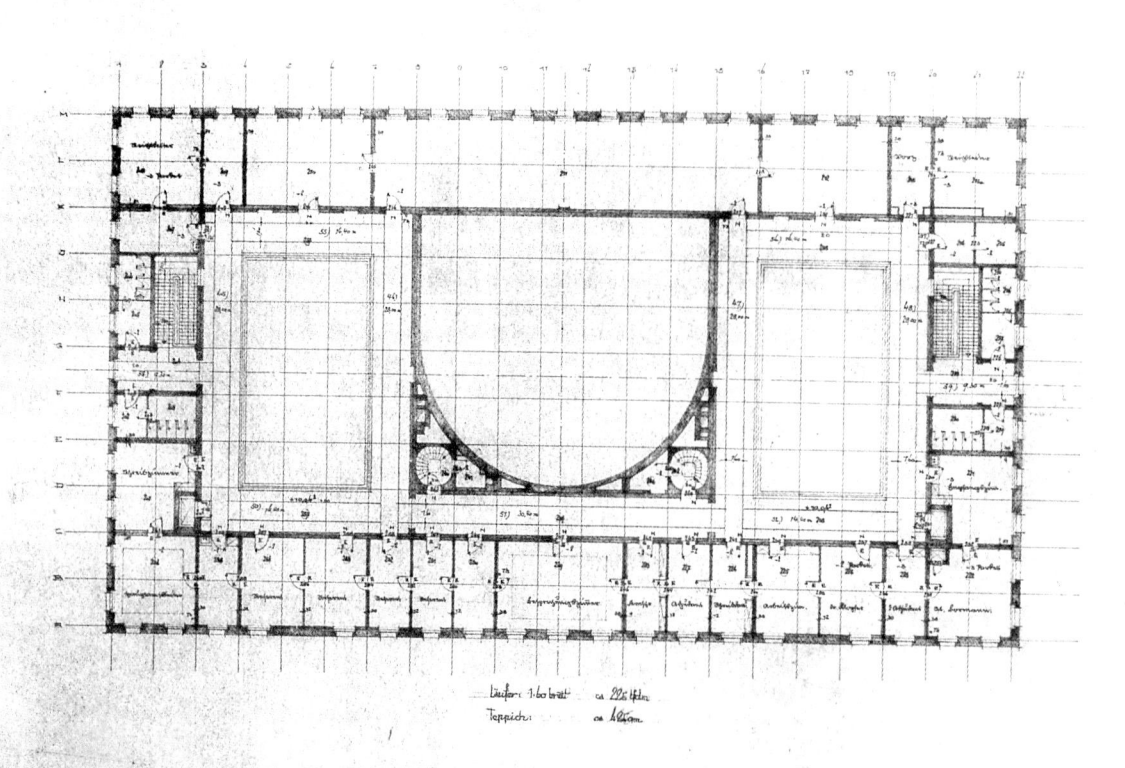

Abb. 102
»Führerbau«, 1. Obergeschoß, Grundriß
1:200, Atelier Troost, 19.10.1936

Abb. 103
»Führerbau«, 2. Obergeschoß, Grundriß
1:200, Atelier Troost, 20.10.1936

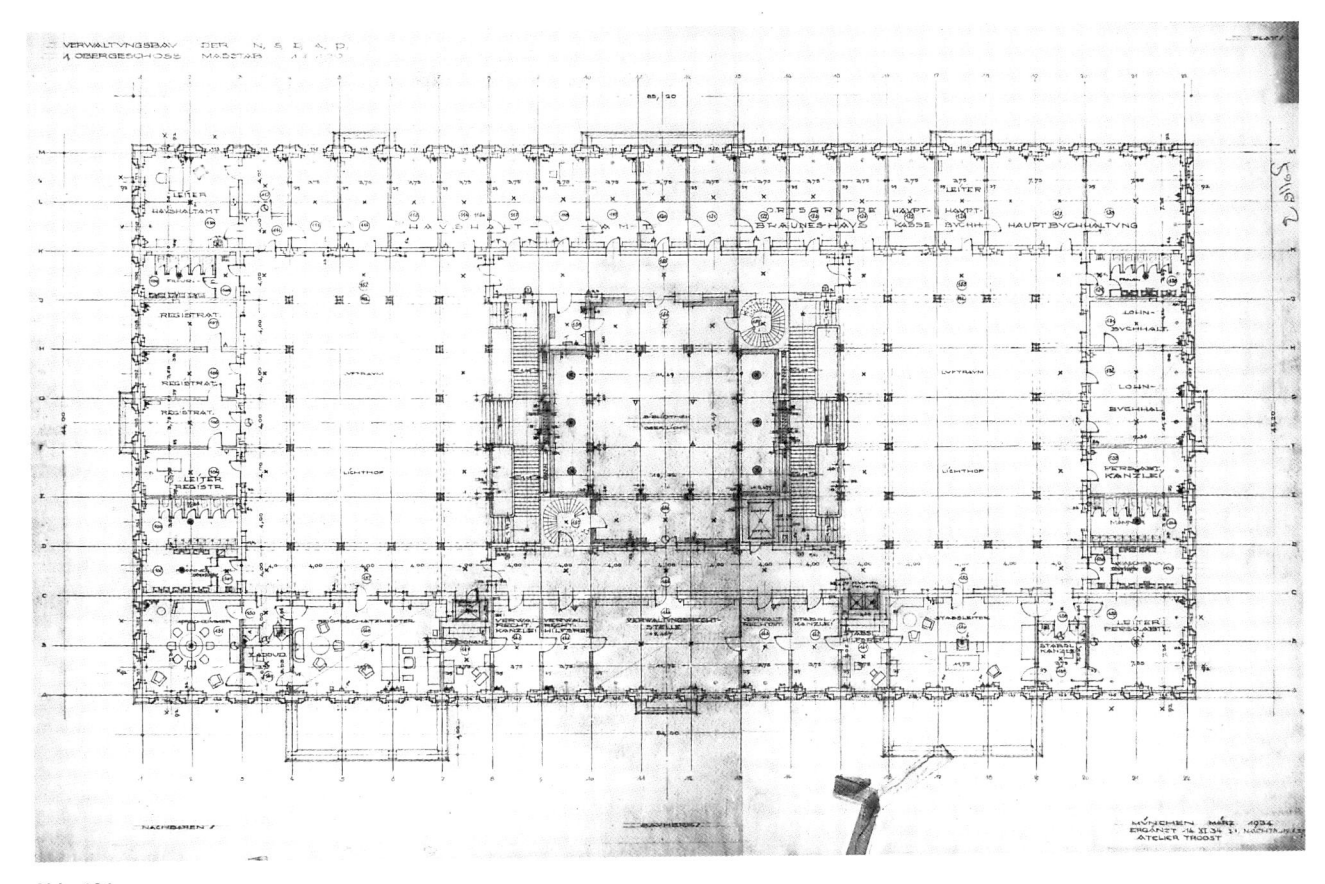

Abb. 104
»Verwaltungsbau«, 1. Obergeschoß,
Grundriß 1:100, Atelier Troost, März 1934

Abb. 105
»Verwaltungsbau«, 2. Obergeschoß,
Grundriß 1:100, Atelier Troost, März 1934

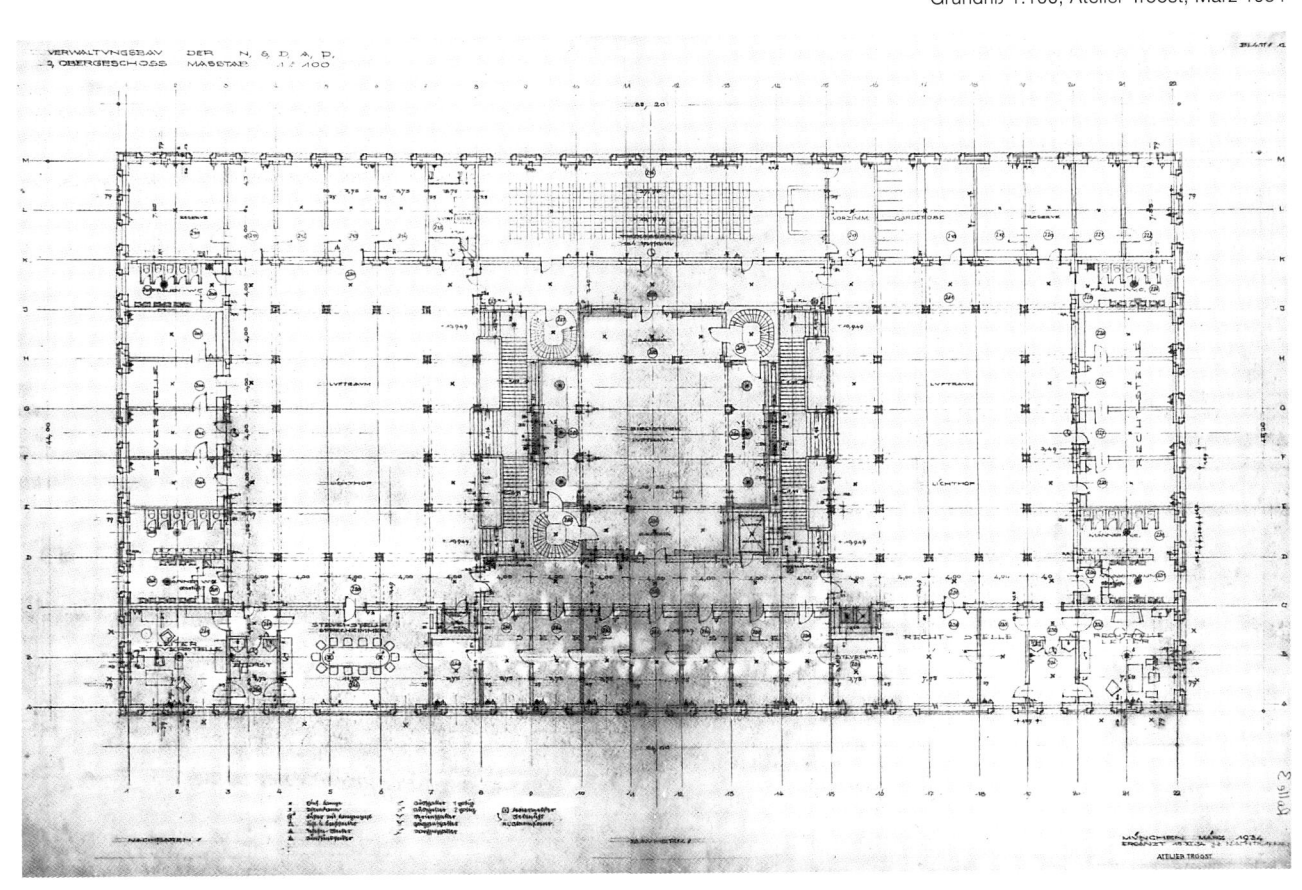

Bernhard Schäfer

Die Dienststellen der Reichsleitung der NSDAP in den Parteibauten am Münchner Königsplatz
Entstehung – Entwicklung – Strukturen – Kompetenzen

Die von den NS-Machthabern in Auftrag gegebene Umgestaltung des Münchner Königsplatzes zum ersten »Forum der Bewegung«[1] hat seit der Pionierstudie Karl Arndts[2] aus dem Jahre 1970 in der Historiographie immer wieder Besprechung gefunden.[3] Gemeinsam ist fast allen diesen Untersuchungen – in der Natur des Gegenstands ja auch durchaus verständlich – ein primär architekturgeschichtlicher Zugriff.[4] Gleichwohl fehlt so gut wie nirgends der Hinweis auf die politisch-ideologische Funktion der nun auch »Königlicher Platz«[5] genannten ludovizianischen Anlage. Die zentrale Bedeutung des Münchner NSDAP-Forums als architektonisches und städtebauliches Herrschaftsinstrument der nationalsozialistischen Potentaten gegenüber ihrer »Volksgemeinschaft« hat bereits 1971 Hans-Jochen Kunst sehr klar herausgestellt;[6] eine Bedeutung, die heute zumeist unter dem weiten Begriff der »Ästhetisierung von Politik und Gesellschaft« im Dritten Reich gefaßt wird.[7]

Völlig unbeachtet blieb dagegen bislang eine weitere, überaus gewichtige politische Funktion des »Königlichen Platzes«, die sich allerdings erst – im wörtlichen Sinne – bei einem näheren Hinsehen und einem Schweifenlassen des Blickes erschließt. Führt man sich nämlich vor Augen, daß in die beiden im Rahmen der nationalsozialistischen Umgestaltungsmaßnahmen am Königsplatz errichteten Parteibauten zwei der bedeutendsten Dienststellen der Reichsleitung der NSDAP einzogen, und daß im Gefolge des »Bauprojekts Königsplatz« ein an den Königsplatz angrenzendes regelrechtes (Reichs-)Parteiviertel entstand, das sich um das nahegelegene Zentralgebäude der Reichsleitung der NSDAP, das sogenannte »Braune Haus«, ausbreitete, so wird evident, daß es sich beim »Königlichen Platz« nicht lediglich um das erste »Forum der Bewegung«, sondern vielmehr um das »Forum der Bewegung« schlechthin handelte. Als solches war der »Königliche Platz« mit seinen beiden Parteibauten, den zwei dazwischengeschobenen »Ehrentempeln« für die Parteimärtyrer des 9. November 1923 und dem angrenzenden »Braunen Haus« gleichsam der politisch-ideologische wie quasi-religiöse Brennpunkt der NSDAP (Abb. 106)[8] und mithin Teil jenes machtstrategischen Konzepts, das Hitler mit innerer Konsequenz verfolgte, um seine Stellung als unumschränkter »Führer« innerhalb des Herrschaftsgefüges des Dritten Reiches zu sichern und weiter auszubauen. Dieses Konzept, das im wesentlichen auf dem Prinzip des divide et impera basierte,[9] ist es auch, das uns heute die Herrschaftswirklichkeit im nationalsozialistischen Deutschland geradewegs als »organisiertes Chaos«[10] erscheinen läßt, hervorgerufen durch eine »starke monokratische Spitze« und dynamische »polykratische Machtstrukturen«, die sich wechselseitig bedingten.[11]

Die nachfolgenden Skizzen der beiden Dienststellen der Reichsleitung der NSDAP, die 1937 in die gerade fertiggestellten Parteigebäude am Königsplatz Einzug hielten – namentlich »Der Stellvertreter des Führers« (ab 1941: »Partei-Kanzlei«) und »Der Reichsschatzmeister der NSDAP« –, sowie der diesen vorangestellte knappe Abriß des Weges Münchens von der »Wiege«[12] zum Sitz der Reichsleitung der NSDAP und in der Folge zur »Hauptstadt der Bewegung«[13] mögen das eben nur Angedeutete konkretisieren.

---

1 Rüdiger 1935b.

2 Arndt 1970, S. 39–68.

3 So beispielsweise bei Kunst, Hans-Jochen: Architektur und Macht. Überlegungen zur NS-Architektur. In: Reichsautobahn. Pyramiden des Dritten Reichs. Analysen zur Ästhetik eines unbewältigten Mythos: Hg. Rainer Stommer. Marburg 1982, S. 193–198 [1971]; Taylor 1974; Petsch 1976; Thies, Jochen: Architekt der Weltherrschaft. Die »Endziele« Hitlers. Düsseldorf (¹1976) ²1980; Schmidt, Walter: Münchner Architektur und Städtebau im »Dritten Reich« – kritisch betrachtet. In: Mitteilungen der Deutschen Akademie für Städtebau und Landesplanung 23. 1979, S. 8–30; Rasp 1981; Bartetzko 1985b; Backes 1988; Herzog 1989; Behrenbeck, Sabine, Festarchitektur im Dritten Reich, in: Kunst auf Befehl? 1990, S. 201–252; Scobie 1990; Bärnreuther 1993.

4 Als Ausnahmen wären Thies 1980 (wie Anm. 3) und Backes 1988 zu nennen. Diese beiden Autoren folgen in erster Linie einem personalistisch-intentionalistischen Ansatz.

5 Vgl. München baut auf 1937, S. 69 und Preis, Kurt: München unterm Hakenkreuz. und Gewalt – Ein Überblick. In: Faszination und Gewalt 1992, S. 11–36, besonders S. 14–19.

6 Vgl. Kunst 1982 (wie Anm. 3), S. 196f.

7 Vgl. Reichel 1991, besonders S. 11–45, 273 ff., 296 und Ogan, Bernd, Faszination und Gewalt – Ein Überblick. In: Faszination und Gewalt 1992, S. 11–36, besonders S. 14–19.

8 Sehr anschaulich verweist auf diesen Sachverhalt die graphische Darstellung des Aufbaus der NSDAP in: Eichler, Max: Du bist sofort im Bilde. Erfurt 1941, S. 70f.

9 Auf Hitlers Herrschaftstechnik konsequent angewandt findet sich der Terminus des divide et impera erstmals bei Diehl-Thiele, Peter: Partei und Staat im Dritten Reich. Untersuchungen zum Verhältnis von NSDAP und allgemeiner innerer Staatsverwaltung 1933–1945. München (¹1969) ²1971, S. IX und passim. Der Terminus bezieht sich hier jedoch in erster Linie auf den Dualismus von Partei und Staat, läßt sich aber fraglos, dem heutigen Forschungsstand entsprechend, auf das gesamte komplexe Herrschaftsgefüge des Dritten Reiches ausdehnen. Auch scheint es sinnvoll, im Divide-et-impera-Prinzip weniger – wie Diehl-Thiele – die Grundlage machttaktischen Agierens zu sehen, denn vielmehr die Basis eines macht-

Abb. 106
Eichler 1941 (wie Anm. 8), S. 70f.:
Die Münchner Parteizentrale der NSDAP

strategischen Konzepts zu erkennen; so mag es doch für Hitler manches Mal taktisch klug gewesen sein, auf das »Teilen« zu verzichten.

10 Rebentisch, Dieter: Führerstaat und Verwaltung im Zweiten Weltkrieg. Verfassungsentwicklung und Verwaltungspolitik 1939–1945. Stuttgart 1989, S. 533.

11 Vgl. Thamer, Hans-Ulrich: Verführung und Gewalt. Deutschland 1933–1945. Berlin 1986, S. 340. Die Forschungsdiskussion zum Herrschaftsgefüge des Dritten Reiches zusammenfassend und bilanzierend zuletzt Die Hauptstadt der Bewegung: Zwischen Pracht und Trümmern. München 1980, S. 76. Zur Umbenennung des Königsplatzes in »Königlicher Platz« vgl. Lehmbruch im vorliegenden Band.

12 Zum Beispiel Dresler 1939, S. 7.

13 Zur Geschichte Münchens als »Hauptstadt der Bewegung« vgl. zuletzt den überaus materialreichen Ausstellungskatalog München – ›Hauptstadt der Bewegung‹ 1993.

14 So auch der Titel eines Aufsatzes von Franz, Georg: Munich: Birthplace and Center of the National Socialist German Workers' Party. In: The Journal of Modern History 29. 1957.4, S. 319–334.

15 Dresler 1939, S. 7f.

16 Joachimsthaler, Anton: Hitlers Eintritt in die Politik und die Anfänge der NSDAP. In: München – ›Hauptstadt der Bewegung‹ 1993, S. 80.

17 Vgl. den Brief Adolf Hitlers an den Ausschuß der NSDAP vom 14.7.1921, abgedruckt in: Hitler. Sämtliche Aufzeichnungen 1905–1924: Hg. Eberhard Jäckel, Axel Kuhn. Stuttgart 1980, Dokument 262, S. 436ff., hier S. 438. Hierzu auch Joachimsthaler 1993 (wie Anm. 16), S. 80. Zur Geschichte der NSDAP allgemein nach wie vor wichtig Orlow, Dietrich: The History of the Nazi Party: 1919–1933/1933–1945, Pittsburgh 1969/1973 und unter marxistischen Auspizien Pätzold, Kurt und Manfred Weißbecker: Geschichte der NSDAP 1920–1945, Köln 1981. Zur strukturellen Entwicklung der NSDAP immer noch brauchbar Schäfer, Wolfgang: NSDAP. Entwicklung und Struktur der Staatspartei des Dritten Reiches. Hannover/Frankfurt a. M. 1956.

18 Zur emotionalen Bindung Hitlers an die bayerische Metropole vgl. Hitler, Adolf: Mein Kampf, München, 158.–159. Aufl., 1935, S. 138f.

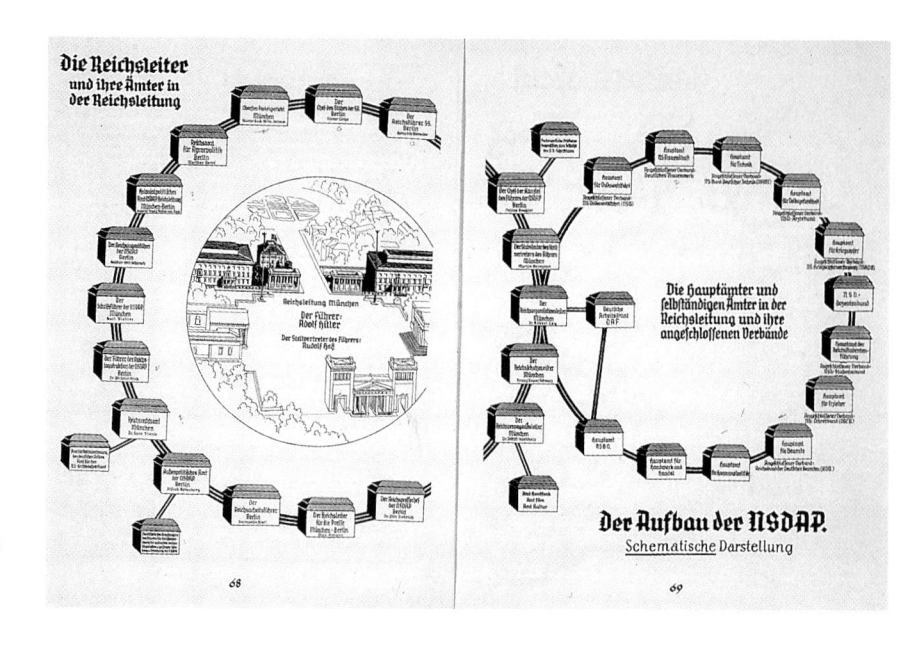

München – Geburtsort und Mittelpunkt der NSDAP[14]

»Mit freudigem Stolz trägt München nach dem Willen des Führers seit dem 2. August 1935 den Titel ›Hauptstadt der Bewegung‹. Dieser Titel gebührt ihm aus mehreren Gründen: München ist die Geburtsstadt der NSDAP. Hier hat Adolf Hitler sein Werk begonnen, von hier aus hat der Nationalsozialismus seinen Siegeslauf durch ganz Deutschland angetreten; hier fand sich 1919 eine kleine Gruppe von sieben Mann zusammen, die unter Führung von Adolf Hitler zur Millionenpartei aufstieg, die heute das Schicksal Deutschlands bestimmt. Keine andere Stadt Deutschlands war so wie München geeignet, die Wiege des Nationalsozialismus zu werden und den Gedanken einer wahren Volksgemeinschaft Wurzeln schlagen zu lassen [...]. In München leben die meisten alten Kämpfer des Führers, und wie sehr ihm selbst die Stadt ans Herz gewachsen ist, beweisen die vielen Besuche, die er [...] München immer wieder abstattet. Und noch ein weiterer Grund gibt München das Recht, auf den Titel ›Hauptstadt der Bewegung‹ stolz zu sein. Als der Führer am 30. Januar 1933 [...] zum Reichskanzler berufen wurde und damit der Nationalsozialismus die staatliche Macht ergriff, bewies der Führer seine Anhänglichkeit an München dadurch, daß er bestimmte, München solle auch weiterhin die Hauptstadt der Bewegung bleiben. Die Reichsleitung der NSDAP. hat ihren Sitz weiterhin im Braunen Haus an der Brienner Straße und in mehreren nahegelegenen anderen parteieigenen Gebäuden. So trägt München sowohl aus Gründen der Überlieferung wie auch als Sitz der Reichsleitung der NSDAP. [...] mit Recht den ihm vom Führer verliehenen Ehrentitel ›Hauptstadt der Bewegung‹.«[15]

Bei aller Faktizität der Angaben über die Entwicklung Münchens zur »Hauptstadt der Bewegung« kann doch von einer Zwangsläufigkeit dieser Entwicklung, wie sie Alfred Dresler, seines Zeichens Hauptamtsleiter der Reichspressestelle der NSDAP, seinen Lesern 1939 in diesen wenigen Sätzen zu suggerieren suchte, keine Rede sein. So mußte Hitler bereits im Juli 1921 sein ganzes Gewicht als »Redner und Hauptattraktion«[16] seiner Partei in die Waagschale werfen, um die »Bewegung« unter seine Führung und Vorstellung zu zwingen und auf München als ihren immerwährenden Sitz einzuschwören.[17]

Nach der Wiedergründung der NSDAP am 27. Februar 1925 sah sich Hitler erneut veranlaßt, für München als Sitz der Parteileitung zu kämpfen. Wie schon 1921 spielten auch diesmal nicht nur emotionale Motive eine Rolle.[18] Wichtiger noch als diese waren für den Wahl-Münchner rationale, herrschaftstechnische Erwägungen. Während der Zeit seiner Haft und des Verbots der NSDAP war nämlich die nationalsozialistische Bewegung in mehrere miteinander rivalisierende Gruppierungen zerfallen und hatte in der Folge ihren Schwerpunkt nach Nord- und Westdeutschland verlagert. Die dort bestehenden nationalsozialistischen Verbände zeigten sich schließlich in der Konsequenz immer weniger bereit, den Weisungen der in sich gespaltenen Münchner Parteiclique nachzukommen.[19] Hitler, der in München seine Hausmacht hatte, war somit – wollte er seine vormalige Führungsposition in der »Bewegung« zurückerobern und den zentrifugalen Tendenzen Einhalt gebieten – gezwungen, die frühere Einheit und Autorität der »Münchner Zentrale« wiederherzustellen. Bereits 1924 hatte er sich in seinem Buch *Mein Kampf* bezüglich der herrschaftstechnischen Probleme einer wachsenden Organisation Gedanken gemacht:

»Die geopolitische Bedeutung eines zentralen Mittelpunktes einer Bewegung kann dabei nicht überschätzt werden. Nur das Vorhandensein eines solchen, mit dem magischen Zauber eines Mekka oder Rom umgebenen Ortes kann auf die Dauer einer Bewegung die Kraft schenken, die in der inneren Einheit und der Anerkennung einer diese Einheit repräsentierenden Spitze begründet liegt. So darf bei der Bildung der ersten organisatorischen Keimzellen nie die Sorge aus dem Auge verloren werden, dem ursprünglichen Ausgangsort der Idee die Bedeutung nicht nur zu erhalten, sondern zu einer überragenden zu steigern.«[20]

Aus diesen Überlegungen hatte sich für Hitler als oberste Richtlinie ergeben: »Konzentration der gesamten Arbeit zunächst auf einen einzigen Ort: München.«[21] 1925 bemühte sich Hitler nun, diese in seiner »Kampfschrift« dargelegten Überzeugungen den »abtrünnigen« NSDAP-Genossen nahezubringen, um sie so wieder auf München und letztlich auf seine Person hin auszurichten. In einer Rede auf einer Führertagung der NSDAP in Plauen im Juni 1925 führte er unter anderem aus: »Rom – Mekka – Moskau! Jeder der drei Orte verkörpert eine Weltanschauung. Bleiben wir bei der Stadt, die die ersten Blutopfer unserer Bewegung sah: sie muß das Moskau unserer Bewegung werden!«[22] Und nur wenige Wochen später äußerte er auf einer NSDAP-Versammlung in Stuttgart: »Die Bewegung ist auch schon deshalb mit München unzertrennbar verbunden, weil dort die Bewegung begründet wurde und weil dort die ersten Opfer für die Bewegung gefallen sind. Deshalb ist diese Stadt für mich und auch für die Bewegung geheiligter Boden.«[23] Der Einsatz Hitlers für die bayerische Metropole als Ausgangsbasis der Reorganisation der nationalsozialistischen Bewegung manifestierte sich nicht zuletzt auch im Juni 1925 in der Anmietung einer neuen, größeren Geschäftsstelle für die NSDAP in der Münchner Schellingstraße 50, die in Anbetracht des damaligen schwächlichen Zustandes der Partei keinesfalls gerechtfertigt war.[24]

Trotz aller rhetorischen Anstrengungen und faits accomplis gelang es Hitler dann aber erst auf der Bamberger Führertagung vom 14. Februar 1926, die München-Gegner, die zwischenzeitlich in der »Arbeitsgemeinschaft Nord-West« eine Art programmatischer wie organisatorischer Alternativ-Zentrale zur Münchner Parteileitung aufgebaut hatten, seinem Führungsanspruch zu unterwerfen. In der neuen Satzung der NSDAP vom 22. Mai 1926 wurde die seither kaum mehr in Frage gestellte Führerautorität Hitlers schließlich auch formal – wenngleich vereinsrechtlich verbrämt – festgeschrieben und, dessen Forderung gemäß, München zum Sitz der »Reichsleitung« der Partei bestimmt.[25]

Nachdem nunmehr die schärfsten innerparteilichen Auseinandersetzungen beigelegt waren, Hitlers Führungsrolle unbestritten und die Vorrangstellung der »Münchner Zentrale« durchgesetzt war, lief in der »Geschäftsstelle Schellingstraße 50« eine rege Organisationstätigkeit an. Zunächst stand dabei eine straffe, zentralistische, am Führerprinzip orientierte vertikale Durchstrukturierung der Partei in die Stufen Reichsleitung, Gauleitungen, Ortsgruppenleitungen im Vordergrund. Recht bald schon folgte dieser jedoch eine horizontale Ausweitung der Reichsleitung, die sich letztlich bedingt auch in den unteren Stufen des vertikalen Aufbaus wiederholte. Neben die bereits bestehenden Referate, die aus den in der Parteisatzung von 1926 genannten Ausschüssen unter Abstreifung des Kollegialprinzips hervorgegangen waren, trat eine ganze Reihe von Sonderorganisationen mit den unterschiedlichsten gesellschaftlichen Zugriffen. In der Folge entwickelte

---

19 Vgl. hierzu und zum Folgenden zuletzt unter anderem Mommsen, Hans: Die verspielte Freiheit. Der Weg der Republik von Weimar in den Untergang. 1918 bis 1933. Frankfurt a.M./Berlin 1990, S. 321–360, 570f. [mit Literatur]; Schieder, Wolfgang: Die NSDAP vor 1933. Profil einer faschistischen Partei. In: Geschichte und Gesellschaft 19. 1993, S. 141–154 [mit Literatur] und Vollnhals, Clemens: Der Aufstieg der NSDAP in München 1925 bis 1933: Förderer und Gegner. In: München – ›Hauptstadt der Bewegung‹ 1993, S. 157–165.

20 Hitler 1935 (wie Anm. 18), S. 381.

21 Ebenda, S. 382.

22 Adolf Hitler: Rede auf der NSDAP-Führertagung in Plauen i.V. am 12.6.1925, abgedruckt in: Hitler. Reden, Schriften, Anordnungen. Februar 1925 bis Januar 1933: Hg. Institut für Zeitgeschichte. Bd. I. München/London u.a. 1992, Dokument 50, S. 91–100, hier S. 99.

23 Adolf Hitler: Rede auf der NSDAP-Versammlung in Stuttgart am 8.7.1925, abgedruckt in: Hitler (wie Anm. 22), Dokument 55, S. 106–117, hier S. 116.

24 Vgl. Hitler, Adolf, Das Braune Haus. Ein Symbol unseres Wollens und Kämpfens, ein Wahrzeichen der nationalsozialistischen Freiheitsbewegung. In: VB (Bayernausgabe) 21.2.1931 und Maier-Hartmann 1942, S. 21.

25 Satzung des Nationalsozialistischen Deutschen Arbeiter-Vereins e.V., Sitz München, 22.5.1926, abgedruckt in: Führer befiel ... Selbstzeugnisse aus der »Kampfzeit« der NSDAP. Dokumentation und Analyse: Hg. Albrecht Tyrell. Düsseldorf 1969, Dokument 56, S. 136–141. Vgl. hierzu und zum Folgenden auch Weidisch, Peter: München – Parteizentrale und Reichsleitung der NSDAP. In: München – ›Hauptstadt der Bewegung‹ 1993, S. 259–272, hier S. 259–263.

sich die »ideologische ›Omnibuspartei‹«²⁶ NSDAP sukzessive zu einer zugleich auch organisatorischen »Omnibuspartei«.

Hitler seinerseits verstand es, diese Evolution seiner Bewegung, die nicht unwesentlich zu ihrem 1929 einsetzenden Aufstieg von der Kader- zur Massenpartei beitrug, geschickt zum Ausbau seiner eigenen innerparteilichen Machtposition zu nützen. Getragen von dem immer mehr um sich greifenden Führerkult setzte er sich zusehends von der »bürokratischen Reichsleitung« ab und personalisierte die Beziehungen zu den von ihm persönlich ernannten höheren Parteifunktionären. So war es ihm möglich, in den aus der Eigentümlichkeit der Organisationsstruktur der Partei resultierenden Kompetenzkonflikten, die vornehmlich von den Organen der Reichsleitung einerseits, und den regionalen Parteiführern, insbesondere den Gauleitern, andererseits, ausgetragen wurden, als übergeordnete Schiedsinstanz aufzutreten.²⁷

Die stetig wachsenden Mitgliederzahlen, die zunehmende Organisationsdichte und der gestiegene Anspruch der Partei veranlaßten die Reichsleitung der NSDAP Anfang 1930, in München die Suche nach einer angemessenen Alternative für die zu klein gewordene bisherige Geschäftsstelle aufzunehmen. Im Juli 1930 wurde schließlich auf Geheiß Hitlers das in der Brienner Straße 45 angesiedelte klassizistische Palais Barlow als erste repräsentative Parteizentrale erworben. Den Erwerb dieses Gebäudes, der die Parteileitung in »fast unüberwindliche« finanzielle Schwierigkeiten brachte,²⁸ rechtfertigte Hitler folgendermaßen: »Was aber die Bewegung braucht, ist ein Heim, das genauso Tradition werden muß, wie der Sitz der Bewegung Tradition geworden ist.«²⁹ Nach dem Umbau des Palais zum »Braunen Haus« hielt dort zu Beginn des Jahres 1931 vorübergehend nahezu die gesamte Reichsleitung Einzug.³⁰

Die nationalsozialistische Machtübernahme 1933 warf zweifellos bei vielen politisch interessierten Deutschen, in erster Linie natürlich bei den Parteigängern des neuen Reichskanzlers, die Frage auf, ob nicht nunmehr die Reichsleitung der Regierungspartei NSDAP an den Sitz der Reichsregierung, in die Hauptstadt Berlin, nachgezogen werden würde. Allen derartigen Spekulationen bereitete Hitler ein rasches Ende. Ganz lapidar erklärte er am 30. August 1933 auf dem Nürnberger Parteitag: »Wir wissen, daß die Führung dieser Bewegung dort bleibt, wo sie einst ihren Ausgang genommen hat: in München. Wir wissen, daß die Regierung des Reiches in Berlin bleibt.«³¹ Der Sachverhalt, daß die vom »großen Baumeister«³² Hitler in Auftrag gegebenen Pläne für die nach der »Machtergreifung« am Münchner Königsplatz errichteten monumentalen Parteibauten in den Jahren 1931/32 heranreiften,³³ zu einer Zeit also, als eine zukünftige Regierungsübernahme durch die Nationalsozialisten nicht mehr auszuschließen war, sowie der Tatbestand, daß die Reichsleitung der NSDAP im Mai 1933 den Auftrag zur Umsetzung der genannten Pläne erteilte,³⁴ machen deutlich, daß der Parteichef zu keinem Zeitpunkt daran dachte, die Leitung seiner Partei aus München abzuziehen, um sie woandershin zu verlagern.

Mögen auch in den Jahren nach der nationalsozialistischen Machtübernahme von verschiedenen Parteifunktionären immer wieder einmal Kontroversen betreffend den Sitz der NSDAP-Reichsleitung ausgefochten worden sein, so konnte doch spätestens seit dem eindeutigen Votum des »Führers« auf dem Parteitag in Nürnberg 1933 kein ernsthafter Zweifel mehr ob des Verbleibs der Reichsleitung in München bestehen. Die offizielle Verleihung des Titels »Hauptstadt der Bewegung« an die bayerische Metropole durch Hitler am 2. August 1935 war insofern lediglich eine zusätzliche Bestätigung einer bereits Jahre früher getroffenen Entscheidung.³⁵ Die letzten Zweifler an der Unumstößlichkeit des von Hitler einmal gefaßten Entschlusses mußten letztlich in Anbetracht der 1938 bekannt werdenden gigantomanen Ausbaupläne für die »Hauptstadt der Bewegung« verstummen, die unter anderem ein »Kanzleigebäude des Braunen Hauses«, einen »Platz der NSDAP«, eine »Halle der Partei« und ein Mausoleum für den »Führer« vorsahen; alles Projekte, die das bereits bestehende Parteiviertel um das »Braune Haus« um ein Wesentliches nach Norden hin erweitert hätten, infolge des Kriegsausbruches aber nicht mehr zur Verwirklichung gelangten.³⁶

---

26 Schieder 1993 (wie Anm. 19), S. 142.

27 Zur organisatorischen Entwicklung der (Reichs-)Leitung der NSDAP vgl. zum Beispiel die jeweiligen Aufstellungen in den Nationalsozialistischen Jahrbüchern 1926–1944. Vgl. hierzu auch Broszat, Martin: Der Staat Hitlers. Grundlegung und Entwicklung seiner inneren Verfassung. München (¹1969) ¹³1992, S. 49–81 und Schäfer (wie Anm. 17), S. 8–23.

28 BayHStA, Abt. V, Slg. V 1414: Franz Xaver Schwarz, Ansprache zum Richtfest der Parteibauten am Königsplatz, 3.11.1935. Vgl. auch BAK, NS 1 (Reichsschatzmeister der NSDAP)/511: Rundschreiben des Reichsschatzmeisters an sämtliche Gauleiter, 14.6.1930, Einziehung einer Sonderumlage für den Erwerb des Barlow-Palais und Hitler (wie Anm. 24).

29 Hitler 1931 (wie Anm. 24).

30 Vgl. Hitler 1931 (wie Anm. 24); Dresler 1937, S. 63–68, hier S. 63–65; Dresler 1939, S. 14–20 und Maier-Hartmann 1942, S. 23–29.

31 Rede Adolf Hitlers bei der Begrüßung im Nürnberger Rathaus am 30.8.1933, abgedruckt in: VB 31.8.1933.

32 Zöberlein 1934b.

33 Vgl. Dresler 1939, S. 10 und Rasp 1981, S. 21–24, 223, Anm. 66; zur Baugeschichte vgl. Grammbitter im vorliegenden Band.

34 Vgl. Zentralblatt 1939, S. 430.

35 Vgl. VB 3.8.1935. Hierzu auch Angermair/Haerendel 1993, S. 14 und Hockerts, Hans Günter: »Hauptstadt der Bewegung«. In: München – ›Hauptstadt der Bewegung‹ 1993, S. 355.

36 Ausführlich hierzu vgl. Hitlers Städte 1978, S. 157–187; Rasp 1981; Rasp, Hans-Peter: Bauten und Bauplanung für die »Hauptstadt der Bewegung«. In: München – ›Hauptstadt der Bewegung‹ 1993, S. 294–299 und Bärnreuther 1993.

Bernhard Schäfer

Der Aufstieg der NSDAP zur Monopolpartei, zur »Staatspartei des Dritten Reiches«[37], und ihre hierdurch noch verstärkte Tendenz, die staatlichen und gesellschaftlichen Einrichtungen in der eigenen Organisationsstruktur nachzubilden, um mit diesen zu kooperieren oder zu konkurrieren, um sie zu kontrollieren, zu überlagern oder gänzlich zu ersetzen, immer mit dem Ziel einer totalen Erfassung des öffentlichen und privaten Lebens in Deutschland, führten innerhalb der Reichsleitung der Partei zu einer weiteren organisatorischen Ausdifferenzierung, so daß sich die »Münchner Zentrale« schon bald zu einem geradezu amorphen Gebilde auswuchs.[38]

Nach außen hin sichtbar wurde dieser Prozeß der zunehmenden »Bürokratisierung« der nationalsozialistischen Bewegung im Ausgreifen der Parteileitung auf immer neue Gebäude in der Nachbarschaft des »Braunen Hauses«.[39] Zug um Zug wurde für die diversen Dienststellen der Reichsleitung in der Umgebung der zu klein gewordenen »Reichsgeschäftsstelle« eine große Anzahl von Häusern – keineswegs in allen Fällen auf legalem Wege – erworben beziehungsweise errichtet und mithin das Stadtgebiet zwischen Karlstraße – Arcisstraße – Gabelsbergerstraße – Barer Straße – Karolinenplatz – Barer Straße peu à peu zu einem Parteiviertel mit im Jahre 1939 56, im Jahre 1942 68 parteieigenen Gebäuden verwandelt (Abb. 112 u. 113).

Noch 1932 hatte die »Oberste SA-Führung« das »Braune Haus« verlassen und war in ein eigenes Gebäude in der Brienner Straße 43 gezogen, ehe sie 1934 in den vormaligen Hotels »Marienbad« und »Union« in der Barer Straße 7–11 Unterbringung fand. Die Führung des nach dem »Röhm-Putsch« von der SA gelösten NSKK (Nationalsozialistisches Kraftfahrkorps) behielt dagegen ihren einmal bezogenen Sitz in der Brienner Straße 41.

1934 zogen das »Reichsrevisionsamt« des Reichsschatzmeisters und das »Oberste Parteigericht« aus der »Reichsgeschäftsstelle« aus und erhielten mit den beiden ehemaligen Palais Lotzbeck, Karolinenplatz 3, und Törring, Karolinenplatz 4, eigene Domizile.

Im Oktober desselben Jahres wurde für die »Oberste Leitung der P.O.«, der späteren Reichsorganisationsleitung, und die ihr unterstellten Ämter in der Barer Straße 15 das Gebäude der »Allianz«-Versicherung erworben.

Ebenfalls 1934 kaufte die Reichsleitung die gesamte Häuserzeile an der Karlstraße zwischen der Barer Straße und der Arcisstraße auf. Nach deren Umbau wurde dort ab 1936 eine ganze Reihe von Dienststellen einquartiert: In das Haus Nr. 10 hielt beispielsweise die »Reichsführung SS« Einzug, die bis dahin in der Gabelsbergerstraße 31 residiert hatte. Karlstraße 12 wurde von der »Ersten Kammer des Obersten Parteigerichts« belegt. Die Gebäude 16 und 22 nahmen die »Reichsstudentenführung« auf. Haus Nr. 18 wurde der »Reichspressestelle« zugewiesen. Karlstraße 20 schließlich bezog die »Reichspropagandaleitung« und 24 die »Kommission für Wirtschaftspolitik«.

An der Ostseite des Karolinenplatzes wurden 1938 zwei weitere Gebäude erworben: für das »Reichsrechtsamt« das Haus Max-Joseph-Straße 4 und für die »Reichsfrauenführung« das Gebäude Karolinenplatz 2.

Bereits seit 1934 konnte die Reichsleitung der NSDAP das dem »Braunen Haus« gegenüberliegende Gebäude der vormaligen Nuntiatur, Brienner Straße 15, ihr eigen nennen. In ihm hatten zunächst die »Reichspressestelle«, das »Zentralarchiv der NSDAP« und das »Personalamt der Reichsleitung« Unterkunft gefunden, bevor es ab 1936 in Gänze vom »Stab des Stellvertreters des Führers« in Beschlag genommen wurde.

Schon 1933 hatten sich im Palais Barlow die Raumkapazitäten dieses rasch expandierenden »Stabes Heß« erschöpft, so daß zusätzlich das 1931 für die »Hilfskasse der NSDAP« im Hof des »Braunen Hauses« errichtete Bürogebäude in Benutzung genommen werden mußte. Nach der Fertigstellung der Parteibauten am Königsplatz – 1937 – erhielt der »Stab des Stellvertreters« dort weitere Büros im zweiten Stock des sogenannten »Führerbaus«, Arcisstraße 12. Dieser »Führerbau«, dessen Bezeichnung einer Presseanweisung zufolge reichsweit einzigartig bleiben und auch nicht auf die »Neue Reichskanzlei« in Berlin Anwendung finden

37 Schäfer 1956 (wie Anm. 17).

38 Vgl. unter anderem Rebentisch, Dieter: Die Behörden, Aufgaben und Verhältnis zur NSDAP. Innere Verwaltung. In: Deutsche Verwaltungsgeschichte: Hg. Kurt G.A. Jeserich, Hans Pohl, Georg-Christoph von Unruh. Bd. 4: Das Reich als Republik und in der Zeit des Nationalsozialismus. Stuttgart 1985, S. 732–774, hier S. 736 ff.; Benz, Wolfgang: Zum Verhältnis von NSDAP und staatlicher Verwaltung im Dritten Reich. In: Das Unrechtsregime. Internationale Forschungen über den Nationalsozialismus. Festschrift für Werner Jochmann zum 65. Geburtstag: Hg. Ursula Büttner. Bd. I: Ideologie – Herrschaftssystem – Wirkung in Europa, Hamburg 1986, S. 203–218; Majer, Dietmut: Grundlagen des nationalsozialistischen Rechtssystems. Führerprinzip, Sonderrecht, Einheitspartei, Stuttgart/Berlin u.a. 1987, S. 201–243 und Heiber, Helmut: Hitler, die Partei und die Institutionen des Führerstaates. In: Das Dritte Reich 1992, S. 80–93.

39 Vgl. hierzu und zum Folgenden Dresler 1937, S. 63–67; Dresler 1939, S. 20–49; Maier-Hartmann 1942, S. 31–60; Nationalsozialistische Jahrbücher und Reichsband. Adressenwerk der Dienststellen der NSDAP, des Staates und der Berufsorganisationen: herausgegeben unter Aufsicht der Reichsleitung der NSDAP. 3. Ausgabe: 1941/42, Berlin 1941. Vgl. auch Longerich, Peter: Die Gebäude der »NSDAP-Reichsleitung« in der Umgebung des Königsplatzes, in: München – ›Hauptstadt der Bewegung‹ 1993, S. 276 f.

sollte,⁴⁰ beherbergte ansonsten vornehmlich Repräsentationsräume und die Arbeitszimmer Hitlers und Heß'.

In das Pendant des »Führerbaus«, in den sogenannten »Verwaltungsbau der NSDAP«, Arcisstraße 10, quartierte sich – ebenfalls 1937 – der Reichsschatzmeister mit einem Teil seiner Dienststelle ein, während sich seine übrigen Hauptämter und Ämter in erster Linie auf eine Reihe von Gebäuden in der Arcis-, Karl- und Barer Straße verteilten.

Nachdem mit dem Reichsschatzmeister die größte Dienststelle der Reichsleitung das Palais Barlow verlassen hatte und lediglich die Arbeitsräume des »Stabes des Stellvertreters des Führers« im Haus verblieben, diente das Palais der Partei vorrangig als Erinnerungsstätte an die »Kampfzeit« der »Bewegung«. Gleichwohl firmierte das »Braune Haus«, dessen Namen – entsprechend einer Verfügung Hitlers – kein weiteres Parteigebäude im Reich tragen durfte,⁴¹ bis in die Kriegsjahre hinein als »Reichsgeschäftsstelle der NSDAP«.

Mit diesem »Herzstück« der nationalsozialistischen Bewegung, mit dem daran angrenzenden »Königlichen Platz« und mit der um diese herum immer weiter wuchernden Parteibürokratie blieb München bis zum Untergang des Dritten Reiches der Sitz der Reichsleitung der NSDAP und mithin auch in dieser Hinsicht »Hauptstadt der Bewegung«. Selbst wenn im Verlauf der zwölfjährigen Hitler-Diktatur einige Dienststellen der Reichsleitung aus arbeitsökonomischen Erwägungen oder aus persönlichen Motiven nach Berlin verlagert wurden, stellte dies die Autorität der »Münchner Zentrale« nicht wirklich in Frage, behielten diese Dienststellen doch stets Verbindungsstellen respektive einen Teil ihrer Ämter in München, die einen geregelten Kontakt mit der Parteizentrale gewährleisteten. Ein Autoritätsverfall ergab sich für die NSDAP-Reichsleitung aus diesen Verlagerungen allein schon deshalb nicht, weil mit den Dienststellen »Der Stellvertreter des Führers« / »Partei-Kanzlei« und »Der Reichsschatzmeister der NSDAP« diejenigen Organe der Parteileitung in München verblieben, die – in nationalsozialistischer Sicht – die beiden Grundelemente der Partei, namentlich die »politische Führung« und die »politische Verwaltung«, repräsentierten.⁴² Mit diesen beiden Kräften der Partei, die in »Führerbau« und »Verwaltungsbau« ihren architektonischen Ausdruck hatten finden sollen, und denen die Funktion der Kontrolle und Integration der übrigen Ämter der Reichsleitung zufiel, blieb das Ensemble »Königlicher Platz«, Parteibauten, »Ehrentempel«, »Braunes Haus« tatsächlich bis zum »bitteren Ende« der politisch-ideologische wie pseudo-sakrale Brennpunkt der NSDAP.⁴³

Der Reichsschatzmeister der NSDAP (RSM)

Die Dienststelle »Der Reichsschatzmeister der NSDAP« läßt sich in ihren Anfängen bis in das Jahr 1925 zurückverfolgen.⁴⁴ Damals übertrug Hitler kurze Zeit nach der Wiedergründung der NSDAP das Amt des Schatzmeisters der Partei auf den Mann, der dieses dann mit allen seinen späteren Weitungen ununterbrochen bis zum deutschen Kollaps 1945 innehaben sollte: Franz Xaver Schwarz. Franz Xaver Schwarz, Bäckermeisterssohn, geboren am 27. November 1875 in Günzburg, schlug nach erfolgreichem Schulabschluß die mittlere Beamtenlaufbahn ein und trat nach Ausbildung und Militärdienst 1899 in die Dienste der Münchner Stadtverwaltung, wo er, unterbrochen vom Ersten Weltkrieg, an dem er als Feldwebel-Leutnant der Landwehr teilnahm, bis 1925 zum Oberinspektor aufstieg. Nach dem Zusammenbruch 1918 engagierte sich Schwarz in verschiedenen völkisch-nationalen Verbänden, trat 1922 der NSDAP bei, beteiligte sich an Hitlers Putschversuch vom 8./9. November 1923, schloß sich nach dem NSDAP-Verbot der Hitler-hörigen Ersatzorganisation »Großdeutsche Volksgemeinschaft« an und wurde deren »erster Kassier«. Von Hitler zum Schatzmeister der neugegründeten NSDAP berufen, beendete er seine Beamtenlaufbahn, ließ sich in den Ruhestand versetzen und wurde hauptberuflich für die Partei tätig. Als »Reichsschatzmeister«, wie er schon bald tituliert wurde, kümmerte sich Schwarz, seit 1933 Reichsleiter, vornehmlich um die reichsweite Finanz- und Verwaltungs-

40 Vgl. Thomae 1978, S. 142.

41 Vgl. BAP, NS 6 (Partei-Kanzlei)/215: Schreiben des Stabsleiters des Stellvertreters des Führers Martin Bormann an sämtliche Gauleiter, 15.10.1933.

42 Vgl. BAK, NS 1/448: Franz Xaver Schwarz: Denkschrift über die Verwaltung der NSDAP., 5.8.1936; Schwarz, Franz Xaver: Führung und Verwaltung in der nationalsozialistischen Deutschen Arbeiterpartei. In: Nationalsozialistisches Jahrbuch 1937, S. 257–260; Lingg, Anton: Die Verwaltung der Nationalsozialistischen Deutschen Arbeiterpartei. München (¹1939) ⁴1941 [ergänzte Auflage], S. 72–84 und Herrmann, Heinz-Lebrecht: Die Amtsträger der Bewegung. Versuch einer Abgrenzung des Begriffs und der Darstellung der rechtlichen Stellung nach geltendem Recht. Diss. München 1940, S. 76–82.

43 Vgl. Weidisch 1993 (wie Anm. 25), S. 271f. und Schäfer 1956 (wie Anm. 17), S. 52f., 64f.

44 Zum Niederschlag der Dienststelle des RSM in den Archiven vgl. Boberach, Heinz: Inventar archivischer Quellen des NS-Staates. Die Überlieferung von Behörden und Einrichtungen des Reichs, der Länder und der NSDAP. Teil 1: Reichszentralbehörden, regionale Behörden und wissenschaftliche Hochschulen für die zehn westdeutschen Länder sowie Berlin. München/London u.a. 1991, S. 461ff.

organisation der NSDAP, fungierte von 1929 bis 1934 zusätzlich als Münchner Stadtrat und erhielt 1935 als Anerkennung das Ehrenbürgerrecht der Stadt. Als oberster Verwaltungsmann der Partei blieb Schwarz bis Kriegsende 1945 auf seinem Posten und starb schließlich am 2. Dezember 1947 in einem amerikanischen Internierungslager in Regensburg. Von einer Münchner Spruchkammer wurde Schwarz 1948 posthum als »Hauptschuldiger« eingestuft und zu Vermögensentzug verurteilt.[45]

1925 also, genauer am 21. März 1925, ernannte Hitler Franz Xaver Schwarz zum Schatzmeister der NSDAP. Vorausgegangen war dieser Ernennung ein erstes persönliches Zusammentreffen der beiden Männer zu Beginn des Jahres. Bei dieser Gelegenheit hatte der von Hitler faszinierte Schwarz diesem seine Mitarbeit bei der Reorganisation der NSDAP angeboten. Hitler, über die solide Arbeit des »ersten Kassiers« der »Großdeutschen Volksgemeinschaft« informiert, war auf das Angebot Schwarz' eingegangen und hatte diesen, als einen Kenner der Materie, zunächst mit der anstehenden Liquidation der »Volksgemeinschaft« betraut.[46]

Nach der Wiedergründung der NSDAP und der Berufung zum Schatzmeister erhielt Schwarz dann den Auftrag, gemeinsam mit dem »Geschäftsführer« Philipp Bouhler und unterstützt von drei Angestellten, von der »Geschäftsstelle Schellingstraße 50« aus den gesamten Neuaufbau der Partei zu organisieren. Seiner Umgebung fiel der sauber und korrekt arbeitende Ex-Beamte dabei sehr bald schon wegen seines enormen Arbeitseifers und wegen seiner pedantischen Genauigkeit auf: Eigenschaften, die ihm sowohl Anerkennung als auch Kritik eintrugen, fraglos aber Eigenschaften, die einem zügigen Neuaufbau der NSDAP zugute kamen und ihrem Träger binnen kurzem das Vertrauen seines »Führers« sicherten.[47]

In der Satzung des Nationalsozialistischen Deutschen Arbeitervereins e.V. (NSDAV) vom 22. Mai 1926 wurde schließlich das Amt des Schatzmeisters vereinsrechtlich fixiert und sein Aufgabenbereich erstmals klar definiert. Gemäß Paragraph 6 bildete der Schatzmeister zusammen mit dem Vorsitzenden und dem Schriftführer den Vorstand des Vereins. Mithin gehörte er auch der Hauptleitung des Vereins respektive der Partei – Reichsleitung – an. Dieser war er zugleich als Vorsitzender des Finanzausschusses zugeordnet. Dem in Paragraph 7 festgeschriebenen Ausschuß kamen folgende Aufgaben zu: »Oberste Aufsicht über das gesamte Kassenwesen des Vereins, Sicherung der finanziellen Grundlagen der Bewegung, finanzielle Werbetätigkeit im allgemeinen.«[48] Mit diesen Obliegenheiten wurde der Finanzausschuß, dessen Kollegialprinzip nie zum Tragen kam, zum Kern und Ausgangspunkt des sich in der weiteren Entwicklung stetig ausweitenden Ressorts des Schatzmeisters.[49]

Nach der Verankerung seines Amtes in der Satzung des NSDAV/der NSDAP betrieb der fachlich ehrgeizige Schwarz, ausgehend von der Finanzorganisation und der damit einhergehenden Gestaltung des Beitrags- und Mitgliedschaftswesens, zielstrebig den Auf- und Ausbau seines Tätigkeitsbereiches. Kompetenzausweitungen rechtfertigte er gegenüber anderen Organen der Reichsleitung zum einen unter Verweis auf den früheren, umfassenderen Auftrag Hitlers, nämlich diesen von allen finanziellen und verwaltungsmäßigen Aufgaben zu entlasten, zum anderen mit dem Hinweis auf den seit 1928 erheblichen Anstieg der Mitgliederzahlen, dem er mit mehrmaligen Mitgliedersperren beizukommen suchte.[50]

Wenige Monate nachdem der inzwischen zum RSM avancierte Schwarz samt seiner Aufnahmeabteilung, Zentralkartothek, Buchhaltung und Revisionsabteilung in das »Braune Haus« Einzug gehalten hatte,[51] wurde sein offenkundiges Streben nach einer Sonderstellung innerhalb des Parteiapparates am 16. September 1931 von Hitler formaljuristisch sanktioniert. Vereinsrechtlichen Bedingungen entsprechend, ernannte ihn der »Führer« kraft notarieller Vollmacht zum alleinigen Generalbevollmächtigten in allen vermögensrechtlichen Angelegenheiten des Nationalsozialistischen Deutschen Arbeitervereins, des Vermögensträgers der NSDAP.[52] Dieser Sanktion Hitlers folgte zwar, gerade in den ersten Jahren nach der nationalsozialistischen Machtübernahme, eine ganze Reihe weiterer rechtlicher Bestimmungen, die die Stellung des RSM innerhalb des Parteigefüges zusätzlich absicherten, dennoch blieb für Schwarz die Generalvollmacht das gewichtigste

45 Zum Lebenslauf Schwarz' vgl. BAK, NS 1/436-1: Beitrag »Ein Leben in Pflicht und Treue« von Werner Kalz für die für November 1945 zu Schwarz' 70. Geburtstag geplante Festschrift »Franz Xaver Schwarz – Leben und Werk« und NS 1/437-2: Fritz Maier-Hartmann: Lichtbildervortrag (1941). Vgl. ferner Lükemann 1963, S. 13-24; Degreif, Diether: Franz Xaver Schwarz. Das Reichsschatzmeisteramt der NSDAP und dessen Überlieferung im Bundesarchiv. In: Aus der Arbeit der Archive. Beiträge zum Archivwesen, zur Quellenkunde und zur Geschichte. Festschrift für Hans Booms: Hg. Friedrich P. Kahlenberg. Boppard/Rhein 1989, S. 489-503, hier S. 490-492 und München – ›Hauptstadt der Bewegung‹ 1993, S. 228f.

46 Vgl. die Angaben in Anm. 45 und Lingg 1941 (wie Anm. 42), S. 57 ff.

47 Vgl. die Angaben in Anm. 46. Des weiteren vgl. BAK, NS 1/448: Schwarz: Denkschrift (wie Anm. 42); NS 1/441-2: Rede des RSM anläßlich einer Pressekonferenz der Reichspressestelle der NSDAP, München, 21.4.1937; NS 1/436-2: Beitrag »Der Finanzmann« von Albert Miller für die Festschrift Schwarz (wie Anm. 45) u. VB 27.2.1935: Was alle Hindernisse überwand. Die Opferbereitschaft der Parteigenossen.

48 Satzung des Nationalsozialistischen Deutschen Arbeiter-Vereins e.V. (wie Anm. 25).

49 Vgl. BAK, NS 1/448: Schwarz: Denkschrift (wie Anm. 42); Spieß, Heinz: Der rechtliche und organisatorische Aufbau der Nationalsozialistischen Deutschen Arbeiterpartei. Diss. Tübingen 1936, S. 38; Lingg 1941 (wie Anm. 42), S. 59-63 und Degreif 1989 (wie Anm. 45), S. 492.

50 Vgl. BAK, NS 1/437-2: Franz Xaver Schwarz: Das Werden der Verwaltungsorganisation der N.S.D.A.P.; BAK, NS 1/448: Schwarz: Denkschrift (wie Anm. 42) und BAK, NS 1/441-2: Schwarz: Pressekonferenz (wie Anm. 47).

51 Vgl. Hitler (wie Anm. 24).

52 Vollmacht abgedruckt bei Lingg 1941 (wie Anm. 42), S. 71f. und Lükemann 1963, S. 50f. Vgl. hierzu auch Spieß 1936 (wie Anm. 49), S. 38f.

Argument in seinen zahlreichen Kompetenzkonflikten mit den Organen der Reichsleitung und den Gauleitern.⁵³

Dies gilt insbesondere auch für das zähe Ringen des RSM um eine weitgehende Unabhängigkeit der Verwaltung der NSDAP von der »politischen Führung« der Partei. Dabei ging es nicht mehr nur um die Finanzverwaltung des NSDAV, sondern darüber hinaus um die gesamte Verwaltung der NSDAP, die in der Reorganisationsphase der Partei aus der Vermögensverwaltung des Vereins hervorgegangen war und deren Führung Schwarz eifersüchtig für sich beanspruchte. Zwar wurde dem RSM kurz nach der »Machtergreifung« vom frisch ernannten »Stellvertreter des Führers«, Rudolf Heß, in einer Verfügung vom 2. Juni 1933 seine Zuständigkeit und Unabhängigkeit in sämtlichen finanziellen und verwaltungstechnischen Belangen der NSDAP insofern bestätigt, als dieser dort betonte, Schwarz sei »nach wie vor alleiniger Bevollmächtigter des Führers in allen den Nationalsozialistischen Deutschen Arbeiterverein betreffenden Vermögensangelegenheiten und in Angelegenheiten der inneren Verwaltung der Zentrale«,⁵⁴ dennoch blieb dies ein Kompetenzanspruch, den zu verteidigen sich der RSM in der Folgezeit immer wieder aufs neue gezwungen sah.⁵⁵

Eine abschließende rechtliche Klärung der so über die Jahre hin gewachsenen führerunmittelbaren Sonderstellung des RSM in der Parteihierarchie erfolgte endlich mittels der am 29. März 1935 ergangenen »Verordnung zur Durchführung des Gesetzes zur Sicherung der Einheit von Partei und Staat«.⁵⁶ Diese Verordnung verfügte (Paragraph 1) die Aufhebung der vereinsrechtlichen Verfaßtheit der Partei, die mit der am 1. Dezember 1933 vorgenommenen Umwandlung der NSDAP in eine Körperschaft des öffentlichen Rechts hinfällig geworden war. In ihr fand die Schwarz 1931 erteilte Generalvollmacht mit der nunmehrigen Wendung, daß der RSM der alleinige »Generalbevollmächtigte des Führers in allen vermögensrechtlichen Angelegenheiten der Nationalsozialistischen Deutschen Arbeiterpartei« sei, nochmals eine nachdrückliche Bestätigung (Paragraph 4). Bezüglich des Umfangs der Generalvollmacht wurde jetzt eindeutig festgelegt, daß der RSM sowohl über die NSDAP als auch über deren Gliederungen die Finanzhoheit besitze, da diese vermögensrechtlich eine Einheit bildeten (Paragraph 4). Dagegen käme ihm über die angeschlossenen Verbände, die eigene Rechtspersönlichkeit besitzen könnten, lediglich die Finanzaufsicht zu (Paragraph 5). In zwei am 29. April 1935 erlassenen Ausführungsbestimmungen⁵⁷ zu dieser Verordnung sicherte Schwarz mit einer Fülle detaillierter Direktiven seine alleinige letztinstanzliche Zuständigkeit in allen Vermögensfragen der Partei noch zusätzlich ab.⁵⁸

Neben der Finanzorganisation und der damit verbundenen Gestaltung des Beitrags- und Mitgliedschaftswesens waren dem RSM inzwischen eine ganze Reihe weiterer Aufgaben, primär aus dem Bereich der inneren Verwaltung der Partei erwachsen. Im Oktober 1934 hatte Schwarz nach der Auflösung der Dienststelle »Reichsgeschäftsführer der NSDAP« einen Großteil der bislang von seinem Parteigenossen Bouhler bearbeiteten Angelegenheiten in sein Ressort übernommen. Darunter fielen neben allen mit der Personalverwaltung der Partei verbundenen Fragen, dem Grundstücks- und Steuerwesen und sonstigen sich aus der Parteiverwaltung ergebenden Obliegenheiten vor allem auch alle Angelegenheiten, die die »mißbräuchliche Verwendung von offiziellen Abzeichen der NSDAP« betrafen. Der RSM war also seit dieser Zeit für alle aus dem »Heimtückegesetz« resultierenden Aufgaben zuständig.⁵⁹

Zu Beginn des Jahres 1937 ergab sich für Schwarz und seine Dienststelle im Gefolge der Durchführung des Vierjahresplanes ein letzter großer Kompetenzzuwachs. Dem Reichsschatzmeisteramt wurde für den Bereich der Partei die zentrale Bearbeitung aller Kontingentierungsfragen übertragen.⁶⁰ Der sich nach der »Machtergreifung« rasch ausweitende Geschäftsbereich des RSM hatte zwar stets eine räumliche und personelle Expansion nach sich gezogen, eine klare und straffe, auf Effizienzsteigerung gerichtete organisatorische Durchstrukturierung der Dienststelle war jedoch bis Mitte der dreißiger Jahre unterblieben. Noch 1935 standen 18 Ämter relativ unvermittelt nebeneinander und bearbeiteten weitgehend unabhängig voneinander die ihnen zugewiesenen Aufgabengebiete.⁶¹

---

53 Vgl. Degreif 1989 (wie Anm. 45), S. 493 und Lükemann 1963, S. 25.

54 Verordnungsblatt der Reichsleitung der NSDAP, 2, 1933, F. 48, S. 102.

55 Vgl. BAK, NS 1/448: Schwarz: Denkschrift (wie Anm. 42), Schwarz 1936; Lingg 1941 (wie Anm. 42), S. 72–88; Lükemann 1963, S. 49–194 und Degreif 1989 (wie Anm. 45), S. 493.

56 Vgl. RGBl. 1935 I, S. 502 und Verordnungsblatt der Reichsleitung der NSDAP, 5.1935, F. 94, S. 260.

57 Vgl. RGBl. 1935 I, S. 583–586 und Verordnungsblatt der Reichsleitung der NSDAP, 5.1935, F. 96, S. 272ff.

58 Vgl. Spieß 1936 (wie Anm. 49), S. 39–43; Schwarz 1936, S. 244f.; Lingg 1941 (wie Anm. 42), S. 93–96; Lükemann 1963, S. 25f., 52f. und Degreif 1989 (wie Anm. 45), S. 494.

59 Vgl. Verordnungsblatt der Reichsleitung der NSDAP, 4.1934, F. 83, S. 203, 205. Hierzu auch Lingg 1941 (wie Anm. 42), S. 211; Lükemann 1963, S. 26 und Degreif 1989 (wie Anm. 45), S. 494.

60 Vgl. Lükemann 1963, S. 29, 154ff. und Degreif 1989 (wie Anm. 45), S. 495.

61 Vgl. BAK, NS 1/631: Reportage-Entwurf des Pressepolitischen Amtes vom November 1936 über den »Einzug verschiedener Hauptabteilungen der Dienststelle des RSM in das neue Verwaltungsgebäude am Königsplatz«; Nationalsozialistisches Jahrbuch 1936, S. 141 und Degreif 1989 (wie Anm. 45), S. 495.

Bernhard Schäfer

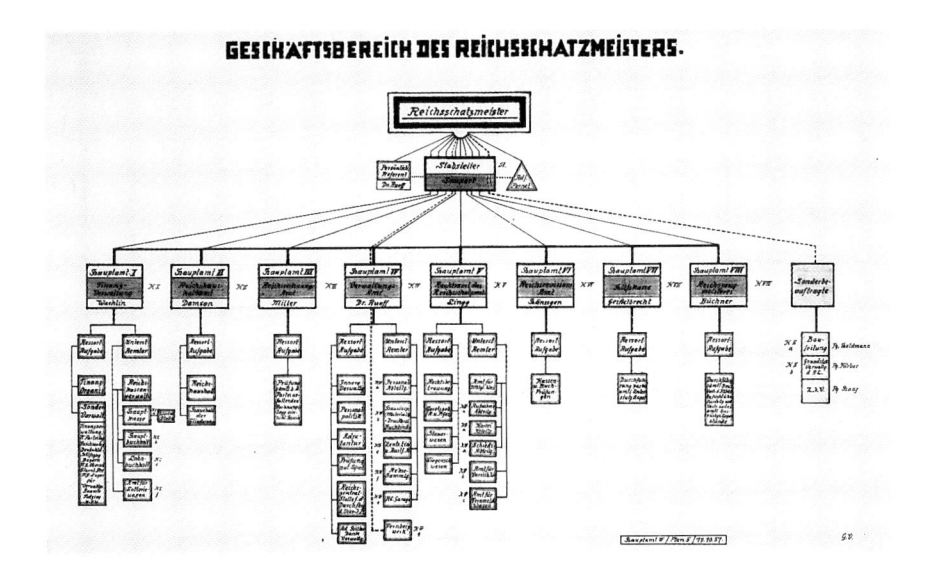

GESCHÄFTSBEREICH DES REICHSSCHATZMEISTERS.

Abb. 107
»Geschäftsbereich des Reichsschatzmeisters«, 1937

Erst am 30. Mai 1936 verkündete Schwarz in einem Rundschreiben[62] an sämtliche Abteilungsleiter seines Geschäftsbereiches eine mit Wirkung vom 1. Juni 1936 in Kraft tretende organisatorische Umstellung der Ämter seiner Dienststelle. Ziel dieser Maßnahme war es, eine »größtmögliche Vereinfachung des inneren Verwaltungsapparates« herbeizuführen. Der Geschäftsbereich des RSM wurde in fünf Hauptämter gegliedert, und zwar in die Hauptämter »I – Stabsamt«, »II – Reichshaushaltsamt«, »III – Reichsrechnungsamt«, »IV – Verwaltungsamt« und »V – Rechtsamt«. Diesen ordnete man die restlichen Ämter zu. Hiervon ausgenommen blieben lediglich die Schwarz direkt unterstellten Sonderbeauftragten, nämlich die Chefs der Bauleitung sowie der Grundstücksverwaltung der Reichsleitung.[63]

Dieser ersten konzeptionellen Durchstrukturierung des Reichsschatzmeisteramtes schlossen sich in den folgenden Jahren zahlreiche weitere Umorganisationen innerhalb der Dienststelle an. Dabei erhöhte sich nicht nur die Zahl der Hauptämter und der diesen untergeordneten Ämter (Abb. 107),[64] auch der Personalstand und mithin der Raumbedarf nahmen kontinuierlich zu. Hatte noch 1937 das Gros der Hauptämter und Ämter des RSM im eben fertiggestellten »Verwaltungsbau der NSDAP« Unterbringung gefunden,[65] so bedurfte es 1941 bereits zwölf zusätzlicher parteieigener Häuser[66] und 1942 gar deren 17.[67] Die Zahl der Angestellten Schwarz' war von 1934 rund 1100[68] auf 1937 etwa 1700[69] geklettert, belief sich 1939 auf 2863[70] und erreichte 1942 mit 3243 ihren Höchststand. Mit letztgenannter Zahl entfielen auf die Dienststelle des RSM 59,4 Prozent des Gesamtpersonalstandes der NSDAP-Reichsleitung;[71] zweifelsohne ein Indiz für die zentrale Bedeutung des RSM innerhalb des Parteiapparates (Abb. 108–110).[72]

Mit einer zum 1. Januar 1943 in Kraft tretenden Neugliederung des Geschäftsbereiches[73] erreichte auch die organisatorische Ausdifferenzierung des Reichsschatzmeisteramtes ihren Kulminationspunkt. Die Dienststelle setzte sich nunmehr neben einer Kanzlei aus nicht weniger als zehn Hauptämtern und sieben selbständigen Ämtern zusammen. Hinzu traten die zwei bereits 1936 genannten Sonderbeauftragten, die nach wie vor dem RSM direkt unterstellt waren. Die in der Folgezeit in immer kürzeren Abständen vorgenommenen Umstrukturierungen brachten dann zumeist organisatorische Reduktionen, die jedoch nicht in erster Linie sachrationalen oder arbeitsökonomischen Erwägungen folgten, sondern primär kriegsbedingten Umständen Rechnung trugen.[74] Nachfolgend sei deshalb die Dienststelle des RSM samt ihrer Kompetenzen im Zustand ihrer größten organisatorischen Ausdehnung knapp umrissen:

Die »Kanzlei des Reichsschatzmeisters«[75] (Arcisstraße 10) ging am 1. September 1942 aus dem »Stabsamt« hervor. Vordringliche Aufgabe des Stabsleiters, des Stellvertreters des RSM, war die Koordination und Kontrolle der Arbeit der Haupt-

62 Vgl. BAK, NS 1/2250: Schwarz: Rundschreiben vom 30.5.1936.

63 Vgl. BAK, NS 1/514: Undatierte graphische Darstellung des Geschäftsbereiches des RSM (1936); Degreif 1989 (wie Anm. 45), S. 495 und Lükemann 1963, S. 27 f.

64 Vgl. hierzu unter anderem die zahllosen Bekanntgaben und Verwaltungsmitteilungen des RSM in BAK, NS 1/540, 543 und die Nationalsozialistischen Jahrbücher. Zur Veranschaulichung vgl. auch die graphische Darstellung des Geschäftsbereiches des RSM von 1937 in BAK, NS 1/2250.

65 Vgl. BAK, NS 1/441–2: Schwarz: Pressekonferenz (wie Anm 47).

66 Vgl. BAK, NS 1/437–2: Maier-Hartmann: Vortrag (wie Anm. 45).

67 Vgl. Maier-Hartmann 1942, S. 57. Vgl. auch die Aufstellung der NSDAP-Dienststellen im vorliegenden Band.

68 Vgl. VB 29.4.1934: So arbeitet die Partei: Reichsschatzmeister Schwarz und die Verwaltung und Finanzorganisation der N.S.D.A.P.

69 Vgl. BAK, NS 1/441–2: Schwarz: Pressekonferenz (wie Anm. 47).

70 Vgl. BAK, NS 1/492: Personalstandsbogen 1939/1944.

71 Vgl. BAK, NS 1/492: Jahresbericht 1942 der Personalverwaltung.

72 Vgl. Weidisch 1993 (wie Anm. 25), S. 266 f.

73 Vgl. BAK, NS 1/543: Verwaltungsmitteilung vom 22.12.1942.

74 Vgl. die zahlreichen diesbezüglichen Verwaltungsmitteilungen in BAK, NS 1/543.

75 Vgl. BAK, NS 1/280–1: Entwurf eines vorläufigen Arbeitsplanes der Kanzlei des RSM vom 22.8.1942; BAK, NS 1/540: Schwarz: Rundschreiben 10/42 vom 25.8.1942; Lingg 1941 (wie Anm. 42), S. 316 f. und Degreif 1989 (wie Anm. 45), S. 496. Hierzu und zum Folgenden vgl. auch das Organisationsbuch 1943, S. 287–294 b.

Abb. 108–110
Weihnachtsfeier im »Verwaltungsbau«, 1937:
Ansprache des Reichsschatzmeisters
Schwarz

76 Vgl. BAK, NS 1/540: Schwarz: Bekanntgabe 14/42 vom 16.12.1942; BAK, NS 1/437–2: Maier-Hartmann: Vortrag (wie Anm. 45); BAK, NS 1/436–2: Miller: »Finanzmann« (wie Anm. 47); Lingg 1941 (wie Anm. 42), S. 180–194, 337f. und Degreif 1989 (wie Anm. 45), S. 496f.

77 Vgl. BAK, NS 1/540: Schwarz: Bekanntgabe 14/42 vom 16.12.1942; BAK, NS 1/448: Schwarz: Denkschrift (wie Anm. 42); BAK, NS 1/437–2: Maier-Hartmann: Vortrag (wie Anm. 45); Lingg 1941 (wie Anm. 42), S. 180, 187–194 und Degreif 1989 (wie Anm. 45), S. 497.

78 Vgl. BAK, NS 1/542: Verwaltungsmitteilung vom 7.9.1938; BAK, NS 1/543: Verwaltungsmitteilung vom 14.2.1941; BAK, NS 1/437–2: Maier-Hartmann: Vortrag (wie Anm. 45); Lingg 1941 (wie Anm. 42), S. 213–219, 339–348 und Degreif 1989 (wie Anm. 45), S. 497.

79 Vgl. BAK, NS 1/448: Schwarz: Denkschrift (wie Anm. 42); BAK, NS 1/441–2: Schwarz: Pressekonferenz (wie Anm. 47); BAK, NS 1/437–2: Maier-Hartmann: Vortrag (wie Anm. 45); Lingg 1941 (wie Anm. 42), S. 210–213, 219–224 und Degreif 1989 (wie Anm. 45), S. 497f.

ämter und sonstigen Ämter der Dienststelle. Er hatte ferner für die Verbindungen des Reichsschatzmeisteramtes zu den anderen Dienststellen der Reichsleitung zu sorgen. Hinzu kam die Organisation des Terminplanes des RSM. Darüber hinaus war der Stabsleiter der ständige Vertreter Schwarz' im Verwaltungsrat des »Zweckverbandes Reichsparteitag Nürnberg«, leitete die »Ortsgruppe Braunes Haus«, führte die »Sektion Reichsleitung« und präsidierte der »Blutordenskommission«. Die Obliegenheiten des Stabsamtes gingen im ganzen auf die Kanzlei des RSM über, die sich in Adjutantur, Presse- und Mobilmachungsabteilung gliederte. Letzterer fielen unter anderem folgende Aufgaben zu: Verschlußsachen-Bearbeitung, Unabkömmlichkeitsstellungen, Treibstoffversorgung, Abgabe von Räumen und Kraftfahrzeugen an die Wehrmacht, Bearbeitung der durch Kriegsereignisse entstandenen Sachschäden.

Das »Hauptamt I – Reichsfinanzverwaltung«[76] (Arcisstraße 10) unterteilte sich in das Amt für Mittelbewirtschaftung sowie in die Zentral-Kassen- und Vermögensverwaltung. Die Hauptaufgabe des Amtes für Mittelbewirtschaftung bestand in der Betreuung der Finanzen der gesamten »Parteigenossenschaft«, also sowohl der Reichsleitung der NSDAP wie der Gaue, Kreise und Ortsgruppen. Ferner oblag ihm die Bearbeitung der Finanzangelegenheiten der nicht-militanten Gliederungen der Partei. Ab Januar 1943 übernahm es vom Hauptamt II auch die Etatisierung und Finanzierung der militanten Formationen. In den Tätigkeitbereich des Amtes fiel darüber hinaus die finanzielle Betreuung verschiedener Sonderverwaltungen, wie der des »Hilfszuges Bayern«, des »Reichsautozuges Deutschland« und zahlreicher NSDAP-Bildungsanstalten. Schließlich zeichnete das Amt noch für die Finanzierung von Großveranstaltungen, so zum Beispiel des Reichsparteitages verantwortlich. Die Zentral-Kassen- und Vermögensverwaltung wiederum war zuständig für alle Geld- und Vermögensbewegungen, die sich im Zusammenhang mit der Verwaltung des gesamten Parteivermögens ergaben.

Dem »Hauptamt II – Reichshaushaltamt«[77] (Barer Straße 15) oblag zunächst die Betreuung des Haushaltes der militanten Gliederungen und die Verteilung der dem RSM für diese Formationen zufließenden staatlichen Mittel. Nach Aufteilung dieses Aufgabenbereiches auf die Hauptämter I und VI im Dezember 1942 übernahm das Hauptamt II mit Beginn des Jahres 1943 die Bearbeitung von Sonderaufgaben samt der daraus sich ergebenden finanziellen und vermögensrechtlichen Verwaltung.

Im »Hauptamt III – Zentralpersonalamt«[78] (Arcisstraße 10), hervorgegangen aus dem Anfang 1941 aus dem Hauptamt IV ausgegliederten Zentralpersonalamt, wurden alle den Personalbereich betreffenden Arbeiten erledigt. Die Personalhauptkanzlei des Hauptamtes III stellte die zentrale Personalverwaltungsstelle der gesamten Reichsleitung, ausgenommen der »Kanzlei des Führers« und des »Stabes des Stellvertreters des Führers«, dar. Mit der Behandlung des Besoldungs- und Versorgungswesens der gesamten Partei waren im Zentralpersonalamt die Ämter »Besoldung« sowie »Versorgung und Personalrecht« betraut.

Dem »Hauptamt IV – Reichsverwaltungsamt«[79] (Arcisstraße 10) oblag als Ressortaufgabe in der Hauptsache die allgemeine und innere Verwaltung der gesamten NSDAP. Es regelte jedoch nicht bloß Dienstzeit, Hausordnung und dergleichen, sondern betreute zudem das von Reichsgeschäftsführer Bouhler 1934 übernommene Tätigkeitsfeld. Einen Eindruck vom weitgespannten Geschäftsbereich des Hauptamtes IV vermittelt allein schon eine Auflistung der diesem unterstellten Dienststellen: Allgemeine Verwaltungsangelegenheiten, Interne Verwaltungsangelegenheiten, Verwaltungsarchiv und -bibliothek, Zentralposteinlauf und -auslauf der Reichsleitung (Karlstraße 24, Arcisstraße 6–8), Verpflegungsbetriebe der Reichsleitung, Reichsleitungsgarage (Tegernseer Landstraße 210), Archiv und Museum der NSDAP für Zeitgeschichte (Residenzstraße 1). Zu diesem Ressortkomplex trat noch die wirtschaftliche Verwaltung der NSDAP, ihrer Gliederungen und teilweise auch ihrer angeschlossenen Verbände hinzu. Für die auf diesem Gebiet anfallenden Arbeiten unterstanden dem Reichsverwaltungsamt drei weitere Dienststellen: das Amt für allgemeine Wirtschafts- und Bauangelegenheiten, die Oberste Bauverwaltung der NSDAP (Arcisstraße 17) und die Reichszentralstelle für die Durchführung des Vierjahresplanes bei der NSDAP, ihren Gliederungen und angeschlossenen Verbänden (Arcisstraße 19). Gerade letztere gewann unter dem Eindruck der kriegsbedingten Rohstoff- und Materialverknappung zusehends an Bedeutung.

Das »Hauptamt V – Rechtsamt«[80] (Karlstraße 30) beriet den RSM in allen in seinem Geschäftsbereich anfallenden Rechtsfragen. Des weiteren oblag ihm die Gestaltung des Parteiverwaltungs- und -vermögensrechts. Teilweise wirkte das Hauptamt V im Auftrag des Stellvertreters des »Führers« auch an der Schöpfung neuen Partei- oder Reichsrechts beratend oder gestaltend mit. Überdies betreute es die Partei in zivilrechtlichen Angelegenheiten. Schwerpunkte der Arbeit des Rechtsamtes waren weiter die Behandlung des Steuerwesens sowie die Bearbeitung des Liegenschaftswesens der NSDAP. Einen eigenen Block innerhalb des Hauptamtes V bildete schließlich das Hauptmitgliedschaftsamt (Arcisstraße 8, 10), das selbst wieder in drei Abteilungen untergliedert war, nämlich in das Aufnahmeamt, in das Karteiamt und in das Schiedsamt. Hier wurden sämtliche aus dem Mitgliedschafts- und Meldewesen der Partei sich ergebenden Aufgaben erledigt, während das Beitrags- und Sammelwesen der NSDAP der Rechtsabteilung des Rechtsamtes ressortierte.

Das »Hauptamt VI – Reichsrevisions- und -rechnungsamt«[81] (Karolinenplatz 3) kümmerte sich um das Buchführungs-, Kassen- und Rechnungswesen der gesamten »Bewegung«. Das Revisionsamt nahm bei den Dienststellen der Parteigenossenschaft, der Gliederungen und der angeschlossenen Verbände die Kassen- und Buchprüfungen vor. Die ausgewerteten Revisionsberichte mußten aufgrund der lediglich feststellenden Tätigkeit der Revisoren zur weiteren Verwendung direkt an die Gauschatzmeister, die Reichskassenverwalter und an die angeschlossenen Verbände weitergeleitet werden. Im Falle von Finanzdelikten stand es dem Revisionsamt allerdings zu, Parteigerichts- respektive Disziplinarverfahren für den Bereich der Gliederungen und angeschlossenen Verbände zu beantragen. Das Rechnungsamt wiederum überprüfte und überwachte alle bei der Partei anfallenden Einnahmen und Ausgaben, sowie die sich daraus ergebenden Vermögensveränderungen.

Das »Hauptamt VII – Sozialamt«[82] (Herzog-Wilhelm-Straße 32) war 1941 aus der 1929 von Hitler ins Leben gerufenen Hilfskasse der NSDAP hervorgegangen. Es sollte die Reichsleitung in die Lage versetzen, denjenigen Parteigenossen und Mitgliedern der SA, der SS, des NSKK sowie deren Angehörigen eine finanzielle wie materielle Unterstützung zu gewähren, die bei Parteiveranstaltungen oder im ehrenamtlichen Parteidienst verunglückt waren. Darüber hinaus war das Sozialamt mit einer ganzen Reihe von Sonderaufgaben befaßt. So wirkte es an der »Versorgung der Kämpfer für die nationale Erhebung« mit, verwaltete den »Adolf-Hitler-Dank«, behandelte die Angelegenheiten des »Ehrensolds« sowie der »Ehrenunterstützung« und führte die »Ehrenliste der Ermordeten der Bewegung«. Über das »Hauptamt VIII – Reichszeugmeisterei«[83] (Tegernseer Landstraße 210a) liefen sämtliche Beschaffungsvorhaben der Partei hinsichtlich parteiamtlicher Bekleidungs- und Ausrüstungsgegenstände. Des weiteren fungierte die Reichszeugmeisterei als zentrale reichsweite Lizenzvergabe- und -aufsichtsstelle für die Herstellung und den Vertrieb der genannten Artikel.

Das »Hauptamt IX – Hauptamt für Versicherungswesen«[84] (Arcisstraße 5a), 1941 aus dem Rechtsamt ausgegliedert, gewährleistete, unter der besonderen Aufsicht des RSM, durch einen weitverzweigten und umfassenden Versicherungsschutz der NSDAP, ihren Gliederungen und in gewissen Grenzen auch ihren Parteimitgliedern den Ersatz von Unfall-, Haftpflicht- und sonstigen Schäden. Im April 1943 übernahm das Hauptamt für Versicherungswesen zudem das Aufgabengebiet des Hauptamtes VII - Sozialamt, das mithin aufgelöst wurde.

Dem »Hauptamt X – Amtsarzt«[85] (Arcisstraße 6–8) oblag die amtsärztliche Betreuung der gesamten Reichsleitung.

Zu den sieben selbständigen Ämtern des RSM gehörte an erster Stelle die aus dem Hauptamt IV – Reichsverwaltungsamt ausgegliederte »Hausinspektion« (Arcisstraße 6–8). Sie war für die Verwaltung sämtlicher Häuser der Reichsleitung

---

80 Vgl. BAK, NS 1/448: Schwarz: Denkschrift (wie Anm. 42); BAK, NS 1/441–2: Schwarz: Pressekonferenz (wie Anm. 47); BAK, NS 1/437–2: Maier-Hartmann: Vortrag (wie Anm. 45); Lingg 1941 (wie Anm. 42), S. 144–179, 194–203, 224–241, 332–336, 353–355 und Degreif 1989 (wie Anm. 45), S. 498f.

81 Vgl. BAK, NS 1/440: Schwarz: Denkschrift (wie Anm. 42); BAK, NS 1/441–2: Schwarz: Pressekonferenz (wie Anm. 47); Lingg 1941 (wie Anm. 42), S. 203–210, 354 und Degreif 1989 (wie Anm. 45), S. 499.

82 Vgl. BAK, NS 1/441–2: Schwarz: Pressekonferenz (wie Anm. 47); BAK, NS 1/437–2: Maier-Hartmann: Vortrag (wie Anm. 45); VB 29.4.1934 (wie Anm. 68); Lingg 1941 (wie Anm. 42), S. 304–310 und Degreif 1989 (wie Anm. 45), S. 499f.

83 Vgl. BAK, NS 1/441–2: Schwarz: Pressekonferenz (wie Anm. 47); BAK, NS 1/437–2: Maier-Hartmann: Vortrag (wie Anm. 45); Beitrag »Die Reichszeugmeisterei der NSDAP.« von Wilhelm Helfer für die Festschrift Schwarz (wie Anm. 45); Lingg 1941 (wie Anm. 42), S. 310–316 und Degreif 1989 (wie Anm. 45), S. 500.

84 Vgl. BAK, NS 1/543: Verwaltungsmitteilung vom 27.3.1941; BAK, NS 1/540: Schwarz: Bekanntgabe 5/43 vom 1.4.1943; BAK, NS 1/437–2; Maier-Hartmann: Vortrag (wie Anm. 45); Lingg 1941 (wie Anm. 42), S. 242–252, 350ff. und Degreif 1989 (wie Anm. 45), S. 500.

85 Vgl. Degreif 1989 (wie Anm. 45), S. 500.

zuständig und für die Aufrechterhaltung der inneren Ordnung in diesen verantwortlich.[86] Der »Hilfszug Bayern« (Tegernseer Landstraße 234), zunächst als Versorgungs- und Verpflegungseinrichtung zum Einsatz bei diversen Großveranstaltungen konzipiert, übernahm mit Ausbruch des Krieges zunehmend kriegsbedingte Funktionen.[87] Vom »Amt für Lotteriewesen« (Leopoldstraße 10) und seinen über das gesamte Reichsgebiet verteilten Außendienststellen wurden sowohl die »Reichswinterhilfelotterie« als auch die »Reichslotterie für nationale Arbeit« – früher: »Reichslotterie für Arbeitsbeschaffung« – durchgeführt. Der Erlös der Lotterien für nationale Arbeit stand ausschließlich dem RSM zur Verfügung und fand vornehmlich bei der Finanzierung der von Hitler in Auftrag gegebenen Bauten der Partei Verwendung. Der Erlös der Reichswinterhilfelotterien war dagegen zweckgebunden und wurde dem »Winterhilfswerk des deutschen Volkes« zugeführt.[88] Das 1941 aus dem Hauptamt V ausgegliederte »Amt für Fernmeldewesen« (Barer Straße 13) tätigte aus Kostengründen sämtliche Vertragsabschlüsse über alle Fernsprech- und sonstigen Fernmeldeanlagen der Partei im ganzen Reich, und zwar sowohl mit der Deutschen Reichspost als auch mit den relevanten Firmen der Fernmeldeindustrie.[89] Die 1941 von Schwarz in seinem Geschäftsbereich errichtete Dienststelle »Bauhütte« übernahm bei allen der NSDAP-Reichsleitung gehörigen Dienst- und Dienstwohngebäuden in München den gesamten anfallenden Bauunterhalt.[90] Für die elektrischen Anlagen sowie für die Heizungs- und Lüftungsinstallationen dieser Gebäude trugen das »Betriebsamt für Starkstromanlagen« (Arcisstraße 6–8) und das »Betriebsamt für Heizung und Lüftung« (Arcisstraße 15) Sorge.[91] Die beiden Sonderbeauftragten des RSM waren diesem verantwortlich zum einen für die »Bauleitung der Reichsleitung der NSDAP« (Arcisstraße 15), zum anderen für die »Häuser- und Grundstücksverwaltung der Reichsleitung der NSDAP« (Arcisstraße 23).[92]

Allein schon der hier gegebene kurze Überblick über das Reichsschatzmeisteramt und seine Zuständigkeiten vermittelt einen Eindruck von der außerordentlichen Bedeutung, die dieser Dienststelle im Parteigefüge zukam. Aufgrund ihrer Kompetenzen und des enormen Grades ihres organisatorischen Ausbaus war es der Dienststelle des RSM theoretisch möglich, in nahezu sämtliche Bereiche der NSDAP, ihrer Gliederungen und angeschlossenen Verbände vorzudringen, um dort – vor allem in finanziellen Angelegenheiten – kontrollierend wirksam zu werden. Mit dieser Dienststelle hatte der fachlich kompetente Schwarz, aufbauend auf seiner führerimmediaten Stellung, ohne Zweifel ein überaus potentes, bis in die Endphase des Krieges funktionstüchtiges Macht- und Herrschaftsinstrument geschaffen, das er jedoch nicht für sich persönlich nutzte, sondern, ganz seiner unbedingten Gefolgschaftstreue Hitler gegenüber entsprechend, uneingeschränkt in dessen Dienste stellte.

Falsch wäre es nun allerdings, im RSM eine omnipotente Figur innerhalb der Parteihierarchie erkennen zu wollen, denn auch diesem waren – einmal ganz abgesehen von den alltäglichen Obstruktionen, mit denen ein Verwaltungsmann in einer Partei wie der NSDAP konfrontiert wurde – in der Herrschaftspraxis des Dritten Reiches immer wieder Grenzen gesetzt. Zwar gelang es Schwarz, gerade in der »Regimephase« seiner Partei, seine Sonderstellung im Parteiapparat konsequent auszubauen und zu konsolidieren, nichtsdestoweniger blieben bis zum Schluß Herrschaftsgebiete, in die vorzustoßen ihm nicht, nicht mehr oder nur sehr schwer gelang. So entzog sich beispielsweise die SS im Laufe der Zeit gänzlich der Kontrolle des RSM; aber auch andere Gliederungen und viele der angeschlossenen Verbände fanden sich nur widerwillig bereit, die Finanzhoheit beziehungsweise die Finanzaufsicht des RSM anzuerkennen. Die schwersten Schlachten hatte Schwarz indessen mit den Gauleitern, den »absoluten Territorialfürsten von ›Führers Gnaden‹«[93], zu schlagen. Diese zeigten sich nämlich wenig geneigt, ihren unumschränkten Machtanspruch dem kontrollierenden Zugriff des RSM und schon gar nicht dem der Gauschatzmeister, der Organe des RSM, die ihnen zudem disziplinär untergeordnet waren, zu opfern. In ihrer staatlichen/parteilichen Doppelfunktion gelang es ihnen immer wieder, der lückenlosen Finanzüberwachung durch den reinen Parteimann Schwarz auszuweichen, so daß es letztlich

---

86 Vgl. BAK, NS 1/448: Schwarz: Denkschrift (wie Anm. 42); VB 29.4.1934 (wie Anm. 68) und Degreif 1989 (wie Anm. 45), S. 500.

87 Vgl. BAK, NS 1/437–1: Beitrag »Hilfszug Bayern der NSDAP. im Kriegseinsatz« von Franz Xaver Schwarz für die Festschrift Schwarz (wie Anm. 45) und Maier-Hartmann 1942, S. 65–68.

88 Vgl. Lingg 1941 (wie Anm. 42), S. 194–203 und Degreif 1989 (wie Anm. 45), S. 500f.

89 Vgl. BAK, NS 1/448: Schwarz: Denkschrift (wie Anm. 42); BAK, NS 1/543: Verwaltungsmitteilung vom 11.9.1941; Lingg 1941 (wie Anm. 42), S. 241f., 355 und Degreif 1989 (wie Anm. 45), S. 501.

90 Vgl. BAK, NS 1/543: Verwaltungsmitteilung vom 26.3.1941.

91 Vgl. BAK, NS 1/543: Verwaltungsmitteilung vom 22.12.1942 und Reichsband 1941 (wie Anm. 39), S. 9.

92 Vgl. BAK, NS 1/448: Schwarz: Denkschrift (wie Anm. 42); Lingg 1941 (wie Anm. 42), S. 143f. und Reichsband 1941 (wie Anm. 39), S. 14.

93 Lükemann 1963, S. 193.

von der Eignung und Durchsetzungsfähigkeit des jeweiligen Gauschatzmeisters abhing, inwieweit die Kompetenzen des RSM in den einzelnen Gauen zur Realisierung gelangten.[94]

Der Stellvertreter des Führers (StdF) / Die Partei-Kanzlei (PK)

»Den Leiter der Politischen Zentralkommission, Pg. Rudolf Hess, ernenne ich zu meinem Stellvertreter und erteile ihm die Vollmacht, in allen Fragen der Parteiführung in meinem Namen zu entscheiden.«[95]

Diese Verfügung Hitlers vom 21. April 1933 stellte gleichsam die Geburtsurkunde jener Dienststelle der Reichsleitung der NSDAP dar, die in ihrer Erscheinung innerhalb des NS-Parteiapparates einzigartig bleiben und im Verlauf des Krieges unter dem Namen »Partei-Kanzlei« im Herrschaftsgefüge des Dritten Reiches zum prä-, wenn auch keineswegs zum omnipotenten Machtzentrum aufsteigen sollte: der Dienststelle »Der Stellvertreter des Führers«.[96] Ebenso extraordinär wie diese Dienststelle war auch deren erster Leiter: Rudolf Heß.

Rudolf Heß, am 26. April 1894 in Alexandria als Sohn eines deutschen Außenhandelsvertreters geboren, unterzog sich nach Internat und Handelsschule auf väterliches Drängen hin in Hamburg einer kaufmännischen Ausbildung, brach diese bei Kriegsausbruch 1914 ab, rückte als Freiwilliger ein, brachte es bis zum Leutnant bei der Infanterie und wechselte anschließend zu den Fliegern. Nach dem Krieg übersiedelte Heß zum Studium der Staatswissenschaften nach München, hörte mit Vorliebe den Geopolitiker Karl Haushofer, geriet unter den Einfluß rechtsextremistischer Kreise und entwickelte dort sein stark antisemitisches Weltbild. Elektrisiert von »seinem« Schlüsselerlebnis, einer Begegnung mit Hitler, trat Heß 1920 der NSDAP bei, nahm 1923 aktiv am Hitler-Putsch teil, wurde verurteilt und ging daraufhin Hitler in der gemeinsamen Festungshaft in Landsberg bei der Abfassung von *Mein Kampf* zur Hand. Aus der Haft entlassen, betätigte sich Heß als Privatsekretär und persönlicher Adjutant Hitlers, fungierte als dessen Sprachrohr und avancierte zudem zum Hauptinszenator des Führerkultes. Im Gefolge der Strasser-Krise Ende 1932 zum Leiter der »Politischen Zentralkommission« ernannt, stieg Heß 1933 zum StdF auf, verlor dann allerdings, zunehmend gezeichnet von psycho-physischen Störungen, mehr und mehr den Bezug zur Realpolitik, versuchte 1941 mit seinem eigenmächtigen Parlamentär-Flug nach England das Gesetz des Handelns nochmals an sich zu reißen, wurde von den Briten jedoch gefangengesetzt und 1946 vor das Internationale Militärtribunal in Nürnberg gestellt. Dieses verurteilte Heß wegen Verschwörung und Verbrechen gegen den Frieden zu lebenslanger Haft, die dieser schließlich bis zu seinem Selbstmord am 17. August 1987 im Militärgefängnis der Alliierten in Berlin-Spandau absaß.[97]

Was Hitler mit der Ernennung Heß' zu seinem Stellvertreter konkret bezweckte, dürfte aufgrund der sehr allgemeinen Formulierung der Verfügung zunächst selbst den wenigsten Parteigenossen in seiner unmittelbaren Umgebung klar gewesen sein. Erst nach und nach kristallisierte sich mit der sukzessiven Konkretion der Heß erteilten Vollmacht heraus, daß es Hitler um weit mehr ging als lediglich um seine Entlastung als Reichskanzler von der »Führung der Partei« – wie später die parteiamtliche Begründung lautete.[98] Mit der Berufung seines ihm treu ergebenen Gefolgsmannes Heß, der ihm selbst aufgrund seiner persönlichen Farblosigkeit und machtpolitischen Arglosigkeit niemals gefährlich werden konnte, vermochte es Hitler, zwei für ihn prekären Entwicklungen entgegenzuwirken, ohne selbst als Hauptakteur in Erscheinung treten zu müssen: zum einen dem grenzenlosen Machtstreben einiger führender Parteifunktionäre – dies betraf zunächst vor allem den »Stabsleiter der Politischen Organisation der NSDAP«, Robert Ley, der sich als der legitime »Haupterbe« Gregor Strassers und dessen innerparteilicher Machtakkumulation gerierte –; zum anderen den unmittelbar nach der Machtübernahme einsetzenden willkürlichen und unkontrollierten Übergriffen der verschiedensten Parteiorgane in die Sphäre des Staates, die die Gefahr einer Anarchie heraufbeschworen. Dem StdF kam also in Hitlers Konzeption eine Doppel-

94 Vgl. Lükemann 1963, S. 53–194, besonders S. 189–194 und Degreif 1989 (wie Anm. 45), S. 502f. Vgl. dagegen Weidisch 1993 (wie Anm. 25), S. 269f.

95 BAP, NS 6/71: Hitler: Verfügung vom 21.4.1933.

96 Zur Überlieferung der Dienststelle des StdF in den Archiven vgl. Boberach 1991 (wie Anm. 44), S. 458f.; Heiber, Helmut: Einleitung. In: Akten der Partei-Kanzlei der NSDAP. Rekonstruktion eines verlorengegangenen Bestandes. Hg. IfZ. 2 Teile. München/New York u.a. 1983/1992 (AdPK), S. VII–XXV; Henke, Josef: Vorbemerkung. In: Partei-Kanzlei der NSDAP. Bestand NS 6: Hg. BAK. 2 Teile. Koblenz 1984/1991, S. IX–L und Rebentisch, Dieter: Reichskanzlei und Partei-Kanzlei im Staat Hitlers. Anmerkungen zu zwei Editionsprojekten und zur Quellenkunde der nationalsozialistischen Epoche. In: Archiv für Sozialgeschichte 25.1985, S. 611–633.

97 Zur Biographie Heß' vgl. Fest, Joachim C.: Rudolf Heß oder die Verlegenheit vor der Freiheit. In: Ders.: Das Gesicht des Dritten Reiches. Profile einer totalitären Herrschaft. München (¹1963) ⁷1980, S. 257–270, 469–473; Orlow, Dietrich: Rudolf Heß – »Stellvertreter des Führers«. In: Die braune Elite I. 22 biographische Skizzen: Ronald Smelser, Rainer Zitelmann. München (¹1989) ³1993, S. 84–97. Ausführlicher bei Schwarzwäller, Wulf: »Der Stellvertreter des Führers« Rudolf Heß. Der Mann in Spandau. Wien/München/Zürich 1974.

98 Vgl. zum Beispiel Organisationsbuch 1943, hier zitiert nach Ausgabe 1936, S. 152.

funktion zu: Einerseits sollte er als Kontroll- und Koordinationsinstanz innerhalb der Partei agieren und mithin ein Gegengewicht zu den machtgierigen Parteigewaltigen bilden, andererseits sollte er als Kontaktstelle zwischen Partei und Staat fungieren und so eine geordnete, kanalisierte parteiliche Einflußnahme auf den staatlichen Sektor gewährleisten.[99]

Um nun seinen Stellvertreter in den Stand zu versetzen, diese Doppelfunktion ausüben zu können, übertrug ihm Hitler Zug um Zug eine ganze Reihe von Kompetenzen. Heß seinerseits beeilte sich, sein neues Amt in der Münchner Parteizentrale zu etablieren und gemäß dem jeweiligen Zuständigkeitszuwachs institutionell auszubauen.

Noch im Frühsommer 1933 unterstellte Hitler seinem Parteivize den am 24. März des Jahres in Berlin, Wilhelmstraße 64, eingerichteten »Verbindungsstab der NSDAP«.[100] Wenig später hob er seinen Stellvertreter mit einer Anordnung vom 22. September 1933 ostentativ aus dem Kreis der 16 am 2. Juni des Jahres zu Reichsleitern ernannten Funktionäre der Parteiführung[101] heraus, indem er verkündete, Heß lege den Titel eines Reichsleiters ab und führe künftig nur noch den Titel »Stellvertreter des Führers«.[102] Das Gesetz zur Sicherung der Einheit von Partei und Staat vom 1. Dezember 1933 sicherte schließlich das Heß bereits am 27. Juni 1933 per Kabinettsbeschluß zuerkannte Recht auf Teilnahme an sämtlichen Ministerbesprechungen und Kabinettssitzungen[103] staatsrechtlich verbindlich ab. »Zur Gewährleistung engster Zusammenarbeit der Dienststellen der Partei [...] mit den öffentlichen Behörden« wurde der StdF zum Mitglied der Reichsregierung bestellt[104] und noch am gleichen Tag zum Minister ohne Geschäftsbereich ernannt.[105]

Einen Eindruck von dem umfangreichen Kompetenzkomplex, der sich in den folgenden Jahren auf dieser Ausgangsbasis aufbauend entwickelte, vermittelt allein schon der Blick auf die parteioffizielle Charakterisierung des Zuständigkeitsbereiches des StdF aus der zweiten Hälfte des Jahres 1940. Bezüglich der Funktion Heß' und seiner Dienststelle im Bereich der Partei hieß es dort unter anderem:

»Durch Erlaß des Führers vom 21. April 1933 hat der Stellvertreter des Führers die Vollmacht erhalten, ›in allen Fragen der Parteiführung im Namen des Führers zu entscheiden‹. Damit ist der Stellvertreter des Führers bevollmächtigter Vertreter des Führers für die gesamte Führung der Nationalsozialistischen Deutschen Arbeiterpartei. Die Dienststelle des Stellvertreters des Führers ist daher eine Dienststelle des Führers. [...] Beim Stellvertreter des Führers laufen alle Fäden der Parteiarbeit zusammen. Alle parteiinternen Planungen und alle für den Bestand des deutschen Volkes lebenswichtigen Fragen werden von ihm in letzter Parteiinstanz entschieden. Der Stellvertreter des Führers gibt für die gesamte Parteiarbeit die erforderlichen Richtlinien [...].«[106]

Und bezüglich der Funktion Heß' und seines Stabes als Nahtstelle zwischen Partei und Staat stand dort zu lesen:

»Dem Stellvertreter des Führers sind neben der Aufgabe der Parteiführung weitgehende Befugnisse im Bereich des Staates zugewiesen, und zwar: 1. Beteiligung an der Reichs- und Landesgesetzgebung (Gesetze und Verordnungen) einschließlich der Vorbereitung von Führererlassen [...].[107] *2. Zustimmung des Stellvertreters des Führers zu Ernennungsvorschlägen für Beamte und Arbeitsdienstführer [...].*[108] *3. Sicherung des Einflusses der Partei auf die Selbstverwaltung der Gebietskörperschaften [...]*[109]*.«*[110]

Der England-Flug Heß' am 10. Mai 1941 brachte für die Struktur und den Geschäftsbetrieb seiner bisherigen Dienststelle keine nennenswerte Veränderung. Entsprechend blieb der Dienststelle auch der gesamte Kompetenzkomplex erhalten, ja er erfuhr in der Folgezeit sogar noch – kriegsbedingt und in der Person des neuen Dienststellenleiters begründet – erhebliche Ausweitungen. Wie unspektakulär sich das Spektakulum Heß' für dessen Dienststelle erweisen sollte, deutete sich bereits zwei Tage später, am 12. Mai an. In einer Verfügung bekundete Hitler reichlich lapidar: »Die bisherige Dienststelle des Stellvertreters des Führers führt von jetzt ab die Bezeichnung Partei-Kanzlei. Sie ist mir persönlich unterstellt. Ihr Leiter ist wie bisher Pg. Reichsleiter Martin Bormann.«[111]

---

99 Vgl. hierzu und zum Folgenden Longerich, Peter: Hitlers Stellvertreter. Führung der Partei und Kontrolle des Staatsapparates durch den Stab Heß und die Partei-Kanzlei Bormann, München/London u. a. 1992; Rebentisch 1989 (wie Anm. 10), S. 68–91, 441–463; Diehl-Thiele 1971 (wie Anm. 9), S. 201–257; Henke 1984/1991 (wie Anm. 96), S. IX–XXXVIII und Orlow 1993 (wie Anm. 97), S. 87–91.

100 Vgl. Diehl-Thiele 1971 (wie Anm. 9), S. 217f. und Longerich 1992 (wie Anm. 99), S. 17f.

101 Vgl. Verordnungsblatt der Reichsleitung der NSDAP., 2.1933, F. 48, S. 101: Hitler: Verfügung 4/33 vom 2.6.1933.

102 Vgl. Verordnungsblatt der Reichsleitung der NSDAP., 2.1933, F. 56, S. 117: Hitler: Anordnung 5/33 vom 22.9.1933. Unterstrichen wurde diese Rangerhöhung zudem dadurch, daß dem seit dem 1. Juli 1933 bei Heß als Stabsleiter beschäftigten Martin Bormann am 10. Oktober 1933 der Titel eines Reichsleiters zugesprochen wurde. Vgl. Verordnungsblatt der Reichsleitung der NSDAP., 2.1933, F. 51, S. 109: Heß: Verfügung 30/33 vom 10.10.1933.

103 Vgl. AdPK (wie Anm. 96), 101 19884f.

104 Vgl. RGBl. 1933 I, S. 1016.

105 Vgl. AdPK (wie Anm. 96), 101 00564.

106 Nationalsozialistisches Jahrbuch 1941, S. 219f. Vgl. hierzu auch BAP, NS 6/70: Darstellung der Dienststelle des StdF durch deren Abteilung II B a, 26.4.1938 und BAP, NS 6/820: Reichsverfügungsblatt A, 4/40: Bormann: Bekanntgabe B 24/40 vom 9.5.1940. Von den Zuständigkeiten des StdF im Parteibereich blieben – wie bereits erwähnt – die Kompetenzen des RSM unberührt. Vgl. Anm. 54.

107 Vgl. AdPK (wie Anm. 96), 101 00573: Hitler: Erlaß vom 27.7.1934 und AdPK (wie Anm. 96), 101 00530: Hitler: Erlaß vom 6.4.1935.

108 Vgl. RGBl. 1935 I, S. 1203 und RGBl. 1937 I, S. 875.

109 Vgl. RGBl. 1935 I, S. 49: Deutsche Gemeindeordnung, 30.1.1935.

110 Nationalsozialistisches Jahrbuch 1941, S. 220. Vgl. hierzu auch BAP, NS 6/... (wie Anm. 106).

111 BAP, NS 6/78: Hitler: Verfügung vom 12.5.1941.Zur Geschichte der Partei-Kanzlei vgl. neben der bereits in Anm. 99 genannten Literatur auch Schmier, Louis Eugene: Martin Bormann and the Nazi Party. 1941–1945. Diss. Chapel Hill 1969.

– Wer war nun aber dieser Martin Bormann, der »wie bisher« die Dienststelle leiten sollte?

Martin Bormann, Postbeamtensohn, geboren am 17. Juni 1900 in Halberstadt, arbeitete nach Schule und kurzem Kriegsdienst ohne Fronteinsatz ab 1919 als Landwirtschaftseleve auf einem Gut in Mecklenburg, stieg als »Workaholic« und Organisationsgenie rasch zum Gutsinspektor auf, wurde wegen Beteiligung an einem Fememord zu einem Jahr Gefängnis verurteilt und ging nach seiner Entlassung 1925 nach Weimar. Dort schloß er sich dem »Frontbann« an, trat 1927 der NSDAP bei und wurde aufgrund seiner Fähigkeiten zum »Faktotum«[112] der Weimarer Gauleitung. Bereits damals die personifizierte Loyalität und Devotion gegenüber seinem jeweiligen Vorgesetzten, wurde Bormann 1928 in die Parteizentrale nach München berufen, wo er sich durch den Ausbau der SA-Versicherung zur Hilfskasse der NSDAP einen Namen machte. Anfang Juli 1933 vom StdF Heß als Stabsleiter eingestellt, erhielt er im Gefolge der Kompetenzkämpfe seines neuen Chefs mit den anderen Parteigrößen der Reichsleitung noch im Oktober des Jahres den Rang eines Reichsleiters, entlastete in der Folgezeit seinen Vorgesetzten zusehends von den Tagesgeschäften seiner Dienststelle und wuchs so allmählich in die Rolle des eigentlichen Leiters der Stellvertreter-Kanzlei hinein. Seit etwa Mitte der dreißiger Jahre in der ständigen Reisebegleitung Hitlers begann Bormann sich einen festen Platz an dessen Seite zu sichern, um in dessen Schatten energisch und rücksichtslos seine persönliche Machtposition aufund auszubauen, ohne dabei allerdings jemals die sakrosankte Stellung seines obersten Herrn in Frage zu stellen. Nach und nach wurde er so zu dessen Privatkassenverwalter, Bauherrn am Obersalzberg, »Notizblock«[113], wandelndem »Aktenschrank«[114] und »Schatten«[115]. Mit Ausbruch des Krieges vom »Größten Feldherrn aller Zeiten« zunehmend mit der parteilichen Bestellung des diesem eher lästigen Feldes der Innenpolitik betraut, avancierte Bormann 1941 als »Nachfolger« Heß' zum »Leiter der Partei-Kanzlei« und zwei Jahre später offiziell zum »Sekretär des Führers«. Derart herausgehoben herrschte Bormann als »General der Fernschreiber« von den Führerhauptquartieren aus über seinen persönlichen wie amtlichen Machtbereich und kontrollierte weitgehend den »Zugang zum Machthaber« (Carl Schmitt). Seinem Führer treu ergeben bis zu dessen »bitterem Ende« im Führerbunker unter der Reichskanzlei, rückte Bormann noch zum »Parteiminister« und »treuesten Parteigenossen« auf, ehe er sich auf der Flucht in der Nähe des Lehrter Bahnhofs in Berlin mit Hilfe eines »Selbstzerstörers«, einer Zyankaliampulle, das Leben nahm. Im Nürnberger Prozeß gegen die Hauptkriegsverbrecher wurde Bormann als Verschollener in Abwesenheit zum Tode verurteilt. Sein Skelett lag noch bis 1972 unentdeckt in Berliner Erde.[116]

Gleichsam um die innere Fortexistenz der Dienststelle »Der Stellvertreter des Führers« in Form der ihm zwar nunmehr offiziell persönlich unterstellten »Partei-Kanzlei« zu unterstreichen, ergänzte Hitler in einem Führererlaß vom 29. Mai 1941 seine Verfügung vom 12. des Monats dahingehend, daß er Bormann die »Befugnisse eines Reichsministers« erteilte und ihn mithin zum Mitglied der Reichsregierung sowie des Ministerrates für die Reichsverteidigung machte.[117] Wie sich der somit vollständig vom StdF auf die PK übergegangene Kompetenzkomplex unter der Führung ihres Leiters Bormann entwickelte, mag einmal mehr der Blick auf die parteioffizielle Charakterisierung der Dienststelle, diesmal aus der zweiten Hälfte des Jahres 1943, erhellen.[118] Unter anderem lesen wir:

»Die Partei-Kanzlei ist die Dienststelle des Führers in seiner Eigenschaft als Führer des NSDAP. Ihr dem Führer unmittelbar verantwortlicher Leiter ist Reichsleiter Martin Bormann. Er behandelt alle grundsätzlichen Planungen und Anregungen aus dem Bereich der Partei zentral für den Führer. Über ihn gehen die vom Führer selbst erlassenen oder in dessen Auftrag für die gesamte Partei ausgearbeiteten Richtlinien an die für die Durchführung zuständigen Dienststellen. Die gesamte, dem politischen Führungsauftrag der Partei und ihrem richtungsweisenden Verhältnis zum Staat entspringende Arbeit ist in der Partei-Kanzlei zusammengefaßt. [...] Die Partei-Kanzlei sorgt dafür, daß die mannigfaltigen Aufgaben der NSDAP. auf dem Gebiete der Menschenführung sichergestellt werden. Sie lenkt

112 Lang, Jochen von: Martin Bormann – Hitlers Sekretär. In: Die braune Elite 1993 (wie Anm. 97), S. 1–14, hier S. 4.

113 Heiber 1992 (wie Anm. 38), S. 93.

114 Steffahn, Harald: Bormann, Martin. In: Das große Lexikon des Dritten Reiches. Hg. Friedemann Bedürftig, Christian Zentner. München 1985, S. 82–84, hier S. 83.

115 Wulf, Joseph: Martin Bormann. Hitlers Schatten. Gütersloh 1962.

116 Zur Biographie Bormanns vgl. Fest, Joachim C.: Martin Bormann. Die braune Eminenz. In: Ders. (wie Anm. 97); Schmier 1969 (wie Anm. 111), S. 1–46 und Lang 1993 (wie Anm. 112). Ausführlich Lang, Jochen von: Der Sekretär. Martin Bormann: Der Mann, der Hitler beherrschte. München/Berlin (¹1977) ³1987 [völlig überarb. Aufl.].

117 Vgl. BAP, NS 6/334: Hitler: Erlaß vom 29.5.1941.

118 Dabei ist darauf hinzuweisen, daß auch noch nach der Abfassung der Charakterisierung eine ganze Reihe von zumeist kriegsbedingten Kompetenzen auf Bormann in seiner Funktion als Leiter der PK übertragen wurden. Für unseren Zusammenhang mag jedoch die nachfolgend zitierte Zuständigkeitsbereichsbeschreibung genügen. Zu den erweiterten Kompetenzen der PK während des Krieges vgl. vor allem Longerich 1992 (wie Anm. 9), S. 184–203.

den vielseitigen Einsatz der Parteiorgane in der totalen inneren Kriegsführung und die Parteiarbeit in den eingegliederten und in den besetzten Gebieten. Ihr obliegt auch die Behandlung aller Partei und Wehrmacht gemeinsam berührenden Fragen.

Zur Zuständigkeit der Partei-Kanzlei gehört ferner die zentrale Bearbeitung des ganzen Fragenbereichs, der mit der Sicherung der Einheit von Partei und Staat zusammenhängt. Durch Erlaß des Führers vom 29. Mai 1941 hat der Leiter der Partei-Kanzlei die Befugnisse eines Reichsministers und gehört als Mitglied der Reichsregierung an. Ihm obliegt allein die Vertretung der Partei gegenüber den obersten Reichsbehörden. Im einzelnen sind ihm folgende Befugnisse übertragen [...]: 1. Der Leiter der Partei-Kanzlei ist von den obersten Reichsbehörden bei den Vorarbeiten für Reichsgesetze, für Erlasse und Verordnungen des Führers, für Verordnungen des Ministerrats für die Reichsverteidigung sowie für Verordnungen der obersten Reichsbehörden einschließlich Durchführungsvorschriften und Ausführungsbestimmungen von vornherein zu beteiligen. Das gleiche gilt bei Zustimmungen zu Gesetzen und Verordnungen der Länder und zu Verordnungen der Reichsstatthalter. [...] Vorschläge und Anregungen für die Gesetzgebung aus der Partei, ihren Gliederungen und angeschlossenen Verbänden werden nur über den Leiter der Partei-Kanzlei den zuständigen obersten Reichsbehörden zugeleitet. 2. Dem Leiter der Partei-Kanzlei obliegt die Zustimmung zur Ernennung und Beförderung von Beamten und Arbeitsdienstführern, soweit sie nicht schon durch die Gauleiter ausgeübt wird. [...] 3. Auch in allen anderen grundsätzlichen und politischen Fragen erfolgt der Verkehr der obersten Reichsbehörden und obersten Behörden der Länder mit der Partei allein über den Leiter der Partei-Kanzlei. [...] 4. Dem Leiter der Partei-Kanzlei stehen verschiedene Befugnisse zur Sicherung des Einflusses der Partei auf die Selbstverwaltung der Gebietskörperschaften zu [...].«[119]

Irrig wäre es nun freilich, aus dem bisher zu den Kompetenzen von StdF und PK Ausgeführten und Zitierten zu folgern, diese Dienststelle habe aufgrund des Umfangs der ihr im Laufe der Zeit übertragenen Zuständigkeiten im Herrschaftsgefüge des Dritten Reiches letztlich eine allmächtige Stellung eingenommen. Nein, vielmehr standen alle diese Kompetenzen zunächst einmal lediglich auf dem Papier – waren also fürs erste bloße Ansprüche – und konnten – wie so oft in Hitlers Deutschland – nur im zähen Ringen mit den jeweils davon betroffenen anderen Machtträgern der NS-Diktatur ihrer Realisation näher gebracht werden. Bei diesem Ringen war StdF und PK keineswegs ausnahmslos Erfolg beschieden. So mußte so manche der einmal errungenen Kompetenzen immer wieder aufs neue durchgesetzt werden, andere wiederum blieben von vornherein nur partiell realisierbar.

Innerhalb der NS-Bewegung gelang es der Dienststelle zwar, im Zusammenspiel mit den »Hoheitsträgern« der Partei und unter gebetsmühlenartiger Wiederholung ihres aus der Führer-Stellvertretung abgeleiteten uneingeschränkten Führungsanspruches, ihre parteiinterne Vorzugsstellung gegenüber den meisten Spitzenfunktionären der Reichsleitung durchzusetzen und deren politischen Einfluß auf die »Hoheitsgebiete« zurückzudrängen, über die Gauleiter hingegen, deren Macht aus ihrer Immediatstellung zu Hitler resultierte, konnte sie nur schwerlich die Oberhand gewinnen. Selbst Bormann sollte es, als er bereits den Zugang zu Hitler weitgehend kontrollierte, nicht gelingen, die Gauleiter vollständig zu »mediatisieren«. Ebenso gelang es StdF und PK nicht, ihren Alleinvertretungsanspruch der Partei gegenüber dem Staat im vollem Umfang zu verwirklichen. Dem standen allein schon die zahlreichen Überschneidungen zwischen NSDAP und staatlicher Bürokratie entgegen.[120]

Bei ihren Kompetenzen in der Sphäre des Staates beschränkte sich die Dienststelle zunächst im wesentlichen auf ein Veto- und Interventionsrecht. So war es ihr im Bereich der Gesetzgebung auch bei größtem Bemühen gänzlich unmöglich, in die gesamte gesetzgeberische Tätigkeit der Fachministerien gestalterisch mit einzugreifen. Entsprechend begnügte sie sich zunächst damit, in für die Partei bedeutsamen Fragen zu intervenieren. Selbst initiativ wurden StdF und PK nur auf

---

[119] Nationalsozialistisches Jahrbuch 1944, S. 181 f. Vgl. auch RGBl. 1942 I, S. 35: Lammers/Bormann: Verordnung zur Durchführung des Erlasses des Führers über die Stellung des Leiters der Partei-Kanzlei vom 29. Mai 1941 und BAP, NS 6/337: Bormann: Rundschreiben 49/42 vom 2.4.1942.

[120] Vgl. vor allem die Zusammenfassung bei Longerich 1992 (wie Anm. 99), S. 256 f.

bestimmten, von der NSDAP ideologisch besetzten Gebieten, wie der Bevölkerungs-, Rassen- und Kirchenpolitik. Bei der Ernennung von Beamten wurde zwar in der Regel den Einsprüchen der Dienststelle stattgegeben, eine Rechtsverbindlichkeit mochten die staatlichen Stellen in der Zustimmung von StdF und PK allerdings nicht erkennen.[121]

Im Gefolge der außenpolitischen Expansion des NS-Regimes und des Ausbruchs des Krieges entwickelte die Dienststelle ab 1938/39 auf der Basis erweiterter Kompetenzen eine erhöhte Aktivität; und dies sowohl im staatlichen wie im parteilichen Sektor. Gerade unter der Leitung Bormanns sowie unter den verschärften Bedingungen des Krieges vermochte sie einen Großteil ihres Zuständigkeitskomplexes mit Leben zu erfüllen und in der Konsequenz den Einfluß staatlicher Instanzen und konkurrierender Einrichtungen der Partei zurückzudrängen oder gar auszuschalten. Gleichwohl blieben dem Zugriff der PK bis Kriegsende einige wenige gewichtige Machtzentren vollständig oder zumindest weitestgehend entzogen, da deren Chefs es verstanden hatten, sich ihren direkten Zugang zu Hitler zu bewahren. Dies gilt insbesondere für die Wehrmacht unter Wilhelm Keitel, die Rüstungswirtschaft unter Albert Speer, den SS-/Polizeiapparat unter Heinrich Himmler und die Propagandamaschinerie unter Joseph Goebbels.[122]

Über welche Organisationsstruktur mußte nun aber die in der zweiten Phase des Krieges fraglos mächtigste Dienststelle der Reichsleitung der NSDAP verfügen, um die ihr aus den zahlreichen übertragenen Kompetenzen erwachsenden Aufgaben bewältigen zu können? Welcher Personalstand war hierzu nötig? Und schließlich: Wie spiegelte sich der stetige Zuständigkeitszuwachs der Dienststelle in ihrer räumlichen Expansion wider?

Nach seiner Ernennung zum StdF bezog Heß mit »zwei drei Männern«[123] erste Diensträume im »Braunen Haus«. Im Oktober 1933 unterstanden dem StdF und seinem Stabsleiter Bormann bereits fünf Mitarbeiter im Stab und weitere fünf mit besonderen Aufgaben.[124] Entsprechend den raschen Kompetenzausweitungen stieg offensichtlich auch der Personalstand der Dienststelle, so daß zusätzlich Büros im Rückgebäude des »Braunen Hauses« belegt werden mußten.[125] Demgegenüber scheint der interne Geschäftsbetrieb zunächst zurückgeblieben und von beträchtlichen organisatorischen Mängeln gekennzeichnet gewesen zu sein.[126] Neben den ursprünglichen Stab des StdF trat schon bald eine ganze Reihe Beauftragter, Sachbearbeiter, Amtsleiter und sonstiger Funktionäre, die zwar unter der Bezeichnung StdF firmierten, jedoch nicht eigentlich zur Dienststelle gehörten, sondern in den erheblich umfangreicheren »Dienstbereich« des StdF fielen (Abb. 111).[127] Aus dieser unübersichtlichen Anhäufung von Beauftragten und Sachbearbeitern des zunächst reichlich strukturlosen Stabes des StdF kristallisierten sich im Laufe des Jahres 1935 – ganz im Sinne der von Hitler dem StdF zugedachten Doppelfunktion – die Arbeitsgebiete des »Sachbearbeiters für innere Parteiangelegenheiten« sowie des »Beauftragten für staatsrechtliche Fragen« als Organisationskerne einer funktionstüchtigen Dienststelle heraus. Drei Jahre später verfügte dann der Stab des StdF, der sich inzwischen auf das »Braune Haus« und dessen Rückgebäude (Brienner Straße 45), auf die gegenüberliegende ehemalige Nuntiatur (Brienner Straße 15), auf den »Führerbau« (Arcisstraße 12) sowie auf ein weiteres Gebäude in der Arcisstraße 11 verteilte,[128] über eine klare Dreigliederung in die Abteilungen »I – Geschäftsführung«, »II – Innere Parteiangelegenheiten« und »III – Staatsrechtliche Fragen«; eine Grundstruktur wie sie der Dienststelle letztlich über den Heß-Flug und ihre Umwandlung in die PK hinaus bis 1945 erhalten bleiben sollte.[129] Unterhalb der Abteilungsebene trieb Stabsleiter Bormann, der das von seinem Vorgesetzten weitgehend gemiedene bürokratische Alltagsgeschäft mit größtem Eifer ausübte, zügig eine hierarchische Durchstrukturierung voran, so daß sich schließlich die drei Abteilungen im Stab des StdF in Hauptämter (Gruppen), Ämter, Hauptstellen und Stellen untergliederten.[130] Als Folge dieser organisatorischen Ausdifferenzierung ergab sich ein beträchtliches Anschwellen der Personalstärke der Dienststelle von 468 Mitarbeitern im Oktober 1938[131] auf 871 im Januar 1944[132] sowie ein weiteres räumliches Ausgreifen des Stabes auf insgesamt 15 Gebäude im November 1943.[133]

121 Vgl. ebenda, S. 257f.

122 Vgl. ebenda, S. 258–261.

123 BAP, NS 6/789: Aufsatz »Mit Reichsleiter Martin Bormann auf dem Obersalzberg« von Kurt Borsdorff, Mai 1939.

124 BAP, NS 6/215: Bormann: Mitteilung vom 31.10.1933.

125 Vgl. Dresler 1939, S. 20.

126 Vgl. Longerich 1992 (wie Anm. 99), S. 23f.

127 Vgl. ebenda, S. 24–29; Henke 1984/1991 (wie Anm. 96), S. XII und die jeweiligen Angaben in den Nationalsozialistischen Jahrbüchern. Zur Veranschaulichung vgl. auch die graphische Darstellung des Geschäftsbereiches des StdF von 1936: Organisationsbuch (wie Anm. 98), S. 151.

128 Vgl. Dresler 1937, S. 65; Dresler 1939, S. 20f., 31, 36 und Nationalsozialistisches Jahrbuch 1939, S. 191f.

129 Vgl. Longerich 1992 (wie Anm. 99), S. 109, 118, 146, 179 und BAP, NS 6/451: Geschäftsverteilungsplan der Abteilung II, 28.2.1938.

130 Vgl. Longerich 1992 (wie Anm. 99), S. 109, 118 und die verschiedenen Geschäftsverteilungspläne in BAP, NS 6/451.

131 Vgl. Longerich 1992 (wie Anm. 99), S. 131.

132 Vgl. BAP, NS 6/195: Anschriftenverzeichnis der PK, Januar 1944.

133 Vgl. BAP, NS 6/54: Listen über Telephonanschlüsse, Dezember 1942, November 1943.

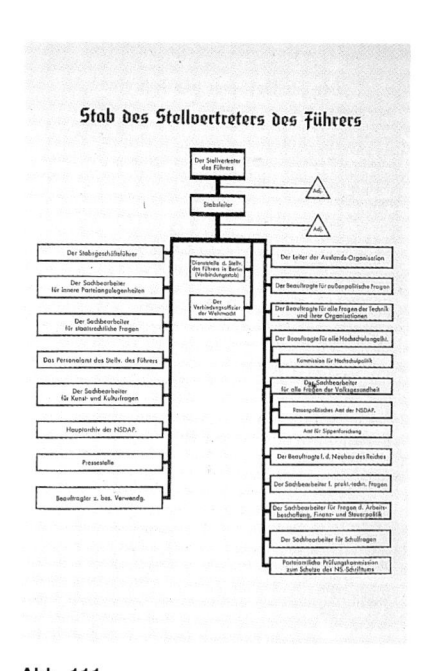

Abb. 111
»Geschäftsbereich des Stellvertreters des Führers«, 1936

Die innere Entwicklung der Organisation der Dienststelle läßt sich im einzelnen nur sehr schwer rekonstruieren, da sich Bormann, unter Verweis auf die prinzipielle Allzuständigkeit von StdF respektive PK, weigerte, detaillierte Geschäftsverteilungspläne Außenstehenden zugänglich zu machen, geschweige denn solche veröffentlichen zu lassen.[134] Nachfolgend sei deshalb lediglich ein grober Überblick über die Organisationsstruktur der Dienststelle gegeben, wie sie sich aus einigen unvollständigen internen Geschäftsverteilungsplänen aus den Jahren 1942 bis 1945[135] erschließt.

An der Spitze der Dienststelle stand seit 1941 als »Leiter der Partei-Kanzlei« Martin Bormann. Ihm standen offiziell zwei Büros zur Verfügung: eines im Münchner »Führerbau« (Arcisstraße 12) und eines in der Verbindungsstelle »Partei-Kanzlei/Berlin« (Wilhelmstraße 64). Tatsächlich aber hielt sich Bormann zumeist in den Führerhauptquartieren auf und leitete von dort aus als »General der Fernschreiber« seine Dienststelle.[136] In der »Abteilung I – Geschäftsführung« (Brienner Straße 45, Arcisstraße 12) wurden alle technischen und internen verwaltungsmäßigen Angelegenheiten der PK abgewickelt. Die »Abteilung II – Innere Parteiangelegenheiten« (Arcisstraße 12, 15, 15a, 17, Barer Straße 5, Brienner Straße 15, Gabelsbergerstraße 39), deren Führungspersonal sich aus ehemaligen Kreisleitern respektive Gauamtsleitern zusammensetzte, untergliederte sich in zunächst vier (1942), dann fünf (1944) und schließlich acht (1945) Gruppen, die sich mit organisatorischen Grundsatzfragen der Parteiarbeit ebenso befaßten wie mit Presse, Propaganda, Schulung und Kultur, die sich mit Personalfragen gleichermaßen beschäftigten wie mit Kriegs- und Wehrmachtsangelegenheiten. Die »Abteilung III – Staatsrechtliche Fragen« (Arcisstraße 9, 11, 19, Brienner Straße 45, Karolinenplatz 1, Max-Joseph-Straße 1, 4), die ihre Mitarbeiter vorwiegend aus der juristisch geschulten Beamtenschaft der Reichsministerien rekrutierte, war zuletzt ebenfalls in acht Gruppen unterteilt, die mit ihren Aufgabengebieten ganz gezielt Pendants zu den Ministerien der Reichsregierung ausbildeten; und dies nicht etwa nur, um die staatlichen Instanzen in ihrem Handeln besser kontrollieren, sondern um darüber hinaus mit ihnen konkurrieren und sie letzten Endes ganz ersetzen zu können. – Gerade an dieser Stelle tritt nun aber einmal mehr das so häufig in der Geschichte der NS-Herrschaft registrierbare Auseinanderklaffen zwischen Anspruch und Wirklichkeit zutage: »Menschenführung« hatte sich die Partei aufs Panier geschrieben; gegen die »herkömmliche Verwaltung« wollte sie zu Felde ziehen; doch nur zu leicht erlag sie selbst der bürokratischen Versuchung.[137]

München als herrschaftstechnisches Instrument Hitlers

München war für Hitler von Beginn seiner politischen Karriere an mehr als nur die Stadt, die man kennen mußte, um Deutschland gesehen zu haben, wie er es selbst einmal formulierte.[138] Für ihn war die bayerische Metropole als Geburts- und bald auch Opferstätte seiner Partei ein ideales bifunktionales Instrument, das sich bei entsprechender Aufbereitung und gekonnter Handhabung als überaus wirksames Mittel zur eigenen Herrschaftssicherung einsetzen ließ. Indem Hitler München unter Einsatz seines persönlichen Charismas zum allein den Bestand seiner Bewegung gewährleistenden politisch-ideologischen wie quasi-religiösen Mittelpunkt der NSDAP hochstilisierte und zugleich als dauernden Sitz der Parteizentrale etablierte, war es ihm möglich, die Stadt sowohl zentrifugalen Tendenzen als Integrativum entgegenzustellen als auch autonomistischen Bestrebungen als Gegengewicht entgegenzusetzen. Hitler nützte die Integrativ-Funktion Münchens als des politisch-ideologischen wie quasi-religiösen Mittelpunkts der NSDAP, mit dem er sich identifizierte, um die nationalsozialistische Bewegung fester zusammenzuschließen und mithin seine eigene Machtbasis zu sichern. Dagegen bediente er sich auch der Gegengewicht-Funktion der bayerischen Metropole als des Sitzes der Parteizentrale, über die er sich selbst exaltierte, um eine Machtbalance zwischen den Regional- und Zentralgewalten der NSDAP – sei es im freien Spiel der Kräfte, sei es via persönlicher Intervention – herbeizuführen und in der

---

134 Vgl. Longerich 1992 (wie Anm. 99), S. 91 ff., 118 f.

135 Vgl. BAP, NS 6/451: Geschäftsverteilungspläne. Zur Lokalisation der Abteilungen vgl. BAP, NS 6/54: Listen über Telephonanschlüsse, Dezember 1942, November 1943; BAP, NS 6/138: Telephonverzeichnis, nach 1942; BAP, NS 6/523: Mitarbeiterliste – Führerbau, 30.10.1944 und Nationalsozialistisches Jahrbuch 1943, S. 175. Vgl. hierzu und zum Folgenden auch Longerich 1992 (wie Anm. 99), S. 119–131, 179–183, 261, 265 ff. und Henke (wie Anm. 96), S. XXIII–XXXVIII.

136 Die detaillierten Übersichten über die Fernmeldestationen der Partei in BAP, NS 6/54 dokumentieren recht anschaulich den intensiven Einsatz der Fernmeldetechnik im Bereich der PK.

137 Zur Problematik von »Menschenführung« und »Verwaltung« im Staat Hitlers vgl. einführend Rebentisch, Dieter und Karl Teppe: Einleitung. In: Verwaltung contra Menschenführung im Staat Hitlers. Studien zum politisch-administrativen System. Hg. Dies. Göttingen 1986, S. 7–32, besonders 23–32. Vgl. hierzu auch Longerich 1992 (wie Anm. 99), S. 261–264.

138 Vgl. Hitler 1935 (wie Anm. 18), S. 138.

Konsequenz selbst die Rolle des übergeordneten Wahrers dieses Gleichgewichts übernehmen zu können.

Mit der »Machtergreifung« gewann für Hitler als »Führer und Reichskanzler« die Doppelfunktion Münchens eine neue Dimension: Nunmehr galt es nicht mehr nur die Binnenkräfte der Partei mittels München zu integrieren respektive auszutarieren, nunmehr mußte München zudem als Gegengewicht zu den staatlichen Institutionen in Berlin und den nach dorthin abdriftenden Organen der Parteileitung fungieren. Um München in die Lage zu versetzen, diese zusätzliche Aufgabe zu erfüllen, beeilte sich Hitler, der sich einmal mehr über das Wechselspiel der Kräfte zu erheben gedachte, um es von unangefochtener Warte aus kontrollieren und – so erforderlich – direktionieren zu können, der dortigen Parteizentrale die dazu notwendige Autorität und Geschlossenheit zu verleihen. Er bediente sich dabei gerade zweier Dienststellen der Reichsleitung der NSDAP, die ihm besonders geeignet erschienen, den für seine Herrschaft bedrohlichen Verselbständigungstendenzen innerhalb der Partei Einhalt zu gebieten und der »Bewegung« die für ein kontrolliertes und somit zugleich wirkungsvolles Auftreten gegenüber den Einrichtungen des Staates erforderliche Kohäsion zu verleihen: zum einen der schon seit längerem in der Münchner Doppelfunktion eingesetzten Dienststelle »Der Reichsschatzmeister der NSDAP«, zum anderen der eigens dafür geschaffenen Dienststelle »Der Stellvertreter des Führers«: beides Dienststellen, deren Leiter ihm loyal ergeben waren und mithin keine Gefahr für ihn darstellten.

Die 1933 dergestalt ausgeweitete herrschaftstechnische Funktion Münchens fand schließlich wenig später im Ensemble »Königlicher Platz«, Parteibauten, »Ehrentempel«, »Braunes Haus« ihre gebündelte, pseudo-sakral überhöhte Manifestation.

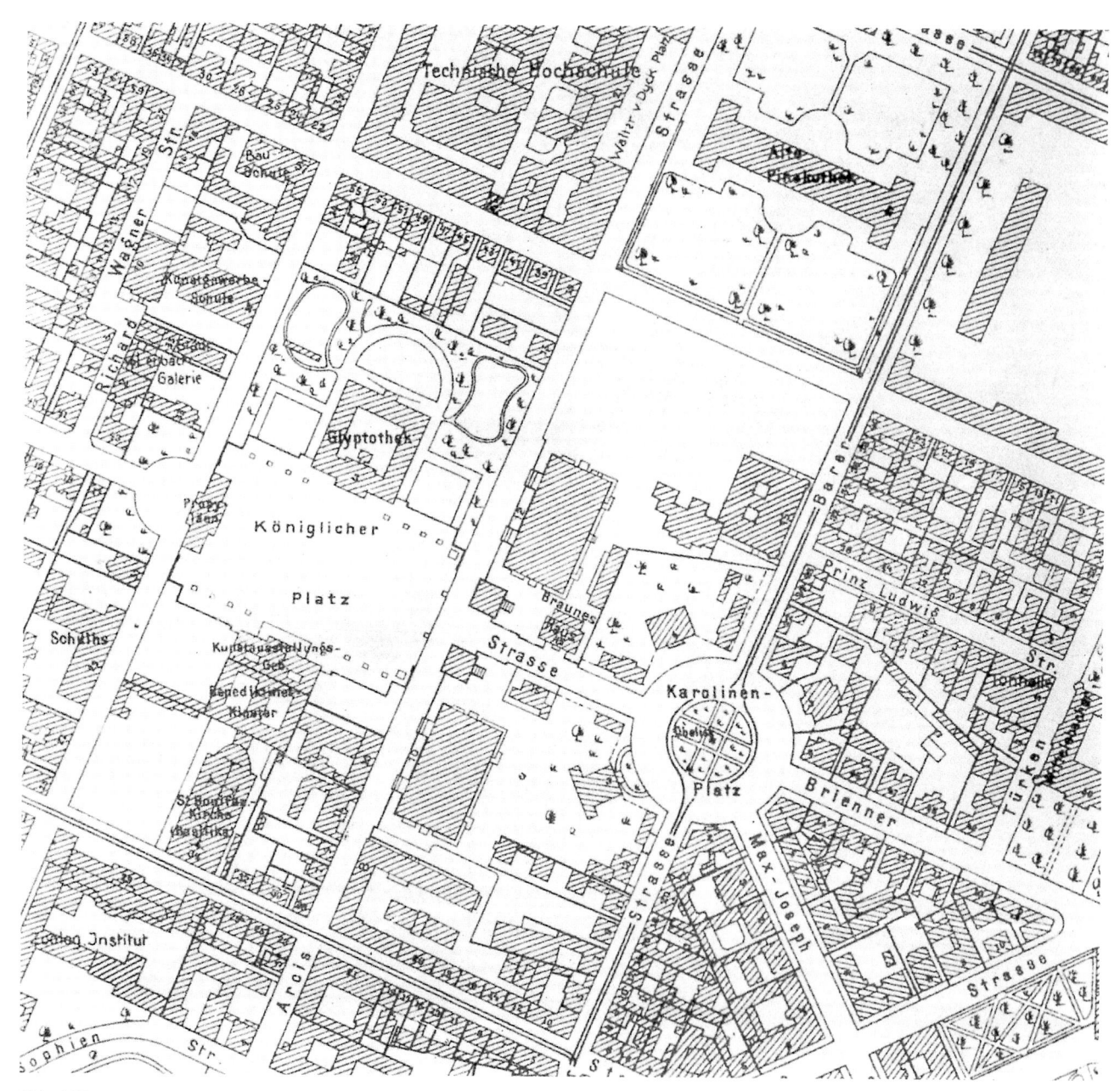

Abb. 112
NSDAP-Viertel, schematisierter
Katasterplan, 1939

Ulrike Grammbitter

Das »Parteiviertel« der NSDAP in München

Die Keimzelle des »Parteiviertels« der NSDAP in München war das »Braune Haus« in der Brienner Straße 45, vormals Palais Barlow. Mit dessen Kauf im Jahre 1930 begann die NSDAP, sich in dem Geviert Arcisstraße (1957 wurde das südliche Teilstück bis zur Ecke Brienner Straße in Meiserstraße umbenannt), Karlstraße, Barer Straße und Gabelsbergerstraße sowie in einigen angrenzenden Straßen auszubreiten. Die Partei kaufte die dort gelegenen Wohnhäuser auf, wandelte sie entweder in Bürogebäude um oder ließ sie abbrechen und errichtete an ihrer Stelle Neubauten, so daß sich nach und nach das gesamte oben genannte Geviert, ausgreifend in angrenzende Bereiche, in der Hand der NSDAP befand (Abb. 112–114).[1] Diese sukzessive Inbesitznahme eines Stadtviertels war jedoch nicht nur in München zu beobachten. So quartierte sich die NSDAP auch in Berlin seit dem Jahr 1933 in einem zentral gelegenen Stadtteil, dem Areal zwischen Prinz-Albrecht-Straße, Wilhelmstraße, Hedemannstraße und Stresemannstraße, ein und brachte dort die verschiedenen Gestapo-Stellen unter.[2] Der NSDAP-Pressemann Fritz Maier-Hartmann vergleicht die Situation in München mit der in Berlin: Das »Braune Haus« in München sei, »ähnlich dem Regierungsviertel in Berlin«, von einem ganzen »Parteistadtviertel« bestehend aus 68 parteieigenen Gebäuden umgeben.[3] 1940 wurde im Theatersaal des ehemaligen Hotel Union in der Barer Straße 7 ein Speisesaal für die im »Parteiviertel« tätigen NSDAP-Mitarbeiter errichtet, in dem täglich 1500 Essen ausgegeben wurden.[4] Tatsächlich aber waren 1942, zum Zeitpunkt der größten Ausdehnung, im Viertel mehr als doppelt soviele NSDAP-Angestellte tätig.[5] Das folgende Verzeichnis der Häuser im Besitz der NSDAP und die Angaben zu den dort untergebrachten Geschäftsstellen beziehen sich auf die Jahre 1933 bis 1943.[6] Eine Untersuchung der Umstände, unter denen die Vorbesitzer aus ihren Häusern weichen mußten, und der Frage, ob sie überhaupt entschädigt wurden, fehlt bis heute; die durchgesehenen Archivalien in Koblenz belegen jedenfalls zum Teil eine zwangsweise Vertreibung von Vorbesitzern wie auch Mietern.[7]

1   Arcisstraße 12
    Neubau, 1933–1937 – Abbruch der Wohnhäuser Arcisstraße 20, 22, 24.
    »Führerbau« der NSDAP.
    Heute Staatliche Hochschule für Musik.

2   Meiserstraße (bis 1957 Arcisstraße) 10
    Neubau, 1934–1937 – Abbruch der Wohnhäuser Arcisstraße 10, 12, 14.
    »Verwaltungsbau« der NSDAP.
    Heute Haus der Kulturinstitute, darunter das Zentralinstitut für Kunstgeschichte.

3   Arcisstraße/Ecke Brienner Straße
    Neubau, 1934–1935 – Abbruch des Wohnhauses Brienner Straße 44.
    Nördlicher »Ehrentempel«, 1947 gesprengt.
    Heute nur noch der Sockel vorhanden.

4   Arcisstraße/Ecke Brienner Straße
    Neubau, 1934–1935 – Abbruch des Wohnhauses Brienner Straße 16.
    Südlicher »Ehrentempel«, 1947 gesprengt.
    Heute nur noch der Sockel vorhanden.

1 Vgl. Grammbitter im vorliegenden Band.

2 Vgl. Triebel, Armin: Orte der Verfolgung und Unterdrückung. Prinz-Albrecht-Straße, Wilhelmstraße, Hedemannstraße. In: Geschichtslandschaft Berlin. Orte und Ereignisse. Bd.5: Hg. Helmut Engel u.a. Berlin 1994, S. 117–152.

3 Maier-Hartmann 1942, S. 57. Um eine möglichst hohe Zahl angeben zu können, wurden zahlreiche Rück- und Seitengebäude mitgezählt.

4 Vgl. Maier-Hartmann 1942, S. 58.

5 Zu den NSDAP-Dienststellen vgl. Schäfer im vorliegenden Band.

6 Vgl. Münchner Stadtadreßbuch, Adreßbuch der Hauptstadt der Bewegung 1940, 1941, 1943 [für die Jahre 1944 und 1945 existieren keine Adreßbücher]; BAK, NS 1/854: Aufstellung der Gebäude im Besitz der NSDAP vom 2.12.1938 und NS 1/2356–2357; Adressenwerk der Dienststellen der NSDAP; Bayerisches Jahrbuch.

7 Zur Nachkriegsgeschichte vgl. Lauterbach im vorliegenden Band.

5   Brienner Straße 45
    »Braunes Haus« (vormals Palais Barlow), erworben 1930.
    Rudolf Heß (»Stellvertreter des Führers«) und sein Stab.
    Abgebrochen.

6   Brienner Straße 15
    Palais Degenfeld, dann Päpstliche Nuntiatur, erworben 1934.
    Stab des »Stellvertreters des Führers« Rudolf Heß.
    Abgebrochen.

7   Meiserstraße (bis 1957 Arcisstraße) 11
    Erworben 1936, Umbau.
    Kanzlei des »Stellvertreters des Führers«, Rudolf Heß.
    Heute Evangelisch-Lutherische Landeskirche.

8   Meiserstraße (bis 1957 Arcisstraße) 9
    Erworben 1937, Umbau.
    »Reichszentralstelle für die Durchführung des Vierjahresplans bei der NSDAP«
    (vgl. Arcisstraße 19).
    Heute Oberfinanzdirektion.

9   Meiserstraße (bis 1957 Arcisstraße) 7
    Erworben 1938, Umbau.
    »Amt für Versicherungswesen des Reichsschatzmeisters«.
    Abgebrochen.

10 Meiserstraße (bis 1957 Arcisstraße) 6–8
    Erworben 1934, Neubau und Umbau, Arcisstraße 6, 8, 10 (abgerissen)
    Technische Zentrale, Fernheizwerk, Kamingebäude, »Materialamt der Reichs-
    leitung der NSDAP«, »Amtsarzt der Reichsleitung der NSDAP«, »Hausinspek-
    tion der Reichsleitung der NSDAP«, »Amt für Mitgliedschaftswesen«, nicht-
    öffentliches »Postamt der NSDAP«, »Dienstwohngebäude der NSDAP«.
    Heute Stadtwerke und Finanzamt.

11 Meiserstraße 5a (bis 1957 Arcisstraße, vor 1937 zählte das Eckgebäude zur
    Karlstraße mit der Hausnummer 28)
    Erworben 1937, Umbau.
    »Amt für Versicherungswesen des Reichsschatzmeisters«.
    Heute Oberfinanzdirektion.

12 Karlstraße 30
    Erworben 1937, Umbau.
    »Hauptamt V, Rechtsamt des Reichsschatzmeisters«.
    Abgebrochen.

—   Karlstraße 21 (nicht im Besitz der NSDAP, sondern der Reichsärztekammer)
    »Hauptamt für Volksgesundheit der NSDAP«, »NSD-Ärztebund e.V.«

13 Karlstraße 24
    Erworben 1934, Umbau.
    »Kommission für Wirtschaftspolitik«.
    Heute Finanzamt.

14 Karlstraße 22
    Erworben 1934, Umbau.
    »Reichsstudentenführung der NSDAP«, »Schiedsabteilung des Reichsschatz-
    meisters«.
    Heute Finanzamt.

Ulrike Grammbitter

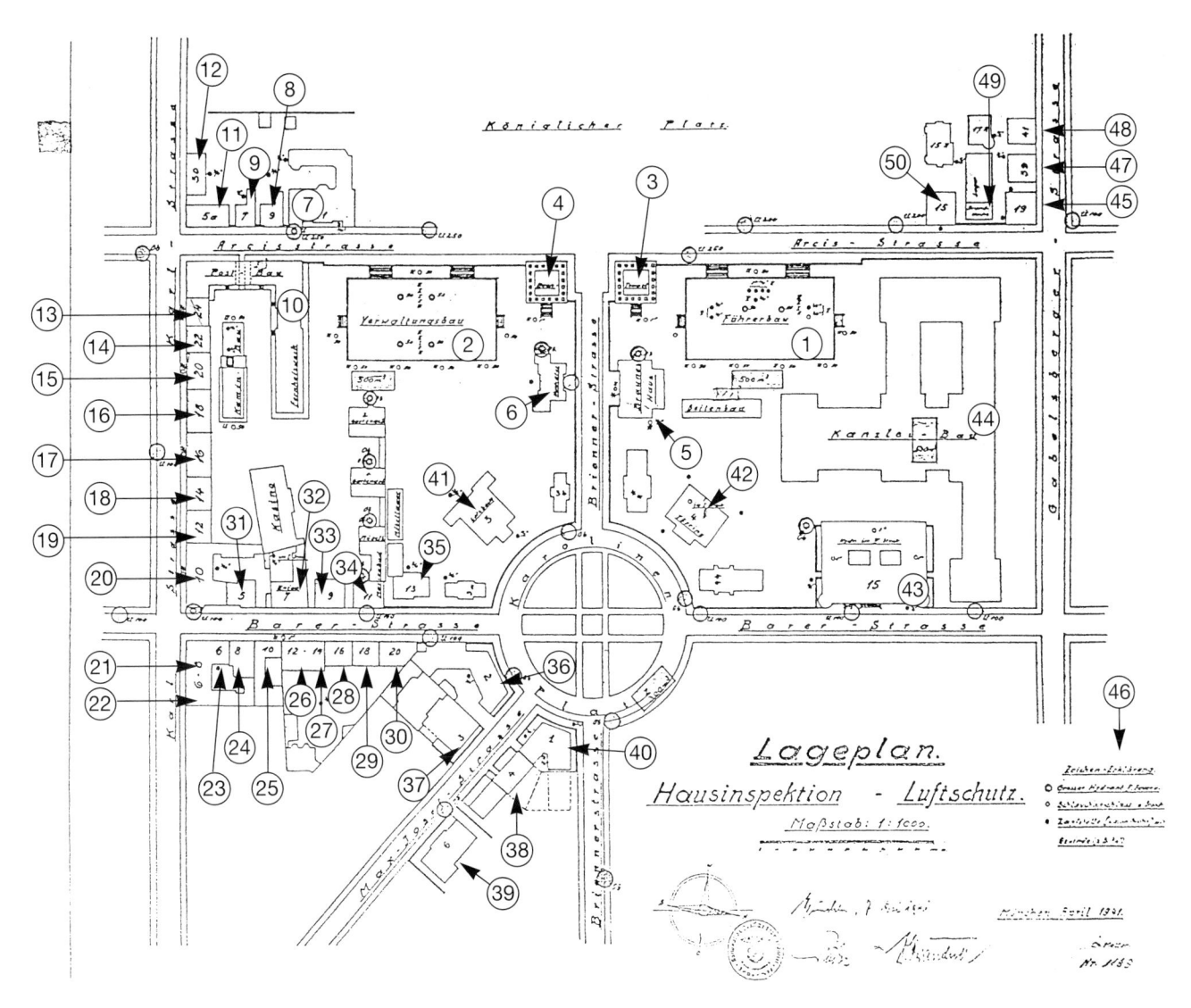

Abb. 113
NSDAP-Viertel, Lageplan 1:1000, April 1941

15 Karlstraße 20
    Erworben 1934, Umbau.
    »Reichspropagandaleitung der NSDAP«.
    Heute Finanzamt.

16 Karlstraße 18
    Erworben 1934, Umbau.
    »Reichspressestelle und Auslandspressestelle der NSDAP«.
    Heute Evangelisch-Lutherische Landeskirche.

17 Karlstraße 16
    Erworben 1935, Umbau.
    »NS-Deutscher Studentenbund«.
    Heute Evangelisch-Lutherische Landeskirche.

18 Karlstraße 14
    Erworben 1935, Umbau.
    »Reichsjugendführung der NSDAP«.
    Abgebrochen.

Abb. 114
Blick in die Meiserstraße Richtung Süden, 1995

19   Karlstraße 12
     Erworben 1935, Umbau.
     »NS-Deutscher Dozentenbund«.
     Abgebrochen.

20   Karlstraße 10
     Erworben 1935, Umbau.
     »Reichsführung SS«.
     Abgebrochen.

21   Karlstraße 8
     Erworben 1938, Umbau.
     »Reichsführung SS«.
     Abgebrochen.

22   Karlstraße 6
     Erworben 1938, Umbau.
     Zweigpostamt der NSDAP.
     Abgebrochen.

23   Barer Straße 6
     Erworben nach 1938.
     »NSDAP-Reichsleitung«.
     Abgebrochen.

24   Barer Straße 8
     Erworben nach 1938.
     »NSDAP-Reichsleitung«.
     Abgebrochen.

25   Barer Straße 10
     Erworben 1942, vermietet.
     Abgebrochen.

26   Barer Straße 12
     Erworben 1940, vermietet.
     Abgebrochen.

27   Barer Straße 14
     Erworben 1941 (1940 Mieter: SA, SS, HJ, Heinrich Hoffmann-Photogeschäft,
     1941 keine Mieter mehr, keine Funktionsangabe).
     Abgebrochen.

28   Barer Straße 16
     Erworben nach 1938, vermietet.
     Abgebrochen.

29   Barer Straße 18
     Erworben 1940.
     Abgebrochen.

30   Barer Straße 20
     Erworben nach 1938, bis 1942 an Automobilgeschäft Steppacher vermietet.
     Abgebrochen.

31 Barer Straße 5 (Diese Hausnummer ist heute nicht mehr vorhanden.)
    Erworben 1935, Umbau.
    »Reichshaushaltsamt der NSDAP«, »Reichsführung SS«.
    Abgebrochen.

32 Barer Straße 7 (Diese Hausnummer ist heute nicht mehr vorhanden.)
    Ehemaliges Hotel Union, erworben 1934, Umbau.
    »Oberste SA-Führung«.
    Abgebrochen.

33 Barer Straße 9
    Erworben 1934, Umbau.
    »Oberste SA-Führung«.
    Abgebrochen.

34 Barer Straße 11
    Ehemaliges Hotel Marienbad, erworben 1933, Umbau.
    »Oberste SA-Führung«.
    Heute wieder Hotel Marienbad.

35 Barer Straße 13
    Erworben nach 1938, Umbau.
    »Amt für Fernmeldewesen des Reichsschatzmeisters«, Buchbinderei und
    Buchdruckerei der Reichsleitung der NSDAP.
    Heute Institut für Volkskunde.

36 Karolinenplatz 2
    Erworben 1937, Umbau.
    »NS-Frauenschaft«.
    Abgebrochen.

37 Max-Joseph-Straße 3 (heute Nr. 9)
    Palais Schrenk-Notzing, erworben 1942, vermietet.
    Heute Bayerischer Bauernverband.

38 Max-Joseph-Straße 4
    Erworben nach 1938.
    »Reichsrechtsamt der NSDAP«.
    Abgebrochen.

39 Max-Joseph-Straße 6
    Erworben nach 1938, vermietet.
    Abgebrochen.

40 Karolinenplatz 1
    Erworben nach 1938.
    »Reichsrechtsamt der NSDAP«.
    Abgebrochen.

41 Karolinenplatz 3
    Palais Lotzbeck, erworben 1934, Umbau.
    »Reichsrevisionsamt« und »Rechnungsamt« der NSDAP.
    Abgebrochen.

42 Karolinenplatz 4
    Palais Törring, erworben 1935, Umbau.
    »Oberstes Parteigericht« der NSDAP.
    Abgebrochen.

43 Barer Straße 15
    Ehemaliges Allianzgebäude, erworben 1935, im Krieg zerstört.
    »Reichsorganisationsleitung« der NSDAP mit Unterämtern.
    Abgebrochen.

44 Gabelsbergerstraße ohne Nummer
    Neubau, begonnen 1938 – Abbruch der Wohnhäuser Gabelsbergerstraße 25,
    27, 29, 31, 33, 35, 37 sowie Arcisstraße 26, 28, 30, 32.
    »Kanzleigebäude der NSDAP«, nach Fertigstellung des Kellergeschosses Bauarbeiten eingestellt.

45 Arcisstraße 19
    Erworben 1938, Umbau.
    »NSDAP-Bauleitung«, Josef Heldmann.
    Heute Technische Universität.

46 Gabelsbergerstraße 26
    Erworben nach 1938.
    NSDAP-Lehrerbund, ansonsten vermietet.
    Abgebrochen.

47 Gabelsbergerstraße 39
    Erworben 1938, Umbau.
    »Reichsleitung der NSDAP«.
    Heute Technische Universität.

48 Gabelsbergerstraße 41
    Erworben 1938, Umbau.
    »Reichsleitung der NSDAP«, »Hitler-Jugend«, ansonsten vermietet.
    Abgebrochen.

49 Arcisstraße 17
    Erworben 1938, Neubau.
    »NSDAP-Bauleitung«, Josef Heldmann.
    Abgebrochen.

50 Arcisstraße 15
    Erworben 1938, Umbau.
    »NSDAP-Bauleitung«, Josef Heldmann.
    Abgebrochen.

Bernhard Schäfer

Das »Münchner Abkommen«

Die von Adolf Hitler und seinen Vertrauten ins Werk gesetzte architektonische wie städtebauliche Umgestaltung des Münchner Königsplatzes zum »Forum der Bewegung« zielte in ihrer herrschaftstechnischen Funktion nicht nur auf die deutsche »Volksgemeinschaft« und die nationalsozialistische »Parteigenossenschaft« ab, sondern sollte zudem auch im Ausland Wirkung zeitigen.[1] Eine herausragende Bedeutung kam in diesem Zusammenhang dem speziell für die »Repräsentationspflichten des Führers in der Hauptstadt der Bewegung«[2] konzipierten »Führerbau« zu. Besonders sinnfällig wird die außenpolitische Funktion des »NSDAP-Forums« bei der Betrachtung des »Münchner Abkommens«, das am 29. September 1938 im »Führerbau« zwischen dem Deutschen Reich, Großbritannien, Frankreich und Italien getroffen und am 30. September ebendort durch die Regierungschefs Hitler, Neville Chamberlain, Edouard Daladier und Benito Mussolini unterzeichnet wurde. Das Abkommen, das die sogenannte Sudetenkrise beendete und die durch Hitlers ultimative Forderungen heraufgezogene Kriegsgefahr fürs erste bannte, bestimmte primär die sofortige Abtretung der sudetendeutschen Gebiete der Tschechoslowakei an Deutschland. Im Gegenzug stellte es der dergestalt verkleinerten CSR eine letztlich jedoch nie realisierte internationale Bestandsgarantie in Aussicht.[3]

Doch wie kam es überhaupt zu dieser Vereinbarung der »Großen Vier« in München? – Bei der Konstituierung der tschechoslowakischen Mehrvölkerrepublik 1918 blieb das Prinzip des Selbstbestimmungsrechts der Völker als Grundlage der internationalen Politik unberücksichtigt. Dies führte zu Spannungen zwischen den zentralistisch agierenden Prager Regierungen und den verschiedenen ethnischen Minderheiten, vornehmlich den Sudetendeutschen, die 1918/19 gegen ihren Willen in den neuen Staat einbezogen worden waren und sich seitdem den Tschechen gegenüber politisch wie ökonomisch benachteiligt fühlten. Das Erstarken des nationalsozialistischen Deutschen Reiches förderte die sudetendeutschen Autonomiebestrebungen und verschärfte die Nationalitätenkonflikte in der CSR. Bei den Parlamentswahlen 1935 errang die von Berlin unterstützte Sudetendeutsche Partei (SdP) unter ihrem Vorsitzenden Konrad Henlein einen überwältigenden Erfolg. Aufgrund dieser Entwicklung wurde die SdP für Hitler zum entscheidenden Instrument, um die Sudetenkrise der Eskalation entgegenzutreiben. Nach der Angliederung Österreichs an das Deutsche Reich im März 1938 forderte die SdP – auf Weisung Berlins – zunächst in ihrem Karlsbader Programm vom 24. April 1938 die Herstellung der vollen Gleichberechtigung der deutschen Volksgruppe mit dem tschechischen Volk, ehe sie schließlich in der weiteren Entwicklung den Anschluß des Sudetenlandes an das Dritte Reich verlangte. Für den deutschen Diktator bedeuteten diese Forderungen allerdings ledig-lich Durchgangsstationen auf dem Weg zur vollständigen Zerschlagung der Tschechoslowakei, die selbst wiederum nur ein Etappenziel der angestrebten Eroberung neuen »Lebensraumes« im Osten bildete.

Im Gegensatz zu den konservativen politischen Kräften in Deutschland steuerte Hitler seit der »Wochenendkrise« vom 20./21. Mai 1938 immer unverhohlener auf Kriegskurs. Mit seinen Drohungen und Ultimaten schürte er die tschechoslowakische Krise weiter an und veranlaßte letztlich Großbritannien und Frankreich, die als Schutzmächte der CSR auftraten, für eine militärische Auseinandersetzung mit dem Deutschen Reich jedoch nicht gewappnet waren, zu einer Politik des Appeasement, die sich am Grundsatz des nationalen Selbstbestimmungsrechts orientierte. Nach mehreren gescheiterten diplomatischen Vermittlungsbemühungen reiste auf dem Höhepunkt der Krise, die von einem Propagandafeldzug der nationalsozialistischen Presse zusätzlich angeheizt wurde, der britische Premiermini-

1 Vgl. Beitrag d. Verf. über die NSDAP-Dienststellen im vorliegenden Band.

2 Dresler 1939, S. 29.

3 Zum »Münchner Abkommen« zusammenfassend vgl. zuletzt unter anderem Funke, Manfred: München 1938: Illusion des Friedens. In: Aus Politik und Zeitgeschichte, B 43/88, S. 3–13; Recker, Marie-Luise: Die Außenpolitik des Dritten Reiches. München 1990, S. 21–24; Münchener Abkommen. In: Brockhaus – Enzyklopädie. 15. Bd. Mannheim [19]1991 (völlig neubearbeitete Aufl.), S. 193; Deutsche und Tschechen: Hg. Bundeszentrale für politische Bildung (= Informationen zur politischen Bildung 132). München ([1]1969) [2]1993 (aktualisierte Aufl.), besonders S. 2–21; Walter, Christoph und Karl-Ulrich Gelberg: Nationalsozialistische Außenpolitik in München und das Münchner Abkommen. In: München – ›Hauptstadt der Bewegung‹ 1993, S. 378–384; Hildebrand, Klaus: Das vergangene Reich. Deutsche Außenpolitik von Bismarck bis Hitler 1871–1945. Stuttgart 1995, besonders S. 651–666. Dort auch Verweise auf die ältere und die eingehendere Literatur.

ster Chamberlain am 15. September 1938 zu Hitler auf den Obersalzberg, um diesem seine Bereitschaft zu Zugeständnissen in der Sudetenfrage zu signalisieren, sofern dieser auf Gewaltanwendung gegenüber der Tschechoslowakei verzichte. In der Folge dieser Unterredung legten London und Paris in einer gemeinsamen Botschaft vom 19. September der Prager Regierung die Abtretung der sudetendeutschen Territorien nahe und versprachen als Gegenleistung eine Garantie der neuen tschechoslowakischen Staatsgrenzen. Mit der Prager Zustimmung zu den britisch-französischen Vorschlägen reiste Chamberlain am 22. September zu einer weiteren Unterredung mit Hitler nach Bad Godesberg. Die Verhandlungen scheiterten nun allerdings an den immer weiter gehenden Forderungen des deutschen Diktators, so vor allem der nach einer sofortigen Besetzung der Sudetengebiete durch deutsche Truppen.

Krieg schien nunmehr nicht mehr nur in Sicht, Krieg schien unausweichlich, Hitler zu der auf den 1. Oktober terminierten gewaltsamen »Zerschlagung der CSR« durch die Wehrmacht entschlossen. In dieser fast ausweglosen Situation gelang es US-Präsident Franklin D. Roosevelt und der britischen Regierung gleichsam im letzten Moment, am 28. September, den italienischen Diktator Mussolini als Vermittler zu gewinnen. Hitler akzeptierte mehr oder weniger gezwungenermaßen noch am selben Tag das Vermittlungsangebot des »Duce«, erklärte sich zu einem 24stündigen Aufschub seines Ultimatums bereit und lud die Regierungschefs Großbritanniens, Frankreichs und Italiens für den 29. September zu einer Konferenz nach München ein.

Im Verlauf der reichlich improvisierten »Viererbesprechung« im »Führerbau« unterbreitete Mussolini seinen Kollegen einen Vertragsentwurf, der die Sudetenkrise beenden und den Frieden in Europa wahren sollte. Der Entwurf, der in Wirklichkeit von Hermann Göring, Konstantin Freiherr von Neurath und Ernst Freiherr von Weizsäcker vorbereitet und den Italienern lediglich gezielt zugespielt worden war, bildete letztlich die Grundlage des am Morgen des 30. September um 1.30 Uhr im »Arbeitszimmer des Führers« von Hitler, Chamberlain, Daladier und Mussolini unterzeichneten »Münchner Abkommens«. Das in drei Sitzungsrunden erarbeitete Abkommen verpflichtete die tschechoslowakische Regierung zur Übergabe der sudetendeutschen Gebiete an das Deutsche Reich zwischen dem 1. und 10. Oktober 1938. Zudem sollten die vornehmlich von der polnischen respektive ungarischen Minderheit besiedelten Territorien an Polen beziehungsweise an Ungarn abgetreten werden. In einem Zusatzpapier kündigten dafür Briten und Franzosen eine Garantieerklärung der Großmächte zugunsten der Integrität der Grenzen der »Rest-CSR« an.

Die Prager Führung, die zur Konferenz nach München gar nicht erst eingeladen worden war, mußte, wollte sie nicht Krieg riskieren, das Vertragswerk notgedrungen unverzüglich annehmen. Auf diese Weise verlor die Tschechoslowakei mit den Sudetengebieten 28 643 Quadratkilometer Land mit 3,63 Millionen Einwohnern, mit anderen Worten ein Fünftel ihrer Gesamtfläche und ein Viertel ihrer Bevölkerung an Deutschland.

Von der deutschen Bevölkerung, aber auch vom benachbarten Ausland wurde das Ergebnis der Münchner Zusammenkunft mit großer Erleichterung aufgenommen. Ein schon für unvermeidlich gehaltener Krieg war noch einmal verhindert worden. Die NS-Presse und -Publizistik feierte die Vier-Mächte-Besprechung als »historische« »Münchener Friedenskonferenz« (Abb. 115 u. 116).[4] Hitler dagegen fühlte sich um seinen bereits fest projektierten Krieg gebracht und äußerte sich zudem konsterniert ob der pazifistischen Einstellung »seines« Volkes.

Die Konsequenzen des »Münchner Abkommens« waren weitreichend. Der deutsche Diktator, der im Herbst 1938 einen Höhepunkt seiner Macht und Popularität erreichte, hatte in der tschechoslowakischen Krise seinen unbedingten Kriegswillen klar zu erkennen gegeben. Hinter der »traditionellen«, revisionistischen Außenpolitik des Deutschen Reiches war erstmals der eigentliche, expansionistische Grundplan Hitlers deutlich zutagegetreten. Für die sich unter diesem Eindruck in der konservativen deutschen Elite formierende Opposition, die für den Fall eines Krieges auf Staatsstreich sann, bedeutete »München« einen schweren

---

4 Vgl. beispielsweise neben der Tagespresse den IB 6.10.1938, S. 1453–1459; IB 13.10.1938, S. 1501–1509; Sonderheft: Befreites Sudetenland, Oktober 1938; Hitler befreit Sudetenland: Hg. Heinrich Hoffmann. Berlin 1938; Heilmeyer 1938 b; Dresler 1939, S. 5f., 36.

Bernhard Schäfer

Abb. 115–116
Hitler befreit Sudetenland. Berlin 1938,
Hg. und Aufnahmen: H. Hoffmann

Schlag, der ihre Pläne vereitelte. Für die CSR wiederum wurde der Ausgang der Sudetenkrise zum Anfang ihres Endes. Er setzte einen von Berlin geförderten innertschechoslowakischen Auflösungsprozeß in Gang, der der »Zerschlagung« der »Rest-Tschechei« durch Deutschland im März 1939 den Boden bereitete. Schließlich führte der Ausschluß der Sowjetunion von der Münchner Konferenz zu der tiefen Entfremdung zwischen Moskau und den Westmächten, die letztlich dem deutsch-sowjetischen Nichtangriffspakt vom August 1939 den Weg ebnete. In der politischen und rechtlichen Bewertung des »Münchner Abkommens«, das in der internationalen Politik lange Zeit als Inbegriff zynischer respektive opportunistischer »Gipfeldiplomatie« galt, mittlerweile jedoch weitaus differenzierter gesehen wird, gehen die Meinungen von Deutschen und Tschechen nach wie vor auseinander, wobei allerdings die heutige Nichtigkeit des Vertrages außer Frage steht.
Zum Abschluß bleibt zu fragen: Warum München? – Ohne Zweifel bot die bayerische Landeshauptstadt mit ihren neuen Parteibauten in den Augen Hitlers und seiner Umgebung neben den Hauptaktionsorten Berlin und Obersalzberg ein geeignetes Ambiente für außenpolitische Aktivitäten.[5] Die Entscheidung für Mün-

5 Anschaulich wird dies in dem Beitrag von Flügel, Rolf: München am Tag der Vierer-Besprechung. In: MNN 29.9.1938, S. 13: »Nun ist München, die Hauptstadt der Bewegung, gekrönt von den edlen, weithin strahlenden Bauten des Führers mit einem Schlag in den Mittelpunkt der europäischen Beachtung, ja der Welt gerückt. Die Zusammenkunft der vier Staatsmänner ist auch für die reiche Geschichte Münchens ein Ereignis ohne Beispiel und von einer einmaligen Bedeutung. (...) Wie von selbst lenkt sich der Blick auf Münchens neuen Mittelpunkt, auf den Königlichen Platz, der über seine architektonische Schönheit hinaus zu einem tiefen Symbol nationalsozialistischen Lebens, zu einer Stätte der Weihe und Erinnerung geworden ist. In seiner gesammelten Wucht, in seiner ruhigen Größe ist er Ausdruck schöpferischen Gestaltungswillens stärkster Prägung. Die Atmosphäre dieser Stadt, ins monumentale erhoben, kommt hier zu klarster Ausstrahlung: die Reihe der stolzen Bauschöpfungen aus vielen Jahrhunderten hat hier eine Krönung gefunden, die ebenso von Lebenskraft wie von den friedlichen und kulturellen Zielen des deutschen Volkes spricht.«

chen als Konferenzort dürfte zudem ein taktisch geschicktes Entgegenkommen Hitlers an den Vermittler Mussolini gewesen sein. Der deutsche Diktator reiste nämlich dem »Duce« bis zum Bahnhof in Kufstein entgegen, um sich alsdann mit diesem auf der gemeinsamen Fahrt nach München bezüglich der Konferenz abzustimmen. Ob die Wahl Münchens darüber hinaus von den in diese Zeit fallenden Bauarbeiten an der »Neuen Reichskanzlei« in Berlin begünstigt wurde, muß – bei aller Plausibilität – bis auf weiteres Spekulation bleiben.

Eva von Seckendorff

Monumentalität und Gemütlichkeit.
Die Interieurs der NSDAP-Bauten am Königsplatz

Das Vorbild: Paul Ludwig Troost

Möbelentwürfe – so alle Anekdoten über die ersten Kontakte – sollen Hitlers Aufmerksamkeit auf seinen späteren Chefarchitekten Paul Ludwig Troost gelenkt haben – ob es sich nun um einen »Diplomatenschreibtisch« handelte, den Hitler 1926 von den Vereinigten Werkstätten habe erwerben wollen, eine intarsierte Kommode, die er »lange vor 1933« gekauft und später im Salon des Reichskanzlerpalais aufgestellt habe (Abb. 117), oder um die 1926 bis 1930 im Auftrag der Bremerhaven-New York-Linie des Norddeutschen Lloyd nach Troosts Entwürfen gefertigten Ausstattungsstücke des Luxusliners »Europa«, von denen Hitler »ein Möbelstück nach dem anderen« erworben habe (Abb. 118).[1]
Der 22jährige Troost war nach seinem Studium bei Karl Hofmann an der Technischen Hochschule in Darmstadt im Jahr 1900 nach München übergesiedelt, um dort das Architekturbüro Martin Dülfers zu leiten. Seit 1904 arbeitete er als selbständiger Architekt und entwarf Villen für großbürgerliche Auftraggeber (Abb. 119). Es gelang ihm vor allem mit repräsentativen Interieurs, z.B. für den Literaten Alfred Heymel (1900), für den Komponisten Felix vom Rath (1905/6) (Abb. 120), die Verlegerfamilie Bruckmann (1905) und für zahlreiche Ausstellungen, sich in die kunstgewerbliche Erneuerungsbewegung der Jahrhundertwende um Peter Behrens, Richard Riemerschmid, Bruno Paul und Paul Schultze-Naumburg einzureihen. 1912 begann Troost mit den Vereinigten Werkstätten für Kunst im Handwerk, München zusammenzuarbeiten und löste Bruno Paul als künstlerischen Leiter der Schiffsausstattungen des Norddeutschen Lloyd ab, der ein wichtiger Auftraggeber der Vereinigten Werkstätten war. Bis 1930 richtete Troost Hunderte von repräsentativen Räumen auf der »Columbus« (1912), der »Bremen« (1926), der »Europa« (1926/30) und anderen großen Übersee-Dampfern ein. Während Peter Behrens mit seinen Arbeiten für die AEG und Richard Riemerschmid mit dem »Maschinenmöbelprogramm« zunehmend soziale Aspekte in ihr Schaffen einbezogen, blieb Troost ein Architekt, der ausschließlich an repräsentativen und luxuriösen Aufträgen interessiert war.[2] Anders als für viele Künstler und Architekten seiner Generation war der Erste Weltkrieg für ihn kein Anlaß, seine Arbeit neu zu definieren. Er war vom Kriegsdienst wegen eines Herzleidens befreit und stattete in den Kriegsjahren Offiziersmessen und Gemeinschaftsräume auf Kriegsschiffen aus. 1917 verlieh ihm König Ludwig III. von Bayern den Professorentitel. Als Eklektizist, der meisterhaft mit dem Formenrepertoire vergangener Zeiten umgehen konnte, stand Troost in den zwanziger Jahren auf der Seite der Gegner funktionalistischer Architektur. Allerdings paßte er sich der Konkurrenz der erfolgreichen, im »style moderne« eingerichteten Luxusliner aus Frankreich und Amerika an, indem er seine Entwürfe geometrisierte und monumentalisierte.
Der erste Auftrag, den Hitler 1930 an Troost vermittelte, war innenarchitektonischer Art: Der Umbau des Palais Barlow zu einem Verwaltungs- und Repräsentationsbau der NSDAP. Den 1931 nach Troosts Entwürfen neu eingerichteten, offiziell »Braunes Haus« genannten Sitz der Reichsleitung der NSDAP in der Briennerstraße 45 betrat man durch eine feierliche Fahnenhalle (Abb. 121). Im Erdgeschoß befanden sich die Räume des Reichsschatzmeisters Schwarz und ein Kartothekssaal, im Hauptgeschoß die Arbeitszimmer Adolf Hitlers und seines Stabes sowie ein monumental ausgestatteter Konferenzsaal, »Senatorensaal« genannt (Abb. 122), in dem wahrscheinlich »feierliche Akte der Bewegung« stattfinden sollten.[3] Parteibüros sowie ein »Kasino« in der Art einer Münchner Bierhalle vervollständigten das Raumprogramm.

Abb. 117
P. L. Troost, Entwurf für eine Kommode, 1915

Abb. 118
Berlin, Alte Reichskanzlei, Halle, 1933

1 Vgl. Troost, Gerdy: Brief an Hermann Giesler, 7.2.1981 (Privatarchiv Troost); Speer 1969, S. 55; Günther 1979, Anm. 20.– Dank schulde ich Frau Gerdy Troost, die mir über vielerlei Schranken hinweg zahlreiche Informationen gab und Material aus ihrem Privatarchiv zur Verfügung stellte. Auf Telephonate und Gespräche wird im folgenden verwiesen.

2 Vgl. Seckendorff 1994.

3 So Kiener über den Kongreßsaal im späteren »Führerbau«: Kiener 1934b, S. 91. Der Raum wurde nie als solcher genutzt.

Abb. 119
P. L. Troost, Haus Jäger, Speisezimmer, Wandansicht, 1926

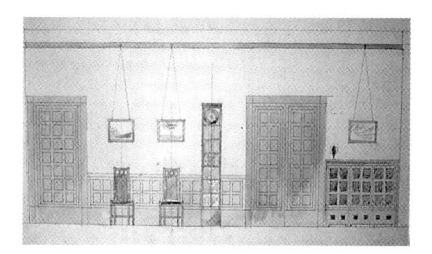

Abb. 120
P. L. Troost, Wohnhaus vom Rath, Speisezimmer, Wandansicht, 1905

4 Gerdy Troost: Telephonat 15.5.1995.

5 Vgl. Günther 1979, S. 27ff.; Kiener 1942b.

6 Gerhardine Troost, geb. Andresen, geb. 3.3.1904; Leonhard Gall, geb. 17.7.1878, gest. 20.1.1952. VB 20.8.1944 nennt das Jahr 1908 als Eintrittsdatum Galls in das Atelier von Troost.

7 BAK, Außenstelle Berlin-Zehlendorf (ehemals BDC): RKK 2401.

8 Wie Anm. 7; vgl. Kiener, Hans: Die Ritterkreuzurkunden. In: KDR 5.1942.10, S. 248.

9 Heilmeyer 1938b, S. 296.

10 Professorentitel 1935, Vizepräsident der »Reichskammer der Bildenden Künste« (RBK); Gall gehörte zu den »unersetzlichen Künstlern«, die vom Kriegsdienst ausgenommen waren; vgl. Thomae 1978, S. 463; BAK, Außenstelle Berlin-Zehlendorf (ehemals BDC): L. Gall 03201.

11 Vgl. VB 20.8.1944.

12 v.W., I.: Aus der Arbeit von Frau Prof. Troost. In: VB 15.7.1937.

13 Wie Anm. 12.

14 Von Günther (1979, 1992) wurden »Verwaltungsbau« und »Führerbau« kaum berücksichtigt, da sie ausschließlich vom Archiv der Vereinigten Werkstätten für Kunst im Handwerk in München ausging, in der Annahme, daß diese Firma die NSDAP-Bauten eingerichtet habe. Schönberger (1981, S. 126) übernimmt die Annahmen von Günther. – Im genannten Archiv finden

Für die Ausstattung der Parteizentrale hatte Troost einen Stil entwickelt, der die geometrisierenden Formen, die er auf der »Europa« gezeigt hatte, aufnahm, jeglicher Eleganz entkleidete und auf blockhafte Monumentalität reduzierte.

Nach der Machtübernahme 1933 begann Troost mit der Ausführung der großen Architekturprojekte in München, dem »Haus der Deutschen Kunst« und den Parteigebäuden am Königsplatz. In Berlin wollte sich der neue Reichskanzler sogleich ein neues Haus im Garten der Reichskanzlei bauen lassen, gab sich aber dann mit dem Umbau des alten Reichskanzlerpalais zufrieden und bezog die neue Wohnung im Mai 1934.[4] Troost brachte dort vorwiegend Entwürfe – vor allem für Möbel – aus seiner Tätigkeit vor 1930 ein. Sie entsprachen offenbar dem persönlichen Geschmack Adolf Hitlers.[5] Die Ausstattung des »Braunen Hauses« und der Wohnung im Reichskanzleramt waren die letzten Projekte, die Troost noch selbst bearbeiten konnte. Interieurs für den »Verwaltungs-« und »Führerbau« hat er nicht mehr entworfen, denn am 21. Januar 1934 erlag er – fünfundfünfzigjährig – einer Lungenentzündung infolge eines Schlaganfalls.

Das Atelier Troost: Gerdy Troost und Leonhard Gall

Seine damals dreißigjährige Witwe Gerdy und der fünfzigjährige Leonhard Gall, seit 1908 Mitarbeiter,[6] gründeten unmittelbar nach dem Tode des Architekten das »Atelier Troost« und führten so, unangefochten von jeglicher Konkurrenz, die von dem Verstorbenen begonnenen Projekte weiter. Nahezu gleichzeitig stattete das Atelier seit 1934 aus: die Wohn- und Diensträume Hitlers in Berlin, in München das »Haus der Deutschen Kunst« und die Parteibauten am Königsplatz, das Prinz-Carl-Palais, die Amtsräume des Bürgermeisters im Rathaus und den Amtssitz des Innenministers Adolf Wagner in der Kaulbach-Villa. Auch Hitlers Privatwohnung in München und sein Privatquartier am Obersalzberg, den »Berghof«, möblierte das Atelier, das Gerdy Troost nach eigenen Angaben bis 1939 leitete und dann ihrem Mitarbeiter Leonhard Gall übergab.[7] Seit Kriegsbeginn gestaltete sie hauptsächlich »Ritterkreuzurkunden« mit dazugehörigen Mappen und Kassetten.[8] Der Betrieb mit 19 Angestellten funktionierte arbeitsteilig. Leonhard Gall wurde als Architekt und als Entwerfer der Möbel bezeichnet.[9] Obwohl er zahlreiche parteipolitische Ehrungen für seine gestalterische Tätigkeit erhalten hatte,[10] billigte ihm die zeitgenössische Kulturberichterstattung keine eigenständige künstlerische Leistung zu. Er wurde als Medium des verstorbenen Troost beschrieben, der »das Ringen des Meisters in unmittelbarer Nähe miterleben durfte« und »außer dem künstlerischen Genius in ganz besonderer Weise das praktische Schaffen P. L. Troosts Tag um Tag kennengelernt« hatte.[11] Gerdy Troost, der die zeitgenössische Presse entsprechend dem vielbemühten Klischee der »innerlichen Wechselbeziehung zwischen Farbe und Frau« die farbliche Ausgestaltung der Interieurs zuschrieb,[12] sieht ihre damalige Tätigkeit umfassender: Nicht nur die farbliche Gestaltung der Räume, auch die Absprache der Möbelentwürfe mit Gall, die Auswahl der Materialien, das Arrangement des Mobiliars und die Ausstattung der Räume mit Gobelins und Bildschmuck gehörten zu ihren Aufgaben. Auch proklamierte die NS-Presse Gerdy Troost in erster Linie als Sachwalterin des Erbes ihres verstorbenen Gatten. »In Würdigung einer unermüdlichen, tief innerlich gebundenen Bereitschaft darüber zu wachen, daß bis ins letzte das Vermächtnis des dahingegangenen Meisters erfüllt werde«, verlieh Hitler ihr 1937 den Professorentitel.[13]

Die Interieurs der Parteibauten am Königsplatz waren bisher noch nicht Gegenstand einer wissenschaftlichen Untersuchung.[14] Hinter den Fassaden der äußerlich identischen Gebäude verbargen sich unterschiedliche Funktionen: Der »Verwaltungsbau« diente den bürokratischen, der »Führerbau« den repräsentativen Funktionen, die sich seit der Machtübernahme zunehmend auf Hitlers Person konzentrierten. Fassaden und Grundrisse der Gebäude hatte Troost 1933 noch selbst ausgearbeitet. Am 3. November 1935 zelebrierten Hitler und der Reichsschatzmeister der NSDAP, Franz Xaver Schwarz, mit Formationen der SA und SS und einem Massenaufgebot an Parteianhängern das Richtfest der Gebäude.

Eva von Seckendorff

Abb. 121–122
»Braunes Haus«, 1930/31: Fahnenhalle und Konferenzsaal

Abb. 123
»Verwaltungsbau«, Reichsschatzmeister Schwarz präsentiert ein NSDAP-Grundbuch

»Verwaltungsbau«

Die frühesten Hinweise auf die Interieurs im »Verwaltungsbau« stammen aus dem Jahr 1934.[15] Seit 1935 erarbeiteten die Parteiämter Bedarfsaufstellungen für Raum und Mobiliar, bis Ende 1936 wurde die Raumverteilung immer wieder geändert.[16] Die Möbelzeichnungen für die einfacheren Büroräume datieren aus den ersten Monaten des Jahres 1936 und tragen den Stempel: H. M. Friedmann.[17] Die Entwürfe für die repräsentativen Zimmer fertigte das Atelier Troost in den Monaten August/September des Jahres 1936.[18] Bis Ende August 1936 sollten die Steinmetzbetriebe mit ihren Arbeiten fertig sein, damit die Schreiner ihre Ausbauten beginnen konnten.[19] Am 11. Februar 1937 übergab Hitler den Bau offiziell an Reichsschatzmeister Schwarz. Die Dienststellen hatten ihre Arbeit bereits aufgenommen.

Hierarchische Kriterien bestimmten die Geschoßeinteilung und Verteilung der Arbeitsbereiche. Dem Reichsschatzmeister und seinem Stab stand von vornherein die zum Königsplatz gelegene Raumflucht der »Bel Etage« zu. Die Leiter der einzelnen Dienststellen nahmen die Eckzimmer der verschiedenen Geschosse ein. Im Untergeschoß und im Erdgeschoß arbeiteten jeweils bis zu 80 Angestellte in einem Großraumbüro. In den einheitlich 26 Quadratmeter großen Büros der ersten und zweiten Etage arbeiteten jeweils maximal vier Sachbearbeiter.

Die Funktion des »Verwaltungsbaus« beschränkte sich allerdings nicht auf die Abwicklung der Parteibürokratie. Hitler, sein Schatzmeister und die NS-Presse besetzten zu jeder sich bietenden Gelegenheit in monoton wiederholten Schlagworten die Architektur und Innenarchitektur mit Parteipropaganda.[20] Das »Haus des Reichsschatzmeisters« sollte dazu dienen, der NSDAP das Ansehen einer effizienten und seriösen Partei zu geben, einer »großen Organisation [...], Musterbeispiel theoretischer Ideen und vom Grundsatz peinlichster Sauberkeit in der Geschäftsführung geleitet. [...] Es ist bewußt auf jede Pracht verzichtet, [...] dennoch entsprechen die Räume der repräsentativen Würde des Hauses.«[21] Der »Verwaltungsbau« gehörte zum Besichtigungsprogramm hoher NS-Chargen wie auch zahlreicher ausländischer, vor allem faschistischer Politiker: nach der Besichtigung des »Braunen Hauses« und der Kranzniederlegung an den »Ehrentempeln« unternahmen der Reichsschatzmeister oder sein Vertreter mit den Gästen einen Rundgang durch die Kartei, durch die Dienstzimmer des Reichsschatzmeisters und durch die Bibliothek und erörterten die Grundlagen der NS-

sich tatsächlich keinerlei Hinweise auf eine Beteiligung der Firma an der Ausstattung der Parteibauten am Königsplatz. Eine beträchtliche Anzahl von Möblierungsgrundrissen und Möbelzeichnungen aus dem Nachlaß der Münchner Firma Pössenbacher (StadtA Mü) weist dagegen auf die maßgebliche Rolle dieser Firma hin. Für die hier vorgelegte Dokumentation wurde vor allem folgendes Quellenmaterial ausgewertet: StaatsA Mü, Plansammlung; BayHStA, NSDAP Baupläne; StadtA Mü, Schenkung Pössenbacher; BSB, Ana 325 und Photoarchiv Hoffmann; Bauamt TU; Landbauamt, Archiv, Pläne (derzeit in der Meiserstraße 10). Für viele Hinweise danke ich vor allem Ulrike Grammbitter, auch Hans Lehmbruch und Iris Lauterbach, der ich die Kenntnis der im Beitrag zitierten Archivalien des BAK verdanke. Zur Baugeschichte vgl. Grammbitter, zum historischen Aspekt vgl. Schäfer, beide im vorliegenden Band.

Abb. 124
»Verwaltungsbau«, Erdgeschoß, schematisierter Grundriß

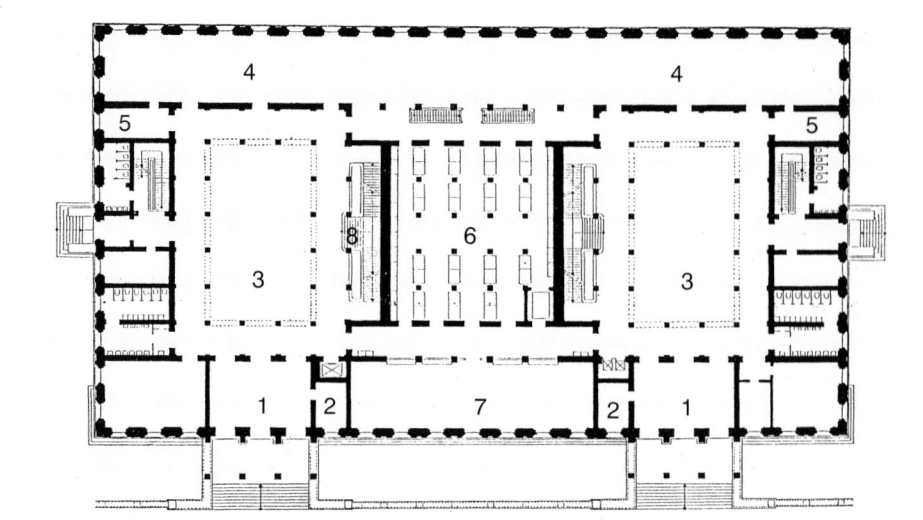

Abb. 125
»Verwaltungsbau«, Erdgeschoß, Grundriß der Aufnahmeabteilung 1:50, H. M. Friedmann, Januar 1936

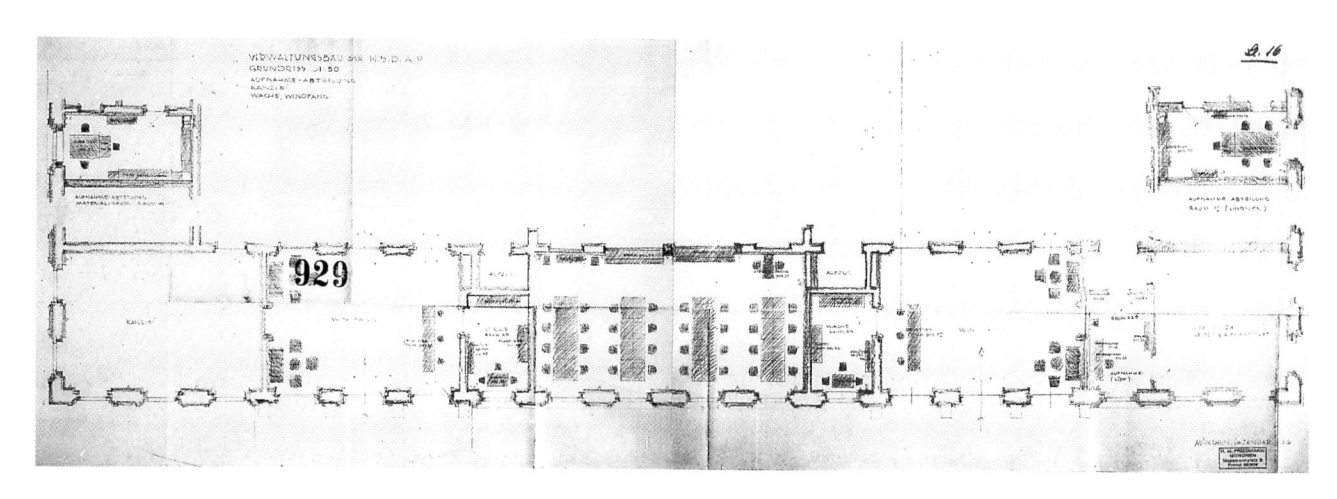

15 Atelier Troost: Grundrisse März 1934, ergänzt 13.12.1934: BayHStA, NSDAP Baupläne 5565; StaatsA Mü, Plansammlung Rolle 3.

16 Vgl. BAK, NS 1/681.

17 BayHStA, NSDAP Baupläne. Friedmann war kein Angestellter des Atelier Troost. Vermutlich hatte ihn Reichsschatzmeister Schwarz beauftragt (so Gerdy Troost, Telephonat 15.3.1995).

18 Nur die Entwürfe für die Bibliothek entstanden schon Anfang 1936. Die Bleistiftzeichnungen des Atelier Troost fertigte Karl Dusch, die farbigen Fassungen besorgte Preußler (Gerdy Troost, Interview 20.11.1994).

19 Vgl. BayHStA, NSDAP Baupläne 5006.

20 Vgl. die Ansprachen von Hitler und Schwarz zum Richtfest der Bauten am 3.11.1935. In: VB 4.11.1935.

21 Rühl 1937.

22 Vgl. Presseberichte über Besuche ausländischer Politiker: BAK, NS 1/415.

Verwaltung (Abb. 123). Besuche ausländischer Politiker, wie des italienischen Ministers Farinacci im September 1940, des holländischen NS-Parteigründers Mussert im Januar 1941, des italienischen Verkehrsministers Venturi im selben Monat oder des japanischen Botschafters Oshima im April 1942 boten der NS-Presse Gelegenheit zu ausgiebiger Propaganda.[22]

Erdgeschoß (Grundriß Abb. 124)
Jedes der beiden Parteigebäude hatte aus Gründen der Fassadensymmetrie zwei identisch gestaltete **Eingangshallen** (Nr. 1) (Abb. 127). Den »Verwaltungsbau« betraten Besucher bei offiziellen Anlässen offenbar, wie auch heute noch, durch die nördliche Vorhalle.[23] Im Alltag war lediglich Angestellten der NSDAP und Besuchern mit Passierschein das Betreten gestattet.[24] Glänzend polierter Marmor an Boden und Wänden, wie er in Vestibülen und Treppenhäusern in den zwanziger und beginnenden dreißiger Jahren durchaus üblich war, bewirkte eine kühle Raumstimmung und erinnerte den zeitgenössischen Besucher an die sogenannte Fahnenhalle im »Braunen Haus« (Abb. 126). Die Marmorsorten, die Gerdy Troost für den »Verwaltungs-« wie den »Führerbau« ausgesucht hatte, stammen aus deutschen Steinbrüchen: Juramarmor für Wand- und Pfeilerverkleidung und dunkelroter Saaletaler Marmor für den Boden. Gerdy Troost ließ sogar stillgelegte Steinbrüche reaktivieren, um an zwei Marmorsorten zu gelangen, die ihr in Leo von Klenzes »Walhalla« und in der Tegernseer Klosterkirche aufgefallen waren.[25]

Stark profilierte Türrahmungen, insbesondere der stark vorkragende Türsturz am Eingang zum **Raum der Wachmannschaft** (Nr. 2), die von Angehörigen des

Reichssicherheitsdienstes, einer Abteilung der SS, gebildet wurde,²⁶ bewirken den monumentalen Raumeindruck des Vestibüls. Das Arrangement aus einem blockhaften Tresen mit einer »gemütlichen« Schirmlampe gab es auch im »Braunen Haus«.²⁷ Eine Sitzecke gegenüber dem Tresen weist darauf hin, daß hier mancher auf einen Passierschein warten mußte.

Die großzügigen Oberlichter über den **Lichthöfen** (Nr. 3) unterstreichen das Raumvolumen. Die farbliche Unterscheidung von rotem Marmorboden, mit hellem Marmor verkleideten Pfeilern und weißen Wänden betont die tektonischen Elemente und erzeugt eine kühle Stimmung. Außer ein paar Sitzbänken²⁸ gab es hier weder Mobiliar noch Bildschmuck. Die heute noch vorhandenen Deckenhängelampen aus Metallblech und eine Uhr über der nördlichen Gangtüre ließen deutlich werden, daß es sich um ein Bürogebäude handelte. Rings um die Lichthöfe und auf allen Gängen waren rote Gummiläufer ausgelegt.

Der **Karteiraum** (Nr. 4) (Abb. 129) war ein Großraumbüro, wie es in Verwaltungsgebäuden der zwanziger Jahre durchaus üblich war. Dennoch nahm die zeitgenössische Propaganda die Raumgestaltung zum Anlaß, den gigantischen Parteiapparat zu feiern (Abb. 128): »82 Mann werden dem Führer gemeldet. Und die lange Flucht der stählernen Schränke, die Reihen ausgerichteter Arbeitstische sind ein Symbol der Vollendung, gemessen an den Arbeitsräumen der Partei in der Kampfzeit. [...] Dies ist Erfüllung: dieses lichte, strenge, mächtige Haus.«²⁹ An der Fensterseite standen Schreibtische für je vier Personen, an der gegenüberliegenden Wand Stahlschränke.³⁰ Hier wurde die zentrale Mitgliederkartei der NSDAP verwaltet und aufbewahrt. Die Arbeitsbedingungen in dem Raum waren offenbar trotz der modernen Lüftungsanlage ungenügend, Temperatur und Feuchtigkeit konnten nicht zur Zufriedenheit der Mitarbeiter reguliert werden.³¹

Jeweils westlich an den Karteiraum anschließend arbeiteten die **Leiter der Kartei** in kleinen, identisch möblierten Zimmern (Nr. 5).³² Der Aufbewahrung von **Grundbüchern** und **Aufnahmescheinen** diente der Raum zwischen den beiden Lichthöfen (Nr. 6) (Abb. 123).³³ Im westlichen Gebäudeteil zur Arcisstraße arbeiteten etwa 40 Angestellte der **Aufnahme-Abteilung** in einem weiteren Großraumbüro (Nr. 7) (Abb. 125). Sie legten die Mitgliedsbücher für die neuen NSDAP-Mitglieder an, die ihre Anträge jedoch nicht persönlich vortrugen, sondern schriftlich einreichten, so wie sich überhaupt die Mitgliederverwaltung in erster Linie auf dem Postwege abspielte. Schreibtische aus Eichenholz für je vier Personen mit Linoleumschreibfläche und eingelassenen Tintenfässern, Rolladenschränke und eine Stempelpresse für die Prägung der Parteibücher gehörten zum Inventar.³⁴

Untergeschoß

In einem Großraumbüro, dessen Möblierung der darüberliegenden Zentralkartei im Erdgeschoß entsprach, verwalteten etwa 80 Angestellte die **Ortskartei** der NSDAP. Zentral zwischen den beiden Lichthöfen lag die **Repositur** mit drei Meter hohen Rolladenschränken für 8250 Aktenordner. In den **Garderoben** im Raum unter den Lichthöfen waren jeweils 272 Schränke für die Mitarbeiter installiert.³⁵ Es war den Angestellten per Anordnung untersagt, persönliche Dinge in die Büroräume mitzunehmen, gelegentlich ordnete der Reichsschatzmeister auch eine überraschende Durchsuchung der Schreibtische und Rollschränke an. Große Empörung verursachte beispielsweise das »vom Nationalsozialismus abgelehnte und aus dem Handel gezogene Buch« Königliche Hoheit »des üblen jüdischen Schriftstellers« Thomas Mann, das im Rollschrank einer Mitarbeiterin entdeckt worden war.³⁶ Die Anordnung betraf sicherlich nur die Angestellten niedrigen Ranges, die in Unter- und Erdgeschoß arbeiteten, denn in den Büros der oberen Etagen befanden sich teilweise Garderobenschränke mit eingebauten Waschbecken.

Eine Kantine gab es im »Verwaltungsbau« selbst nicht. Im Untergeschoß waren lediglich Aufenthaltsräume eingeplant. Die Angestellten speisten seit April 1940 in der **Kantine** des ehemaligen Hotels »Union« in der Karlstraße.

Abb. 126
»Braunes Haus«, Fahnenhalle, 1930/31

Abb. 127
»Verwaltungsbau«, südliche Eingangshalle, Aufnahme: H. Hoffmann

23 Vgl. BAK, NS 1/288. Die Eisentüren stammen aus den Metallwerkstätten Ehrenböck, die schon an Dampferausstattungen Troosts mitgewirkt hatten.

24 Vgl. BAK, NS 1/532.

25 Gerdy Troost: Brief an die Verf. 9.3.1995.

26 Möblierungsgrundriß Pförtnerraum: BayHStA, NSDAP Baupläne 6954.

27 Vgl. StadtA Mü, Schenkung Pössenbacher 55/128/II; BayHStA, NSDAP Baupläne 982 und NSDAP Akten 116.

28 Vgl. Landbauamt Nr. 162.

29 VB 12.2.1937.

30 Vgl. BayHStA, NSDAP Baupläne 6945 und 6947.

31 Vgl. BAK, NS 1/288.

32 Vgl. Anm. 15; BayHStA, NSDAP Baupläne 964, 1008, 6942.

Abb. 128
»Verwaltungsbau«, Karteiraum, Aufnahme: H. Hoffmann

Unten:
Abb. 129
»Verwaltungsbau«, Erdgeschoß, Grundriß der Kartei 1:50, H. M. Friedmann, Januar 1931, Detail

33 Wie Anm. 15.

34 Vgl. BayHStA, NSDAP Baupläne 929, 968, 6957, 6958.

35 Vgl. BayHStA, NSDAP Baupläne 5563, 6933, 6946.

36 BAK, NS 1/288.

37 Vgl. BayHStA, NSDAP Baupläne 966, 968, 960, 964.

38 Viele Räume des »Führerbaus« waren mit rostroten Teppichen der Firma Vorwerk, Wuppertal, ausgelegt, die schon nach Entwürfen von P. L. Troost für Dampfer des Norddeutschen Lloyd gearbeitet hatte (BSB, Ana 325: Korrespondenz Gerdy Troost 1936 und 1937).

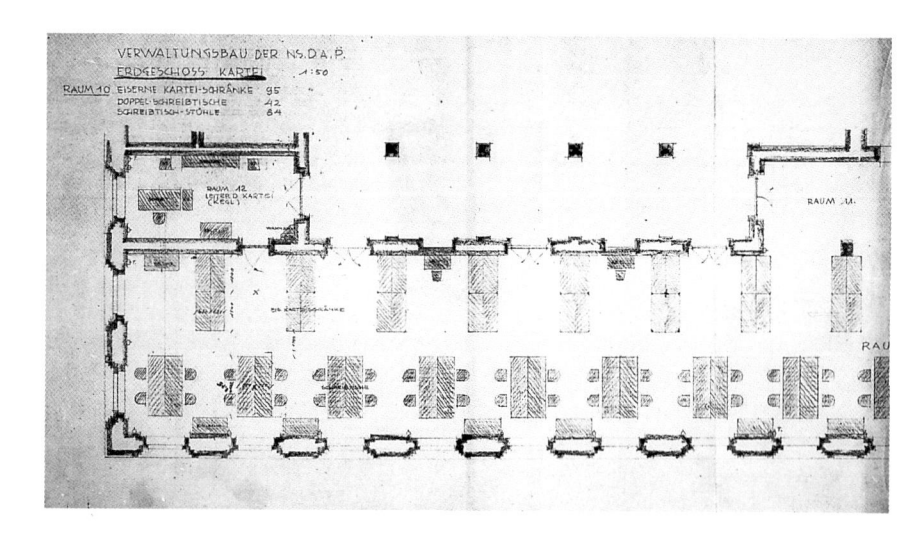

Eva von Seckendorff

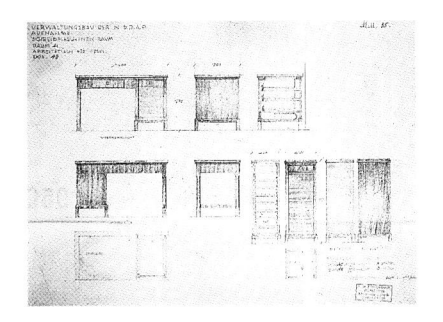

Abb. 130
Schreibmaschinentisch in der Aufnahmeabteilung, Entwurf, H. M. Friedmann, April 1936

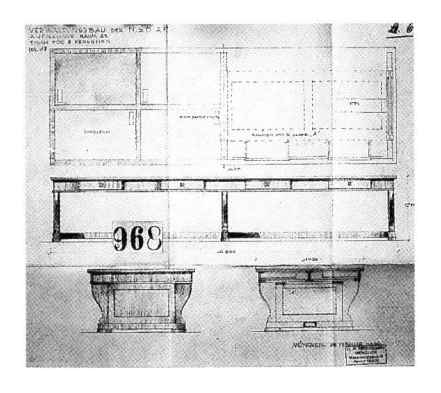

Abb. 131
Schreibtisch für acht Personen in der Aufnahmeabteilung, Entwurf, H. M. Friedmann, 28.2.1936

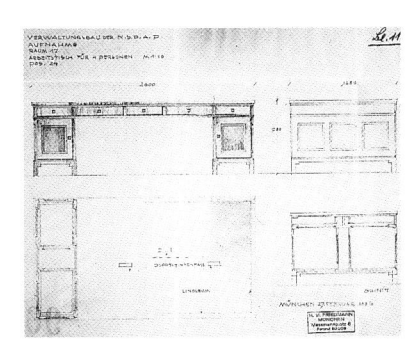

Abb. 132
Schreibtisch für vier Personen in der Aufnahmeabteilung, Entwurf, H. M. Friedmann, 27.2.1936

Die Möbel in den Büros des »Verwaltungsbaus« hatten keine außergewöhnlichen Funktionen. Dennoch bediente sich der Reichsschatzmeister nicht auf dem durchaus vorhandenen Markt für Büromöbel. Das 1934 gegründete NS-Amt für »Schönheit der Arbeit« hatte prototypische Büroeinrichtungen gestalten lassen, die verwendbar gewesen wären. Abgesehen von wenigen Ausnahmen ließ Schwarz das gesamte Mobiliar jedoch neu entwerfen und eigens für den Bau anfertigen. Die besondere Stellung der Verwaltung der NSDAP sollte sich klar abheben von anderen bürokratischen Institutionen und schon am Mobiliar ablesbar sein. Kennzeichnend ist die Vielzahl an Variationen gleicher Möbeltypen. Weil das Mobiliar nicht nur dem Hause zugeordnet sein, sondern einzelne Räume kennzeichnen sollte, gestaltete Friedmann gleiche Möbeltypen wie Schreibtische unterschiedlich, obwohl diese Variationen von der Funktion her nicht erforderlich gewesen wären (Abb. 130–134).

Schreibtische[37] wurden als Mittel eingesetzt, um Rangordnungen deutlich auszudrücken. Kleine Schreibmaschinentische mit Linoleumeinlage für reine Tipparbeit standen zuunterst. Die Tische wurden mächtiger, je höher die Position in der Hierarchie angesiedelt war: Schwerer Korpus, kräftige Profile, Schreibeinlage aus Leder signalisierten eine Chefposition. Auch in den Bodenbelägen und der Deckengestaltung fand die Hierarchie Ausdruck. Untergeordnete Schreibkräfte mußten mit Linoleum vorlieb nehmen, Abteilungsleiter durften über Parkett schreiten, in den Zimmern des Reichsschatzmeister-Stabes verlegte man auf dem Parkett Spannteppiche und im Zimmer des Reichsschatzmeisters zusätzlich noch einen Schauteppich.[38]

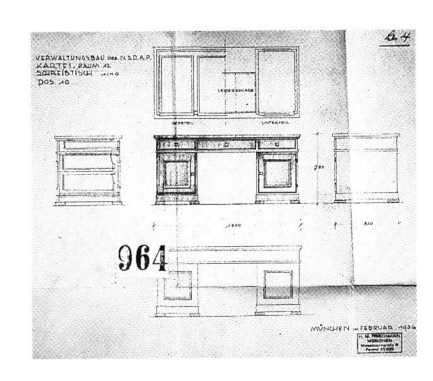

Abb. 133
Schreibtisch im Raum des Karteileiters, Entwurf, H. M. Friedmann, Februar 1936

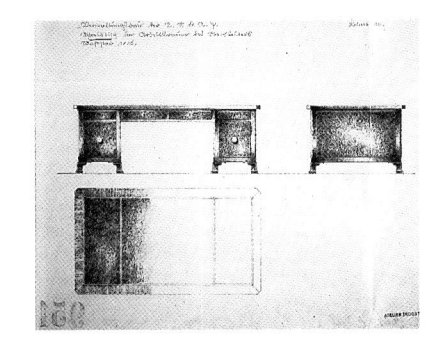

Abb. 134
Schreibtisch im Zimmer des Stabsleiters, Entwurf, Atelier Troost

Erstes Obergeschoß (Grundriß Abb. 135)

Auf dem mittleren Absatz der zweiarmigen **Treppe** im nördlichen Lichthof (Nr. 8) stimmte die sakrale Inszenierung eines Hitlerporträts auf die repräsentative Atmosphäre des ersten Obergeschosses ein, eine Anordnung, die Troost im Treppenhaus 1. Klasse der »Europa« vorgeführt hatte (Abb. 136 u. 137). Für die persönlichen Zimmer des Reichsschatzmeisters, seiner Adjutanten, seines Stabsleiters und seiner Referatsleiter, die alle vom Gang aus zu erreichen waren, war der an der Arcisstraße gelegene westliche Flügel reserviert. Nur die vier persönlichen Räume des Reichsschatzmeisters bildeten einen abgeschlossenen Bereich, die übrigen Zimmer waren untereinander durch Türen verbunden.

Aufnahmen der repräsentativen Räumlichkeiten von Heinrich Hoffmann und anderen Photographen, die der *Völkische Beobachter*, *Die Kunst im Dritten Reich* und andere Zeitschriften veröffentlichten, zeigen durchweg statische, stilisierte Interieurs.[39] Nichts weist auf die in den Räumen ausgeübten Tätigkeiten hin. Auf den

39 Beschreibung der repräsentativen Zimmer des ersten Obergeschosses: Rühl 1937; Kiener 1938b; Heilmeyer 1938b (mit Farbabbildungen); Heilmeyer 1938d; Dresler 1939; Kiener 1942; Maier-Hartmann 1942; Verzeichnis; vgl. auch BSB, Photoarchiv Hoffmann und Photothek ZI.

Abb. 135
»Verwaltungsbau«, 1. Obergeschoß, schematisierter Grundriß

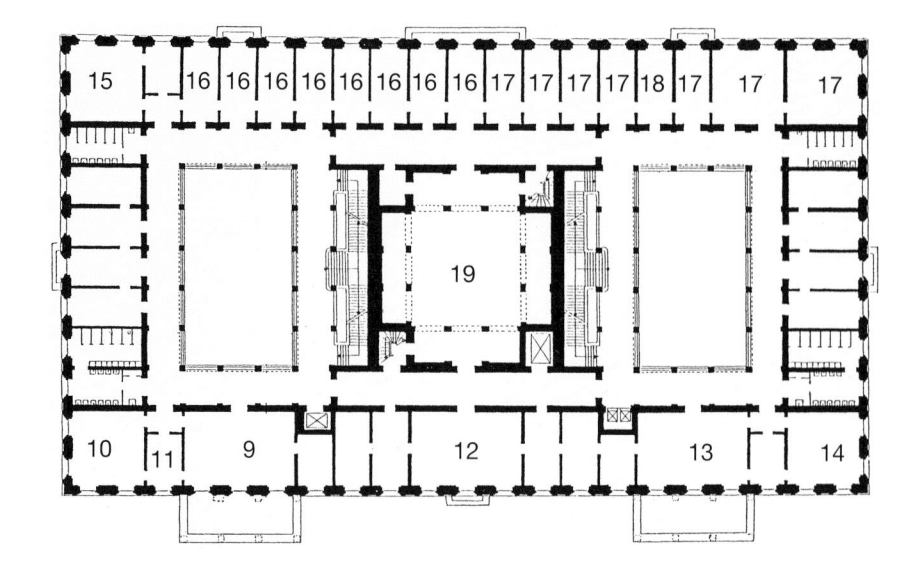

Abb. 136
»Verwaltungsbau«, Erdgeschoß, nördlicher Treppenaufgang, Aufnahme: H. Hoffmann

Abb. 137
Treppe in der Halle der 1. Klasse auf der »Europa«, P. L. Troost, 1926–30

Eva von Seckendorff

Abb. 138–139
»Verwaltungsbau«, Arbeitszimmer des Reichsschatzmeisters,
Aufnahmen: H. Hoffmann

Schreibtischen stapeln sich keine Aktenberge, die symmetrische Anordnung des Mobiliars würde durch Abwechslung oder Unterbrechung nur gestört. Für die meist aus kleinbürgerlichen Verhältnissen stammenden NS-Funktionäre inszenierten Gall und Gerdy Troost einen großbürgerlichen Rahmen, der die Zugehörigkeit zu einer kultivierten Elite assoziieren sollte. Sie orientierten sich bei der Möblierung der Räume der höheren NS-Chargen am »Arbeitszimmer des Herrn«, wie man es in vornehmen Häusern seit Ende des letzten Jahrhunderts finden konnte. Zum repräsentativen Schreibtisch gesellten sich Sitzecke, Kommode, Bücherschrank; Bilderschmuck und Farben der Wände, Vorhänge und Möbelbespannungen kamen als gestalterisches Element hinzu.
Die Lage in der Mittelachse des nördlichen Lichthofes und der Balkon zum Königsplatz kennzeichnen die Bedeutung des repräsentativsten Raumes im Gebäude, das **Arbeitszimmer des Reichsschatzmeisters** (Nr. 9) (Abb. 138 u. 139). Schwarz übersah von seinem Zimmer aus den Königsplatz. Der Balkon konnte als Rednertribüne dienen, die bei diesem Anlaß installierte Mikrophonanlage ermöglichte es, den Platz zu beschallen. Die umlaufende niedrige Holztäfelung schuf Herrenzimmeratmosphäre. Farblich war der Raum in warmem Dunkelrot gehalten: terrakottafarbener Teppichboden mit Perserteppichen, die Tischplatten aus rotem Thüringer Marmor. Schreibtischstuhl und Schreibfläche waren mit rotem Saffianleder bezogen. Der monumentale Schreibtisch und der verglaste Bücherschrank kennzeichneten den Arbeitsbereich des Raumes, eine Sitzecke mit Tisch, Sofa und Sesseln und einer Kommode war der geselligen Sphäre zugeordnet.[40] Wurzelholzmaserung betonte den schwerfälligen und monumentalen Charakter des Mobiliars. Auffällige Möbelbeschläge aus brünierter Bronze und der mehrarmige große Deckenleuchter verliehen dem Interieur eine feierliche Übersteigerung. Sechs Gemälde, darunter ein großes Hitlerporträt, dienten als Wandschmuck.
Zum persönlichen Bereich des Reichsschatzmeisters gehörte auch ein **Besprechungszimmer** (Nr. 10) in der nordwestlichen Gebäudeecke mit Blick auf Königsplatz und »Ehrentempel« (Abb. 140). Das Zentrum des Raumes bildete ein runder Konferenztisch, um den hohe Armlehnstühle gruppiert waren. Arrangements vor den Wänden knüpften an aristokratische Raumausstattungen an: eine Büste (wahrscheinlich Dietrich Eckarts, des 1923 verstorbenen Hitler-Freundes und

40 Vgl. StadtA Mü, Schenkung Pössenbacher 55/128/II; BayHStA, NSDAP Baupläne 935. Der Schrank ist die kantigere Ausführung eines Troost-Entwurfes von 1930: vgl. Kiener 1942b. Vgl. die Möbel Galls für die Räume des Oberbürgermeisters Karl Fiehler im Neuen Rathaus München (1939/40): Ottomeyer, Hans und Alfred Ziffer: Möbel des Neoklassizismus und der Neuen Sachlichkeit. München/New York 1993, S. 218 ff.

Abb. 140
»Verwaltungsbau«, Sprechzimmer des
Reichsschatzmeisters, Wandaufrisse,
Atelier Troost

Abb. 141
»Verwaltungsbau«, Zimmer des Stabsleiters,
Aufnahme: H. Hoffmann

41 Vgl. BayHStA, NSDAP Baupläne 943, 944, 945, 947, 948, 949, 978, 7014; StadtA Mü, Schenkung Pössenbacher 55/128/I.

42 Vgl. ebenda; StadtA Mü, Schenkung Pössenbacher 55/128/II.

43 Vgl. StadtA Mü, Schenkung Pössenbacher 55/128/I.

44 Vgl. ebenda; BayHStA, NSDAP Baupläne 951–958, 980.

Mentors), eine von zwei Sesseln flankierte Kommode, darüber ein Wandteppich.[41] Zwischen den beiden großen Räumen des Reichsschatzmeisters lag das auf die Farbe Blau abgestimmte **Adjutantenzimmer** (Nr. 11).[42] Im mit blauem Teppichboden ausgelegten Mittelzimmer (Nr. 12)[43] – in der Mittelachse des Gebäudes – saß der **Leiter des Verwaltungsamtes**, in der Mittelachse des südlichen Lichthofes in einem in Grün gehaltenen Zimmer (Nr. 13)[44] der **Stabsleiter** (Abb. 141). Die Möbel wiesen dort, ähnlich wie im Mittelzimmer, auffallend hohe Füße in der Art begradigter Bracketfüße auf, ein typisches Element später Troost-Möbel. Die Räume an der Ostseite, der Rückseite des Baus, hatten keine repräsentativen Funktionen, sieht man von den Eckzimmern für den **Referenten des Stabsleiters** und den **Leiter des Haushaltsamtes** ab (Nr. 14 und 15). Die Büroräume des **Haus-**

Eva von Seckendorff

Abb. 142
»Verwaltungsbau«, Bibliothek, Ansprache des Reichsschatzmeisters Schwarz, 9.2.1942

Abb. 143
Tisch aus der Bibliothek im Foyer des ehemaligen »Verwaltungsbaus«, 1981

Abb. 144
»Verwaltungsbau«, Globus in der Bibliothek, Entwurf 1:10, L. Gall

haltsamtes und der **Buchhaltung**, die sich in langer Flucht aneinanderreihen (Nr. 16 und 17), waren einheitlich möbliert,[45] die **Hauptkasse** an der Ostseite des südlichen Lichthofes (Nr. 18) mit einem Kassenschalter und Geldzähltischen ausgestattet.[46]

Neben der Kartei war die **Bibliothek** im Zentrum des ersten Obergeschosses (Nr. 19) eine dramaturgisch wichtige Station in der zeitgenössischen Darstellung des »Verwaltungsbaus«. Die Propaganda spiegelte den imperialistischen Anspruch der NS-Diktatur: »Besonders eindrucksvoll ist auch der durch zwei Geschosse gehende, ganz in Eiche gehaltene Bibliothekssaal, in dessen Mitte, direkt unter dem Lichtschacht, ein riesiger Globus – Sinnbild der die Reichsdeutschen in aller Welt umfassenden Organisation der NSDAP – Aufstellung gefunden hat.«[47] Inwieweit die Bibliothek vollständig möbliert und in Gebrauch war, ist nicht eindeutig zu klären. Im Februar 1937 jedenfalls war sie noch nicht mit Büchern bestückt und auch 1939 noch nicht zur Benutzung freigegeben, obwohl »die erste Aufbauphase« des Bestandes an staats- und verwaltungsrechtlicher sowie volks-

45 Vgl. BayHStA, NSDAP Baupläne 976.

46 Vgl. BayHStA, NSDAP Baupläne 972, 975, 6992.

47 Übergabe des Verwaltungsbaus. In: MNN 12.2.1937.

Abb. 145–146
»Verwaltungsbau«, Bibliothek, Aufrisse der Nordwand sowie der West- und Ostwand 1:50, Atelier Troost

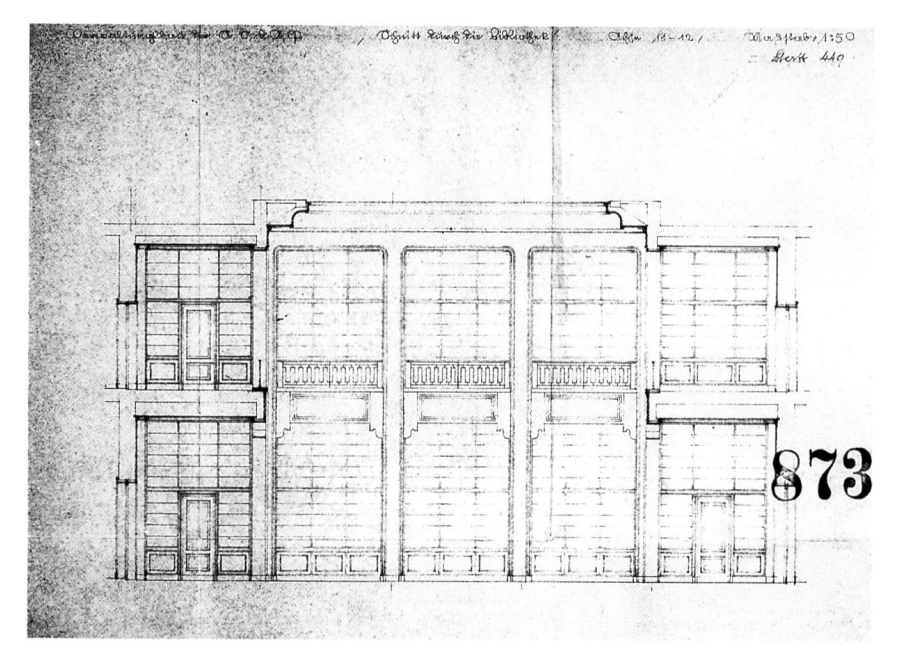

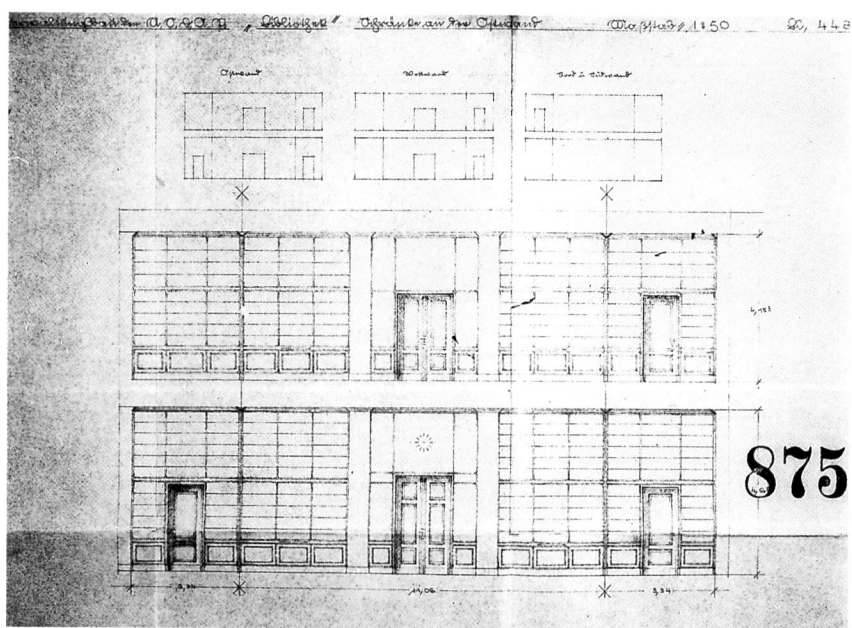

48 Vgl. VB 12.2.1937 und BAK, NS 1/422–1.

49 Vgl. BAK, NS/299.

50 Vgl. Frank, Wilhelm: Über Bibliothek und Buch. In: Innendekoration 30.1919, S. 338–340.

51 Zum Glasdach vgl. Rühl 1937; auch Gerdy Troost, Mitteilung 15.3.1995; zum Teppich vgl. Angermann, Gertrud: »Arteigene Teppiche«. Ein Beitrag zur Geschichte der Germanophilie und zur NS-Ideologie: In: Westfalen. Hefte für Geschichte, Kunst und Volkskunde 57. 1979, S. 126–148.

52 Vgl. StaatsA Mü, Plansammlung Rolle 14; BayHStA, NSDAP Baupläne 873, 875, 881–883, 886, 887 (Regalwände) und 6974–6979 (Möbel).

53 Weißbach, Karl: Handbuch der Architektur IV.2.1.Stuttgart 1902, S. 129.

wirtschaftlicher Literatur abgeschlossen war.[48] Der Raum wurde vom Reichsschatzmeister auch auswärtigen Besuchern vorgeführt (Abb. 142).[49] Die Möblierung des Raumes orientiert sich an dem in der einschlägigen Fachliteratur geforderten Charakter eines Bibliotheksraumes im vornehmen Hause, der »ruhig und ernst« sein, »eine abgeschlossene Raumwirkung und eine energische Binnenstimmung« aufweisen sollte.[50] Der tektonische Charakter, der die Lichthöfe auszeichnet, ist im zweigeschossigen Lesesaal durch die mit Eichenholz verkleideten Pfeiler zugunsten einer einheitlichen Raumstimmung gemildert (Abb. 145 u. 146). Das Glasdach darüber war elfenbeinfarben getönt, den Parkettboden bedeckte ein Teppich mit stilisierter Hakenkreuzmusterung.[51] Die wandhohen Eichenregale sind mit Vorrichtungen für Leitern versehen, vor die Regalfächer in der Sockelzone sind Türen mit Wurzelmaser gesetzt.[52] Die Fachliteratur forderte, ein Bibliotheksraum müsse mit »einigen starken Möbeln« ausgestattet sein,[53] und so stellten die Architekten einen gigantischen, mit Marmoreinlage versehenen runden Tisch auf (heute im Foyer der Meiserstraße 10), komfortable Armlehnsessel und Arbeits- oder Ablagetische aus Eiche (Abb. 143). Das Ausstattungstück, das am meisten ins Auge fiel, den Globus, hatte Gerdy Troost doppelt so groß wie handelsüblich bei einer Berliner Firma anfertigen lassen (Abb. 144).[54] Gleiche Exemplare befanden sich in Hitlers Arbeitsräumen im »Führerbau« und in der Neuen Reichskanzlei in Berlin.

Zweites Obergeschoß

Im zweiten Obergeschoß befanden sich an der Seite zum Königsplatz und in dem zur Brienner Straße weisenden nördlichen Gebäudeteil kleinere **Büros für die Sachbearbeiter und Schreibkräfte des Rechtsamtes** und des **Mitgliedschaftsamtes**. Das **Reichsrechnungsamt** und das **Rechtsamt** belegten den gesamten Südflügel, das **Personalamt** den größten Teil des Ostflügels. Außer den dort heute teilweise noch vorhandenen eingebauten Eichenschränken gibt es keine Hinweise zur Möblierung. Die **Eckräume der Abteilungsleiter** waren ebenfalls nach dem repräsentativen Herrenzimmer-Schema eingerichtet.[55]
In der Mitte des Ostflügels lag ein **Vortragssaal** mit Vorführraum. Da aus Brandschutzgründen Einwände gegen die Installation eines Projektors erhoben wurden, nahm man den Raum jedoch nicht in Betrieb, sondern nutzte ihn als Arbeitsraum.[56]

»Führerbau«

Hitler wollte schon bei den Planungen zum »Braunen Haus« im Jahr 1930 ein großes Repräsentationsgebäude für seine Partei. Sein Ziel war vor allem die Errichtung eines mehrere tausend Personen fassenden Kongreßsaales, in dem »feierliche Akte der Bewegung und des Staates« inszeniert werden sollten.[57] Der »Senatssaal« oder »Kongreßsaal«, der 1933 wahrscheinlich noch von Paul Ludwig Troost selbst geplant worden war, verkörperte denn auch die zentrale Funktion, auf welche die Planung des »Führerbaus« ausgerichtet war. 1934 war das Raumprogramm der ersten Etage weitgehend festgelegt:[58] die Arbeitsräume Hitlers und seines Stellvertreters Rudolf Heß zum Königsplatz hin, an der gegenüberliegenden Ostseite ein Empfangsraum, ein Rauchzimmer und ein Speisezimmer. Zeichnungen zu den Interieurs dieser Räume fertigte das Atelier Troost Ende 1936 und Anfang 1937 an. Mitte 1937 ließ Hitler die Idee des Kongreßsaales fallen und an seiner Stelle als Gesellschaftsraum die »Große Halle« einrichten. 1938 wurde das Arbeitszimmer Hitlers um repräsentative Elemente erweitert: Wo früher die Räume für Heß geplant waren, richtete man jetzt eine Bar und ein weiteres Rauchzimmer ein. Auch die Ausstattung der Arbeitsräume im zweiten Obergeschoß ging man erst Anfang des Jahres 1938 an. Die fortwährenden Konzeptänderungen liegen in den wechselnden Selbstdarstellungen Hitlers begründet, die von volksnahen Inszenierungen ausgingen und in der maßlosen höfischen Pracht der Neuen Reichskanzlei gipfeln sollten. Noch 1933 angesichts der beginnenden Bauarbeiten zu den Monumentalbauten am Königsplatz konnte sich die NSDAP als Volkspartei verkaufen, die jeden Luxus verdammte: »Was faselt nicht alles die Linkspresse! Die Treppengeländer aus purem Gold, die Teppiche echte Perser für Hunderttausende von Mark, das Arbeitszimmer des Führers ein wahrhaft orientalisch geschmückter Raum, der Millionen verschlang. Geheime Fahrstühle zwischen den Mauern, geheime Schränke und Verstecke, Waffenkeller und derlei Fantasien. Hitler lachte, als er erfuhr, was für Summen er verbaut habe, um seinem orientalischen Prunkbedürfnis zu frönen.«[59] Auch wenn man wenige Jahre später beim »Führerbau« nicht von orientalischer Pracht sprechen konnte, so wurde doch deutlich, daß sich Hitler hier mit den Attributen großbürgerlicher Kultur umgab. Gall und Gerdy Troost verwendeten die wertvollsten Holzarten und aufwendig hergestellte Stoffe. Material- und Geldkontingente mußten nicht berücksichtigt werden.[60] Dennoch zeigten die Architekten insgesamt in der Ausstattung der Münchner Bauten einen bescheideneren Stil als Albert Speer in der

54 Firma Columbus-Erdglobus, Berlin. Das Untergestell wurde nach Entwurf von Gall durch die Firma Pössenbacher hergestellt: BAK Außenstelle Zehlendorf (ehem. BDC), RKK 2401.

55 Vgl. BayHStA, NSDAP Baupläne 5568.

56 Vgl. StaatsA Mü, Plansammlung Rolle 29; Lokalbaukommission 11591.

57 Kiener 1934b, S. 91.

58 Vgl. die in Anm. 14 aufgeführten Archivalien, außerdem: BayHStA, NSDAP Baupläne 6259; Bauamt TU.

59 Bade, Wilfried und Heinrich Hoffmann: Deutschland erwacht. Werden, Kampf und Sieg der NSDAP. Hamburg 1933, S. 44.

60 Die Korrespondenz des Atelier Troost mit den Herstellern der Stoffe und Teppiche beweist, daß sich die Architekten für die Ausstattung der »Führerbauten« mit Genehmigung höchster Stellen über Materialkontingentierungen (z.B. für Wolle, Seide oder Jute) hinwegsetzen konnten: BSB, Nachlaß Troost, Ana 325: Korrespondenz Gerdy Troost 1937.

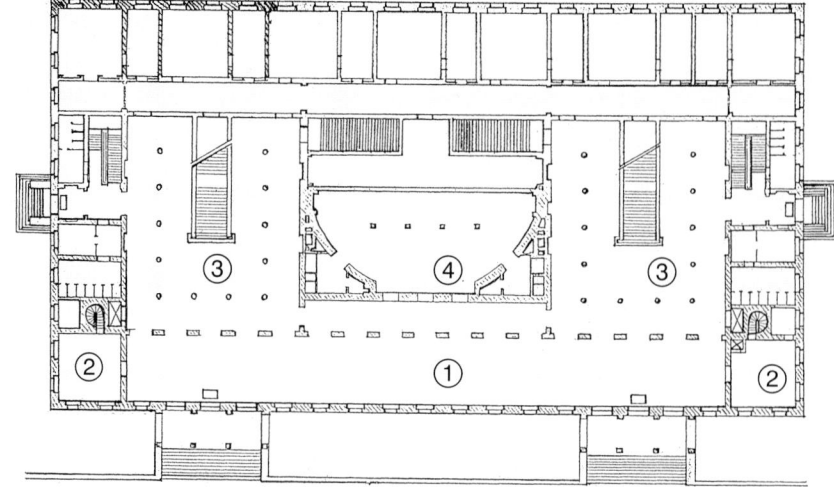

Abb. 147
»Führerbau«, Erdgeschoß, schematisierter Grundriß

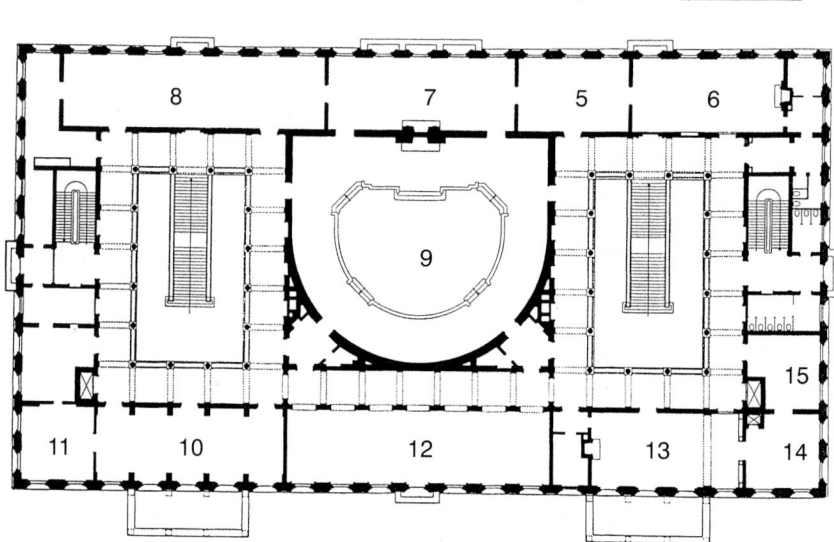

Abb. 148
»Führerbau«, 1. Obergeschoß, schematisierter Grundriß

---

61 Das Mobiliar in der Neuen Reichskanzlei war fast ausschließlich aus den wertvollsten Holzarten Palisander und Mahagoni. Intarsierte Möbel waren selbstverständlich. Im »Führerbau« verwendete man neben Palisander und Mahagoni vor allem Nußbaum, intarsierte Möbel gab es nur in der »Großen Halle« und im Speisezimmer. Albert Speer vermutete, daß Troost eine vorübergehende Geschmacksänderung Hitlers bewirkt habe. Seit etwa 1937 habe sich Hitler jedoch »von den Lehren Troosts […] langsam aber stetig immer weiter entfernt« (Speer 1969, S. 174).

62 Vgl. Schäfer im vorliegenden Band.

63 Vgl. Speer 1969, S. 97 ff.

Neuen Reichskanzlei in Berlin, die zwei Jahre später fertiggestellt werden sollte.[61] Verglichen mit dem riesigen Bau- und Propagandaaufwand arrangierte man im »Führerbau«, soweit sich die zeitgenössischen Presseberichte überblicken lassen, verhältnismäßig wenige Feierlichkeiten: einige Empfänge für Diplomaten, für Parteiführer und für Künstler anläßlich der »Großen Deutschen Kunstausstellung« im »Haus der Deutschen Kunst«. Ins Rampenlicht der Weltöffentlichkeit traten der »Führerbau« und die in ihm verkörperte nationalsozialistische Repräsentationskultur lediglich aus Anlaß der Unterzeichnung des »Münchner Abkommens« am 29. September 1938 durch Chamberlain, Daladier, Mussolini und Hitler.[62] Seit 1940 pendelte Hitler im wesentlichen zwischen Berlin und dem Obersalzberg, denn sein süddeutsches Domizil hatte er in die Berge verlegt.[63] Nach den ersten Bombenangriffen auf München im März 1943 wurde ein großer Teil des Mobiliars aufs Land geschafft. Damit war die repräsentative Funktion des »Führerbaus« beendet.

Erdgeschoß (Grundriß Abb. 147)
Die Eingangssituation unterschied sich außerordentlich von jener im »Verwaltungsbau«. Den von der Arcisstraße her eintretenden Besucher empfing im »Führerbau« eine langgestreckte **Wandelhalle**, die beide Eingänge miteinander verband (Nr. 1) (Abb. 149). Roter Saalburger Marmorboden und Wandverkleidung aus Kelheimer Jura sowie eine stark reliefierte Kassettendecke verstärkten die monumentale Raumwirkung. Fackelartige Lampen an den Wandpfeilern spendeten indirektes Licht. Mit dem kühlen Material und den extremen Raumpropor-

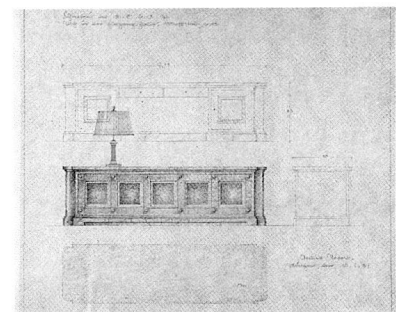

Eva von Seckendorff

tionen hatte die Halle wie auch die 1939 fertiggestellte »Marmorgalerie« in Albert Speers Neuer Reichskanzlei die Einschüchterung der Gäste zum Ziel.[64] An beiden Enden der Halle stand, jeweils vor den **Räumen für die Wachmannschaft** des Reichssicherheitsdienstes und der SS (Nr. 2), die mit einem Gewehrständer und einem Bord für Stahlhelme auf militante Einsätze vorbereitet war, ein mächtiger Tresen (Abb. 150).[65] Um Attentate zu verhindern, waren die Sicherheitsvorkehrungen an den Pforten äußerst streng. Wenn Hitler überraschend den »Führerbau« besuchte – meistens um die Gemälde für das geplante Linzer Museum zu besichtigen –, wurden alle Eingänge von SS-Posten besetzt, die auch das Haus vom Dach bis in den Lüftungskanal durchkämmten. Dasselbe geschah vor offiziellen Veranstaltungen, nachdem sämtliche Büroangestellten das Gebäude hatten verlassen müssen. »Ausgesucht zuverlässige Parteigenossen und SS-Angehörige«[66] kontrollierten, daß ausschließlich Angestellte der Parteikanzlei und Angehörige der Hausinspektion die normalerweise benutzte »Hauptpforte«, den nördlichen Eingang, passierten. Sie mußten Lichtbildausweise mit monatlich wechselnden »Beglaubigungsmarken« vorzeigen. Die Ausgabe der Ausweise überwachte Bormann persönlich. Für Bewegungen im Gebäude gab es eindeutige Regieanweisungen: »das Herumstehen [...] in der Vorhalle ist im Interesse der Sicherheit und des Überblickes streng untersagt.«[67] Außenstehende durften den Bau nur nach bürokratischen Prozeduren betreten und wurden von einem Angestellten zum entsprechenden Büro gebracht, damit sie nicht auf Abwege gerieten.
Vor allem durch die monumentalen Freitreppen und die Verwendung von Säulen statt Pfeilern sind die **Lichthöfe** (Nr. 3) (Abb. 151) im »Führerbau« ungleich repräsentativer gestaltet als im »Verwaltungsbau«. Die Wände sind bis zur Decke mit Juramarmor verkleidet. In einigen Wandnischen des Obergeschosses war außerdem Skulpturenschmuck vorgesehen.[68] Der geladene Gast betrat von der Arcisstraße her[69] die Vorhalle und ging anschließend zu den **Garderoben** (Nr. 4) im Raum zwischen den beiden Lichthöfen und dann über die Treppe im südlichen Lichthof zum Empfangssaal auf der Ostseite des Hauses. Die nördliche Treppe geleitete zum Speisesaal, eine Abfolge, die dem Ablauf eines Empfanges nicht entsprochen hätte.

Erstes Obergeschoß (Grundriß Abb. 148)
Das erste Obergeschoß war Hitlers offiziellen Veranstaltungen vorbehalten. Je nach Anlaß benutzte man die Raumfolge mit Empfangs-, Rauch- und Speise-

Links:
Abb. 149
»Führerbau«, Wandelhalle,
Aufnahme: H. Hoffmann

Oben rechts:
Abb. 150
»Führerbau«, Empfangstisch in der Eingangshalle, Atelier Troost, 1937

Oben:
Abb. 151
»Führerbau«, Lichthof,
Aufnahme: H. Hoffmann

64 Vgl. Rede Hitlers zum Richtfest der Neuen Reichskanzlei am 2.8.1938. Zit. bei Schönberger 1981, S. 177; Speer 1969, S. 128 und 171.

65 Vgl. BayHStA, NSDAP Baupläne 6215, 6210, 6223, 6224, 6227. Spinde, Arbeitstische und eine lederbezogene Bank – alles aus Eichenholz – gehörten zur Ausstattung. Tresen: Bauamt TU.

66 Vgl. Anweisung für den Pförtendienst, 1941: BAK, NS 1/532.

67 Vgl. BAK, NS 1/532.

68 Laut Gerdy Troost waren die Nischen am Treppenende im ersten Obergeschoß für Skulpturen gedacht. Sie hätte dort gerne eine Arbeit von Georg Kolbe gesehen (Gerdy Troost: Telephonat 15.3.1995).

69 Wie Anm. 66. Bei offiziellen Veranstaltungen kontrollierten ein Mitglied des Reichssicherheitsdienstes und der Pförtner an der nördlichen Pforte die Einladungskarten der Gäste.

Abb. 152
»Führerbau«, Empfangszimmer,
Aufnahme: H. Hoffmann

Abb. 153
»Führerbau«, Rauchzimmer

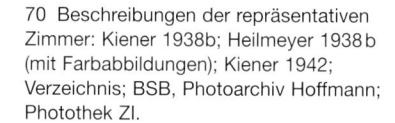

70 Beschreibungen der repräsentativen Zimmer: Kiener 1938b; Heilmeyer 1938b (mit Farbabbildungen); Kiener 1942; Verzeichnis; BSB, Photoarchiv Hoffmann; Photothek ZI.

71 Vgl. Sachs 1937; Dresler 1937, S. 36.

72 Die Möbelstoffe wurden von der Fa. Bretsch zur Weiterverarbeitung an die Vereinigten Werkstätten gesendet. Dort gibt es keine Auftragsunterlagen. Vgl. BSB, Ana 325: Korrespondenz Gerdy Troost 1937.

73 Vgl. BayHStA, NSDAP Baupläne 6246; die folgenden Zitate aus: Sachs 1937.

74 Die Korrespondenz zwischen dem Atelier Troost und der Möbelstoffweberei Adolf Toenges, die schon für P. L. Troost gearbeitet hatte, zeugen von den extravaganten Qualitätsmaßstäben, die Gerdy Troost anlegte. Die Vorhang- und Bezugsstoffe wurden für die verschiedenen Räume meist eigens gewebt. Toenges wurde immer wieder zu neuen Färbungen und Musteranfertigungen angehalten, die immer wieder als unpassend verworfen wurden: BSB, Ana 325: Korrespondenz Gerdy Troost 1937.

75 Vgl. Muthesius, Hermann: Über häusliche Baukunst. In: Kultur und Kunst. Gesammelte Aufsätze. Jena/Leipzig 1904, S. 76–99.

76 Platz, Gustav: Wohnräume der Gegenwart, Berlin 1933, S. 104.

zimmer im Ostflügel mit der »Großen Halle« als Mittelpunkt oder die dem Arbeitszimmer Hitlers zugeordnete »Suite« – Bar, Rauchzimmer und Wandelhalle – im gegenüberliegenden Flügel, zum Königsplatz hin.[70]

Das **Empfangszimmer**[71] (Nr. 5) (Abb. 152) bildete den Auftakt der repräsentativen Raumfolge an der Rückseite des Gebäudes. Die Wände waren in hellem Elfenbeinton gestrichen, auf dem hellen, goldtonigen Bodenbelag lag ein Perserteppich, Möbel und Türen waren aus hellem Kirschbaumholz. Vier große Wandspiegel, ein Glaslüster und dazu passende Wandarme gaben dem Raum ein festliches Gepräge. Gerdy Troost ließ wertvolle Stoffe weben und verarbeiten: Seidendamast für die Vorhänge, Steppgobelin für die Polstermöbel.[72] Gemälde Alter Meister – Dresler erwähnt ein Gemälde Caspar David Friedrichs – sollten dem Raum eine kultivierte Note geben.

Südlich schloß sich an den Empfangsraum das vorwiegend von Männern genutzte **Rauchzimmer** (Nr. 6) (Abb. 153) an, dem die NS-Presse einen »harten männlichen Stil« zuschrieb.[73] Die Wandtäfelung aus Nußbaum und der terrafarbene Fußboden ergaben eine braunrote Farbgebung, die sich in der dunkelroten Marmoreinfassung des Kamins wiederholte. Darüber war ein die Farben des Raumes aufgreifendes Gemälde eingelassen. Die kräftig gemusterten rot-braunen Bezugsstoffe ergaben mit der gedrängten Anordnung vieler großer Möbelstücke in verschiedenen Sitzgruppen eine derbe Wirkung. Leuchtkörper mit pergamentartigem Schirm gaben dem Raum gedämpftes Licht. Die Fliesen der an den Wänden aufgereihten Rauchtischchen waren mit »Motiven der Wehrmacht, Arbeit und der Bewegung« bemalt. In der Vertäfelung seitlich des Kamins versteckte Türen führten zu zwei kleinen Besprechungskabinetten.

Nördlich des Empfangsraumes schloß sich das sogenannte **Kaminzimmer** (Nr. 7) (Abb. 154) an. Gold, Hellblau und Rotbraun gaben den Farbton an, mit Nußbaumholz gerahmte Wandfelder waren mit Brokat bespannt.[74] Eine vergoldete Kassettendecke ließ höfische Prunkräume assoziieren. Den Kamin als Ort familiärer Intimität, an dem »mächtige Gefühlswerte« wirkten, »die dem wärmenden Hausherde als uraltem Mittelpunkte des häuslichen Lebens innewohnten«, hatte in Deutschland um 1900 die »Landhausbewegung« wiederentdeckt.[75] So wie es die Fachliteratur forderte,[76] war auch im »Führerbau« vor dem großen Kamin mit barocker Rahmung aus rotem Marquartsteiner Marmor eine Sofagruppe angeordnet. Der Kamingruppe gegenüber stand ein großer Buffettisch von Gall. Diese Form eines bis zu acht Meter langen Tisches mit Marmorplatte und jeweils kunstvoll variiertem Unterbau war ein typisches Möbel des »Führerbaus« und offenbar

Abb. 154
»Führerbau«, Kaminzimmer,
Aufnahme: H. Hoffmann

eine Erfindung des Atelier Troost. Symmetrisch um die Sitzecke am Kamin waren weitere raumgreifende Tischgruppen aus poliertem Mahagoni arrangiert.[77] Durch die Kreation eigener Sessel- und Tischvariationen versuchten die Architekten, dem Raum ein besonderes Gepräge zu geben. Die Damast-, Brokat- und Gobelinstoffe in verschiedenfarbigen Blumenmustern waren äußerst aufwendig gewebt. Der Raum war üppig mit Gemälden Alter Meister bestückt.[78] Am zentralen Ort über dem Kamin aber hing eines der wenigen zeitgenössischen Bilder im »Führerbau«, Adolf Zieglers Triptychon »Die vier Elemente«. Angeblich hatte Hitler das Bild Zieglers gegen den Wunsch von Gerdy Troost dort aufhängen lassen.[79] Ziegler war 1936, als er das Bild malte, Präsident der »Reichskammer der bildenden Künste«, also oberste Instanz der nationalsozialistischen Künstlerschaft. Hitler ließ die »Vier Elemente« als eines der Hauptwerke zur Eröffnung des »Hauses der Deutschen Kunst« auf der ersten »Großen Deutschen Kunstausstellung« präsentieren, bevor er es im Kaminzimmer des »Führerbaus« plazierte. Das Gemälde ist seit damals das vermutlich meistpublizierte Bild der NS-Malerei, dem Ziegler selbst programmatischen Charakter zuschrieb: »Die Arbeit stellt unsere Weltanschauung dar. Ihr philosophischer Kern, die Bejahung der Naturgesetzlichkeit ist dargestellt durch die 4 Elemente: Feuer, Wasser, Erde und Luft.«[80] Als »Inkunabel des nationalsozialistischen Kunstverständnisses« fügte es sich in die Programmatik des Raumes mit dem Thema »die Künste«. Hier wie auch bei den Gemälden des 19. Jahrhunderts im »Führerbau« wurden inhaltliche Deutungen jedoch vom dekorativen Aspekt überlagert. Das Gemälde deckte sich in seinen Maßen mit denen des Kamins, und zeitgenössische Beschreibungen hoben hervor, daß »das Blau des Hintergrundes dieses Bildes auch in den übrigen Bildern und in den Möbeln erscheint, wodurch ein feiner Zusammenklang von Rot, Gold, Braun und Blau erzielt wird.«[81] Vergoldete Embleme in Wappenform über den Türen des Kaminzimmers symbolisierten Theater, Musik, Malerei und Plastik.[82]

Eine dieser Türen führte in den **Speisesaal** (Nr. 8) (Abb. 155). Zentrum des Raumes war der über fünf Meter lange, halbrund abschließende Eßtisch mit 60 Armlehnstühlen, die auf Troostsche Entwürfe für den Dampfer »Europa« und für die Alte Reichskanzlei zurückgriffen.[83] Aus Mahagoni waren kleine Abstelltische an der Fensterwand sowie Wandtische und eine Kommode gearbeitet.[84] Stehlampen mit palmenartigem Ständer und Marmorschirm sind der Ausstattung der großen Halle auf der »Europa« entlehnt. Der Raum war in hellen Farben gehalten: Hellblau für die Vorhänge und die ledernen Stuhlbezüge. Wie dies Paul Ludwig Troost

77 Kiener 1942a, S. 73.

78 Vgl. Sachs 1937.

79 Gerdy Troost gibt heute an (Interview 15.3.1995), daß sie für die Ausstattung der Bauten am Königsplatz ausschließlich Werke Alter Meister beschafft habe, da sie anders als Hitler von der Qualität zeitgenössischer Malerei nicht überzeugt gewesen sei. Hitler sei dagegen vor allem wegen des hohen Prestigewertes auch an alter Kunst interessiert gewesen. Vgl. Backes 1984.

80 Vgl. Hoffmann-Curtius, Kathrin: Die Frau in ihrem Element. Adolf Zieglers Triptychon der »Naturgesetzlichkeit«. In: Hinz, Berthold: 50 Jahre danach. Marburg 1989, S. 9–34, hier S. 9 (Zitat Ziegler).

81 Heilmeyer 1938b, S. 306.

82 Entwurf: Wilhelm Goebel, seit den zwanziger Jahren Parteimitglied, gehörte der SS an. Die RBK lehnte es 1941 wegen mangelnder Qualifikation ab, ihm den Professorentitel zu verleihen: Thomae 1978, S. 259.

83 Vgl. Bauamt TU; BSB, Ana 325: Korrespondenz Gerdy Troost 1937. Dort befindet sich auch noch eine Lederprobe.

84 Vgl. Bauamt TU.

Abb. 155
»Führerbau«, Speisesaal,
Aufnahme: H. Hoffmann

Abb. 156
»Führerbau«, Speisesaal,
Aufriß der Westwand, Atelier Troost

85 Vgl. Just, Karl Wilhelm: Hotels und Restaurants. Handbuch der Architektur IV.4.1. Leipzig ³1933.

86 Sachs 1937.

für Restaurants und Speisesäle vorgesehen hatte, ließ auch sein Atelier für die Wände plastischen Bildschmuck entwerfen. Der Gastgeber begnügte sich allerdings nicht mit kulinarischen Themen. Um die Gäste auf NS-Werte einzuschwören, waren an der Türwand nach Entwurf von Hans Panzer, einem Schüler Josef Wackerles, Stuckreliefs mit parteipolitischen Themen angebracht (Abb. 156): Deutsche Arbeitsfront, HJ, SA, BDM, über den vier Türen Reliefmedaillons mit Emblemen der SA, SS, DAF und der HJ.

Großbürgerlichem Ritual folgend, zogen auch Hitlers Gäste im »Führerbau« nach dem Essen in den Salon, dessen Funktionen die »**Große Halle**« (Nr. 9) übernahm. Sie lag in der Mitte des Gebäudes, zeichnete sich durch besondere Höhe und Größe aus und trug damit alle Merkmale dieser aristokratischen und seit dem 19. Jahrhundert auch großbürgerlichen Institution. Mit der aus der englischen Wohnkultur stammenden Bezeichnung »Halle« wird hier der repräsentative Mittelpunkt im vornehmen Country House rezipiert und die Verbindung zur zeitgenössischen Hotelarchitektur hergestellt.[85] Die NS-Presse sah in »der schönsten Halle, die es gibt,« ein »Wunderwerk der deutschen Architektur« (Abb. 157).[86] Tatsächlich aber fallen zahlreiche gestalterische Widersprüche ins Auge. Der halbkreisförmige Grundriß mit dem auf Höhe der Türen liegenden äußeren Umgang

Eva von Seckendorff

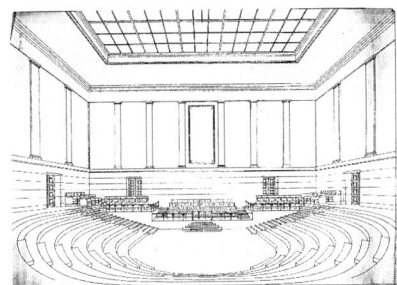

Abb. 158
»Führerbau«, Kongreßsaal,
Entwurf, P. L. Troost, Oktober 1933

Abb. 157
»Führerbau«, Große Halle

und einem tieferen Halbrund mit Marmorbrüstung läßt vermuten, daß der Raum ursprünglich eine andere Funktion hätte erfüllen sollen. Tatsächlich sollte hier bis Mitte 1937 ein Kongreßsaal entstehen, eine monumentale Weiterentwicklung des »Senatorensaales« im »Braunen Haus«. Zeichnungen vom Oktober 1933 zeigen einen klassischen Sitzungssaal in der Form antiker Theater (Abb. 158).[87] In den ansteigenden Reihen sollten 543 Sitzplätze, 63 Notsitze und Stehplätze untergebracht werden. Pilaster im oberen Wandbereich hinter dem Podium unterstrichen die monumentale Atmosphäre des Raumes, im unteren Drittel war offensichtlich an eine Marmorverkleidung gedacht. Im November 1934 war man bereits daran gegangen, die Bestuhlungskonstruktion zu montieren.[88] Noch im Juli 1935 empfahl Hitler dem Nürnberger Architekten Ludwig Ruff, sich das Podium des Sitzungssaales zum Vorbild zu nehmen für die Kongreßhalle auf dem Reichsparteitagsgelände in Nürnberg.[89] Im Juni 1937 erging jedoch die Weisung, daß der Raum für den Besuch Benito Mussolinis im September zum Gesellschaftsraum umgestaltet werden solle.[90] Am 25. September gab Hitler in der »Großen Halle«, wie der Raum nun hieß, für seinen faschistischen Verbündeten und dessen Begleitmannschaft ein Frühstück.[91] Die umlaufende Täfelung aus kräftig gemasertem Palisanderholz gehörte vermutlich zur neuen Planung. Sie unterstrich die monumentale Raumwirkung ebenso wie die sechs symmetrisch angeordneten mächtigen Türen, die mit einem breiten Profil aus dunkelrotem Thüringer Marmor gerahmt waren.[92] Eine enorme Steigerung der repräsentativen Aura erfuhr der Saal durch die neun großen Wandteppiche mit der Darstellung der Taten des Herkules, die Herzog Albrecht V. in Amsterdam für Schloß Dachau hatte fertigen lassen und die Gerdy Troost aus dem Depot des Münchner Residenzmuseums requiriert hatte.[93] Wandteppiche waren zur Ausstattung repräsentativer Räume in der NS-Zeit beliebt. Während man für Bauten niederen Ranges zeitgenössische Entwürfe bevorzugte, entschied man sich bei den repräsentativen »Führerbauten« für alte Tapisserien: »Das authentisch Alte und sein Besitz sollten eine Aura von Tradition und Hoheit schaffen.«[94] Nach Auskunft von Gerdy Troost wurde auf die Lichtregie große Sorgfalt gelegt. Die indirekte Beleuchtung von oben und von den Doppelleuchten an den Wänden verstärkte die unpersönliche Stimmung. Die Glasdecke war getönt, um das Licht der Lampen über dem Glasdach zu mildern. Wie in zeitgenössischen Restaurants und Hotelhallen üblich, waren die Sitzgruppen streng symmetrisch auf die hier durch den großen Buffettisch und den Bechstein-Flügel markierte Mittelachse orientiert. Die Sitzmöglichkeiten signali-

87 Wagner, Heinrich: Gebäude für Rechtspflege, Verwaltung und Gesetzgebung. Handbuch der Architektur IV. 7.2. Stuttgart 1900.

88 Vgl. BayHStA, NSDAP Baupläne 6251; StaatsA Mü, Plansammlung Rolle 62; BayHStA, NSDAP Baupläne 1528; StadtA Mü, LBK 11501.

89 BSB, Ana 325: Korrespondenz Gerdy Troost 1935.

90 Gerdy Troost: Brief an die Verf. 9.3.1995.

91 Vgl. Der Duce in der Hauptstadt der Bewegung. Empfang im Führerbau am Königlichen Platz. In: VB 26.9.1937.

92 Vgl. BayHStA, NSDAP Baupläne 6231.

93 Die Teppiche wurden 1946 in die Residenz zurückgebracht und 1954 im neu errichteten, nach den Motiven der Teppiche benannten Herkulessaal der Münchner Residenz aufgehängt. Wegen des schlechten konservatorischen Zustandes wurden sie 1993 durch Imitationen ersetzt (freundliche Auskunft Frau Dr. Heym).

94 Schönberger 1981, S. 147.

95 Zeichnungen von Einzelmöbeln: Bauamt TU. Detaillierte Angaben zu Stoffmustern: BSB, Ana 325: Korrespondenz Gerdy Troost 1937.

Abb. 159–160
»Führerbau«, Empfang in der Großen Halle, Aufnahme: H. Hoffmann

96 Emil Hipp (1893–1965). Hitler hatte das Richard-Wagner-Denkmal, das der Künstler für Leipzig gefertigt hatte, 1934 zum Nationaldenkmal erklärt (freundliche Auskunft Frau Hipp, Telephonat 20.3.1995).

97 Nach Auskunft von Herrn Bachl, Bauamt TU, ist aufgrund der Umbauten heute nicht mehr festzustellen, ob überhaupt Kaminzüge vorhanden waren.

98 Vgl. Kiener 1942a. Das Sofa am Kamin ist ca. 20 cm tiefer als z. B. die Sofas in den Arbeitsräumen.

99 Vgl. Paul Giesler 1944.

100 BAK, NS 1/532: Die Tagungen, für die in einer Dienstanweisung vom 24.6.1944 Sicherheitsvorkehrungen aufgeführt werden, können nur in der »Großen Halle« abgehalten worden sein. Vgl. auch BAK, NS 1/299: Tagung der Reichs- und Gauleiter, Februar 1944.

101 Dresler 1939, S. 36.

102 Vgl. Kiener 1942a, S. 68; zur ursprünglich geplanten Funktion vgl. BayHStA, NSDAP Baupläne 6259.

103 Vgl. KDR 2.1938.10, S. 25.

104 Vgl. BayHStA, NSDAP Baupläne 6243.StadtA Mü, Schenkung Pössenbacher 55/38; Bauamt TU.

sierten zunächst Bequemlichkeit, die Monumentalität des Saales aber ließ diesen Eindruck zurücktreten.[95] Das Podium der früheren Planung hatte das Atelier Troost in einen Kaminplatz verwandelt, den das monumentale Gipsrelief »Tag und Nacht« von Emil Hipp über dem Kamin betonte.[96] In Betrieb genommen wurde die mit dunklem Marmor gefaßte, gigantische Feuerstelle bei offiziellen Anlässen offenbar nicht, soweit man aus zeitgenössischen Photos ersehen kann.[97] Sie darf eher als Zitat gewertet werden. In der »Kaminecke« verdichten sich die widersprüchlichen Gestaltungslinien des Raumes: Einerseits signalisierten Kamin und Sofaecke familiäre Vertrautheit und Geborgenheit, auf der anderen Seite forderte die Monumentalität des symmetrisch arrangierten Mobiliars geistige und körperliche Unterwerfung des Benutzers (Abb. 159 u. 160).[98] Ein bequemes Sitzen auf den breiten und tiefen Sesseln und Sofas war Damen kaum möglich, ihnen blieb wahrscheinlich nur die Sofakante. Zeitgenössische Photos zeigen denn auch keine entspannten Gäste. Für monumentale Posen war der Raum passender als für angeregte Plaudereien.

Der aufwendige Saal wurde nicht oft genutzt. Außer dem erwähnten Frühstücksempfang anläßlich des Mussolini-Besuches am 25. September 1937 berichtete die Presse von nur wenigen Anlässen: von einem Parteiempfang im März 1938, vom Empfang der Gäste des »Tages der Deutschen Kunst« 1938 und von einem Presseempfang 1939. Als Gauleiter Paul Giesler am 21. Januar 1944 in dem Raum zum 10. Todestag von Troost sprach, war die Salonmöblierung durch Stuhlreihen und ein Rednerpodium ersetzt worden.[99] Die wertvollen Möbel waren zu diesem Zeitpunkt bereits ausgelagert. Der Saal wurde jetzt wieder »Kongreßsaal« genannt und offenbar als Auditorium genutzt für Wehrmachts- und Gauleitertagungen.[100]

In seiner Beschreibung des »Führerbaus« bemühte sich Dresler, Hitler als besonders großzügigen Gastgeber darzustellen, der selbst ohne menschliche Schwächen sei, seinen Gästen jedoch alle Freiheiten lasse: »Obwohl der Führer selbst gegen Alkohol- und Tabakkonsum ist, hat er für seine Gäste einen prachtvollen Rauchsalon und eine Bar bereitgestellt.«[101] Das **Rauchzimmer** (Nr. 10) (Abb. 161), Teil der zum Königsplatz hin gelegenen »Suite« auf der Westseite des Gebäudes, wurde erst 1938 fertiggestellt. Die Wandpfeiler, die den Raum in Nischen unterteilen, sind Hinweise auf die frühere Planung.[102] Hier sollten ursprünglich kleinere Arbeitsräume eingerichtet werden. In die in Nußbaum getäfelte Wand integrierten die Architekten einen Schrank sowie Holzreliefs, die den Berufsstand des Handwerkers, Bauern und Architekten darstellen. Ein vier Meter langer Buffettisch mit Marmorplatte auf sechs kannelierten Pfeilerfüßen bildete das Zentrum des Raumes. In den Wandnischen waren Sitzecken mit blauen, lederbezogenen Sofas und verschiedenartigen Sesseln angeordnet. Ein Deckenleuchter und Wandarme aus brüniertem Messing mit fackelartigen Leuchten spendeten Licht. Landschaftsbilder des 19. Jahrhunderts schmückten die Wände. Der Bodenbelag war hier, wie in den Wandelhallen, roter Saalburger Marmor, den Perserteppiche bedeckten. Für Konzeption und Stimmung des Raumes waren die zahlreichen Entwürfe für Rauchsalons vorbildlich, die Troost für die Dampfer des Norddeutschen Lloyd angefertigt hatte. In der Aufteilung und Täfelung des Raumes lehnten sich Gerdy Troost und Gall eng an das Restaurant im »Haus der Deutschen Kunst« an, das ebenfalls von ihnen ausgestattet worden war.[103]

Zur Ausstattung der **Bar** (Nr. 11) gehörten außer dem einschlägigen Mobiliar – Gläserschrank, Bartisch, Barhocker[104] – auch Wandmalereien. Gerdy Troost gab 1939 dem Münchner Maler Karl-Heinz Dallinger,[105] der ihr wegen seiner Ausmalung der »Goldenen Bar« im »Haus der Deutschen Kunst« bekannt war, den Auftrag, die Wände mit Malereien zum Thema »Vier Jahreszeiten« zu schmücken. Dallinger mußte die Arbeit im »Führerbau« jedoch bald abbrechen, da er zum Kriegsdienst eingezogen wurde. Sein Entwurf zeigte eine Gärtnerei (Frühling), Badende (Sommer), Erntende (Herbst), Maskierte und eine fahnenschwenkende Hexe (Winter) sowie fröhliche Zecher an der Gläserschrankwand.

Der dritte Raum der repräsentativen Folge war eine einseitig offene Pfeilerhalle, nach dem unter ihr gelegenen Vestibül ebenfalls **»Wandelhalle«** genannt (Nr. 12) (Abb. 162).[106] Im Zentrum des als Gesellschaftsraum konzipierten Saales stand

Eva von Seckendorff

Abb. 161
»Führerbau«, Rauchzimmer

Abb. 162
»Führerbau«, Wandelhalle

ein acht Meter langer Buffet- oder Plantisch auf acht Balusterfüßen mit holzgerahmter Marmorplatte, mit grünem Leder bezogene Sitzgarnituren waren zu beiden Seiten des Raumes angeordnet.[107] An den Stirnwänden hingen alte Gobelins,[108] den Boden bedeckte ein moderner Teppich mit stilisierter Hakenkreuzmusterung.

Anders als in der 1939 fertiggestellten Neuen Reichskanzlei Albert Speers lag **Hitlers Arbeitszimmer** im »Führerbau«[109] (Nr. 13) (Abb. 164) nicht im Zentrum des Gebäudes. Allerdings bestimmte eine ganz entscheidende Funktion seine besondere Lage über dem Portal am Königsplatz: Auf dem Balkon vor seinem Zimmer konnte sich Hitler anläßlich der kultischen Massenkundgebungen der NSDAP auf dem Königsplatz feiern lassen. »Männliche« Herrenzimmeratmosphäre erzielten die Innenarchitekten, wie in der Fachliteratur vorgegeben, durch den »herben Ton polierter Holzarten wie Nußbaum mit streifiger Maserung«[110]. Im Wechsel mit Füllungen aus Wurzelmaser erschien das Furnier in der Täfelung der Sockelzone, als Rahmung von Wandfeldern, die mit einer hellbraunen Schweinsledertapete bezogen waren, und an den Möbeln. Der terrafarbene Teppichboden, das Rot der

105 Karl-Heinz Dallinger (geb. 1908, lebt in München), einem Schüler von Julius Diez, der sich in den dreißiger Jahren in einschlägigen Kreisen einen Namen gemacht hatte durch Gobelinentwürfe für Kasinos der Luftwaffe, verlieh Hitler 1938 den Professorentitel. Dallinger bestreitet heute, daß die Ausführung der heute noch vorhandenen, 1977 im Zuge allgemeiner Renovierungsarbeiten gereinigten Wandmalereien von ihm stamme. Vgl. Heilmeyer, Alexander: Zu den Werken von Karl Heinz Dallinger. In: KDR 2.1938, S. 314–317.

106 Der Begriff »Wandelhalle« begegnet z.B. in Grundrissen P. Wallots zum Reichstagsgebäude (1883) in Berlin für seitlich dem großen Sitzungssaal angefügte Räume. Vgl. Raak, Heinz: Das Reichstagsgebäude in Berlin. Berlin 1978, S. 31.

107 Vgl. Kiener 1942, S. 69; vgl. auch Bauamt TU.

108 Die Herkunft der Gobelins konnte nicht geklärt werden. Gerdy Troost erklärte (Telephonat 15.3.1995), daß sie von Hitler angekauft worden seien.

109 Vgl. StadtA Mü, Schenkung Pössenbacher 55/37; BayHStA, NSDAP Baupläne 2449.

110 Platz 1933 (wie Anm. 76), S. 110.

Abb. 163
»Führerbau«, Adjutantenzimmer

Abb. 164
»Führerbau«, Arbeitszimmer Hitlers

111 Vgl. München – ›Hauptstadt der Bewegung‹ 1993, Abb. S. 371.

112 Vgl. Bauamt TU.

113 Vgl. Hoffmann und Hitler 1994, S. 115.

114 Vgl. Wolf, Georg Jakob: Die schöne Wohnung. Zur Ausstellung der Vereinigten Werkstätten. In: Dekorative Kunst 30.1927, S. 1–15.

115 Vgl. StadtA Mü, Schenkung Pössenbacher 55/37; vgl. auch Koch, Alexander: Das schöne Heim. Ratgeber für die Innenausstattung und Einrichtung der Wohnung. o. O. 1920, S. 30.

116 Vgl. StadtA Mü, Schenkung Pössenbacher 55/37.

117 Platz 1933 (wie Anm. 76), S. 104.

118 Vgl. Bauamt TU.

119 Vgl. BSB, Ana 325: Korrespondenz Gerdy Troost mit L. v. Poschinger 1936: Welche Bilder angekauft wurden, geht aus dem Briefwechsel nicht hervor. Sie werden angepriesen wie Dekorationsstücke: Ein Gemälde von Lenbach »wirkt ungemein dekorativ und ist prachtvoll in den Farben« (5.9.1936). Backes (1984, S. 356) erwähnt Menzels »Friedrich der Große auf Reisen« und Spitzwegs »Serenade«.

Lederbezüge und der Vorhänge, die grüne Tönung des am Kamin und am Kartentisch verwendeten Marmors und Goldtöne erzeugten eine festliche Atmosphäre. Hitler präsentierte sich mit schwerem Mobiliar, so dem Schreibtisch, einem Bureau-plat mit geschwungenen Wangen, der anders als der Tisch im Arbeitszimmer der Neuen Reichskanzlei[111] nicht aufwendig intarsiert, sondern mit einer eher schlichten, gerahmten Wurzelmaserung dekoriert war. Die Fläche des Tisches, den erst die kleine Stehlampe und das Tintenzeug als Schreibtisch kennzeichneten, wie auch der Stuhl waren mit rotem Saffianleder bezogen.[112] Angeregt durch eine Photoserie des amerikanischen Photographen James Abbe hatte Hitler seit Beginn der dreißiger Jahre die Möglichkeit erkannt, sich durch Posen am Schreibtisch als »modernen Staatsmann« zu inszenieren und nicht ausschließlich in der »Pose des Kämpfers und Massenredners«.[113] Photographien, die Hitler am Schreibtisch seines Zimmers im »Führerbau« zeigen, gab es jedoch nicht bzw. sie wurden nicht veröffentlicht. Der obligatorische Bücherschrank war wie die Bücherwände in der Bibliothek 1. Klasse auf dem Dampfer »Europa« als Fensterwand gestaltet. Eine Kommode, die sich auf Kredenzen und Anrichten zurückführen läßt, die Troost für die Vereinigten Werkstätten entworfen hatte,[114] grenzte den Konversationsbereich gegen den Arbeitsbereich ab.[115] Vor dem Kamin in grünem Marmor war die aus sechs Armlehnstühlen, einem breiten Sofa sowie einem runden Tisch[116] bestehende Sitzgruppe plaziert. Bequemlichkeit war seit Ende des letzten Jahrhunderts ein entscheidendes Kriterium für Möbel, und in den dreißiger Jahren war sie selbstverständliches Element des Interieurs. Platz empfahl 1933 breite Couches mit vielen Kissen im Rücken, »die den Benutzer zu einer unbeschwerten, leichten, entspannten Haltung verleiten. Man sitzt, hockt, kniet und liegt beinahe mit aufgestützten Armen darauf je nach Umständen.«[117] Diese Art des Sitzens, die sich natürlich nur für Herren ziemte, pflegten vermutlich die männlichen Gäste auch auf Hitlers Sofa. Ein Globus,[118] ähnlich dem in der Bibliothek des »Verwaltungsbaus«, läßt Charlie Chaplins koketten Tanz mit der Weltkugel in seiner Hitler-Karikatur »The Great Dictator« (1940) assoziieren. Die »Hoheitszeichen« der NSDAP auf den Konsolen über den Türen, ein vergoldeter Adler, der das mit Eichenlaub umkränzte Hakenkreuz in den Fängen hält, wiesen auf die Stellung des Hausherrn hin. In Beschreibungen nicht näher definierte Gemälde deutscher Meister des 19. Jahrhunderts – Menzel, Feuerbach, Böcklin, Spitzweg und Defregger – dienten der Inszenierung Hitlers als Kunstkenner und -liebhaber. Bestimmte Namen und bestimmte Epochen, wie z. B. Romantiker, waren in großen Mengen gefragt,[119] wobei vor allem Dekorationswert und Farben eine Rolle spielten. Viele hohe Funktionäre der NSDAP hatten sich Kunst-

Eva von Seckendorff

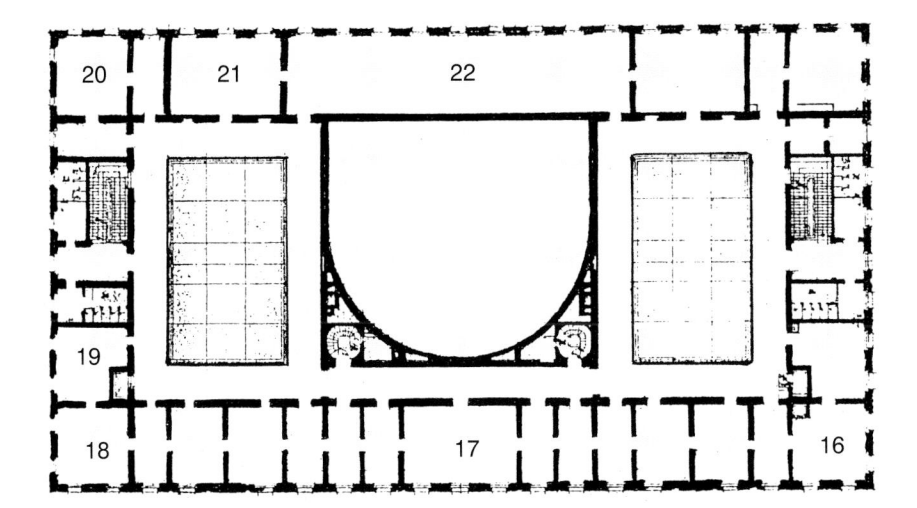

Abb. 165
»Führerbau«, 2. Obergeschoß, schematisierter Grundriß

sammlungen zugelegt. »Kunstsammeln entsprach der rassischen und politischen Selbstdarstellung dieser Männer. Im rassischen Sinne war ›wahres Verständnis‹ für Kunst ein Zeichen der Superiorität der arischen Rasse.«[120] Laut Gerdy Troost hatte Hitler die Bilder für den »Führerbau« aus »privaten« Mitteln erworben.[121] Seit 1938 jedoch änderten sich mit den Plänen zum Linzer Museum Art und Weise der Erwerbungspolitik: Hitler und sein Kunstfachmann Hans Posse beschlagnahmten jüdische Kunstsammlungen und bedienten sich in den Museen der besetzten Länder.[122]

Das Arbeitszimmer Hitlers errang zweifelhaften Ruhm durch das sogenannte Münchner Abkommen.[123] Das offizielle Photo der Unterzeichnung von Heinrich Hoffmann ging damals um die Welt und zeigte, wozu das Interieur des Arbeitszimmers taugen sollte: zur Vermittlung von Glaubwürdigkeit. Mit dem Tradition und Solidität suggerierenden großbürgerlichen Kaminambiente kollidierten allerdings kleinbürgerliche Details wie das frisch aufgeschüttelte und in der Mitte gestauchte Sofakissen im Vordergrund (Abb. 116).

An das Arbeitszimmer schloß das Eckzimmer an (Nr. 14) (Abb. 163), das **Zimmer von Hitlers Chefadjutanten**, in das man vom südlichen Eingang am Königsplatz mit einem eigenen Fahrstuhl gelangen konnte, der auch noch eine Etage höher, in Martin Bormanns Arbeitszimmer führte. Das kostbare Material der Mahagonimöbel und die elegante Form des Bureau-plat standen im Gegensatz zur Monumentalität der Formen und rustikalen Details.[124] Wohnlich wirkten das direkt an den Schreibtisch gerückte rote Velours-Sofa mit blauen Sofakissen und drei Sessel. Auch im angrenzenden **Adjutantenzimmer** (Nr. 15) bedienten sich Troost und Gall unterschiedlicher Stilarten: Hier befanden sich ein rustikaler Kastenschrank in der Art, wie ihn Gall für die Halle in Hitlers Berghof am Obersalzberg entworfen hatte,[125] und ein Doppelschreibtisch mit seitlichen Wangen in Lyraform sowie ein Wandtisch mit Balusterfüßen und Marmorplatte.[126]

Zweites Obergeschoß (Grundriß Abb. 165)

Die Räume des obersten Stockwerkes wurden erst im Laufe des Jahres 1938 möbliert. Hier hatten hohe Funktionäre der NSDAP ihre Büros. Im nordwestlichen Teil lagen die **Zimmer Bormanns** (Nr. 16), der hier seit 1938 residierte.[127] Bei der Ausstattung des über dem Adjutantenzimmer gelegenen Raumes bediente sich das Atelier Troost kostbarer Materialien.[128] Mit dem dekorativen Motiv des matt gebürsteten großflächigen Wurzelmaserfurniers und brünierten Bronzebeschlägen knüpfte die Möbelgestaltung[129] an den Stil des Reichsschatzmeisterzimmers an. Das **Besprechungszimmer** in der Mitte der Westseite (Nr. 17) war nach dem Schema des Besprechungszimmers im »Verwaltungsbau« möbliert.[130] Die nördlich anschließenden Räume, die zum **Eckzimmer des Hauptamtsleiters** (Nr. 18) gehörten, waren als einfache Büroräume konzipiert oder variierten das Herrenzimmerschema.[131] Eine aufwendig verarbeitete Kommode, ein verglaster Akten-

---

120 Petropoulos, Jonathan: Für Deutschtum und Eigennutz. Die Kunstsammlungen der Nazi-Eliten. In: Kunst und Diktatur 1994, S. 574.

121 Gerdy Troost, Telephonat 15.3.1995. Laut Petropoulos (1994, wie Anm. 120, S. 571) hat Hitler den Erwerb der Bilder anfänglich aus den Gewinnen von »Mein Kampf«, den Spenden wohlhabender Anhänger und seinem Gehalt als Reichskanzler finanziert. Hitlers Leibphotograph Hoffmann berichtet außerdem über Geschenke von Parteigenossen, z.B. ein Bismarck-Porträt von Lenbach, das Hitler von Goebbels erhalten habe (zit. bei Petropoulos 1994, wie Anm. 120, S. 578).

122 Zum Linzer Museum vgl. Roxan/Wanstall 1964 und Lauterbach im vorliegenden Band mit weiterer Literatur.

123 Vgl. Schäfer im vorliegenden Band.

124 Vgl. Kiener 1942a, S. 70; StaatsA Mü, Plansammlung Rolle 58.

125 Vgl. Kiener 1942a, S. 70.

126 Vgl. StaatsA Mü, Plansammlung Rolle 58; BSB, Ana 325: Korrespondenz Gerdy Troost 1937.

127 Vgl. StaatsA Mü, Plansammlung Rolle 50.

128 Vgl. StadtA Mü, Schenkung Pössenbacher 55/38; Bauamt TU.

129 Vgl. Bauamt TU.

130 Vgl. BayHStA, NSDAP Baupläne 6252.

131 Vgl. BayHStA, NSDAP Baupläne 2478, 6252, 6300.

schrank und Bildschmuck an den Wänden im **Schreibzimmer** (Nr. 19) für vier Sekretärinnen im Nordflügel lassen darauf schließen, daß in diesem insgesamt eleganter möblierten Raum höher gestellte Sekretärinnen gearbeitet haben.[132] Die in den **Räumen des Reichspressechefs Otto Dietrich** in der Nordost-Ecke des Gebäudes (Nr. 20) befindlichen Möbel aus matt gebürstetem Nußbaumholz wiesen eine einheitliche schachbrettartige Furnierzusammensetzung auf und waren so eindeutig ihrem Standort zuzuordnen. Einen disparaten Eindruck jedoch vermittelte die Vielzahl von Detailformen an den Möbeln, rustikale Füße mit abgefasten Kanten einerseits, elegante Formen wie die säulenartigen Füße des Bureau-plat andererseits.[133]

Die Funktion und Möblierung der großen Räume im zweiten Obergeschoß des Ostflügels – **Saal** und **Bildergalerie** – (Nr. 21 und 22) lassen sich nicht eindeutig rekonstruieren. In die bis zur Decke reichende Vertäfelung des Saales sollten Bilder eingepaßt werden.[134] In dem anschließenden größeren Raum, der sogenannten »Bildergalerie«,[135] begutachtete Hitler möglicherweise die Gemälde, die ihm seine Kunstexperten für das geplante Museum in Linz vorstellten. Der »Führerbau« hatte eine zentrale Funktion für den »Sonderauftrag Linz«.[136] Hitler wollte in Linz sein »Führermuseum« errichten und ließ seit dem »Anschluß« Österreichs 1938 von seinen Kunsträubern bedeutende Kunstwerke herbeischaffen. Der Einsatzstab Rosenberg, »Einkäufer« wie der Kunsthändler Kurt Haberstock, der Photograph Heinrich Hoffmann und der Kunsthistoriker Hans Posse beschlagnahmten jüdische Sammlungen im In- und Ausland und plünderten die Museen und Kirchen in den von Hitlers Wehrmacht okkupierten Ländern. Bormann organisierte als Hitlers Stellvertreter mit Dr. Hanssen, der im Zimmer neben Bormann arbeitete, und dem Architekten Reger Besichtigungen und die Verwahrung der Gemälde im »Führerbau«. Hans Posse, Hitlers wichtigster »Kunsteinkäufer« berichtet in seinen Tagebüchern seit Juli 1939 von Zusammenkünften mit Hitler im »Führerbau«.[137]

Untergeschoß

Das **Kasino** im östlichen Teil des Untergeschosses wurde anläßlich des Duce-Besuches 1937 eröffnet.[138] Die Ausstattung stammte von Ernst Haiger, Stimmungsbilder vom Königsplatz in der Art pompejanischer Wandmalerei waren das Werk von Karl-Heinz Dallinger.[139] Die Gestaltung im Stil eines Münchner Bierlokals mit flachen tonnengewölbten seitlichen Nischen und die hohe Nußbaumtäfelung erinnerten, wie die »Eckart-Stube« im »Braunen Haus«, an den Aufstieg Hitlers im Milieu des »Bürgerbräukellers«. Das Kasino war allerdings nur zu besonderen Anlässen geöffnet und ausschließlich hohen Parteifunktionären zugänglich.[140] Vom Kasino aus gelangte man in ein intimeres Nebenzimmer, das wahrscheinlich ebenfalls von Haiger ausgestattet wurde.[141]

In der nordöstlichen Ecke des Gebäudes war die mit Einrichtungen zur Verköstigung von 1200 Personen versehene **Küche** installiert. Sie war nur in Betrieb, wenn Empfänge gegeben wurden. In den darunterliegenden **Kellerräumen** befanden sich Kühlräume für Fleisch, Fisch, Wild und Geflügel, Gemüse und Obst, Bier und Wein sowie die Roheisbereitung. Die Beschriftungen finden sich noch heute auf den Türen. Mehrere Aufzüge beförderten die Waren in die Küche im Untergeschoß. Von hier aus konnte auch der Speisesaal im Hauptgeschoß versorgt werden. Per Aufzug wurden die Speisen in die Wirtschaftsräume des ersten Obergeschosses gebracht, die mit Geschirrschränken und Spülgelegenheiten ausgestattet waren, um von dort in den Speisesaal weitergereicht zu werden.[142] Die Küchenabwicklung mit Anrichte beim Speisesaal und den zugehörigen Wirtschafts- und Vorratsräumen im Keller folgte dem üblichen Standard, der in großen Hotels gepflegt wurde.[143]

Außerordentlich detailliert widmeten sich Gall und Gerdy Troost den **Toilettenanlagen** (Abb. 166 u. 167). Im »Verwaltungsbau« gab es in jeder Etage zwei Anlagen à 16 Toiletten und Pissoirs für Männer und fünf für Frauen (insgesamt also 128 für Männer und 40 für Frauen). Die große Anzahl machte Eindruck auf die Zeitgenossen, und der damit bewiesene »hygienische Standard« bezeugte eine kulti-

---

132 Vgl. BayHStA, NSDAP Baupläne 6296, 6309.

133 Vgl. StadtA Mü, Schenkung Pössenbacher 55/38.

134 Vgl. BayHStA, NSDAP Baupläne 2468.

135 Der Grundriß (BayHStA, NSDAP Baupläne 6252) zeigt keine Möblierung und nennt den Raum »Galerie«. Die Bezeichnung »Bildergalerie« wurde wahrscheinlich 1937 im Plan von 1934 ergänzt.

136 Vgl. Roxan/Wanstall 1964.

137 Vgl. Reisetagebuch Dr. Hans Posse, Juli bis Dezember 1939 (Germanisches Nationalmuseum Nürnberg, Archiv; für Recherchen danke ich Dr. D. Eltner, Nürnberg): Als Zwischenlager der für Linz bestimmten Bilder wird der »Führerbau« oft erwähnt, z. B. 21.7.: »8.30 Führerbau. Aufstellen der Bilder in dem dafür hergerichteten Raum.« 23.7.: »Der Führer 19.55–21.25 im Führerbau zur Besichtigung der Linzer Bilder und der Depots. Wien soll einen Teil der französischen Bilder, die Pompadour [...] sowie sämtliche englischen Bilder erhalten. Für Linz soll aus dem beschlagnahmten Kunstbesitz auch eine graphische Abteilung gebildet werden.« Die Tagebucheintragungen berichten bis Oktober 1940 von Gemälden und Kunstgewerbe, die in großer Anzahl im »Führerbau« besichtigt wurden, so daß man nicht glauben mag, daß diese Besichtigungen in den engen Luftschutzkellern sich abgespielt haben können, sondern eher in dem von Posse erwähnten »dafür hergerichteten Raum«, möglicherweise der »Bildergalerie«.

138 Die Gäste Adolf Hitlers bei dem Frühstück im Führerhaus. In: VB 26.9.1937.

139 Originalzeichnungen oder -photos des Raumes waren nicht aufzufinden. Die Möbel aus Nußbaum fertigte Fa. Schildknecht in Stuttgart, wo sämtliche Dokumente im Krieg verbrannten (freundliche Auskunft R. Erhard).

140 Vgl. BAK, NS 6/231.

141 Vgl. BayHStA, NSDAP Baupläne 6245.

142 Vgl. StaatsA Mü, Plansammlung Rolle 51, 53; BayHStA, NSDAP Baupläne 1911–1914, 2401–2413.

143 Vgl. Just 1933 (wie Anm. 85).

Eva von Seckendorff

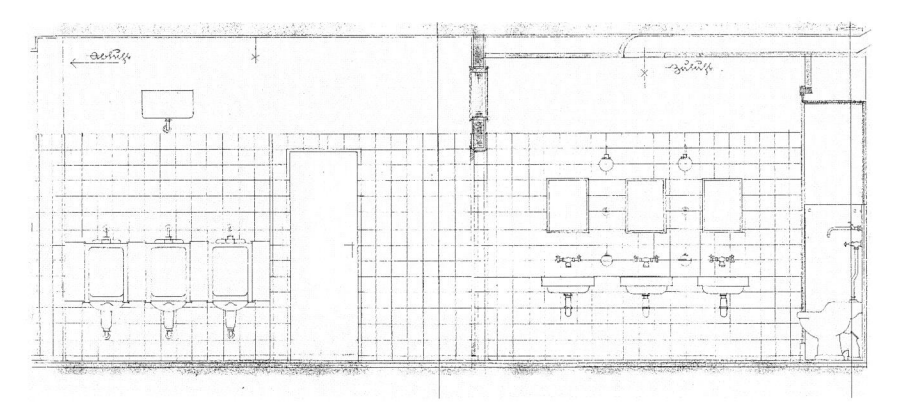

Abb. 167
»Verwaltungsbau«, Herrentoilette

Abb. 166
»Verwaltungsbau«, Untergeschoß, Abwicklung des Waschraums und der Herrentoilette, Atelier Troost

vierte Lebensweise.[144] Hitler hatte neben seinem Arbeitszimmer ein eigenes Bad, ein weiteres Badezimmer (»Rednerbad«) befand sich im zweiten Obergeschoß des »Führerbaus«. Die für alle Entwürfe des Atelier Troost typische akribische Ausarbeitung bis ins kleinste Detail gipfelte sozusagen in den Toilettenzeichnungen: noch jede tausendste Kachel, der hundertste Wasserhahn wurden exakt vorgezeichnet.

Technik

Bei der technischen Ausstattung der NSDAP-Bauten bedienten sich die Architekten der modernsten Errungenschaften der Zeit. Eine Klimaanlage sollte für gleichmäßige Temperaturen und Feuchtigkeit der Luft sorgen. Die NSDAP rühmte sich des »modernsten Fernheizwerkes Europas«,[145] das den »Verwaltungs-« und »Führerbau« und die übrigen zur Partei gehörigen Gebäude des Viertels beheizte. Durch ein Röhrensystem über den Glasdächern konnten die Lichthöfe, die Bibliothek und die »Große Halle« klimatisiert werden. In beiden Häusern befanden sich mehrere schallisolierte Telephonzellen; überhaupt war das Kommunikationssystem innerhalb der Bauten durch Fernsprecher, Lautsprecher und eigene Poststation perfekt organisiert. Der Reichsschatzmeister konnte von seinem Zimmer aus die Bunkeranlagen, die Gänge des Hauses und den Königsplatz beschallen.[146] Ein Element des Erscheinungsbildes, zumal in repräsentativen Räumen, durften technische Einrichtungen aber nicht sein. Entsprechend dem Vorgehen zeitgenössischer Photographen, die auf ihren Bildern jegliche Hinweise auf Arbeit in den Räumen ausblendeten, wurde die Technik dekorativ verkleidet. Heizungen tarnten die Architekten mit phantasievoll variierten Holzverkleidungen, die Klimaanlage versteckten sie hinter Deckenfriesen. 60 Lautsprecher, die im »Verwaltungsbau« für gleichmäßige Beschallung sorgen sollten, waren unauffällig in die Kassettendecken der Flure integriert.[147] Das photographische Atelier von Heinrich Hoffmann retuschierte sichtbare technische Details bisweilen einfach weg.[148] In der Gestaltung der Arbeitsräume orientierte man sich an modernen Forderungen. Die Arbeitsstätten waren hell und geräumig, wenngleich die Raumproportionen der Büros unausgewogen wirken, da sie nicht nach arbeitstechnischen Kriterien entwickelt sind, sondern sich an der von der Fassade vorgegebenen Geschoßhöhe zu orientieren hatten. Dank einer durchdachten Logistik von Arbeitswegen konnte man z. B. per Aufzug und unterirdischem Gängesystem, unbehelligt von der Wetterlage und ohne die Eingangspforte zu passieren, die zentrale Poststelle im Nebengebäude erreichen. Die bekannten Beschwerden von Mitarbeitern im »Verwaltungsbau« sind allerdings ein Hinweis darauf, daß auch technische Einrichtungen die Mängel der Großraumbüros nicht ausgleichen konnten.

144 Platz 1933 (wie Anm. 76), S. 126: »der Wert, den man dem Baderaum beilegt, [zeigt] den Grad der Zivilisation des Besitzers an«.

145 Rühl 1937.

146 Vgl. StaatsA Mü, Plansammlung Rolle 15 und 46 sowie Lehmbruch im vorliegenden Band.

147 Zwar waren für die Lautsprecheranlagen dazu geeignet, auch als Abhöranlage genutzt zu werden, aber dies ist unwahrscheinlich. Auch die bei der Sanierung 1979 gewonnenen Erkenntnisse gaben hierüber keinen Aufschluß (freundliche Auskunft Fa. Elsid, München).

148 Vgl. das Titelbild des IB 12.12.1931, das Hitler am Schreibtisch seines Arbeitszimmers im »Braunen Haus« zeigt: m. E. retuschierte Hoffmann die Kabel des Telephontisches, indem er einen Blumentopf darüberzeichnete. Auf einem Photo Hoffmanns vom Reichsschatzmeister-Zimmer sind Kabel der Lautsprecheranlage wegretuschiert: BSB, Photoarchiv Hoffmann, Nr. 6458.

Abb. 168
»Verwaltungsbau«, Staubdach über einem der Lichthöfe

Grundlagen der Gestaltung

Obgleich der Werkbund in der NS-Kulturpolitik offiziell diffamiert und 1934 gleichgeschaltet worden war, findet man etliche seiner Forderungen in den Parteibauten der NSDAP verwirklicht. Verbale Vereinnahmungen wie »klar und schlicht« waren beliebte Attribute, die man den Gebäuden und ihren Interieurs zuwies. Gauleiter Paul Giesler verstieg sich sogar dazu, in seiner Rede zum Gedenken an Troost vom Kongreßsaal als dem Raum zu sprechen, »in dem das Bekenntnis zum rechten Winkel zum Symbol des neuen Reiches« geworden sei.[149] Dort, wo es den Architekten und ihren Auftraggebern ausschließlich um sachliche Funktionen ging, übernahmen sie wesentliche Elemente der von ihnen diffamierten funktionalen Gestaltung. Es scheint, daß man bewußt an die Ästhetik funktionalistischer Architektur anknüpfen wollte (Abb. 168), beispielsweise in der Gestaltung des Zwischengeschosses über den Lichthöfen mit Tiefstrahlern, Wendeltreppe und Kugellampen. Der einheitliche Messinggriff, der an allen Türen des »Verwaltungs«- und des »Führerbaus« angebracht ist, mutet wie die monumentale Fassung der Klinke im Fagus-Werk an, das Walter Gropius und Alfred Meyer 1910/11 entworfen hatten (Abb. 169 u. 170).

Die Ästhetik der Interieurs aber bedeutete einen gewaltigen Rückschritt hinter die Entwicklung der zwanziger Jahre, die eine Loslösung von repräsentativen hierarchischen Konventionen begonnen hatte und auf einen selbstbestimmten und auf Flexibilität angelegten Umgang mit Möbeln zielte. Ein wesentlicher Unterschied zur Innenarchitektur der Moderne war, daß die Räume hier Hierarchien zum Ausdruck bringen sollten. Die Auswahl des Materials und die Gestaltung der Detailformen waren ganz wesentlich bestimmt von dem Interesse, Rangunterschiede zu markieren. Gleichzeitig sollte jeder Raum durch einen eigenen Stil charakterisiert werden. Das Atelier Troost suggerierte, daß die Räume vom persönlichen Geschmack einzelner Persönlichkeiten geprägt seien. Für die Propagandisten des repräsentativen NS-Stils begann »die Kultur des Möbels dort, wo sie gewissermaßen immobil geworden sind, wo ganz bestimmte Möbel von bestimmten Größenverhältnissen und bestimmtem Material mit bestimmten Bespannungen für einen ganz bestimmten Raum und genau gewählte Standorte in diesem Raum von vornherein geplant und geschaffen wurden.«[150] Die Zuordnung von Möbeln zu bestimmten Räumen ist ein Kennzeichen aristokratischer Interieurs beispielsweise des 18. Jahrhunderts.[151] Die Architekten der Jahrhundertwende hatten versucht, sich die höfischen Maßstäbe zu eigen zu machen. Für ein wirtschaftlich potentes Bürgertum, das zwischen höfischen Vorbildern und industrieller Revolution nach eigenem kulturellen Ausdruck suchte, entwarf man individuelle

149 Vgl. Giesler 1944. P. L. Troost war Mitglied des Werkbundes. Vgl. Hepp, Corona: Avantgarde. Moderne Kunst, Kulturkritik und Reformbewegungen nach der Jahrhundertwende. München (¹1987), 1992, S. 165.

150 Kiener, Hans: Angewandte Kunst. In: KDR 2.1938, S. 309–313, hier S. 312 f.

151 Vgl. Ottomeyer, Hans: Gebrauch und Form von Sitzmöbeln bei Hof. In: Z. B. Stühle. Ein Streifzug durch die Geschichte des Sitzens. Gießen 1985, S. 140 ff.

152 Kiener 1942a führt nur die Vereinigten Werkstätten als Hersteller auf. Die Werkstätten Anton Pössenbacher, Hersteller einiger im Artikel abgebildeter Möbel Galls, wurden nicht genannt. Vgl. Günther 1979, S. 55; Günther 1992, S. 44.

153 Für freundliche Unterstützung der Recherchen im Firmenarchiv der Vereinigten Werkstätten, München, danke ich Dr. Michaela Rammert-Götz.

154 Vgl. BSB, Ana 325: Korrepondenz Gerdy Troost 1935.

155 Einige Firmen wie die Metallwerkstätten Ehrenböck, die außer den Eingangstüren der Bauten Lampen und auch die Adler an der Fassade fertigten, hatten schon an Aufträgen für den Norddeutschen Lloyd mitgearbeitet. Ebenfalls beteiligt waren alteingesessene Firmen und ehemalige Hoflieferanten wie die Fa. Schildknecht, Stuttgart (vgl. Anm. 139). Kleinere Schreinereien kamen durch günstige Angebote zum Zuge.

156 Gerdy Troost: Telephonat 15.3.1995.

157 Das Inventar 1987 registriert ca. 350 Objekte der originalen Ausstattung im ehemaligen Verwaltungsbau; vgl. Photothek ZI; vgl. auch Lauterbach im vorliegenden Band.

Eva von Seckendorff

Interieurs auf der Basis festgelegter Konventionen. Zum Zwecke der Abgrenzung in einer beginnenden Massengesellschaft kreierten Künstlerarchitekten für ihre Auftraggeber ein Stück unverwechselbarer persönlicher Kultur durch individuell zugeschnittene Möblierungen. Innerhalb festgelegter Raumfolgen, Grundrisse und Raumstimmungen variierten die Gestalter jeweils einen bestimmten Formenkanon und gaben so dem Hause eine spezielle stilistische Note.

Paul Ludwig Troost war in den ersten Jahrzehnten des Jahrhunderts ein gefragter Architekt, weil er mit den protokollarischen und geschmacklichen Gepflogenheiten der sogenannten oberen Schichten vertraut war und weil er es verstand, mit kunstgewerblicher Phantasie und Eleganz unendliche Interieur-Variationen innerhalb konventioneller Raumprogramme zu schaffen. Er besaß hohe Qualitätsmaßstäbe und arbeitete mit entsprechend qualifizierten Werkstätten zusammen. Gerdy Troost und Leonhard Gall konnten bei der Fortführung der Aufträge Troosts auf ein Reservoir von Arrangements, Möbeltypen und Raumstimmungen zurückgreifen sowie auf einen Stamm qualifizierter Betriebe. Wenn Sonja Günther davon ausgeht, daß die Vereinigten Werkstätten für Kunst im Handwerk in München quasi alleiniger Ausstatter der Partei-Bauten am Königsplatz gewesen seien, so scheint sie einem Mythos aufzusitzen, den die NS-Presse selbst propagierte.[152] Nachweislich erzielten die Werkstätten seit 1933 gewaltige Umsatzsteigerungen mit Staats- und Parteiaufträgen, z.B. mit der Ausstattung des Alten Reichskanzlerpalais und später auch der Neuen Reichskanzlei in Berlin, der Kaulbachvilla für Innenminister Wagner und dem »Haus der Deutschen Kunst« in München. Für die NSDAP-Bauten am Königsplatz dagegen sind nur wenige Arbeiten bezeugt. In den Auftragsbüchern der Firma findet sich kein einziger Hinweis.[153] Die ungeheure Menge an Aufträgen wäre von einem Betrieb allein auch gar nicht zu bewältigen gewesen. Vielmehr orientierte sich die NS-Arbeitsbeschaffung an dem Prinzip höfischer Wirtschaftsförderung, und auch das Atelier Troost beauftragte eine ganze Reihe von Werkstätten, bevorzugt Münchner Firmen.[154] Neben zahlreichen Polstereien und Sattlereien beschäftigte man etwa zwanzig Schreinereibetriebe und dieselbe Anzahl an Schlossereien für die Ausstattung der beiden NSDAP-Gebäude am Königsplatz. Wesentlich beteiligt, vor allem was repräsentatives Mobiliar angeht, waren die Werkstätten Anton Pössenbacher.[155] Die hohen Geldsummen, die zur Verfügung standen, und die hohen qualitativen Anforderungen des Atelier Troost bewirkten eine Blüte traditioneller Handwerkskultur, die natürlich für entsprechend willfährige politische Stimmung sorgte. Der Aufschwung endete abrupt mit der Einberufung der Fachkräfte und die Zerstörung vieler Werkstätten während des Krieges.

Entwürfe von Troost aus den zwanziger Jahren, vor allem die Ausstattung der großen Luxus-Liner, waren in ihrer Mischung aus konservativen und modernistischen Elementen Vorbilder für Hitlers persönlichen Geschmack. Er wollte sich die Halle der 1. Klasse der »Europa« in voller Größe in dem projektierten »Haus der Architektur« in München nachbauen lassen (Abb. 171). Für seine Parteibauten am Königsplatz stellte er sich jedoch einen härteren und wuchtigeren Stil vor als die auf den internationalen Publikumsgeschmack ausgerichtete Einrichtung der »Europa«.[156] Leonhard Gall und Gerdy Troost setzten die Tendenz der Vergrößerung der Maßstäbe und Verhärtung von Detailformen fort, die Paul Ludwig Troost mit der Möblierung des »Braunen Hauses« schon begonnen hatte.

Verbleib des Mobiliars

Große Teile des Mobiliars im »Verwaltungsbau« haben den Krieg überlebt.[157] Die Spuren des repräsentativen Mobiliars des »Führerbaus« verlieren sich dagegen schon 1945. Von August bis November 1943 hatte Gerdy Troost, aufgeschreckt durch die Bombenangriffe der Alliierten auf München im März 1943, die Leerräumung des »Führerbaus« organisiert. Die Möbel von Hitlers Arbeitszimmer (mit Ausnahme des Globus), der Adjutantenzimmer, des Kaminzimmers, der Wandelhalle, der Kongreßhalle und des Speisesaales im ersten Geschoß wurden fast komplett in die »Führerinnenschule des BDM« nach Greifenberg ausgelagert, die

Abb. 169
Einheitstürgriff in »Führerbau« und »Verwaltungsbau«

Abb. 170
Türklinke, Walter Gropius, 1922

Abb. 171
Halle der 1. Klasse auf der »Europa«, P. L. Troost, 1926–30

zum Lazarett umfunktioniert worden war.[158] Kurz bevor 1945 die amerikanischen Soldaten in den Ort kamen, wurden die Kranken auf Privathäuser verteilt, und die Bevölkerung plünderte die ehemalige BDM-Schule. Die amerikanische Militärregierung verfügte jedoch die Übergabe des geplünderten Gutes, und seitdem verliert sich die Spur der repräsentativen Möbelstücke. Im Februar 1948 brannte das Haus ab. Ähnliches hat sich in Steinach, dem zweiten Auslagerungsort für das Mobiliar, abgespielt. Auf Anordnung Bormanns wurden die Möbel seiner Räume im »Führerbau« im August 1943 nach Schloß Steinach nahe Straubing gebracht.[159] Dort hatte die Parteizentrale der NSDAP München unter dem Decknamen »Übersee« eine Dienststelle für Niederbayern im Schloß aus der Jahrhundertwende eingerichtet.[160] Ein Zeitzeuge berichtete, daß die SS kurz vor dem Einmarsch der Amerikaner im April 1945 das Schloß in Brand gesetzt habe. Vor der Zerstörung seien noch etliche Dinge von der SS abtransportiert worden, und auch hier plünderte die Bevölkerung das Schloß, mußte aber die Beute ebenfalls an die amerikanischen Besatzer abgeben. Wo sie verblieben ist, ist nicht bekannt.

158 BAK, Außenstelle Berlin-Zehlendorf (ehem. BDC), RKK 2401.

159 Wie Anm. 158.

160 Nöth, Stefan: Das neue Schloß Steinach 1900–1945. In: Jahresbericht des Historischen Vereins für Straubing und Umgebung 90. 1988, S. 257 ff.

Karl Arndt

Paul Ludwig Troost als Leitfigur der nationalsozialistischen Repräsentationsarchitektur

Paul Ludwig Troost, der Architekt des »Hauses der Deutschen Kunst« und des »Forums der NSDAP« in München, erlebte die Fertigstellung dieser Bauten und Baukomplexe (1935 bzw. 1937) nicht. Er starb im Januar 1934 im Alter von noch nicht 56 Jahren.[1] Das bedeutet zugleich: Mit den spektakulären Großprojekten des NS-Regimes (und das heißt immer: speziell Hitlers), also mit den Planungen für Berlin, Hamburg, München und Linz sowie für das Nürnberger Reichsparteitagsgelände und die »Gauhauptstädte« hatte er nicht einmal ansatzweise mehr zu tun.[2] Dennoch war seine Tätigkeit für die nationalsozialistischen Machthaber alles andere als eine Episode.

Mit auffälliger propagandistischer Konsequenz hob man Troost in eine hochprominente Position hinein. Die öffentliche Aufmerksamkeit, die er bis 1933 allenfalls in bescheidenem Maße hatte gewinnen können, wurde ihm nun mit Nachdruck zuteil (Abb. 172). Er erhielt ein Staatsbegräbnis, dem Hitler beiwohnte, und während des Reichsparteitages 1937 – im Jahr der Einweihung seiner Münchner Großbauten – wurde ihm posthum der neu geschaffene »Deutsche Nationalpreis für Kunst und Wissenschaft« verliehen. In der von Goebbels verlesenen laudatio hieß es:

»*Der Führer hat bestimmt, daß ihm [Troost] symbolisch über das Grab hinaus als erstem [!] diese Ehrung zuteil werden soll. Professor Ludwig Troost hat in seinen Bauwerken den monumentalen und richtungweisenden Stil des neuen Reiches für alle Zeiten vorgezeichnet. [...] Er gehört in die erste Reihe unserer großen deutschen baulichen Gestalter. Sein Geist, seine Werkstreue, sein überragendes Genie der baulichen Gestaltung werden noch für die fernste Zukunft Vorbild sein, nach dem eine kommende künstlerische Jugend sich ausrichten soll. Im Namen des nationalsozialistischen Deutschlands erfüllt der Führer deshalb eine Dankespflicht, wenn er bestimmt, daß Professor Ludwig Troost, zwar durch den Tod von uns geschieden, aber in seinen Werken ebenso weiterlebend, die Reihe der Träger des Deutschen Nationalpreises eröffnet.*«[3]

Dieses Lob, das dem Architekten eine entscheidende Vorbildfunktion zuwies, war damals, 1937, längst gängiger Bestandteil der NS-Kulturpropaganda und blieb bis zum Ende des Regimes gültig. Ob in der Tagespresse oder im Rundfunk, ob in der aufwendigen Zeitschrift *Die Kunst im Dritten* [seit 1939: *im Deutschen*] *Reich* oder in Büchern – immer findet man Troost als den genialen Baumeister gefeiert, der die Formensprache der nationalsozialistischen Repräsentationsarchitektur vorprägte.[4] In den Festzügen zum Münchner »Tag der Deutschen Kunst« (1933 sowie 1937 bis 1939) wurden Großmodelle seiner Bauten eben wegen dieser Leitbildrolle vor Augen geführt (Abb. 173).[5] Und noch in aussichtsloser Kriegslage, im Januar 1944, nahm das Regime den zehnjährigen Todestag zum Anlaß, die Erinnerung an den Architekten ganz in dem bereits zitierten Sinne heraufzubeschwören. Albert Speer schrieb damals an die Witwe Gerdy Troost einen Brief, der in hochgegriffenen Worten reproduzierte, was als Sprachregelung inzwischen ein Jahrzehnt alt war. Man liest da über Troost:

»*Sein unvergängliches Werk ist nicht nur stets lebendig geblieben, sondern es hat sich vielmehr von Jahr zu Jahr immer fruchtbarer erwiesen. Es war der Nährboden für unser ganzes deutsches Bauen. Erst jetzt können wir das grosse Glück ermessen, das uns dadurch geschenkt ist, dass die ersten gewaltigen Bauten in der Hauptstadt der Bewegung [dies seit 1935 der offizielle Titel Münchens] vollendet werden konnten. – Sie sind und bleiben in ihrer einmaligen Grösse und der soldatisch strengen Zucht ihrer Formen richtungweisend und werden die Zeiten überdauern. Ich selbst fühle mich mit allen deutschen Architekten Ihrem Gatten besonders tief verpflichtet und verbunden. Jetzt und in alle Zukunft werde ich – von die-*

---

1 Eine umfassende Arbeit über Troost fehlt bis heute. Eine während des »Dritten Reiches« von dem Wölfflin-Schüler Hans Kiener geplante Monographie kam über ein Manuskript (Privatarchiv Frau Gerdy Troost) nicht hinaus. Vgl. vorläufig: Thieme/Becker 1939; Arndt 1981, S. 443–485; Utermann 1988; Bärnreuther 1993, passim.

2 Die in der Literatur gelegentlich (zuerst in dem so verdienstvollen Buch Brenner 1963, S. 121) zu findende, jedoch niemals begründete Behauptung, Paul Ludwig Troost habe 1933 oder bereits früher erste Planungen für das Nürnberger Reichsparteitagsgelände entwickelt, beruht auf einem Irrtum. Frau Gerdy Troost und Albert Speer stellten in Gesprächen dem Verfasser gegenüber ausdrücklich fest, daß solche Entwürfe und eben auch ein entsprechender Auftrag von seiten Hitlers bzw. der NSDAP nicht existierten; aus den überlieferten Archivalien ergibt sich bisher derselbe Schluß.

3 Zum Begräbnis Troosts: VB 25.1.1934. – Das Goebbels-Zitat nach: Der Parteitag der Arbeit vom 6. bis 13. September 1937. Offizieller Bericht. München 1938, S. 50. Die lebenden Preisträger waren erstens Alfred Rosenberg, zweitens August Bier neben Ferdinand Sauerbruch und drittens Wilhelm Filchner. Der Stiftungserlaß zum »Deutschen Nationalpreis« datiert vom 30. Januar 1937. Vgl. Rühle, Gerd: Das Dritte Reich, Das 5. Jahr, 1937. Berlin 1938, S. 76. Anlaß der Stiftung war die Verleihung des Friedens-Nobelpreises an Carl von Ossietzky (1936); der »Nationalpreis« sollte für Deutschland an die Stelle der internationalen Auszeichnung treten. Im Erlaß hieß es denn auch: »Die Annahme des Nobelpreises wird damit für alle Zukunft Deutschen untersagt«! – Der vielfach, auch von Hitler immer wieder zitierte Professorentitel war Troost 1917 von König Ludwig III. von Bayern verliehen worden: vgl. Utermann 1988, S. 121; biographische Angaben aus dem Atelier Troost in einer Aktennotiz vom 28. Februar 1934 geben für die Verleihung das Datum 1915 an (BAK, NS 20:60/5).

4 Vgl. die zahlreichen Nachweise bei Thomae 1978, S. 354 ff. Ebenda S. 28, Anm. 47 der keines Kommentars bedürfende Hinweis, daß aus Anlaß des zehnten Todestages von Troost neun (!) Presse-Anweisungen ergingen.

5 Im Festzug von 1933 zeigte man das »Haus der Deutschen Kunst«. 1937 wurden darüber hinaus auch die »Ehrentempel« und der »Führerbau« vom »Forum der NSDAP« am Königsplatz präsentiert. Vgl. Hartmann, Wolfgang: Der historische Festzug. Seine Entstehung und Entwicklung im 19. und 20. Jahrhundert. München 1976, S. 52, 282. Ein Modell des »Hauses der Deutschen Kunst« war im übrigen auch während der Pariser Weltausstellung 1937 zu besichtigen, und zwar auf dem »Ehrenpodium« des »Deutschen Hauses«. Vgl. Hoffmann, Heinrich: Deutschland in Paris, Ein Bild-Buch. München/Berlin 1937, Abb. S. 35.

Abb. 172
Umbenennung der Galeriestraße in
Trooststraße, 1934, Aufnahme: H. Hoffmann

6 Eine Kopie des Schreibens im BAK, R 3: 1591, Bl. 99.

7 Arndt 1981, S. 444, Anm. 2; Utermann 1988, S. 122. Grundsätzlich gleichlautende Mitteilungen anderer verzeichnet bei Dehlinger S. 21. Hierzu und zur Baugeschichte vgl. Grammbitter im vorliegenden Band.

8 Nach Utermann 1988, S. 120 war Troost seit 1912 für die Bremer Reederei tätig. Die Zeitschriftenaufsätze über ihn findet man bei Thieme/Becker 1939 zusammengestellt. Hitlers Begeisterung für die Dampferausstattungen unterstreicht Frau Gerdy Troost (Schreiben vom 10. März 1971 an den Verfasser). Vgl. Seckendorff im vorliegenden Band.

9 So Frau Gerdy Troost brieflich 1971 (wie Anm. 8). Gleichlautend Utermann 1988, S. 121. Vgl. auch Ziegler, Hans Severus: Adolf Hitler aus dem Erleben dargestellt. Göttingen 1964, S. 188 (das durch seine politischen Urteile empörende Buch des ehemaligen stellvertretenden Gauleiters von Thüringen und Intendanten des Theaters in Weimar ist gleichwohl als Quelle zu berücksichtigen). Eine andere Überlieferung zitiert bei Schönberger 1981, S. 126 (Erwerb einer von Troost 1915 entworfenen Kommode durch Hitler vor der persönlichen Bekanntschaft mit dem Architekten). – Troost hatte 1910 für die »Vereinigten Werkstätten« zu arbeiten begonnen. Schon vorher, nach Utermann im Jahre 1908, war er in enge Verbindung zu der Porzellan-Manufaktur Nymphenburg getreten; vgl. auch Staatliche Porzellan-Manufaktur Nymphenburg: Hg. Ludwig Deubner. München 1942, S. 46 f., 51 f.; Utermann 1988, S. 121.

10 Vgl. Rose-Jena 1934; Dresler 1939. Vgl. auch Grammbitter im vorliegenden Band.

ser hohen Verpflichtung erfüllt – bei meiner eigenen Arbeit und bei der Erziehung des deutschen Nachwuchses, im Geiste des Verstorbenen am Werden und Wachsen der neuen deutschen Baukunst weiterarbeiten.«[6]

Bezeichnend, daß Troost zwischen 1933 und 1945, ganz so, als handle es sich um einen förmlich verliehenen Titel, wieder und wieder der »Erste Baumeister des Führers« genannt wurde. In dieser Formel war griffig zusammengefaßt, was sich der Öffentlichkeit einprägen sollte: Die besondere Position des Architekten am Beginn einer als verheißungsvoll gefeierten Entwicklung und sein enges Vertrauensverhältnis zu Hitler. Es sollte suggeriert werden, daß hinter Troost und seinen Münchner Bauten als letztlich allein maßgebliche Instanz »der Führer« stand.

Läßt sich, was dergestalt verbreitet wurde, in kritischer Überprüfung verifizieren? Haben das »Haus der Deutschen Kunst« und die Bauten am Königsplatz damals tatsächlich als bleibend gültige Muster gewirkt, und spielte Hitler in diesem Zusammenhang die Rolle des aktiv mitplanenden Bauherrn?

Das erste Zusammentreffen Troosts mit Hitler wird im allgemeinen in die Zeit nach den Reichstagswahlen vom September 1930 datiert; es fand im Haus des Münchner Verlegers Hugo Bruckmann statt.[7] Diese Begegnung war alles andere als zufällig. Hitler besaß aus Zeitschriften genaue Vorstellungen vom Schaffen des Architekten, insbesondere auch von dessen Innenausstattungen großer Übersee-Dampfschiffe des Norddeutschen Lloyd.[8] Des weiteren wußte er von der Tätigkeit Troosts für die Münchner »Vereinigten Werkstätten«, hatte er doch 1926 über dieses Haus einen vom Künstler ursprünglich für den eigenen Gebrauch entworfenen Diplomatenschreibtisch gekauft.[9] Als er dann im Herbst 1930 den persönlichen Kontakt suchte, da geschah es aus sehr bestimmten Gründen. Wenige Monate zuvor war von ihm ungeachtet parteiinterner Proteste und öffentlichen Spottes ein an der Briennerstraße gelegenes, höchst repräsentatives klassizistisches Gebäude für die Reichsleitung der NSDAP erworben worden. Es ging nun um dessen innere Aus- und Umgestaltung, die schließlich niemand anderer als der in Hitlers Augen für eine solche Aufgabe besonders geeignete Innenarchitekt Troost übernahm. Das einstige Palais Barlow, erbaut 1828/30, wurde zum »Braunen Haus«.[10]

Zwischen dem Auftraggeber und dem Architekten entwickelte sich nun eine persönliche Beziehung, die sehr bald über den einen Auftrag hinaus zu weiteren Planungen führte. Hitlers Bedürfnis, seine politischen Absichten und Ziele vorausgreifend in anspruchsvoller Architektur weithin sichtbar zu machen, trat hier erstmals in aller Entschiedenheit zutage. Was sich bis dahin andeutungsweise in Rede-Passagen und in wenigen Abschnitten des Buches *Mein Kampf* oder – für die Öffentlichkeit unsichtbar – in Skizzen eines Triumphbogens, einer Kuppelhalle

Karl Arndt

Abb. 173–175
Modell des »Hauses der Deutschen Kunst«:
im Festzug 1933; vor Baumkulisse
(Süd- und Nordfassade)

und anderer monumentaler Gebäude niedergeschlagen hatte, das begann jetzt, ungeachtet der Weltwirtschaftskrise, konkret zu werden.[11]

Hitlers Führungsposition innerhalb seiner Partei war zu diesem Zeitpunkt, nach der eben bestandenen Auseinandersetzung mit dem Strasser-Flügel und der Berliner SA unter Stennes, unangefochtener als je zuvor. Dazu kam, daß die Zuspitzung der ökonomischen und politischen Situation den Gewinn der Macht absehbar erscheinen lassen konnte. In den bereits erwähnten Septemberwahlen des Jahres 1930 hatten mehr als sechs Millionen Deutsche für die NSDAP gestimmt und sie damit, weit über alle ohnehin hochgegriffenen Einschätzungen hinaus, zur stärksten Kraft nach der SPD gemacht.

Vor diesem Hintergrund ist zu sehen, was damals zwischen Hitler und Troost erörtert wurde. Das Palais Barlow geriet zum Ausgangspunkt für das ehrgeizige Projekt eines »Forums der Partei«, das aufwendige Neubauten vorsah und darüber hinaus den nahegelegenen Königsplatz als Versammlungsareal einbezog. Schrittweise, über Zwischenstufen, entwickelte sich dieses Konzept spätestens seit dem Winter 1931/32, um dann ab 1933 in die Realität umgesetzt zu werden: Zwischen dem »Braunen Haus« und dem Königsplatz (nun auch »Königlicher Platz« genannt) wuchsen als ein strikt symmetrisches Ensemble der »Ver-

11 Die Belege: Rede Hitlers aus dem Jahre 1929, aus Anlaß der in München geplanten Festspiele Max Reinhardts: BAK, NS 26: 56, besonders Bl. 73 ff., 143 ff.; Hitler, Adolf: Mein Kampf. München ⁵³1933, S. 18 ff., 288 ff., 381. Was Architekturentwürfe Hitlers anbelangt, so ist hier vor allem an ein Skizzenbuch zu denken, das möglicherweise auf die Zeit der Landsberger Haft, jedenfalls aber auf die früheren oder mittleren zwanziger Jahre zurückgeht; es wurde Albert Speer ausgehändigt, weil sich in ihm die genaue Zeichnung des Triumphbogens befindet, der nahe bei dem neugeplanten Berliner Südbahnhof zur Ausführung kommen sollte. Vgl. die Abbildungen bei Fest, Joachim C.: Hitler. Eine Biographie. Frankfurt a.M. 1973, S. 728–730; vgl. ferner Adolf Hitler als Maler und Zeichner. Ein Werkkatalog der Ölgemälde, Aquarelle, Zeichnungen und Architekturskizzen: Hg. Billy F. Price. Zug 1983, Nr. 523–537; daß dieses skurrile, ja lächerlich zu nennende Buch eine Unzahl von Fälschungen enthält, ist längst bekannt – doch betrifft diese Problematik nicht die darin abgebildeten Architekturzeichnungen.

12 Thomae 1978, S. 142 macht darauf aufmerksam, daß die Bezeichnungen »Führerbau« und »Ewige Wache« ausdrücklich den Münchner Bauten vorbehalten waren und andernorts nicht Verwendung finden durften. Diese Sprachregelung dokumentiert den Willen des Regimes (und speziell Hitlers), seiner Architektur mit Nachdruck Symbolwerte zuzuführen.

Abb. 176
»Haus der Deutschen Kunst«, Südfassade

13 »[...] probably more than a mere coincidence [...]«: So schon der lakonische Kommentar von Lehmann-Haupt 1954, S. 113. Dabei ist in Rechnung zu stellen, daß der Platz in den Jahren der Weimarer Republik häufig für politische Kundgebungen der nationalen Rechten genutzt und auch als Gedenkstätte für die Gefallenen des Weltkrieges in Vorschlag gebracht worden war. Vgl. Arndt 1989, S. 71; Bärnreuther 1993, S. 82 ff.; vgl. auch Lehmbruch und Grammbitter im vorliegenden Band.

14 Hitler 1933 (wie Anm. 11), S. 381.

15 Infolge dieser Entscheidung wurde das Areal des Alten Botanischen Gartens, das durch den Glaspalast weitgehend überbaut gewesen war, zur Gänze frei. Es sollte jetzt als Park, als »Grüne Lunge«, definiert werden – was ohne Zweifel in der Bevölkerung Münchens breiteste Zustimmung fand. Troost entwickelte im Auftrag Hitlers ein Konzept, das ein Restaurant (das »Park-Café«) sowie eine Brunnenanlage vorsah und dann auf seinen Vorschlag hin Oswald Bieber zur weiteren Bearbeitung übertragen wurde. So Frau Gerdy Troost in einem Brief vom 3. November 1975 an den Verfasser; vgl. auch Utermann 1988, S. 127. Zur Planungsgeschichte des »Neuen Glaspalastes« bzw. des »Hauses der Deutschen Kunst« im einzelnen Arndt 1981, S. 462 ff.

waltungsbau der NSDAP« und der »Führerbau« sowie zwischen ihnen, dicht an der Brienner Straße, die beiden »Ehrentempel« als zentrale Kultstätten des Regimes empor.[12] Vieles spricht dafür, daß diese Usurpation des Königsplatzes und dessen grundlegende Verwandlung in ein politisches Demonstrationsfeld von Hitler seit langem schon ins Auge gefaßt worden waren; daß der Erwerb des Palais Barlow nicht zuletzt deshalb erfolgte, weil es in nächster Nachbarschaft zu diesem Areal lag.[13]

Bei den Planungen in Troosts Atelier ging es also darum, einen Baukomplex zu entwerfen, der München als den bleibenden Sitz der Reichsleitung der NSDAP und damit als die »Hauptstadt der Bewegung« kennzeichnen sollte – ganz in dem Sinne, wie der propagandistisch-psychologisch versierte Auftraggeber Hitler das in seinem Buch *Mein Kampf* ausgeführt hatte. Eine Partei, so heißt es da, brauche zumal bei rasch wachsender Mitgliederzahl zwingend einen weithin sichtbaren, ihre »Idee« und Führung verkörpernden Mittelpunkt, um die Anhänger fest an sich binden zu können: »Nur das Vorhandensein eines solchen, mit dem magischen Zauber eines Mekka oder Rom umgebenen Ortes, kann auf die Dauer einer Bewegung die Kraft schenken, die in der inneren Einheit und der Anerkennung einer diese Einheit repräsentierenden Spitze begründet liegt.«[14] Der Verweis auf zwei kultische Stätten, auf die Zentren des Islam bzw. des Katholizismus, sollte nicht als vermeintliche Beiläufigkeit überlesen, sondern beachtet werden. Was Hitler vorschwebte, und was er dann in München am Königsplatz zunächst mit Troost und nach dessen Tod mit seinem Atelier zusammen plante und später realisierte, das lief sehr entschieden auf mehr als Verwaltung und Repräsentation hinaus! Es ging darum, für die »Bewegung« einen Schauplatz zu schaffen, an dem sie sich der eigenen Anhängerschaft wie der Öffentlichkeit höchst effektvoll, nämlich in regelmäßig wiederholten und konsequent inszenierten Kundgebungen, als eine »verschworene« politische Glaubensgemeinschaft darstellen konnte. Diesem Ziel dienten die bereits genannten »Ehrentempel« für die darin unter freiem Himmel bestatteten sechzehn Parteigänger, die bei dem blutigen Ende des kläglichen Hitlerschen Putschversuchs am 9. November 1923 an der Münchner Feldherrnhalle den Tod gefunden hatten und seither als »Blutzeugen der Bewegung« eine herausgehobene Propaganda-Rolle spielten.

Parallel zur Konzeption des »Forums der NSDAP« bereitete sich weiterhin vor, was schließlich unter dem Namen »Haus der Deutschen Kunst« an der Prinzregentenstraße Realität werden und Münchens Rolle als »Hauptstadt der deutschen Kunst« – so Hitler in seiner Rede zur Grundsteinlegung dieses Gebäudes im Oktober 1933 – markieren sollte. Im Juni 1931 war der längst zum Begriff gewordene Münchner Glaspalast im Alten Botanischen Garten niedergebrannt. Der Wunsch, trotz der katastrophalen wirtschaftlichen Situation möglichst bald an seiner Stelle über ein neues Kunstausstellungsgebäude verfügen zu können, veranlaßte den bayerischen Staat im November 1931 zur Vergabe eines »Vorprojekts« und weiterhin, auf Grund scharfer Proteste, im August 1932 zur Ausschreibung eines Wettbewerbs. Troost arbeitete für diese Konkurrenz Pläne aus, verzichtete dann jedoch auf deren Einsendung. Hitler aber lernte die Entwürfe im Atelier des Architekten kennen und bestimmte sie nach der Machtübernahme – über alle vom bayerischen Staat zu diesem Zeitpunkt bereits getroffenen Entscheidungen hinweg – in modifizierter Form zur Ausführung; dabei legte er als Bauplatz anstelle des Alten Botanischen den Südrand des Englischen Gartens fest (Abb. 174–176).[15]

Man muß also konstatieren: Hitlers früheste programmatische Bauabsichten, nicht zufällig auf München konzentriert, waren mit der Person Paul Ludwig Troosts aufs engste verbunden. Dessen bereits zitierte, durch Sprachregelung geläufig gemachte Bezeichnung als der »Erste Baumeister des Führers« hatte demnach ihren sehr konkreten Hintergrund.[16]

Wie aber hat man sich nun das Zusammenwirken Hitlers und Troosts im einzelnen vorzustellen? Wie konkret war die Einwirkung und waren die Vorgaben des Bauherrn, und wie groß die Gestaltungsfreiräume des Architekten? Dokumente, die diese Fragen zweifelsfrei zu klären erlaubten, sind bisher nicht bekannt geworden. Immerhin aber gibt es Aussagen von Zeitgenossen und andere Zeugnisse, die mehr als bloße Vermutungen erlauben. Daß Hitler im Falle des »Hauses der Deutschen Kunst« nicht von Beginn an als Auftraggeber agierte, sondern vielmehr erst spät mit der Entscheidung zugunsten Troosts in einen bereits weitgehend abgelaufenen Planungsprozeß eingriff, wurde bereits erwähnt.

Völlig anders lagen die Dinge beim »Forum der NSDAP« am Königsplatz. Hier spricht – wie schon kurz dargelegt – alles dafür, daß die Idee zu einer solchen Anlage, zu einem wie auch immer im einzelnen ausformulierten Architekturensemble, auf Hitler zurückzuführen ist. Er dürfte es gewesen sein, der von vornherein nichts weniger als ein »Mekka oder Rom«, d. h. ein kultisch überhöhtes Verwaltungs- und Repräsentationszentrum, für seine Partei wollte. Unter dem Datum »Landsberg, Festungshaftanstalt, 1924« hatte er dem ersten Teil seines Buches *Mein Kampf* die Namen der Toten von der Feldherrnhalle im Sinne einer Widmung vorangestellt – und zwar mit dem anmaßend-polemischen Zusatz: »Sogenannte nationale Behörden verweigerten den toten Helden ein gemeinsames Grab«! Hier scheint die Grundidee der »Ehrentempel« bereits vorformuliert, der spätere »Novemberkult« anvisiert zu sein. Bezeichnend jedenfalls, daß Hitler wenig später (1926) den 9. November zum »Reichstrauertag der NSDAP« erklärte und 1930/31 dann im »Braunen Haus« eine Ehrenhalle einrichten ließ, die neben den Standarten der Münchner SA und einer Dietrich Eckart-Büste auf zwei Bronzetafeln die Namen der sechzehn Parteimärtyrer enthielt. Diese Sachverhalte legen mit Nachdruck die Folgerung nahe, die im übrigen durch eine »Zeugenaussage« bestätigt wird: Hitler war es, der für das Parteiforum (als Kultort eben!) mit Nachdruck die öffentliche Grabstätte seiner »Blutzeugen« forderte. Troost selbst hatte bloße Erinnerungsmale von offenbar geringen Dimensionen vorgeschlagen.[17] Erst nach seinem Tod sah sich sein Atelier in diesem Punkt mit einem konkreten Planungsauftrag konfrontiert.

Hat man also, ausgehend von diesem Detail der Planungsgeschichte, an eine sehr weitgehende Einwirkung Hitlers, vielleicht sogar an dessen Einflußnahme auf den Stil der Forumsbauten zu denken? Was bisher an Äußerungen zu dieser durchaus naheliegenden Frage bekannt wurde, scheint eine solche Folgerung strikt auszuschließen. Man liest bei Speer als persönliche Erinnerung und Beobachtung, Hitlers Verhältnis zu Troost sei »etwa das eines Schülers zum Meister« gewesen. Er habe in dem um etwas mehr als zehn Jahre Älteren »die Überlegenheit des Fachmannes« respektiert; von »einer Art von Verehrung«, die dem Zeugen Speer auffiel, ist in diesem Zusammenhang die Rede. Auch heißt es ausdrücklich, Hitler habe im Hinblick auf seine eigenen Vorstellungen von Architektur den positiven Einfluß Troosts betont: »Es sei ihm ›wie Schuppen von den Augen gefallen‹, als er dessen Arbeiten gesehen habe. ›Ich konnte das, was ich bis dahin gezeichnet hatte, nicht mehr ertragen. Was für ein Glück, daß ich diesen Mann kennenlernte!‹«

16 In diesem Zusammenhang spielten über die zitierten Münchner Bauten hinaus andere Arbeiten des Architekten bzw. seines Büros keine Rolle. Sie seien gleichwohl kurz erwähnt: (a) Detaillierte Entwürfe für ein Palais des Reichsstatthalters in München, Prinzregentenstraße, Juni/Juli 1933: (BSB, Nachlaß Troost Ana 325); vgl. dazu auch Rasp 1981, S. 29. – (b) Reichskanzlei Berlin, Neuausstattung der Wohnung Hitlers, 1933, unter wesentlicher Mitarbeit von Leonhard Gall, der seit 1908 im Büro Troost tätig war, sowie von Gerdy Troost: vgl. die Angaben in deren Lebensläufen (BDC 4. 11. 58: L. Gall; BAK, NS 20:60/5: G. Troost). Vgl. auch Speer 1969, S. 42 ff. – (c) Berlin, Ärztehaus, Umbau und Neuausstattung, 1933: von Utermann 1988, S. 127 in der Werkübersicht genannt; die Ausstattung offenbar nach Entwürfen von Gerdy Troost (vgl. deren oben zitierten Lebenslauf). – (d) Zu erwähnen bleibt schließlich das 1933 unter dem nördlichen Bogen der Münchner Feldherrnhalle aufgestellte Ehrenmal für die Toten des Hitlerschen Putschversuchs vom 9. November 1923, ein propagandistisch hochbedeutsames Monument, das aber hier, wo es um Architektur geht, außer Betracht bleiben kann.

17 Vgl. Gedächtnisprotokoll eines Gesprächs des Verfassers mit Frau Gerdy Troost (22. März 1971). Vgl. vor allem Lehmbruch im vorliegenden Band.

18 Speer 1969, S. 52 ff. Vgl. auch Speer 1975, S. 260. – Ich merke an, daß Speers Ausführungen in ihrem Erinnerungscharakter von Frau Gerdy Troost grundsätzlich bestritten werden. In einem Brief an den Verfasser (wie Anm. 8) heißt es, Speer habe ihren Mann tatsächlich nie kennengelernt; sein Wunsch nach einer Begegnung sei durch die schwere Erkrankung und den Tod Troosts verhindert worden. Demnach wäre das, was Speer detailliert schildert, die Reproduktion von Eindrücken anderer? Es fällt schwer, dies ohne weiteres anzunehmen. Denkbar ist auch, daß Speer, damals am Anfang seiner Laufbahn und noch alles andere als prominent, bei Besuchen im Büro Troosts unter den Gefolgsleuten Hitlers nicht auffiel, und daß die Mitteilung von Frau Troost sich auf das Bemühen um ein ganz persönliches Zusammentreffen bezieht.

19 So in einem Brief 1971 (wie Anm. 8). Dazu noch das folgende: Nach dem Zeugnis Gerdy Troosts und H. S. Zieglers hatte Hitler das »Haus der Deutschen Kunst« als Teil eines tief in den Englischen Garten sich erstreckenden »Forums« gewünscht. Troost soll sich diesem Plan mit Entschiedenheit widersetzt, ja schließlich die »Kabinettsfrage« gestellt – und Hitler so zur Aufgabe seiner Vorstellungen veranlaßt haben: Arndt 1981, S. 467.

Abb. 177
Modell des Parteiviertels mit Kanzleigebäude, Atelier Troost

20 Vgl. etwa zum »Braunen Haus«: »Deutschland erwacht, Werden, Kampf und Sieg der NSDAP«. (= Cigaretten-Bilderdienst). Altona-Bahrenfeld 1933, S. 44: »[...] der geniale Münchner Architekt, Professor Troost, löst die Aufgabe hervorragend. Alle Baupläne arbeitet der Führer selbst durch [...] Viele Einzelheiten entwirft er selbst [...].« Oder Dresler 1937, S. 14, 16: Hitler schuf Entwürfe für die Inneneinrichtung des »Braunen Hauses«. Besonders auffällig und befremdlich erscheint, daß Otto Wagener in seinen Aufzeichnungen die Umgestaltung des »Braunen Hauses« ausschließlich auf Hitler zurückführt; der Name Troosts fällt bei ihm überhaupt nicht: Wagener, Otto: Hitler aus nächster Nähe, Aufzeichnungen eines Vertrauten 1929–1932. Kiel 1987, S. 184.
Dagegen Dehlinger auf Grund von »Zeugenaussagen«: Hitler gab zum Ausbau des »Braunen Hauses« Anregungen, arbeitete aber – entgegen zeitgenössischen Aussagen – keine eigenen Entwürfe aus. Dezidiert Frau Gerdy Troost brieflich (wie Anm. 8): »Adolf Hitler hat in der Zusammenarbeit mit meinem Mann sowie später, als ich nach seinem Tode die Leitung des Ateliers übernahm, in der Zusammenarbeit mit meinen Mitarbeitern

Oder: »Bei Troost lernte ich erst, was Architektur ist.«[18] Ganz entsprechend Gerdy Troost: Hitler sei von der Arbeit ihres Mannes »tief überzeugt« gewesen. »Er betrachtete sich als sein Schüler, wie er oft sagte.«[19] Im Licht solcher Äußerungen erscheint es kaum denkbar, daß Hitler auf die Entwürfe seines »Ersten Baumeisters« konkret, mit stilistischen Vorgaben und Korrekturen, eingewirkt haben könnte – mag es auch ganz vereinzelt gegenläufige Nachrichten geben.[20]

So eindeutig also die Dinge sich darzustellen scheinen – es ist damit doch ein weiteres Fragen nicht ausgeschlossen. In den Würdigungen Troosts, die seinerzeit veröffentlicht wurden, stößt man immer wieder auf Wendungen, die einen mittelbaren Einfluß Hitlers andeuten. Man feierte die Münchner Bauten als »reine Sinnbilder einer neuen Reichsidee«, als das Resultat des Zusammentreffens »einer großen persönlichen Begabung mit den überpersönlichen geistigen und geschichtlich-gestaltenden Kräften der Zeit«. Man schrieb, der Architekt habe »das Erlebnis der deutschen Weltanschauung in Stein sichtbar gemacht.« Und man betone in diesem Zusammenhang, daß die Begegnung mit Hitler für Troost von entscheidender Bedeutung gewesen sei.[21]

Es besteht kein Anlaß, den Kern dieser volltönenden Aussagen zu bezweifeln. Troost war im Jahre 1930 Mitglied der NSDAP geworden. Er definierte sich damit als ein Gefolgsmann Hitlers, von dem er sich wie Millionen andere den »Wiederaufstieg« Deutschlands erwartete. Insbesondere dürfte dabei eine Rolle gespielt haben, was man in konservativen und reaktionären Kreisen unter dem Stichwort »kulturelle Gesundung« herbeisehnte: die Verbannung nämlich der Moderne. Daß Troost sehr entschieden auf dieser Linie dachte, ist aus seinem traditionsbezogenen Stil ersichtlich, aus der Eigenart der Künstler, die von ihm z. B. für die Dampferausstattungen herangezogen wurden, und schließlich aus einem Aufruf vom 10. Juni 1933, den er mitunterzeichnete. Da geht es – ganz im Sinne des »Kampfbundes für Deutsche Kultur« – gegen »formzersetzende Persönlichkeiten, wie Nolde, Schmidt-Rottluff, Klee, Mies van der Rohe,« um eine »feierliche Verwahrung dagegen [...], daß die Leute, die die künstlerischen Schrittmacher der zersetzenden kommunistischen Revolution gewesen sind, [...] nun sich dem deutschen Volk als die Vertreter seiner eigentlichen Kunst präsentieren wollen.«[22]

Man hat sich also vorzustellen, daß Troost seit 1930 durch die zahlreichen persönlichen Begegnungen mit Hitler veranlaßt wurde, seine bisherige, keineswegs klar ausgeprägte architektonische Formensprache zu ändern – nämlich, strikt nun auf der Linie klassizistischer und neuklassizistischer Vorbilder, hart und massiv zu werden, um auf diese Weise der NS-Bewegung und ihrem Verständnis von Staat und Gesellschaft, von Zucht und Ordnung, den adäquaten Ausdruck zu verleihen. In diesem Sinne mindestens darf wohl von einer Einwirkung Hitlers auch auf den Stil der Münchner »Gründungsbauten« die Rede sein.

Übte Paul Ludwig Troost für die Repräsentationsarchitektur im Bannkreis Hitlers die posthume Leitbildfunktion, die man ihm seinerzeit so energisch zurechnete, tatsächlich aus? Mit einem einfachen »Ja« oder »Nein« ist diese Frage nicht zu beantworten. Es liegt aber auf der Hand, daß die behauptete Wirkung ihre Grenzen haben mußte – hinterließ Troost doch nicht mehr als zwei Einzelplanungen von durchaus »normal« zu nennenden, also noch keineswegs gigantomanischen Dimensionen. Weiter ausgreifende Konzepte, vor allem auch umfassendere städtebauliche Projekte waren ihm nicht aufgetragen worden. (Daß er dafür im übrigen auf Grund seiner vorwiegenden Tätigkeit als Innenarchitekt am allerwenigsten gerüstet gewesen wäre, sei am Rande vermerkt.) Die gewaltigen, ja maßlosen und von erschreckendem Größenwahn zeugenden Projekte, die Hitler nach dem Tode Troosts in Angriff nahm, hatten als Aufgabenstellung mit den Münchner Erstlingsbauten nichts mehr zu tun. Was nun für das Nürnberger Reichsparteitagsgelände und dann weiter in Berlin, Linz und München gefordert wurde, das beinhaltete Vorgaben und verlangte Lösungen, für die sich bei Troost keine Orientierung gewinnen, kein »Rezept« finden ließ. Selbst im Hinblick auf die seit Mitte der dreißiger Jahre in Angriff genommene Planungsaufgabe »Gau-Forum« konnte er nicht als Vorbild genutzt werden – war doch sein »Forum der NSDAP« am Münchner Königsplatz keine durchgreifend neue Lösung, sondern zu wesentlichen Teilen nichts anderes als die Inbesitznahme und radikale Verwandlung eines bereits vorhandenen und längst schon höchst anspruchsvoll umbauten Areals.[23]

Ist also Troosts angebliche Leitbildfunktion in Wahrheit nur eine Propaganda-Chimäre gewesen? Dieser für einen Augenblick vielleicht naheliegende Verdacht erscheint doch bei weiterer Prüfung als unbegründet. Trotz der genannten grundsätzlichen Einschränkung läßt sich eine Wirkung Troosts auf die »Großarchitektur« des NS-Regimes beobachten.

Nach dem Tod seines »Ersten Baumeisters« soll Hitler für kurze Zeit erwogen haben, dessen Büro selbst zu führen.[24] So abenteuerlich diese Nachricht klingt – unglaubhaft ist sie keineswegs. Man muß sich nur Hitlers Architekturbesessenheit und sein schrankenloses Selbstbewußtsein auch in dieser Hinsicht in Erinnerung rufen.[25] Tatsächlich konnte es jedoch zu einer solchen »Lösung« nicht kommen. Gerdy Troost übernahm ganz selbstverständlich die Leitung des Büros und führte gemeinsam mit Leonhard Gall das »Haus der Deutschen Kunst« und die Bauten am Königsplatz zu Ende. In der Folgezeit kamen dann noch einige bedeutende Einzelaufträge – so für einen mächtigen Kanzleibau der NSDAP an der Gabelsbergerstraße (Abb. 177) gegenüber der Alten Pinakothek – sowie für ein Pendant zum »Haus der Deutschen Kunst« (ein Gebäude speziell für Architekturausstellungen).[26] Von einer besonderen, einer wie zuvor herausgehobenen Rolle des Büros Troost aber war nicht mehr die Rede. Vielmehr traf Hitler nun rasch Entscheidungen, die sich sehr wohl als eine Konsequenz aus seinen Erfahrungen mit dem um einiges älteren und selbstbewußten Paul Ludwig Troost lesen lassen. Es war der noch nicht dreißig Jahre zählende Albert Speer (geboren 1905), der jetzt, zunächst 1934 mit der Planung für das Reichsparteitagsgelände Nürnberg, dann 1936 mit der Großplanung für Berlin, die Rolle des favorisierten Architekten übernahm und bald außerordentliche Machtbefugnisse errang.[27] Einzig Hermann Giesler vermochte neben ihm allmählich in eine vergleichbar einflußreiche (am Ende womöglich sogar überlegene) Stellung aufzurücken.[28]

Man darf jedenfalls wohl festhalten: Mit der Wahl Speers vollzog Hitler im Bereich der Architektur konsequent die persönliche »Machtübernahme«, wie er sie zuvor angeblich mit der Übernahme des Büros Troost erwogen hatte. Er wählte einen Architekten, der ganz am Anfang stand und keine eigene, in sich gefestigte

und mir bezüglich der Pläne meines Mannes niemals hierzu Skizzen oder irgendwelche zeichnerischen Vorschläge gemacht […].« Es versteht sich leicht, daß eine genaue Bewertung der hier zitierten, einander widersprechenden Äußerungen kaum möglich erscheint. Da es den seinerzeit geltenden Propaganda-Richtlinien entsprach, Hitler, den »Baumeister des Reiches«, auch ganz konkret als einen angeblich begnadeten Architekten zu feiern, ist mit inkorrekten Behauptungen in diesem Sinne immer zu rechnen. Zugleich ließe sich vermuten, daß man in der Umgebung Troosts geneigt war, Einwirkungen des Bauherrn H. möglichst klein zu schreiben.

21 Die Zitate aus Bauen im Neuen Reich 1938, S. 10 f.; Scholz 1944b, S. 28.

22 Zitiert nach: MNN 14. 6. 1933. Vgl. auch Arndt 1981, S. 457 f., 474 f.

23 Zum Stichwort »Gau-Forum« grundsätzlich: Arndt 1984. Neuerdings erschienen Untersuchungen über die Anlagen bzw. Planungen in Augsburg, Hamburg, Hannover und Weimar, die hier nicht zitiert werden müssen.

24 So Speer 1969, S. 63. Im Büro Troost wußte man von solchen Gedankengängen begreiflicherweise nichts (laut Gedächtnisprotokoll Mitteilung von Frau Gerdy Troost in einem Gespräch mit dem Verfasser, März 1971).

25 Vgl. die entsprechenden Passagen in Hitler 1933 (wie Anm. 11), S. 18 f.: (Zu den Architektureindrücken in Wien:) »In wenigen Tagen wußte ich nun auch selber, daß ich einst Baumeister werden würde«. S. 35 f.: »[…] Ich war fest überzeugt, als Baumeister mir dereinst einen Namen zu machen.« Schon vorher (1921) hatte es in einem von Hitler verfaßten Lebenslauf geheißen: »[…] Ziel meiner Jugend war, Baumeister zu werden, und ich glaube auch nicht, daß, wenn mich die Politik nicht gefaßt hätte, ich mich einem anderen Beruf jemals zugewandt haben würde.« (Zitiert nach Hitler. Sämtliche Aufzeichnungen 1905 –1924: Hg. Eberhard Jäckel und Axel Kuhn. (= Quellen und Darstellungen zur Zeitgeschichte 21), Stuttgart 1980, Nr. 325, S. 525). Ganz entsprechend dann eine Äußerung im Führerhauptquartier, 10. Mai 1942 mittags: »Wenn der Krieg [d. i. der Erste Weltkrieg] nicht gekommen wäre, wäre er [d. i. Hitler] sicher Architekt geworden, vielleicht – ja, wahrscheinlich sogar – einer der ersten Architekten, wenn nicht der erste Architekt Deutschlands […].« (Zitiert nach Picker, Henry: Hitlers Tischgespräche im Führerhauptquartier 1941–1942. Stuttgart 1963 (neu hg. von P. E. Schramm), S. 323). Weitere Belege sind hier nicht erforderlich; nur sei in Erinnerung gerufen, daß Hitler tatsächlich niemals ernsthaft bemüht gewesen sein soll, sich für den Architektenberuf zu qualifizieren. Was er formulierte, war ein trügerisch stilisiertes biographisches Detail.

26 Zu diesen beiden Planungen zuletzt Bärnreuther 1993, S. 206 ff., 215 f.

BERLIN · NEUE REICHSKANZLEI · EHRENHOF VON OSTEN

Abb. 178–179
Albert Speer, Entwürfe für eine »Reichsführerschule«, 1933

27 Vgl. die von Meinhold Lurz verfaßte Biographie in: Badische Biographien, N.F. Bd. 2, Stuttgart 1987, S. 259 ff. Speers Ämterhäufung wird dort festgestellt, nicht aber spezifiziert. Die Kompetenzen des Architekten reichten über seine Verantwortung in Berlin und Nürnberg hinaus in verschiedene andere Planungsbereiche. Vgl. dazu Arndt 1978, S. 114; Arndt 1984.

28 Insbesondere durch seine Planungen für den Ausbau von Linz gelangte Giesler in eine große Nähe zu Hitler. Vgl. Giesler 1977, passim; dieses Buch, als Zeugnis politischer Unbelehrbarkeit in höchstem Grade anstößig, ist gleichwohl für die Baugeschichte des NS-Regimes ein bedeutsames Dokument. Vgl. auch die Notiz Speers: »Ab 1943 hat er [d.i. Hitler] meinen Münchner Gegenspieler [d.i. Giesler] wohl tatsächlich mir vorgezogen.« (Zitiert nach Speer 1975, S. 217).

29 Zu den provisorischen Kundgebungskulissen vgl. Arndt 1978, S. 113. – In den Spandauer Tagebüchern notierte Speer 1975, S. 404: »Er [d.i. Hitler] selber ließ durchblicken, er habe nur einen jungen, begabten Architekten gewollt, so unbeschrieben noch, daß er ihn formen konnte. Wahrscheinlich war es so.« Und ebenda S. 218: »Ich, der im Grunde blasse, noch ungeprägte Architekturassistent, begann plötzlich, in überraschenden Vorstellungen zu denken. Ich träumte Hitlers Architektur [...].«

30 Vgl. Arndt 1984, Abb. 4. Vgl. auch die Schilderung bei Speer 1969, S. 51 f. Zum Wettbewerb: Nerdinger, Winfried: Versuchung und Dilemma der Avantgarde im Spiegel der Architekturwettbewerbe 1933–35. In: Entmachtung der Kunst 1985, S. 94 f.

31 Speer 1969, S. 55 f. spricht, seine Bereitschaft zur Anpassung verhüllend, davon, daß Hitler ihn gezielt zum »Schüler« Troosts habe machen wollen. »Ich war zum Lernen gern bereit und habe tatsächlich auch viel von Troost gelernt [...].«

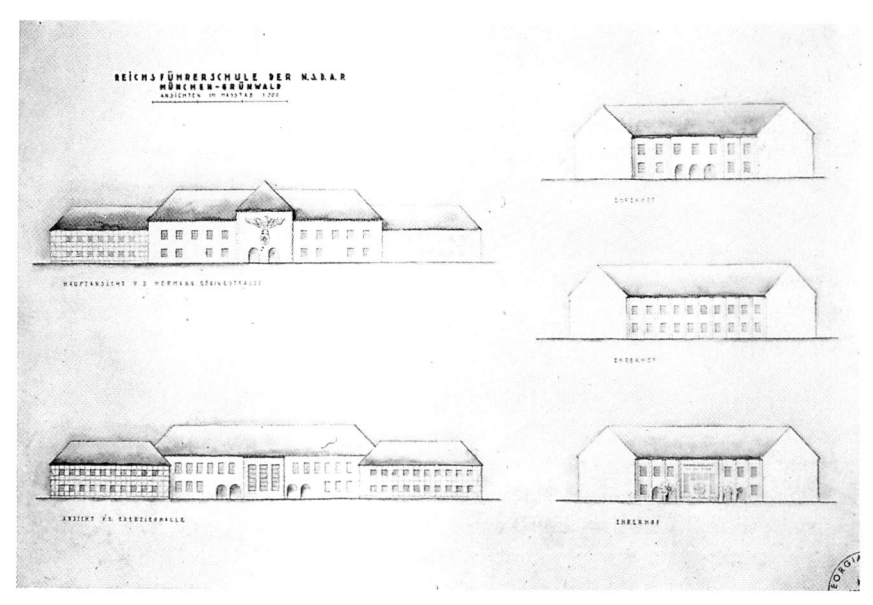

Position besaß, der aber seine organisatorische Effizienz, sein Talent für die Herrichtung effektvoller (wenn auch zunächst noch provisorischer) Kundgebungskulissen – und darüber hinaus einen ausgeprägten Erfolgshunger bereits unter Beweis gestellt hatte.[29]

Hitlers neuer Mann kam von Heinrich Tessenow her, also aus einer Formenwelt, der alles Wirkungssüchtige, Monumentale, Rhetorische denkbar fern lag. Wettbewerbsentwürfe für eine Reichsführerschule der NSDAP (1933) (Abb. 178 u. 179) zeigen diesen Hintergrund noch deutlich.[30] Doch war auf diesem Wege, ohne Kursänderung, an eine Karriere im Zentrum des Regimes nicht zu denken. Speer vollzog eine Umorientierung. Seine Planungen in Nürnberg lassen von Tessenows zurückhaltender Handschrift keine Spur mehr erkennen. Vielmehr verraten sie das Einschwenken auf die Linie Troosts, dessen Leitbildfunktion hier also klar zutage tritt. Nur im engsten Anschluß an seine Bauten konnte Hitlers Gunst errungen werden.[31] So sind denn die Pfeilerkolonnaden der Ehrentribüne des Zeppelinfeldes in Nürnberg (von Speer zu Anfang des Jahres 1934 entworfen) nichts anderes als eine Variante der Fassade des »Hauses der Deutschen Kunst«; und der plump auftrumpfende Turm des »Deutschen Hauses« auf der Pariser Weltausstellung von 1937 (Abb. 180) wurde ersichtlich aus dem Formenreservoir der »Ehrentempel« am Königsplatz entwickelt.[32]

Die späteren Planungen Speers beweisen dann allerdings, daß die Münchner Vorbilder ihre unbedingte Geltung verloren. Schon der Neubau der Reichskanzlei an der Berliner Voßstraße (nach Vorplanungen 1938 errichtet) führt diesen Wandel in ersten Ansätzen vor Augen. Die Möblierung und architektonische Partien wie der »Ehrenhof« (Abb. 181) stehen noch mit Troosts Stil in Zusammenhang.[33] Andere Teile hingegen weisen über dessen »Gründungsbauten« hinaus – so etwa der Doppelsäulenportikus vor Hitlers Arbeitszimmer. Geradezu einen Bruch mit Troosts Formensprache bedeuten dann zentrale Entwürfe für die Berliner Nord-Süd-Achse (zu datieren wohl um 1940). Infolge der megalomanisch hochgetriebenen Dimensionen – und zweifellos im völligen Einklang mit Hitler – endeten Speer und seine Mitarbeiter nun mehr als einmal in einem hilflos anmutenden Proportions- und Formenchaos.[34] Was da an hohem Pathos, an großsprecherischem Aufwand um sich griff, kann exemplarisch das »Reichsmarschallamt« (Abb. 182) mit seiner Hauptfront zur Nord-Süd-Achse hin vor Augen führen.[35] Man sieht fünf Geschosse, die in ihren kraß wechselnden Maßen jeden überzeugenden Gesamtzusammenhang vermissen lassen. Stark differierende Fensterumrahmungen – im »piano nobile« Vollsäulen unter einem entsprechend kräftigen Gebälk – unterstreichen den Eindruck des unbewältigt Heterogenen, d. h. einer schran-

Abb. 180
Albert Speer, Modell des »Deutschen Hauses« für die Weltausstellung 1937

Abb. 181
Albert Speer, Ehrenhof der Neuen Reichskanzlei, Stahlstich

Abb. 182
Albert Speer, Modell des Reichsmarschallamtes, Mittelteil der Hauptfassade

kenlosen Geltungs- und Wirkungssüchtigkeit; ein Rustikasockel und das aufwendig formulierte Abschlußgesims vollenden ein Fassadenbild, das mit den Bauten Troosts nichts mehr zu tun hat.

Diese krasse Veränderung läßt sich innerhalb des von Speer verantworteten, immer wesentlich von Hitler »inspirierten« Berlin-Konzepts vielfach beobachten – so etwa an der Kuppelhalle und der Reichskanzlei am Königsplatz (Abb. 184), an der »Langemarckhalle« der Hochschulstadt nahe dem Olympiagelände sowie an den Entwürfen für sogenannte »reiche Fassaden« (Abb. 183) und speziell für die Gebäude am »Achteckplatz« dicht westlich der Nord-Süd-Achse in Höhe des Tempelhofer Flughafens.[36] Generell drängt sich im Blick auf die Berlin-Planung der Eindruck auf, daß der spröde Stil Troosts den Ansprüchen inzwischen nicht mehr zu genügen vermochte. Hitlers politische und erste militärische Erfolge fanden unmittelbar und unverhohlen in einem sich steigernden Pathos und Formenprunk ihren Niederschlag. Vielfach ist – an Troost vorbei- und hinter ihn zurückgehend – eine stärkere Annäherung an historische Vorbilder zu beobachten. Dies gilt für die Konzeption ganzer Baukörper – z. B. auf der Linie Friedrich Gillys – wie für die Detaillierung, d. h. etwa für Fensterumrahmungen oder andere plastische Schmuckelemente, die nun eine größere Rolle spielten.

Die soweit skizzierte Entwicklung läßt sich über Berlin und über Speer hinaus auch in anderen Planungsbereichen feststellen – wobei Modifikationen (so bei Giesler) sichtbar werden, die hier aber nicht weiter verfolgt und nicht genauer dargelegt werden können.

Die Frage nach der Vorbildrolle Troosts ist jedoch mit diesen abermals einschränkenden Feststellungen noch immer nicht vollständig geklärt. Wenn in den ersten Jahren des NS-Regimes seine Formensprache entschieden weiterwirkte, so finden sich auch später noch, allerdings nun vereinzelt, Bauten, die einen deutlichen Zusammenhang mit ihm erkennen lassen. Ein besonders sprechendes Beispiel ist Emil Fahrenkamps »Deutsches Haus«, das 1939 für eine Internationale Ausstellung in Lüttich entstand.[37]

Darüber hinaus muß man konstatieren, daß einige markante Einzelelemente aus Troosts Bauten innerhalb der NS-Monumentalarchitektur signalhaft, wie Leitmotive, bis zuletzt Geltung besaßen. Es gilt dies besonders augenfällig für den kannelierten Pfeiler, eine zuvor vergleichsweise selten begegnende Form, die an den Gebäuden am Münchner Königsplatz prominent zur Geltung gebracht worden war und dann in den verschiedensten Dimensionen und Kombinationen – selbst als Bestandteil gigantischer Gebälke! – immer wieder aufgegriffen wurde.[38] Ferner blieb das Motiv der Säulenkolonnaden des »Hauses der deutschen Kunst«

32 Vgl. Albert Speer. Architektur. Arbeiten 1933–1942. Mit einem Vorwort von Albert Speer. Frankfurt a. M. 1978, Abb. S. 17, 80. Georg Friedrich Kochs Verweise auf Karl Friedrich Schinkel (Entwurf für ein Denkmal Friedrichs des Großen) und Peter Behrens (Deutsche Botschaft in St. Petersburg) können m. E. nicht überzeugen: Ebenda, S. 141 f. Auch die 1933/34 von Ludwig Ruff für das Reichsparteitagsgelände entworfene Kongreßhalle steht mit ihrer harten und spröden Formensprache und speziell mit den Rundbogenöffnungen in Rechteckrahmen ersichtlich ganz in der Nachfolge Troosts. Abb. in Eichhorn, Ernst u.a.: Kulissen der Gewalt. Das Reichsparteitagsgelände in Nürnberg. München 1992, S. 70 ff.

33 Vgl. die Abb. S. 26–29 bei Albert Speer 1978 (wie Anm. 32). Zu den Möbeln vgl. Schönberger 1981, S. 128.

34 Speer selbst sind diese Veränderungen nicht verborgen geblieben. Vgl. Speer 1969, S. 151, 174 f.; Speer 1975, S. 166 f., 201 f.

35 Speer 1978 (wie Anm. 32), Abb. S. 59, 62.

36 Abb. 46, 51, 83, 90 und 141 bei Larsson, Lars Olof: Die Neugestaltung der Reichshauptstadt, Albert Speers Generalbebauungsplan für Berlin. Stuttgart 1978.

37 Abb. in Speer 1978 (wie Anm. 32), S. 161.

38 Zum Vorkommen in der Antike: Scobie 1990, S. 60. Vor dem Ersten Weltkrieg hatte Troost diese reichere Pfeilerform bereits einmal verwendet – nämlich 1912 in der Repräsentationshalle der Münchner Kunstgewerbeausstellung; Abb. in KDR 8. 1944. 1, Abt. Die Baukunst, S. 11. Zur späteren Verwendung vgl. etwa die Abb. 46, 48, 51, 55, 121, 124, 141 bei Larsson 1978 (wie Anm. 36). An Speers »Deutsches Haus« von 1937 ist hier nochmals zu erinnern (vgl. Anm. 32).

Abb. 183
Hanns Dustmann, Modell für eine »reiche Fassade«, 1940

Abb. 184
Albert Speer, Modell der Neuen Reichskanzlei, Hauptfassade

39 Vgl. etwa die Abb. 46, 49, 51, 58, 62, 93, 126, 128, 138, 141, 151, 166 bei Larsson 1978 (wie Anm. 36).

40 Vgl. dazu vor allem Brenner 1963, besonders S. 63 ff. Ferner Hentzen, Alfred: Die Berliner Nationalgalerie im Bildersturm. In: Jahrbuch Preußischer Kulturbesitz 8. 1970, S. 24 ff.

41 Das Riezler-Zitat nach Arndt 1981, S. 481. – Schäches in mehrfacher Hinsicht unzureichend durchdachte Polemik gegen den für die NS-Großarchitektur inzwischen längst allgemein geläufig gewordenen Terminus »Neo-(Neu-)Klassizismus« blieb zu Recht unbeachtet bzw. wirkungslos. Sein Vorschlag, statt von Neuklassizismus eher ohne jeden Zusatz von »Monumentalismus« zu sprechen, erscheint verfehlt – denn Monumentalität gab und gibt es innerhalb eines jeden Stils; vgl. Schäche, Wolfgang: Nationalsozialistische Architektur und Antikenrezeption, Kritik der Neoklassizismus-These am Beispiel der Berliner Museumsplanung. In: Berlin und die Antike. Aufsätze: Hg. W. Arenhövel, C. Schreiber. Berlin 1979, S. 557 ff.

als ein charakteristisch simplifiziertes Schinkelzitat in Varianten – vor allem auch als Pfeilerstellung – geläufig, wobei sich allerdings bald in der häufigen Verwendung von Säulen- oder Pfeiler-Paaren der bereits skizzierte Wandel hin zu einer pompösen Formenhäufung und -steigerung manifestieren sollte.[39] Schließlich erhielt sich ein »Erbe« Troosts in einem charakteristischen Detail – nämlich in der von ihm nicht »erfundenen«, aber in die Architektur des Regimes eingebrachten hart rechtwinkligen Profilbildung.

Löst man am Ende den Blick von den Details und faßt man die jeweilige Erscheinungsform der nationalsozialistischen Repräsentationsbauten im Ganzen, d. h. als Körper, ins Auge, so läßt sich in diesem Punkt fast durchgängig ein grundsätzlicher Zusammenhang mit den Münchner »Firsts« feststellen. Was hier in Betracht kommt, das sind die generellen, für uns längst unfehlbar kenntlich gewordenen Merkmale eines Stils, den bereits aufmerksame Zeitgenossen völlig zu Recht als einen neuerlichen Klassizismus diagnostizierten: Man denke an die schwer lagernden, betont horizontal strukturierten Baumassen und an deren zumeist sehr geschlossene Umrisse.

Aus dem distanzierten, kritischen Rückblick bestätigt sich also (wenngleich mit Einschränkungen), daß Troosts Münchner Bauten tatsächlich in mehr als einer Hinsicht eine Vorbildrolle gespielt haben. Daß sie diese Funktion zu erfüllen vermochten, begründete sich erklärtermaßen nicht aus besonderer ästhetischer Qualität und Überzeugungskraft (denn davon kann man nicht sprechen), sondern aus den Entscheidungen und dem Durchsetzungswillen Hitlers sowie aus der Anpassungsbereitschaft vieler Architekten. Gesetze und Verordnungen spielten in diesem Zusammenhang keine wesentliche Rolle (so bedeutsam sie in anderer Hinsicht waren). Die Formel »Erster Baumeister des Führers« verdeutlichte also einen tatsächlich gegebenen Sachverhalt und hatte ihre entscheidende Funktion wohl gerade in den ersten Jahren nach der »Machtergreifung« der Nationalsozialisten. Man darf ja nicht vergessen, daß die kunstpolitische Situation zunächst (1933/34) noch unklar, d. h. in Grenzen offen, erscheinen konnte – man denke nur an die damaligen Auseinandersetzungen um das Berliner Kronprinzenpalais als den geradezu symbolischen Ort der Moderne.[40] In solcher Lage mußte Hitler die Heraushebung Troosts im Sinne eines programmatischen Signals wichtig sein – die Öffentlichkeit sollte lernen, daß man dessen »vielfach verwässerten Klassizismus« (so Walter Riezler im Herbst 1933) für das repräsentative Bauen mit Ausschließlichkeit als richtungsweisend zu verstehen und zu akzeptieren habe.[41]

Iris Lauterbach

Austreibung der Dämonen.
Das Parteizentrum der NSDAP nach 1945

»Die Gebäude der nationalsozialistischen Bewegung am Königlichen Platz sind mit den Begriffen Braunes Haus und Führerbau Symbole für die Seele und den Geist der nationalsozialistischen Idee und der ganzen Bewegung. Sie sind Inbegriffe des Wesens und des Wirkens Adolf Hitlers und der Treue zu ihm. Im Falle von Feindwirkungen durch Luftlandungen, Panzeranmärsche und Aufstände ist ein Verteidigungszustand herzustellen. Diese Bastionen sind bis zum letzten Mann zu halten.«[1] Mit diesen Durchhalteparolen forderte am 4. April 1945, knapp vier Wochen vor dem Einmarsch der amerikanischen Truppen in München, ein Mobilisierungsplan die Herrichtung der beiden großen NSDAP-Bauten am Königsplatz zum Bollwerk der Verteidigung. Das gleiche Pathos spricht aus dem Vorhaben Gauleiter Paul Gieslers, sich mit seinen Getreuen in den »Ehrentempeln« zu verbarrikadieren,[2] um die vorauszusehende eigene Niederlage von vornherein zum Märtyrerschicksal zu stilisieren. Dagegen erschienen die beiden nach Entwurf von Paul Ludwig Troost und später von seinem Atelier errichteten großen Gebäude, »Führerbau« und »Verwaltungsbau«, aus rein praktischen Erwägungen für die Verteidigung geeignet: Die Vorrichtungen zur effizienten Nachrichtenübermittlung im »Verwaltungsbau« funktionierten, und begehbare unterirdische Rohrkanäle erlaubten unbeobachtetes Kommunizieren mit den anderen Bauten im NSDAP-Viertel.[3] Dank der seit Anfang 1943 angebrachten Tarnung des Platzes mit vorgetäuschter Bebauung[4] sowie der Bauten mit Tarnnetzen hatten von den Gebäuden am Königsplatz und am Karolinenplatz ausgerechnet die beiden Großbauten und die dazwischenliegenden »Ehrentempel« die Bombardierung weitgehend unbeschadet überstanden.[5] Glyptothek und Staatsgalerie hatten sehr viel schwerwiegendere Schäden davongetragen, »Braunes Haus« und das gegenüberliegende Palais Degenfeld waren zerstört (Abb. 185). Der Mobilisierungsplan sah vor, »vorbereitende Maßnahmen (Sprengung)« zu treffen, um »im Augenblick höchster Gefahr die Kartei und alle Mitgliederunterlagen zu vernichten« und so den Einblick in Organisation der Partei und in Personalia zu verhindern.

Diese Vernichtungsstrategie wurde offenbar vorbereitet, aber nicht oder nur teilweise durchgeführt, wie sich am Schicksal der NSDAP-Kartei besonders aufschlußreich ablesen läßt.[6] Am 15. April 1945 verbrachten NS-Offiziere in eine nahe der Stadt gelegene Papiermühle die erste LKW-Ladung voll mit Karteikarten und Dokumenten, die umgehend vernichtet werden sollten. Weitere Ladungen folgten, bis sich in einem Schuppen etwa sieben Millionen Karten stapelten. Anstatt den Befehl auszuführen, wagte es der Inhaber der Papierfabrik, das brisante Material bis über das Kriegsende hinaus zu retten. Es wurde von den Amerikanern allerdings mitnichten sofort beschlagnahmt, sondern es dauerte ein gutes halbes Jahr, bis – erst im Oktober 1945 – der Inhalt des Schuppens in seinem politischen Gehalt von der Militärregierung erkannt wurde.[7] Die NSDAP-Unterlagen wurden erst zu diesem Zeitpunkt in das Berlin Document Center überführt, wo sie die Grundlage der Entnazifizierungsmaßnahmen bilden sollten. Das, was in München, vor allem natürlich im »Verwaltungsbau«, an NSDAP-Unterlagen und Karteibeständen in ihren unerschütterlichen Panzerschränken übriggeblieben war, hatte man bei der Besetzung der Gebäude aufgefunden (Abb. 190).[8] Da den amerikanischen Soldaten die Vernetzung der Gebäude im Areal Arcisstraße – Brienner Straße durch unterirdische Rohrkanäle zunächst nicht klar war, hatten die sofort unternommenen oberirdischen Sicherungsvorkehrungen – Stacheldraht, Wachpatrouillen – nicht verhindern können, daß in den ersten Tagen von ortskundigen »Parteigenossen« Material entwendet wurde.

1 BAK, NS 1/937, 4.4.1945.

2 Hans-Günther Richardi: Ein Hauptmann formiert den Widerstand. In: SZ 27.4.1995.

3 Vgl. zu den Funktionen der NSDAP-Gebäude Schäfer, zur Baugeschichte Grammbitter, beide im vorliegenden Band; vgl. auch Rosefeldt/Steinle 1994.

4 Vgl. Königsplatz 1988, Abb. S. 62f.

5 Nirgends ist davon die Rede, daß die Amerikaner die Bauten bewußt vom Bombardement ausgenommen hätten. Bei derart eng beieinanderliegenden Gebäuden wäre ein so zielsicheres Bombardieren wohl auch kaum möglich gewesen. Da Eisenhower im Sommer 1945 die Sprengung der »Ehrentempel« verfügte, läßt sich vermuten, daß man die Zentrale der NSDAP gerne schon früher ausgemerzt hätte. Vgl. den 16.5.1949 datierten Zustandsbericht des Landbauamtes über die beiden Troost-Bauten: Der Zerstörungsgrad betrug 5 Prozent, die vermutete Lebensdauer der Gebäude 200 Jahre (Bauamt TU).

6 Vgl. Who was a Nazi? Facts about the membership procedure of the Nazi party, compiled by 7771st Document Center OMGUS. Berlin 1947; The Holdings of the Berlin Document Center. A Guide to the Collections. Berlin Document Center 1994, besonders S. XII, 113–148 [einsehbar im IfZ].

7 Heym 1990, S. 79: »Und was geschah mit der Kartothek? Lange, lange Zeit lag sie in dem Schuppen hinter Bachleitners Papierfabrik.« (Name vom Autor geändert). Die Auffindung erregte publizistisches Aufsehen: vgl. Sunday Express Oktober 1945; Die Neue Zeitung 18.10.1945, 25.10.1945, 28.10.1945; SZ 26.10.1945.

8 Zur Übernahme der NSDAP-Bauten durch die amerikanische Militärregierung: Rorimer 1950, besonders Kap. VII; Smyth 1988, S. 90 und 100.

Abb. 185
Ruine des »Braunen Hauses« und nördlicher »Ehrentempel«, April 1945

Abb. 186
»Führerbau«, Ostfassade, Sommer 1945

Abb. 187
»Verwaltungsbau« mit amerikanischer Flagge, Sommer 1945

Iris Lauterbach

Oben:
Abb. 189
Mitarbeiter der amerikanischen Militärverwaltung betreten den »Führerbau«, Sommer 1945

Links oben:
Abb. 188
Räume im »Verwaltungsbau«, Sommer 1945

Links:
Abb. 190
Kartothek im »Verwaltungsbau«, Sommer 1945

Als Einheiten der 7. US-Armee am 30. April 1945 ins Zentrum Münchens vorrückten, wurden die mit Tarnnetzen verhängten »Ehrentempel« mit den sechzehn Sarkophagen der sogenannten »Blutzeugen der Bewegung« neugierig in Augenschein genommen.[9] Die NSDAP-Großbauten fand man äußerlich vergleichsweise intakt vor (Abb. 186–187, 189). Im Innern allerdings bot sich den amerikanischen Soldaten ein Bild der Verwüstung (Abb. 188 u. 190).[10] Hatten schon die Nationalsozialisten ihre Parteizentrale vermutlich nicht gerade in geordnetem Rückzug verlassen, so hatten Plünderer in den letzten Stunden vor dem Eintreffen der Amerikaner ihr übriges getan, um das Unterste zuoberst zu kehren und von Ausstattungsteilen über Geschirr bis hin zu Lebensmittelvorräten und Spirituosen alles Brauchbare mitgehen zu lassen. Etwa 650 Gemälde aus der in Frankreich konfiszierten Sammlung Schloß, die noch nicht in auswärtige Bergungslager verbracht worden waren, hatten Spontantäter, denen der Wert der Beute noch nicht einmal klar gewesen sein dürfte, am 29./30. April aus den Luftschutzbunkern des »Führerbaus« entwendet.[11] Das wertvollere Mobiliar und viele der Gemälde aus

9 Vgl. StadtA Mü: Aufnahmen von amerikanischen Soldaten an den »Ehrentempeln«. Daß den amerikanischen Offizieren und Soldaten vor dem Eintreffen in München die ursprünglichen Funktionen und das Aussehen der »Ehrentempel« und der NSDAP-Bauten bekannt gewesen wären, muß bezweifelt werden (Auskunft Smyth, 16.5.1995).

10 Vgl. zum Zustand der Gebäude und zur Ausstattung während der Nutzung durch die Militärregierung: Photothek ZI. Vgl. auch die Photoserie in MSM, Graphische Sammlung, auf die mich freundlicherweise Volker Duvigneau hinwies.

11 Über diesen Raub und die erst drei Jahre später mit kriminalistischem Gespür erreichte Auffindung der Gemälde vgl. BAK, B 323/184–186; Die Neue Zeitung 8.2.1946, 9.10.1948, 28.10.1948; Heute 1.11.1948; Breitenbach 1949/1950.

dem »Führerbau« waren dagegen schon in den letzten Kriegsjahren an andere Orte verbracht worden.[12] Ausstattungsgegenstände hatten sich vor allem im »Verwaltungsbau« erhalten. Die Räumlichkeiten und technischen Vorrichtungen aber befanden sich in zum Teil desolatem Zustand. In den Kellergeschossen lagerten Sprengsätze und Panzerfäuste, die für die Verteidigung der »Bastionen« nicht mehr zum Einsatz gekommen waren.[13]

Angesichts einer weitgehend zerstörten Stadt stand es für die amerikanische Armee von vornherein außer Frage, die NSDAP-Gebäude zu beschlagnahmen und für eigene Zwecke zu nutzen. Die damnatio memoriae hingegen sollte gleich im Sommer 1945 zumindest die – nicht nutzbaren – »Ehrentempel« treffen. Im Mai 1945 jedenfalls bestand die vordringliche Aufgabe unzweifelhaft in der Nutzung der wenigen erhaltenen Bauten der Stadt. Eine Zerstörung der Troostschen Großbauten aus politischen Gründen wurde damals möglicherweise insgeheim gewünscht, aber nicht öffentlich diskutiert. Auch die Inbesitznahme durch die Amerikaner war ein Gebot der Notwendigkeit und dürfte eher im persönlichen Empfinden der Beteiligten und erst nachträglich zum symbolischen Akt stilisiert worden sein.[14] Sogar General Patton, Oberbefehlshaber der 3. US-Armee, wollte seinen Sitz zunächst im »Führerbau« nehmen. Die braunen Großbauten aufgrund des genius loci nicht zu beziehen, konnte man sich in dieser Situation nicht leisten.

Die definitive Entscheidung für eine kulturelle Nutzung, wie sie sich bis heute gehalten hat, fiel Mitte Juni 1945.[15] In Bergungsorten im südlichen Teil der amerikanischen Besatzungszone waren unter zum Teil primitiven Umständen Bestände Münchner Museen sowie eine immense Anzahl von Kunstwerken ausgelagert, die von den Nationalsozialisten im In- und Ausland konfisziert oder widerrechtlich erworben worden waren. Um diese Kunstwerke zu sichern und sie den rechtmäßigen Eigentümern wieder zuzuführen, mußten in München geeignete Räumlichkeiten gefunden werden. Da die beiden Pinakotheken und die meisten anderen Museen der Stadt entweder zerstört oder stark beschädigt waren, erfüllten unter den erhaltenen größeren Gebäuden lediglich die beiden NSDAP-Großbauten die Voraussetzungen für eine halbwegs sachgemäße Lagerung und Sicherung. Und so segelten die in den ersten Monaten von einem Offizier der amerikanischen Navy – dem Kunsthistoriker Craig Hugh Smyth – betreuten Troost-Bauten von nun an unter kultureller Flagge, hießen statt »Verwaltungsbau« »Gallery/Galerie I«, statt »Führerbau« »Gallery/Galerie II« und dienten als »Arche Noah« für Kunstwerke, als »Central Collecting Point« (CCP).[16] In einer Aufstellung der Militärregierung von 1947 avancierten die Bauten daher sogar zu »protected monuments«.[17]

Als die Nutzung als Central Collecting Point vorläufig geklärt war und die Armee, die im übrigen auch ihre Spuren hinterließ, die Gebäude freigegeben hatte, wurde von der zuständigen amerikanischen Behörde im Juni 1945 für die Instandsetzung der ehemaligen NSDAP-Bauten als bauleitender Architekt Dieter Sattler angestellt.[18] Sattler spielte auch später, von 1947 bis 1951, als Staatssekretär im bayerischen Kultusministerium, in dessen Verwaltung die Bauten übergehen sollten, von deutscher Seite aus weiterhin eine wichtige Rolle für das Nachkriegsschicksal der Gebäude.[19]

Vor Einbruch des ersten Nachkriegswinters hatte die bauliche Instandsetzung Priorität: Beschädigte Fenster, Türen und die Glasüberdachungen der Lichthöfe waren wetterfest zu machen bzw. zu erneuern, die unterirdischen Rohrkanäle, etwa in Richtung des von der NSDAP noch geplanten »Kanzleigebäudes« an der Gabelsbergerstraße oder zum »Braunen Haus«, aus Sicherheitsgründen zu schließen.[20] Das Heizkraftwerk, ehemals Arcisstraße, heute Meiserstraße[21] 6–8, das über die unterirdischen Rohrkanäle das Areal der ehemaligen NSDAP-Bauten noch heute versorgt, konnte seine Tätigkeit wieder aufnehmen. Vor allem im technischen Bereich war man zum Teil darauf angewiesen, die mit der Anlage vertrauten und hier schon in der NS-Zeit tätigen »Parteigenossen« wieder einzustellen. Auch bei der Auswahl des Personals etwa zum Gebäudeschutz stießen amerikanische Militärs und bauleitender Architekt auf die notorischen Schwierigkeiten, einschlägig versierte Kräfte zu finden, die nicht nationalsozialistisch belastet waren. Neben den vordringlichen praktischen Aufgaben war die »architektoni-

---

12 Zur Originalausstattung vgl. Seckendorff im vorliegenden Band.

13 Vgl. IfZ, Sattler, Bd. 142: Bombensuchtrupps mußten in den Sommermonaten 1945 immer wieder die Unter- und Kellergeschosse der Gebäude absuchen. Da diese aus Luftschutzgründen jedoch mit Mobiliar und anderem Material vollgestellt worden waren, fanden die Experten nicht alle Sprengsätze: So wurde noch am 20.7.1945 ein Techniker in einem der Luftschutzbunker des »Verwaltungsbaus« durch die Explosion einer Bombe getötet.

14 Wie Anm. 8. Zu den Gebäuden und ihren Nutzungen durch die amerikanische Militärregierung vgl. die Akten von OMGUS und OMGBY, die vor allem für die erste Zeit nach Kriegsende die wichtigste Quelle darstellen.

15 Laut Smyth wurde diese Entscheidung, die von Rorimer wesentlich mitverantwortet wurde, im Hauptquartier der amerikanischen Militärregierung in Frankfurt getroffen (Vortrag im ZI am 16.5.1995).

16 Smyth (Vortrag im ZI am 16.5.1995) verglich die Bauten mit einem Schiff; vgl. auch Sauerländer 1995. Seit Anfang 1946 wurden im Prinz-Carl-Palais, nun als Galerie III des Collecting Point bezeichnet, die Antikensammlungen untergebracht, vgl. Schawe, Martin: Zur jüngeren Geschichte der Antikensammlungen (unpubliziertes Manuskript, das mir der Autor freundlicherweise zur Verfügung stellte).

17 OMGUS 47/14/2, Mai 1947: »Official List of Protected Monuments in Bavaria«.

18 Vgl. IfZ, Sattler, Bd.138 zu Sattlers Beschäftigung bei der Militärbehörde. Dieter Sattler (1906–1968), Enkel des Bildhauers Adolf von Hildebrand und Sohn des Münchner Architekten Carl Sattler, war vom Sommer 1945 bis Ende 1946 im Auftrag der amerikanischen Militärregierung tätig und wechselte zum 1.1.1947 als Staatssekretär ins bayerische Kultusministerium über. 1952 bis 1959 war er Kulturattaché an der Deutschen Botschaft in Rom, 1959 bis 1966 Leiter der Kulturabteilung im Auswärtigen Amt und anschließend bis zu seinem Tod Botschafter am Heiligen Stuhl in Rom.

19 Vgl. IfZ, Sattler, Bd. 142; BayHStA, MK 50824.

20 In den bereits errichteten Bunkeranlagen des »Kanzleigebäudes« sollte im September 1947 ein »Bunkerhotel« eingerichtet werden: BayHStA, MK 50857.

21 Seit 1957 heißt das südliche Teilstück der Arcisstraße bis zur Kreuzung Brienner Straße nach dem ehemaligen Landesbischof Hans Meiser (1881–1956) »Meiserstraße«.

sche« Entnazifizierung ein Anliegen – nicht nur was die »Ehrentempel« betraf. So wurden vermutlich noch im Verlauf des Jahres 1945 die Reliefs propagandistischen Inhalts im Speisesaal des »Führerbaus« abgenommen. Im gleichen Zeitraum entfernte man von den Fassaden zur Arcisstraße die vier klobigen Bronzeadler mit dem Hakenkreuz, deren Konsolen und Befestigungslöcher noch heute deutlich zu erkennen sind (Abb. 191).[22] Die Umbenennung des von den Nationalsozialisten oft auch »Königlicher Platz« genannten Königsplatzes in »Platz der Opfer des Nationalsozialismus« oder »Platz der Opfer des Faschismus« wurde erwogen, aber nicht durchgeführt.[23]

Die Nutzung der ehemaligen Gebäude der NSDAP im Viertel Arcisstraße, Karlstraße, Barer Straße, Gabelsbergerstraße, von denen viele die Bombardierungen weniger gut überstanden hatten als die Troost-Bauten, erfolgte zunächst unter der Leitung der amerikanischen Militärregierung. Auch der verhältnismäßig wenig beschädigte ehemalige Postbau, Arcisstraße 6–8, nahm Museumsverwaltungen und Sammlungen auf, deren ursprüngliche Unterkünfte ausgebombt waren. Die Verabschiedung der Kontrollratsdirektive Nr. 50 vom 29. April 1947 sollte die Übergabe beschlagnahmten ehemaligen NS-Partei-Vermögens in deutsche Verwaltung einleiten. Auch danach behielt sich die Militärregierung jedoch die letzte Entscheidungsgewalt noch vor, wie die Einquartierung des Amerika-Hauses in Galerie II 1948 und die Auseinandersetzungen um eine Übergabe der Gebäude an verschiedene Ministerien zeigen.[24] Mit der Gründung der Bundesrepublik Deutschland am 21. September 1949 endete die Militärregierung.[25] Heute unterstehen dem Kultusministerium die beiden großen Gebäude – Musikhochschule und Haus der Kulturinstitute –, dem Finanzministerium und der Oberfinanzdirektion mehrere der ehemaligen NSDAP-Bauten im Viertel.[26]

Abb. 191
Galerie I/ehem. »Verwaltungsbau«, Entfernung eines NSDAP-Emblems, Winter 1945/46

Galerie I

Der Central Collecting Point

Die groß angelegten Kunstraubzüge der Nationalsozialisten in Deutschland und im besetzten Ausland wurden nicht erst bei Kriegsende bekannt. Das Ausmaß des Kunstraubs jedoch, das sich mit dem Auffinden immer neuer Sammellager bei Kriegsende erschloß, übertraf alle Erwartungen. Über die Aktivitäten Alfred Rosenbergs, dessen »Einsatzstab Reichsleiter Rosenberg« (ERR) vor allem in Frankreich, Belgien und den Niederlanden Kunst beschlagnahmt hatte, und Hans Franks, der als Generalgouverneur in Polen »deutsches Kulturgut sichergestellt« hatte, sowie ihrer Helfershelfer wurde die Öffentlichkeit bereits bald nach Kriegsende durch amerikanische Berichte und durch die Protokolle des Nürnberger Kriegsverbrecherprozesses ausführlich informiert.[27]

In den besetzten Ländern hatten die zuständigen NS-Chargen und Experten Kunstwerke hauptsächlich aus jüdischen Privatsammlungen – »herrenlosen jüdischen Kunstbesitz« –, aber auch aus kirchlichem Besitz und Museen konfisziert oder widerrechtlich erworben. Viele davon sollten in den Bestand des von Hitler geplanten riesigen »Europäischen Kunstzentrums« in Linz eingehen, jedoch bedienten sich an der Kunstbeute auch andere, etwa Hermann Göring, um seine persönliche Sammlung in »Karinhall« zu bestücken. Für den Aufbau des Linzer Museums konnte Hitler auf den kunsthistorischen Sachverstand des Dresdner Museumsdirektors Hans Posse, später seines Nachfolgers Hermann Voß, zurückgreifen. Manche der für Linz bestimmten Bestände wurden zunächst nach München verschickt und in dem Luftschutzbunker des »Führerbaus« zwischengelagert.[28] Im zweiten Obergeschoß des Gebäudes sollte eine »Bildergalerie« vermutlich der Sichtung der eingelieferten, auch der im Handel erworbenen Kunstwerke dienen.[29] Um ihre Gefährdung durch Bombardierung auszuschließen, wurden die im »Führerbau« aufbewahrten Werke, auch die der Ausstattung dienenden Gemälde, seit 1943 jedoch an auswärtige Orte verbracht.

Als im April 1945 die Amerikaner nach Süddeutschland und Österreich vorrückten, fanden sie in Klöstern, Schlössern und Salzbergwerken eine immense Sammlung von Meisterwerken vor, deren künstlerische Bedeutung und materiel-

22 Bauamt TU: Schreiben an das Landbauamt bezüglich der Durchführung der Kontrollratsdirektive (KRD) Nr. 30, 7.8.1947. Der Beauftragte der bayerischen Landesregierung für die Durchführung der KRD 30 (vgl. Anm. 72), Reinhold Strenger, bemühte sich in einem Schreiben vom 9.4.1947 um exakte Anweisungen, wie die Entfernung von NS-Emblemen zu erfolgen habe: »Die Neugestaltung darf weder die Umrisse der entfernten Teile erkennen lassen, noch darf sich die Stelle der Veränderung durch Farbton oder Oberflächenbearbeitung von ihrer Umgebung abheben. Es ist eine Form anzustreben, die dem unbefangenen Beschauer weder über die Tatsache der Veränderung noch über die Art der Abänderung etwas aussagt.« (StadtA Mü, BuR Nr. 2277).

23 Vgl. Lehmbruch im vorliegenden Band.

24 Vgl. BayHStA, MK 50857.

25 Vgl. OMGUS-Handbuch. Die amerikanische Militärregierung in Deutschland 1945–1949: Hg. Christoph Weisz. München 1994.

26 Vgl. Grammbitter: Das »Parteiviertel« der NSDAP in München, im vorliegenden Band.

27 Vgl. Report 1946, zum Münchner CCP besonders S. 144 ff.; Der Prozeß gegen die Hauptkriegsverbrecher vor dem Internationalen Militärgerichtshof, Nürnberg 14. November 1945 – 1. Oktober 1946. Nürnberg 1947–1948, besonders Bd. I, S. 270–272, Bd. IV, S. 91 ff., Bd. VII, S. 64–85, Bd. IX, S. 603–612, Bd. XXV (Dokumente) und passim. Einige der auf alliierter Seite Zuständigen und Beteiligten publizierten Erfahrungsberichte: vgl. Breitenbach

Abb. 192
Central Collecting Point, Leonardos »Dame mit Hermelin«, Aufnahme: Herbert List

Abb. 193
Central Collecting Point, Begutachtung von eintreffenden Kunstwerken

Abb. 194
Central Collecting Point, Gemälde von Matisse, Picasso und Gauguin, Aufnahme: Herbert List

Abb. 195
Central Collecting Point, Breughels »Blindensturz« und Tizians »Danae«, Aufnahme: Herbert List

1949/50; Rorimer 1950; Valland, Rose: Le front de l'art. Défense des collections françaises, 1939–1945. Paris 1961, besonders Kap. XXV; Smyth 1988; zum Thema Kunstraub durch die Nationalsozialisten vgl. Roxan/ Wanstall 1964; Kubin 1989; zuletzt: Nicholas 1994 [mit Bibliographie] und Heuß 1995. Für freundliche Auskünfte zum Münchner CCP und für Photomaterial danke ich Craig Hugh Smyth, Elga Böhm, Marie-Sophie Preiss-von Redwitz, Bernhard Hoffmann, Herrn Hanfstaengl.

ler Wert noch heute die Berichte zu diesem Thema beflügelt. Im Schloß Neuschwanstein und im Kloster Buxheim, auch im Schloß Herrenchiemsee, lagerte der größere Teil der vom Einsatzstab Reichsleiter Rosenberg konfiszierten Werke. In den Salzminen von Altaussee und Bad Ischl bei Salzburg befanden sich Gemälde und Skulpturen in großer Anzahl, von weiteren Sammeldepots, in die vor allem die Bestände Münchner Museen ausgelagert waren, ganz zu schweigen.[30] Im Juni 1945 begann der Abtransport dieser Kunstwerke aus ihren provisorischen Lagerräumen zum Central Collecting Point in München, der größten Kunstsammelstelle im Süden der amerikanischen Besatzungszone. Für die Sicherung der Kunstwerke und die Rückführung an die rechtmäßigen Eigentümer war eine eigene Einheit der amerikani-

Iris Lauterbach

Abb. 196
Central Collecting Point, Kauernde
Aphrodite, Aufnahme: H. List

Abb. 197
Central Collecting Point, Apollo aus der
Casa del Citarista in Pompei,
Aufnahme: H. List

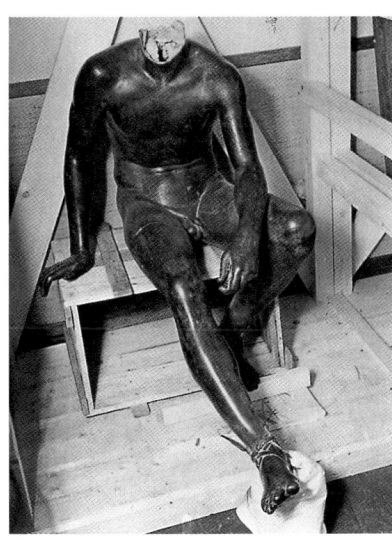

Abb. 198
Central Collecting Point, Ruhender Hermes,
Aufnahme: H. List

schen Militärregierung zuständig: die »Museums, Fine Arts & Archives Section« (MFA&A), die der »Restitution Branch« untergeordnet war.[31] Die dafür eingesetzten, kunsthistorisch ausgebildeten Offiziere von MFA&A – an erster Stelle ist hier nochmals Craig Hugh Smyth zu nennen, der von Anfang Juni 1945 bis April 1946 in München tätig war – bauten in Galerie I, dem ehemaligen »Verwaltungsbau«, den Central Collecting Point auf; als zweigeschossig unterkellertes Gebäude bot dieser ausreichend Lagerraum. Angesichts der in großer Zahl eintreffenden Kunstwerke diente Galerie II, der ehemalige »Führerbau«, in den ersten Monaten ebenfalls als Depot. Zumindest Teile der für Linz bestimmten Sammlung kehrten also über genau dieselben Stationen schließlich an ihre Eigentümer zurück, die sie vor 1945 in anderer Richtung durchlaufen hatten. Ein LKW-Konvoi nach dem anderen brachte Tausende von mehr oder weniger gut verpackten Gemälden und Skulpturen sowie Mobiliar und Kunsthandwerk zum Eingang an der südlichen Seitenfassade von Galerie I, durch den die berühmtesten Meisterwerke Eingang ins Haus fanden (Abb. 193):[32] Aus Krakau Leonardos Damenporträt (Abb. 192), aus Gent van Eycks Altar, aus Brügge Michelangelos Madonna, aus Holland mehrere Gemälde Rembrandts, aus Neapel Tizians »Danae« und Breughels »Blindensturz« (Abb. 195)[33], aus dem österreichischen St. Florian der Altdorfer-Altar, aus Paris Hauptwerke des Dixhuitième und des Impressionismus (Abb. 194), aus Budapest die Stephanskrone – um nur einige wenige Beispiele zu nennen (Abb. 196–198). Sogar ein Abguß von Rodins »Bürgern von Calais« stand als unwirkliche Erscheinung eine Zeitlang auf dem Hof (Abb. 199).

Die eintreffenden Kunstwerke wurden in den Lichthöfen nach einem bestimmten Nummernsystem registriert (Abb. 200) und, soweit möglich, unmittelbar ihren rechtmäßigen Besitzern zugeordnet. Dies war natürlich nur bei den berühmtesten Werken möglich, zu denen zeitweise aber immerhin ein Drittel der eintreffenden Bestände gehörte.[34] Die Infrastruktur des CCP und damit die Effizienz der Rückführung verbesserten sich im Laufe der Zeit, nachdem die für Kunstraub und Kunsthandel verantwortlichen nationalsozialistischen Experten befragt worden waren und man sich die von ihnen mit größter Sorgfalt angelegten Karteien und Photo- bzw. Negativbestände hatte nutzbar machen können.[35] Von den amerikanischen Kunstschutzoffizieren wurde nicht ohne ironischen Unterton oft bemerkt, daß sie in diesem Fall von der »deutschen Gründlichkeit« sehr profitierten.[36] So konnten 1948/49 die Akten-Verfilmungen ausgewertet werden, mit denen Posse in Dresden die für Linz bestimmten Kunstwerke hatte dokumentieren lassen.[37] Auch die für Linz vorgesehene kunsthistorische Bibliothek, die zum Teil in den CCP einging und einen der Ursprungsbestände der Bibliothek des Zentralinstituts für Kunstgeschichte bildet,[38] leistete bei der Bestimmung von Kunstwerken wichtige Dienste. Die Lagerung der notdürftig verpackten Werke hatte eher provisorischen Charakter (Abb. 201). Immer wieder kam es zu Diebstählen, da das Gebäude nicht genügend gesichert werden konnte.

28 Vgl. BAK, B 323/109, 176; Backes 1988, S. 416 f. Zu den Gemälden aus der Pariser Sammlung Rothschild vgl. Prozeß 1947–1948 (wie Anm. 27), Bd. IX, S. 608; vgl. auch Anm. 11 über den Verbleib der Sammlung Schloß.

29 Zur Nutzung der »Bildergalerie« vgl. Seckendorff im vorliegenden Band; Breitenbach 1949/1950; Nicholas 1994, S. 357.

30 Vgl. zuletzt Schawe, Martin: Vor 50 Jahren: Die Bayerischen Staatsgemäldesammlungen im Zweiten Weltkrieg. In: Bayerische Staatsgemäldesammlungen Jahresbericht 1994, S. 9–27; Schawe 1993 (wie Anm. 16).

31 Vgl. den Schriftverkehr des MFA&A innerhalb von OMGUS und OMGBY. Die Sicherung und Rückführung der Kunstwerke läßt sich in das seit Anfang der vierziger Jahre von der US-Armee entwickelte Konzept zum Kunstschutz in den Kriegsgebieten einordnen: vgl. Rorimer 1950; Smyth 1988; Sauerländer 1995; ausführlich zuletzt Nicholas 1994. Im Norden der amerikanischen Besatzungszone lagen weitere Kunstsammelstellen, deren größte sich in Wiesbaden befand.

32 Vgl. Heute 1946; Die Neue Zeitung 18.10.1946, beide Beiträge mit Aufnahmen von Herbert List illustriert, auf die mich Ludger Derenthal hinwies. Max Scheler, Nachlaß Herbert List, stellte freundlicherweise noch weitere Photographien zur Verfügung.

33 Einige Gemälde sowie Skulpturen (Abb. 196–198) aus Neapolitaner Museumsbesitz, im Kloster Montecassino ausgelagert und von dort durch deutsches Militär abtransportiert, waren über mehrere Etappen und Umwege schließlich nach Altaussee verbracht worden; vgl. zuletzt Kubin 1989, S. 88–91.

Abb. 200
Galerie I/ehem. »Verwaltungsbau«,
nördlicher Lichthof

Abb. 199
Central Collecting Point, Rodins »Bürger von Calais«

Abb. 201
Central Collecting Point, Skulpturendepot,
Aufnahme: Herbert List

34 OMGBY 5/436–3/1, Report der Restitution Branch für 1946.

35 In Neuschwanstein war die Dokumentation des ERR aufgefunden worden: vgl. Rorimer 1950, S. 181; Nicholas 1994, S. 324.

36 Das Lob der vermeintlichen deutschen Gründlichkeit traf allerdings nicht in jedem Fall den richtigen Adressaten. So bewunderte die mit der Rückführung französischer Werke beauftragte französische Offizierin die deutsche Effizienz angesichts der großen Holzkisten, in denen die Werke aus dem Museo Nazionale in Neapel verpackt waren. Beim zweiten Blick allerdings mußte sie feststellen, daß die perfekt geschreinerten Kisten ein großes »N« trugen, da sie für Napoleons Kunstraub aus Neapel angefertigt und seither aufbewahrt worden waren (Mitteilung von Florentine Mütherich).

37 Vgl. BayHStA, OMGUS Reports Nr. 346.

38 Vgl. Lersch, Thomas: Die Bibliothek des Zentralinstituts für Kunstgeschichte in München. In: Bibliotheksforum Bayern 13.1985, S. 258–271; Ders.: Bibliothek des Zentralinstituts für Kunstgeschichte. In: Handbuch der historischen Buchbestände: Hg. Bernhard Fabian. Hildesheim/Zürich 1992 ff. [im Druck]. Die aufgrund ihrer Einbände mit Hakenkreuzprägung unverkennbar der NS-Zeit entstammenden Bücher gehörten ehemals der Bibliothek der »Kameradschaft der

Der Umfang der im Laufe der Monate immer weiter wachsenden Ansammlung von Kunst im CCP scheint zeitweise das Vorstellungsvermögen sogar der betroffenen amerikanischen Behörden auf die Probe gestellt zu haben. Der Autor eines Berichts der dem MFA&A übergeordneten Restitution Branch über das Jahr 1946 war schlicht fassungslos über »the greatest collection and movement of art in the history of the world«.[39] Im übrigen muß man sich vor Augen halten, daß die von

Iris Lauterbach

Abb. 202
Central Collecting Point, Ausstellung in der Bibliothek

der Restitution Branch betreute Rückführung von geraubtem Gut nur zu einem Teil Kunst betraf. Von Industriegütern und Ausrüstungen naturwissenschaftlicher Universitätsinstitute in Kiew, Prag oder Krakau über Baumaschinen bis hin zu Kirchenglocken handelte es sich um völlig verschiedenartige Objekte, die allerdings nicht den CCP in der Arcisstraße 10 durchliefen.

Die Rückführung der Kunstwerke folgte bestimmten Richtlinien. Für sein Linzer Museum hatte Hitler nicht nur im Ausland, sondern auch in Deutschland vor allem jüdische Kunstsammlungen beschlagnahmen oder mit widerrechtlichen Methoden aufkaufen lassen. Seit Herbst 1945 wurden Werke mit nachweislich deutscher Provenienz vom CCP zurückerstattet.[40] Ansprüche auf Rückerstattung von ausländischem Kunsteigentum durften nicht von Privatleuten erhoben werden, sondern mußten von Vertretern des betroffenen Landes vorgetragen und belegt werden, denen im Münchner CCP eigene Arbeitsplätze und das Wissen der hier tätigen amerikanischen und deutschen Kunsthistoriker zur Verfügung gestellt wurden. Die Ansprüche galten im allgemeinen nur für diejenigen Kunstgegenstände, die während der jeweiligen deutschen Besatzungszeit in deutschen Besitz gelangt waren.[41] Während vom Spätsommer 1945 an die ersten Rücksendungen an betroffene Länder abgefertigt wurden, trafen im CCP noch immer weitere Kunstladungen ein, da manche Sammellager erst jetzt entdeckt wurden. Außer den Beständen des geplanten Museums in Linz, den Sammlungen Görings[42] und anderer NS-Größen drängten sich in Galerie I dicht an dicht die Kunstwerke aus Münchner Museen und auch aus dem ehemaligen »Haus der Deutschen Kunst«. Herrschte auf amerikanischer Seite leichte Ratlosigkeit, was man mit der NS-Malerei und mit den überdimensionierten Skulpturen etwa Brekers anfangen sollte, so bestand doch kein Zweifel daran, daß sie zwar aus dem Verkehr zu ziehen, aber auf keinen Fall zu vernichten seien: »It is the feeling among art historians here that this material should not be exhibited or seen, but further that it should not be destroyed as that act of vandalism would deprive future generations of making a full and just estimate of the Nazi character, spirit and times.«[43] Die im »Haus der Deutschen Kunst« ausgestellte offizielle NS-Malerei war mit derselben Gründlichkeit wie die geraubte Kunst photographisch dokumentiert worden – ein Teil dieser Photosammlung sollte später in die Photothek des Zentralinstituts für Kunstgeschichte eingehen.[44]

Künstler München e.V.«, die 1938 den Münchner Künstlerhaus-Verein abgelöst hatte. Die ehemaligen juristischen und verwaltungsrechtlichen Buchbestände im »Verwaltungsbau« waren von den Amerikanern in die Library of Congress in Washington und in das Berlin Document Center abtransportiert worden; vgl. The Holdings of the Berlin Document Center 1994 (wie Anm. 6), S. 139–142.

39 Wie Anm. 34.

40 Vgl. die zahlreichen Anfragen von Deutschen, die beim CCP ihren von den Nationalsozialisten beschlagnahmten Kunstbesitz reklamierten: u. a. OMGBY 13/116–2/5, 13/116–2/6, hier auch die Antwort von MFA&A (6.8.1947) auf den Rückerstattungsantrag der Familie Mann-Pringsheim. Seit Oktober 1945 wurden im CCP Recherchen über privaten jüdischen Kunstbesitz in öffentlichen Sammlungen zur NS-Zeit angestellt: vgl. BAK, B 323/352; OMGBY 9/16–3/6, 5/436–3/1, auch OMGUS 47/14/2. Über die Rückgabe von Kunstwerken an die rechtmäßigen deutschen Eigentümer vgl. OMGBY 5/436–3/1: Jahresbericht der Restitution Branch für 1946.

41 Vgl. BayHStA, OMGUS Reports Nr. 346, mit genauer Definition des Restitutionsvorgangs und der rechtlichen Hintergründe. Zu den juristischen Auseinandersetzungen über die italienischen Ansprüche auf Kunstwerke, die in der Mussolini-Ära das Land verlassen hatten, vgl. zuletzt Kubin, Ernst: Raub oder Schutz? Der deutsche militärische Kunstschutz in Italien. Graz/Stuttgart 1994; Nicholas 1994, S. 436 ff.

42 Vgl. BAK, B 323/73. In den letzten Wochen vor der Kapitulation waren mehrere Eisenbahnwaggons voller Gemälde und Skulpturen aus Görings Kunstsammlung in »Karinhall« in Brandenburg in Richtung Bayern gestartet, wo sie sicher gelagert werden sollten. Bei Berchtesgaden von Kampfhandlungen und den vorrückenden alliierten Truppen überrascht, standen die Waggons wochenlang unerkannt auf freier Strecke bzw. in einem Tunnel. Als erste entdeckten Diebe den kostbaren Inhalt der Güterwagen, dessen denoch größter Teil anschließend zum Münchner CCP verbracht werden konnte.

43 OMGBY 13/116–2/6: MFA&A (Herbert S. Leonard) an OMGUS, 17.9.1947.

44 Freundliche Auskunft von Elga Böhm. Der heute im ZI vorhandene Bestand ist allerdings nur ein Teil der offenbar willkürlich reduzierten ursprünglichen Sammlung.

Abb. 203
Central Collecting Point, Bibliothek, Gemälde aus dem Berliner Kaiser Friedrich-Museum, Sommer 1946, Aufnahme: Herbert List

Da den Central Collecting Point in ständigem Wechsel hochkarätige Kunstwerke durchliefen, fanden hier mit den der Repatriierung harrenden Werken Münchens erste Ausstellungen der Nachkriegszeit statt, allerdings im kleinen Rahmen der Bibliothek von Galerie I (Abb. 202). Hier wurden auch Gemälde des Berliner Kaiser Friedrich-Museums präsentiert (Abb. 203).[45] Die ausgelagerten Berliner Bestände waren im Wiesbadener Collecting Point zusammengeführt und die spektakulärsten Werke, immerhin 202 Gemälde, von dort »for safekeeping« auf eine Ausstellungstour in die USA geschickt worden. Die empfindlichsten Objekte kehrten vorzeitig nach Wiesbaden zurück, nicht ohne im Sommer 1946 kurz im Münchner Collecting Point und anschließend im Haus der Kunst ausgestellt zu werden.

Insgesamt gestaltete sich die wissenschaftliche Kooperation zwischen Amerikanern und Deutschen am CCP so positiv, daß im Frühjahr 1946 unter Wortführung des MFA&A-Offiziers Smyth von amerikanischer Seite angeregt wurde, das Arbeitsinstrumentarium des CCP in absehbarer Zeit in deutsche Verwaltung übergehen zu lassen und damit eine internationale kunsthistorische Forschungsstätte, ein »Central Art Institute«, zu begründen, mit dessen Bezeichnung man unverkennbar an die des »Central Collecting Point« anknüpfte.[46] Eine internationale Kooperation auf wissenschaftlichem Gebiet sollte zudem zur Wiedergutmachung des von den Nationalsozialisten begangenen Unrechts beitragen.[47] Die Verhandlungen zwischen den zuständigen Stellen im Kultusministerium und dem als politisch unbescholten geltenden ehemaligen Leiter des Kunsthistorischen Instituts in Florenz, Ludwig Heydenreich, der erster Direktor des neuen Instituts werden sollte, erstreckten sich über Frühjahr und Sommer, bevor im November 1946 offiziell das »Zentralinstitut für Kunstgeschichte« gegründet wurde. Am 1. März 1947 nahm dann das damals personell und materiell noch sehr bescheiden ausgestattete neue Institut unter Wolfgang Lotz, der es bis zur Amtsübernahme Heydenreichs kommissarisch leitete, seine Tätigkeit auf. Es hatte seinen Sitz allerdings bis ins darauffolgende Jahr zunächst noch im ehema-

45 Vgl. Heute 15.6.1948; Kühnel-Kunze, Irene: Bergung – Evakuierung – Rückführung. Die Berliner Museen in den Jahren 1939–1959 (= Jahrbuch Preußischer Kulturbesitz, Sonderband 2). Berlin 1984, besonders S. 112–117.

46 Zur Gründung des ZI vgl. BayHStA, MF 71427 (Ministerielle Bekanntmachung über die Gründung des ZI, 8.11.1946); IfZ, Sattler, Bd. 8; Smyth 1946/47; Heydenreich 1948; Smyth 1988; Jahresberichte des Zentralinstituts für Kunstgeschichte in München, 1949/50 ff. Florentine Mütherich danke ich für freundliche Auskünfte über die Geschichte des ZI. Eine Publikation zu diesem Thema ist für 1996 geplant.

47 OMGBY 5/436–3/1, Monatsbericht für August 1946: »[...] genuinely cooperative projects of this kind will not only assist in righting the wrongs committed by the Third Reich on the occupied nations but will eventually redound to the benefit of the German people.«

Iris Lauterbach

Abb. 204
Galerie I/ehem. »Verwaltungsbau«, Depot der Bayerischen Staatsgemäldesammlungen im Lichthof

ligen NSDAP-Postbau, Arcisstr 6–8, bevor es im Herbst 1948 in Galerie I umzog. Dort konnte sich die kunsthistorische Forschung wie selbstverständlich auf originale Kunstwerke beziehen: Vorträge fanden vor den Originalen statt!
In den Monaten nach Kriegsende hatte der CCP sämtliche Räumlichkeiten von Galerie I und zeitweise auch Galerie II beansprucht. Da aber ständig weitere Münchner Kunstbestände aus ihren auswärtigen Sammellagern in die Stadt gebracht wurden, spitzte sich die Raumnot weiter zu.[48] Die anfangs im ehemaligen Postbau untergebrachten Einrichtungen – Münzsammlung, Theatermuseum, Prähistorische Staatssammlung – mußten anderen Nutzern weichen. Und so drängten seit 1946 immer mehr kulturelle Institute in Galerie I – vor allem Museen mit ihren Sammlungen und Verwaltungen, die ihre Gebäude zum größten Teil durch Zerstörung verloren hatten: die Bayerischen Staatsgemäldesammlungen, das Doerner-Institut, die Graphische Sammlung, das Zentralinstitut für Kunstgeschichte, das Archäologische Seminar, die Glyptothek, das Museum für antike Kleinkunst, die Abgußsammlung, das Ägyptologische Seminar und die Ägyptische Staatssammlung, die Handschriftenabteilung der Staatsbibliothek, der Thesaurus linguae latinae, die Monumenta Germaniae Historiae, die Staatliche Münzsammlung, das Theatermuseum, kurzfristig auch die Städtischen Kunstsammlungen, das Residenzmuseum, die Vor- und Frühgeschichtliche Staatssammlung, die Paläontologische Sammlung, das Völkerkundemuseum, das ehemalige Armeemuseum, das Institut für angewandte und allgemeine Geologie.[49]
Daß in den Nachkriegsjahren auch völlig andere Nutzer ein begehrliches Auge auf die ehemaligen NSDAP-Großbauten richteten, mag zum Teil in die Kategorie Kuriosa gehören, zum Teil aber waren diese Vorschläge durchaus ernst gemeint. Die »Entnazifizierung« der Bauten durch kulturelle Nutzung wurde seit Kriegsende vorgeschlagen – ob man nun an große Ausstellungsgebäude oder an megalomane Konzertsäle dachte (Abb. 218).[50] 1948 diskutierte die CSU-Stadtratsfraktion – ohne weitere praktische Konsequenz – ernsthaft die Idee, im ehemaligen »Haus der Deutschen Kunst«, nun »Haus der Kunst« genannt, die Münchner Fremdenverkehrszentrale einzurichten und »Führer-« und »Verwaltungsbau« zu »devisenbringenden Großhotelbetrieben in Bahnhofsnähe und bester, ruhiger Lage«[51] auszubauen. Mit größerem Druck versuchte 1948 die typographische Anstalt, die im Vorlauf der Währungsreform die neuen deutschen Banknoten drucken sollte, hier Platz zu finden. Als geradezu idealer Standort schien aus vielerlei Gründen Galerie I geeignet.[52] Daß in der Arcis- bzw. Meiserstraße 10 dennoch keine Banknoten gedruckt wurden und werden, und daß sich stattdessen die Graphische Sammlung im Haus befindet, ist vor allem den Vertretern von MFA&A zu verdan-

48 Zu den Standorten Münchner Museen nach 1945 vgl. BayHStA, MK 50824/I.

49 BayHStA, MK 50857, 22.9.1948. Bruno Heimberg danke ich für freundliche Auskünfte über die Geschichte des Doerner-Instituts.

50 Der Kunsthändler Fritz Heinemann schlug vor, in einem der Troost-Bauten eine Auswahl herausragender Kunstwerke aus Münchner Museen auszustellen: BayHStA, MK 50824/I, 27.8.1946. Im Frühjahr 1947 – nach dem Abriß der »Ehrentempel« – schlug der Architekt Ludwig Kroher dem Kultusministerium die Umgestaltung des Königsplatzes, der NSDAP-Bauten und der Brienner Straße in Richtung Karolinenplatz in ein Musikforum vor, das mehrere immense Konzertsäle – auch open air – zur Verfügung gestellt und München zur »Welt-Musik-Metropole« erhoben hätte: IfZ, Sattler, Bd. 146.

51 Abendzeitung 17.9.1948.

52 Vgl. BayHStA, MK 50857.

Abb. 205
Galerie I/ehem. »Verwaltungsbau«, Ausstellung »Griechische Plastik und Kleinkunst«, 1950

Abb. 206
Eröffnung der Ausstellung »Kunstschaffen in Deutschland« in der Bibliothek von Galerie I, 22. Juni 1949

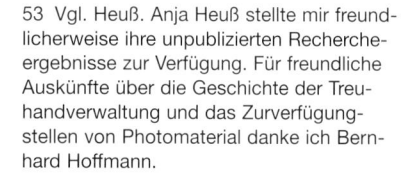

53 Vgl. Heuß. Anja Heuß stellte mir freundlicherweise ihre unpublizierten Rechercheergebnisse zur Verfügung. Für freundliche Auskünfte über die Geschichte der Treuhandverwaltung und das Zurverfügungstellen von Photomaterial danke ich Bernhard Hoffmann.

54 Vgl. Schawe 1994 (wie Anm. 30).

55 Schon 1942 hatte der Direktor der Staatsgemäldesammlungen versucht, zwei große Rollen mit Gemälden u.a. von Rubens und Tintoretto im für Großformate geeigneten »Verwaltungsbau« unterzubringen, um sie vor Bombardierung zu schützen: vgl. Schawe (wie Anm. 16), S. 10.

56 Zur Ausstellung »Kunstschaffen in Deutschland« (1949) vgl. Bischoff, Ulrich: Die Gründung von ZEN 49 vor dem Hintergrund der Abstraktionsdiskussion in Deutschland nach dem Krieg. In: Sammlung Etta und Otto Stangl. Von Klee bis Poliakoff: Ausstellungskatalog München 1994, S. 383–387. Im Februar 1950 wurde nach dem Urteil einer internationalen Jury im CCP erstmals der nach seinem amerikanischen Stifter benannte Blevin Davis-Preis verliehen, der jungen Künstlern den Anschluß an die internationale Szene ermöglichen sollte: vgl. BayHStA, MK 51564.

ken, die sich vehement gegen jede nichtkulturelle Nutzung der Gebäude wandten. Die Tätigkeit des Collecting Point – Sicherstellung und Rückführung der Kunstwerke – war noch nicht abgeschlossen, als die amerikanische Militärregierung im September 1949 endete und die Verantwortung für die Einrichtung an eine deutsche Behörde übergab. Die Aufgabe der Restituierung wurde nun von dem neu eingerichteten »Deutschen Ausschuß für die Restitution von Kunstgut« übernommen, der mit der Gründung der Nachfolgeinstitution »Treuhandverwaltung für Kulturgut« 1952 seine Tätigkeit beendete.[53] Diese befaßte sich bis 1962 mit zum Teil langwierigen Rückführungen und war auch für diejenigen Kunstwerke zuständig, die schon der CCP als »non identified property« geführt hatte. Viele dieser Werke, deren rechtmäßige Eigentümer nicht aufgespürt werden konnten oder nach den nationalsozialistischen Maßnahmen zur »Endlösung« nicht mehr am Leben waren, sind heute mit der Kennzeichnung »Leihgabe der Bundesrepublik Deutschland« in deutschen Museen zu finden.

Die Geschichte der verschiedenen Nutzungen von Galerie I – auch von Galerie II – nach dem Krieg kann hier nur zusammenfassend angesprochen werden. Institutionen, die in den ersten, turbulenten Nachkriegsjahren hier beengten Raum gefunden hatten, konnten einige Jahre später in die inzwischen wiederhergestellten Vorkriegsunterkünfte oder in Neubauten umziehen. Bis zum Umzug in das instandgesetzte Hauptgebäude in der Ludwigstraße waren die Handschriften der Staatsbibliothek im Lesesaal im Erdgeschoß von Galerie I einzusehen. Die Monumenta Germaniae Historiae folgten. Verwaltung und Depots der Bayerischen Staatsgemäldesammlungen sowie das Doerner-Institut zogen von Galerie I 1957 in die wiedereröffnete Alte bzw. 1981 in den Neubau der Neuen Pinakothek um.[54] Immerhin hatte man die beiden Lichthöfe des ehemaligen »Verwaltungsbaus« für Großformate gut zu nutzen gewußt (Abb. 204).[55] Seit den späten vierziger Jahren hatten hier Ausstellungen sowie Preisverleihungen stattgefunden, die dem zeitgenössischen Kunstschaffen wichtige Impulse geben sollten (Abb. 205–207).[56]

Die heutigen Nutzer von Galerie I befinden sich seit den späten vierziger Jahren in dem Gebäude: das Zentralinstitut für Kunstgeschichte, das Archäologische Seminar, die Abgußsammlung – deren ausgestellte Gipsabgüsse antiker Statuen das Ambiente des Gebäudes, vor allem der Lichthöfe, heute nachhaltig prägen –, die Verwaltungen von Glyptothek, Antikensammlung und Ägyptischer Staatssammlung, das Ägyptologische Seminar und die Graphische Sammlung.

Iris Lauterbach 169

Abb. 207
Jury des Blevin Davis-Preises, 1950
(von links): Poor, Mataré, Röthel, Huggler, Baumeister, Leymarie, Haftmann, Troche, Jaffé, Grote

Galerie II

Auch im ehemaligen »Führerbau« wechselten seit Kriegsende die Benutzerinstitutionen mehrfach. 1945 wurde der Bau anfangs als Zusatzdepot für die im Collecting Point eintreffenden Kunstwerke verwendet, bald aber sammelten sich hier ausschließlich Archiv- und Buchbestände. Das Bayerische Hauptstaatsarchiv und die ihm angeschlossenen Abteilungen hatten durch Kriegszerstörung ihr ursprüngliches Domizil in der Ludwigstraße verloren.[57] Die im Umland ausgelagerten Bestände wurden in Galerie II verbracht und dort in den Lichthöfen und den weitläufigen Gängen, auch denen des Unter- und Kellergeschosses, eingelagert. Im Herbst 1947 konnte sogar ein Lesesaal angeboten werden. Als im Jahre 1961 ein Großfeuer auf der Burg Trausnitz in Landshut die dortigen Archivbestände in Mitleidenschaft zog, wurden unzählige Kisten Archivalien und Konvolute vorübergehend in der Arcisstraße 12 sichergestellt, was den Lichthöfen ein kafkaeskes Aussehen verlieh (Abb. 208).[58] In diesem Zusammenhang dürften die aus technischen Gründen immer überheizten Rohrkanäle zum ersten Mal adäquat genutzt worden sein: Die durch Löschwasser beschädigten Archivalien wurden zum Trocknen zwischen die Heizungsrohre geklemmt (Abb. 209). Das Hauptstaatsarchiv zog 1977/78 in einen Neubau in der Schönfeldstraße.

Außer dem Institut für Bayerische Geschichte und dem Institut für Rechtsgeschichte war in dem Gebäude vor allem auch die Staatsbibliothek untergebracht, die im Februar 1948 einen allgemeinen Lesesaal eröffnete.[59] 1952 wurden die Einrichtungen der Staatsbibliothek in den wiederhergestellten Bau Friedrich von Gärtners an der Ludwigstraße zurückverlegt.

Die Raumaufteilung des ehemaligen »Führerbaus« war für eine Nutzung als Archiv oder Bibliothek wenig geeignet, sieht man von den langen Gängen ab, die sozusagen am laufenden Kilometer Regale aufnehmen konnten. Dennoch mußte sich vor allem das Archiv hier zunächst bis auf weiteres einrichten, da vorerst niemand Prognosen über die weitere Zukunft anstellen konnte. Für das wiedererwachende kulturelle und wissenschaftliche Leben der Stadt war die Eröffnung von Lesesälen beider Institutionen von großer Bedeutung.

Die Verantwortlichen leisteten daher erbitterte Gegenwehr, als von der Militärregierung beschlossen wurde, 1948 die südliche Hälfte des Gebäudes räumen zu lassen, um hier das neu gegründete Amerika-Haus einzurichten.[60] Das anfängliche Gerücht, hier sollte ein Sportklub der Militärregierung entstehen, so wie zuvor bereits die amerikanische Offiziersmesse in einem Troost-Bau eingerichtet

57 Zur Unterbringung des BayHStA vgl. BayHStA, GDion 208 und MF 70947; Volkert, Wilhelm: Zur Geschichte des Bayerischen Hauptstaatsarchivs 1843–1944. In: Archivalische Zeitschrift 73.1977, S. 131–148, besonders S. 145–148; Ders.: Die zentralen Gebäude der staatlichen Archive Bayerns in München. In: Archivalische Zeitschrift 74.1978, S. 1–34.

58 Vgl. Zittel, Bernhard: Der Großbrand auf der Burg Trausnitz in Landshut. In: Archivalische Zeitschrift 61.1965, S. 142–192.

59 Rede des bayerischen Kultusministers zur Eröffnung des Lesesaals der Staatsbibliothek im Februar 1948: BayHStA, GDion 208.

60 Zur Geschichte der Amerika-Häuser insgesamt vgl. Bungenstab, Karl-Ernst: Entstehung, Bedeutungs- und Funktionswandel der Amerika-Häuser. Ein Beitrag zur Geschichte der amerikanischen Auslandsinformation nach dem 2. Weltkrieg. In: Jahrbuch für Amerikastudien 16.1971, S. 189–203; zum Münchner Amerika-Haus und seiner Unterbringung: BayHStA, GDion 208; IfZ, Sattler, Bd.143; 10 Jahre Amerika-Haus München. München 1955; Krauss, Marita: Nachkriegskultur in München: Münchner städtische Kulturpolitik 1945–1954. München 1985; Mößlang, Markus: U.S. Informationszentren in Bayern. Die Gründungsgeschichte der Amerika-Häuser im Kontext der amerikanischen Umerziehungs- und auswärtigen Kulturpolitik. Magisterarbeit München 1995 [einsehbar in der Bibliothek des Amerika-Hauses, München].

Abb. 208 – 209
Ehem. »Führerbau«, Trocknen von Archivalien, 1961

61 The Munich American 16.6.1950.

62 Zitiert nach: H. R. Mahoney, Windows to the West. Diesen Hinweis verdanke ich Markus Mößlang.

63 OMGUS Weekly Information Bulletin 16.11.1948, S. 20, dort zitiert nach Münchner Kultur-Pressedienst. Ähnliche Überlegungen stellte Jella Lepman an, die Organisatorin der im Sommer 1946 veranstalteten Internationalen Jugendbuchausstellung im »Haus der Deutschen Kunst«: Lepman, Jella: Die Kinderbuchbrücke. Frankfurt 1964, S. 64: »[...] die internationalen Kinderbücher würden in diesen Heidentempel einziehen und ihre guten Geister die schlimmen verjagen!«

64 Zur Unterbringung der Musikhochschule vgl. BayHStA, MK 51198, 51199, 51200.

65 Zur 1947 vorgeschlagenen Nutzung der ehemaligen NSDAP-Bauten als Konzertsäle vgl. Anm. 50.

worden war, dem ehemaligen »Haus der Deutschen Kunst«, das in einem einschlägigen Gesellschaftsblatt übrigens als eines der schönsten Gebäude Münchens bezeichnet wurde, bewahrheitete sich also nicht.[61] Die von der Militärregierung nach dem Krieg initiierte und durch die vielerorts entstehenden Amerika-Häuser betriebene »Reeducation« zielte auf die Umerziehung des deutschen Volkes zu demokratischer Gesinnung durch völkerverbindende kulturelle Kontakte. Die Einrichtungen des neuen Amerika-Hauses umfaßten mehrere Bibliotheken, davon eine mit Kinder- und Jugendbüchern. Verfügbar waren englischsprachige Werke, Periodika, überhaupt alles, was deutsche Leser an Amerika interessieren konnte und sollte, aber auch wissenschaftliche Literatur und Bücher, die den Deutschen zur NS-Zeit vorenthalten worden waren. Eine Musik- und eine umfangreiche Blindenbibliothek waren ebenfalls dem neuen Institut angegliedert. Ein vielfältiges, von der Münchner Bevölkerung begierig aufgenommenes Veranstaltungsprogramm mit Sprachkursen, Dichterlesungen, Künstlertreffen, Konzerten und Filmaufführungen machte die Institution zu einem Vorläufer der heute üblichen Kulturzentren. War der Geist der Amerika-Häuser in Deutschland, von denen dasjenige in München das größte war, im Verlauf des Kalten Krieges zunehmend von Antikommunismus geprägt, so verfuhr man anfangs noch subtiler und suchte den Deutschen durch die bloße Begegnung mit der amerikanischen Kultur westliche Wertvorstellungen nahezubringen. Daß sich dieser Umerziehungsprozeß nun ausgerechnet im »Führerbau« vollziehen sollte, dürfte sich damit erklären lassen, daß es in München in der Nachkriegszeit nicht viele repräsentative Bauten gab, auf die die Militärregierung Zugriff hatte. Außerdem wurde die Troostsche Architektur, wie oben bereits bemerkt, durchaus nicht ablehnend beurteilt. »The spacious marble halls«[62] des »Führerbaus« sah man durch die neue Nutzung »demokratisiert«: »The palace of darkness became a castle of light.«[63] Das Amerika-Haus war übrigens die einzige Institution in den NSDAP-Großbauten nach dem Krieg, welche die nach Entfernung des NS-Hoheitszeichens entstandene Leerstelle über dem Eingang zur Arcisstraße durch Anbringen eines eigenen Emblems neu besetzte (Abb. 210). Im Frühjahr 1957 zog das Amerika-Haus in einen in unmittelbarer Nähe am Standort des zerstörten Lotzbeck-Palais am Karolinenplatz gelegenen Neubau um, wo es sich noch heute befindet.

So kam die Reihe an die Hochschule für Musik, die sich in einer außerordentlich prekären Raumsituation befand und dringend auf der Suche nach adäquater Unterbringung war. Die Akademie für Tonkunst hatte bis in die Kriegsjahre hinein ihren Sitz im Odeon am Hofgarten gehabt, das jedoch 1944 zerstört worden war.

Iris Lauterbach 171

Eine wahre Odyssee durch Münchner Lokalitäten schloß sich in den folgenden Jahren an.[64] Da sich seit 1946 der Lehrbetrieb in den äußerst beengten Raumverhältnissen der Stuck-Villa und der Larisch-Villa abspielte und Neubauplanungen zu keinem Ergebnis führten, richtete sich bei der Suche nach einem passenden Gebäude der Blick bald auf Galerie II, auch wenn diese mit der Nutzung durch Hauptstaatsarchiv, Staatsbibliothek und Amerika-Haus mehr als ausgelastet war. Mit dem Auszug des letzteren wurden die gesuchten Räumlichkeiten frei, die Musikhochschule konnte im Sommer 1957 ihr neues Domizil beziehen, in dem sie sich noch heute befindet.[65] Seitdem auch noch die anderen Institutionen umgesiedelt sind, steht der Musikhochschule das ganze Haus zur Verfügung.

Galerie I und Galerie II hatten nach dem Krieg so viele unterschiedliche Funktionen zu erfüllen, daß eine ganze Reihe baulicher Veränderungen vorgenommen werden mußte.[66] Das Haus der Kulturinstitute, Meiserstraße 10, beherbergt heute als größten Nutzer das Zentralinstitut für Kunstgeschichte, das seinen Lesesaal in der ehemaligen Bibliothek des »Verwaltungsbaus« eingerichtet hat. Im Sinne besserer Raumausnutzung und Funktionsabläufe wurden seit den fünfziger Jahren im Laufe der Zeit Büchermagazine eingerichtet, Wände eingezogen, um aus dem ehemaligen großen Kartothekssaal kleinere Büroräume zu machen, Treppen und Paternoster geschlossen, an anderer Stelle ein Aufzug eingerichtet. Bis in die achtziger Jahre waren die Lichthöfe von Galerie I durch eingezogene Wände entstellt (Abb. 205). Der unterschiedliche Umgang mit der braunen Vergangenheit des Gebäudes seitens der jeweiligen Institute zeigt sich unter anderem in der verschieden ausgeprägten Wertschätzung des Mobiliars: Wurden bei einem umfassenden Umbau des Zentralinstituts seit 1983 Teile der ursprünglichen Ausstattung in einem Akt der damnatio memoriae mit vierzig Jahren Verspätung nicht nur entfernt, sondern regelrecht zerschlagen,[67] so haben andere Institutionen im Haus für ihre Räumlichkeiten nicht mehr erhaltenes Originalmobiliar zum Teil sogar rekonstruieren lassen. Im ehemaligen »Führerbau« wurde die »Große Halle« nach Kriegsende für Aufführungen und Kinoveranstaltungen des Amerika-Hauses umgebaut, die Musikhochschule wiederum nutzt den Saal nach einem neuerlichen baulichen Eingriff noch heute für ihre Konzerte. Die ehemaligen Repräsentationsräume – etwa die Wandelhallen oder der Speisesaal – wurden in kleinere Übungszimmer für die Musiker unterteilt. Insgesamt ist der »Verwaltungsbau« in seiner ursprünglichen Innengestaltung besser erhalten als der »Führerbau«.

»Nazi Monuments« – die »Ehrentempel«

Im Juni 1945 ordnete General Eisenhower in einer Depesche an das Office of the Military Government for Bavaria an, die »Nazi Monuments« seien umgehend zu entfernen und die Sarkophage der 16 »Märtyrer« einzuschmelzen.[68] Das aus dieser Aktion gewonnene Metall sollte als verplombte Fracht an ein, so Eisenhowers Formulierung, »liberated country« übergeben werden. Das Pathos dieser Anordnung, mit der eine damnatio memoriae erreicht werden sollte, trägt, wenn auch in gegensätzlicher Zielrichtung, dem kultischen Charakter der NS-Weihestätte durchaus Rechnung. Ausgeführt wurde Eisenhowers Befehl allerdings nur zum Teil, denn er war offensichtlich ohne Kenntnis der konkreten baulichen Gegebenheiten ergangen.[69] Als wenige Wochen später der Kunstbeauftragte Eisenhowers, John Nicholas Brown, die Örtlichkeit besichtigte, beschloß er denn auch angesichts der in Galerie I und II gelagerten Kunstschätze, nicht zuletzt auf Drängen der MFA&A-Offiziere hin, auf die vorgesehene Sprengung zu verzichten.

Dagegen wurde mit geradezu programmatischer Sorgfalt, aus der die außerordentliche Besorgnis spricht, diese NS-Relikte könnten weiterhin als Kultobjekte dienen, die Entfernung der Sarkophage aus den »Ehrentempeln« vollzogen. Die hölzernen Särge mit den sterblichen Überresten der »Blutzeugen«, die sich im Innern der Sarkophage befanden, wurden Anfang Juli 1945 in den Grabstätten

Abb. 210
Galerie II/ehem. »Führerbau«, Amerika-Haus

66 Vgl. Zimmermann im vorliegenden Band; Inventar 1987; Akten im Bauamt TU.

67 Wie Anm. 66. Abgesehen von diesem bisher letzten Aderlaß ist seit Kriegsende immer wieder Mobiliar entfernt worden, so im Zuge der Plünderungen im April/Mai 1945 (vgl. Anm. 10 u. 11). Auch vom CCP wurden viele Möbel abgegeben: BAK, B 323/547–548. In mehreren Fällen haben die in der Arcis-/Meiserstraße 10 und 12 untergebrachten Institutionen das genutzte Mobiliar mitgenommen, als sie in andere Lokalitäten umzogen. Weiteres Mobiliar und Ausstattungsstücke werden heute z.B. im MSM verwahrt.

68 Zum Schicksal der »Ehrentempel« nach Kriegsende vgl. BayHStA, MK 51530; IfZ, Sattler, Bde. 145 und 146; StadtA Mü, BuR 2277; OMGUS 47/14/2. Über die Vorgänge im Sommer 1945 geben Abschriften Auskunft, die im Herbst 1946 nach Originalen aus den ersten Nachkriegsmonaten angefertigt wurden. Vgl. auch Königsplatz 1988, S. 66–77; Herzog 1989.

69 Vgl. IfZ, Sattler, Bd. 145: Notiz Sattler, 6.12.1946: »[...] Firma Moll begann [im Sommer 1945] mit zwei Mann an dem Abbruch der Ehrentempel zu arbeiten. Diese Arbeiten wurden aber nach kurzer Zeit und ohne wesentlichen Erfolg aus mir nicht bekannten Gründen eingestellt.« Stadtrat der Landeshauptstadt München, unterzeichnet Scharnagl, an Bayerische Staatskanzlei, 20.12.1946: »[...] von der Stadt [sind] schon zweimal Sprengkommandos angesetzt [worden], die die Beseitigung vornehmen sollten. Im letzten Augenblick wurden diese Sprengkommandos immer wieder zurückgeschickt und schließlich war in der Sache nichts mehr zu hören.«

beigesetzt, denen sie vor ihrer Überführung am 9. November 1935 entnommen worden waren. Im Rahmen derselben Aktion wurde auch die Leiche des im April 1944 hinter dem nördlichen »Ehrentempel« beigesetzten Gauleiters Adolf Wagner[70] exhumiert. Um jede Möglichkeit der Verehrung durch NS-Anhänger zu vereiteln, wurde das Material der Sarkophage – den Holzsarg mit den Gebeinen eines jeden »Märtyrers« umschloss ein weiterer aus Zinn und ein äußerer aus Gußeisen – sowie der zweimal vier Fackelschalen aus den »Ehrentempeln« unter größter Geheimhaltung im Auftrag der Militärregierung von einer Münchner Firma zerkleinert und eingeschmolzen.[71]

Mit dem Verlust der äußeren Form begannen sich jedoch wider den Willen der Amerikaner auch die Spuren des Materials selbst zu verlieren. Das Zinn der inneren Sarkophage wurde an die Münchner Stadtwerke abgegeben, die das Metall für die Herstellung von Lötzinn weiterverwendeten. Die 453 gewonnenen Roheisenbarren dagegen – von den Stadtwerken wären sie gerne für die Produktion von Straßenbahn-Bremsklötzen genutzt worden – wurden im Blick auf die Eisenhowersche Anordnung zunächst beim Hauptquartier der 3. US-Armee in der Holbeinstraße gelagert, dort jedoch vergessen. Erst ein nach Belgien versetzter amerikanischer Offizier entsann sich der Weisung, das Metall an ein »liberated country« zu übergeben, und bereitete den Transport des Roheisens nach Belgien vor. Wie mußte er erstaunen, als sich Anfang 1946 kurz vor der geplanten Verladung herausstellte, daß nurmehr ein geringer Teil der Barren noch vorhanden war! Das Metall scheint in der materialarmen Nachkriegszeit ungeachtet seiner Herkunft, die man ihm freilich nicht ansehen konnte, schlicht und einfach entwendet und weiterverwendet worden zu sein. Der Transport fand daher gar nicht erst statt.

Da die Amerikaner die propagandistische Bedeutung des quasi-religiösen NS-«Märtyrer«-Kults erkannten und sie die Sarkophage – sicher zu recht – als »Reliquien« ersten Ranges betrachteten, hatten sie mit dem Einschmelzen der Sarkophage nicht nur der Materialknappheit der Nachkriegszeit Rechnung getragen, sondern vor allem auch einen symbolischen Akt der Entnazifizierung mit weitreichender Signalwirkung vollzogen.

Die »Ehrentempel« selbst jedoch standen noch immer so unerschütterlich wie eh und je und zeugten von der NS-Diktatur wie kaum ein anderes Denkmal in Deutschland. Die NS-Embleme an Galerie I und II waren im Winter 1945/46 zwar entfernt worden, aber die martialischen Pfeilerhallen fügten sich gerade an einem der repräsentativsten Plätze Münchens kaum in das Bild eines zur Demokratie heranwachsenden Bayern und mußten bei Amerikanern wie Deutschen – von den unverbesserlichen abgesehen – Mißfallen erregen. Vorerst aber war die Militärregierung offenbar von organisatorischen Problemen zu sehr beansprucht, als daß sie sich um die »Nazi monuments« hätte kümmern können.

Erst im Frühjahr 1946 wurden die Weichen für die Beseitigung dieser »Steine des Anstoßes« gestellt. Im Mai erließ der Alliierte Kontrollrat die Direktive (KRD) Nr. 30, welche die »Liquidierung deutscher militaristischer und nationalsozialistischer Denkmäler« zum Ziel hatte. Sie forderte die Beseitigung bzw. Unkenntlichmachung sämtlicher »Denkmäler, Erinnerungszeichen, Statuen, Bauten, Tafeln, Embleme, Straßen- und Wegschilder, […] die geeignet sind, die Tradition des deutschen Militarismus am Leben zu erhalten, den Militarismus wiederzubeleben oder an die nationalsozialistische Partei oder ihre Führer zu erinnern«[72] – und das spätestens bis zum 1. Januar 1947. Nicht nur den amerikanischen, auch den deutschen Behörden war klar, daß im Visier dieser Verordnung – was die ehemalige »Hauptstadt der Bewegung« anbetraf – an allererster Stelle die »Ehrentempel« standen. Mit ihrer Entfernung zu demonstrieren, daß es den Deutschen ernst war mit der Überwindung von NS-Herrschaft und NS-Kult, war nun oberstes Gebot.

Für die Beseitigung der »Ehrentempel« im Sinne der KRD Nr. 30 gab es verschiedene Möglichkeiten, die der in dieser Angelegenheit sehr bemühte zuständige Architekt der Militärregierung, Dieter Sattler, durchspielte. Die Sprengung war zu teuer und zu gefährlich für den kostbaren Inhalt der angrenzenden Gebäude sowie für die hier vorbeiführenden unterirdischen Rohrkanäle, deren Nutzbarkeit

---

[70] Vgl. Angermair/Haerendel 1993, Abb. S. 247.

[71] Damit war der Vorschlag des Münchner Oberbürgermeisters Karl Scharnagl vom 6.7.1945 obsolet, aus den Särgen Glocken gießen zu lassen, die möglichst vielen Gotteshäusern beider Bekenntnisse hätten zukommen sollen: StadtA Mü, BuR 1987.

[72] StadtA Mü, BuR 2277: deutsche Übersetzung des englischen Originaltextes. Die KRD Nr. 30 wurde im Mai 1946 erlassen und trat im Juli in Kraft.

z. B. für die Beheizung von Galerie I und II von vitaler Bedeutung war. Das Abtragen der in Eisenbeton konstruierten »Ehrentempel« und ihrer Sockel hätte ebenfalls große Kosten verursacht und – ein ständig vorgebrachtes Argument – städtebauliche »Leerstellen« hinterlassen, die die Erinnerung an die Bauten immer wieder heraufbeschworen hätten. Sattler stellte daher im Sommer 1946 in einer Ausstellung des Münchner Architektenverbandes eine Reihe von Entwürfen vor, die den Umbau bzw. die Ummantelung der bestehenden Gebäude vorsahen. Schon zu diesem Zeitpunkt kam die Idee auf, in den im wahrsten Sinne des Wortes verkleideten »Ehrentempeln« – der Vorschlag des Architekten Friedrich Hertlein für eine Umgestaltung der Pfeilerhallen in Rokoko-Parkbauten von 1946 (Abb. 211) ist ein sicher extremes Beispiel architektonischer Verdrängung[73] – und auf dem angrenzenden Terrainstreifen entlang der Brienner Straße Ausstellungsbauten entstehen zu lassen, an denen gerade das Nachkriegs-München großen Bedarf hatte, zumal das ehemalige Parteiviertel der NSDAP inzwischen als Kulturviertel etabliert war.[74] Von neopalladianischen (Abb. 212) über rustizierte Pavillons bis hin zu einfach verputzten, zweigeschossigen Bauten in der Tradition der für die »Ehrentempel« abgebrochenen Wohnhäuser, Werke der Architekten Carl von Fischer und Joseph Höchl (Abb. 213), war ein Entwurf Sattlers bemühter als der nächste, die im Kern der Pavillons verborgenen Troostschen Tempel vergessen zu machen. Allerdings wirkten die stark historisierenden Gestaltungsvorschläge für die Außenansichten kaum überzeugender als die geplante Innenraumeinteilung, die aus den »Ehrentempeln« zweigeschossige Bauten mit je einem winzigen Ausstellungskabinett pro Achse um einen zentralen Raum mit Oberlicht gemacht hätte (Abb. 214).[75] Kaum gelungener erscheinen uns heute auch Sattlers Entwürfe für die anschließenden Galeriebauten entlang der Brienner Straße, die eher wie Remisen wirken (Abb. 215). In der Diskussion um die Umgestaltung des Ostabschlusses des Königsplatzes und der Brienner Straße bis hin zum Karolinenplatz wurde immer wieder auf die Vorkriegsbebauung Bezug genommen, die man unter Rückgängigmachung alles seit 1933 hier Geschehenen am liebsten wiederhergestellt hätte. Auch den Königsplatz hätte man gerne wieder im Vorkriegszustand – ohne Plattenbelag und steinerne Einfassungen – gesehen. Die NSDAP-Großbauten konnte man jedoch schon aus technischen Gründen schlecht sprengen – auch wenn Sattler diesen Wunsch gelegentlich äußerte –, aber einhelliges Anliegen so gut wie sämtlicher Nachkriegsplanungen zu diesem Areal war, die optische Anbindung der Gebäude an den Königsplatz zu zerstören: daher der von Sattler wie später auch von anderen Architekten vorgetragene Vorschlag, direkt vor Galerie I und II dichte Reihen schnell wachsender Pyramidenpappeln zu pflanzen.

Keiner von Sattlers Ummantelungsentwürfen, die noch bis Ende 1946 diskutiert wurden,[76] kam zur Ausführung. Ebensowenig fanden der Vorschlag, hier Cafés einzurichten – gar von Biergärten war die Rede[77] –, oder die Idee Kardinal Faulhabers Beachtung, der die von Oberbürgermeister Scharnagl schon anderthalb Jahre vorher formulierte Anregung zum ethischen »Exorzismus« durch Umwandlung der »Ehrentempel« in Sühne- und Friedensgedenkstätten[78] aufgriff und sie im christlichen Sinne interpretierte, indem er in ihnen eine katholische und eine protestantische Kapelle einrichten wollte.[79] Damit hätte jedoch, so schon die zeitgenössische Kritik, der kultische Charakter der »Ehrentempel« – unter anderen, ethischen bzw. christlichen Vorzeichen, gewiß – in allzu unverhohlener Weise fortbestehen können.

Inzwischen begann die ganze Angelegenheit im Herbst 1946 eine gewisse Eigendynamik zu entwickeln, die auf verschiedene Ursachen zurückzuführen ist. Das in der KRD Nr. 30 für die Entfernung der »Nazi monuments« anvisierte Ultimatum 1. Januar 1947 rückte immer näher, ohne daß Entscheidungen getroffen worden waren. In dieser Situation brachte die Anfrage eines US-Offiziers, den nach der Verurteilung der nationalsozialistischen Machthaber im Nürnberger Kriegsverbrecherprozeß im Spätsommer 1946 die Sorge um die Wiederholbarkeit der Ereignisse umtrieb und der sich in diesem Zusammenhang die Frage nach dem Verbleib der Sarkophage aus den »Ehrentempeln« stellte, einen Stein ins

73 Entwurf Friedrich Hertlein, 23.12.1946 (StadtA Mü, BuR 2277).

74 Vgl. IfZ, Sattler, Bd. 145: Anfrage des Berufsverbandes Bildender Künstler München an das Kultusministerium, 11.12.1946, wegen Umbau der »Ehrentempel« zu Ausstellungsbauten.

75 Entwürfe und Vorschläge Sattlers: IfZ, Sattler, Bde. 145 und 146.

76 Vgl. Kiaulehn 1946.

77 BayHStA, GDion 208: Notiz Vock, Mai 1948.

78 Wie Anm. 71.

79 Faulhabers Vorschlag erwähnt bei Kiaulehn 1946.

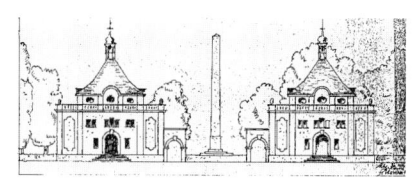

Abb. 211
Friedrich Hertlein, Entwurf für die Umgestaltung der »Ehrentempel«, 23.12.1946

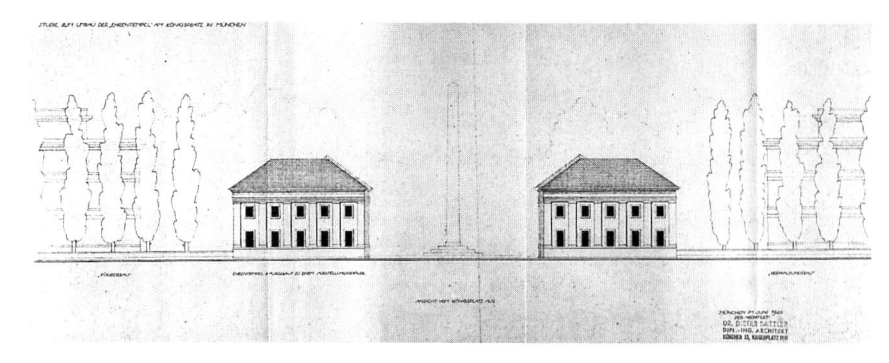

Abb. 212–215
Dieter Sattler, Entwürfe für die Umgestaltung der »Ehrentempel«: Ansichten, Grundriß Erdgeschoß, anschließender Galeriebau an der Brienner Straße, Sommer 1946

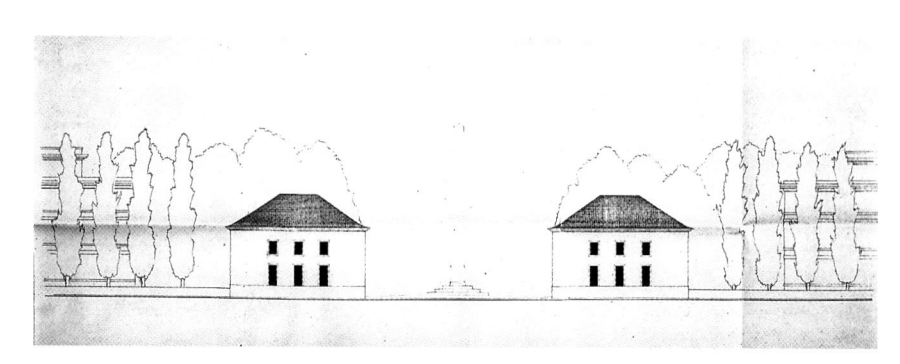

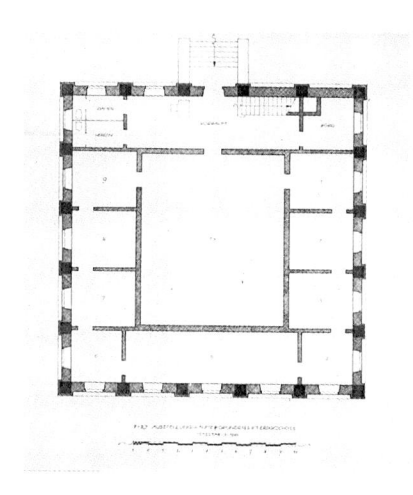

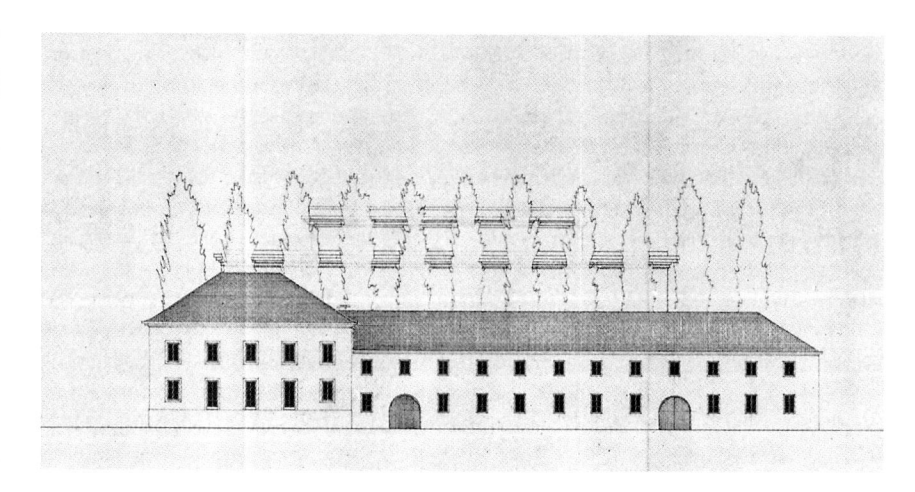

---

80 Vgl. OMGUS 47/14/2. Es handelt sich um den Offizier, der die aus den Sarkophagen fabrizierten Roheisenbarren hatte nach Belgien bringen wollen. Zwar bezieht er sich in seiner Anfrage vom 4.11.1946 auf Presseberichte über die Schlußworte der in Nürnberg verurteilten Kriegsverbrecher, diese enthalten jedoch keinen konkreten Hinweis auf die »Ehrentempel« am Königsplatz.

81 OMGUS 47/14/2: Charles McCarthy an Director of Intelligence, 8.11.1946: »Necessary action«. Diese Weisung wurde am 11.12.1946 an OMGB weitergegeben.

82 Vgl. Niethammer, Lutz: Entnazifizierung in Bayern. Säuberung und Rehabilitierung unter amerikanischer Besatzung. München 1972.

Rollen.[80] Seine Anfrage zur Virulenz der NS-Reliquien wanderte die Hierarchie hinauf bis zum Pentagon, von wo im November 1946 die Weisung an die Militärregierung in Bayern erging, es seien Maßnahmen zu treffen, die die Einhaltung des Termins gewährleisteten.[81]

Diese Vorgänge innerhalb der amerikanischen Behörden korrespondieren mit der gleichzeitigen politischen Situation Bayerns. Die KRD Nr. 30 hatte – spät, aber immerhin – einen Maßstab zur »architektonischen« Entnazifizierung gesetzt, die im Kontext der von der Militärregierung nach Kriegsende in Angriff genommenen, sehr viel umfangreicheren und sehr viel problematischeren »personellen« Entnazifizierung des Landes zu sehen ist.[82] Die Durchführung der Entnazifizierung im Zusammenspiel von Alliierten und bayerischer Landesregierung hatte immer wieder öffentliche Skandale und politische Krisen hervorgerufen, die sich hier nur verkürzt wiedergeben lassen und schon im September 1945 zur Absetzung des ersten Ministerpräsidenten Fritz Schäffer geführt hatten. Die Übergabe der mit der Entnazifizierung zusammenhängenden Maßnahmen in deutsche Verantwortung durch das im März 1946 unterzeichnete sogenannte »Befreiungsgesetz« löste die

Iris Lauterbach
175

Abb. 217
Schwäbische Illustrierte 1.2.1947: Vorbereitungen zur Sprengung der »Ehrentempel«, Aufnahme: Hubs Flöter

Abb. 216
Sprengung des südlichen »Ehrentempels«, 16.1.1947, Aufnahme: Walter Bernhard Francé

politischen Probleme zwischen Militärregierung und Landesregierung keineswegs. Aufgrund der im Dezember 1946 anstehenden Wahlen wurde das Thema zusätzlich Gegenstand parteipolitischer Auseinandersetzungen. Und so spitzte sich im November und Dezember 1946 »eine spektakuläre Krise um die Entnazifizierung in Bayern«[83] zu, die sich auch in der gereizten Stimmung der Verantwortlichen bezüglich der Entscheidung über die »Ehrentempel« ausdrückte. Die Politiker – der neue Ministerpräsident Hans Ehard und der Beauftragte für die Durchführung der KRD Nr. 30, Reinhold Strenger – bemühten sich, der Militärregierung ihren Willen zur Entnazifizierung handfest zu belegen, um den Verdacht des Desinteresses an der »politischen Säuberung« auszuräumen.[84] Alle Argumente Sattlers, aus Kosten- und Gefährdungsgründen seinen Vorschlag der Umbauung der »Ehrentempel« zu übernehmen, stießen an höchster Stelle daher auf taube Ohren.

Daß am 9. Januar 1947 die Pfeiler des nördlichen, am 16. die des südlichen »Ehrentempels« in einer sorgfältigst vorbereiteten Aktion gesprengt wurden (Abb. 216) – übrigens ohne die nahestehenden Gebäude oder die Rohrkanäle in Mitleidenschaft zu ziehen –, fand in der Öffentlichkeit demgemäß große Beachtung. Die Bildmedien gaben die Vorbereitungen und die Sprengung nicht nur in aller Ausführlichkeit, sondern auch mit einem Pathos wieder, das sich nur mit den Hoffmannschen Photographien von der Errichtung der Bauten oder den NS-Propaganda-Aufnahmen vergleichen läßt (Abb. 217).[85] Diese Kontinuität kam, wie schon mehrfach angedeutet, nicht von ungefähr und betraf auch die rein organisatorische Abwicklung. Denn da die Sprengung der »Ehrentempel« einen gewissen logistischen Aufwand erforderte, den nur ein gut organisiertes und ausgestattetes Unternehmen bieten konnte, wurde hierfür tatsächlich die Baufirma Leonhard Moll verpflichtet – eine Firma, die zwar nicht die »Ehrentempel«, »Verwaltungs-« und »Führerbau« errichtet, aber wesentlichen Anteil an der Ausführung der Königsplatz-Umgestaltung zur NS-Zeit gehabt hatte.[86]

Während die Trümmer von den unbeschädigt gebliebenen Tempelsockeln entfernt[87] und die Beseitigung der Ruinen des »Braunen Hauses« und des Palais Degenfeld ins Auge gefaßt wurden, forderte die Oberste Baubehörde auf Anweisung der Militärregierung im Februar 1947 22 Architekten dazu auf, Skizzen sowohl zur Bebauung der Straßenecken östlich der Arcisstraße als auch der Brienner Straße bis hin zum Karolinenplatz in freier Aussprache vorzustellen. Weitere Architekten lieferten unaufgefordert Entwürfe ein (Abb. 218).[88] Im März

83 Ebenda, S. 411; vgl. auch Henke, Klaus-Dietmar: Die amerikanische Besetzung Deutschlands. München 1995, S. 1000.

84 IfZ, Sattler, Bd.145; BayHStA, MK 51530. Bei der später erfolgten Sprengung war übrigens nicht der amtierende, sondern der frühere Ministerpräsident, Wilhelm Hoegner, anwesend (BAK, B 323/548).

85 Vgl. Heute 1.2.1947; Die Neue Illustrierte, Köln 1947; Schwäbische Illustrierte 1.2.1947: Das Titelphoto stammt von Hubs Flöter, der die »Ehrentempel« bereits zu NS-Zeiten aufgenommen hatte: Deutscher Kamera-Almanach 27. 1937, S. 93. Vgl. zur photographischen Wiedergabe auch Philp, der ich diesen Hinweis verdanke, im vorliegenden Band. Mit zahlreichen Photographien hat W. B. Francé die Sprengung dokumentiert. Vgl. die filmischen Aufnahmen (Filmographie im vorliegenden Band) mit den Aufnahmen Heinrich Hoffmanns vom Bau der »Ehrentempel«: BSB, Photoarchiv Hoffmann.

86 Vgl. Lehmbruch im vorliegenden Band.

87 BayHStA, MK 51530: Schon Eisenhower hatte im Sommer 1945 vorgesehen, die Steine der »Ehrentempel« – wären sie damals schon zerstört worden – an einen geheimen Ort zu verbringen. Die Steinmetzinnung meldete Interesse an dem Baumaterial an. IfZ, Sattler, Bd. 145: Oberbürgermeister Scharnagl an Minister-

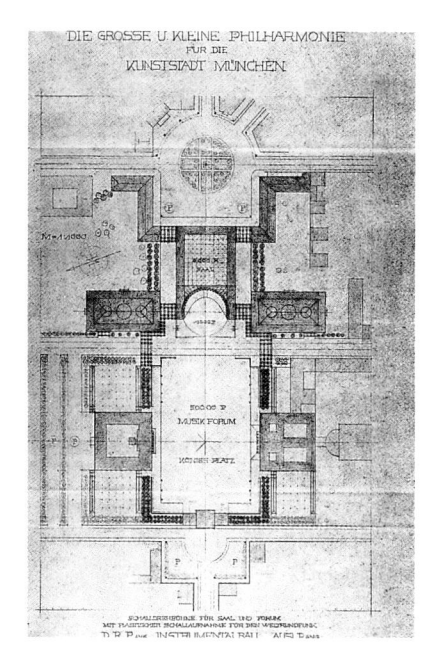

Abb. 218
Ludwig Kroher, Entwurf für die Umgestaltung des Terrains Königsplatz/ Karolinenplatz, 1947

präsident Hans Ehard, 20.1.1947: »[...] die Fundamente [können] keinen Anlaß mehr geben, als Wahrzeichen einer nationalsozialistischen Bekundung zu gelten.« – BayHStA, MK 51530: Erst 1947 wurden auch die Kandelaber und Fahnenmastfundamente vom Königsplatz entfernt.

88 Vgl. IfZ, Sattler, Bde. 145 und 146; BayHStA, MK 51530; Aufbauzeit. Planen und Bauen. München 1945–1950: Hg. Nerdinger, Winfried: Ausstellungskatalog München 1984, S. 112–114. Zum Entwurf Krohers (Abb. vgl. Anm. 50).

89 IfZ, Sattler, Bd. 145: Notiz Strenger, 20.3.1947.

90 Ebenda: Notiz Strenger, 1.4.1947.

91 BayHStA, MK 51530: Gipsmodelle des Hocheder-Entwurfs erwähnt. Das Original des Juni 1947 datierten Entwurfs Hocheders, auf den mich Hans Lehmbruch hinwies, läßt sich derzeit leider nicht lokalisieren.

92 IfZ, Sattler, Bd.145: Erläuterungen Hocheders zu seinem Entwurf, 6.4.1947. In welchem Zustand sich die Rosselenker nach dem Krieg befanden (die linke Hälfte der Gruppe heute an der Arcisstraße neben der Alten Pinakothek aufgestellt), zeigen Photographien von Herbert List: Memento 1945: Hg. Ludger Derenthal, Ulrich Pohlmann: Ausstellungskatalog München 1995, Nr. 91–94.

93 Vgl. Lehmbruch im vorliegenden Band.

94 Zu Akroterien auf den »Ehrentempeln« in der Troostschen Planung vgl. Lehmbruch im vorliegenden Band.

präsentierten Ministerialrat Berndt, Karl Hocheder, Bernhard Ingwersen, Herrmann Leitenstorfer, Hermann von Miller, Otto Roth, Dieter Sattler, Max Unglehrt und Wolfgang Vogl verschiedene Entwürfe für die Überbauung der Sockel. Gustav Gsaenger, Herbert Landauer, Robert Lippl, Alfred Reich und Sep Ruf plädierten dagegen für eine Bepflanzung des Geländes. Rudolf Esterer schlug zunächst verschiedene Möglichkeiten sowohl der Bebauung wie der Bepflanzung vor, unterzeichnete Ende Mai jedoch gemeinsam mit Gsaenger, Roth und Reich nochmals ein ausführliches Plädoyer für die ausschließliche Bepflanzung. Nach unergiebigen Diskussionen – die den für die Durchführung der KRD Nr. 30 zuständigen Ministerialbeamten zu dem Stoßseufzer veranlaßten, der ganze Wettbewerb sei eigentlich ausgeschrieben, um zur Bebauung des Terrains Stellung zu nehmen und nicht zu der Frage, ob überhaupt zu bauen sei[89] – wurden im April noch die Architekten Adolf Abel, Hans Döllgast und Robert Vorhoelzer hinzugezogen.

Da die im Sinne der KRD Nr. 30 einwandfreieste Lösung nicht die Bepflanzung schien, die »anstelle der Ehrentempel einen Ehrenhain«[90] hätte treten lassen, sondern die Überbauung, entschied man sich im Mai, offensichtlich bemüht, die Angelegenheit zu einem baldigen Abschluß zu bringen, für einen Entwurf von Oberbaudirektor Karl Hocheder junior. Im Juni/Juli waren Pläne und Modelle für die »Neuen Galeriebauten des Staates an der Brienner Straße in München« ausgearbeitet (Abb. 219).[91] Hocheders Vorschlag zur Neugestaltung bezog den wieder zu begrünenden Königsplatz mit ein, der im Osten durch eine dichte Baumwand von den Parteibauten abgeschirmt werden sollte. Die Brienner Straße zog durch die Propyläen und verließ den Freiraum des Platzes an einer durch zwei monumentale Skulpturen markierten Einschnürung im Osten. Unverkennbar knüpfte der Architekt, der an dieser Stelle gerne die ehemals vor der Technischen Hochschule aufgestellten Rosselenker von Hermann Hahn (1928) und Bernhard Bleeker (1931) gesehen hätte,[92] an NS-Planungen für eine Skulpturenausstattung des Platzes an.[93] Drückte sich der Spaziergänger auf dem verbleibenden schmalen Bürgersteig um den Statuensockel herum – das gesamte Terrain zwischen Luisen- und Arcisstraße sollte nach Hocheders Vorschlag ansonsten bis auf zwei Durchgänge neben den Propyläen von Mauern eingefaßt sein –, so beleidigten nicht mehr die Parteibauten den Blick, denn diese waren nun hinter Baumreihen verborgen. Stattdessen ragten über den Sockeln der »Ehrentempel« kubische Baukörper empor, deren schwere Attika an die angrenzenden Troost-Bauten anzuknüpfen schien, während Eckakroterien wohl den Bezug zu den Propyläen auf der anderen Seite des Platzes herstellen wollten (Abb. 220).[94] Die verputzten Außenwände mit jeweils fünf eingeschnittenen Fenstern weckten die an diesem Ort oft berufene Erinnerung an die früheren sogenannten Fischer-Häuser. Achsensymmetrisch zur Brienner Straße angeordnet, schloß sich an jeden der beiden Pavillons ein aus der Fassadenflucht zurückversetzter Galerieflügel mit Kopfbauten an. Eine Rhythmisierung der symmetrischen Anordnung der Baukörper erzielte Hocheder dadurch, daß er das Motiv der vorderen Pavillons zwar wiederholte – damit eindeutig das Vorbild »Ehrentempel« zitierend –, diese aber nicht zur Straße vorspringen, sondern in den Garten zurücktreten ließ. Die Flankierung der Brienner Straße durch relativ wenig gegliederte, massiv wirkende Baukörper, die zudem – das Niveau der »Ehrentempel«-Sockel zwang dazu – erhöht über Terrassen liegen sollten, sozusagen die »Versteinerung« dieses Straßenabschnittes, versuchte der Architekt in seiner Ansicht (Abb. 221) durch idyllische Baumgruppierung und Berankung des Galerieflügels zu kaschieren. Über die stilistische Herkunft der Bauformen konnte dies jedoch nicht hinwegtäuschen. Die Symmetrisierung der Bebauung vor den Baumkulissen einer Gartenlandschaft setzte sich, wie die Überbauung der Max-Joseph-Straße und sogar die Baumpflanzungen deutlich machen, am Karolinenplatz fort.

Während man mit dem Aushub der Baumgruben an der Ostseite des Königsplatzes begann, wurde im August 1947 aus Stahlrohr, Holz und Stuck ein »naturgroßes Phantom«, ein 1:1-Modell des Hocheder-Entwurfs über dem Sockel des südlichen »Ehrentempels« errichtet, um der Öffentlichkeit den Ausführungs-

Iris Lauterbach

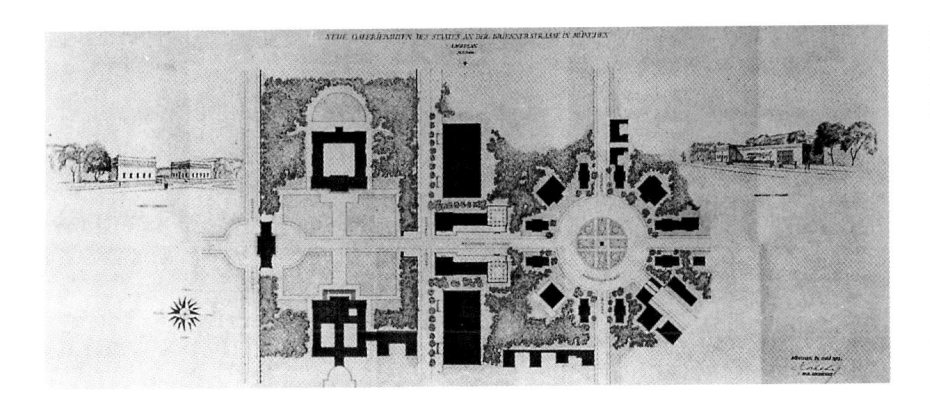

Abb. 219 – 221
Karl Hocheder jun., Entwurf für die Umgestaltung des Terrains Königsplatz/Karolinenplatz, Gesamt und Details, Juni 1947

Abb. 222
Sockel des nördlichen »Ehrentempels«, Sommer 1947

entwurf vor Augen zu stellen.[95] Gleichzeitig begann die auch hier wieder eingesetzte Firma Leonhard Moll nach Hocheders Entwurf mit dem Bau des nördlichen Pavillons. Bis in Brusthöhe waren die Mauern auf dem nördlichen Ehrentempelsockel gediehen (Abb. 222), die Fundamente für den anschließenden Galeriebau längs der Brienner Straße waren gelegt, als angesichts der Proteste aus Fachkreisen und der Öffentlichkeit gegen Hocheders Planung »treu nach Troostschem Vorbild«[96] – stimmführend war Hans Eckstein – die Entscheidungskraft und Entschlossenheit hinsichtlich der »Ehrentempel« in Baubehörde und Kultusministerium spürbar nachließen. Daraufhin wurde nach nur wenigen Monaten im November der Bau eingestellt, die Baufirma zog ihr Material wieder ab und hinterließ lediglich die Ummantelung der beiden oberen Sockelstufen des nördlichen »Ehrentempels« mit hellem Naturstein, die diesen noch heute deutlich von seinem südlichen Pendant unterscheidet. Das Modell wurde um die Jahreswende 1947/48 entfernt.

Da die gesamte Gestaltung der »Ehrentempel«-Terrains damit erneut zur Debatte stand, wurde in Zusammenarbeit mit dem Kultusministerium, in das der engagierte Dieter Sattler inzwischen übergewechselt war, im November 1947 von der Obersten Baubehörde ein zweiter, beschränkter Wettbewerb ausgeschrieben, der u. a. vorsah, den Königsplatz wieder zu begrünen, dessen Hauptaugenmerk aber erneut auf dem Gelände längs der Brienner Straße lag, wo Kunstausstellungsgebäude errichtet werden sollten. Einige für diesen Wettbewerb entstandene Entwürfe sind bekannt:[97] Martin Elsässers Vorschlag zu einer Überbauung der Brienner Straße, die an Monumentalität sogar die Troost-Bauten übertroffen hätte (Abb. 223), oder Gustav Gsaengers Vereinheitlichung von Königs- und Karolinenplatz zu einer durchgehenden, an großstädtischen Vorbildern orientierten Promenade (Abb. 224).[98] Ein anderer Entwurf Gsaengers (Abb. 226) sah auf den Sockeln der »Ehrentempel« »Schuld- und Sühne-Brunnen« vor.[99] Der an Bernini erinnernde Schalenbrunnen mit einer neptunähnlichen wasserspeienden Figur und vier weitere Skulpturen an den Ecken des jeweiligen Stufensockels lassen eine moralische Symbolik allerdings kaum erkennen und machen vielmehr deutlich, welche Probleme sich daraus ergaben, dem Entnazifizierungspathos der Nachkriegszeit einen adäquaten Ausdruck zu verleihen. Die diesmal 30 Teilnehmer des Wettbewerbs schieden sich erneut in zwei Gruppen, von denen die eine

---

[95] Vgl. BayHStA, MK 51530; dort auch die Bauberichte für die zweite Jahreshälfte 1947.

[96] Eckstein 1947: »[erhob] sich in diesen Tagen aus den Grüften der nationalsozialistischen Märtyrer ein böses Gespenst [...]: eine Fassadenattrappe, von der man glauben könnte, sie wäre vor Jahren im Atelier von Hitlers Hofarchitekten Troost erfunden worden.« Der Architekturkritiker Hans Eckstein spielte in der publizistischen Auseinandersetzung um das Terrains der ehemaligen »Ehrentempel« eine wichtige Rolle. Seiner öffentlich geäußerten Kritik ist es letztlich auch zu verdanken, daß der Entwurf Hocheders nicht ausgeführt wurde.

[97] Vgl. IfZ, Sattler, Bde. 145 und 146; vgl. auch Eckstein 1948.

[98] Beide Architektursammlung der Technischen Universität München: Aufbauzeit 1984 (wie Anm. 88). Hocheder beteiligte sich auch an diesem Wettbewerb. Vermutlich sind die Wettbewerbseingaben, die sich weder beim Landbauamt noch bei der Obersten Baubehörde haben auffinden lassen, nach Abschluß des Wettbewerbs an die Autoren zurückgegeben worden und befinden sich heute in den jeweiligen Nachlässen.

[99] Architektursammlung der Technischen Universität München; vgl. auch IfZ, Sattler, Bd. 145.

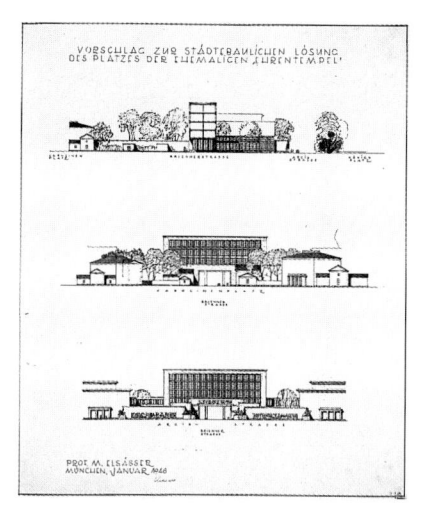

Abb. 223
Martin Elsässer, Entwurf für die Umgestaltung des Terrains Königsplatz/Karolinenplatz, Januar 1948

Abb. 224
Gustav Gsaenger, Entwurf für die Umgestaltung des Terrains Königsplatz/Karolinenplatz, 27.1.1948

100 Ein Polizeibericht vom Oktober 1950 berichtet voller Besorgnis über das »lichtscheue Gesindel«, das sich Einlaß in die Untergeschosse der »Ehrentempel« verschaffe: Bauamt TU.

101 Vgl. BayHStA, MK 51530.

102 Biotop »MUC Bio 151 b–c« (Landbauamt: Auslobung des »Städtebaulichen Ideenwettbewerbs«, 1990); BayHStA, MK 50855: Vorschläge von Alwin Seifert (TU München) zur Wiederbegrünung des Königsplatzes, 1956 (vgl. auch Königsplatz 1988, S. 78–85). Im Zusammenhang mit der Bepflanzung wurden die Treppen an den »Ehrentempeln« entfernt und die Abgänge zugeschüttet.

103 Vgl. Herzog 1988; Breyer, Heinrich: Diskussion um Museumsbauten am »Königsweg«. In: SZ 30.6.1988; Stock, Wolfgang Jean: Respektlos und banal. In: SZ 7.12.1990; Breyer, Heinrich: Architektenwettbewerb für die »Museumsmeile«. In: SZ 7.12.1990; Hildebrand, Florian: Halbherzige Pläne an beschwertem Ort. In: Bayerische Staatszeitung 14.12.1990; Stock, Wolfgang Jean: Nachdenken statt Bauen! In: SZ 8.3.1991; Bauwelt 1991; Akademie 1991; Vgl. auch Stephan Braunfels. Entwürfe für München. Ausstellungskatalog Frankfurt 1987.

104 Vgl. Das Kurzinterview. In: Münchner Stadtanzeiger 6.6.1991; Projekt Brienner Straße reif für Entscheidung. In: SZ 12.7.1991.

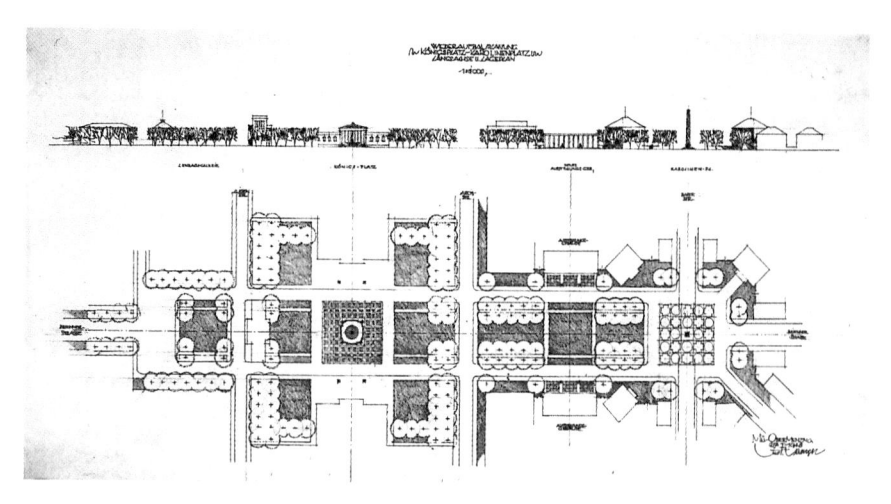

für, die andere gegen eine Bebauung stimmte. Diesmal allerdings, anders als ein Jahr vorher, fand sich eine Majorität gegen die Bebauung.

Die damit einsetzende Phase der ratlosen Unentschlossenheit steht in krassem Gegensatz zu den pathetischen Aktionen der unmittelbaren Nachkriegszeit und zeigt mit großer Deutlichkeit die seit damals wirksamen Verdrängungsmechanismen in bezug auf die NS-Vergangenheit. Denn da man nach dem im Sinne der Veranstalter letztlich mißlungenen Wettbewerb vorerst nicht wußte, was mit den Sockeln der »Ehrentempel« anzufangen sei, umgab man die »Schandmale« kurzerhand mit einem hohen Bretterzaun, um sie der Wahrnehmung zu entziehen.[100] Handlungsbedarf wurde erst Jahre später, 1956, angemeldet, als das städtische Wiederaufbaureferat mit Blick auf die 1958 anstehende 800-Jahr-Feier der Stadt die verrotteten Bretterverschalungen an Münchens schönem Königsplatz monierte.[101] Dahinter erhoben sich nach wie vor die Corpora delicti, deren Inneres mit Schutt angefüllt worden war, nachdem man erkannt hatte, daß das sich dort sammelnde Regenwasser für spielende Kinder gefährlich sein konnte (Abb. 225 u. 227). Im Sinne des Mottos »Unsere Stadt soll schöner werden« konnte man diesen unordentlichen Zustand nicht belassen. Eine öffentliche Diskussion unterblieb jedoch. Im Winter 1956/57 nahm die bayerische Schlösserverwaltung nach Entfernung des Schutts die Bepflanzung der Sockel vor, die sich seither zu einem Biotop entwickelt haben, das in die Schutzliste städtischer Grünflächen aufgenommen worden ist.[102] Die unendliche Geschichte dieser Straßenecke als Inbegriff des Umgangs mit der NS-Vergangenheit setzt sich bis in jüngere Zeit fort, hält man sich die Ergebnisse des 1988 bis 1991 ausgetragenen »Städtebaulichen Ideenwettbewerbs Brienner Straße« zur Neunutzung desselben Terrains für Neubauten der Ägyptischen Staatssammlung und der Musikhochschule vor Augen (Abb. 228–231).[103] Die Kenntnis der historischen und kultischen Dimension dieser Relikte der NS-Zeit ist heute nicht nur den meisten Passanten abhanden gekommen, von denen kaum einer wissen dürfte, worum es sich bei den überwucherten Steinformationen links und rechts der Brienner Straße handelt, sondern offenbar wird sie auch von den politisch Verantwortlichen gerne ignoriert.[104] Die Sockel der »Ehrentempel« unmittelbar nach dem Krieg restlos verschwinden zu lassen, hätte sich in der damaligen Zeit als spontane damnatio memoriae rechtfertigen lassen. Man entschied jedoch anders. Heute sind die im Grünen verborgenen Steine sowohl ein – fragmentarisches – Dokument des NS-Kultes selbst wie auch des – verdrängenden – Umganges der Nachkriegsjahre mit der NS-Zeit. Die Terrains der »Ehrentempel«, städtebauliche Filetstücke sondergleichen, für Neubauten zur Disposition zu stellen, hieße, ihre historische Dimension zu negieren.

Iris Lauterbach

Abb. 225
Spielende Kinder am Sockel des nördlichen
»Ehrentempels«, 1955,
Aufnahme: Heinrich Hoffmann

Abb. 226
Gustav Gsaenger, Entwurf für Brunnen auf
den Sockeln der »Ehrentempel«, 1948

Abb. 227
Spielende Kinder auf dem mit Schutt gefüllten Sockel des südlichen »Ehrentempels«,
Aufnahme: Heinrich Hoffmann

Epilog

Die Suche nach »überzeugender« NS-Architektur und nach »authentischem Flair« hat Filmemacher immer wieder in die beiden Troost-Bauten geführt – ganz abgesehen von den Modephotographen, denen die Lichthöfe und Gipsabgüsse in der Meiserstraße 10 als ästhetischer Hintergrund erscheinen. Wie originalgetreu man in einschlägigen Filmen das NS-Ambiente bei Bedarf rekonstruierte, zeigen etwa die Ausstaffierungen des »Verwaltungsbaus«, die von den Dreharbeiten des englischen Films »The last ten days« (1973) herrühren, in dem Alec Guiness als »Führer« seine letzten Tage durchlebt. So wurden die Szenen mit Hitler im Berliner »Führerbunker« u. a. im »Untergrund« unter dem Münchner »Führer-« und »Verwaltungsbau« gedreht.[105] Ist die Verdrängung der NS-Zeit die eine Seite der Medaille, so ist deren Dämonisierung die andere: In einem 1994 publizierten Bildbericht über die unterirdischen Verbindungsgänge im NSDAP-Viertel[106] sprachen Photos und Text verschiedene Sprachen: Wußte der Text, daß der Stachel-

105 Vgl. auch Fischer, Volker: Ästhetisierung des Faschismus. NS-Nostalgie im Spielfilm. In: Die Dekoration der Gewalt. Kunst und Medien im Faschismus: Hg. Bernhard Hinz/Ernst Mittig/Wolfgang Schäche/Angela Schönberger. Gießen 1979, S. 243–257.

106 Höbel 1994.

drahtverhau in einem der Gänge erst von amerikanischen Soldaten eingezogen worden war, so entwickelte die vorangestellte Aufnahme dennoch den emotionalen Sog des Schauerlichen. Weitere Photos heroisierten die verstreuten Hinterlassenschaften von Obdachlosen, die hier in den letzten Jahrzehnten Zuflucht gesucht hatten, zu ungehobenen Schätzen, dramatisierend beleuchtete Rohrkanäle zu gruselversprechenden Goldgräberwegen. Das NS-Regime, so wie es sich im »Führer-« und im »Verwaltungsbau« in Architektur wie Ausstattung manfestierte, bedurfte indes kaum des Stacheldrahts noch der dämonischen Lichtregie, um seine Zwecke verfolgen zu können. Da die »Banalität des Bösen« (Hannah Arendt) schwer durchschaubar ist, erwartet jeder den Nachhall der Schreie von Gefolterten in den Kellern. Aber nein. Hier waren deutsche Verwaltungsbeamte am Werk, tüchtige Bürokraten, die dem NS-Regime zu einer Effizienz verholfen haben, ohne die es weder Millionen Parteigenossen gewonnen noch Millionen Menschen umgebracht hätte.

Abb. 228 – 231
»Städtebaulicher Ideenwettbewerb Brienner Straße« (1988 – 1991), Gruppe der vier ersten Preisträger: Ottow, Bachmann, Marx, Brechenbauer; Braun, Hesselberger und Partner; Karg; Deubzer

Willibald Sauerländer

Erinnerungen an einen Arbeitsplatz im Palast der Amtswalter

»A haunted house«. Man weiß nicht, wie man diese drei Worte im Deutschen wiedergeben sollte. Sie sind ein Widerhall aus den Kaminen und Gängen englischer Schlösser, in denen die Gespenster lauern. Schon rein akustisch beschwören sie die nächtliche Wiederkehr der »ghosts« auf eine Weise wie es wohl in keiner anderen europäischen Sprache möglich wäre. Stellen wir trotzdem die Frage: München, Meiserstraße 10,[1] ehemals »Verwaltungsbau der NSDAP« mit einem 1947 gesprengten Totentempel gleich nebenan, ist das ein »haunted castle«, ein von den bösen Geistern einer schlimmen Vergangenheit noch immer heimgesuchtes Haus? Gespenstergeschichten um dieses Gebäude gibt es ja genug: Furchterfülltes Geraune von unterirdischen Gängen, in denen sich Unheimliches, Konspiratives, vielleicht sogar Mörderisches zugetragen haben soll. Sensationslüsternes Gruseln beim Anblick eines Klappenschrankes im Keller, einer Anlage, die einst dem »Großen Bruder«, sprich der Gestapo, das Abhören aller im Hause geführten Telephongespräche ermöglicht haben soll, Überbleibsel der totalen Überwachung.

Tatsächlich war der beschworene unterirdische Gang nichts anderes als ein banaler Verbindungsweg zwischen dem »Führerbau« im Norden und dem nachgeordneten »Verwaltungsbau« im Süden der Brienner Straße. Der Klappenschrank war eine gewöhnliche Telephonzentrale, wie sie während der dreißiger Jahre in vielen, auch in durchaus zivilen Administrationen installiert war. So muß man mit den Legenden, die sich um das Haus in der Meiserstraße ranken, vorsichtig umgehen. Die weit verbreitete Verdrängung der braunen Vergangenheit zeigt sich nicht nur in Leugnung und Vergessen. Der Wunsch nach Befreiung vom Trauma eines grauenvollen Gestern sucht sich viele Wege und beteiligt sich listig an den Ritualen der Trauerarbeit. Einer dieser vielen Wege ist die Dämonisierung des »Dritten Reiches«. Wo der Teufel, wo das absolut Böse am Werk waren, scheinen die Menschen aus ihrer normalen Verantwortung, aus den Geboten von Sitte und Vernunft entlassen und schließlich entschuldet.[2] Der böse Geist einer von den Dämonen heimgesuchten Zeit soll noch in den von ihr hinterlassenen Steinen wesen. In diesem Sinne erscheint Paul Ludwig Troosts riesiger klassizistischer Kasten an der Meiserstraße als ein »haunted house« voll unheimlicher und teuflischer Erinnerung, und seine architektonischen Formen wie sein Mobiliar – die schweren Tische und Türen, die zahllosen Toiletten und stählernen Aktenschränke, die Radleuchter und Rotmarmorstufen – wirken wie Bedeutungsträger des Bösen. So sieht die Legendenbildung um das »haunted castle« an der Meiserstraße aus.

Man konnte sich, trat man täglich in diesem Gebäude zur Arbeit an, den depressiven Wirkungen dieser Legende, den Gespenstern von gestern nie völlig entziehen. Kein noch so tapferer Entschluß aufgeklärter Vernunft machte gegen die Massierung von deutscher Eiche und Untersberger Marmor immun. Überall hatte das »Dritte Reich« noch seine Koffer im Haus: unten im Vestibül, in den Amtsstuben, in der Bibliothek, im Keller und oben unter dem Dach. Immer wieder stolperte man über diese schaurigen Gepäckstücke, und dann schien es, als ob die Zeit seit 1945 stillgestanden hätte. Ich erinnere mich, wie ich kurz nach meinem Dienstantritt 1970 an einem Sonntagnachmittag allein in diesem weiträumigen Hause in alten Papieren stöberte und unvermittelt einen Aktenordner in der Hand hielt, welcher die Beschriftung trug: »Reichsleitung der NSDAP. Barackenbau Kattowitz 1941«. Da roch es auf einmal nach Leichen. Suchte ich in der Bibliothek nach dem Werk eines befreundeten jüdischen Autors aus den zwanziger Jahren, stieß ich auf ein in rotes Leder gebundenes Exemplar, auf dessen Deckel ein Exlibris prangte, das Pallas Athene mit dem Hoheitsadler der Nazis vermählte: ein

[1] 1957 wurde das südliche Teilstück der Arcisstraße bis zur Kreuzung Brienner Straße in Meiserstraße umbenannt.

[2] Um zu verdeutlichen, was hier gemeint ist, erinnere ich an einen Wortwechsel, der kurz nach Kriegsende zwischen Karl Barth und seinen deutschen Amtsbrüdern stattgefunden haben soll. Die Letzteren: »Wir haben dem Teufel ins Auge geblickt.« Der nüchterne Schweizer dagegen: »Gebt's doch endlich zu, daß ihr politischen Narren nachgelaufen seid.«

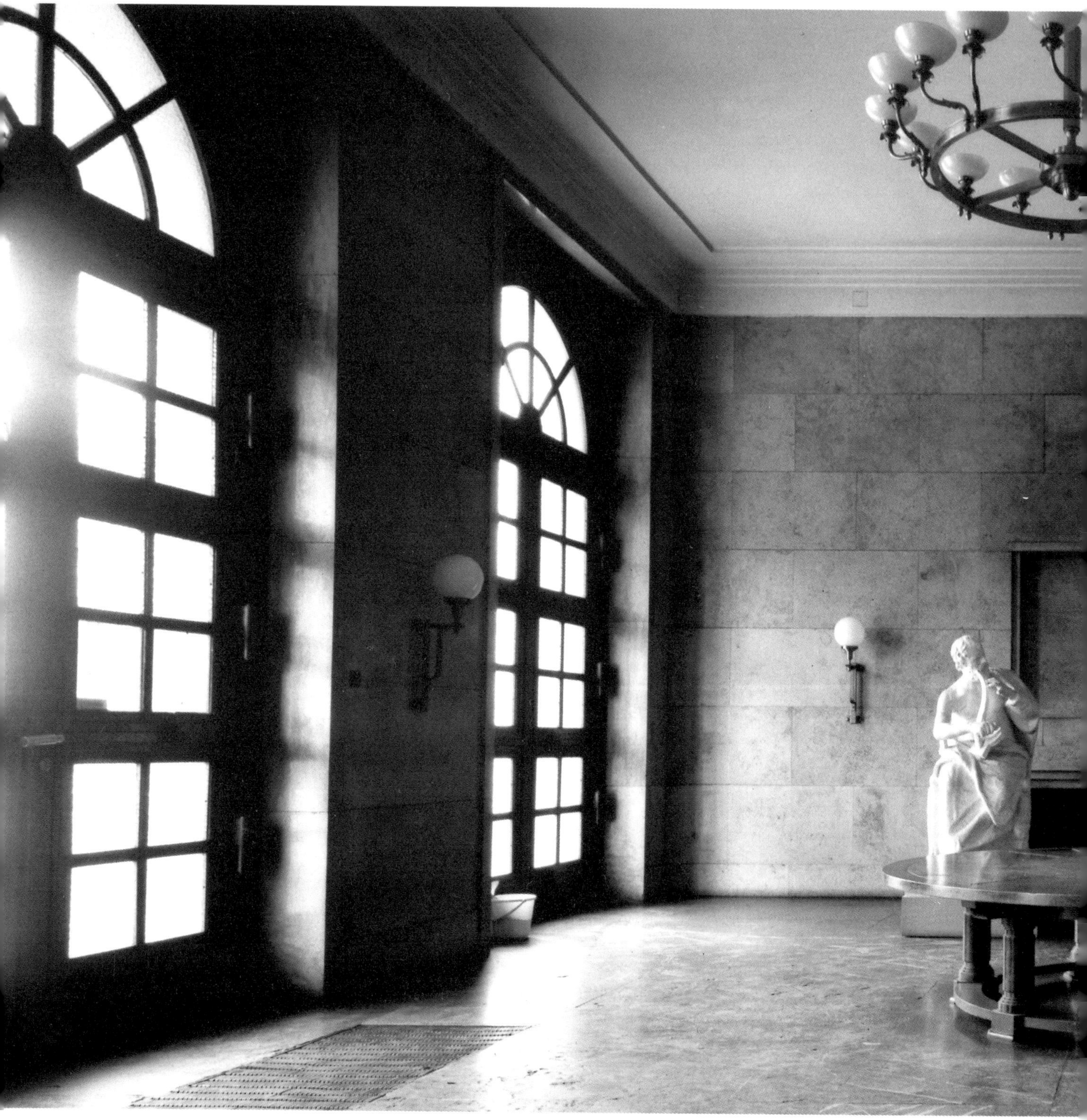

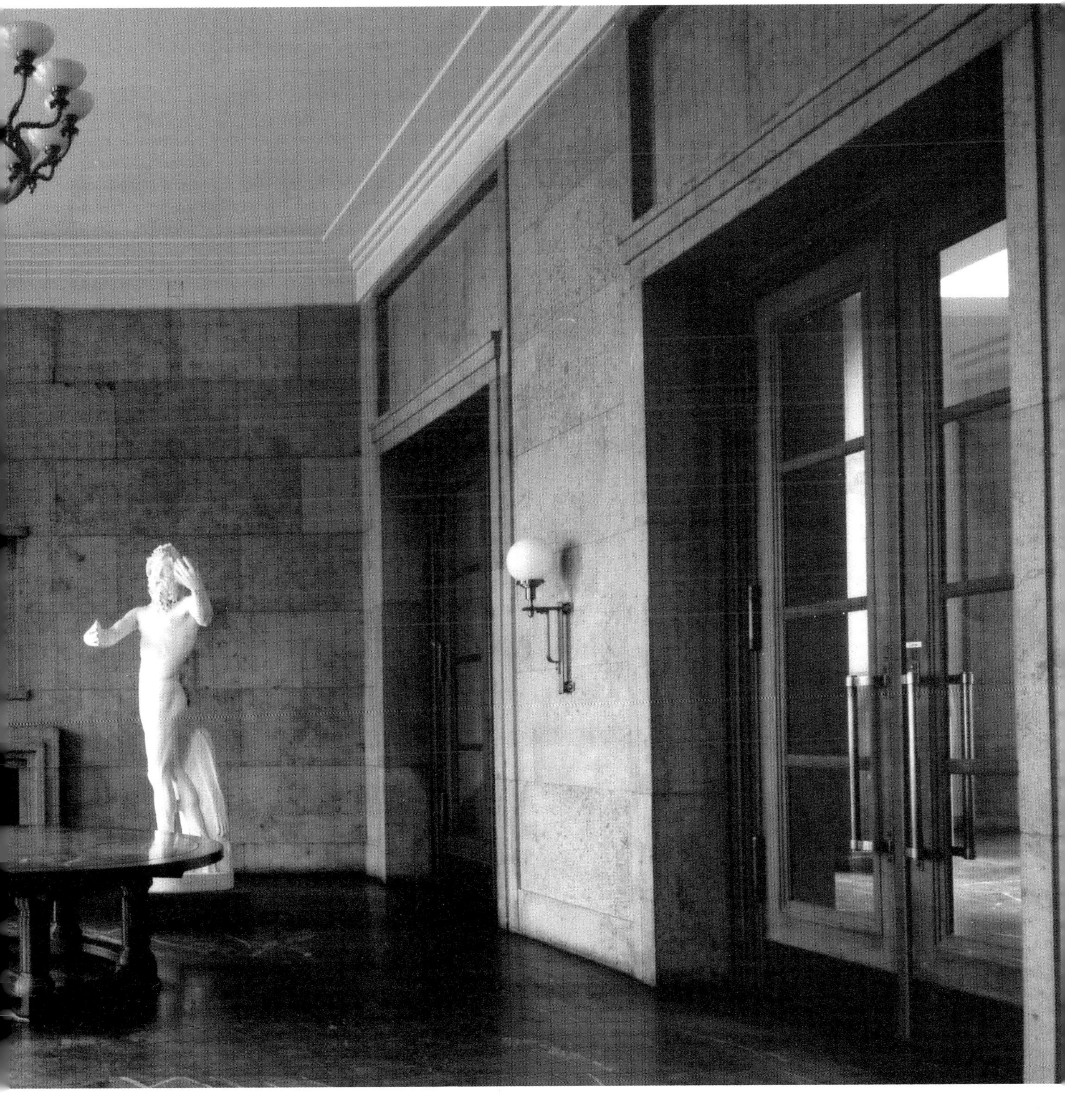

Emblem zwischen Griechentum und Nazizeit. Das dicke Maroquinleder sah plötzlich wie Blut aus. Eine Studentin aus einem meiner New Yorker Seminare hat mir einmal einen solchen Bucheinband empört entgegengehalten. Das plumpe Relikt aus böser Zeit wurde unter ihren Händen zum Beweisstück einer kaum zu widerlegenden Anklage. Stieg man in den Keller des Gebäudes hinab, schritt man an einer endlosen Reihe von moosgrünen Metallschränken entlang, auf deren Türen weiße Zettel mit säuberlich in Tinte gezogenen Buchstaben klebten: »Bo – Bu«, »Ma – Mu«. In diesen feuerfesten Kästen war die alphabetisch geordnete Mitgliederkartei der NSDAP verschlossen. Am Ende sollen es sieben Millionen Karten gewesen sein, welche die Amerikaner abtransportierten. Angesichts dieser Schränke erschien einem das ganze riesige Gebäude wie das verlassene Archiv des millionenfachen braunen Mitläufertums. Im Inneren seiner peinlich geordneten Architektur hatte sich alles Böse, Fanatische, Angepaßte des »Dritten Reiches« zu bloßer Aktenführung neutralisiert. Eine Unmenge Angestellte war ständig damit beschäftigt, diese gigantische Kartei auf dem laufenden zu halten, Beiträge einzuziehen und zu verbuchen. Die Schreibtische mit den eingebauten Tintenfässern, an denen das täglich geschah, standen noch immer in unseren Bureaus. Nach solchen Funden war das »haunted castle« an der Meiserstraße nicht länger retrospektive Legende, sondern wurde zur obsessiven Realität.

Und immer wieder kroch einem die Ausstrahlung dieser monströsen Architektur unter die Haut. Jeden Vormittag stemmte man sich am Eingang des Hauses mit ganzer Körperkraft gegen die schwere Metalltür. Einer der 1933 aus Deutschland verjagten Professoren stöhnte beim Kampf gegen den Flügel dieses monumentalen Portals: »Es braucht offenbar immer noch Übermenschen, um in dieses Haus einzudringen.« Im Vestibül stieß man dann auf jenen kolossalen runden Tisch mit der schweren Platte aus Untersberger Marmor, von dem es hieß, er sei bei der berüchtigten Hinrichtungskonferenz für die Tschechoslowakei im September 1938 benutzt worden. Nichts davon war wahr. Dieses Monstrum hatte oben im Bibliothekssaal gestanden, zu seiten eines großen Globus. Aber nach solcher Belehrung stellte sich sogleich die nächste fatale Erinnerung ein: an jene unheimlich unvergeßliche Szene aus dem Film »Der große Diktator«, in der Charlie Chaplin tanzend den Erdball auf der Spitze seines Fingers balanciert. Aber auch diese Assoziation war genau genommen nur eine retrospektive Täuschung, denn nie hat der gewaltige »Führer« in eigener Person in der Bibliothek des »Verwaltungsbaus« einen seiner großen Auftritte gehabt. Hier wirkten nur seine »Reichsleiter« und Amtswalter. So gerieten selbst im Alltag in diesem »haunted house« Wirklichkeit und Wahnvorstellung ständig durcheinander. Aber dann gab es Augenblicke, da ein plötzlicher Ausbruch von Heiterkeit die lähmende Wirkung des fluchbeladenen Mobiliars durchbrach. Bei meinem Dienstantritt im Mai 1970 fand ich in der mir zugewiesenen Amtsstube einen Schreibtisch von außerordentlich pompösem Umfang vor, mit barock ausladenden Umrissen und eigenen Fächern für die Aufbewahrung von Cognacflaschen. Ich habe keine Ahnung, welchem der höheren Amtswalter dieses Möbelstück als Bedeutungsträger gedient hat, habe mir aber immer gedacht: Hätte der beleibte Operettenmarschall Göring es bis zum Staatsbegräbnis gebracht, sein Sarkophag hätte wohl so ähnlich aussehen müssen. Natürlich habe ich dieses Ungetüm bald aus meinem Bureau verdrängt, aber einige Wochen hindurch mußte ich es ertragen. In dieser Zeit besuchte mich einer meiner Freiburger Doktoranden, blieb im Türrahmen stehen, blickte zu mir herüber, schüttelte sich vor Lachen und stieß die Worte hervor: »Nein, dieser Schreibtisch!« Damals habe ich begriffen, was ein »befreiendes« Gelächter bewirken kann.

Meiserstraße 10. Eine deutsche Adresse in einem zerrissenen Jahrhundert. Bis zum Schandjahr 1933 stand an dieser Stelle das Palais des Mathematikers Pringsheim, angefüllt mit Schätzen einer beinahe noch gründerzeitlichen, jedenfalls durchaus großbürgerlichen Privatsammlung – Neurenaissance umtönt von den Klängen imitierter Wagnerscher Musik.[3] Hier hatte der junge Thomas Mann um seine Frau Katja geworben. 1933 hatte dann ein ganz anderer Wagnerianer, Hitler, solcher ästhetischen Herrlichkeit ein jähes Ende bereitet und an ihrer Stelle

3 Vgl. Rasmussen, Jörg: Die Majolikasammlung Alfred Pringsheim in den Schriften Thomas Manns, in: Jahrbuch des Museums für Kunst und Gewerbe 2. 1983, S. 111–124; danach vor allem auch Kruft 1993.

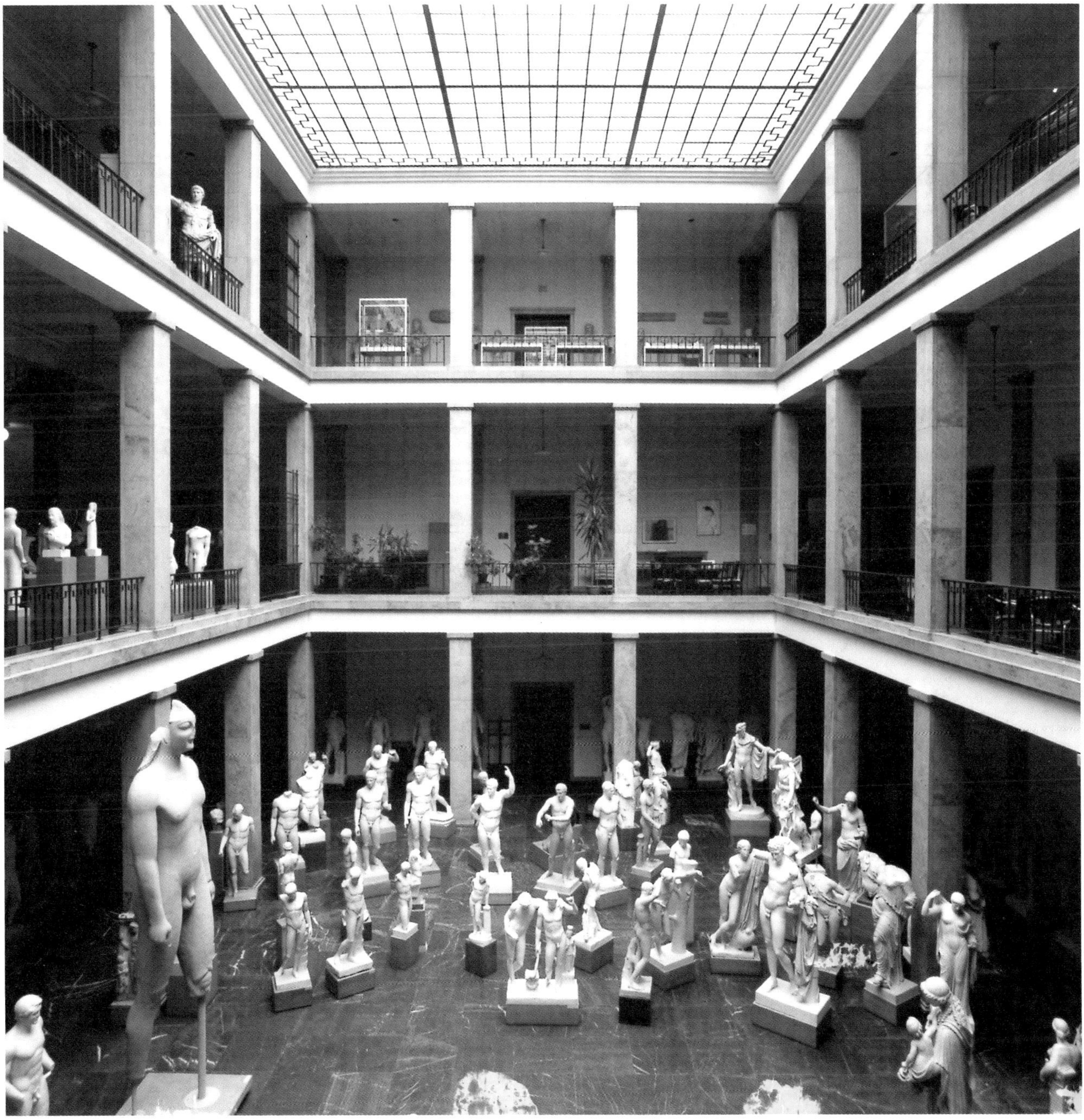

die Fackeln des Totenkults für die bei seinem Bierhallenputsch 1923 Umgekommenen lodern lassen. So liegt das ganze Verhängnis der wechselnden deutschen Mythologien über dieser Stätte. Nach Hitlers »Götterdämmerung« im Frühjahr 1945 wurde das Haus an der Meiserstraße zum Begegnungsort für die von ihm und seinen Spießgesellen aus ganz Europa geraubten und verschleppten Kunstschätze. Im Gefolge des Mars, in der Nachfolge von Diebstahl und Plünderung, zogen wieder die Musen in der Meiserstraße ein. Mit der Gründung des »Collecting Point« durch die amerikanischen Kunstschutzoffiziere begann ein neues Kapitel in der Geschichte der Nutzung von Troosts trostlosem Amtswalterpalast. Jene Amerikaner, die am »Collecting Point« tätig waren, wußten aus der Begegnung mit den vom »Dritten Reich« verjagten Professoren und Kunsthistorikern an den amerikanischen Universitäten um ein anderes, ein besseres Deutschland. Sie regten den Gedanken an, in diesem vom Krieg verschonten Gebäude ein kunsthistorisches Institut zu gründen. Sie wollten damit nichts verdrängen von seiner düsteren Vergangenheit. Sie handelten auch nicht im Zeichen des Kalten Krieges, der 1946 sich gerade erst abzuzeichnen begann. Sie wollten den lichteren, humaneren Traditionen des besiegten und moralisch diskreditierten Landes aufhelfen. So wurde aus dem »Verwaltungsbau« der untergegangenen NSDAP schließlich das Haus der Kulturinstitute.

Und von damals an stellten sich über 50 Jahre hinweg viele freundliche, bereichernde Erinnerungen ein, die mit dem finsteren Gebäude trotz allem versöhnen. Unvergeßlich ist mir die erste Begegnung mit dem Bibliothekssaal – es muß Ende 1947 oder Anfang 1948 gewesen sein. Auf mehreren Staffeleien waren die Gemälde Poussins aus der Alten Pinakothek ausgestellt: »Apollo und Daphne«, »Bacchus und Midas« – ein heute Poussin abgeschriebenes Bild –, die »Beweinung Christi«. Wir waren von ihrer kühlen Schönheit, dem kalten Leuchten dieser Farben, dieser uns ganz fremden Verbindung von Leidenschaft und Vernunft wie geblendet. Frankreich war damals für uns noch weit weg; dorthin zu reisen, war für Deutsche nahezu unmöglich. Es war mehr ein Traum vom Glanz der Kathedralen und vom Licht der impressionistischen Malerei als erfahrbare Realität. Hier in der Meiserstraße standen wir nun plötzlich vor den Werken des größten Malers der französischen Klassik, und keiner von uns dachte in diesem Augenblick an die düstere Vergangenheit des Gebäudes, in dem wir uns befanden. Bald füllten sich die Regale des Bibliothekssaales mit zuvor im abgeschnittenen Deutschland unerreichbaren Büchern. Hier hatten wir zuerst die Bände des *Art Bulletin* und des *Warburg Journal* in Händen. Hier hörten wir die Stimmen berühmter ausländischer Gelehrter. Ich erinnere mich an Vorträge von André Grabar, René Huyghe, John Pope-Hennessy. Der Widerstand gegen die Berufung des als Nazi angesehenen Hans Sedlmayr auf den Münchner kunstgeschichtlichen Lehrstuhl im Jahre 1951 hatte sein Zentrum in der Meiserstraße. Keine Institution des Faches Kunstgeschichte in Deutschland war damals offener nach draußen, zur demokratischen Welt hin als diese von den Amerikanern im Geiste der Emigration angeregte Neugründung, und umgekehrt war es kein Zufall, daß sie im Inland die Ressentiments der Zurückgebliebenen auf sich zog. Das alles ereignete sich zwischen den Mauern des früheren »Verwaltungsbaus« der NSDAP, und so schien um 1950 der böse Geist dieser Architektur durch den Aufbruch zu ganz neuen Ufern gebannt. Von den fünfziger Jahren an stellte sich nach und nach der Effekt der Gewöhnung ein: das »ZI«, das man – ohne weiter nachzudenken – als den effizientesten kunsthistorischen Arbeitsapparat im Lande benutzte, und das Gebäude, in dem es sich damals wie heute befand, die hölzernen Möbel, in denen seine Bücher und Photographien verwahrt waren, wurden miteinander identisch in einer sozusagen gedächtnislosen, rein praktikablen Neutralität. Über den Sockeln der »Ehrentempel« nebenan wuchs Gras. Die Vergangenheit schien eingeebnet. Es war, wie man mittlerweile zur Genüge weiß, ein für die westdeutsche Befindlichkeit zwischen 1950 und 1965 charakteristischer Zustand. Die Wissenschaft war restituiert, das häßliche Gestern abgetan.

Aber dieser Zustand täuschte. »Die Vergangenheit, die nicht vergehen will«, hat auch das »haunted house« an der Meiserstraße immer wieder eingeholt. Sie wurde gerade dann lebendig, wenn der Versuch, die Schande von gestern abzuwaschen, besonders pathetische Formen annahm. Als man 1967 in einer noblen Geste der »Wiedergutmachung« dem prominentesten unter den 1933 verjagten Kollegen den »Pour le Mérite« verlieh, hat man diesen feierlichen Akt durchaus sinnvollerweise im Bibliothekssaal des Zentralinstituts vollzogen. Aber man braucht nur die Photographien, welche sich von dem Festakt in großer Zahl erhalten haben, zu betrachten, um den geradezu gespenstischen Kontrast zwischen der penetranten hölzernen Folie des ehemals braunen Bibliothekssaales und der angestrengten Geste der Versöhnung zu erkennen. Angesichts dieser Bilder wird sichtbar, daß sich Last und Fluch der dreißiger Jahre nie völlig von den steinernen und hölzernen Ungetümen lösen lassen, welche diese Zeit hinterließ. Als ich Erwin Panofsky damals einige Tage zuvor sagte, daß ich aus eben solchen Gründen nicht zu der Verleihungsfeier kommen würde, replizierte er mit einer gewissen Verlegenheit in einem fast Berlinerisch schnodderigen Ton, der sich von seiner sonstigen, eher graziösen Art zu sprechen, merklich unterschied: »Tja, daß ich mir von dem Privat-Thukydides von Herrn Hitler den blauen Max umhängen lasse, das is' ja wohl 'n bißchen komisch.«[4] Noch einmal sieht man, wie sehr Versöhnliches und Unversöhnliches in der Geschichte dieses Hauses unlöslich miteinander verschlungen sind. Auch als Direktor des Zentralinstitutes habe ich manchmal die Rückkehr der Gespenster schmerzlich erfahren müssen. 1972 fand im Bibliothekssaal ein Kolloquium über den Tiefenbronner Altar des Lukas Moser statt. Die Glasdecke war mit schwarzen Folien abgedeckt, um Diapositive projizieren zu können. Ich führte als Diskussionsleiter eine überschärfte Sprache, stieß auf berechtigten Protest. Die Berichterstatterin der Frankfurter Allgemeinen Zeitung beschrieb die Veranstaltung wie einen bösen Spuk, in dem alle häßlichen Züge des aus der braunen Vergangenheit übriggebliebenen Gebäudes grotesk zutage getreten seien. Ich fürchte, sie hatte so unrecht nicht. Jeder zu laute Ton, jedes Knallen eines Absatzes auf den Marmorplatten der Gänge hallte in diesem Hause nach wie ein Echo aus unguter Vergangenheit. Nie ließ sich die Macht der Legenden um das »haunted castle« völlig brechen.

Irgendwann nach 1980 erreichte dann »die Historisierung des Nationalsozialismus« (Martin Broszat) auch die Gebäude an der Meiserstraße. Ein halbes Jahrhundert nach ihrer Errichtung wurde eine Sanierung der alternden oder heutigen Vorschriften nicht mehr genügenden Installationen notwendig. Fast ein Jahrzehnt lang wurde das Haus zur Baustelle. Ich war nicht der einzige unter den Angestellten und Beamten des Zentralinstitutes, der diese Gelegenheit gerne auch für eine ästhetische Befreiung von der hölzernen Last einer bedrückenden Vergangenheit genutzt hätte. Manchmal träumte ich von einem entschieden modernen Lesesaal mit freiliegendem Metallgestänge und einer lichten, zum Himmel hin durchsichtigen Wölbung. Ich hätte damals nicht einen Augenblick gezögert, die muffige Holzvertäfelung des Bibliotheksraumes zugunsten einer solchen Lösung zu beseitigen. Extreme historische Umbrüche lassen sich nicht ohne jene zerstörerischen Akte bewältigen, welche die Alten als »Damnatio Memoriae« bezeichnet haben. In nächster Nähe des Gebäudes Meiserstraße 10 bietet die Sprengung der »Ehrentempel« für die Toten des Bierhallenputsches durch die amerikanische Besatzungsmacht nach dem Kriege ein beredtes Beispiel. Wer möchte diese ebenso makabren wie komischen Tempel aus ästhetischen Gesichtspunkten heute noch erhalten wissen? Aber in den achtziger Jahren mußten solche zerstörerisch befreienden Träume längst am Widerstand der Denkmalpflege scheitern, die inzwischen auch die Bauten aus der Zeit des »Dritten Reiches« als Zeugnisse ihrer Zeit zu konservieren sich verpflichtet fühlt. Der Nationalsozialismus ist Geschichte geworden, und so wurden aus seiner steinernen Hinterlassenschaft Denkmäler, die jetzt wie alle anderen Monumente aus unserer Vergangenheit erhalten, sogar gepflegt werden müssen. Aber nie wird das »haunted house« an der Meiserstraße ein Denkmal wie alle anderen sein können. Immer wird ihm die schaurige Erinnerung an den Aktendeckel von 1941 anhaften: »Barackenbau Kattowitz«. Manchmal hat es mich beklommen gemacht zu beobachten, mit welcher Liebe während der Sanierung des Hauses in den achtziger und neunziger

---

4 Der Ordenskanzler, welcher damals die Verleihung vollzog, der Göttinger Historiker Percy Ernst Schramm, hatte von 1943 bis 1945 das Kriegstagebuch des Oberkommandos der Wehrmacht geführt.

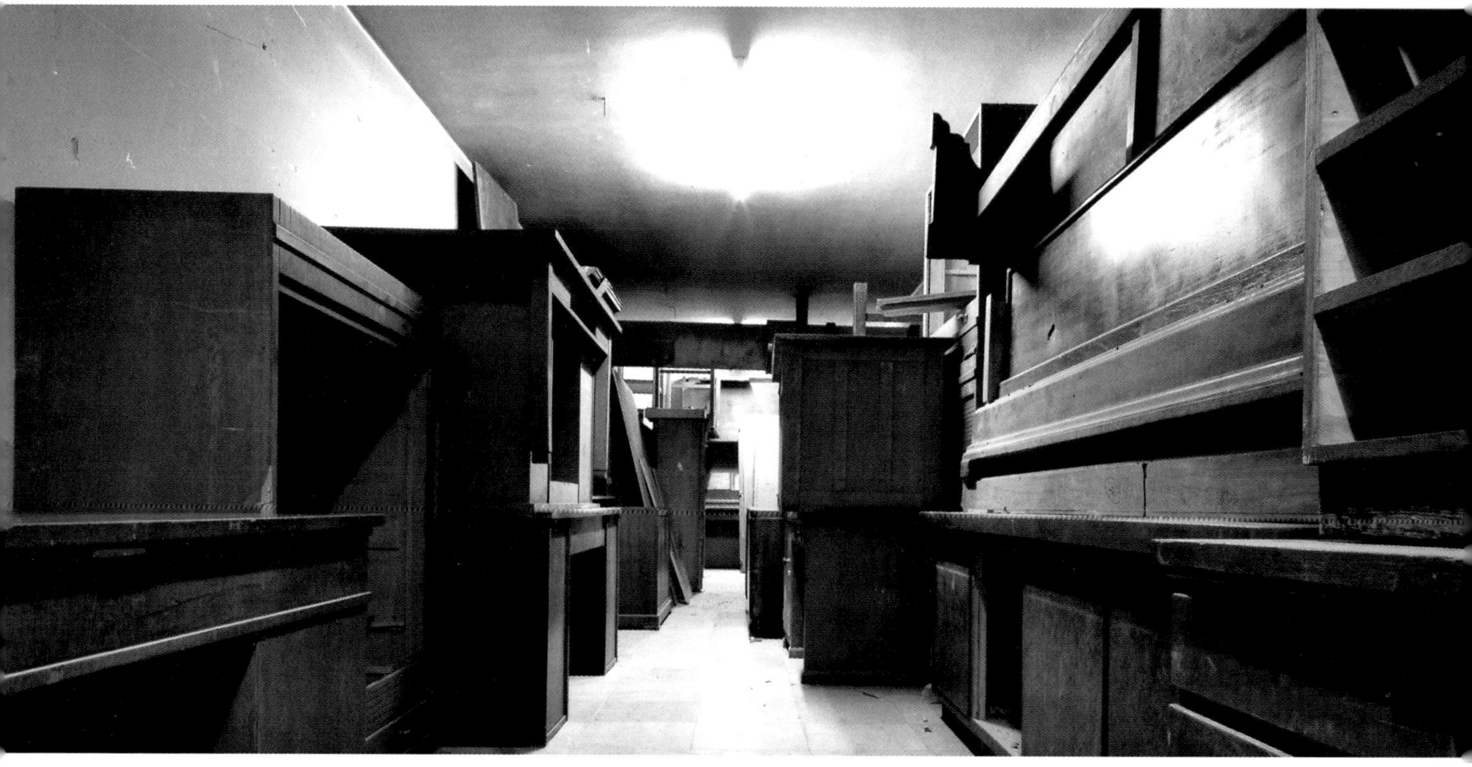

Jahren die braunen Eichentüren und Lampen restauriert wurden, und ich habe mich daran erinnert, in welchem Zustand des Verfalls sich noch immer viele alte, in den dreißiger oder vierziger Jahren »aufgelassene« jüdische Friedhöfe in unserem Land befinden. Memoria und Menetekel – Denkmalpflege an Bauten des »Dritten Reiches« wird immer ein höchst ambivalentes Unterfangen bleiben. Jedenfalls haben Jörg Rasmussen und ich, als die Neueinrichtung der Bibliothek des Zentralinstitutes in den späten achtziger Jahren abgeschlossen war, zur Wiedereröffnung des weiterhin mit dem braunen Holz aus den dreißiger Jahren verkleideten Lesesaals dort eine farbige Band spielen lassen und uns eingeredet, solche exotische Musik könne vielleicht einmal mehr die bösen Geister der Vergangenheit aus dem »haunted house« vertreiben.

Zuweilen habe ich mich beim Eintritt in den Lichthof hinter dem Vestibül gefragt, warum dieser Teil des Gebäudes so gern als Kulisse für Filme oder das Photographieren von offenbar teuren Modellkleidern gewählt wird. Dann huschte es mir durch den Kopf, daß ich ausgerechnet vor der kitschigen postmodernen Kolonnade der Piazza d'Italia in New Orleans einmal eine schicke Modenschau gesehen habe. Nun, einige Postmoderne hatten ja durchaus ein Faible für die leeren klassizistischen Gesten der nationalsozialistischen Repräsentationsbauten, für ihre monumentale Kulissenwirkung. Daran schloß sich die Überlegung, daß eigentlich das ganze Gebäude Meiserstraße 10 von seiner Fassade her konzipiert sei, besser noch: für die Fassade. Diese Schaufront bildete zusammen mit ihrem Pendant im Norden der Briennerstraße und den beiden »Ehrentempeln« dazwischen die steinerne Folie, vor der sich im November die Aufmärsche mit ihren Fahnenwäldern, Fackeln, flammenden Opferschalen und dem tausendfach gebrüllten »Hier!« der angetretenen Mannen abspielten. Hier vollzog sich jene Trivialisierung des Erhabenen, wie sie für den Kundgebungsstil der »Bewegung« charakteristisch war. Troosts Architektur war ihr Bedeutungsträger. Hinter den Säulen und Balkonen aber saßen die Amtswalter in Amtsstuben, die wegen der Geschoßeinteilung des Äußeren absurd und unmenschlich proportioniert waren, an ihren tristen braunen Schreibtischen und beugten sich über die Millionen von Mitgliederkarten der Partei. Daneben gab es im Inneren noch ein bißchen spießige Repräsentation, die an Hotelhallen oder an manche Chefetagen erinnerte: Marmor, Pfeiler, »vergoldete« Gitter und viel Furnier. Es war so, wie sich ordentliche Bureau-Vorsteher eben den feinen Stil vorstellen. Troost hatte das alles lange vorher schon in den Villen der sogenannten besseren Leute und vor allem in der Ausstattung von schwimmenden Hotels für die Amerikareisenden aus den höheren Ständen ausprobiert. Nichts daran war sonderlich neu oder spezifisch faschistisch. Erst das Zusammenspiel von klassizistischer Außenfront und peinlich geordneten Amtsstuben – richtiger wohl: ihr Auseinanderfallen – ließ sich auf die zwiespältige Physiognomie des Regimes beziehen. Hinter den Altanen und Bögen, den Fahnen und Flammen wartete im Inneren nichts als die »Banalität des Bösen« (Hannah Arendt), die Aktenführung für den »Barackenbau Kattowitz«.

Manchmal wundere ich mich, daß ich es an einem Arbeitsplatz in diesem tristen Gemäuer ganze neunzehn Jahre ausgehalten habe. Aber dann habe ich vergessen, wie oft wir in diesem Hause gelacht und gefeiert haben, wieviel wir hier studierten und diskutierten, daß sich hier wie an jedem anderen Ort Freundschaften anbahnten, und zeige mich vor allem undankbar für all die wunderbaren Stunden zwischen den Bücherschätzen einer einzigartigen Bibliothek. Nie waren die deutschen Werkstoffe, diese bodenständigen Hölzer und Steine so mächtig, daß sie die Heiterkeit unseres Alltags hätten verdüstern können. Freilich ein paar bunte Schleifen um die öden polierten Pfeiler, farbige Plakate oder Blumen in der lähmenden Leere der Gänge um die Lichthöfe wünsche ich mir schon. Diese Architektur ohne Grazie bedürfte, um endlich menschlicher zu werden, des optischen Gelächters.

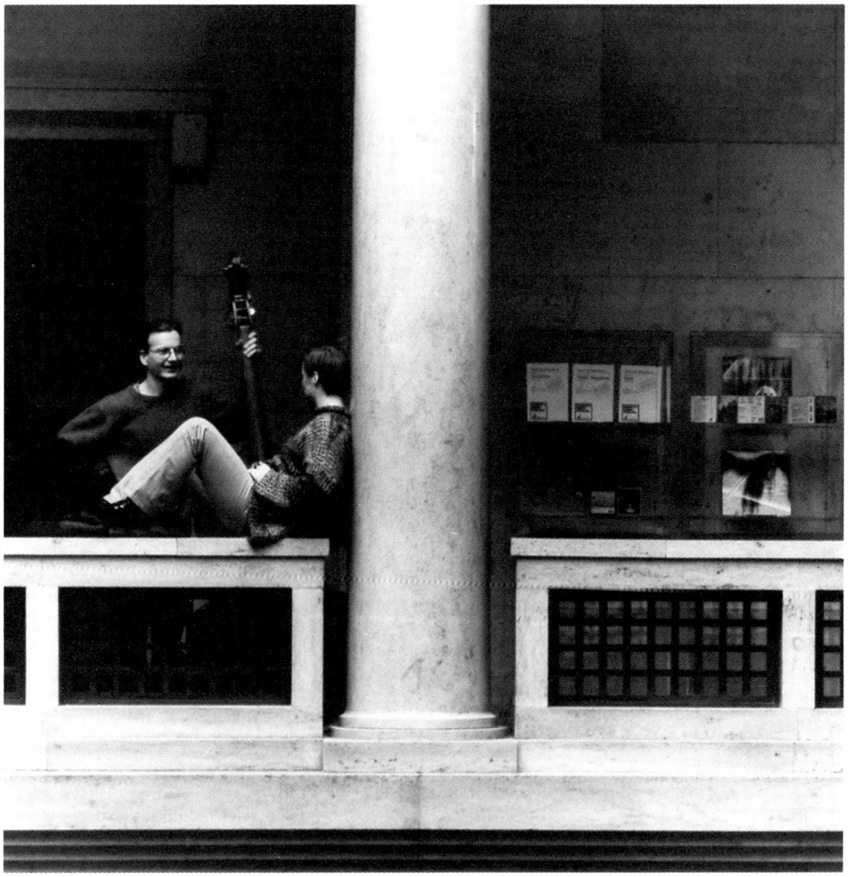

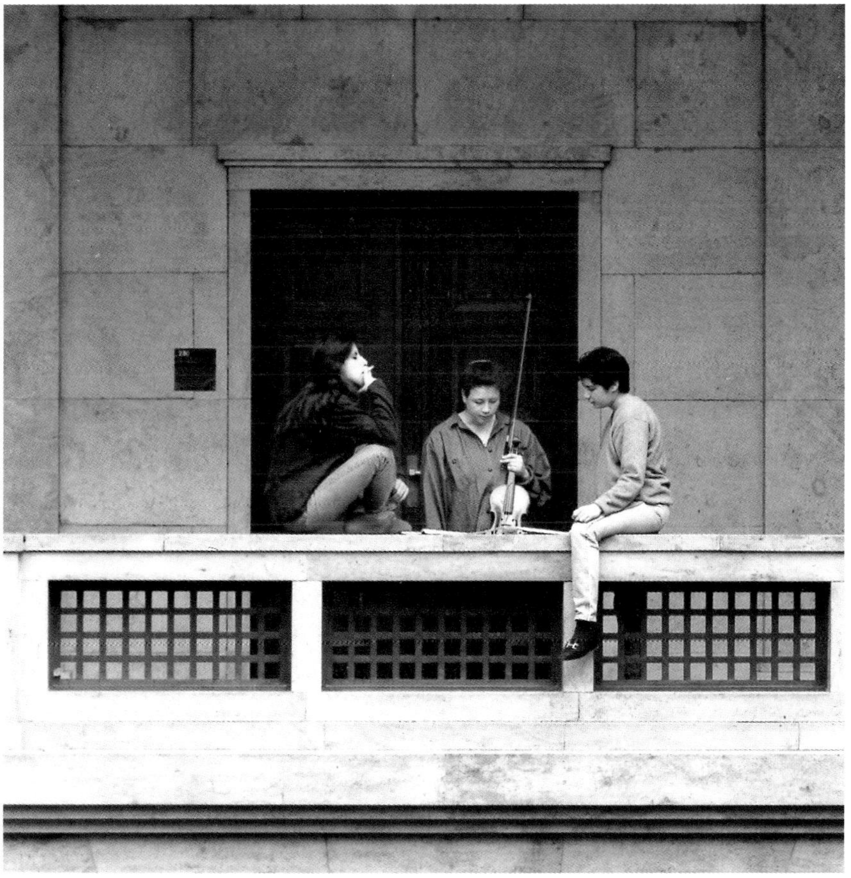

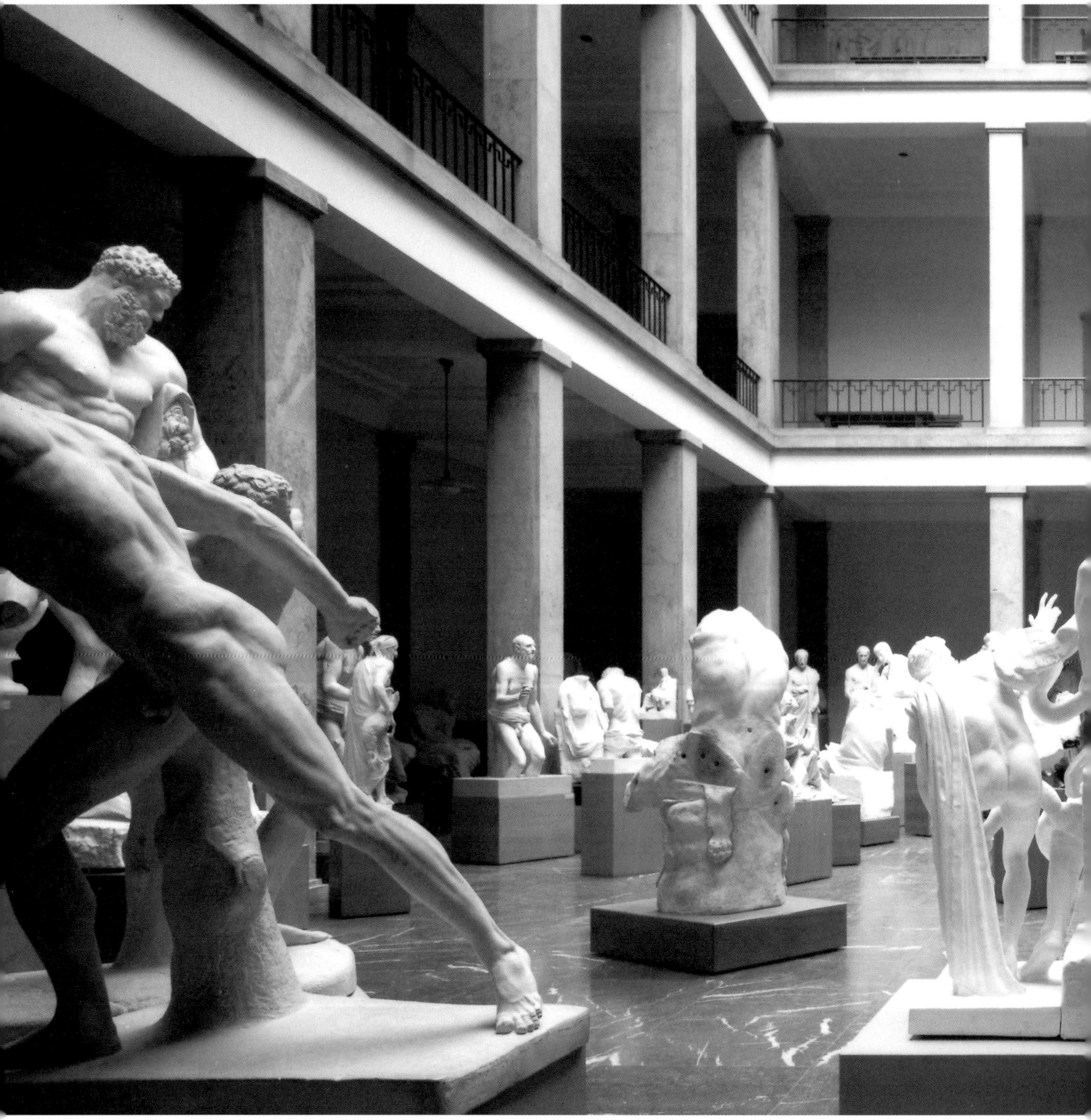

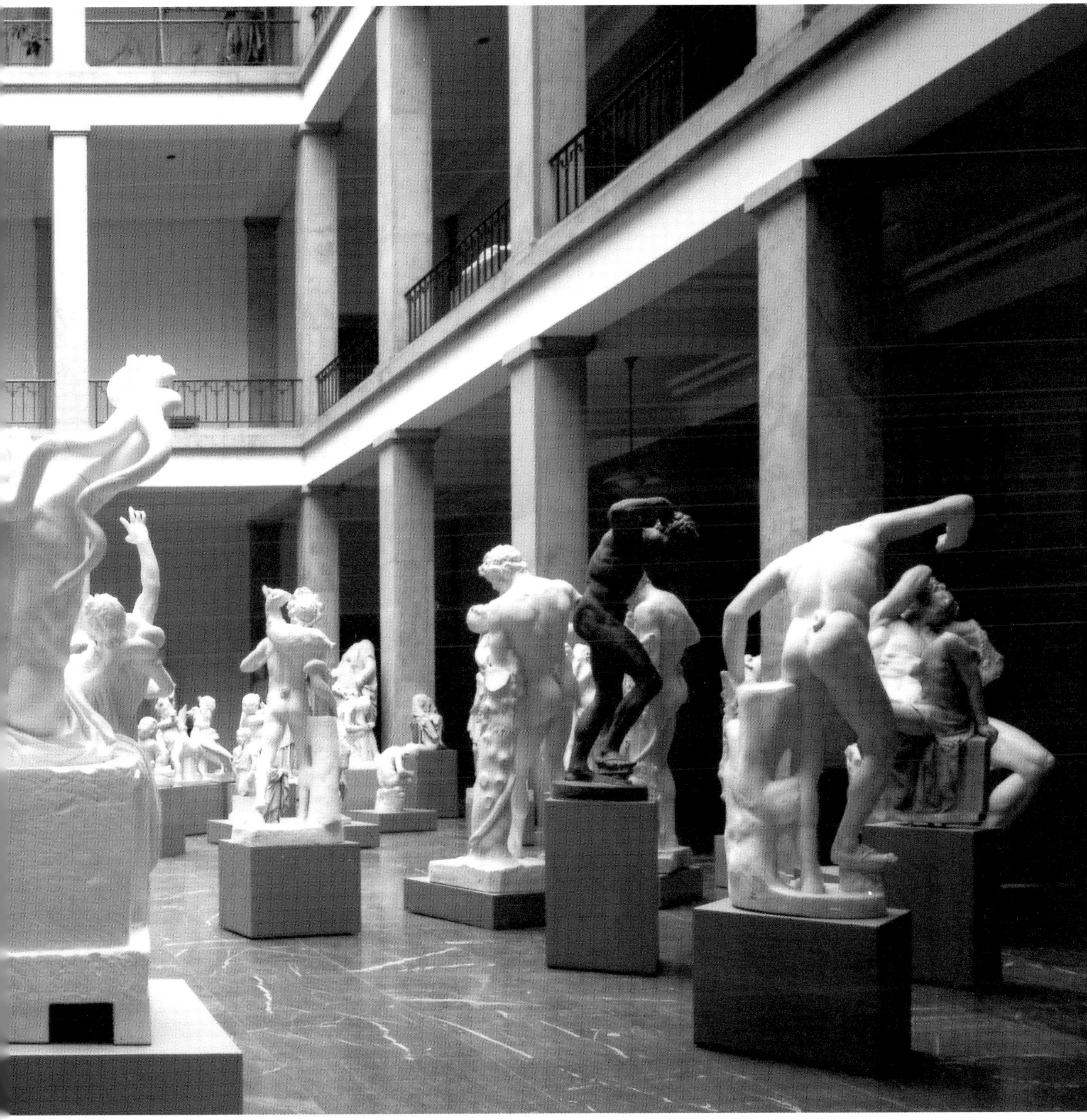

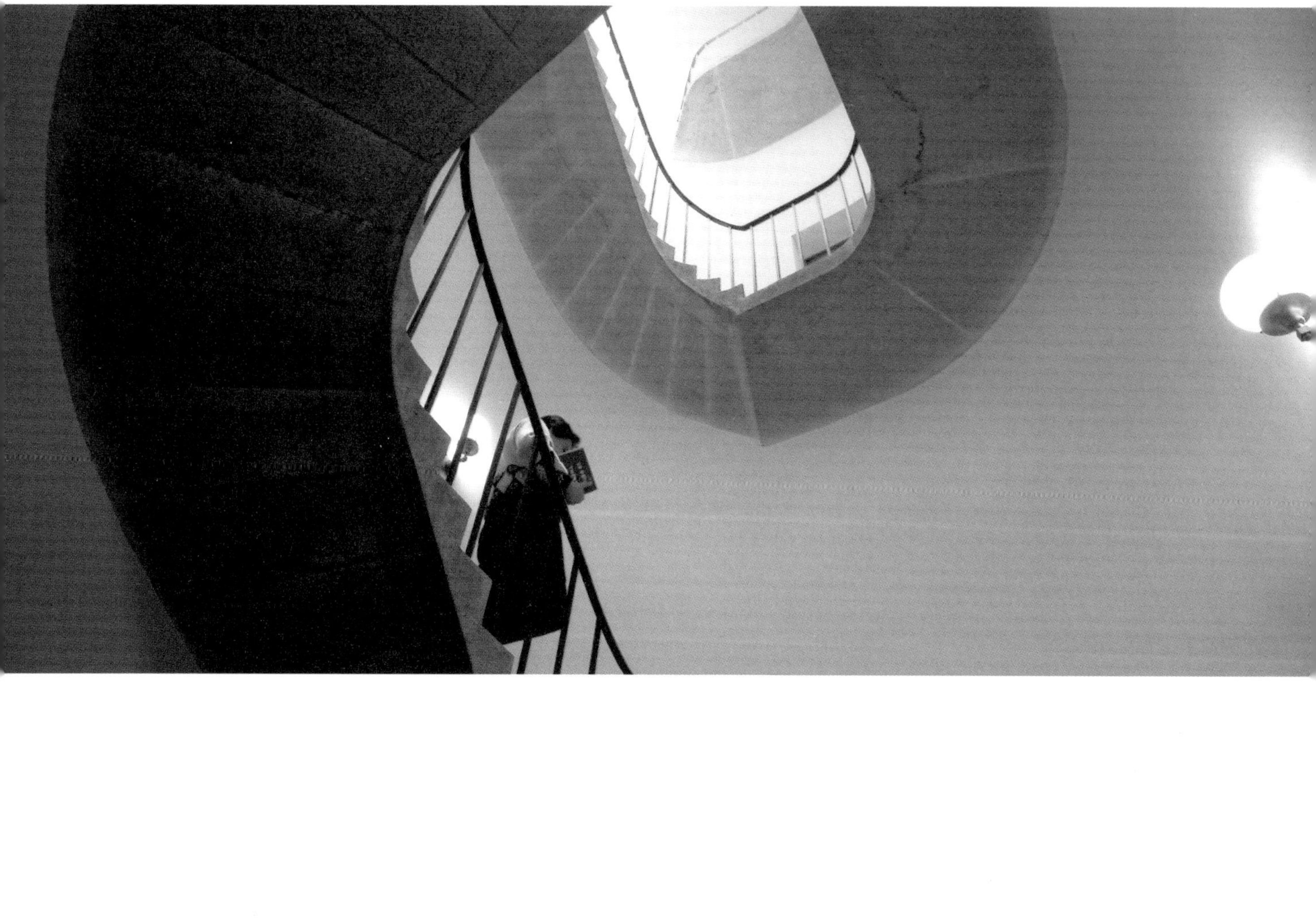

Florian Zimmermann

Pflege eines lästigen Erbes?
Zur Rolle der Denkmalpflege im Umgang mit den Bauten des Nationalsozialismus in München

Im Zusammenhang mit der notwendig gewordenen Sanierung des Hauses der Kunst und der Planung eines Museumsneubaus für die Staatsgalerie moderner Kunst in seiner Nachbarschaft wurde 1990 kurzzeitig öffentlich die Frage diskutiert, wie mit diesem Gründungsbau nationalsozialistischer Staatsarchitektur überhaupt umgegangen werden solle. Es meldeten sich daraufhin gleich mehrere prominente Abrißbefürworter zu Wort: Für den Münchner Ex-Kulturreferenten Jürgen Kolbe lag der Wert des Baus »deutlich unter Null«, der ›Stadtverschönerer‹ Stephan Braunfels plädierte ebenso wie der damalige Präsident der Bayerischen Architektenkammer, Ernst Maria Lang, für den Abbruch, und der zuständige Kultusminister – seinem Ministerium ist die Denkmalpflege nachgeordnet – hätte »auf dieses Gebäude liebend gern verzichten können«. Er wollte das Schicksal eines der wichtigsten Dokumente nationalsozialistischer Baugesinnung, ähnlich wie es auch der Architekturkritiker Gottfried Knapp in der Süddeutschen Zeitung gefordert hatte, dem Ergebnis eines Architekturwettbewerbs für den genannten Museumsneubau überlassen. Erhalt oder Abriß des Hauses der Kunst sollten dabei freigestellt sein und das Votum des Generalkonservators Michael Petzet, der »selbstverständlich gegen einen Abbruch war«, gegebenenfalls übergangen werden. Manfred Schreiber kommentierte in der Frankfurter Allgemeinen Zeitung: »Da geht der Minister entschieden weiter als sein Denkmalpfleger. Er dürfte es kaum mit ihm abgesprochen haben.« Allgemein auf den Umgang mit NS-Bauten bezogene Äußerungen von Kulturverantwortlichen,[1] wie die des Münchner Baureferenten Horst Haffner, der meinte »daß wir anfangen, die Zeit des Nationalsozialismus in unserem Bewußtsein zu komplizieren«, oder jene des Pressesprechers im Kultusministerium, Toni Schmidt, der feststellte, »wer die Nazis waren, das weiß ich, dazu brauche ich nicht ihre baulichen Hinterlassenschaften«, entlarven – und man weiß nicht, was bedenklicher stimmt – einen gänzlichen Mangel an Geschichtsbewußtsein oder eine Vergangenheitsbewältigung durch Geschichtsverdrängung auch bei jenen, denen geschichtliche Reflexion selbstverständlich sein sollte.

Was aus der zitierten Sicht als lästig oder unbequem empfunden wird und daher gerne entsorgt würde, ist für den eigentlichen Nutzer im täglichen Umgang eine ernste Herausforderung. Man weiß: »Wer jahrelang in einem der NS-Monumentalbauten arbeiten muß, unterliegt einer Dauerwirkung, wird von ihr beeinflußt. Selbst wenn dagegen Abwehr, Gewöhnung und Indifferenz aufgebaut werden, ist dies eine Anstrengung, die andere Gebäude so nicht aufnötigen«:[2] eine Anstrengung, die bewirkt, daß sich die für eine positive Befindlichkeit notwendige Identifikation mit dem Arbeits- oder Lebensort nicht einstellen kann. Ob Kirchengebäude der dreißiger und vierziger Jahre, die liturgisch-funktional weit hinter die bereits erreichten Positionen der Weimarer Zeit zurückgefallen waren und auch mit heutigen Vorstellungen nicht vereinbar sind, wie etwa die evangelische Dreieinigkeitskirche von Horst Wünscher in München-Bogenhausen, ob Privatbauten von Nazigrößen, wie die 1922/23 für einen jüdischen Industriellen erbaute und 1937 durch den Präsidenten der Reichspressekammer erworbene (enteignete?) und im Inneren mit bombastisch schwerem »Barock« umdekorierte Villa, ob Verwaltungsbauten oder Kasernen des Nationalsozialismus: Die Nutzung aller Gebäude jener Jahre erfordert durch die tägliche Konfrontation mit der NS-Zeit ein hohes Maß an Auseinandersetzung mit ihr. »Die architektonischen Zeugnisse des ›Dritten Reiches‹ sind«, wie Norbert Huse eindringlich formulierte, »unbe-

---

1 Die folgenden Zitate nach dem Protokoll der Sendung von Cornelia Zetsche: »Worte aus Stein« – Von Nazibauten und anderen architektonischen Altlasten in der ehemaligen »Hauptstadt der Bewegung«, Bayerischer Rundfunk, 14. Juli 1991.

2 Mittig, Hans-Ernst: NS-Architektur für uns. In: Durth/Nerdinger 1993, S.128.

queme Denkmale, und häßlich sind sie in der Regel ohnehin – ein Erbe, das niemand haben will und das doch nicht ausgeschlagen und nicht beschönigt werden darf. Die Versuchung, sich zum Beispiel aus übergeordneten Gründen der Stadtqualität solcher Erbstücke zu entledigen (Königsplatz München) ist groß, und doch muß ihr widerstanden werden«.[3]

Eine wichtige, wenn auch letztlich nicht die entscheidende Instanz für den Umgang mit den baulichen Dokumenten des Nationalsozialismus ist die institutionalisierte Denkmalpflege. Daß ihre Position unter den beschriebenen gesellschaftlichen Rahmenbedingungen nicht eben eine einfache ist, kann man sich unschwer vorstellen; dennoch ist nach dem Beitrag der staatlichen Fachbehörde zu fragen, den sie zum Widerstand gegen Verdrängung und Entsorgung entweder geleistet oder versäumt hat. Mehrere Punkte sind dafür von Bedeutung: Welche Einzelgebäude oder Ensembles wurden durch die Inventarisatoren des Landesamts für Denkmalpflege aus Gründen ihrer geschichtlichen, künstlerischen, städtebaulichen, wissenschaftlichen oder volkskundlichen Bedeutung für die Allgemeinheit überhaupt als Denkmale festgesetzt? In welcher Art und Weise versuchte die praktische Baudenkmalpflege der Denkmaleigenschaft von Bauten des »Dritten Reiches« gerecht zu werden? Wie weit schließlich konnten die Vorstellungen der Denkmalpflege gegenüber anderen privaten und öffentlichen Belangen durchgesetzt werden? Zu betonen ist hier, daß zwar die Bewertung und Festlegung von Baudenkmalen ausschließlich bei der Fachbehörde liegt, daß aber im Baugenehmigungsverfahren die Baudenkmalpflege lediglich einen Fachbelang vertritt, über den sich die Baugenehmigungsbehörde in Abwägung der unterschiedlichen Belange gegebenenfalls hinwegsetzen kann.

Das Bayerische Denkmalschutzgesetz wurde 1973 verabschiedet und mit ihm der Auftrag, ein nachrichtliches Verzeichnis jener Gebäude anzulegen, bei denen die Denkmaleigenschaft nachgewiesen oder vermutet wird. Der Entwurf dieser Denkmalliste entstand 1972/73,[4] also etwa zeitgleich mit den ersten Versuchen einer wirklich kritischen Auseinandersetzung mit Kunst und Architektur des NS-Staates.[5]

Immerhin wurde bereits im Listenentwurf ein Großteil der wichtigen Bauten des Nationalsozialismus als Baudenkmal eingestuft. Die erste offizielle Denkmalliste für München, 1985 gedruckt, sowie die dritte erweiterte und verbesserte Auflage von 1991 machen durch eine Reihe von Nachträgen die Unsicherheiten zu Beginn der Inventarisationsarbeit dem Thema gegenüber spürbar, haben jedoch die anfänglichen, vor dem Hintergrund damals noch unzureichender historischer und kunstwissenschaftlicher Untersuchungen begreiflichen Defizite noch längst nicht aufgeholt.[6]

Zwar sind wichtige Bauten, wie das ehemalige Reichsbahnausbesserungswerk in München-Freimann oder einzelne Kasernen und Verwaltungsbauten mittlerweile in die Denkmalliste nachgetragen, mit der Aufnahme etwa der Münchner Luftschutzbunker in das Verzeichnis der Baudenkmäler wurde aber erst 1992 sehr zögerlich begonnen. Der Nachtrag der Sockel der ehemaligen »Ehrentempel« am Königsplatz, die darüber hinaus auch Denkmale für den Umgang mit den Architekturrelikten des »Dritten Reiches« in der jüngeren Geschichte sind, unterblieb bisher ebenso wie jener der Flughafenbauten in München-Riem. Die Denkmaleigenschaft der 1937/39 nach Plänen Ernst Sagebiels errichteten Anlage – immerhin neben Berlin-Tempelhof und Stuttgart-Degerloch der dritte Großflughafen des »Dritten Reiches« – wurde erst auf Antrag der Landeshauptstadt München in Zusammenhang mit der Umwidmung des Areals für Messe- und Wohnzwecke 1990 überprüft.[7] Der Generalkonservator ließ den im Landesamt ausgearbeiteten Listentext dem gar nicht zuständigen Landesdenkmalrat zur Beurteilung zuleiten, der ihn seinerseits an den Regionalausschuß weiterverwies. So konnte die notwendige rasche Entscheidung nicht zustande kommen, und die Wettbewerbe »Messe-Riem« wurden von der Landeshauptstadt ohne denkmalpflegerisches Votum ausgeschrieben.

Auch bei den in der Denkmalliste verzeichneten Bauten des Nationalsozialismus macht zumindest die Art des Eintrags, der trotz aller Knappheit eben doch auch

3 Huse, Norbert: Bauten des »Dritten Reiches«. In: Verloren, gefährdet, geschützt – Baudenkmale in Berlin: Hg. Norbert Huse: Ausstellungskatalog Berlin 1988, S. 137.

4 Entwurf der Denkmalliste nach Art. 2 Denkmalschutzgesetz, Teil A: Baudenkmäler, Landeshauptstadt München, München o. J. [1973].

5 Vgl. Hinz, Berthold: 1933/45: Ein Kapitel kunstgeschichtlicher Forschung seit 1945. In: Kritische Berichte 14.1986.4, S. 18 – 33; Schäche, Wolfgang: Forschungsstand. In: Ders.: Architektur und Städtebau in Berlin zwischen 1933 und 1945. Berlin 1991, S. 24 – 42

6 Denkmäler in Bayern, Band I.1, Landeshauptstadt München: bearbeitet von Heinrich Habel und Helga Himen unter Mitarbeit von Hans-Wolfgang Lübbeke und Margaret Thomas Will. München (¹1984) ³1991 [verbesserte und erweiterte Auflage].

7 Vgl. auch im folgenden: Planungsreferat der Landeshauptstadt München, Untere Denkmalschutzbehörde, Akte Flughafen Riem.

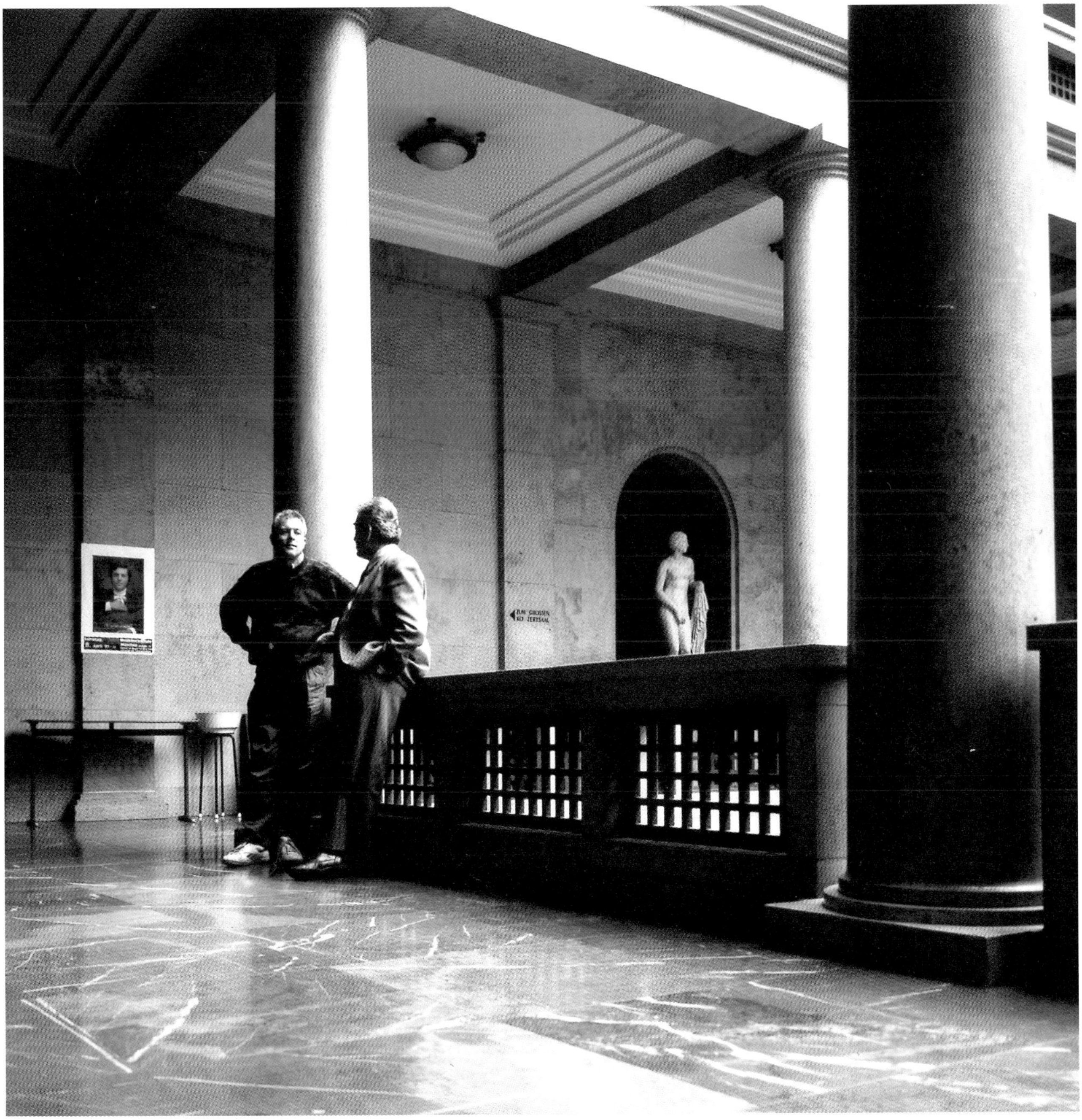
ZUM GROSSEN
KO ZERTSAAL

eine Bewertung darstellt, die Unsicherheit im Umgang mit jener Zeit deutlich. Die »unschuldige Charakterisierung«, die Michael Brix am Listentext zu Gablonskys Landesministerium in der Ludwigstraße von 1938/39 kritisiert hat,[8] fand insbesondere auch für die Staatsbauten des »Dritten Reiches« am Königsplatz Anwendung. Zwar wurde die Formulierung »Haus der Kulturinstitute [...] modernklassizistisch« für Troosts Verwaltungsbau der NSDAP, Meiserstraße 10, aus dem Entwurf der Denkmalliste[9] in »Ehem. NS-Verwaltungsbau, jetzt Haus der Kulturinstitute, repräsentativer neuklassizistischer Bau« korrigiert,[10] doch wird auch diese Formulierung der Vereinnahmung Münchens durch den Nationalsozialismus, für die der sogenannte »Führerbau«, Arcisstraße 12, und sein Pendant, Meiserstraße 10, auch stehen, natürlich nicht gerecht.

So bezeichnend für den unzulänglichen Denkmalbegriff die »unschuldige Charakterisierung« der NS-Bauten auch sein mag, die Stellungnahmen der bei Instandsetzungen, Umbauten oder Abbruchanträgen zuständigen praktischen Baudenkmalpflege sind durch den Listentext nicht präjudiziert. Als höchst brisant jedoch erweisen sich jene ungleich ausführlicheren ahistorischen Charakterisierungen von Ensemblebereichen, die die absichtsvollen Eingriffe des »Dritten Reiches« lediglich als Beeinträchtigungen oder Störungen begreifen. Die Wiederherstellung des vorherigen Zustands und der »eigentlich« bedeutenden Ordnung erscheint von diesem Standpunkt aus gewissermaßen geboten.

Ein Beispiel für diese Problematik ist die Bewertung des Forums vor dem Bayerischen Nationalmuseum im Ensemble Prinzregentenstraße. Die Texte des Listenentwurfs und der Denkmalliste für die dem Nationalsozialismus zugehörigen Einzelbaudenkmäler dieses Abschnitts der großen Monumentalstraße des ausgehenden 19. Jahrhunderts liegen in ihrer harmlosen »Neutralität« auf der gleichen Ebene wie die Einträge für die oben erwähnten Bauten am Königsplatz. Sowohl der Neubau des Luftgaukommandos auf der Südseite des Forums durch German Bestelmeyer 1937/38 als auch dessen Umbauten am Bayerischen Nationalmuseum hatten im Zusammenwirken mit anderen (städte-)baulichen Maßnahmen eine völlig neue Situation geschaffen. Durch präzise Bezugnahmen zwischen beiden Hauptbaukörpern sowie durch markierende Elemente hatte Bestelmeyer anstelle der längsgerichteten romantischen Forumsanlage kaum merklich einen »steinernen« Platz aus dem Straßenzug ausgegrenzt, der den nationalsozialistischen Inszenierungen zu Staatsempfängen oder zu den Festzügen zum »Tag der deutschen Kunst« dienen konnte. Auf den zweiten Blick aber zeigt sich in der scharfen Reduktion historisierender Formen mit entsprechender Ikonographie – z. B. Stahlhelme als »Schmuck« der hart geschnittenen Sprenggiebel des Kopfbaus – dann doch ganz unzweifelhaft die bewußte Vereinnahmung der historischen Anlage für die Ziele des Nationalsozialismus.

Der Listentext bewertet dieses architektonische Lehrstück in Negation seines geschichtlichen Gehalts lediglich als eine qualitative Minderung des Ensembles Prinzregentenstraße: »mit dem Umbau ist das Forum auf eine Platzerweiterung reduziert und letztlich Verkehrsader geworden«.[11] So kann es kaum verwundern, daß der Eintrag dem Wunsch nach Korrektur und »Wiedergutmachung« Vorschub leistete, wie ihn das unmittelbar betroffene Nationalmuseum und die Stadtgestalter vortrugen. Eine entsprechende Planung zur Reromantisierung der Platzebene durch Gartenanlagen im Sinne Gabriel von Seidls, die das Forum publikumsfreundlicher gestalten sollte, wurde 1990 von der praktischen Baudenkmalpflege jedoch abgelehnt, und zwar gegen die Voten des Bayerischen Nationalmuseums, des Baureferats, der Unteren Denkmalschutzbehörde und des Heimatpflegers. Ob das Fazit des Baureferenten: »keine Mehrheiten für die Position der Denkmalpflege«, welche die geschichtliche Relevanz der unter den Nationalsozialisten entstandenen städtebaulichen Lösung hervorhob, Folgen haben wird, ist noch ungewiß, da momentan das Geld zum Umbau fehlt. Die Zeit könnte zur Korrektur des ahistorischen Stadtverschönerungsplanes genutzt werden.

Bei der gravierendsten und zugleich aussagekräftigsten Vereinnahmung durch die Nationalsozialisten, dem von Paul Ludwig Troost und seinem Atelier zur zentralen NS-Kultstätte umgebauten Königsplatz, sind die entsprechenden Konsequenzen

8 Brix 1983, S. 179.

9 Entwurf 1973 (wie Anm. 4), S. 286.

10 Denkmäler 1985 (wie Anm. 6), S. 263.

11 Ebenda, S. 144.

aus den Formulierungen des Entwurfs der Denkmalliste aus den frühen siebziger Jahren bereits gezogen. Darin waren die Parteibauten – »Führerbau« und »Verwaltungsbau der NSDAP« – zwar als Baudenkmale aufgeführt und ihre Zugehörigkeit zum Ensemble Königsplatz/Karolinenplatz erwähnt, gleichzeitig aber war dem Königsplatz ein unzulängliches Erscheinungsbild bescheinigt worden: Eine der »bedeutendsten Schöpfungen klassizistischer Stadtbaukunst« sei »durch verändernde Eingriffe des ›Dritten Reiches‹ und seine derzeitige Verwendung als Parkplatz beeinträchtigt«.[12]

In einem ausführlichen Gutachten des Landesamts vom August 1974 wird die denkmalpflegerische Zielsetzung im Umgang mit dem Platz formuliert: »Eine Revision der verfälschenden Maßnahmen von 1934 ist ein dringendes Postulat der Denkmalpflege«.[13] In einem weiteren Gutachten wird 1977 zwar erstmals eine von Historikern und Kunstwissenschaftlern vertretene Auffassung angesprochen, nach der der Platz auch in seiner damaligen Gestalt »in der Tat ein Geschichtsdenkmal« sei.[14] Doch fanden diese Überlegungen in den unverändert wiederholten Forderungen des Landesamtes nach Revision des Platzes keine Berücksichtigung. Erneut dargelegt wurde seine Haltung in einem Aufsatz, der sich in Fortführung der angesprochenen Gutachten ausführlichst mit dem »Königsplatz in München als Forum des Philhellenismus«[15] beschäftigte und vor diesem Hintergrund die Rekonstruktionsvarianten der Obersten Baubehörde und des Landbauamtes beurteilte: Die Frage nach dem Denkmalwert der »gewaltsamen Verfremdung durch den Nationalsozialismus« wurde darin gar nicht gestellt, die »verschiedentlich geforderte Erhaltung des Platzes als ›Denkmal des Faschismus‹ wegen des nur noch fragmentarischen Bestandes der aus dieser Zeit stammenden Gestaltungselemente« für »gar nicht realisierbar«[16] gehalten. Obwohl die beiden »Ehrentempel« an der Ostseite des Platzes gesprengt und an der Arcis- und Meiserstraße ein Grünstreifen angelegt worden war, obwohl die zweiarmigen Standleuchten fehlten und der den ganzen Platz dominierende Granitplattenbelag Schaden genommen hatte, war bis 1987, als der ludovizianische Platz »rekonstruiert« wurde, dennoch ein Dokumentwert von hoher Anschaulichkeit und physischer Erlebbarkeit gegeben. Eine sich daraus herleitende Korrektur der aus den frühen siebziger Jahren stammenden Festlegung für einen »Rückbau« à la Klenze erschien jedoch weder gewünscht noch möglich, da die Auffassung vorherrschte, der Zustand des »im Blickpunkt weltweiter Aufmerksamkeit stehenden Ensembles [sei] schlechthin unwürdig und nicht länger mehr erträglich«.[17] Stattdessen wurde, nach langen öffentlichen Auseinandersetzungen, in denen allerdings der Denkmalwert des nationalsozialistischen Bestandes so gut wie nicht zur Sprache kam, das NS-Parteiforum in einer modernen Verkehrszwängen folgenden Pseudorekonstruktion aufgehoben. Kontroverse Diskussionen, die es offenbar intern unter den Denkmalpflegern des Landesamtes gegeben hat, konnten keinen korrigierenden Einfluß auf die offiziellen Stellungnahmen gewinnen.

»Mit der 1987 begonnenen und im Sommer 1989 abgeschlossenen Neugestaltung des Königsplatzes nach historischen Motiven aus der Zeit des Klassizismus scheinen auf jeden Fall wichtige Vorentscheidungen für eine städtebaulich-gestalterische Überarbeitung des Bereiches zwischen Königsplatz und Karolinenplatz gefallen zu sein.«[18] Im Hinblick auf die mitverantwortete Eliminierung eines erstrangigen Dokuments des Nationalsozialismus überrascht dann die endlich historisch argumentierende denkmalpflegerische Würdigung der NS-Relikte östlich des Königsplatzes, die im Vorfeld eines Bebauungswettbewerbs 1988 formuliert wurde. Dort wird unmißverständlich festgestellt, daß »Verwaltungsbau« und »Führerbau« »einschließlich der Sockel der ›Ehrentempel‹ als Dokument und Zeitzeugnis der jüngeren Geschichte, auch als städtebaulich beachtliche Lösung und somit als erhaltenswürdige Baudenkmäler gem. Art. 1 Abs. 2 DSCHG zu betrachten« sind. Dem Gutachten gelingt dann aber ein eindrucksvoller Salto mortale: »Gegen den Abbruch der Sockel der ehemaligen Ehrentempel bestehen aus denkmalpflegerischer Sicht grundsätzlich Bedenken. Gesetzt den Fall, daß der Abbruch der Sockel der Ehrentempel aus denkmalpflegerischer Sicht trotz ihrer geschichtlichen Aussage hinnehmbar erscheinen würde, wäre eine Neubebauung

12 Entwurf 1973 (wie Anm. 4), S. 2, 32, 286.

13 Bayerisches Landesamt für Denkmalpflege (BLfD), Akte München, Neugestaltung des Königsplatzes, 1947–1990: Gutachten des Landesamtes vom 29.8.1974.

14 Ebenda: Gutachten des Landesamtes vom 24.11.1977.

15 Habel, Heinrich: Der Königsplatz in München als Forum des Philhellenismus. In: Jahrbuch der Bayerischen Denkmalpflege 33.1979 [erschienen 1981], S. 175–198.

16 Ebenda, S. 194.

17 Ebenda.

18 BLfD, Akte München, Brienner Straße/Arcisstraße/Meiserstraße: Gutachten des Landesamts vom 9.8.1988, dort auch die folgenden Zitate.

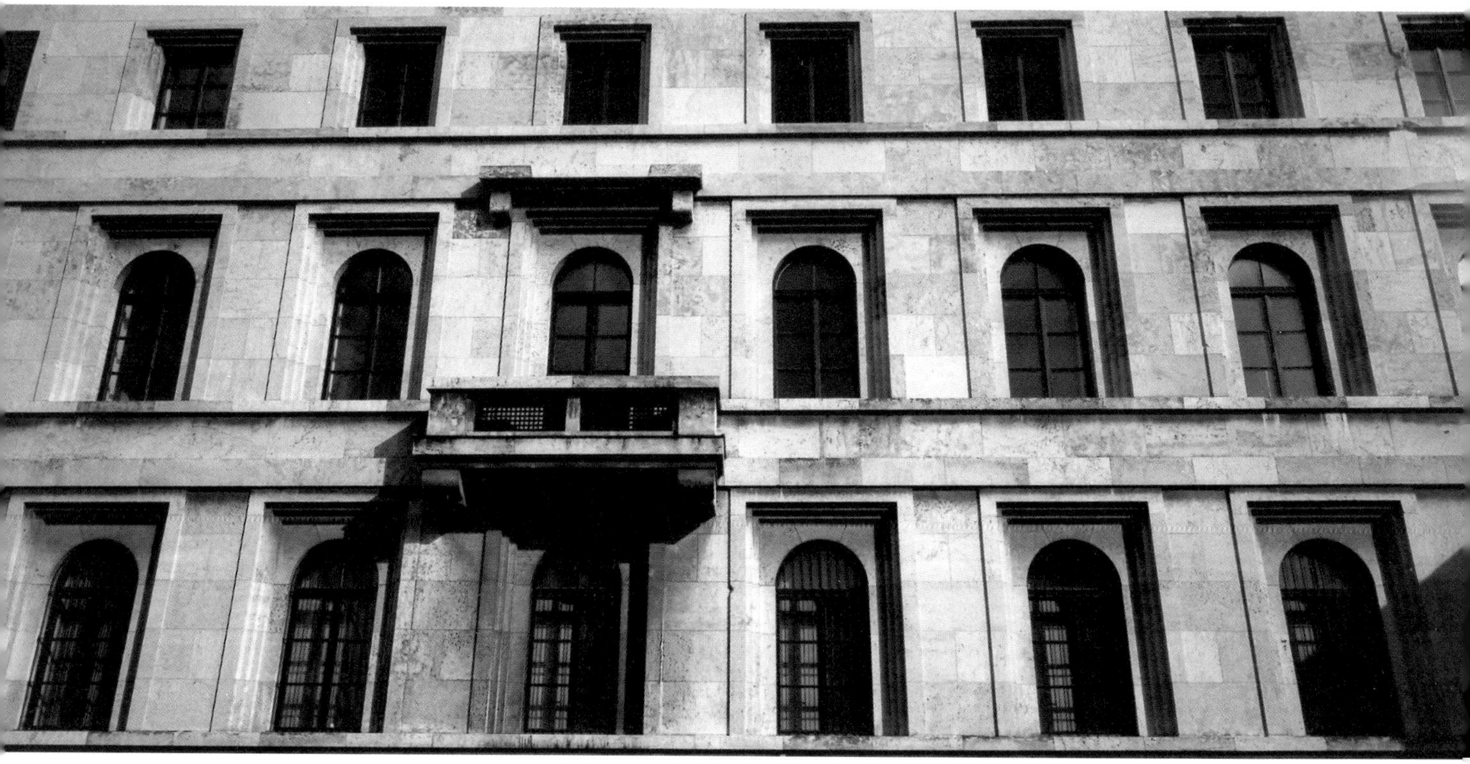

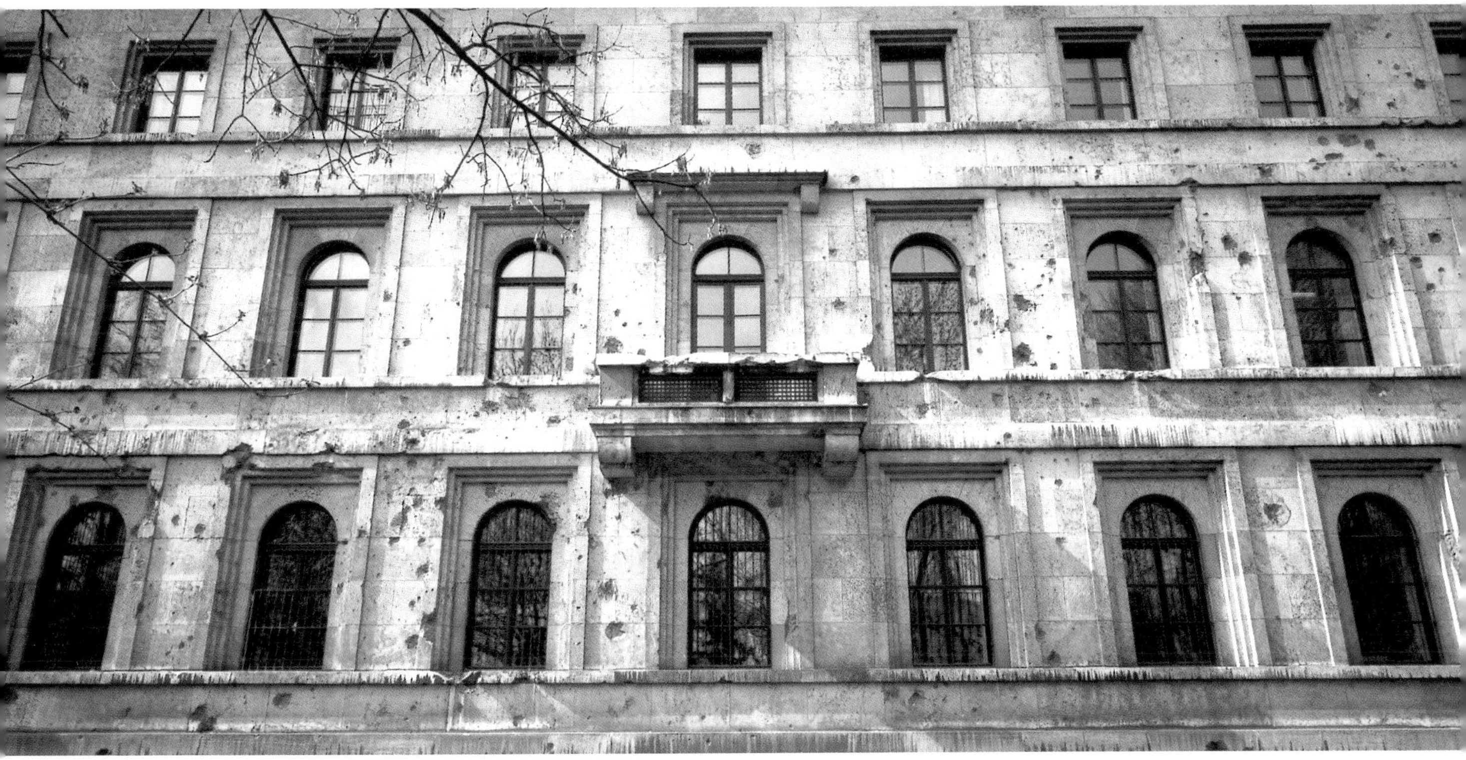

dieses Bereiches aufgrund der gegebenen baulich-historischen Situation allenfalls ähnlich im Maßstab und in einer den früheren Ehrentempeln vergleichbaren Transparenz denkbar.«

Daß der Umgang des Landesamtes mit Königsplatz und »Ehrentempeln« nicht von Kritik verschont bleiben konnte,[19] versteht sich von selbst. Daß wiederum von gleicher Seite das Bemühen um den konsequenten Erhalt selbst aller Details am »Verwaltungsbau der NSDAP« als Übereifer der Denkmalpfleger disqualifiziert wurde, unterläuft nicht nur den eigentlichen Kern ernstzunehmender Kritik, sondern ist auch für die Sache selbst wenig hilfreich; denn letztlich vermittelt sich der Denkmalwert am überzeugendsten im unauflöslichen Wirkungsgeflecht der gesamten Bau- und Ausstattungssubstanz. Daß in Hinblick auf nachgeordnete Nutzungen der Erhalt zugehöriger Details und der beweglichen Ausstattung trotz stichhaltiger Begründung nicht immer durchsetzbar ist, steht außer Frage. Ebenso deutlich zeigt sich aber auch die Tatsache, daß Möglichkeit und Notwendigkeit des Erhalts in der Regel so wenig im Bewußtsein des jeweiligen Bauherrn oder Nutzers verankert sind, daß gerade in diesen Bereichen der Substanzverlust ungewöhnlich hoch und der Denkmalwert damit wesentlich reduziert ist. So ist es im Falle des ehemaligen »Verwaltungsbaus der NSDAP«, Meiserstraße 10, letztlich nur einem zufälligen Besuch des obersten Denkmalpflegers im Jahr 1986 zu verdanken, daß große Teile sowohl der beweglichen wie der ortsfesten Ausstattung erhalten geblieben sind.[20] Ohne denkmalrechtliche Erlaubnis oder Zustimmung hatte nämlich das zuständige Landbauamt in Verkennung der Denkmalsituation bereits Umbaumaßnahmen begonnen, in deren Zuge wesentliche Bereiche der Ausstattung schon vernichtet worden waren. Verlorengegangen war eine große Zahl ortsfest eingepaßter Regale der NSDAP-Registratur, zahlreiche Türen und ein nicht mehr bestimmbares Konvolut an Möbeln und Beleuchtungskörpern. Gefährdet erschienen Struktur, Dekoration und Einrichtung einzelner Räume (z.B. Photothek und Bibliothekssaal) sowie die noch vorhandenen Möbel. Das zeitweise Einstellen der Bauarbeiten, ein sofort in Auftrag gegebenes und im Februar-April 1987 aufgenommenes Inventar,[21] eine umfangreiche denkmalpflegerische Würdigung sowie eine auf die Forderungen der Denkmalpflege abgestimmte Umplanung haben weitere Zerstörungen verhindert und letztlich doch noch den Erhalt eines Schlüsseldokuments nationalsozialistischer Staatsarchitektur bis in die Details ermöglicht.

Auch bei der (Teil-)Sanierung des Hauses der Kunst, 1990–94 geplant und durchgeführt, kam es zunächst zum Behördenstreit, da das Landbauamt die Denkmalpflege in Hinblick auf Entscheidungen lediglich »auf dem laufenden halten« wollte, das Landesamt als Fachbehörde aber selbstverständlich die Einbindung in die Entscheidungsprozesse forderte.[22] Die Instandsetzung war auch aus denkmalpflegerischer Sicht insofern außerordentlich kompliziert, als die Nutzbarmachung des Hauses für Ausstellungszwecke, die internationalem Niveau genügen sollten, in den Bereichen Lüftungs- und Klimatechnik, Lichttechnik, Sicherheitstechnik, Brandschutz und Behindertengerechtigkeit ein Höchstmaß an Ansprüchen an das Gebäude stellte. Eine sorgfältige Planungs- und Baudurchführung, die auf die Forderungen des Landesamtes nach Erhalt der Bau- und Ausstattungssubstanz einging, hat die aus den Nutzeranforderungen resultierenden unausweichlichen Verluste minimiert und so einen Gründungsbau des »Dritten Reiches« auf den ideologisch relevanten Ebenen der Organisation, Technik und Ästhetik anschaulich bewahrt. Zwar mußten aus klima- und sicherheitstechnischen Gründen die historischen Staubdecken der meisten Oberlichtsäle gänzlich und mit leicht veränderter ästhetischer Wirkung erneuert werden, jedoch konnte die »Ehrenhalle« aus dem Grundkonzept der Klimatisierung ausgesondert werden, so daß die originale Oberlichtkonstruktion mit dem umlaufenden Mäanderfries – ursprünglich ein Hakenkreuzfries – und seinen Sägespuren auch als Dokument der »Vergangenheitsbewältigung« der Nachkriegszeit bewahrt werden konnte. Auch wurden nach längerer Diskussion die vom vorbeugenden Brandschutz geforderten Brandabschnitte so gelegt, daß die provisorisch geschlossenen Emporen der »Ehrenhalle« wieder geöffnet werden können. Im Hinblick auf die vom neuen Aus-

19 Vgl. Nerdinger, Winfried: Umgang mit den Spuren der NS-Vergangenheit – Indizien zu einer Geschichte der Verdrängung und zum Ende der Trauerarbeit. In: Durth/Nerdinger 1993, S. 122.

20 BLfD, Akte München, Meiserstraße 10: Vormerkung des Generalkonservators zu einem zufälligen Besuch des Gebäudes vom 7.1.1986; dort auch die weiteren Informationen.

21 Vgl. Inventar 1987.

22 Vgl. BLfD, Akte München, Prinzregentenstraße 1, Haus der Kunst; dort auch die folgenden Informationen.

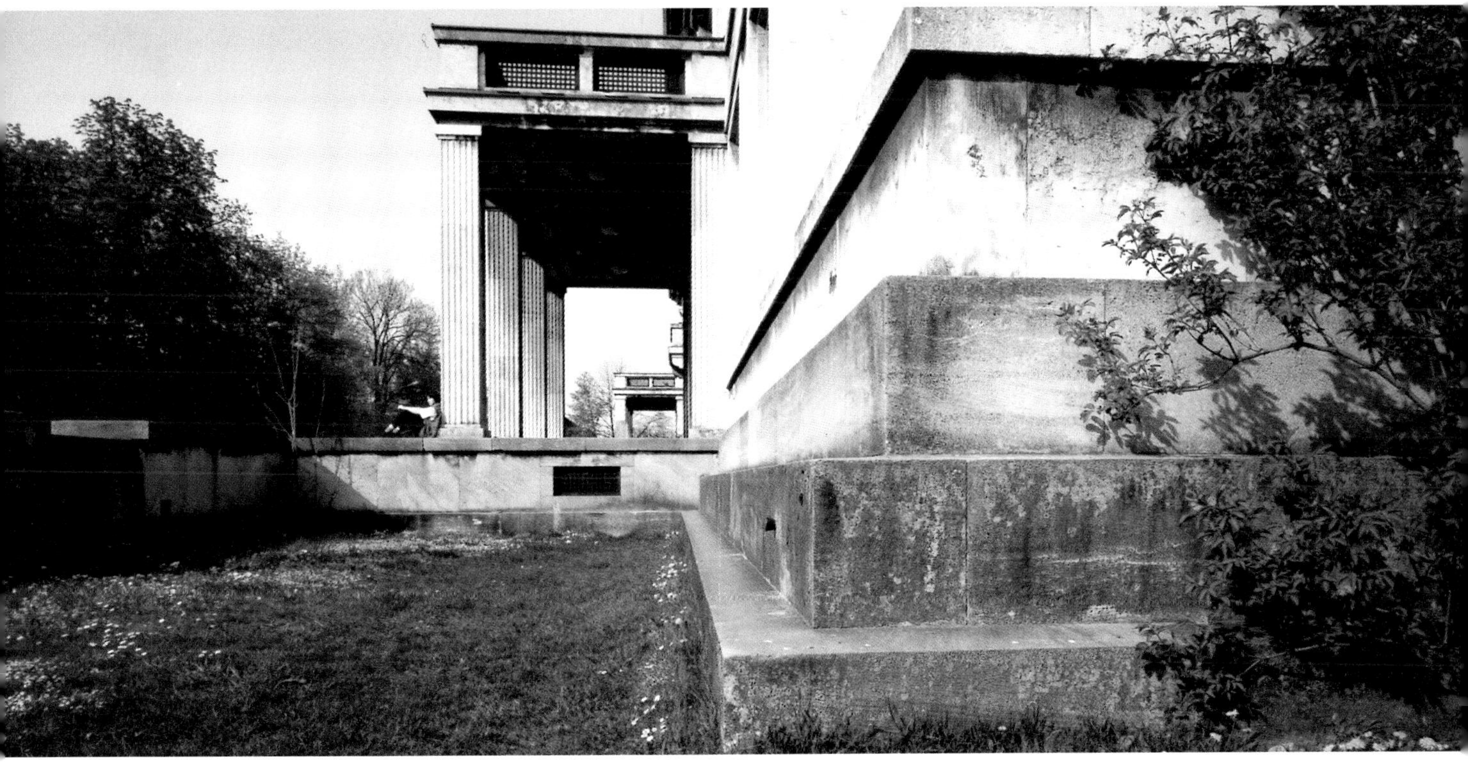

stellungsleiter für die »Ehrenhalle« vorgesehene Dokumentation zur Kunst und Architektur im NS-Staat ist dies insofern von Bedeutung, als der ursprüngliche Ort nationalsozialistischer (Kunst-)Repräsentation – nun als Ort der Aufklärung – bei jedem Ausstellungsbesuch durchschritten oder berührt werden muß.

Die Querschnitte der Klimaanlage ließen sich auf den Bestand der historischen Belüftungs- und Heizungsanlage beschränken, so daß Eingriffe und Veränderungen der Substanz unterblieben. Die haustechnische Einrichtung wurde bei Umfahrung der für den hohen Standard der Originalausstattung charakteristischen Sicherungs- oder Verteileranlagen (etwa der Heizzentrale oder Elektroschaltkästen) erneuert.

Auch der Erhalt der beiden ausfahrbaren Teleskopsendemasten, die von hier aus die Direktübertragungen mittels des für den NS-Staat so wichtigen Massenkommunikationsmittels Radio ermöglichten und den hohen Stellenwert des »Hauses der Deutschen Kunst« im Propagandaapparat belegen, wurde ebenso selbstverständlich gefordert und in diesem Fall auch erreicht wie die Bewahrung fast aller Details der ortsfesten und beweglichen Ausstattung. Ausstellungstechnisch heute unverzichtbare Einrichtungen wie etwa die neue Beleuchtungsanlage, die Hängeschienen oder Vorsatzwände sollten ausdrücklich nicht dem gestalterischen Duktus des Gebäudes angepaßt werden, sondern als Zutat unserer Zeit erkennbar sein – vergleichbar dem Gestaltungskonzept der neuen Einbauten im Zentralinstitut für Kunstgeschichte im ehemaligen »Verwaltungsbau der NSDAP«.

Die denkmalpflegerisch begründete Forderung nach Erhalt authentisch überlieferter Situationen kann jedoch, im Gegensatz zu den bisher genannten Beispielen, auch jegliche Nutzung ausschließen. So wurde jüngst die gewünschte Umnutzung von Kellerräumen im sogenannten »Führerbau« als Proberäume für Musikstudierende von der Denkmalpflege abgelehnt,[23] da die damit verbundenen infrastrukturellen Maßnahmen (Be- und Entlüftung, Heizung, Schallisolierung) notwendigerweise zum Verlust der hochrangigen Bedeutung der Räume als Geschichtszeugnis führen würden. Diese Vorratsräume für die Bewirtung der Gäste im »Führerbau« mit ihrer technischen Ausstattung stellen nämlich in historischer Hinsicht ein erstrangiges Zeugnis für die vermeintliche Perfektion des nationalsozialistischen Regimes dar, die überdies, wie die zugehörigen Rohrkanäle und der Verbindungsgang auch, in quasi unverändertem, fast wie abrupt verlassenem Zustand überliefert sind. Die Nutzungsdiskussion findet derzeit auf der Ebene Musikhochschule – Landbauamt – Landesamt für Denkmalpflege statt. Sollte hier keine Einigung zu Gunsten der denkmalpflegerischen Belange erreichbar sein, so ist es geboten, Öffentlichkeit herzustellen, um die nachgeordneten Fachbehörden und Dienststellen von ihrer zwangsläufig eingeengten Entscheidung über letztlich gesellschaftspolitische Fragen zu entlasten. In diesen öffentlichen Zusammenhang gehört sicherlich auch die Reflexion darüber, in welcher Form den von den Denkmalpflegern geschützten baulichen Zeugnissen des NS-Staates die zu Recht geforderte demokratisch-aufklärende Funktion zugewiesen werden kann, als »Steine des Anstoßes« zur konstanten Erinnerung und Auseinandersetzung mit der unbequemen Vergangenheit beizutragen.[24] Die Denkmalpflege kann nicht für gesamtgesellschaftliche Defizite im Umgang mit der Geschichte des Nationalsozialismus verantwortlich gemacht werden. Ebensowenig darf jedoch die öffentliche Auseinandersetzung mit den architektonischen Hinterlassenschaften der NS-Zeit die Fachbehörde der Verpflichtung entheben, auch unter Revision ehemaliger Standpunkte zu einem historisch fundierten, eindeutigen Votum für den Erhalt des lästigen Erbes zu gelangen.

23 Vgl. BLfD, Akte München, Arcisstraße 12: Aktenvermerk vom 12.7.1994; dort auch die folgenden Informationen und Argumente.

24 Zum Umgang mit den Spuren der NS-Vergangenheit vgl. Nerdinger 1993 (wie Anm. 19), S. 119–124.

Winfried Nerdinger

Steine des Anstoßes – Ort und Erinnerung[1]

Genau im Kreuzungspunkt der alten preußischen Ost-West-Achse (Unter den Linden, Brandenburger Tor, Siegessäule) und der Nord-Süd-Achse Hitlers (vom Spreebogen nach Schöneberg), also genau im symbolisch-geographischen Zentrum des Hitler-Reichs, errichteten die Sowjets nach dem Krieg ihr Siegesmal, und aus dem Marmor der Reichskanzlei erbauten sie den Siegeshain in Treptow. Dies entspricht einer wohl jahrtausendealten Tradition, daß der Sieger die wichtigsten Orte des Besiegten buchstäblich besetzt und die Zeichen und Symbole des Besiegten zerstört bzw. für sich umformt.

Dieser Vorgang der Besetzung der Gebäude des Gegners findet sich überall im Nachkriegsdeutschland: Vom Luftgaukommando in Dresden bis zur Ordensburg Vogelsang, von der SS-Junkerschule in Bad Tölz bis zu Görings Luftwaffenministerium oder der Kommandozentrale in Karlshorst. Der Grund für die gehäufte Nutzung der Militärgebäude der NS-Zeit lag zumeist allerdings einfach darin, daß diese Anlagen von den Alliierten absichtlich nicht zerstört worden waren, da sie als zukünftiges Quartier für ihre Verwaltung und ihre Soldaten bereits eingeplant waren. In München bezogen die Amerikaner die NS-Bauten am Königsplatz, errichteten im Haus der Kunst ihr Casino mit Basketballhalle, im Luftgaukommando ihren PX-Laden und installierten ihre Zivilverwaltung in der Reichszeugmeisterei an der Tegernseer Landstraße (von den Münchnern »Bücklingsallee« genannt, da sie hier devot antreten und alle Genehmigungen oder Zulassungen einholen mußten). In die Wehrmacht- und SS-Kasernen im Norden der Stadt zogen die US-Truppen ein. Der Sieger hatte wie zu allen Zeiten keine Probleme, die Orte und Gebäude des Besiegten zu übernehmen.

Wie sah es nun mit den Besiegten und ihrem Umgang mit Bauten aus der NS-Zeit aus? Nach Beschluß des Alliierten Kontrollrats mußten Bauten durch Entfernen von NS-Emblemen oder Inschriften entnazifiziert werden. Dies wurde schon 1945 mit aller Gründlichkeit besorgt. Anschließend bezogen zumeist Behörden die NS-Repräsentationsbauten, was angesichts der zerstörten Städte als völlig normaler Vorgang erschien. Man hätte es sich ja auch wirklich nicht erlauben können, die wenige erhaltene Bausubstanz noch zusätzlich zu zerstören. Daß bei den Aufräumarbeiten ein besonders mit Erinnerungen belastetes Gebäude wie das Wittelsbacher Palais an der Brienner Straße, das sogenannte Rote Palais, der Sitz von Sicherheitsdienst und Gestapo, diskussionslos abgeräumt wurde, während ansonsten die Bauten der Wittelsbacher wie als Zeichen bayerischer Identitätsfindung fast durchweg aufwendig rekonstruiert wurden und bis heute werden, sei nur am Rande erwähnt.

Die Alliierten traten mit dem Programm der Reeducation an, die Deutschen sollten demokratisch umerzogen werden. Bauten und Orte spielten dabei, mit Ausnahme der Konzentrationslager, kaum eine Rolle. Wie bekannt, wurden die Bewohner in der Nähe von KZs 1945 gezwungen, die Leichenberge der Ermordeten anzusehen und die beim Todesmarsch Verscharrten auszugraben und zu beerdigen. Schon bei diesen Vorgängen zeigte sich, daß die erzwungene Trauerarbeit von den Betroffenen sofort verdrängt und weitgehend ausgeblendet wurde. Trotzdem, wenn sich Erinnerung an die NS-Zeit in der Folge überhaupt mit Orten verband und öffentlich manifestierte, dann fast durchweg mit diesen »Opferorten«, während die »Täterorte« nahezu ausnahmslos neutralisiert wurden. Diese Unterscheidung zwischen Orten, an denen Unschuldige litten und ermordet wurden, und Orten, an denen sich die Täter architektonisch darstellten, an denen wir uns also mit der Erinnerung an die Täter auseinandersetzen müssen, ist von zentraler Bedeutung. Auch wenn das Denkmalschutzgesetz ganz neutral Bauten von Bedeutung für historische Zusammenhänge als schutzwürdig erklärt, soll und

[1] Unveränderter Abdruck des Vortrags im Münchner Gasteig am 30. April 1994 im Rahmen der Veranstaltung »Entnazisierung Münchens? Symposium zum Umgang mit NS-Architektur«.

muß doch im Fall einer KZ-Baracke an die Ermordeten und beim sogenannten »Führerbau« an die Mörder erinnert werden. Beides kann nicht auf dieselbe Weise mit derselben simplen Denkmalplakette geschehen. Auf die Frage nach Denkmalpflege und NS-Bauten komme ich am Schluß zurück, zuerst einige Worte zur Geschichte des Umgangs mit den Opferorten und anschließend mit den Täterorten im Nachkriegsbayern.

Schon die Initiative, KZs, Lager oder Grabstätten in Gedenkstätten umzuwandeln, ging nie vom Staat oder von Gemeinden, sondern fast ausschließlich von überlebenden Opfern oder deren Angehörigen aus. Es genügt, darauf zu verweisen, daß 1956/57 fast 300 KZ-Grabstätten in Bayern – im wesentlichen zur Vermeidung von Wiedergutmachungsansprüchen – wieder aufgelöst und die Bestattung von NS-Opfern auf einige wenige Orte konzentriert wurde, deren Betreuung dann ausgerechnet der Bayerischen Verwaltung der staatlichen Schlösser, Gärten und Seen unterstellt wurde. Die Erinnerung an die mit den Grabstätten verbundenen Todesmärsche wurde und wird – wie die jüngste Diskussion um eine Gedenktafel in Seeshaupt zeigt – von den Gemeinden von ihrem Ortsnamen wenn irgend möglich ferngehalten. Als es endlich Ende der achtziger Jahre zur Aufstellung von Mahnmalen im Würmtal kam, entlang des Weges, den die Dachauer Häftlinge getrieben worden waren, durfte nicht einmal der Begriff »Todesmarsch« erscheinen, sondern es heißt christlich verschämt »Leidensweg«. Daß in Dachau bis heute nicht die seit Jahrzehnten geforderte Jugendbegegnungsstätte eingerichtet wurde, und daß in Flossenbürg der ehemalige Appellplatz als Markt- und Rummelplatz genutzt wird, sind nur die Spitzen einer seit 1949 durchgängigen Abwehr- und Verdrängungshaltung der Verantwortlichen in Kultus- und Finanzministerium.

So sind die zahlreichen Lager und Grabstätten im Bereich der riesigen Rüstungsbunker bei Kaufering und Mühldorf erst durch Privatinitiativen bekannt geworden, sie sind bis heute nicht geschützt, im Gegenteil, die bayerische Finanzverwaltung betreibt systematisch den Abbruch des Mühldorfer Bunkers. Und als beim Kultusministerium angefragt wurde, ob auf dem Gelände in Kaufering Führungen für Schulklassen durchgeführt werden könnten, erklärte der Pressesprecher, zwei KZ-Gedenkstätten in Bayern – im Norden Flossenbürg und im Süden Dachau – seien genug. Die Vorgänge sind beschämend, aber charakteristisch für die behördliche Haltung gegenüber den Opfern. Eine Haltung, die durchaus in Parallele zum Wiedergutmachungsgebahren der Finanzbehörden gesehen werden kann, das in der Fachliteratur nur als »Verhöhnung der Opfer« bezeichnet wird.

So wie der Opfer in den ehemals riesigen Münchner Rüstungsindustriebetrieben – allein BMW waren über 40 Zwangsarbeiterlager angegliedert – bis heute nicht mit dem geringsten Hinweis gedacht wird, so verdrängt ja schließlich auch die sozialdemokratische Münchner Stadtspitze selbst die Erinnerung an ihre eigenen, im Kampf gegen den Nazismus ermordeten Genossen. Zum 50. Jahrestag der Hinrichtung von Hermann Frieb und Bebo Wager, den beiden führenden Köpfen der bayerisch-österreichischen SPD-Widerstandsgruppe, in Stadelheim am 12. August 1993, erschienen in der jämmerlichen betonierten Gedenkstätte am Gefängnis genau neun Personen, darunter von seiten der SPD eine Stadträtin und der SPD-Ortsvorsitzende, der etwas verschämt erklärte, der Landesvorstand hätte auf einen entsprechenden Hinweis nicht einmal reagiert. Eine Gedenkfeier fand auch nicht am Ehrengrab der Stadt im Nordfriedhof, sondern ausgerechnet im Ratskeller statt, wohl damit die Stadträte nicht zu weit gehen mußten. Die kleine Hinweistafel auf Hermann Frieb an seinem Wohnhaus in der Schellingstraße dürften wohl nur wenige in München wahrgenommen haben, inzwischen ist sie auch noch für einen Neubau entfernt worden.

Einziges wirklich sichtbares und direktes öffentliches Zeichen der Erinnerung an die NS-Zeit in München ist das Denkmal am »Platz der Opfer des Nationalsozialismus«. Diese Anlage offenbart jedem die verquere Haltung der Stadtoberen zum öffentlichen Gedenken an die NS-Zeit: Der sogenannte Platz ist von der umgebenden Bebauung ausgegrenzt, damit die Ladenbesitzer nicht etwa diese Adresse führen müßten – dort heißt es vornehm Maximiliansplatz. Die Anlage ist auch eher als Parkplatz zu bezeichnen und bezeichnenderweise führt auch kein

Weg zum Denkmal. Was sollte man dort allerdings auch, man erhält ja sowieso keine Information über die anonymen »Opfer«.

Das vergleichbare »Mahnmal zur Erinnerung an die Opfer der NS-Gewaltherrschaft« der Stadt Stuttgart, direkt neben dem alten Schloß, ist zwar gestalterisch ähnlich nichtssagend, und dort gibt es erst gar keine Platzbezeichnung, aber immerhin ist dort ein Spruch von Ernst Bloch angebracht, mit dem der abstrakten Anlage wenigstens verbal ein konkreter Sinn und Hinweis abgewonnen werden kann: »Millionen Opfer der NS-Gewaltherrschaft beschwören Dich, niemals wieder!« Ein Verweis auf das »aufgeblasene« Kollwitz-Denkmal in der Berliner Neuen Wache mit der unsäglichen, Mörder und Ermordete gleichsetzenden Inschrift – »Den Opfern von Krieg und Gewaltherrschaft« – erübrigt sich, es ist nur ein weiterer Beweis für die systematischen Versuche des Bundeskanzlers, unterstützt von seinem Geschichtsadlatus Stölzl, den »Irrgarten der deutschen Geschichte« – wie Kanzler Kohl es nennt – zu verschließen, damit die Erinnerung an die NS-Zeit auch wirklich ausgesperrt bleibt. Das einzige mir bekannte Gegenstück zu diesen hilflosen oder bewußt neutralisierenden Denkmälern ist Alfred Hrdlickas Mahnmal am Albertina-Platz in Wien, wo der Betrachter konkret mit der geschichtlichen Situation konfrontiert wird, wo das Opfer ein Gesicht und das Leiden einen Ausdruck bekommt. Man kann durchaus über dieses Denkmal streiten, aber man kann wenigstens streiten und muß sich auseinandersetzen.

Der Platz der Opfer des Nationalsozialismus in München hat aber auch einen konkreten topographisch-historischen Bezug, denn blickt man über den Parkplatz hinüber zum Gebäude der Bayerischen Landesbank, dann sieht man einen wirklichen Täterort, die Stätte des ehemaligen Wittelsbacher Palais, des gefürchtetsten Baus in München, mit den Gestapo-Folterkellern. Hier erinnert auch eine eher versteckt angebrachte Tafel an die Geschichte des Ortes, allerdings ist der Text derartig abgefaßt, daß die NS-Zeit nur als kleines belangloses Anhängsel an eine lange Nutzungsgeschichte erscheint.

Damit wären wir beim Umgang mit den Täterorten bzw. Täterbauten. In der ersten Nachkriegszeit herrschte noch die von den Alliierten verordnete architektonische Entnazifizierung durch Entfernung der NS-Embleme und Inschriften. Den einzigen Fall einer Radikallösung, die Sprengung der Münchner »Ehrentempel«, ordnete Eisenhower persönlich an, da die Münchner Behörden und Architekten bereits kurz nach Kriegsende so famose Nutzungsvorschläge wie Café oder Ausstellung überlegten und Kardinal Faulhaber gar eine Umwandlung in eine katholische und evangelische Kapelle einbrachte. Der von der Nürnberger Kulturdezernentin Karla Fohrbeck für das Reichsparteitagsgelände vorgeschlagene christliche Exorzismus stand also in München schon 1946 zur Debatte.

Nach 1949 und der allmählichen Übernahme der NS-Repräsentationsbauten durch Stadt und Staat galt nahezu durchgehend das Motto: nur ja keine Erinnerung an die NS-Zeit mit diesen Orten aufkommen lassen. Aus Bayreuth ist mir der einzige Fall einer direkten architektonischen Entnazifizierung bekannt. Franz Hart baute dort das »Haus der Erziehung« von Hans Reissinger für eine Versicherung zur Unkenntlichkeit um. Ansonsten wurde von den zumeist staatlichen Nutzern peinlich darauf geachtet, daß nicht der geringste Hinweis dem nicht informierten Betrachter die ursprüngliche Nutzung des Baus verraten könnte. An keinem einzigen NS-Repräsentationsbau in München findet sich eine der sonst so gern an den Denkmalen angebrachten Erläuterungstafeln zur Baugeschichte, obwohl doch die meisten Bauten inzwischen unter Denkmalschutz stehen. Die Musikhochschüler erfahren nicht, daß sie im Bau üben, in dem das Münchner Abkommen erpreßt wurde, und die Jurastudenten wissen nicht, daß sie in den Räumen der ehemaligen Blutrichter studieren. Die Beamten des Wirtschaftsministeriums sitzen zwar hinter gesprengten Giebeln mit deutschen Stahlhelmen, und die Finanzbeamten residieren noch NS-stilecht eingerichtet an der Sophienstraße, aber auf die Geschichte der Bauten darf offensichtlich nicht öffentlich hingewiesen werden.

Die einzige Hinweistafel an einem NS-Repräsentationsbau in München befindet sich im Innenhof des Landwirtschaftsministeriums, aber natürlich wird nicht an den Sitz des Gauleiters erinnert, sondern – verdeckt hinter einer Säule – an die letzten Opfer der NS-Gewaltherrschaft in München, die Ende April 1945 zur Vertreibung der Nazis aufgerufen hatten und noch drei Tage vor Übergabe der Stadt an die Amerikaner hier von der SS erschossen wurden. Auf der Gedenktafel heißt es: »zum Tode verurteilt«. Man muß das mehrmals lesen, da steht nicht ermordet, oder wenigstens standrechtlich erschossen, nein, ganz rechtmäßig »zum Tode verurteilt«. Wie sagte der »furchtbare« Jurist und ehemalige Ministerpräsident von Baden-Württemberg: was damals Recht war, kann nicht heute Unrecht sein. Das gilt offensichtlich noch immer.

Für den Umgang mit NS-Repräsentationsbauten gilt bei allen verantwortlichen Politikern oder Ministerialbeamten die Devise, nur ja nicht auf die NS-Geschichte des Bauwerks hinweisen. Befragt nach dem Grund heißt es entweder, es könne den Benutzern nicht zugemutet werden, ständig mit der NS-Zeit konfrontiert zu werden; ein Beamter erklärte sogar bezüglich des sogenannten »Führerbaus«, die ausländischen Musikstudenten würden Schaden durch einen derartigen Hinweis erleiden. Oder es wird behauptet, durch einen Hinweis an den Bauten würde man erst Kultstätten für Rechte und Neonazis schaffen. Beide Argumente sind falsch. Niemand erleidet durch einen Hinweis auf die Herkunft, Geschichte und Funktion eines Gebäudes Schaden, im übrigen kommt es darauf an, daß mit einem derartigen Hinweis auch Stellung bezogen wird. Es geht dabei nicht um so große Worte wie Trauerarbeit oder Aufarbeitung, das läßt sich weder herbeireden noch erzwingen und schon gar nicht durch eine Hinweistafel oder ein Denkmal erreichen. Es geht um eine Stellungnahme der Verantwortlichen, um ein Zeichen der demokratisch legitimierten Volksvertreter, daß diese schlimme Vergangenheit stattgefunden hat, daß ihre Existenz anerkannt wird, aber daß jetzt eine andere Gesinnung vertreten wird. Die Demokratie muß Flagge zeigen und Zeichen setzen. Konkret: Die Weltstadt mit Herz, das liebe München, sollte bekennen, daß es einmal »Hauptstadt der Bewegung« war, daß der braune Sumpf von hier ausging. Dann kann auch verkündet werden, daß sich etwas geändert hat. Nur den Königsplatz zu begrünen und über die »Ehrentempel« Gras wachsen zu lassen – oder gar durch Museumsbauten zu ersetzen –, ist die falsche Haltung, denn alles nur Verdrängte kehrt in anderer Form wieder.

Das heißt nicht, daß an jedem Bau, der mit der NS-Zeit zu tun hatte, ein Hinweis angebracht werden sollte; das heißt auch nicht, daß der Granitplattenbelag am Königsplatz hätte erhalten werden müssen, aber auf einen oder beide »Ehrentempel« gehört eine Informationsstelle über die NS-Geschichte Münchens und insbesondere des Königsplatzes, so wie das vorbildlich in Berlin auf dem Prinz-Albrecht-Gelände gemacht wurde. In die Mitte des Hauses der Kunst gehört ein Antikriegsdenkmal, so wie das Hrdlicka in Hamburg als Gegenpol zu einem NS-Denkmal vorgeführt hat. Im Justizpalast, wo das Recht gebeugt wurde, könnte die Ausstellung des Justizministeriums »Im Namen des Volkes« als Dauerausstellung gezeigt werden, und auf dem Gelände der Synagoge hinter dem Künstlerhaus könnte anstelle des Alibi-Gedenksteins ein jüdisches Museum eingerichtet werden, das über Leben und Sterben der Juden in München und Bayern informiert. Die Beispiele ließen sich beliebig erweitern. Das wären sichtbare Zeichen von Stadt und Staat für ein Bemühen um Aufarbeitung der Geschichte. Das wäre auch eine Antwort auf die alten und neuen rechten Bewegungen in Deutschland. Die Devise, nur ja nicht an die NS-Zeit erinnern, nur keine Hinweise anbringen, sonst könnten gar Kultorte entstehen, ist dumm und feig-verlogen. Die jungen Neonazis, die sich in der Nacht von Rudolf Heß' Tod an der Feldherrnhalle versammelten und ihre Lieder grölten, wußten genau, wo sie hingingen, auch wenn die Feldherrnhalle äußerlich wieder in die Loggia-dei-Lanzi-Kopie der Ludwig-Zeit zurückverwandelt worden war. Wäre die Feldherrnhalle mit einem eindeutigen Zeichen demokratisch besetzt worden, sie hätten sich kaum davorgestellt.

Natürlich können ein Denkmal, eine Inschrift oder ein demokratisches Zeichen nicht gegen Fremdenhaß und Intoleranz helfen. Aber die NS-Bauten könnten bei entsprechender Auseinandersetzung als Steine des Anstoßes wirken, im Sinne

Winfried Nerdinger

des Bloch-Zitats: »Nie wieder!« Wem das als moralisierend erscheint, kann nur geantwortet werden, angesichts Hoyerswerda, Rostock, Mölln oder Lübeck fehlt offensichtlich noch viel an Moral und insbesondere an Toleranz in Deutschland. Daraus ergibt sich aber auch der Schluß, daß es sich beim Umgang mit den NS-Bauten nicht um eine Aufgabe der Denkmalpflege, sondern um eine politische Verantwortung handelt, um die sich die Verantwortlichen mit ihrer Verdrängungshaltung drücken. Da das Landesamt für Denkmalpflege Weisungen aus dem Ministerium erhält, die der Herr Generalkonservator in seinem Haus rigoros durchsetzt, entstehen so groteske Situationen, daß zwar im NS-»Verwaltungsbau« am Königsplatz auch noch die Toilettenanlagen unter Denkmalschutz gestellt wurden, während gleichzeitig der gesamte Königsplatz, das flächenmäßig größte NS-Denkmal in München, ohne Diskussion beseitigt wurde, da eine Auseinandersetzung politisch nicht erwünscht war. Oder daß das Flughafengebäude in Riem von Ernst Sagebiel, ohne jeden Zweifel ein Baudenkmal ersten Ranges im Sinne des Bayerischen Denkmalschutzgesetzes, auf sogenannte Anordnung von oben zum Abbruch freigegeben wird, da es die Messeplanung – und die ist natürlich viel wichtiger als Auseinandersetzung mit der Geschichte – behindern könnte.
Da sich die NS-Repräsentationsbauten fast ausschließlich in staatlichem Besitz befinden und da demokratische Erziehung auch Auseinandersetzung mit der eigenen Geschichte bedeutet, ist der adäquate Umgang mit NS-Repräsentationsbauten im demokratischen Staat eine politische Aufgabe, der sich die Verantwortlichen endlich stellen müssen.

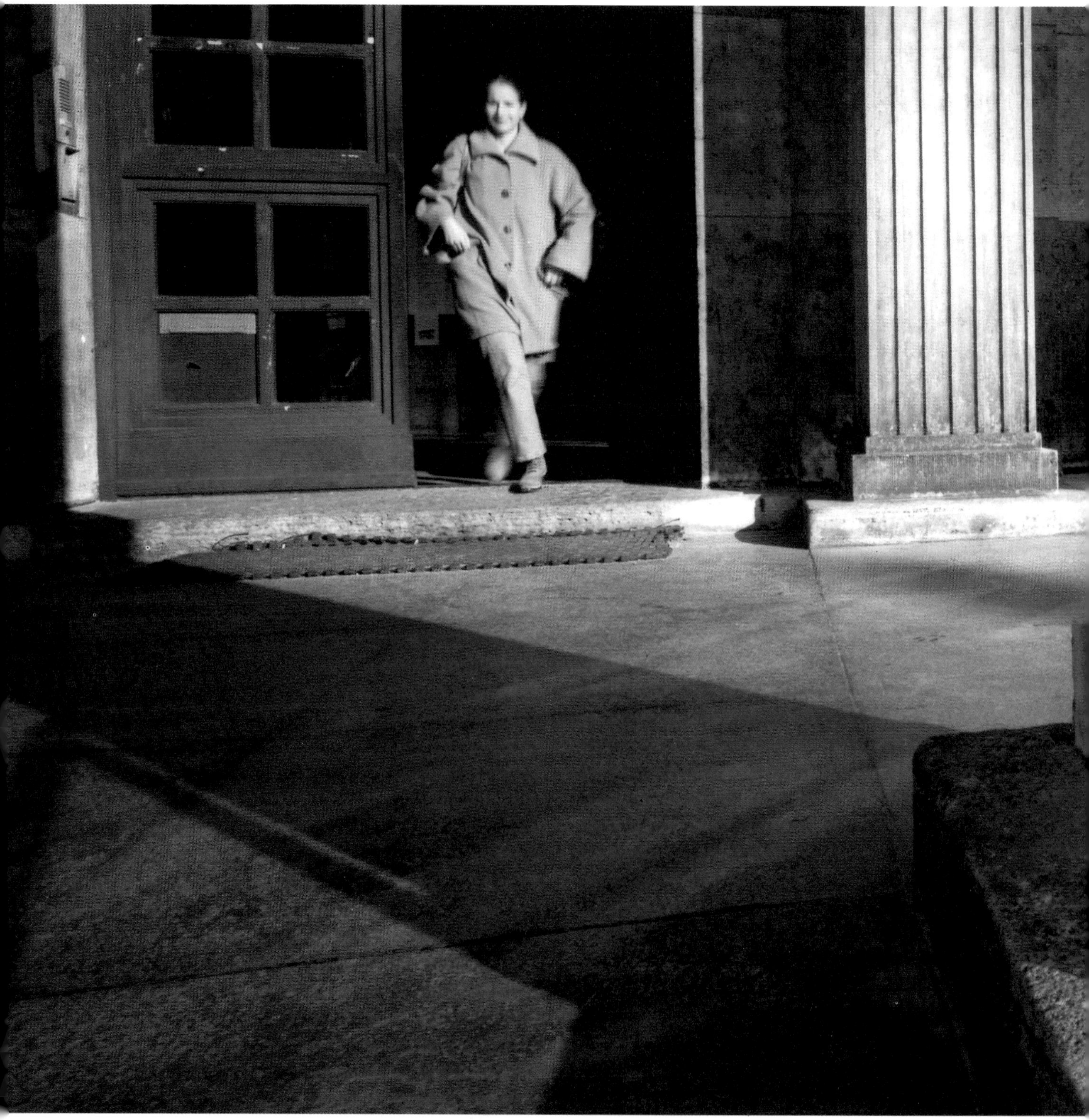

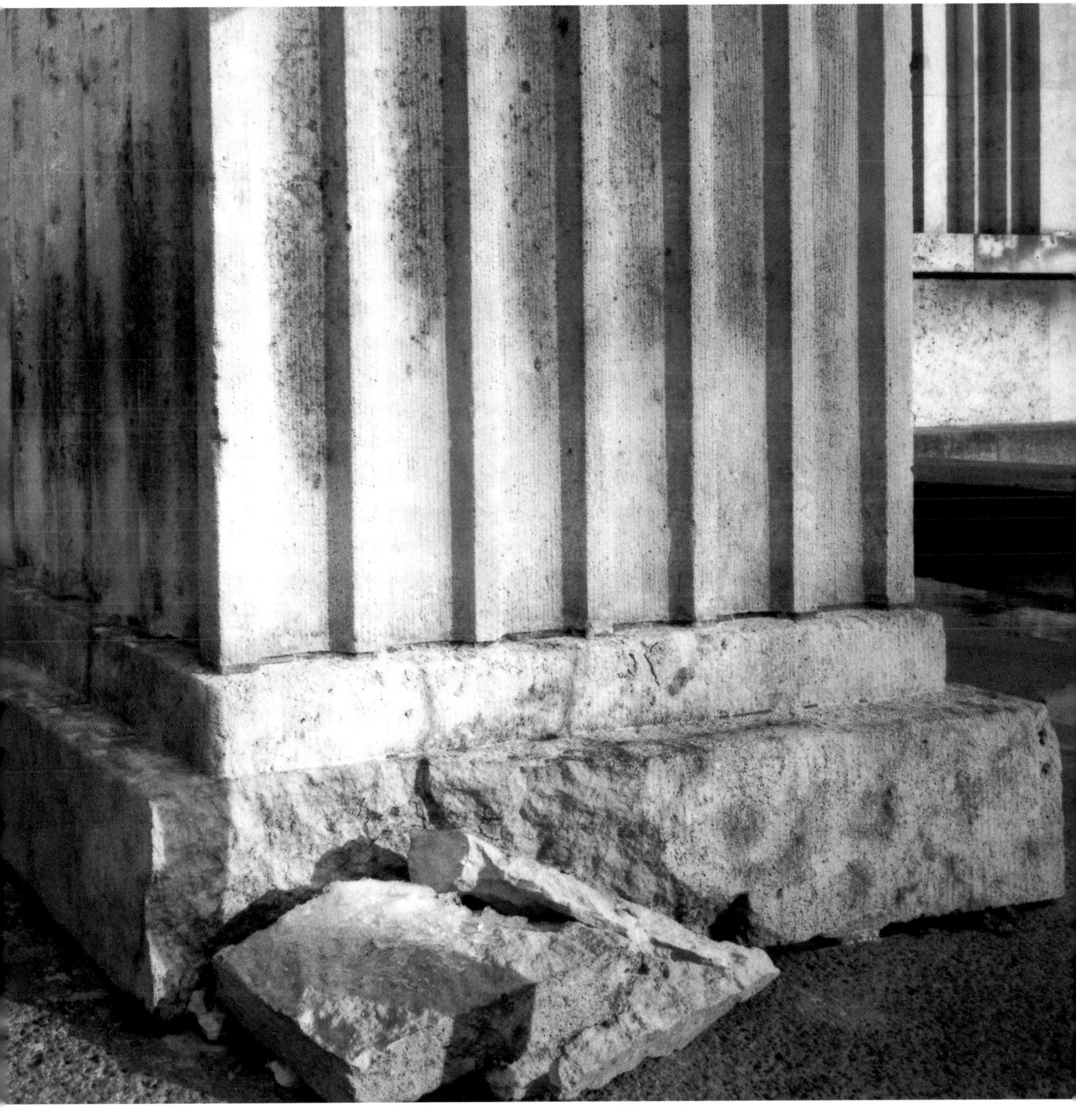

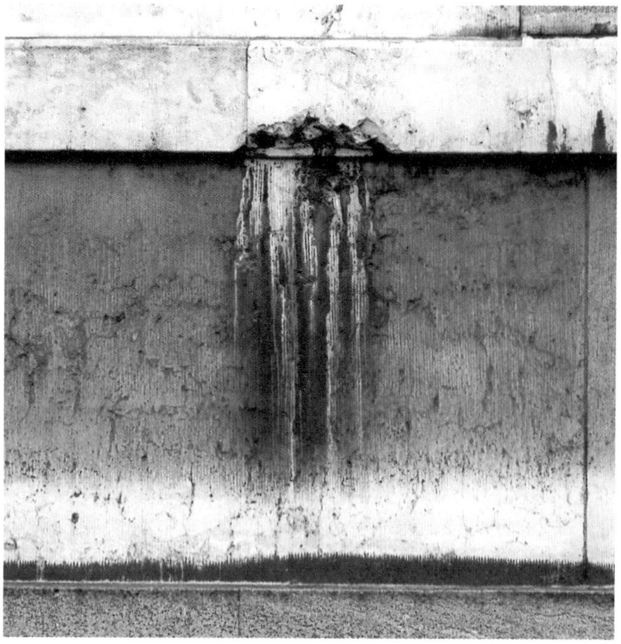
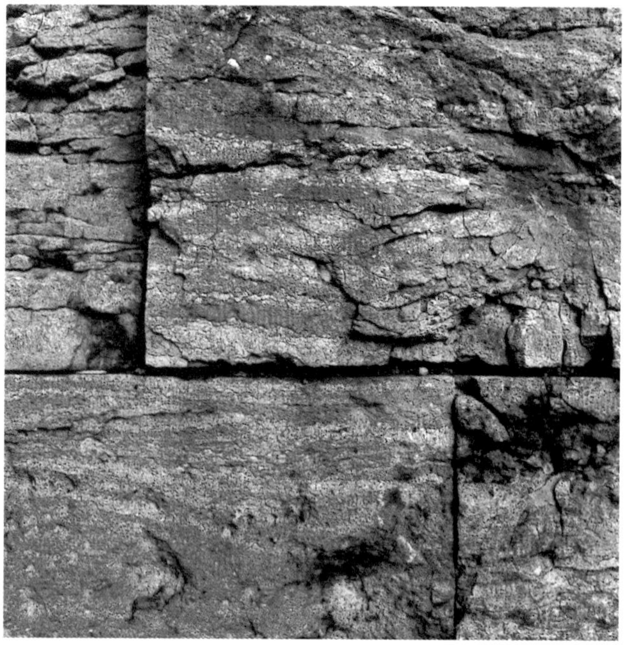
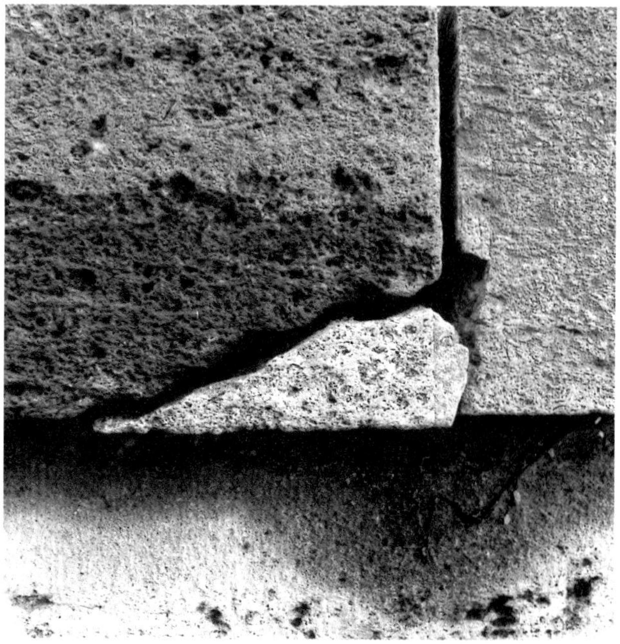
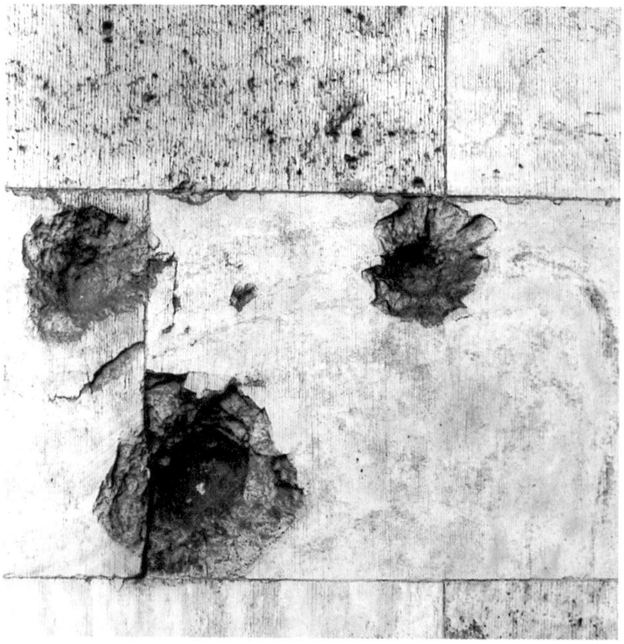

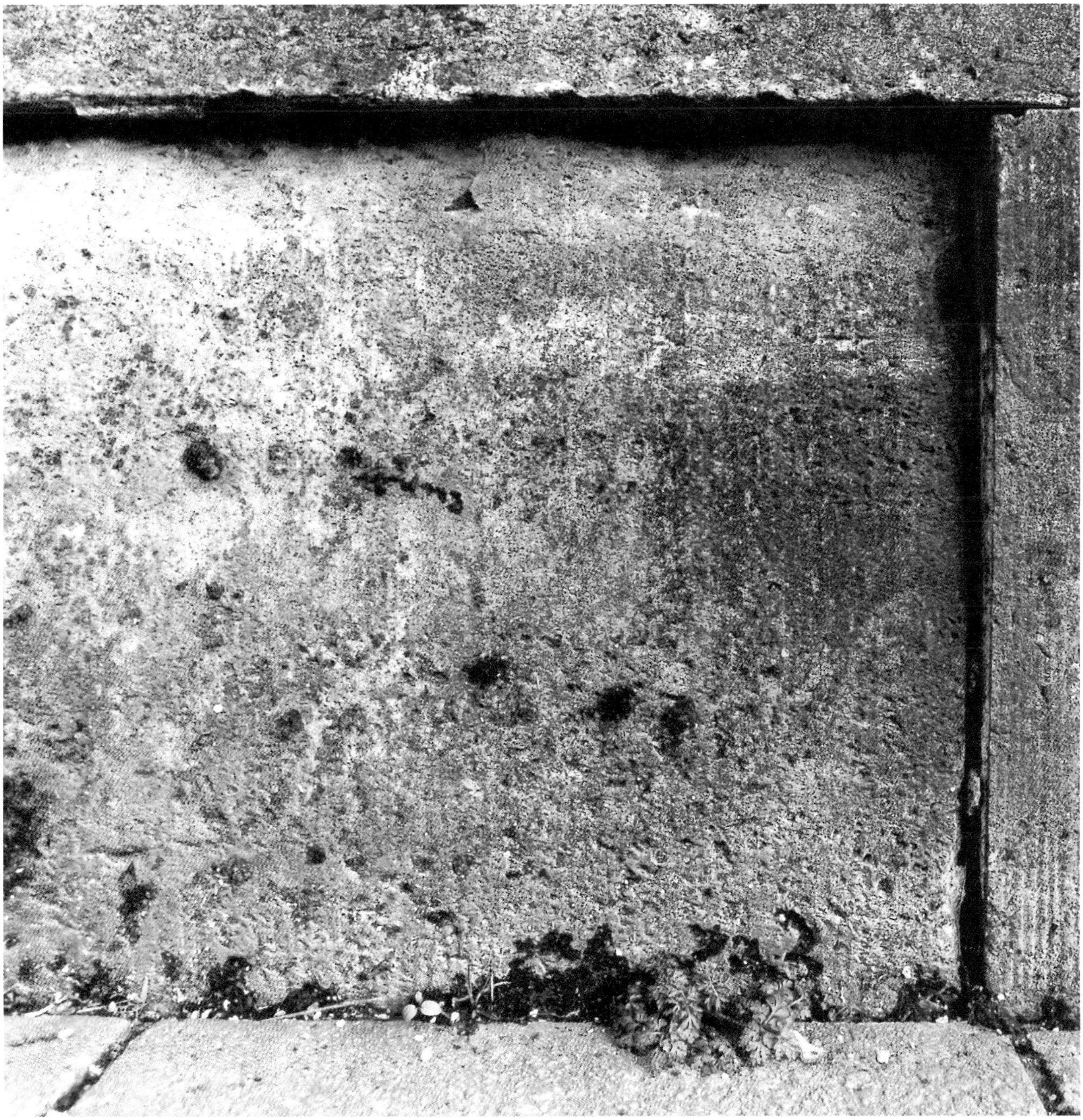

Teil II

Piero Steinle

Zur Einführung

Wer heute, wir schreiben das Jahr 1995, an einem Sommertag einen Spaziergang von den Propyläen zum Karolinenplatz macht, wird sich an dem Wechselspiel von hellen klassizistischen Architekturen und üppigem Grün erfreuen. Studenten eilen über die Rasenflächen des Königsplatzes zu ihren Instituten, andere genießen vor der Glyptothek die Sonne. Hier findet der Besucher sein »Isar-Athen«, jenes heiter-erhabene Stadtbild, das den romantischen Visionen Ludwigs I. entsprang und von den heutigen Stadtvätern so sorgfältig gepflegt wird. Aber er findet keinen einzigen Hinweis darauf, daß sich hier zwischen 1933 und 1945 das Parteizentrum der NSDAP ausbreitete, daß der ehemals grüne und 1988 wiederbegrünte Königsplatz 1935 in ein steinernes Forum für Massenkundgebungen verwandelt worden war, daß sich hier das Dritte Reich in einer exemplarischen Verknüpfung von Bürokratie, Kult und Propaganda so augenfällig wie kaum anderswo in Szene gesetzt hat.

Nur der historisch geschulte Betrachter wird in den beiden Monumentalblöcken an der Ostseite des Königsplatzes, den ehemaligen »Führerbauten«, nationalsozialistische Architektur erkennen. Dem »Normalbürger«, gewöhnt an den postmodernen Stilpluralismus, werden die beiden Gebäude kaum auffallen, und auch wenn ihn eine Ahnung überkäme, fände er vor Ort keine Möglichkeit seine Vermutung zu überprüfen. Die meisten Reiseführer erwähnen die nationalsozialistische Geschichte des Königsplatz-Areals überhaupt nicht. Das »München Kunst & Kultur Lexikon« (Josef H. Biller, Hans-Peter Rasp, München 1988), einer der anspruchsvollen kunsthistorischen Stadtführer, bemerkt unter dem Stichwort »Königsplatz« höchst lapidar: »Steinpflasterung und Mauereinfassung (1935) beeinträchtigen in ihrer ›Härte‹ die historischen Bauten und heben durch ›Richtungsneutralität‹ (nach Entfernung der 1935 aufgestellten Kandelaber, 1947) die Ost-West-Tiefenachse im Verlauf der Brienner Straße auf, 1988 Wiederherstellung der biedermeierlichen Rasenflächen«. Unter dem Stichwort »Arcisstraße«, an der sich der ehemalige »Führerbau« – Ort des »Münchner Abkommens« – befindet, fehlt jeder Eintrag. Erst unter dem Stichwort »Meiserstraße« stößt ein detektivisch veranlagter Leser auf einen Vermerk zum ehemaligen »Verwaltungsbau der NSDAP«.

»Es erstaunt die Leichtigkeit, mit der sich unsere Stadt nach 1945 vom Odium, der Ursprungsort und spätere Kultstätte des Nationalsozialismus gewesen zu sein, befreit hat«, bemerkt Wolfgang Till im Vorwort zum Katalog der Ausstellung »München – Hauptstadt der Bewegung«. Diese Ausstellung, die das Münchner Stadtmuseum »lange vor sich hergeschoben hat« (W. Till), und die dann etwas zu pompös über die Bühne ging, besaß auf jeden Fall das Verdienst, 1993 (!) das Interesse einer weiten Öffentlichkeit für die in vielen Punkten verdrängte nationalsozialistische Vergangenheit Münchens zu mobilisieren und sie mit der aktuellen Problematik der »Neonazis« zu konfrontieren. Gleichzeitig muß es als symptomatisch für den Umgang Münchens mit seiner Vergangenheit erscheinen, daß erst knapp fünfzig Jahre nach dem Zweiten Weltkrieg eine solche Ausstellung stattfinden konnte, daß es bis heute in München – im Gegensatz zu Berlin und Nürnberg – keine Dokumentationsorte zur NS-Geschichte der Stadt gibt, daß die vorliegende Publikation zum NSDAP-Parteizentrum, einem der zentralen Orte der NS-Macht, erst heute erscheint. Dabei drängt sich die Frage auf, ob das Ausmaß der Verdrängung nicht in Zusammenhang mit der Schlüsselstellung Münchens in der Zeit des Nationalsozialismus zu sehen ist.

Das weitgehende Ignorieren des nationalsozialistischen Geschichtskapitels in München basiert auf einem breiten gesellschaftlichen Konsens, der sich exemplarisch in den seit dem 19.Jahrhundert mit Eifer betriebenen Imagebemühungen einer durchwegs konservativen Regenten– und Einwohnerschaft fassen läßt. Mit Formeln wie »Isar-Athen« und »Künstler- und Musenhort« bis zu »Freizeitparadies« und »Weltstadt mit Herz« wurde und wird das Bild der heiter-unbeschwerten freundlichen schönen Großstadt vor weißblauer Alpenkulisse propagiert. Die Einbeziehung der braunen Vergangenheit ergäbe eine unerwünschte Dissonanz.

Hitler selbst wurde vom Image der Kunststadt angezogen, um dieses später für seine eigenen Zwecke zu instrumentalisieren. Hier ließ er sich 1913 als Kunstmaler von Münchenmotiven nieder. In den zwanziger Jahren benutzte er die bierdunstgeschwängerte Atmosphäre der Stadt zu seinen Agitationen und fand für seine neugegründete Partei die Unterstützung von Künstler- und Bürgerkreisen (Hanfstaengl, Bechstein, Bruckmann). Nicht zufällig suchte er für das Parteizentrum der NSDAP die Nachbarschaft des ludovizianischen Musenareals am Königsplatz. Mit dem »Haus der Deutschen Kunst« schuf er sich den adäquaten Kulturtempel. Wie Berlin als Reichshauptstadt das politische und Nürnberg als Stadt der Reichsparteitage das propagandistische Zentrum des Dritten Reichs wurden, so blieb München als »Hauptstadt der Bewegung« und »Hauptstadt der Deutschen Kunst« für Hitler immer der emotionale Referenz- und Identifikationsort.

Freilich wirken die Attribute »Hauptstadt der Bewegung« und »Hauptstadt der Deutschen Kunst« vereinfachend, wenn nicht sogar verharmlosend und irreführend, indem sie die Rolle Münchens in der Zeit des Nationalsozialismus auf initiale und ästhetische Momente reduzieren. So entspricht heute noch das Bild des nationalsozialistischen Münchens, sofern überhaupt vorhanden, meist diesem der NS-Propaganda verpflichteten Image: In München begann zwar – so die gängige Meinung – die Karriere Hitlers, doch nach 1933, als Berlin die politische Schaltzentrale des NS-Reichs wurde, erfüllte München nur noch die harmlose Funktion der Kunsthauptstadt und Lieblingsstadt Hitlers. In München beschmutzte man sich nicht die Finger …

Die Hebammenrolle, die München bei der Genese des Nationalsozialismus spielte, darf in keiner Weise unterschätzt werden. Es ist die Frage zu stellen, wie Hitlers Karriere ohne den fruchtbaren Nährboden Münchens ausgesehen hätte. Gerade im Sinn eines *obsta initiis* muß München als »cradle of the Nazi biest« (Eisenhower) in Erinnerung bleiben. Andererseits scheint die zentrale Bedeutung, die München als Parteizentrale der NSDAP für die Ausbreitung, Konsolidierung und Organisation des NS-Reiches von 1933 bis 1945 besaß, kaum ins Bewußtsein der Öffentlichkeit gedrungen zu sein: Um die Achse Königsplatz – Karolinenplatz entstand ab 1933 ein riesiges Parteiviertel, dem über 50 Anwesen einverleibt wurden. Hier arbeiteten 1940 mehr als sechstausend Menschen. Dieser gigantische technokratische Apparat organisierte und garantierte das perfekte Funktionieren der NSDAP bis 1945. Er repräsentierte den bürokratischen Nukleus und das parteipolitische Rückgrat des NS-Staates. Zusammen mit dem Königsplatz, der 1935 zum Aufmarschplatz für 80 000 Mann umgewandelt wurde, und den »Ehrentempeln« für die »Märtyrer der Bewegung« bildete das NS-Parteizentrum jene für das Dritte Reich so typische Symbiose von technokratischer Perfektion, propagandistischer Agitation und pseudoreligiösem Kult.

Es gibt keine Hinweise, daß in den Parteigebäuden am Königsplatz die SS-Schergen Folterungen ausführten oder Todesurteile vollstreckten. Das wäre auch mit der Konzeption eines sauber und geräuschlos funktionierenden Verwaltungsapparats nicht zu vereinbaren gewesen. Doch eben dieses Charakteristikum der bürokratischen Routine, der scheinbaren Harmlosigkeit ist relevant: Hier wurde

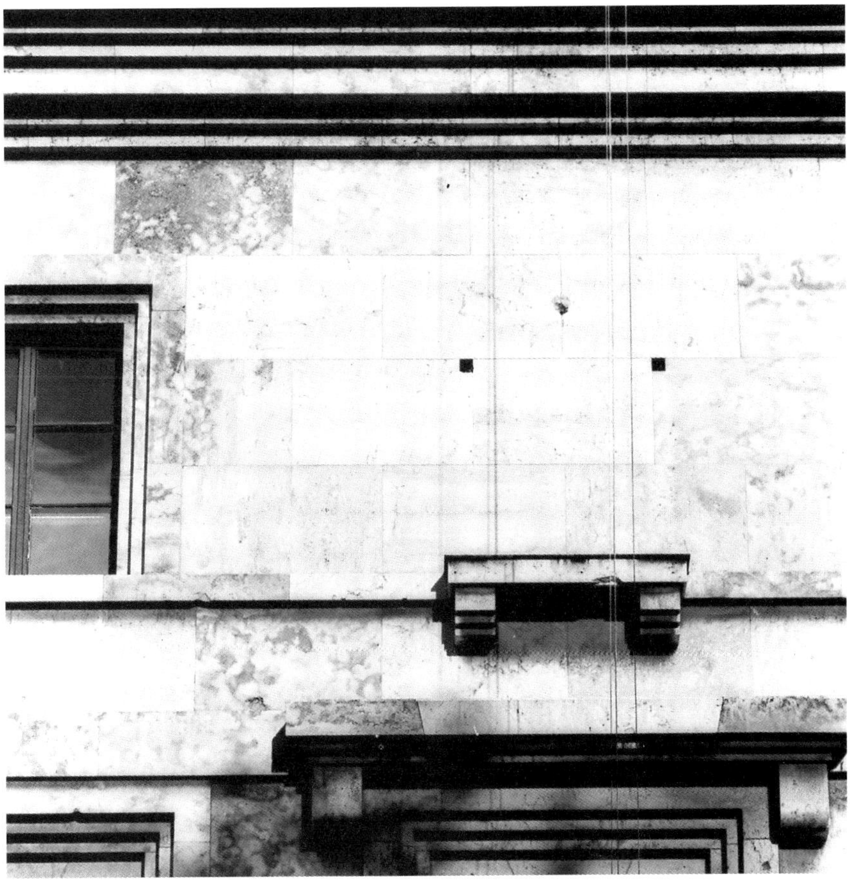

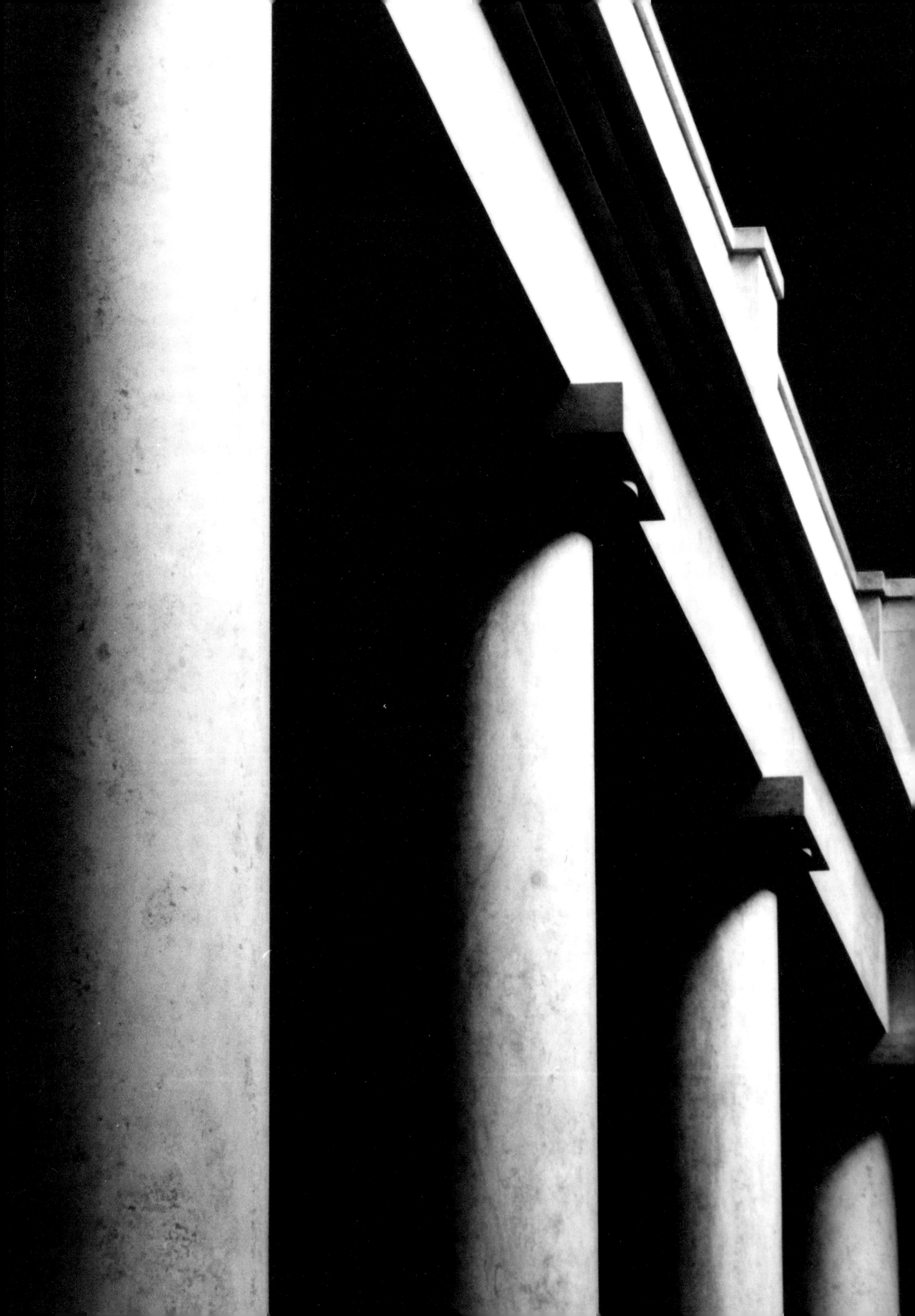

die NSDAP und mit ihr der NS-Staat von einer Unzahl anonymer Schreibtischtäter verwaltet. Gerade deshalb ist das ehemalige Parteizentrum ein »Täterort« par excellence, weil hier in täglicher anonymer Kleinarbeit die verwaltungstechnische Basis für die mörderische NS-Politik garantiert wurde, ohne mit ihr in einem unmittelbaren Handlungszusammenhang zu stehen. In Verbindung mit dem Aufmarschplatz Königsplatz entstand ein Ensemble, in dem die Bevölkerung sei es verwaltend, marschierend oder auch nur betrachtend in eine zumindest symbolische Mittäterschaft involviert wurde.

Bis zum heutigen Tag ist man wenig geneigt, sich mit den »Täterorten« und damit mit dem Problem von Mitläufer- und Mittäterschaft auseinanderzusetzen. So wird die individuelle Betroffenheit willig als anonyme Kollektivschuld an einer sorgfältig reduzierten Anzahl von »Opferorten« wie Dachau und Auschwitz abgetragen. Damit ist das Soll an Erinnerungsarbeit erfüllt. Der Gedanke fällt nach wie vor schwer, von den Opfern auf deren Ursache, auf die Täter, und nicht nur auf die individualisierbaren Haupttäter, sondern auf die breite Masse der anonymen Mittäter zu schließen und ihre Handlungsorte zu identifizieren. Er wirft nämlich die Frage nach der individuellen Mitverantwortung auf, die auch das aktuelle Problem potentieller Mittäterschaft impliziert. So wird immer noch der Einmarsch der Amerikaner offiziell als »Befreiung« bezeichnet, als hätte es in Deutschland nur Opfer gegeben, die endlich aus ihrer Tyrannei befreit wurden.

Konsequenterweise liefen in München die Bestrebungen der letzten fünfzig Jahre darauf hinaus, die Hinterlassenschaften und Spuren der Täter und Mitläufer zu tilgen oder sie zumindest nicht zu kennzeichnen. Erstaunlich ist dabei der Konsens aller politischen Couleur, der mit unterschiedlichsten Argumenten erzielt wird. Zwischen der Befürchtung, die »Täterorte« könnten durch eine Kennzeichnung zu Kultstätten von Neonazis werden und dem Widerwillen, mitten in München mit der braunen Vergangenheit konfrontiert zu werden, pendelt sich die Ablehnung auf dasselbe Ergebnis der Un- bzw. Nichtsichtbarmachung ein. So realisierte man beispielsweise die kosmetisch makellose Wiederbegrünung des Königsplatzes in politischer Eintracht.

Die Maßnahmen der Spurentilgung werden oft damit begründet, daß es ausreiche, die Zeit des Nationalsozialismus im kollektiven Gedächtnis durch Unterricht, Diskussion und Lektüre wachzuhalten. Wie die Dauerausstellung »Topographie des Terrors« in Berlin gezeigt hat, ist es von eminenter Bedeutung, die Erinnerung geographisch zu lokalisieren und die materiellen Zeugen jener Zeit visuell identifizierbar zu machen. Dabei geht es nicht um die großen, oft hohlen Gesten von Mahnmalen nach dem bewährten Muster »Den Opfern des Nationalsozialismus«, gemäß dem sich alle als Opfer empfinden können. Wichtig ist jene Klein- und Detailarbeit der Information, die neben den »Opferorten« die »Täterorte« identifizierbar, d. h. öffentlich bewußt und zugänglich macht. An die Stelle harmoniebestrebter Vergangenheitskosmetik sollten der Mut zur Aufklärung und bewußtes Handeln treten. »Wir handeln unbewußt gleichgültig. Würden wir bewußt handeln, so stünde heute inmitten des Königsplatzes, die Straße spaltend, den Blick störend und den Raum bedrängend, eine dissonante Tafel für die 52 Millionen Toten, für die Ermordeten, Geschundenen, Verbrannten, Gefallenen in Folge des deutschen Kleinbürger-Amoklaufs. So wäre der Feier- und Thingplatz hier im westlichen Vorfeld des wittelsbachischen Münchens, der Ort des atavistisch düsteren Nazitotenkults, besetzt vom Gedenken an dessen Folgen.« (Christoph Hackelsberger, BDA-Informationen 1989/1)

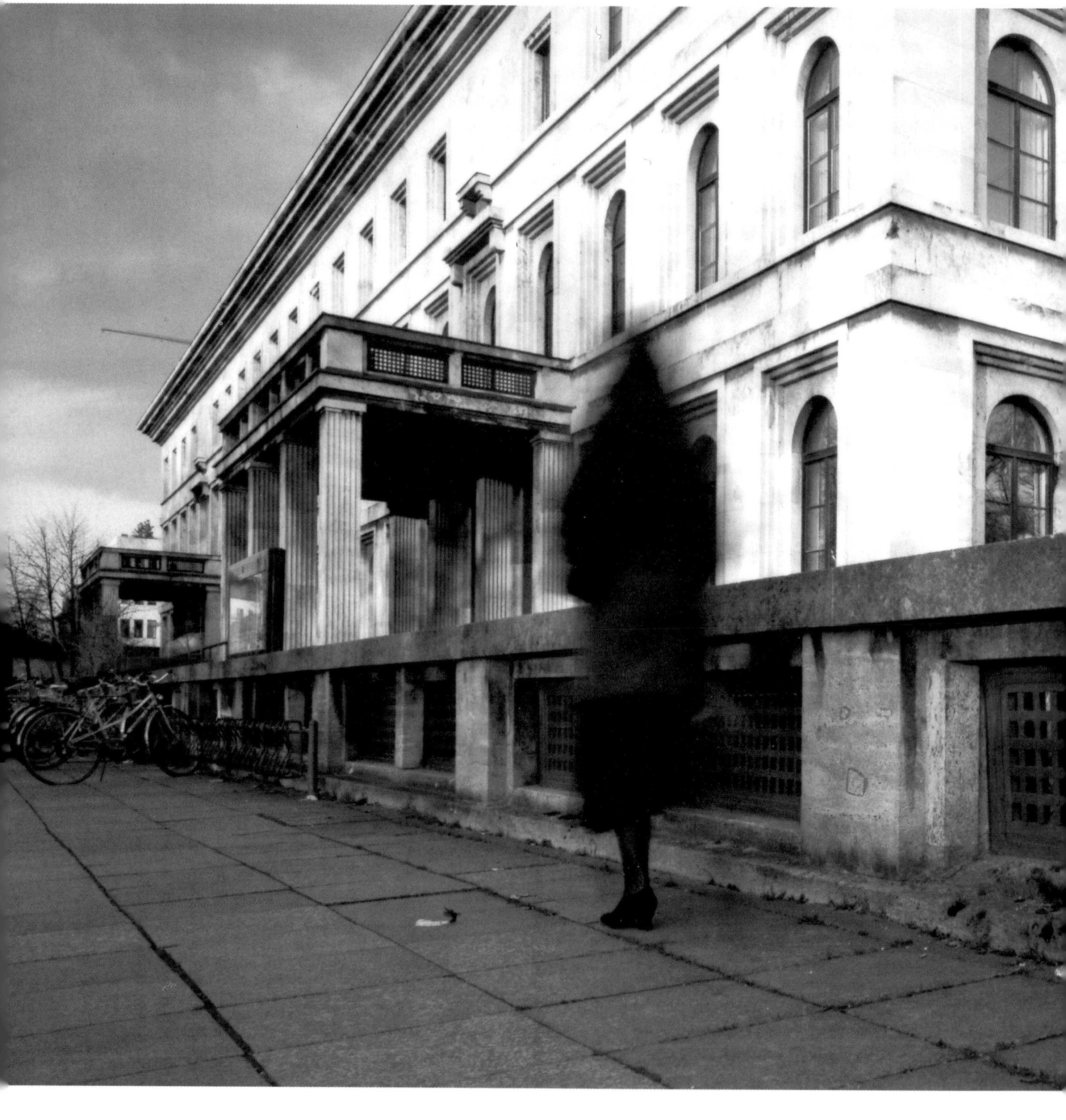

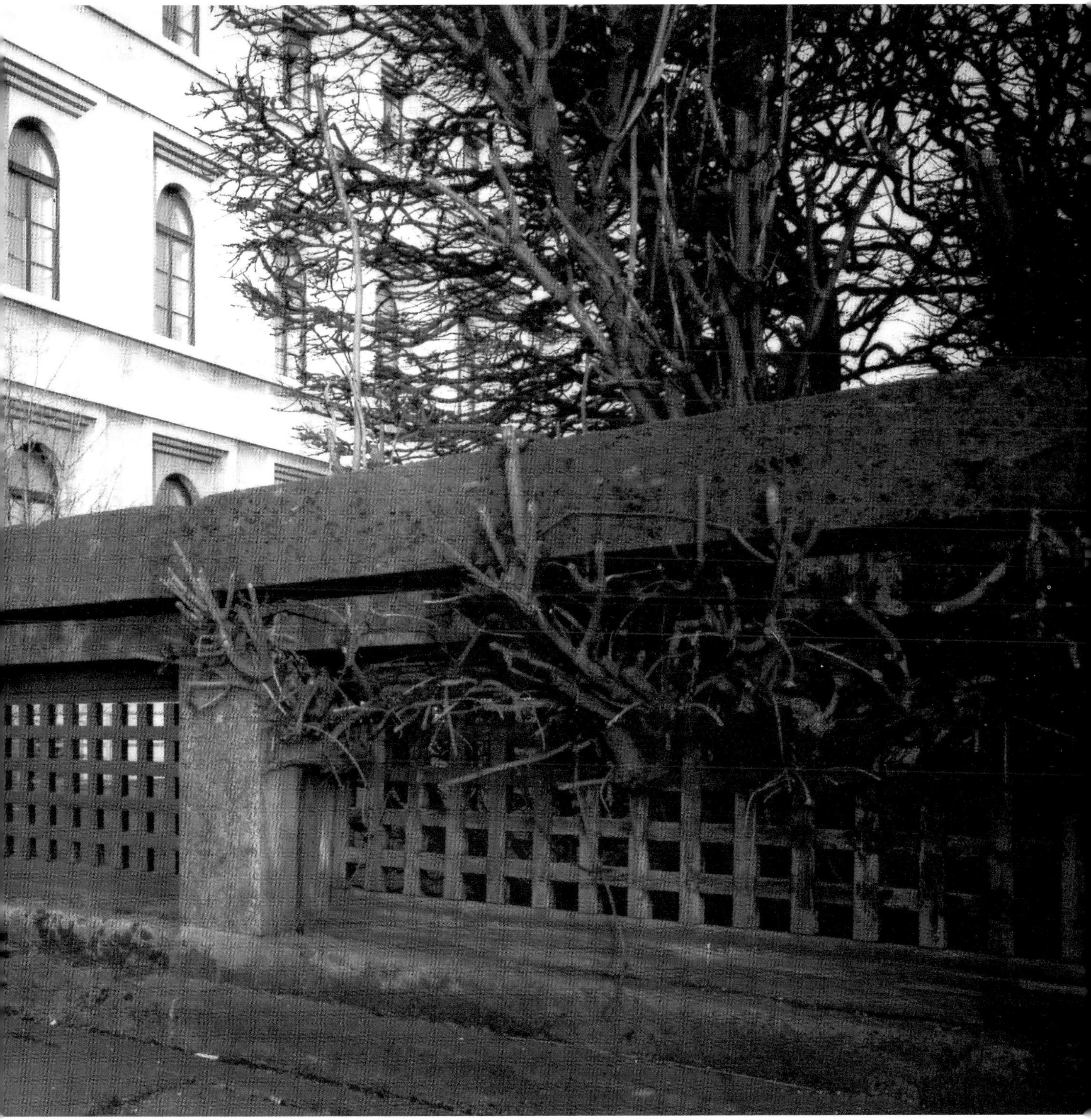

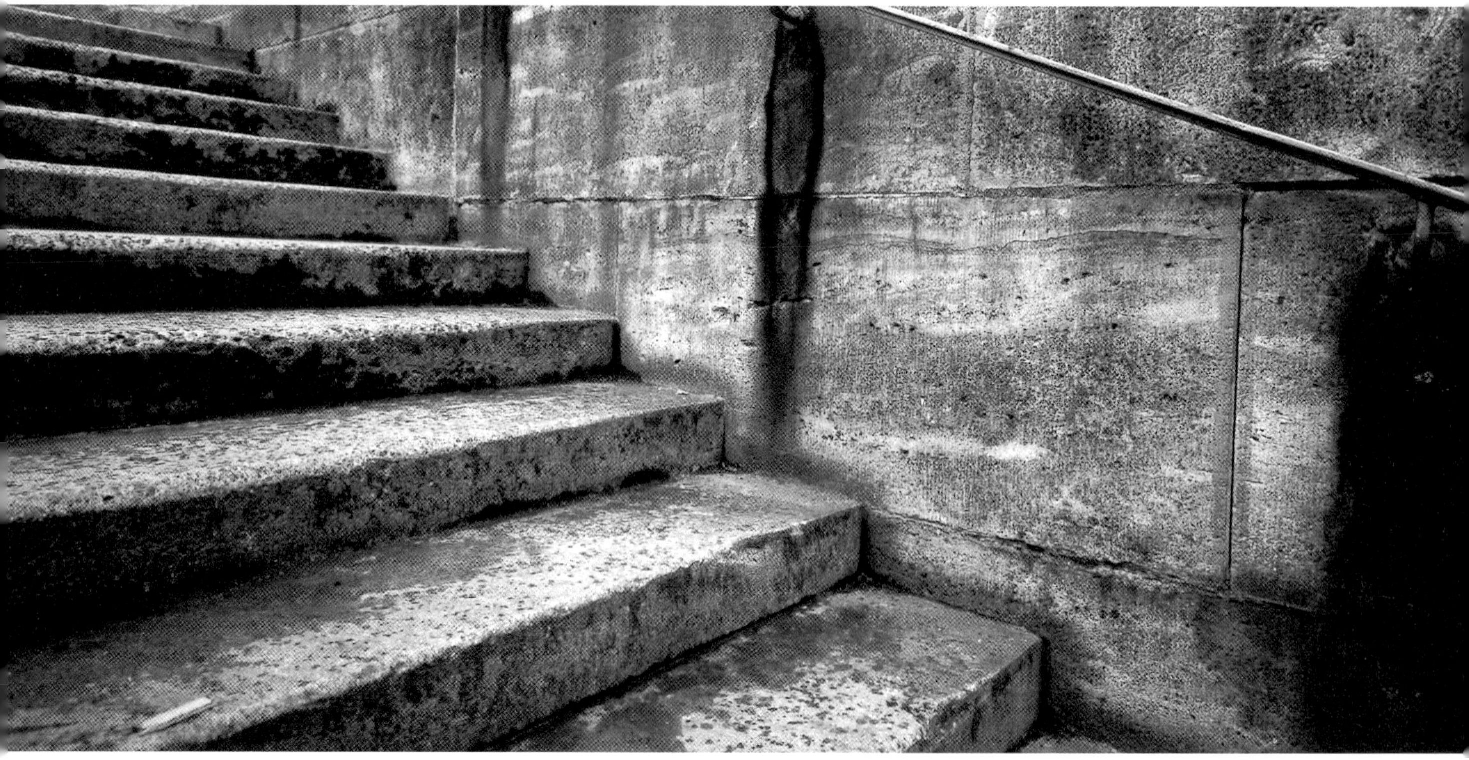

Julian Rosefeldt

Gras drüber

Zum Umgang mit dem NS-Erbe am Königsplatz 1945 bis 1995

Bilder, die sich einprägen: Dokumentarfilmaufnahmen von der Sprengung der »Ehrentempel« 1947, gedreht von den amerikanischen Sprengmeistern selbst. – Ein paar Sekunden lang stehen die mit Holzbohlen ummantelten marmorverkleideten Betonsäulen noch. Ein Radfahrer fährt vorbei – Schnitt – die gleiche Kameraperspektive: Niemand ist jetzt mehr zu sehen. Dann die geräuschlose Detonation. Die ersten Säulen knicken ein. Das Dach des »Ehrentempels« neigt sich zur Seite. In einer Wolke aus Rauch und Staub sackt das Stahlbetonskelett in sich zusammen. – Zu sehen waren diese Stummfilmaufnahmen im Münchner Filmmuseum im Oktober 1994 im Kontext einer Reihe von Originalfilmen über die »Hauptstadt der Bewegung«.

Zeitsprung: Mai 1945. Münchens Zentrum liegt in Schutt und Asche. Die beiden sogenannten »Führerbauten« und die den »Blutzeugen der Bewegung« (den beim Putschversuch 1923 Getöteten) geweihten »Ehrentempel« am »Königlichen Platz« haben – Ironie des Schicksals – die alliierten Bombardements nahezu unversehrt überstanden. Die gegenüberliegenden Museumsbauten Glyptothek und Antikensammlung sind schwer beschädigt.

Erst zwei Jahre später werden die beiden »Ehrentempel« gesprengt. Die Zerstörung dieser zentralen Kultstätte der Nationalsozialisten geschieht also nicht im Affekt, als spontane Geste des Triumphes über den besiegten Feind, wie etwa der Abriß der Kriegsruinen des »Braunen Hauses« auf dem Nachbargrundstück. Vielmehr ist die Sprengung eine wohlüberlegte politische Demonstration, Teil der von der verordneten Demokratie geplanten Beseitigung nationalsozialistischer Statussymbole, und reiht sich somit ein in die Serie von Entnazifizierungsmaßnahmen in den Jahren nach Kriegsende. (Heute mag manch einer hier an die vier Jahrzehnte nach und nach entfernten Lenindenkmäler im wiedervereinigten Deutschland denken.) Die weitgehend unversehrten Sockel der »Ehrentempel« werden bepflanzt. Über den verhaßten Kultort soll Gras wachsen. Heute überwuchern verwilderte »Ritzenbiotope« die ehemaligen Standorte der »Ewigen Wache«.

Die Kultstätten werden zerstört, die Verwaltungsbauten bleiben erhalten: Angesichts der akuten Raumnot und der desolaten Infrastruktur im zerstörten München beschließen die Amerikaner, die beiden Parteibauten am Königsplatz stehenzulassen und mit neuen Inhalten zu füllen. Der »Führerbau« – Ort des »Münchner Abkommens« – wird zunächst Hauptquartier der amerikanischen Besatzer. Später richten die neuen Hausherren dort eine der ersten demokratischen Bildungsstätten im Nachkriegsmünchen ein: das Amerikahaus, das heute seinen Sitz am benachbarten Karolinenplatz hat. Der ehemalige »Verwaltungsbau der NSDAP« wird zum »collecting point« für die Sicherung der Kunstbestände aus den im Bombenhagel zerstörten Museumsbauten der Umgebung. Kultur und Kunst treten das Erbe von NS-Kult und -Bürokratie an.

Zeitsprung: Vier Jahrzehnte später. Im Zuge einer technischen Sanierung wird im Winter 1986/87 ein Großteil des denkmalgeschützten Originalmobilars und der festen Einbauten aus dem ehemaligen NS-Verwaltungsbau, in dem mittlerweile die Verwaltungen verschiedener Museen und das Zentralinstitut für Kunstgeschichte untergekommen sind, entfernt und weggeworfen: Lampen, Tische, Stühle und Regale, auch Toiletten und Heizungsanlagen. Im Empfinden der älteren Generation der Nachnutzer sind die Gebäude offenbar nach wie vor beseelt vom Ungeist ihrer braunen Vergangenheit. Das Mobiliar – zweifellos gerade wegen seiner Geschichte als Zeitzeugnis erhaltenswert – wird in der Projektion dieser Emotionen und nicht etwa wegen seines etwaigen ästhetischen oder kunsthistorischen Unwerts zum corpus delicti und damit zum Gegenstand der »Geistervertreibung«. Erstaunlich, daß die Hinterlassenschaften der Nationalsozialisten noch 40 Jahre nach Kriegsende so heftige Reaktionen auszulösen vermögen (Die amerikanischen Zwischennutzer hatten sich problemlos mit dem Nazi-Inventar arrangiert). Es überrascht auch, daß die »Entholzung« gerade von Kunsthistorikern(!) gutgeheißen oder zumindest geduldet wird. Das Landesamt für Denkmalpflege erfährt nur zufällig von der Wegwerfaktion. So können im letzten Moment wenigstens noch Inventarlisten der erhaltenen Einrichtungsstücke angefertigt werden.

1987 wird der Königsplatz nach dem klassizistischen Vorbild der Planungen Klenzes wiederbegrünt. Der ehemalige nationalsozialistische Massenaufmarschplatz war den Münchner Stadtvätern schon lange ein Dorn im Auge: Als historischer Schandfleck im Stadtbild der »Weltstadt mit Herz« störte der zum Parkplatz mutierte »Plattensee« ihrer Meinung nach die museale Atmosphäre des Ortes. Die ausgerechnet hier stattfindenden militärischen Feierlichkeiten zum alljährlichen »Zapfenstreich« waren anderen Kritikern Grund genug, die Beseitigung des Granitplattenbelags zu fordern.

In der Festschrift zur Fertigstellung des neuen/alten Königsplatzes schreibt Oberbürgermeister Georg Kronawitter am 30. Mai 1988: »Wenn nun endlich über den Königsplatz nach Jahren des Erörterns und Planens anstelle des ›Plattensees‹ unseligen nationalsozialistischen Angedenkens wieder Gras wächst, dann hat sich das lange Warten am Ende doch gelohnt: Ein einzigartiges städtebauliches Juwel erstrahlt in altem Glanz neu.« – In der Tat: Gras ist hier einmal mehr über Geschichte gewachsen. Wenige Orte im Nachkriegsdeutschland dokumentierten den totalitären Machtapparat der Nationalsozialisten so eindrucksvoll und abschreckend wie der megalomane faschistische Kultfeierort. Am Königsplatz wurde eine Chance vertan. Einen Wettbewerb, in dem man Historiker, Politologen, Architekten und Künstler dazu hätte auffordern können, sich mit dem »kontaminierten« Areal auseinanderzusetzen, hat es nicht gegeben.

Zwei Jahre später, 1990. Diesmal wird zum Architektenwettbewerb eingeladen. Untersucht werden sollen die beiden gegenüberliegenden Grundstücke an der Brienner Straße zwischen den ehemaligen »Führerbauten«, die Standorte der überwucherten Fundamente der »Ehrentempel«. Musikhochschule und Ägyptische Staatssammlung, beides Nachnutzer der Parteibauten, benötigen dringend mehr Raum. Die angrenzenden Freiflächen werden zur Disposition gestellt. Seit der Sprengung der »Ehrentempel« sind deren stehengebliebene Sockel in den Augen der Münchner Stadtkosmetiker unerwünschte Relikte, ein Makel an dieser bis zur Umgestaltung durch die Nationalsozialisten ehemals so harmonisch proportionierten Torsituation zwischen Königs- und Karolinenplatz.

Sollte hier die Gelegenheit genutzt werden, sich durch die Errichtung von Neubauten an diesem Ort auch gleich der unliebsamen braunen Hinterlassenschaften zu entledigen und so den Schaden, den die Gründung des NSDAP-Forums dem Stadtbild zugefügt hatte, wieder ein Stück weit zu reparieren? (Der Architekt Stephan Braunfels, der derzeit den Bürobau für die Bundestagsabgeordneten im neuen Berliner Regierungsviertel plant, schlägt etwa zur gleichen Zeit vor, das renovierungsbedürftige »Haus der Kunst« an der Prinzregentenstraße abzureißen.) Auslobung und Ergebnis des Wettbewerbs sind eine einduckvolle Demonstration der Unsicherheit im Umgang mit Zeugnissen des nationalsozialistischen Kapitels der Münchner Stadtgeschichte. Die Resultate dokumentieren einerseits, wie mangelhaft die Teilnehmer von seiten der Auslober über den Ort und seine Geschichte informiert wurden (Die Existenz der unterirdischen Verbindungsgänge zwischen

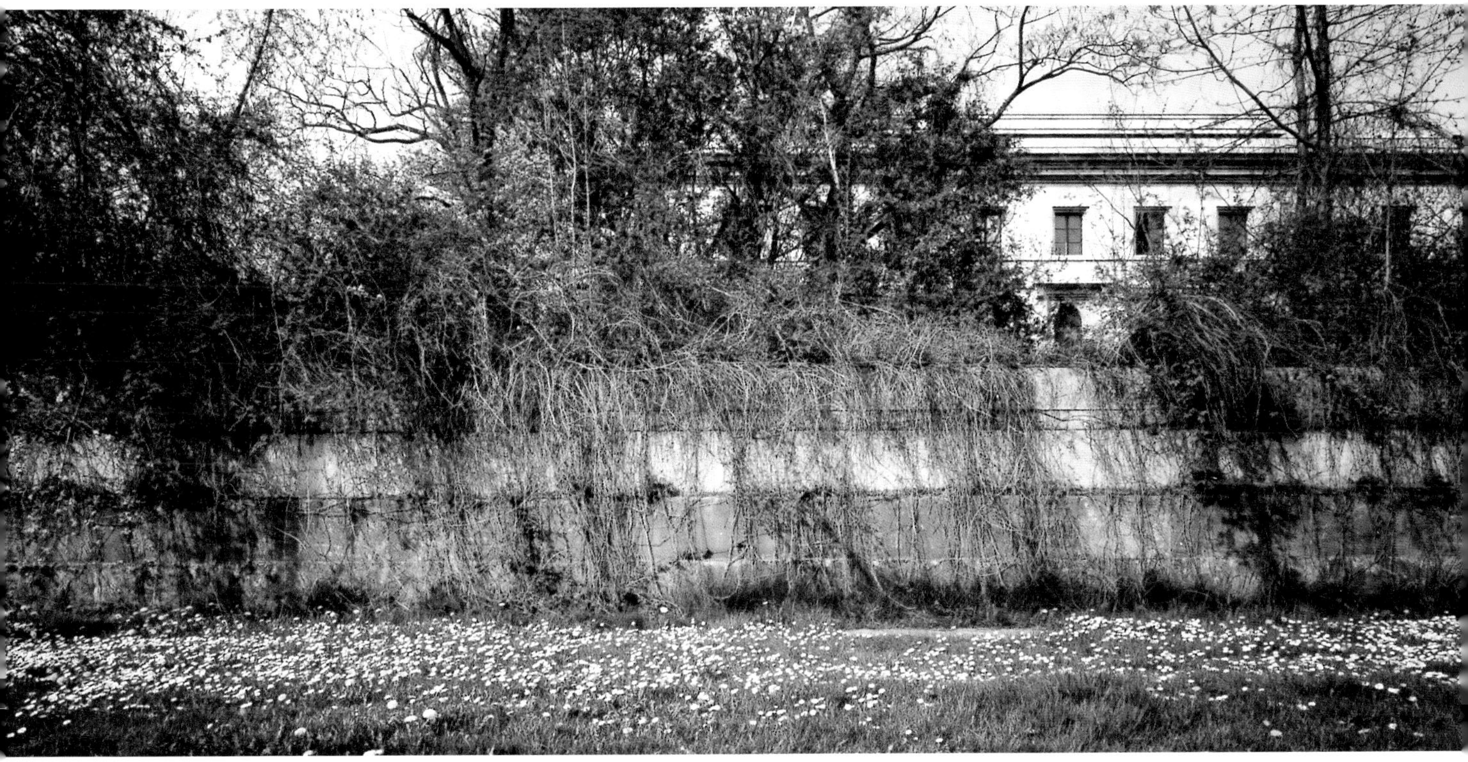

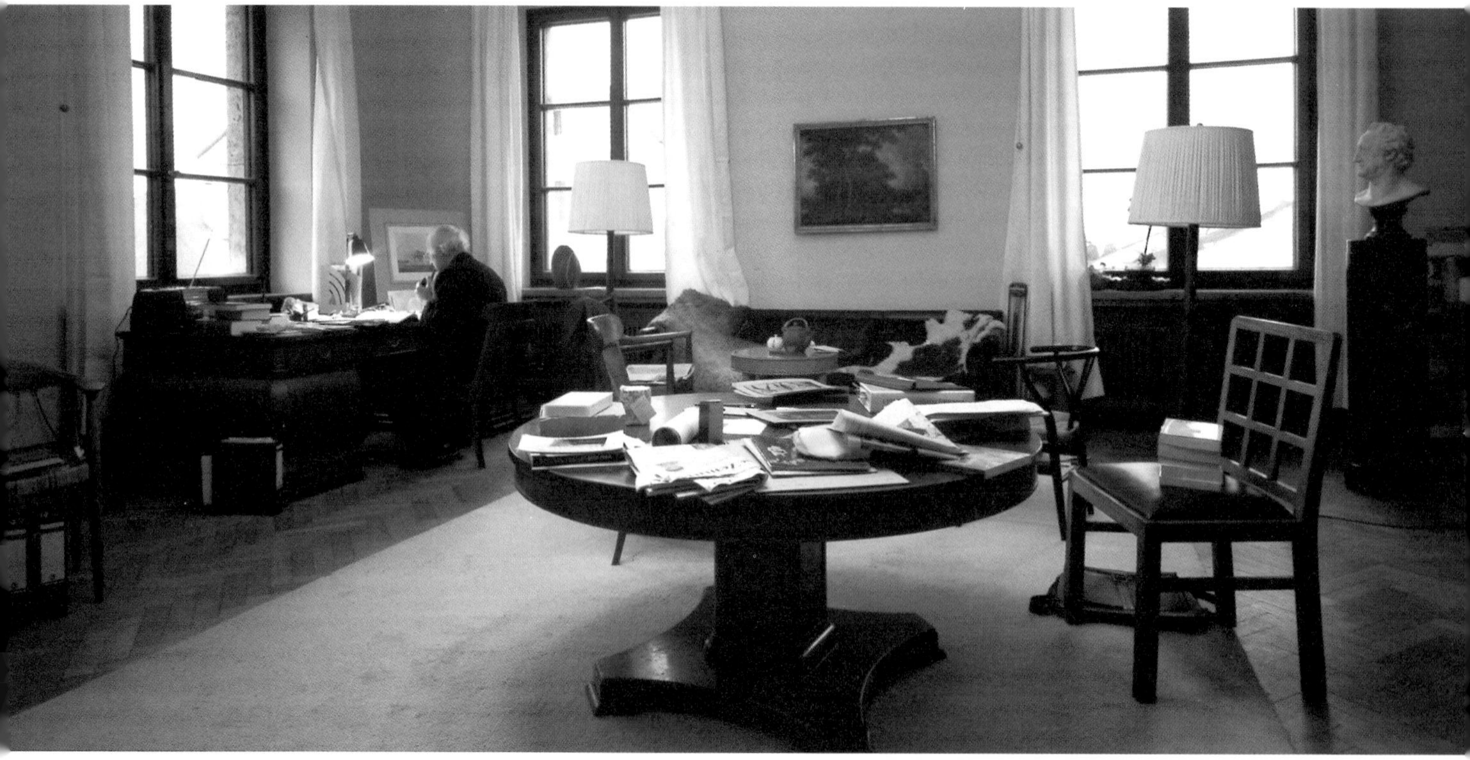

Julian Rosefeldt

den »Führerbauten«, die unter dem Wettbewerbsareal hindurchlaufen, wurde beispielsweise im Auslobungstext überhaupt nicht erwähnt und erst später – auf Drängen eines ortskundigen Wettbewerbsteilnehmers – bekanntgegeben). Andererseits zeigen die meist nur nach formalen und stadträumlichen, nicht aber nach denkmalpflegerischen Kriterien bearbeiteten Bebauungsvorschläge, wie erschreckend wenig sich die Architekten offenbar mit der Problematik des Areals auseinandergesetzt hatten.

Immerhin – der Wettbewerb löst in Fachkreisen kontroverse Diskussionen aus: Darf/soll an diesem Ort überhaupt gebaut werden? Besteht die Gefahr einer Mystifizierung? Könnten die Ehrentempelfundamente gar zu einer neuen Kultstätte der Neonazis werden, falls sie nicht aus dem Stadtbild verschwinden? Der eigenwilligste Einwand gegen eine Bebauung der überwucherten Sockel kommt von seiten der Naturschützer: Im Auslobungstext findet sich eine drei Seiten lange Auflistung der Pflanzenarten, die in den schützenswerten »Ritzenbiotopen« heimisch geworden sind.

Als Biotop also sind die Fundamente schützenswert – nicht als Zeitzeugnis? Die verwilderten Ehrentempelsockel sollten erhalten bleiben: als Dokument der nationalsozialistischen Vergangenheit Münchens, als Faktum; in ihrem grünen Tarnkleid auch als Zeugnis des hilflosen Versuches der Nachkriegsjahre, sich von der Erinnerung an dieses Kapitel Münchner Stadtgeschichte schnellstmöglich zu befreien.

Zeitsprung: Juli 1995, drei Monate vor Erscheinen der vorliegenden Publikation. Eine Ortsbegehung: Kein Schild auf dem Königsplatz, keine Tafel an den ehemaligen »Führerbauten« deutet auf die Geschichte des Bürokratie- und Kultzentrums der NSDAP hin. Es gibt keinen Hinweis auf den Standort des »Braunen Hauses« – der »Keimzelle« des Parteizentrums – oder auf die zahlreichen Ex-Parteigebäude. Wo residierte die »Oberste SA-Führung«, wo der »Stab Heß«? Wo war der Sitz des »Obersten Parteigerichtes der NSDAP«, wo die »Reichspressestelle« untergebracht? Fragen, die an diesem Ort bis heute nicht beantwortet werden. Die Geschichte des Königsplatzes scheint mit dem Datum der Inschrift auf der Tafel zu enden, die an der Außenwand der Glyptothek angebracht ist: »Erbaut... von Leo von Klenze 1816–1830«.

Einziges Denkmal in der Umgebung: Der »Platz der Opfer des Nationalsozialismus«, in der Nähe der ehemaligen Gestapo-Zentrale, 500 Meter vom Königsplatz entfernt. Eine Verkehrsinsel, die keine Postanschrift hat. Die nationalsozialistische Vergangenheit Münchens wird – abgesehen von einigen kaum wahrnehmbaren Gedenktafeln (Stadelheim) – vor den Toren der Stadt am Opferort Dachau festgemacht. Wie aber hält man die Erinnerung wach an den Orten der Täter? Über die Einrichtung eines Dokumentationszentrums, vielleicht in den leerstehenden unterirdischen Gängen, Keller- und Bunkerräumen unter den ehemaligen »Führerbauten« und den »Ehrentempel«-Fundamenten, sollte nachgedacht werden. Die zu schaffende Institution wäre ein Pendant zur Dauerausstellung »Topographie des Terrors« auf dem ehemaligen Gestapo-Areal in Berlin oder zum Informationszentrum auf dem Reichsparteitagsgelände in Nürnberg.

Der Platz, an dem in Massenaufmärschen Tausende dem menschenverachtenden Kult eines todbringenden Terrorregimes ihre Ehrerbietung bezeugten, verlangt nach einer solchen Einrichtung. Auch die »Täterorte« müssen in unserem Stadtbild präsent bleiben. Ohne Täter hätte es keine Opfer gegeben.

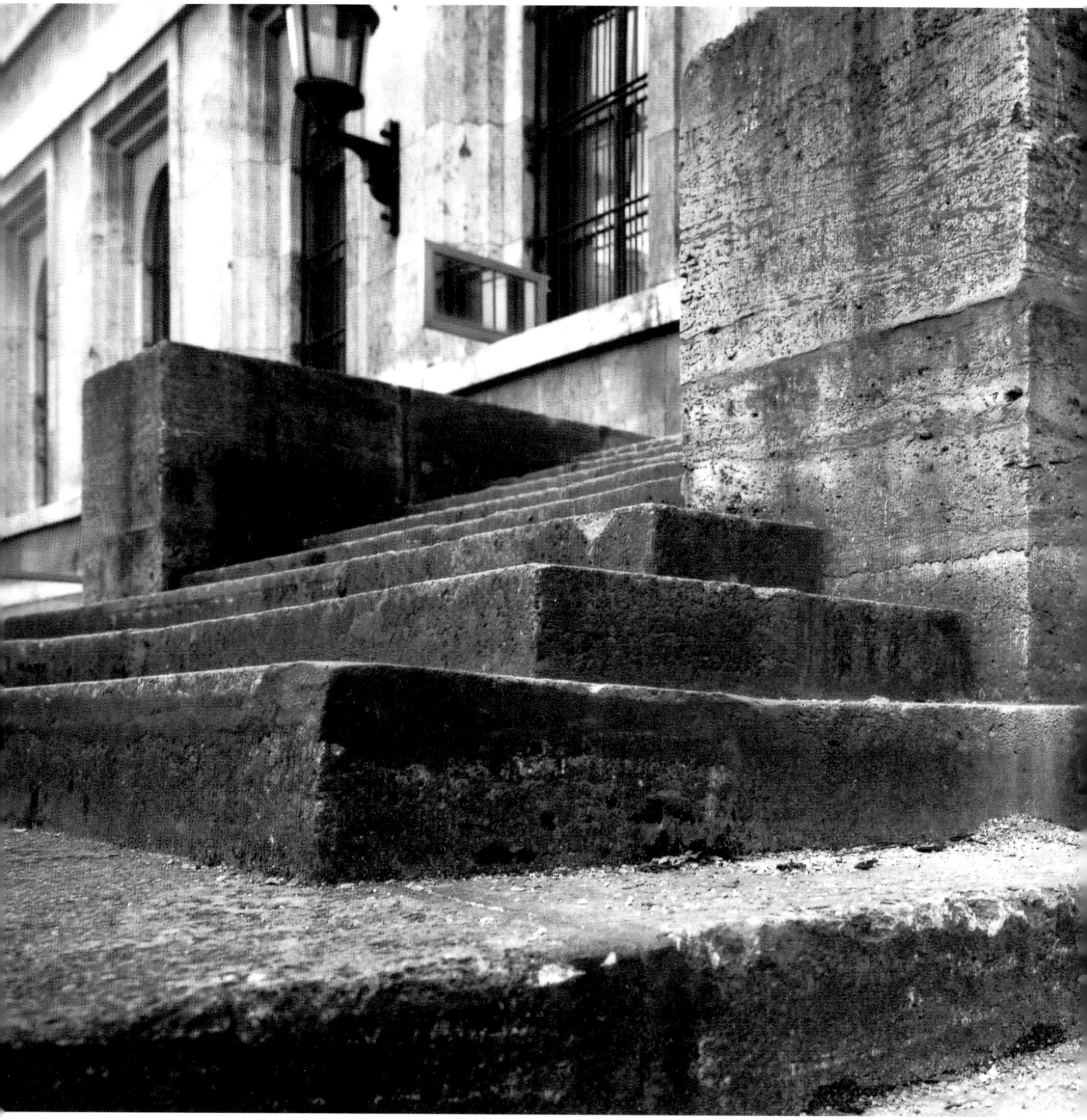

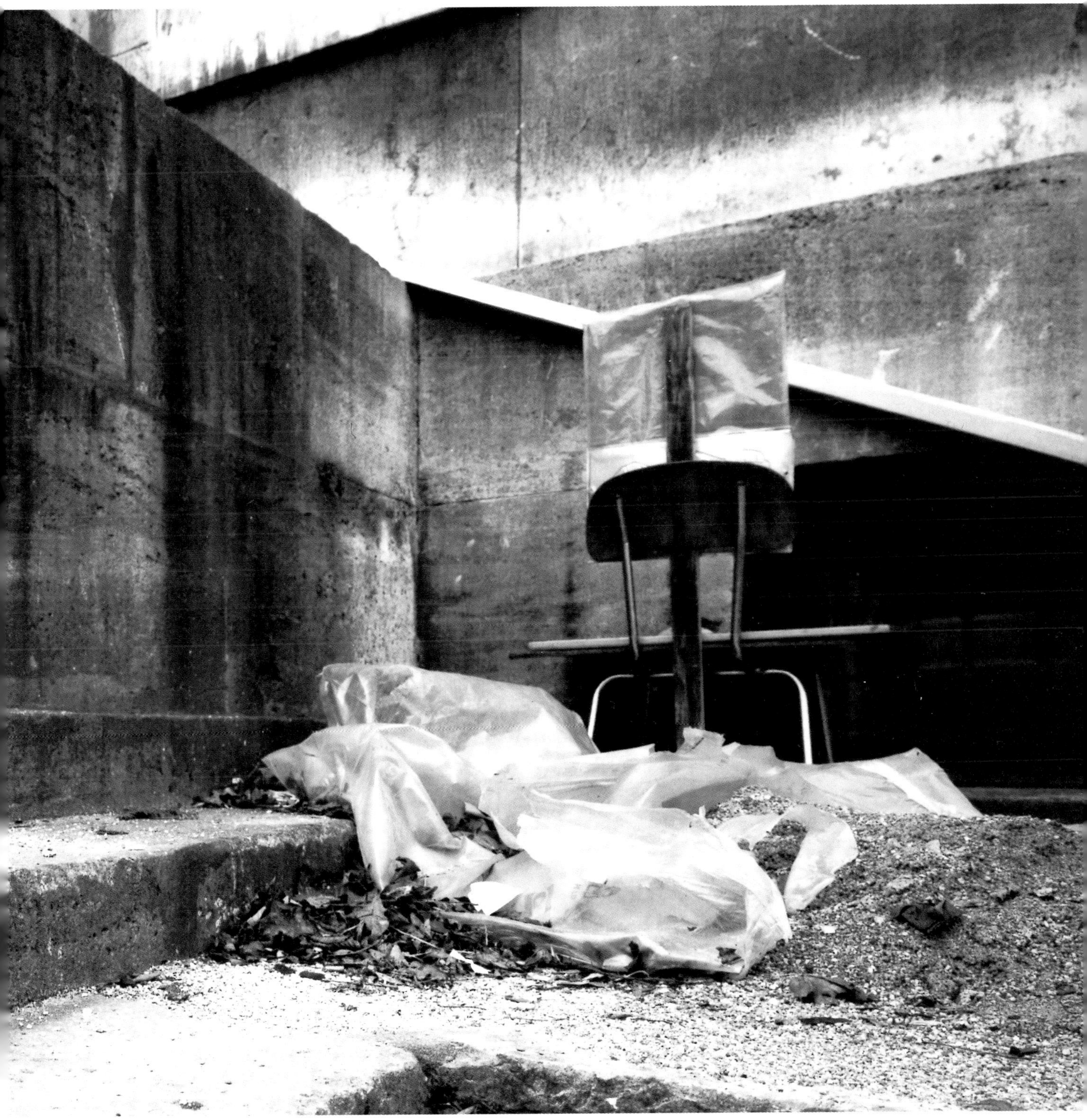

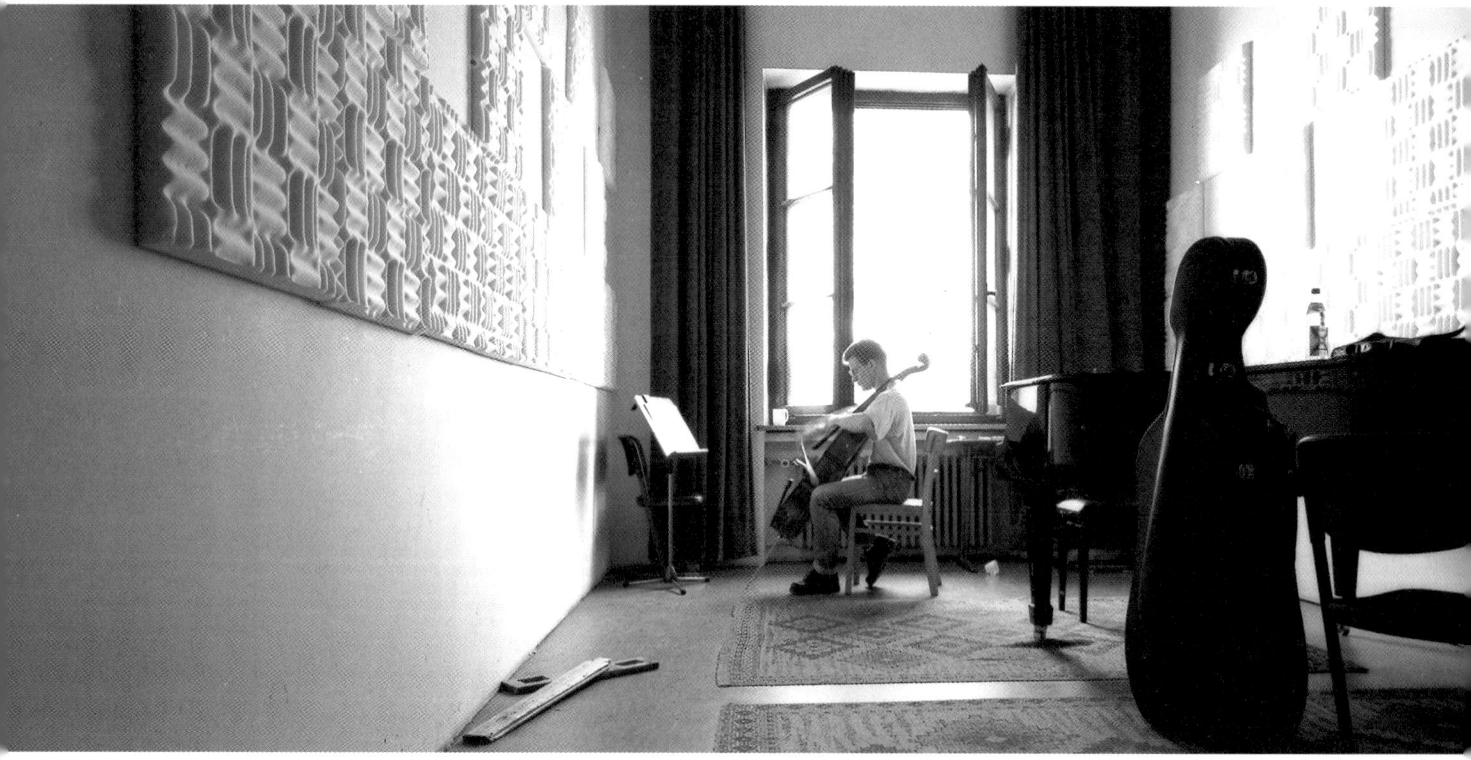

Manfred Sack

Glück mit einem Trampelpfad
Ein Besuch auf dem Königsplatz

Beim allerersten Mal, als ich den Königsplatz in München sah, dachte ich: Welch eine Zeit, die sich ein Bauwerk wie die Propyläen allein um des Bauwerks und des Platzes willen, an dem es thront, geleistet hat; die nicht lange gefragt hat – wen sollte sie auch fragen –, wozu das teure Tor nütze sei, wenn man es doch bequem umgehen kann, wenn niemand das Hinaus und Herein und umgekehrt kontrollieren wollte, wozu auch, da es hier nichts zu kontrollieren gab auf dem Weg von München »gegen Nymphenburg«: ein großes repräsentatives, bedeutungsvolles, vollständig überflüssiges Gebäude...Wenn man nachliest, ist freilich auch klar, daß diese idealische Demonstration eines historisch verklärten ästhetischen Bedürfnisses am Ende auch eine politische Huldigungsadresse an das vergötterte Griechenland, genauer: an die antike Baukunst war, noch genauer: ihrer Beschwörung für den bayerischen Griechenkönig Otto diente.
Eine eigenartige Geschichte von einem Prinzen, der von Griechenland, Rom und Kleinasien schwärmte, seine Sachverständigen aussandte, um Kunstwerke zu sammeln, zu erwerben und (so wie eine Antikensammlung aus Paris) nach München zu schaffen, und der ein Museum dafür bauen ließ, die Glyptothek. Nicht genug damit, hielt ihr Architekt auch gleich ein Vis-à-Vis für dringlich und zur Vollendung des gefaßten Platzes die Propyläen für notwendig. Alles das wurde, unter welchen enormen, jahrzehntelang sich erhitzenden Streitigkeiten, Eifersüchteleien, Querelen dann auch immer, nicht nur entworfen, verworfen, neuerlich gezeichnet, sondern tatsächlich gebaut. Dabei entstanden eben nicht nur ein Schmuck- und zwei Nutzbauten, sondern ein Platz.

An keinem Beispiel ließe sich besser erläutern, was einen Platz zum Platz macht: seine Fassung. Ein Platz ohne architektonische Fassung, wie ärmlich auch immer, wäre nichts weiter als eine Fläche, undefinierter Raum. Um aus einer Fläche einen Raum zu machen, genügten auch Bäume in strenger Ordnung, auch Hecken, wenn Größe und Dichte in einem richtig proportionierten Maßstabsverhältnis zum Ganzen stünden – trotzdem bleibt das einprägsamste Charakteristikum des Platzes die ihn umgebenden Gebäude. Seine Bedeutung mißt sich an der Bedeutung der Fassaden, ihrer Kraft und ihrer Qualität.
Plätze bilden in der Stadtmusik die langen Pfundnoten, manchmal auch die Pausen, aber auch diejenigen Stellen, die, vor allem in Solokonzerten, für Kadenzen eingerichtet sind, sagen wir für Improvisationen. Im Jazz wäre hier also Ort und Zeit für die Soli, in denen sich die Musiker abwechseln. Kurzum: auf Plätzen ist Leben, und deshalb empfiehlt man diejenigen als die städtischsten, auf denen es am lebendigsten zugeht.

Aber auf dem Königsplatz? Er war niemals ein quirliges Terrain. Auf einem Bild des Photographen Georg Pettenkofer von 1905 sieht man eine Anzahl artig gekleideter Sonntagsspaziergänger vor Fahnen und Girlanden irgendeines Festes, die sich trostlos bemühen, dem Ort einen Anschein von Lust und Lockerheit zu geben. Aber Trubel? Nicht die Spur! Nie hätten die Platzerfinder auch daran zu denken sich erdreistet. Der Königsplatz war von jeher ein feierlicher Platz, und am donnerndsten war er das, als er für Aufmärsche, Vorbeimärsche, Versammlungen mit Granitplatten ausstaffiert worden war, in der Nazizeit. Selbst heutzutage, da wieder Gras auf ihm wächst, spürt jedermann wenigstens unbewußt die Aufforderung zu maßvollen Bewegungen, artigem Betragen und distinguiertem Sprechen. Kein Geschrei! Kein Gerenne! Nach Kräften vollständige Kleidung! Das Verzehren von Butterbroten unerwünscht! Und natürlich gehört dazu

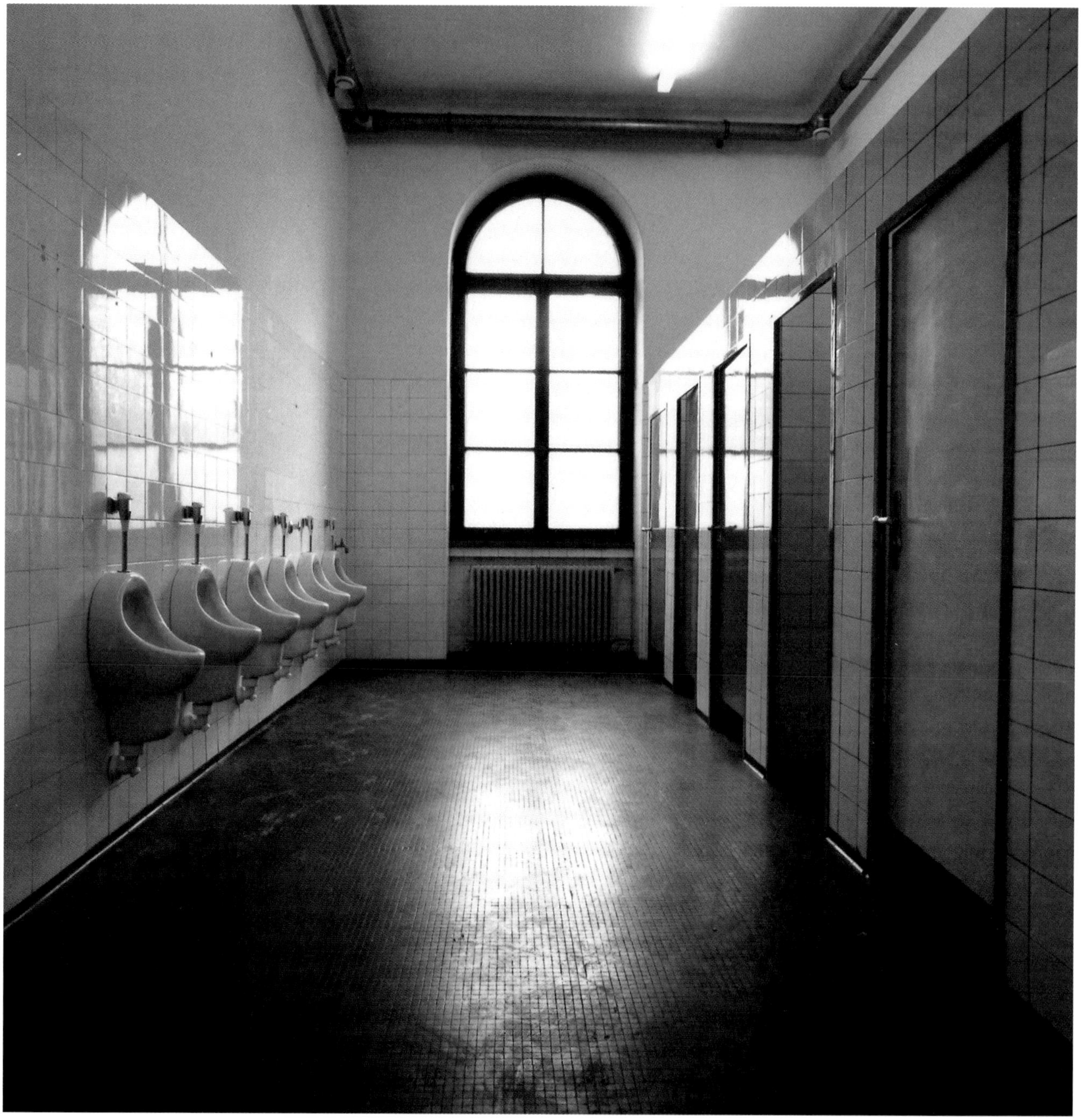

der unausgesprochene Respekt vor den Kanten der Rasengevierte. Zwar mangelt es daran, wie wir sehen werden, und trotzdem: Es gibt wenige Plätze wie diesen, die das Verhalten seines Publikums so nachhaltig beeinflussen wie er.

Wie denn auch anders! könnte man einwenden: Wer kommt schon in die Verlegenheit, ihn zu betreten? Nun gut, es sind Leute von meistens weither, die es in die Glyptothek und in die Antikensammlung (und ins Lenbachhaus natürlich auch) zieht und die, der Kunstsinn ist ohnehin geschärft, ein Auge für die Architektur, für die Konturen des Platzes haben. Und es sind TU- und Musikstudenten sowie wissenschaftliches Personal, die aus dem U-Bahnhof Königsplatz emporsteigen und dann den Platz streifen oder überqueren müssen. Kein Laufpublikum. Keine Flaneure. Der Königsplatz ist ein stiller, selbst bei leichter Belebung leer wirkender Platz, auch den Autos zum Trotz, die den Platz in Rudeln, wie sie sich an den Ampeln bilden, durchfahren.

Vor allem ist der Königsplatz ein sehr erhabener Platz. Die Erhabenheit ruht weniger in ihm selber als in den Gebäuden, die an ihm paradieren und sich deshalb in die Brust zu werfen haben. So hatten es Ludwig I. und Leo von Klenze und dann eben auch Georg Friedrich Ziebland, der Architekt der Staatlichen Antikensammlung, doch auch gewollt: einen Kunst-Tempelbezirk, den Blick von Anfang an und ganz konzentriert auf Athen gerichtet, auf die Alten Griechen, dieses, schrieb Klenze, »für paßliche Wahrheit mit so tiefem Gefühl begabte Volk«. Und sein Ludwig wollte hier auch »nicht Zierlichkeit, sondern gediegene Größe«. Beider Ziel war eine monumentale architektonische Antikendemonstration, und ihr Zweck »eine Steigerung des Lebensgefühls«, mehr: »eine erzieherische Wirkung auf das Volk« der Bayern, wie Klenzes Monograph Oswald Hederer uns wissen läßt.

So ungefähr dachten, wenn auch ungleich platter und machtlüsterner, die Nationalsozialisten, die wie alle Diktatoren der Moderne diesen Hang zum vergröberten Neo-Klassizismus pflegen, diese eigenartige Verknüpfung der Macht mit Säulen, Giebeln, Sockeln – so war es bei den Gründerzeitpotentaten, so war es bei Stalin, so bei Hitler, so auch beim späten Mussolini, so bei allen Institutionen, die die angemaßte oder faktische, auch die demokratische Macht zur Schau zu stellen lieben, in Kapitolen und Hohen Gerichtshöfen, in Kurpalästen, Museen, Ministerien, Staats- und Stadttheatern, in Kirchen, Börsen und Banken, je stolzer, desto gewaltiger. Der antike Tempel als Respekt-Bautyp taugt erstaunlicherweise für vieles.

Vor allem als Demokrat bemerkt man, kaum steckt man den Kopf aus dem U-Bahnhof am Königsplatz, diesen immer ein wenig unheimlichen Ehrfurchts- und Machtgebärdentrieb der Staatsgewalt und ihre pädagogisch verbrämte Devise. Man spürt es noch viel deutlicher, wenn man vom Karolinenplatz, diesem zum Verkehrsverteiler ernüchterten Rondell kommt und sich, noch ehe man den Königsplatz unter den Füßen hat, von dessen Symmetrie umarmt fühlt. Irgend etwas aber fehlt als Entree, als Pendant zu den Propyläen, das es doch einst gegeben hat. Zuerst waren es die beiden behäbigen palladianischen Palais von Karl von Fischer und Joseph Höchl, dann die beiden »Ehrentempel«, deretwegen sie kurz nach dem Machtantritt der Nationalsozialisten beseitigt wurden. Nirgendwo anders hätten sie ihre Wirkung so streng und stramm entfalten können wie hier, an diesem von ihrem Architekten Paul Ludwig Troost instinktsicher gewählten Ort beiderseits der Briennerstraße, Ecke Arcis- und Meiserstraße. Und mit derselben gespenstigen Sicherheit hat Troost dann nördlich den Führerbau (darin heute die Musikhochschule) und südlich den Partei-Verwaltungsbau (heute mit dem Zentralinstitut für Kunstgeschichte) angefügt und sich dabei mit berechnender Penibilität an die äußeren Maße der beiden klassizistischen Museen gehalten: nicht länger, nicht kürzer als sie, absolut maßgerecht, in ihrem Ausdruck zugleich unübersehbar selbstbewußt und angepaßt, das Pathos etwas grob, im Ganzen auf ungeschlachte Weise neoklassizistisch. Troosts Auftrag hatte ja nicht geheißen, eine Anzahl von Parteibauten in der Nähe des Königsplatzes zu entwerfen, sondern den Platz selber zu einem »Forum der Partei« umzugestalten. Und so war der Platz zu seinem Granitplattenbelag gekommen und mit raffinierter Beiläufigkeit auch zu einem neuen Namen: Aus dem Königsplatz war ein »königlicher Platz« geworden – merkwürdige Camouflage.

1988 hat man dem Platz nach unendlichen Überwindungen die Platten genommen und wieder Gras gepflanzt, so wie früher auf vier Feldern zwischen den beiden Museen und zweier daneben. Es war zugleich der Versuch, dem Platz etwas von seiner bitterlichen Strenge zu nehmen und ihm statt dessen einen Zug ins Bürgerliche, eine Wendung zum Gelassenen zu geben – beziehungsweise zu trampeln.
Es gibt tatsächlich einen Trampelpfad. Ihn nun gleich für das Zeugnis einer demokratischen Lässigkeit zu halten, mit der die klassische Ordnung überspielt werden solle, wäre blanker Unsinn: darin steckt kein liberaler, nur ein liederlicher Geist, reine Bequemlichkeit. Wer genauer hinschaut, bemerkt jedoch auch ein leises Zögern; denn dieser eine Trampelpfad durchquert ja merkwürdigerweise nicht zwei, geschweige alle Gevierte zwischen den beiden Musentempeln, sondern nur eines, das nordöstliche.
Wie das? Man kann vermuten, daß Studenten sich diesen schmalen Pfad durchs Gras getreten haben – interessanterweise jedoch nicht streng, sondern nur ungefähr diagonal. Denn etwa in der Mitte beschreibt er eine leichte Krümmung nach Norden, ehe er die Richtung wieder aufnimmt und sich dann präzise an der Ecke im Kies verläuft. Dieser minimale Schlenker aber gibt dem Pfad seine eigenartige Eleganz. Freilich ist noch etwas anderes merkwürdig; denn der Pfad sitzt ja nicht genau in der südwestlichen Ecke an, sondern ein wenig darüber, was wiederum nicht unbedingt mit der abgelatschten Ecke des Nachbargevierts korrespondiert: Das eine geht nicht direkt ins andere über, es hat auch nichts mit dem anderen zu tun. Das heißt, daß diese Ecke von anderen Passanten niedergetreten worden ist als von den Studenten, wohl von Glyptothek-Besuchern, die die Ungeduld getrieben hat. Es ist übrigens die am meisten ausgetretene Ecke. Offenbar ist das so: Wer den U-Bahnhof Königsplatz verläßt, empfindet anfangs noch eine starke Aufforderung, sich an die Wege zu halten, wozu ihm ein Knöchelhoher Zaun nötigt, bis jenseits der Straße die Ungeduld zunimmt und er die Ecke niedermacht und den Trampelpfad sucht.
Es gibt wie gesagt nur den einen diagonalen Trampelpfad – und dennoch findet man noch eine andere, allerdings rätselhafte diagonale Bewegung über den Rasen. Es ist eine über zwei Rasengevierte führende Rinne, ungefähr zehn Zentimeter breit. Sie setzt in der Voute des (südöstlichen) Rasenquadrats vor dem Antikenmuseum an, führt schnurgerade bis in die Ecke des Quadrats östlich daneben und endet exakt an der Meiser-, Ecke Brienner Straße. Was mag ihr Inhalt sein?

Abends im Dunkeln, wenn sich Menschen nur noch selten hier verlieren, wird die Begegnung mit dem Platz und seiner Gebäudepracht geheimnisvoller und intensiver. Man entdeckt, was zwar nicht verborgen ist, aber im Vorübergehen meist unbemerkt bleibt. Warum ist die vierte Ädikula an der östlichen Marmorfassade der Glyptothek leer? Und warum die dritte von links an der Südwand? Wer steht in den anderen? Muß man es wissen? Schon wird man abgelenkt, von den Fallrohren für das Regenwasser, gleich neben dem Pilaster, und wie die Blitzableiter über das schräge Gesims das Dach erklimmen. Das Schönste im Dunkeln aber ist der zauberisch angestrahlte Portikus der Glyptothek. Man betritt ihn über neun Treppenstufen, die in den dreistufigen Sockel eingefügt sind. Man bestaunt das kräftige Relief des Dachgebälks; man zählt die zwei Reihen stämmiger, glatter, bauchloser Säulen und nimmt die flachen ionischen Kapitele zur Kenntnis; die Augen tasten sich an den unglaublich hohen Bronzetüren empor: Ob es schwer ist, sie zu öffnen?

Und gegenüber die staatlichen Antikensammlungen? Es ist, als folge der amtliche Plural der mächtigen Freitreppe, die dem Besucher an allen drei Seiten der Vorhalle nicht neun, sondern zweiundzwanzig Stufen aufbürdet. Doch das ist auch

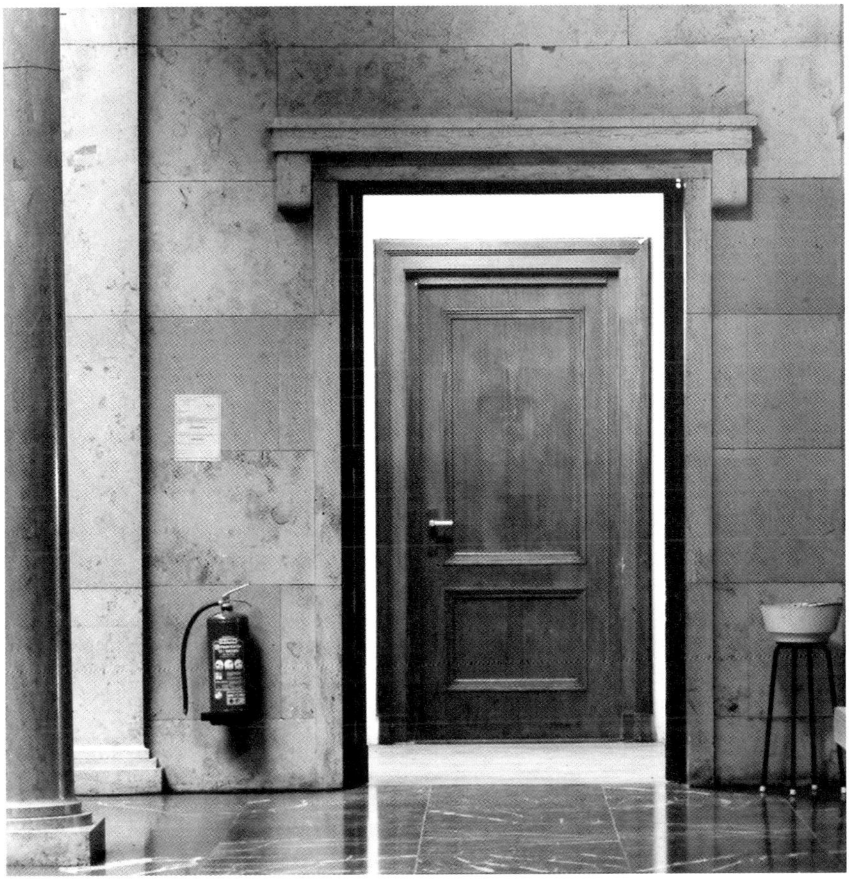

der einzige Luxus dieses Tempels, denn des Architekten Georg Friedrich Zieblands Bauwerk ist strenger, auch zurückhaltender, wenn nicht ärmlicher als sein berühmteres Vis-à-Vis. Am schmalen Portikus nur eine Reihe von acht Säulen, freilich kannelliert und mit korinthischen Kapitellen unter der simpel quadrierten Decke, dahinter im nämlichen Stil zweimal zwei glatte Pilaster von der Art, wie sie die ärmlichen flächigen Steinfassaden der beiden Seitenflügel gliedern. Warum mag der Sockel so viel höher sein als der der Glyptothek? Liegt es daran, daß der Platz sich nach Süden neigt? Ist es der Ehrgeiz eigener Respektentfaltung? Will der Bau damit wettmachen, was ihm an Glanz fehlt?

Und nun zu den Propyläen. Ich habe sie auch im Dunkeln durchschritten. Doch da das abwärts gerichtete Kunstlicht das zauberhafte Rot der Decke verschluckt, bin ich anderntags wiedergekommen. Welch ein Rot! Aber auch welch eine symbolische Pracht. Und welche Antikenseligkeit: diese zwölf kannelliert dorischen Portikussäulen auf dem dreistufigen Stylobat; diese sechzehn Säulen in der breiten, tiefen, offenen Torhalle; zehn mehr als in den Athener Propyläen; dieses Treppauf, Treppab. Und wie überraschend, daß die mittlere Durchfahrt gar keine war, sondern ein Durchgang, und es damit zeigt, daß der viel schmaler ist als die Kutschenpassagen daneben in den Türmen. Wem aber mögen die Hausnummern 228 (Nordturm) und 229 (Südturm) dienlich sein? Wessen Wohnung sollen wir da vermuten? Empfängt dort jemand Post?

Wir wenden uns um und bemerken, daß – vom Obelisken auf dem Karolinenplatz einmal abgesehen – das Gegenüber fehlt. Hastig eliminierte Geschichte? Zuerst geschah es um der beiden »Ehrentempel«, dann um des Vergessens willen. Geblieben ist nach der Sprengung ein flaches Plateau rechts, ein etwas höheres links. Schon beginnt man, die beiden neoklassizistischen Nazibauten daneben allein ihres Daseins wegen zu schätzen; angenehm zu wissen, daß sie auf vernünftige Weise genutzt werden. Hitler liebte klassische Architektur, Hitler war ein Tyrann, also, fragte der Neoklassizist Léon Krier, sei klassische Architektur wie die von Troost tyrannisch? »Über solche Gleichungen« antwortete er sich selbst, »kann man nur lachen« – doch der Versuch, »die Vergangenheit zu bewältigen«, machten sie zu moralischen Imperativen.

Schon klar, daß wir beim Betrachten dieser beiden stehengebliebenen, nahezu identischen NS-Bauwerke am Königsplatz einen Zwiespalt empfinden, selbst im Innern, wenn wir uns dabei ertappen, die Oberlichthallen mit den Treppenläufen nicht unsympathisch zu finden, nicht erniedrigend, sondern, sagen wir: eine Raumlust weckend.

Wieder an der Briennerstraße, da, wo die »Ehrentempel« standen und hinüber zu den Propyläen blickend, denkt man: Wirklich, nicht schlecht, der Rasen. Und die schiefergetretenen Ecken. Und der ungewollt elegant gekrümmte Trampelpfad. Sind sie nicht Zeugnis genug dafür, wer wir sind, wie wir sind, daß wir offenbar verstehen, mit der Klassik, in welcher Version auch, zurechtzukommen? Der Königsplatz wird niemals ein turbulenter Platz sein – wie auch, da sich nirgendwo ringsum die städtische Stadt ereignet und nur Hausmeister in der Nähe wohnen. Dann und wann aber spüren Veranstalter den Reiz des Platzes und ergreifen Besitz von ihm, etwa wenn hier zur Geburtstagsfeier des siebzigjährigen Atheners Mikis Theodorakis an einem Sommerabend ein Festkonzert unter freiem Himmel arrangiert wird, dirigiert vom Komponisten selber. Wie der feierliche Platz dann aber danach aussehen wird? Schon gut. Das richtet die Stadtreinigung. Beweist das Ereignis nicht aber auch, daß Demokratie mehr ist als dieser oder jener Baustil?

Gewiß – und dennoch lassen einen Erinnerung und Phantasie nicht in Ruhe. Befinden wir uns nicht in der »Hauptstadt der Bewegung«? Mehr, an einem ihrer demonstrativen Orte? Hatte hier nicht das unvorstellbar mörderische Regime seinen Anfang genommen? Darf man die beiden, ihren Ungeist darstellenden Gebäude, den »Führerbau« und den »Verwaltungsbau der NSDAP«, so einfach in andere, harmlose, zivile Benutzung nehmen, ohne jede bemerkbare, also gewollte Erinnerung?

Manfred Sack

Ich erlaube mir zu wünschen, daß dort, wo die »Ehrentempel« gestanden haben, zwei andere Gebäude von ähnlicher Delikatesse, aber vollständig anderer Haltung errichtet werden Zeugnisse kritschen Geistes. Sagen wir »transparent«, aus Stahl und Glas, weiter entwickelte Moderne mit klassizistischen Spurenelementen und irgendeiner kleinen Frechheit. In den Höfen dürfte es getrost laut zugehen.

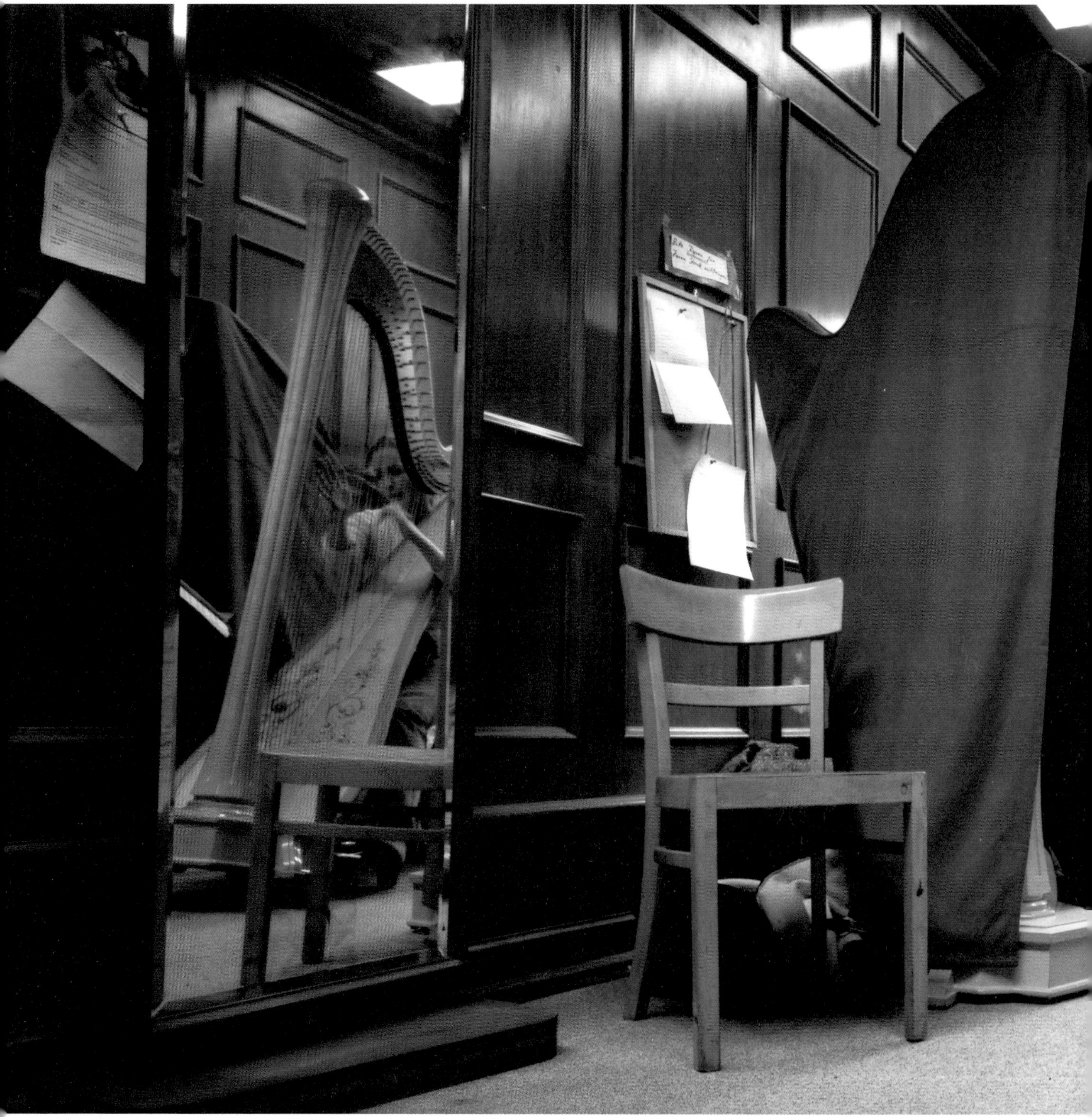

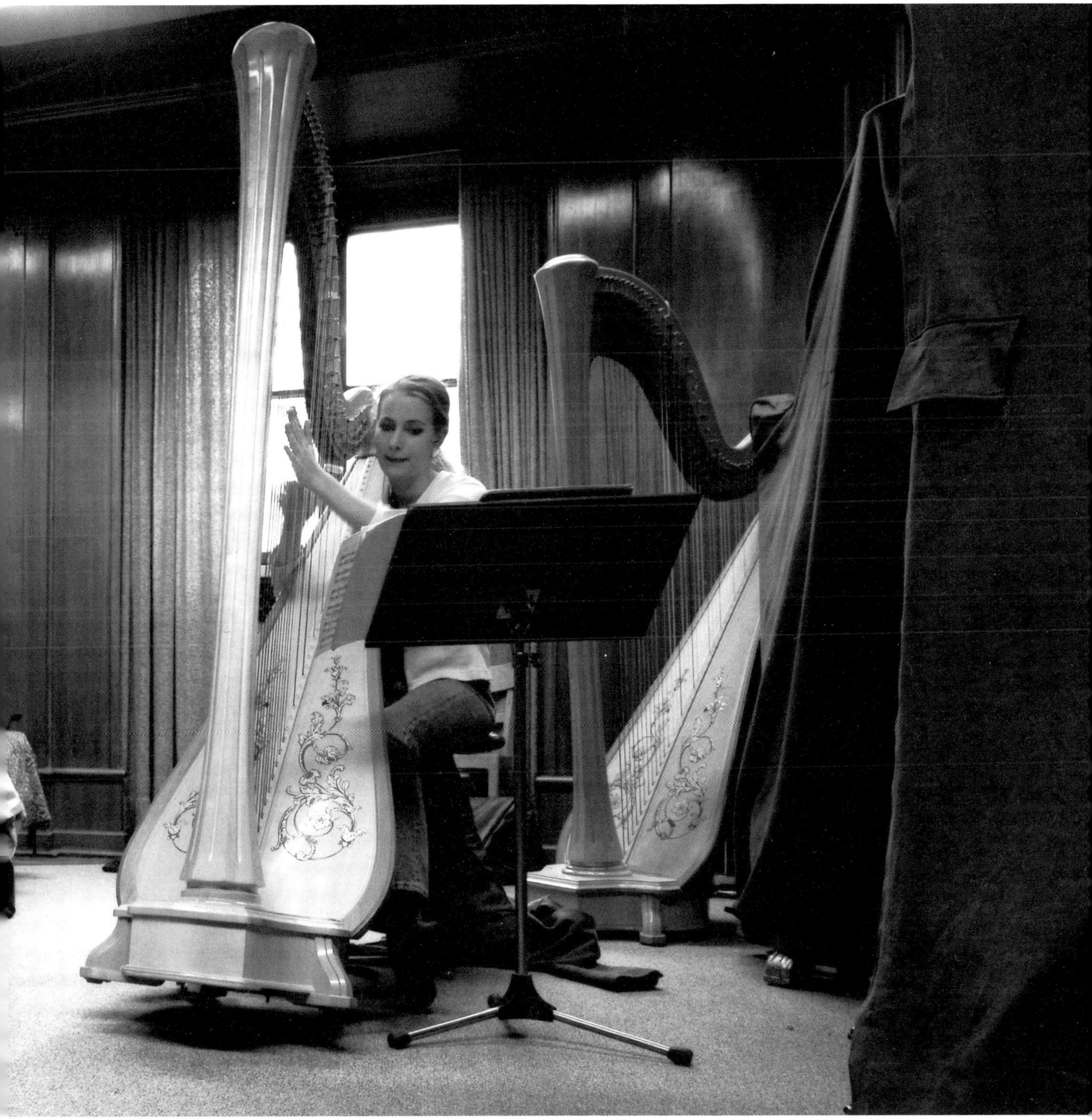

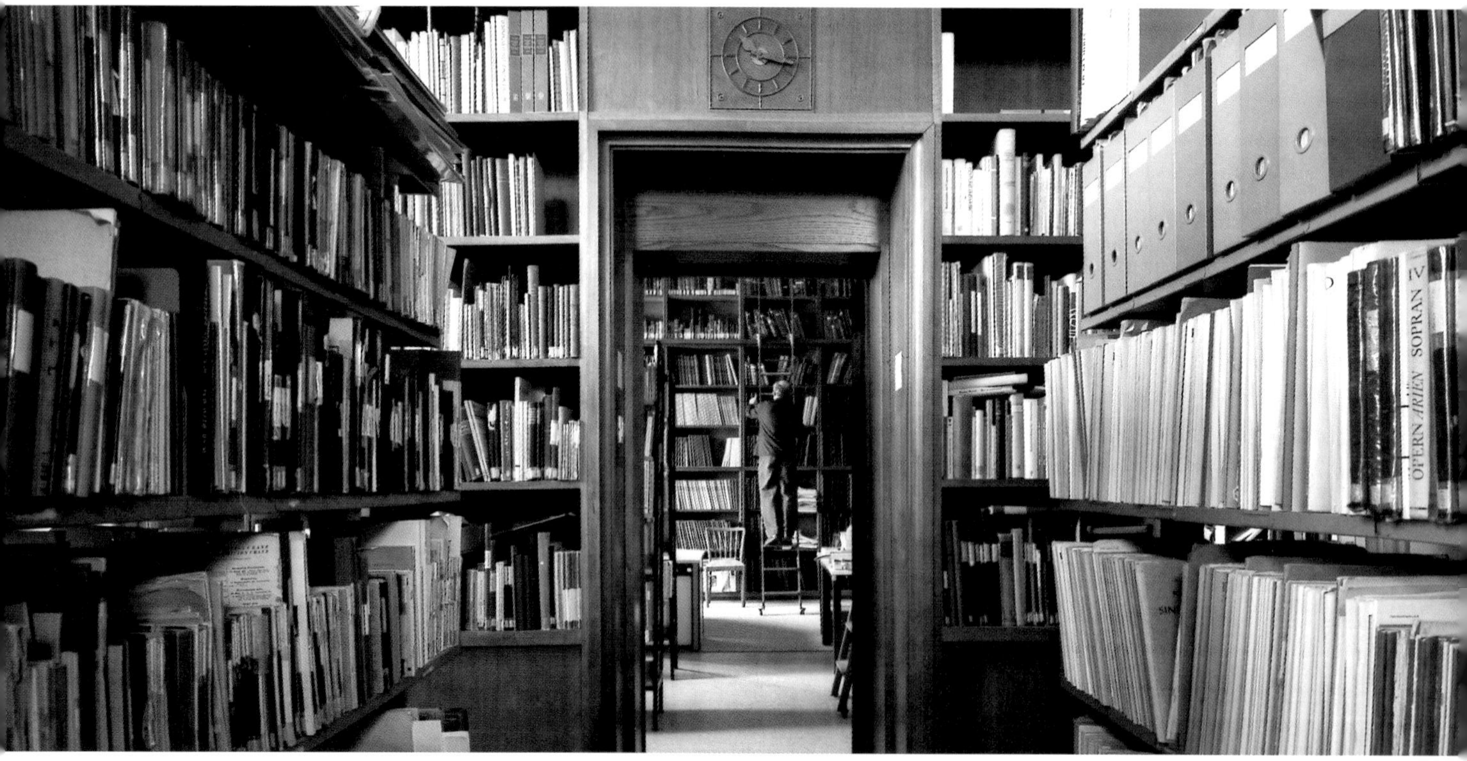
OPERN ARIEN
SOPRAN
IV

Carl Amery

Entsühnung

Die Heidentempel auf und die Führerbauten am Königsplatz, das Haus der Kunst am Englischen Garten: für uns, die kleine Minderheit der jungen Hitlerhasser, war es selbstverständlich, daß sie nach der Befreiung verschwinden würden; irgendwie liquidiert, vom jubelnden Volk angezündet oder zerlegt und abgewrackt wie seinerzeit Zwing-Uri oder die Bastille. Das war natürlich schwarze Illusion: erstens bedachten wir nicht, daß wir auch nach diesem ersehnten Termin eine Minderheit sein und bleiben würden; und zweitens nicht, daß in allgemeinem Schutt und allgemeinen Trümmern alles noch irgendwie Heile dringend benötigt würde, ganz gleich, welcher Geist oder Ungeist es in welchem Stil errichtet hatte. Nun ja, die Ehrentempelchen für die Sechzehn, denen am 9. November 1923 im Gegensatz zu ihrem An-Führer das Ausreißen nicht gelungen war, wurden nach Kriegsende tatsächlich wegrasiert, und nicht einmal eine viereckige Säule zeugt von verschwundener eiskalter Pracht. Aber die beiden weitläufigen Führerbauten an Meiser- und Arcisstraße zu sprengen, das wäre in der Tat unverhältnismäßig gewesen; und die neckische Muse, die gelegentlich über Münchens Stadtbaugeschichte wacht, hielt eine bessere Lösung bereit – eine Lösung, die sowohl praktikabel wie nicht ohne entsühnenden Symbolwert war: eine Umwidmung durch den zeitgeschichtlichen Prozeß selbst. (Jedenfalls galt dies für den nördlichen der beiden langgestreckten lichtgrauen Kästen. Der südliche konnte sich mit dem neuen Straßennamen des immerhin ein bißchen widerständlichen Landesbischofs Meiser trösten.) Was war dringend nötig – neben dem alltäglichen knappen Brot? Herberge für die Neubelebung, Stützung, Entwicklung des freien Geistes.

Denn der war nur noch in Keimlingen lebendig, im halbverbrannten Boden. Zufällig kam ich im Februar 1943 als Soldat (unterster Dienstgrad) auf dem Transport durch München; sah auf der Ludwigstraße, umwölkt von Rauchpartikeln und fettigem Brandgeruch, die langen Ketten der Dienstbaren, welche die wenigen unversehrten und noch nicht ausgelagerten Bücherbestände aus der Ruine der Staatsbibliothek auf wartende Lastwagen durchreichten. Wenige Wochen vorher war die Weiße Rose in der Aula der Universität gefangen worden und eben war die schändliche Stellungnahme der verbliebenen Studentenschaft ergangen, welche den qualvollsten, blutrünstigsten Tod für die paar Aufrechten forderte. Damit, mit ihrer Zerstörung und der Staatsbibliothek, war das Ende der berühmten, jedenfalls von vielen gerühmten heiteren Münchener Studienwelt gekommen, deren Ausklang ich von 1940 auf 41 noch ein Jahr lang erleben durfte.

Als das Dritte Reich verendete, gab es außer privaten Beziehungen kaum noch Möglichkeiten, so etwas wie Recherchen für ein Studium oder eine wissenschaftliche Arbeit zu betreiben. Umso kostbarer wurde dadurch ein Institut, das, ein Nebensprößling großmütigen Sieges, den jungen Überlebenden und Heimkehrern einigen weitläufigen Überblick bieten konnte: die Bibliothek des Amerikahauses.

Als *American Library* war sie 1946 in der *Medizinischen Lesehalle* am Beethovenplatz installiert und war in ihren Ursprüngen keineswegs auf englischsprachige, speziell amerikanische Publikationen beschränkt (das kam später). Vor allem durch die Bestände einer Schweizer Bücherhilfe war sie imstande, auch einen stattlichen Prozentsatz der deutschen Exilliteratur anzubieten, wie sie von 1933 bis 1945 fern von ihren Wurzeln am Leben geblieben war, ja sogar große Werke hervorgebracht und die Brücke zur Tradition hergestellt hatte.

Nach einer Zwischenstation in der Sophienstraße bezog dann das Amerikahaus in endgültiger Gestalt sein Domizil für lange Jahre im nördlichen Führerbau.

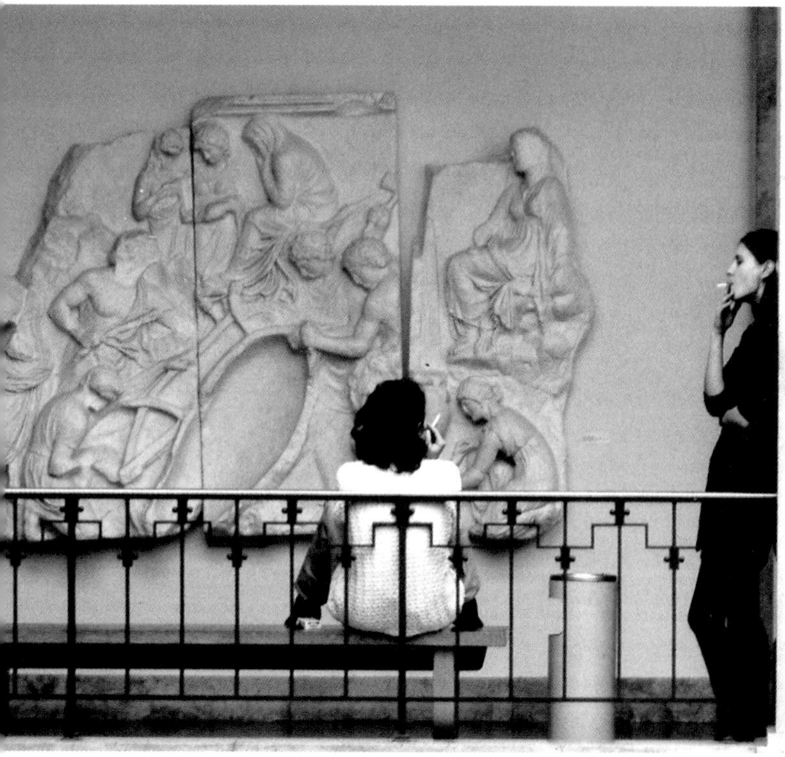
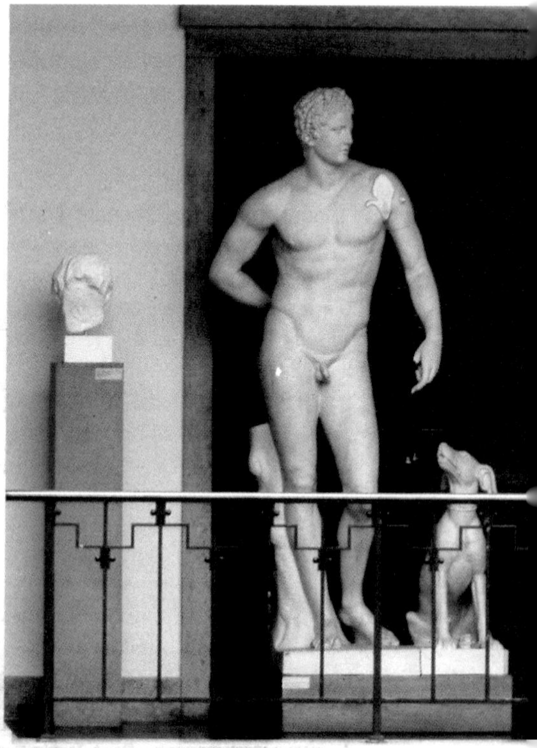

Stolze Zeiten waren das, Zeiten der Expansion. Es gab eine Jugendbibliothek, einen Theaterraum, ein Bookmobil, das ganz Bayern bereiste, und vor allem ein breitgefächertes Angebot an Zeitschriften. Dieses *Information Center* bot ein sauerstoffreiches, sehr jugendliches geistiges und gesellschaftliches Leben. Modellhaft bot es die für eine amerikanische *Public Library* selbstverständlichen, aber bis dahin in Deutschland unbekannten Standards: Öffnung von 10 bis 19.30 Uhr an sechs Tagen in der Woche, Öffnung auch an einigen Stunden des Sonntags, prompte und sorgfältige Leserberatung und allgemeine Auskünfte, soweit aus den Nachschlagewerken der Bibliothek erstellbar – und das auch noch übers Telefon (Zwanzig, dreißig Jahre später sollte ich als städtischer Bibliotheksdirektor neidvoll um solche Standards ringen, und wir erreichten sie fast – bis jetzt, in den streßreichen Neunzigern, unser gutes Münchener System, dank der hierzulande nicht auszurottenden Finanz-Prioritäten, wieder unter das Erreichte abrutscht ...). Für englischlesende Gäste der Münchener Hotels hatte es seine Bedeutung als Ausleihbücherei, aber seine zentrale Funktion, die es ohne angestrengte Pädagogik-Gesten wahrnahm, war doch die »Umerziehung« im weitesten Sinne.

Von dieser Umerziehung profitiere ich noch heute. Sie hat für mich allerdings schon im amerikanischen Gefangenenlager begonnen (da bekamen wir Romane und Essays der großen Exilliteraten zu lesen: Thomas Mann, Werfel, Zweig und andere) – aber das Amerikahaus ergänzte sie um die ganze Bandbreite der bis dahin unzugänglichen amerikanischen Gegenwartsliteratur. Und ihre Autoren gab es nicht nur in den Regalen; sie kamen, wie man heute sagt, zum Anfassen – ich erinnere mich an William Faulkner und Thornton Wilder, ich erinnere mich an moderne Theaterabende. Ich erinnere mich aber auch an Tanzfeste, vor allem im Fasching, wo der Geist des alten, unbeschwerten Münchener Lebens sich mit der neuen Freiheit vermählte – Kolleginnen aus solcher Erinnerung standen ja als kompetentes Personal hinter den Ausleih- und Beratungsschaltern, und wir nahmen (bei großzügigem Quadratmeter-Angebot) die Tradition der English Waltzes, aber auch der halbheimlichen »Swing«-Opposition von 1940 wieder auf, leiteten sie über in die neuen Rhythmen des Rumba und Boogie-Woogie. (Meingott, waren wir leidenschaftliche Tänzer damals – und war das etwa keine Umerziehung?)

Beim Rückblick auf das Halbjahrhundert seit dem Ende des Großen Krieges ist viel die Rede von den spießigen Vierziger-, Fünfziger-, Sechziger-Jahren; von der Verkrampfung und Erstarrung in alten Formen und Denkmustern, die erst durch die Achtundsechziger aufgebrochen worden seien. Für meine Person reklamiere ich diesen ersten, diesen Aufbruch von 1943 bis etwa 1955. Es war der Aufbruch einer Minderheit, gewiß; aber es war zweifellos der Aufbruch, der in den westlichen Gefangenenlagern begonnen hatte und der von der linksliberalen Stimmung der abklingenden Roosevelt-Ära beherrscht war. Ihm entsproß die Gruppe [47]; ihm entsproß, so paradox dies erscheinen mag, die spätere Opposition gegen die offizielle Kalte-Kriegs-Politik – denn das war die kostbarste Lektion, die wir aus der Exilliteratur wie aus der modernen amerikanischen gelernt hatten: die ständige Bereitschaft zur Selbstkritik, der ständige Argwohn gegen das Offizielle.

Und so ist es nur folgerichtig, daß das Ende dieser lichten Zeit vorgeschattet wurde durch inneramerikanische Entwicklungen. Aber kehren wir zu unserem Anlaß zurück, zum nördlichen Führerbau. Die Mitarbeiter (und vor allem die Mitarbeiterinnen) des Hauses hatten sich natürlich ständig mit der Touristen-Neugier abzufinden, die scharf war auf den *genius loci* – auf die Räume, in denen das berühmt-berüchtigte *Munich*, das *appeasement* stattgefunden hatte, welches Münchens Ruf und Namen ein halbes Jahrhundert lang befleckte: hier, in diesen Räumen, hatten Hitler und Mussolini dem verzagten Westen, hatten Daladier und Chamberlain die Zerlegung der Tschechoslowakei abgetrotzt und waren vom ahnungslosen Münchner Publikum noch dafür gefeiert worden als Friedenserhalter.

Doch gerade darin hatte ja die innere Funktion dieses *Center* bestanden: in der Funktion einer weltlichen Entsühnung. Touristische Neugier konnte das nicht neutralisieren, sondern nur bestätigen. Gefährlicher war etwas anderes: die Heraufkunft des Kalten Krieges in einer paranoiden Form des MacCarthyismus. Wie in allen Amerikahäusern, so kreuzten auch in München die Sendboten des Junior-Senators aus Wisconsin auf. Die Macht dieses Mannes ist im nachhinein äußerst schwer zu begreifen. Sie stützte sich formell auf die Vollmachten eines Senatsausschusses für unamerikanische Aktivitäten; aber das erklärt so gut wie nichts. Wesentlich war vielmehr, daß die öffentliche Meinung Amerikas zutiefst traumatisiert war durch die schroffe Politik Stalins, aber noch mehr durch den Zusammenbruch des Verbündeten Tschiangkaischek in China und die fast lautlose Machtübernahme Mao-Tse-Tungs. Die gesamten Konstruktionen der Rooseveltschen Außenpolitik standen damit auf dem Prüfstand – und der Umschwung gegen den »gottlosen Kommunismus« war unausweichlich.

In diesen Umschwung geriet auch das Münchener Amerikahaus. Die beiden Sendboten MacCarthys, die aufkreuzten, trugen kabarettreife Namen: Cohn und Shine. Sie überprüften die Bestände der Bibliothek auf das Vorhandensein gottloser Kommunisten, eliminierten unter anderem die Romane von John Steinbeck und Howard Fast. Zur Ehre Amerikas muß gesagt werden, daß der Generalkonsul Thayer, ein witziger und unerschrockener Weltmann, die beiden Herren öffentlich verachtete und sie als *junketeering gumshoes* (etwa: spesenschindende Reiseschnüffler) etikettierte. München hat damit, selbst bei seinen amerikanischen Bewohnern, jenen merkwürdigen »Vorläufer-«Effekt ausgelöst, den es einmal gesondert zu untersuchen gälte –.

Wie dem auch sei: die großen Jahre des Amerikahauses gingen vorüber; der Umzug ins heutige Domizil am Karolinenplatz hat den Bedeutungsschwund nur noch besiegelt. Sicher, auch heute noch ist es ein Ort beachtlicher Gastfreundschaft für öffentliche Anliegen; aber es hat sich gewissermaßen komplexfrei damit abgefunden, daß die Zeit der behutsamen Führung und Umerziehung in grauer Vergangenheit liegt. Und es konnte natürlich nicht völlig unberührt bleiben vom stickigen Geist einer ganz anderen Sorte von deutsch-amerikanischer Verbrüderung – einer Verbrüderung, die uns schließlich, in den Tagen des Vietnam-Kriegs, als Demonstranten vor das amerikanische Generalkonsulat führte. Uns, die wir den Widerstand in den Jahren und unter der Ägis der Umerziehung gelernt hatten.

Vielleicht noch ein letztes Kuriosum: In jenem Führerbau kam viel später eine kleine, kaum bekannte Dienststelle unter – das bayerische Siegelkabinett. Wer Bescheid wußte, konnte dortselbst um einen lächerlichen Preis Faksimile-Abgüsse wundervoller alter Siegel erwerben – von Ludwig dem Bayern über Karl VI. in Prag bis herauf zu den Kurfürsten und Königen. Ich fand heraus, daß ich insbesondere amerikanischen Freunden mit diesen Abgüssen große Freude machen kann. Auf eine kuriose Weise, so könnte man sagen, hat sich der graue Führerbau für eine Episode bedankt, die ihm weißgott zur Ehre gereichte.

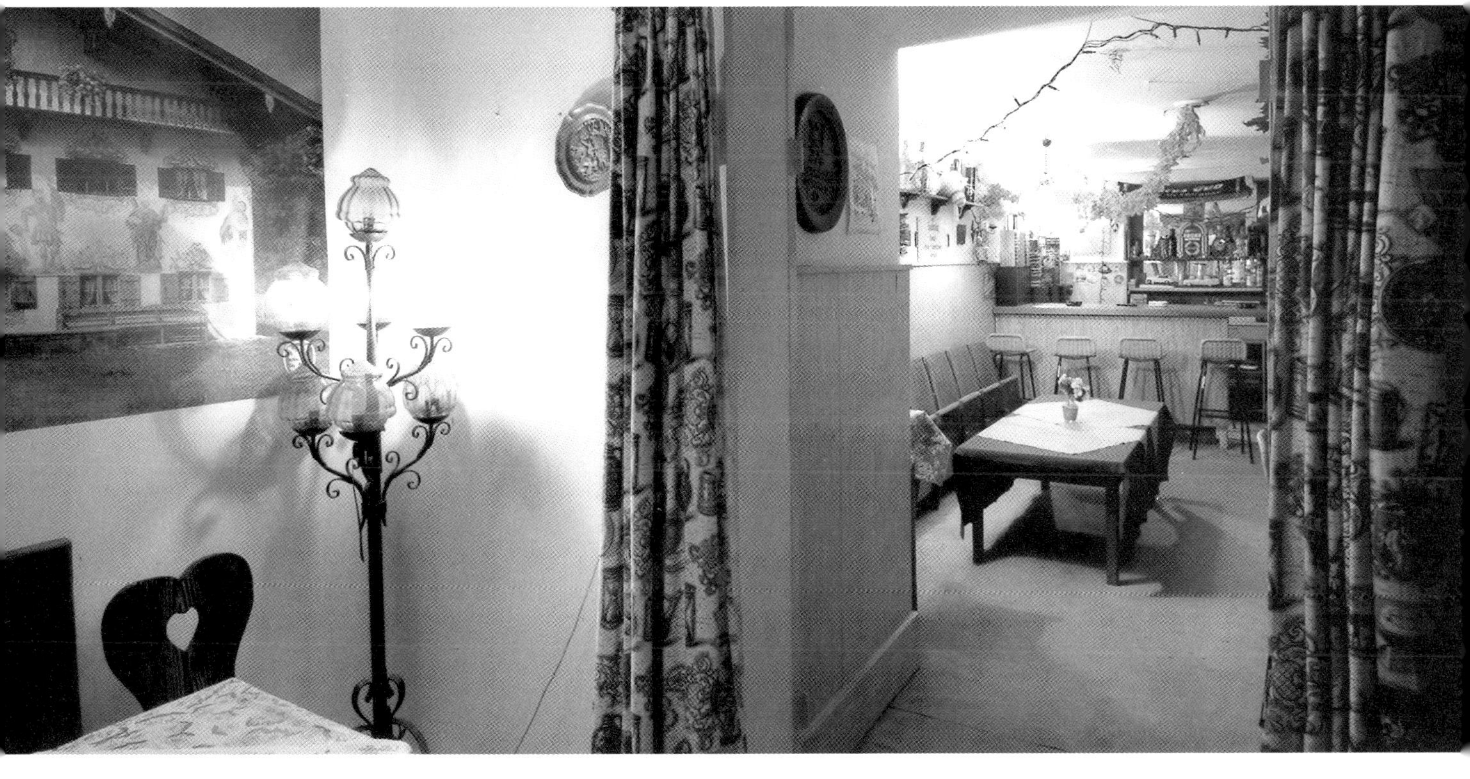

You SUMBITCH WHAT ARE YOU LOOKING AT HER PASTOR
American BUCKS
are all crazy COCKS

DAMN
COLD HER

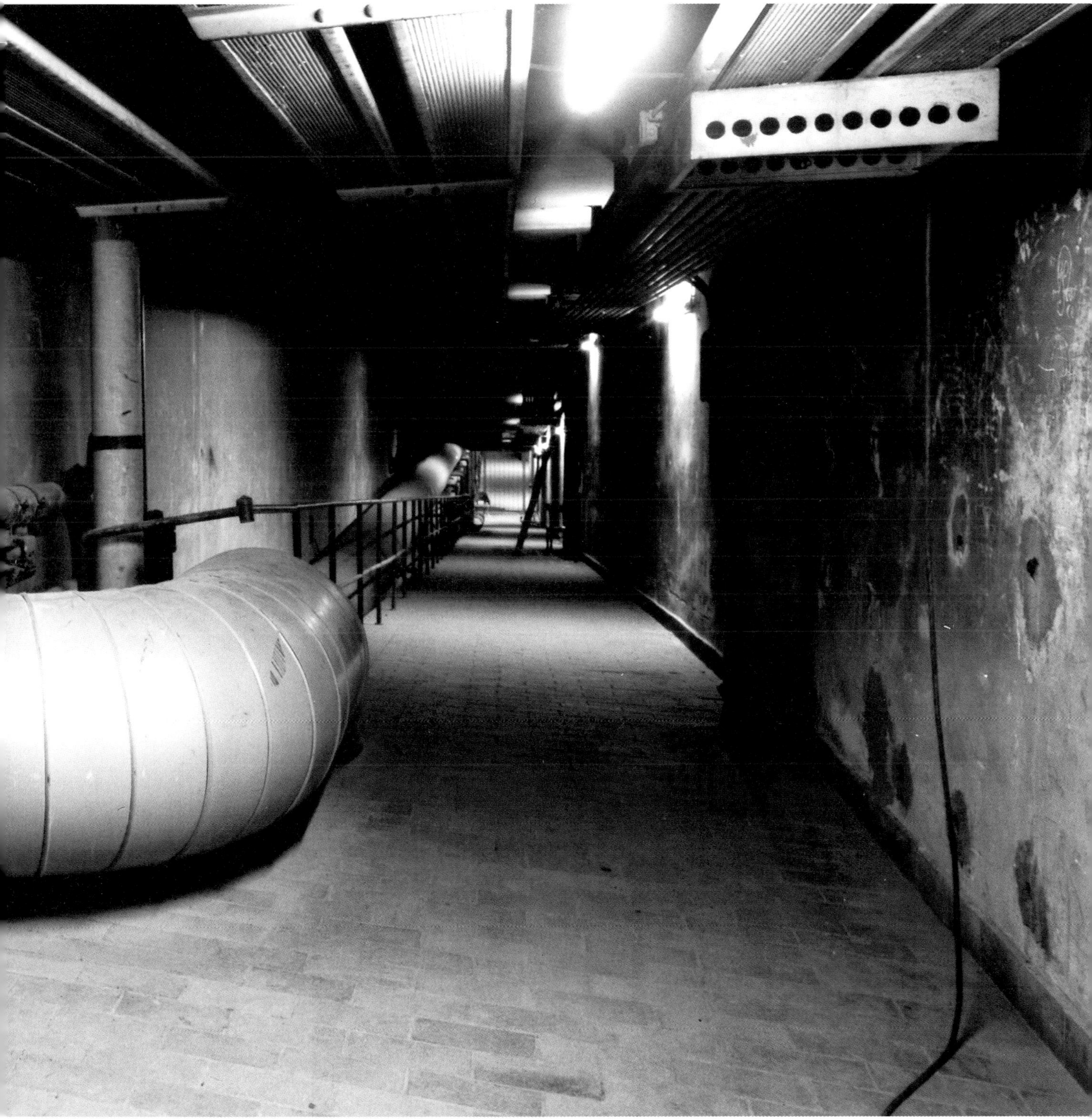

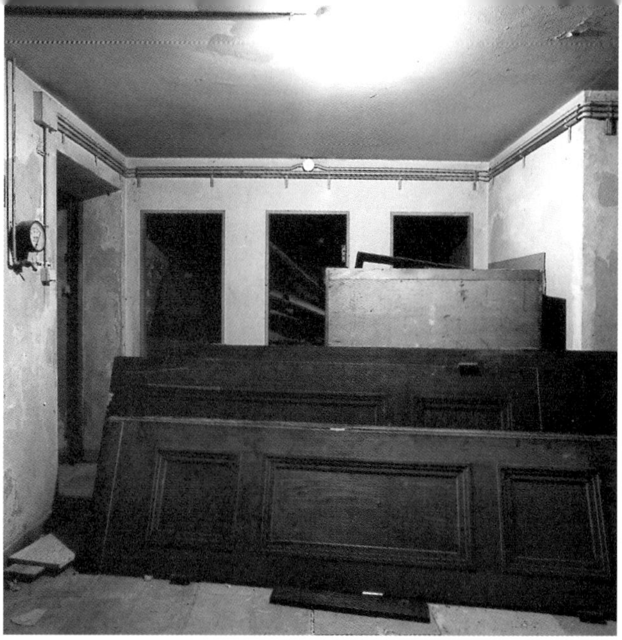

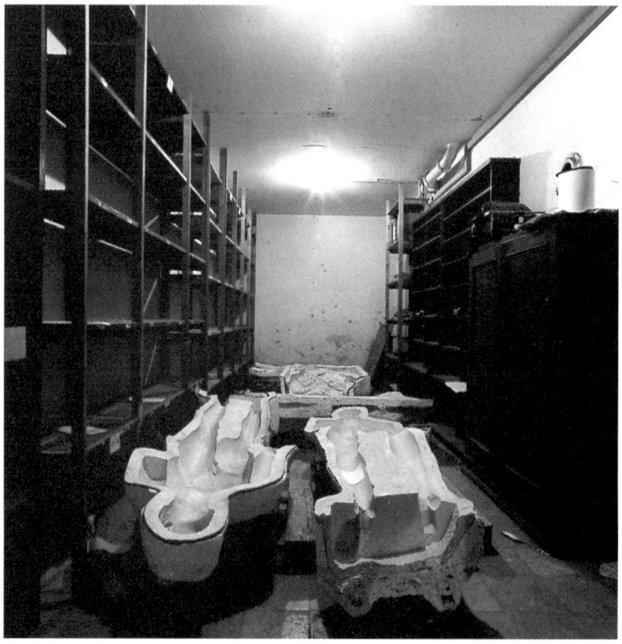

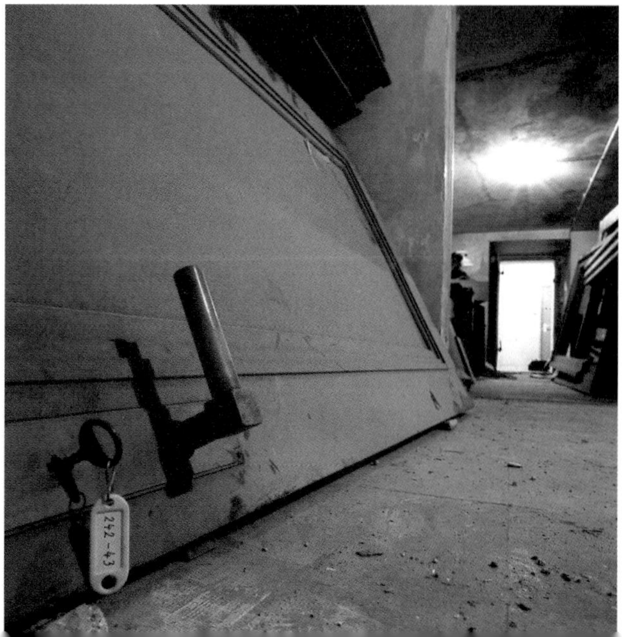
242-43

500 Mark Belohnung
Benno Krüger
Der Königliche Staatsanwalt.
Friedrich Molchin
769

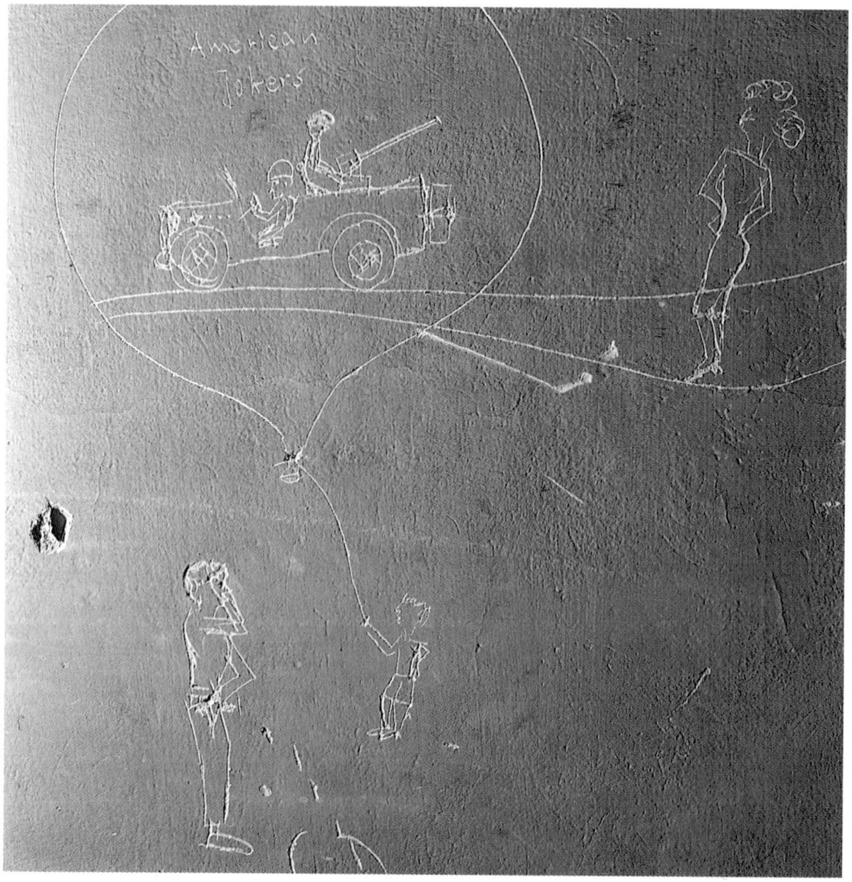
American
Jokers

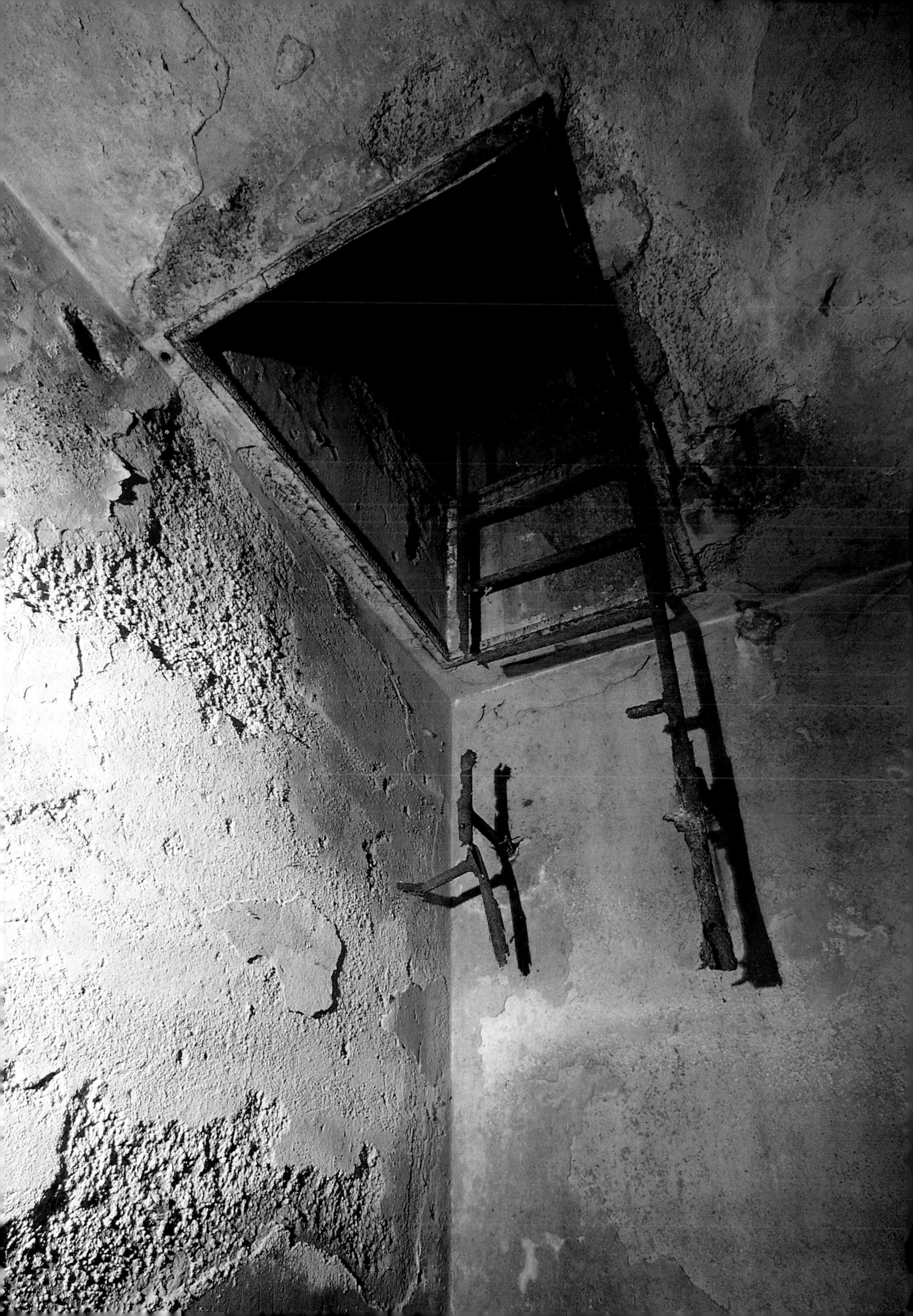

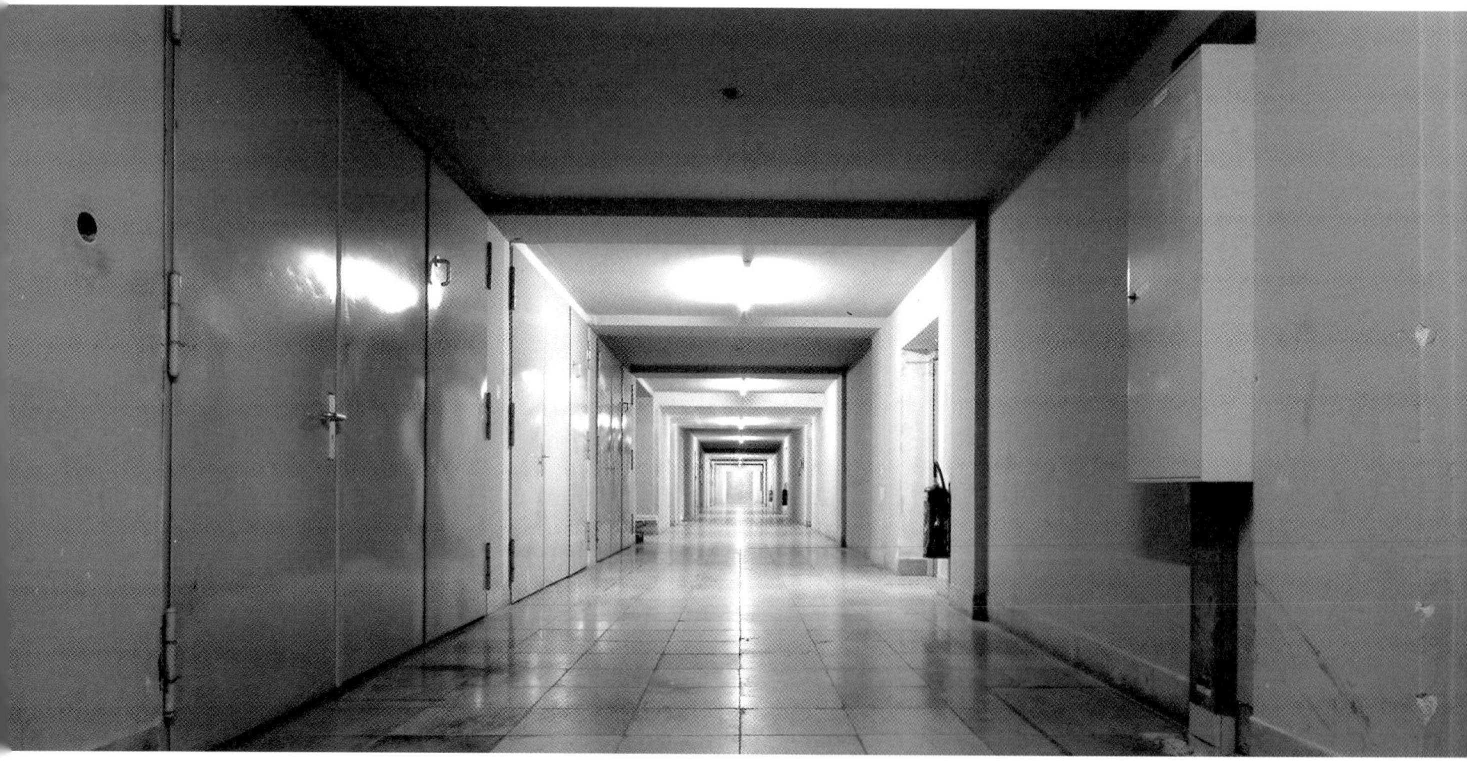

Hans-Michael Herzog

Ketzerische Gedanken zum Königsplatz

Die wichtigsten Abschnitte in der Geschichte des Königsplatzes gliedern sich in seine Entstehung unter Ludwig I. seit 1812, seine vollständige Umwandlung in nationalsozialistischer Zeit, seine Inanspruchnahme durch den Verkehr nach dem letzten Krieg sowie seine jüngste »Sanierung« mit dem Ziel, den Charakter des ludovicianischen Platzes wiederherzustellen.

Am »Fürstenweg«, der Landstraße zwischen München und Nymphenburg, gelegen, befand sich die Lokalität des späteren Königsplatzes zunächst außerhalb der Stadt im unbebauten Grasland. Immer wieder neue Entwurfsskizzen verdeutlichen das Bestreben des Architekten Klenze, der ihm gestellten Bauaufgabe soweit als möglich gerecht zu werden, doch: Je vager die Konzeption des Bauherrn – in diesem Falle Ludwigs I. –, desto fataler die Situation für den Architekten, damals wie heute. Die ökonomische Situation im Blick, plante Klenze sogar als Zugeständnis an die »Bauspeculanten« Bauten mit Pavillons, die von den Platzecken her relativ nah an die Glyptothek und die Apostelkirche heranrücken sollten. 1822/1823 wurde mit dem Bau solcher Nebengebäude auf dem Königsplatz begonnen. Auf Betreiben Ludwigs wurden sie jedoch vor ihrer Vollendung 1824 wieder abgebrochen. In Klenzes Beschreibung des Königsplatzes (1824) als eine »mehr oder weniger mit Architektur geschmückte Anlage eines italienischen Gartens« drückt sich seine tiefe Unsicherheit in Hinsicht auf die Gestaltung des Platzes aus.
Erst 1848, sechs Jahre nach Ludwigs Abdankung, wurde der Grundstein zu den Propyläen gelegt. Von ihrer ehemals geplanten Torfunktion mit Zollstelle konnte Mitte des Jahrhunderts nun nicht mehr die Rede sein. Stattdessen diente das 1862 fertiggestellte Tor rein repräsentativen Zwecken. Doch war es diesem nationalen Monument des bayerischen Philhellenismus nicht vergönnt, berühmten Platzsituationen wie der römischen Piazza del Popolo oder auch derjenigen des Brandenburger Tors in Berlin nur annähernd gerecht zu werden. Der Königsplatz, wie er sich Ende des 19. Jahrhunderts darstellte, konnte seine allzu lange und verworrene Bauphase nicht verhehlen.

Fraglich bleibt, ob der jüngst erfolgte Rückgriff auf »Ludwigs« Platz – seine Wiederbegrünung – Sinn macht, vor allem, da keiner der erhaltenen Entwürfe Klenzes für sich beanspruchen kann, der einzig richtige zu sein. Auf der Suche nach vermeintlicher Authentizität blieb eine denkbare eigenständige und zeitgemäße Lösung zugunsten einer nur ungefähren und kompromißbehafteten Annäherung auf der Strecke.
Das Phänomen des Nicht-Zulassens einer Weiterentwicklung ist zeittypisch. Aus einem Mangel an richtungsweisenden Utopien werden historische Werte bemüht. Wie sollte es auch anders sein: Der Königsplatz hat im Laufe seiner Geschichte immer exemplarisch den jeweiligen »Zeitgeist« widergespiegelt – heute eben den Geist der Restauration.

Jahrelang hatte ich mich bodenlos dafür geschämt, daß es mir als jugendlichem München-Besucher immer so vorgekommen war, als ob die Propyläen in der Nazizeit errichtet worden wären. Abgesehen von der nicht entschuldbaren Ignoranz, die solch monströsen Gedanken anhaftet: Besitzen sie nicht auch eine ebensolche Anmutung? Das latent faschistische Flair des Königsplatzes in all seiner Kälte und Blutleere muß auch dem jungen Adolf Hitler ins Auge gesprungen sein, als er sich mit diesem Platz zusehends vertraut machte. Kein Wunder, daß ihm der kalte Hauch, der dieses totalitäre Geviert unmenschlich umstrich, für seine Zwecke gelegen scheinen mußte. Nicht von ungefähr passen sich auch die

NS-Bauten an der Ludwigstraße heute so nahtlos in die ludovicianische Bausubstanz ein: Beiden Bauherren war die Idee zueigen, ihre totalitären Ansprüche nicht im Stadium der Ideenskizze zu belassen, sondern ihre megalomanen architektonischen Utopien auch zu realisieren. Legt man den Gedanken zugrunde, daß aus Formen auf deren Inhalte zu schließen ist, kann die zugrundeliegende Mentalität beider Bauherren nicht so grundsätzlich voneinander verschieden gewesen sein. Während Ludwigs architektonisches Epigonentum – zumindest was die Ludwigstraße betrifft – einer funktionalen Zweckerfüllung entbehrte, kann dies von Hitlers baulichen Vorhaben nicht behauptet werden.

Dem hohlen Pathos, das Entwürfen wie dem »Project über den Ausbau des Königsplatzes in München« von Max von Heckel aus dem Jahr 1883 innewohnte, stellte Hitler Inhaltlichkeit an die Seite. In von Heckels Entwurf äußert sich exemplarisch der bombastische wilhelminische Schwulst. Arkaden über Arkaden und jede Menge von Tempeln sollten für eine grandiose Bebauung sorgen. Die eigentliche Aufgabe des Platzes hätte darin bestanden, auf die kaiserzeitliche Grandezza zu verweisen. Schließlich kam Hitler und machte sich konstruktive Gedanken darüber, welchem Zweck der Platz dienen sollte. Tatsächlich gelang es ihm, wie nie zuvor oder danach, dem Platz eine Funktion zu geben. Mangels anderer Nutzungsmöglichkeiten war der Platz ohnehin schon in den zwanziger Jahren für unterschiedlichste Spektakel und Veranstaltungen, oft auch politischer Art, in Anspruch genommen worden: Das Spektrum reichte von der Festkundgebung des Katholikentages über Kolonialgedenkfeiern, Faschingszüge, die Kundgebung zur Jahrtausendfeier der Rheinlande und die Demonstration gegen die »Schuldlüge« Deutschlands am ersten Weltkrieg bis hin zur »Kundgebung gegen den undeutschen Geist« im Jahr 1933. Allzu revolutionär waren Hitlers Vorhaben mit dem Königsplatz also nicht – man betrachte nur den Entwurf für einen »vaterländischen Heldenplatz« von O. O. Kurz aus dem Jahre 1924, der bereits Ehrungen für Palm, Schlageter und andere »Märtyrer des Vaterlandes« geplant hatte. Flugs ließ Hitler binnen zwei Jahren den Königsplatz zu einer »Weihe- und Versammlungsstätte des von ihm geeinten deutschen Volkes« umwandeln. »NSDAP-Reichsleitung« wie auch »Führerbau« flankierten nun den Königsplatz, der als Symbol für den unaufhaltsamen Fortschritt der Bewegung galt. Zum »denkmalhaften Mittelpunkt der Partei« erkoren, fanden hier die beim »Hitlerputsch« 1923 umgekommenen »Märtyrer« in den sogenannten »Ehrentempeln« ihre letzte Ruhestätte, um die »Ewige Wache des Dritten Reiches« zu halten.
Die vorliegende Bausubstanz überformte Hitler mit einem streng geordneten Rahmensystem, betonten Symmetrien und klaren Achsen. Imponierend war der neue »Königliche Platz« geworden – eine der ersten architektonischen Selbstdarstellungen des Nationalsozialismus, ein planerischer Entwurf von brutaler Folgerichtigkeit. Konsequent entsprach die umgewandelte Gestalt des Platzes nun seiner Nutzung. Auch stellte Hitlers Architekt Troost einen Antikenbezug her, nur nahm er die Antike skrupelloser und selbstherrlicher in Anspruch als Ludwig. Dessen Bauten wurden usurpiert, um als monumentale Dekoration der »Acropolis Germaniae« zu dienen.

Es stellt sich heute die Frage, warum vor wenigen Jahren nicht die Chance wahrgenommen wurde, den nationalsozialistischen Platz beizubehalten und sogar zu restaurieren. Die sogenannten Ehrentempel wurden schon im Januar 1947 »entnazifiziert«, sprich in die Luft gesprengt. Ihre Entsorgung verzögert sich jedoch bis auf den heutigen Tag. Sie stellen ein Sinnbild par excellence für unseren Umgang mit den dreißiger Jahren dar: ihre Fundamente sind nämlich geblieben. Der Rest hatte, wie immer und überall in analogen Fällen – jüngstes Beispiel ist der Umgang mit Relikten des »Sozialismus« in der ehemaligen DDR – der »damnatio memoriae« zu weichen. Doch ließ sich die materielle Substanz der angrenzenden NS-Bauten (heute Musikhochschule und Zentralinstitut für Kunstgeschichte), angelegt für tausend Jahre, nicht so einfach beseitigen. So beschränkte man sich

Hans-Michael Herzog

auf eine Entfernung der Embleme des Naziregimes, im Inneren blieb lange alles beim Alten. Als die Gebäude vor Jahren renoviert werden mußten, schaltete sich die Denkmalbehörde erst fünf Sekunden vor zwölf ein. Vor keinem der Gebäude, beziehungsweise Fundamente am Königsplatz steht bis heute ein Schild, das auf die ehemalige Funktion dieses Platzes im Dritten Reich verweist. Die einzigartige Chance wurde vertan, aus der gesamten monumentalen Anlage eine historische Gedenkstätte zum Nationalsozialismus zu machen, die wie an keinem anderen Ort in Deutschland in originaler Bausubstanz sachlich über die Geschichte berichten könnte. Die Einrichtung einer solchen Stätte erforderte aber ein reflektierendes historisches Bewußtsein sowie eine bereits erfolgte Aufarbeitung. Diese fehlt bis heute – seit der Wiedervereinigung erst recht.

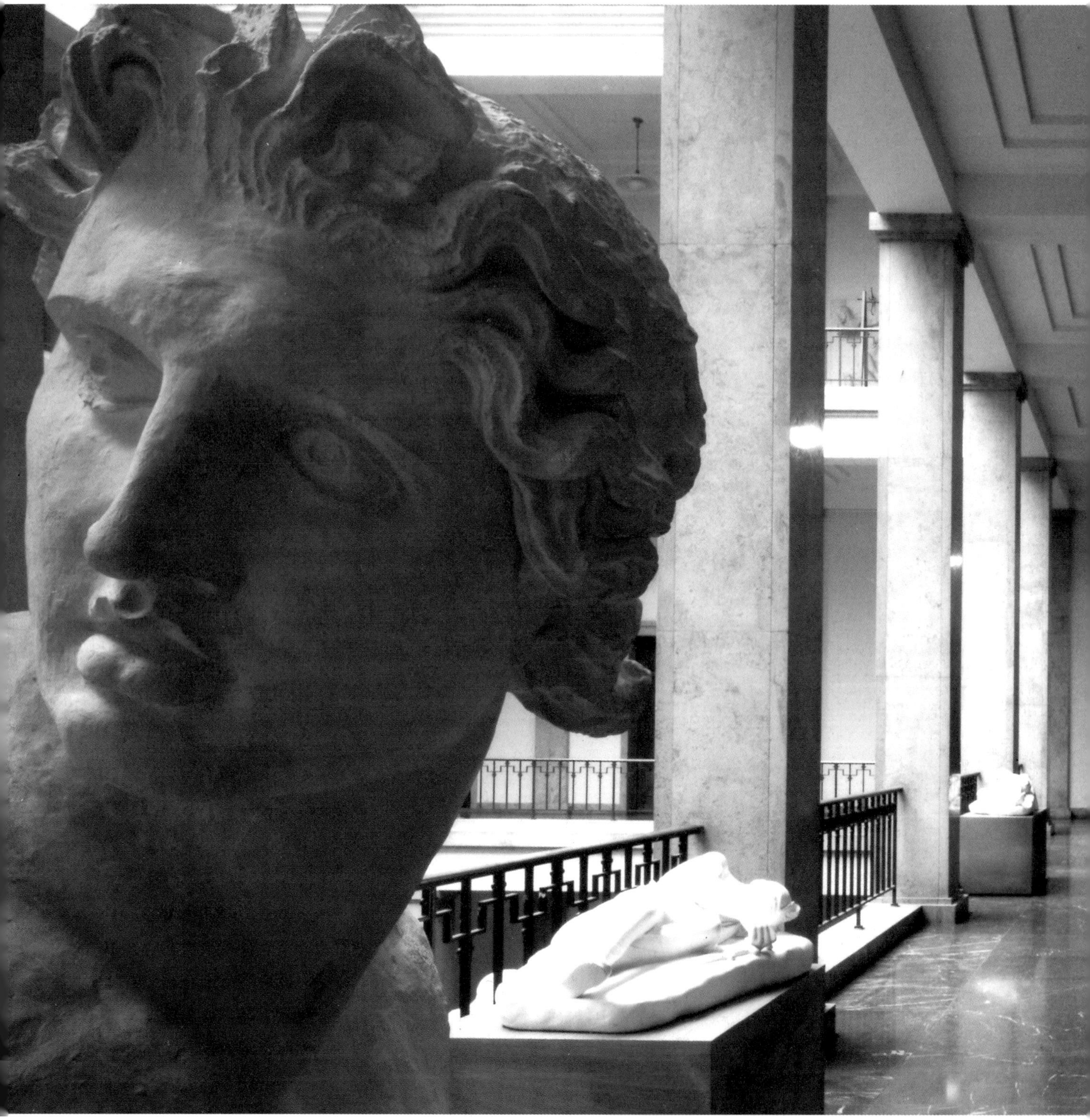

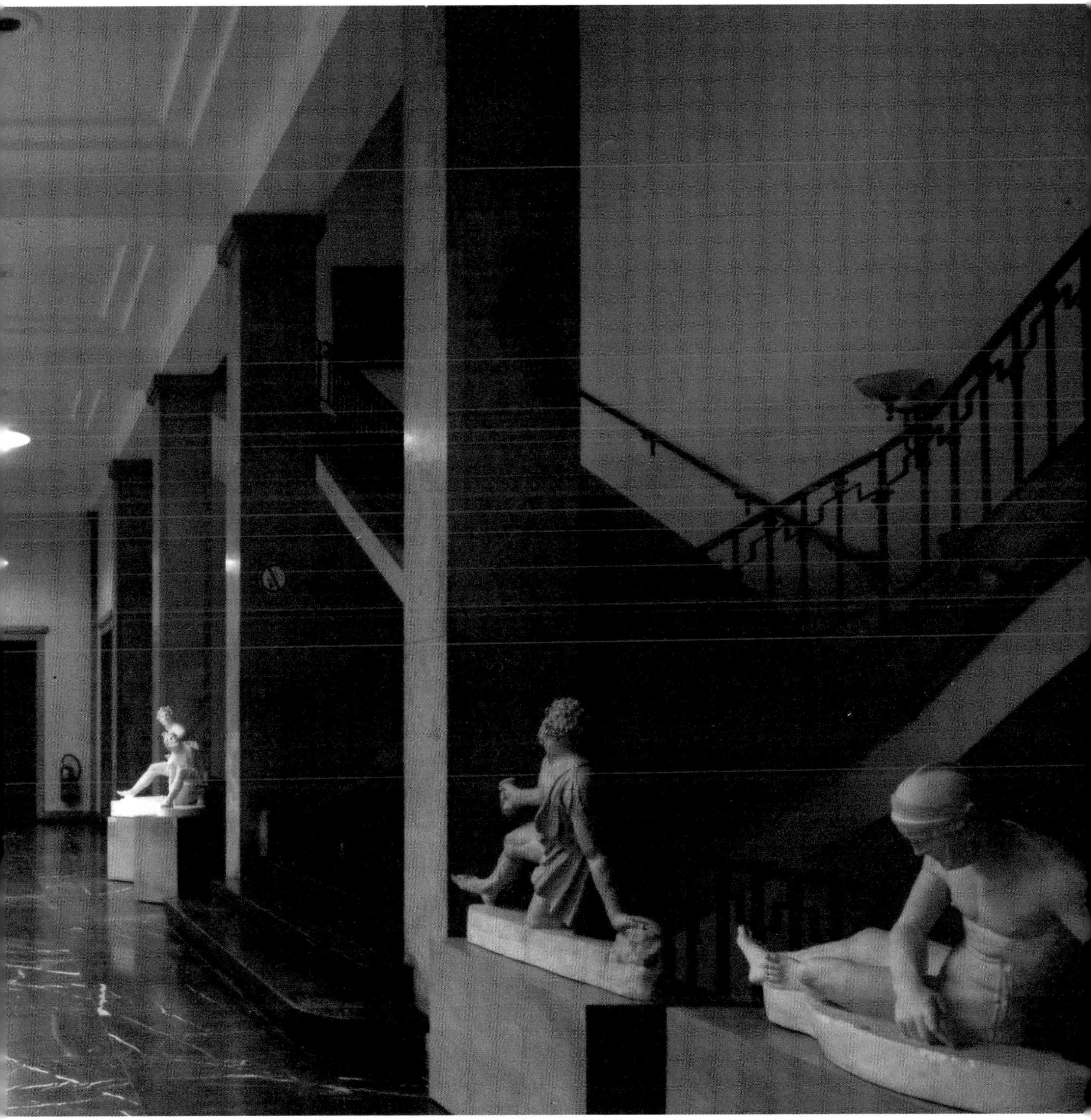

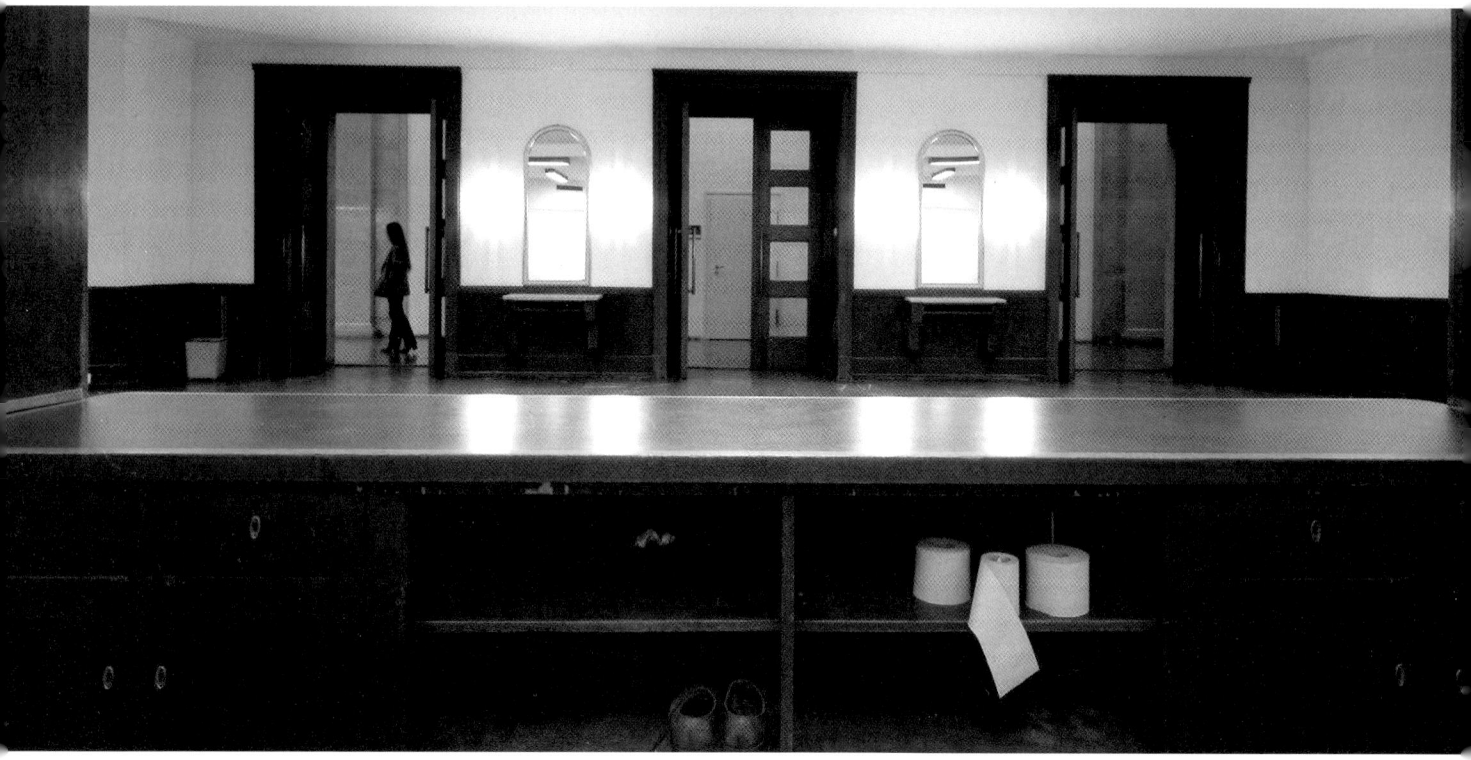

Gottfried Knapp

Monumentaler Sondermüll, nicht entsorgbar
Zur politischen Karriere einer »Führerbüste«

Was hier zu vermelden ist, kann nur als unfreiwillig komische Fußnote zur politischen Geschichte Deutschlands gelten, doch diese Fußnote sagt mehr aus über die Unfähigkeit, politisch zu trauern, als viele historisch-kritische Analysen. Sie macht die schrundigen Übergänge in der deutschen Geschichte mit Händen greifbar und führt die Hilflosigkeit vor, mit der sich die Deutschen nach dem Zweiten Weltkrieg ihrer faschistischen Vergangenheit zu entledigen suchten.

In einem Naturstein-Werk im Fichtelgebirge standen am Ende des Krieges nationalsozialistische Monumentalskulpturen herum: martialische Krieger in Feldmänteln mit stumpf brutalen Gesichtern, sperrige Relikte des Tausendjährigen Reichs, Gespenster der Vergangenheit, bestellt und nicht mehr abgeholt.
Unter diesen Figuren war auch ein überlebensgroßer »Führerkopf« aus jenem grünlich schimmernden Porphyr der Gegend, den die Nationalsozialisten seiner Härte wegen besonders schätzten. Dieser »Hitler« hatte über Nacht jeglichen Sinn und Wert verloren, war allenfalls noch nach Gewicht zu beurteilen, hätte aber eigentlich vernichtet werden müssen. Um den mühselig gewonnenen, fehlerlos gewachsenen Steinklotz – wenig später wurde der Porphyr-Abbau wegen »schwieriger Bruchverhältnisse« eingestellt – umzumünzen und möglichst viel von seiner Substanz zu retten, machte sich ein Bildhauer im Jahr 1953 daran, den anrüchigen Reichs-Führerkopf zu einem anständigen Bundes-Kanzlerkopf umzumeißeln, in der Hoffnung, daß der grüne »Adenauer« in Bonn einen Abnehmer finden werde.

Doch auf das geschändete Stück Natur war der Segen der Götter nicht mehr herabzuflehen. Die Transformation der Büste blieb handwerklich wie ideologisch auf halbem Wege stehen. Das brutalistisch harte Material wehrte sich gegen die weichen menschlichen Züge, die ihnen eingeprägt werden sollten. Die diktatorische Vergangenheit ließ sich so also nicht bannen, die demokratische Zukunft aber nicht in den Stein hineinzwingen. Der wie ein Gesichts-Chirurg arbeitende Bildhauer – er hatte bei den Nationalsozialisten in Königsberg gut im Brot gestanden – tat sich bei Adenauer, den er nur aus der Zeitung kannte, sichtlich schwer. Der Exorzismus wollte nicht funktionieren.

Um aus dem plump idealisierten, alterslosen Hitlerschädel mit dem undifferenziert breiten Nasensteg die sprichwörtlich bekannte »Indianer«-Physiognomie Adenauers mit ihren ausgeprägten Altersfältchen, mit den hohen Backenknochen und den eingezogenen Wangen herauszumodellieren, hätte der Bildhauer dem »Führer« kräftig ans Kinn und an die Stirn gehen müssen. Doch dazu fehlte ihm entweder der Mut oder die Vorstellungskraft. Er begnügte sich damit, die primären Gesichtsmerkmale Hitlers – den würfelförmigen Schnauzer und die gekurvte Stirnlocke – abzuhacken und tiefe senkrechte Furchen in die Wangen zu graben. Offenbar sollte das teure Material geschont werden.
So kam jenes politisch wie historisch indifferente Monstrum zustande, das nicht mehr Hitler und auch noch nicht Adenauer ist, aber mit beiden verwandt sein könnte: ein unauffälliger Durchschnittsmensch, den man irgendwie zu kennen glaubt, aber nicht richtig identifizieren kann. Nur wenn das Licht sich plötzlich ändert, wenn die eine Seite ins Dunkel fällt, oder der Betrachter die Seiten wechselt, blitzen plötzlich erschreckende Assoziationen auf, und man glaubt für einen kurzen Moment zu sehen, wie die beiden inkompatiblen Persönlichkeiten in den Gesichtszügen einswerden.

Bezeichnend für das politische Bewußtsein der Deutschen nach dem Krieg ist aber nicht nur die banal-makabre Entstehungsgeschichte der Kanzlerbüste, sondern auch ihre unentschiedene Karriere in der Öffentlichkeit. Daß in den fünfziger Jahren in Bonn niemand das Geld für den grünen Koloß aufbringen wollte, ist verständlich. Dem Personenkult hatten die Gründerväter der Bundesrepublik gerade gründlich abgeschworen. Auch war damals die historische Bedeutung Adenauers höchstens in Ansätzen zu ahnen. Und außerdem sah das glattpolierte, glänzende Steinbild dem »Alten« so wenig ähnlich, daß an eine Aufstellung in einer Parteizentrale nicht zu denken war. So wanderte der Porphyr-Kanzler in das Naturstein-Werk zurück, wo er als Ladenhüter in eine Kiste eingenagelt und bald vergessen wurde.

Dort hat ihn ein Vierteljahrhundert später der Münchner Künstler Hermann Kleinknecht bei der Suche nach individuell geformten Steinbrocken aufgestöbert. In Photos hat Kleinknecht die seltsame archäologische »Ausgrabung« dokumentiert. Als er die Deckbretter der Kiste aufstemmte und die Holzwolle beiseiteschob, kam die befremdliche riesige Nase zum Vorschein. Schließlich stand das Schwergewicht ohne Schrammen aufrecht zwischen den Kisten im Steinlager. Und da aus dem gleichen Material noch andere unverkäufliche Scheußlichkeiten, die stilistisch eindeutig aus der Nazizeit stammten, in der Nachbarschaft herumstanden, war zu vermuten, daß auch dieser grüne Kopf etwas mit der braunen Vergangenheit zu tun hatte.
Als Kleinknecht sich dann die Geschichte der Führer-/Kanzlerbüste erzählen ließ, war das Konzept für eine Präsentation des kapitalen Geschichtsstücks rasch entwickelt. So kam die mit höchstem politischen Anspruch geschaffene Skulptur zu ihrem ersten und vermutlich auch letzten Auftritt in der Öffentlichkeit. Im Rahmen der Münchner Ausstellung »Zur Zeit – München 1933 – 45«, in der sich bildende Künstler mit den kaum reflektierten architektonischen Zeugnissen der NS-Zeit auseinandersetzten, stellte Kleinknecht 1993 das massiv verunglückte Stück Vergangenheits-Bewältigung dort auf, wo es seiner ursprünglichen Bestimmung nach am besten hinpaßte, in die Treppenhalle des »Führerbaus« am Königsplatz, also in die ehemalige Kommandozentrale Hitlers, die nach dem Untergang des »Reichs« – ähnlich wie die »Führerbüste« aus dem Fichtelgebirge – den neuen Bedürfnissen angepaßt wurde.

Mit der Re-Installation des (retuschierten) Schreckensbilds im (retuschierten) Haus des Schreckens hat Hermann Kleinknecht ein blendendes Stück Aufklärung geleistet. So wie der Versuch, aus Hitlers Physiognomie die Züge Adenauers herauszuschnitzen, mißlungen ist, so kann man auch den Versuch, den »Führerbau« durch klassische Musik zu entdämonisieren, als gescheitert bezeichnen. Die Staatliche Hochschule für Musik hat sich nach dem Krieg ihr Domizil nicht selber ausgesucht; sie braucht sich für ihre musischen Aktivitäten in dem politisch schwer belasteten Gehäuse nicht zu genieren. Doch die Öffentlichkeit, die das Erbe des Dritten Reichs angetreten hat, hätte sich längst schon zu dieser Hinterlassenschaft bekennen müssen.
So kann man verstehen, daß die Professoren der Musikhochschule den unheimlichen steinernen Gast – er war ja nur durch verbale Erläuterungen als politisches Monstrum und als exemplarisches Stück Konzeptkunst verständlich – wieder loswerden wollten. Doch in den Museen der deutschen Geschichte mußte das skurrile, und doch so bezeichnende Geschichts-Fundstück wie ein Glücksfall empfunden werden. Und entsprechend begeistert waren denn auch die ersten Reaktionen aus Bonn und Berlin, als Peter Pinnau, einer der Organisatoren der Ausstellung, den einmal ans Licht gehobenen »Hitlerauer« den Historischen Museen zur Übernahme anbot.
»Unser Interesse ist sehr groß an der Adenauer-/Hitler-Skulptur: Sie haben recht, dieses Relikt der Vergangenheitsbewältigung gehört in das Haus der Geschichte nach Bonn«, hieß es aus Bonn; und das Deutsche Historische Museum in Berlin teilte mit: »Ich hoffe, daß es noch nicht zu spät ist, Ihnen unser Kaufinteresse zu

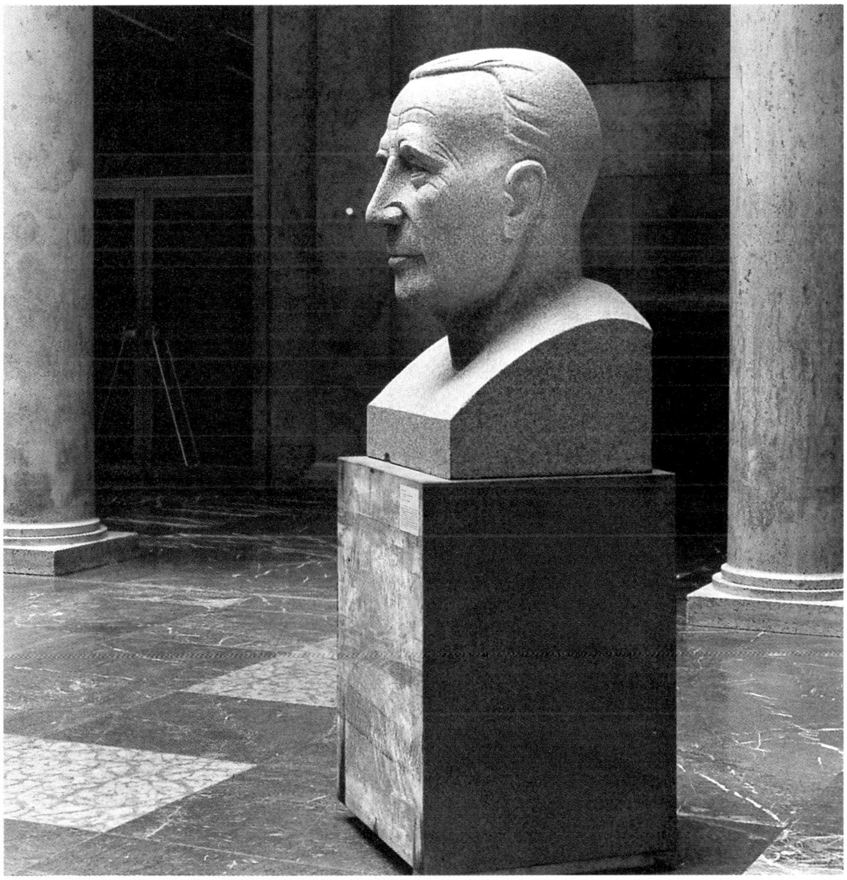

bekunden.« Als dann aber die Photos der Büste kursierten und Entscheidungen fällig wurden, brach das Interesse der Historiker schlagartig zusammen. Bonn redete sich jetzt plötzlich damit heraus, daß Adenauer in der Büste gar nicht richtig erkennbar sei; Berlin aber schützte ein telephonisches Mißverständnis vor.

Die Museumsleute, denen es obliegt die Konflikte der deutschen Geschichte zu bebildern, haben die eigentliche Pointe der Zwitter-Skulptur also gar nicht begriffen. Hätte die Adenauer-Büste naturalistisch echt ausgesehen, also alle Ähnlichkeiten mit Hitler verloren, wäre sie eine jener vielen, beliebig austauschbaren Kanzlerbüsten gewesen, von denen die Lager der Historischen Museen voll sein dürften; ob dieses Stück aus einem rohen Steinblock, aus einem Hitlerkopf oder aus dem Bizeps eines nackten Olympia-Recken herausgemeißelt wurde, wäre für das Erlebnis des Betrachters unerheblich geblieben. Doch dieses anatomisch abenteuerlich zwischen Adenauer und Hitler hin- und hermutierende Doppelkonterfei mit seiner im härtesten Material festgehaltenen Unbeholfenheit hätte den Museumsbesuchern etwas zu sagen gehabt, sie zumindest zum Schmunzeln gebracht und zum Nachdenken angeregt.

Dieser »Adenauer« hätte plastisch bewußt machen können, daß sich die Anfänge der Bundesrepublik – in der Architektur läßt sich das deutlich nachweisen – erst allmählich aus der Vorstellungswelt des »Dritten Reichs« herausentwickelt haben. Er hätte all die Versuche der Deutschen, das Böse zu verdrängen, die eigene Geschichte umzuschreiben und die nahe Vergangenheit zu bewältigen, in ihrer Halbherzigkeit entlarvt, in ihrer Vergeblichkeit ausgestellt.
Doch so weit wollten die staatlich bestellten Verweser der deutschen Historie offenbar nicht gehen. In den Museen bleiben die beiden politischen Systeme hygienisch sauber voneinander getrennt.
Spinnt man in Gedanken fort, was mit dieser politischen Haltung angedeutet ist, dann rückt der Nationalsozialismus in eine ungefährliche Ferne, dann ist das »Dritte Reich« eine rätselhafte, fast exotisch fremde Welt, dann ist Hitler nur noch eine böse Hexe in einem deutschen Märchen, seine Büste aber ein komisches Zerrbild mit einer langen Nase: Es war einmal ein großer, grüner Kopf ...

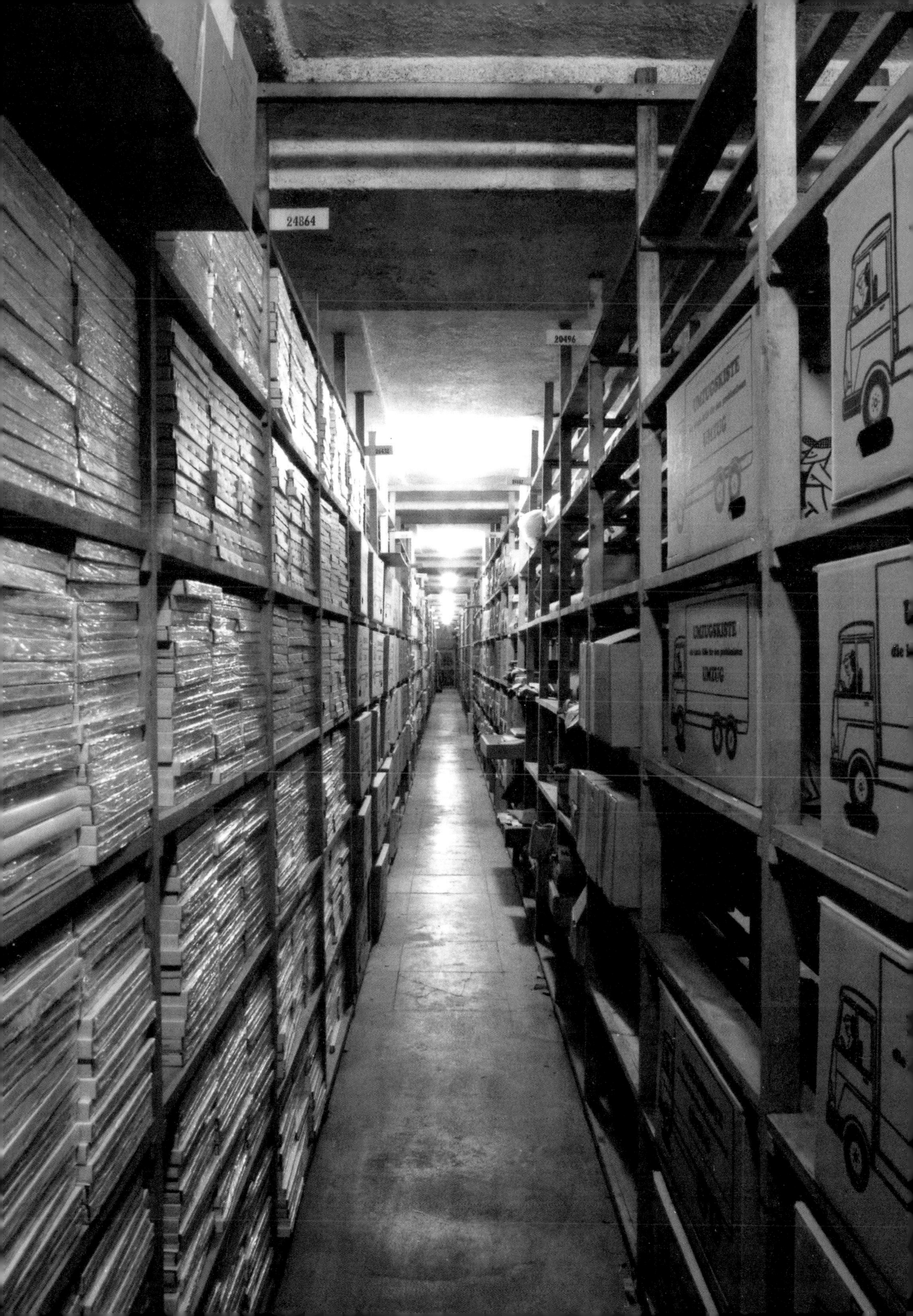
24864
20496
UMZUGSKISTE
UMZUG
UMZUGSKISTE
UMZUG

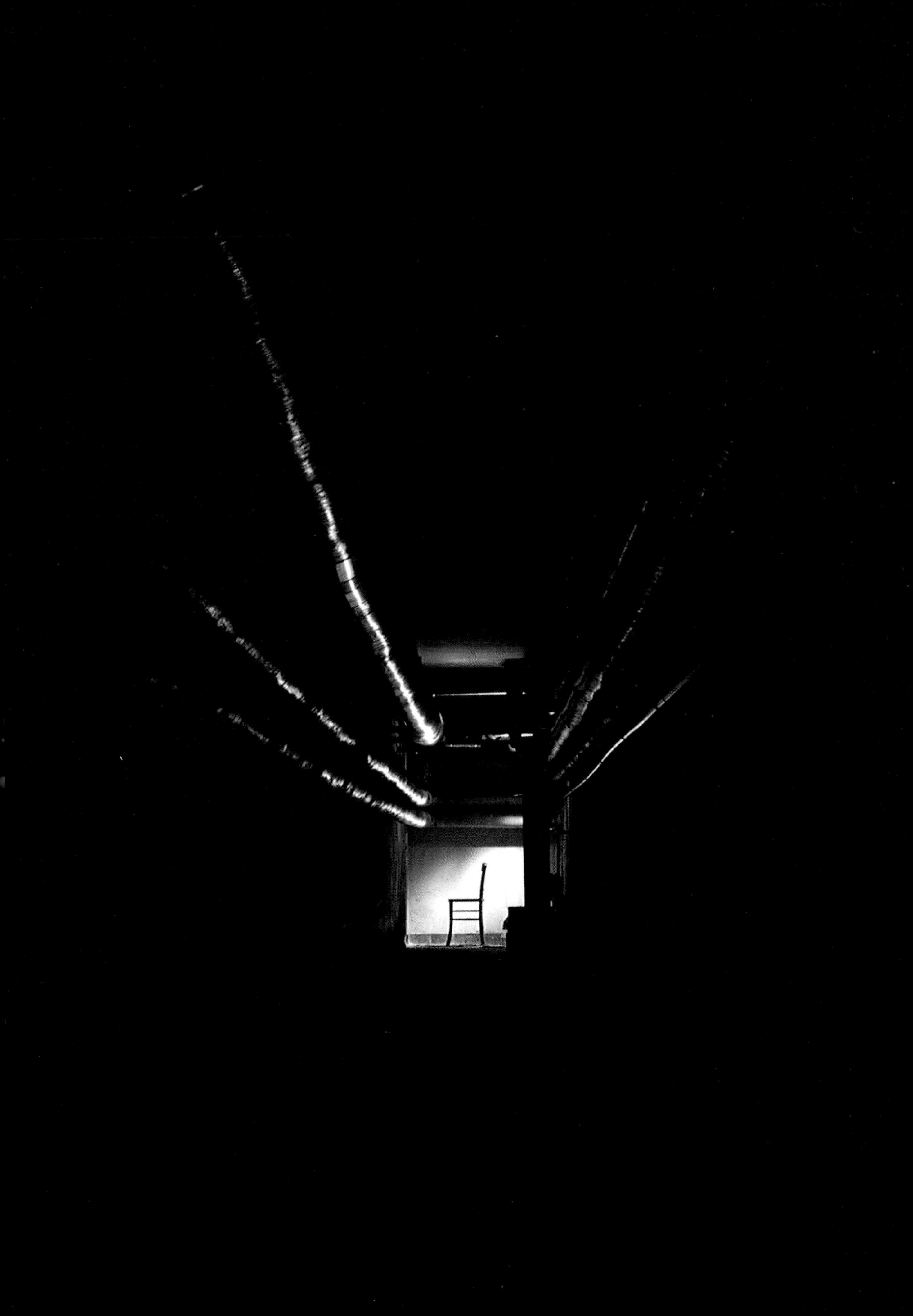

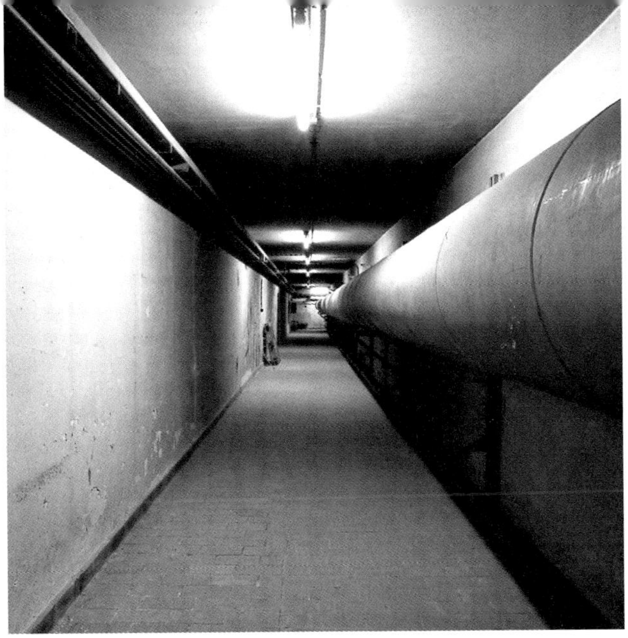

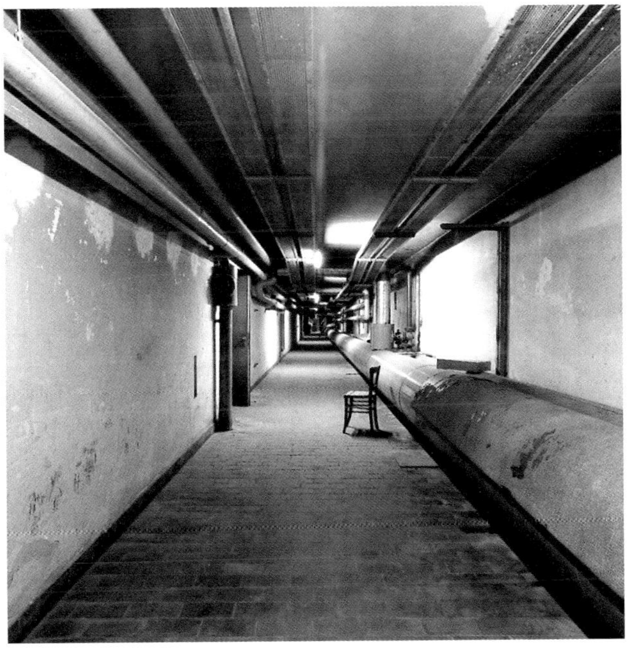

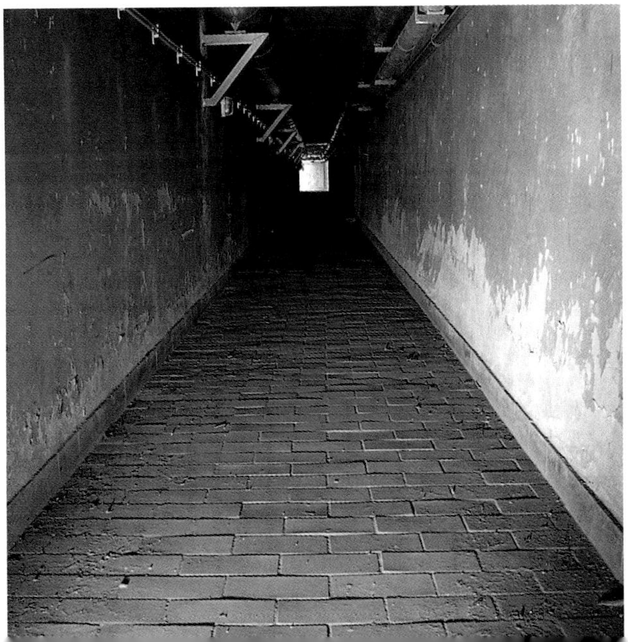

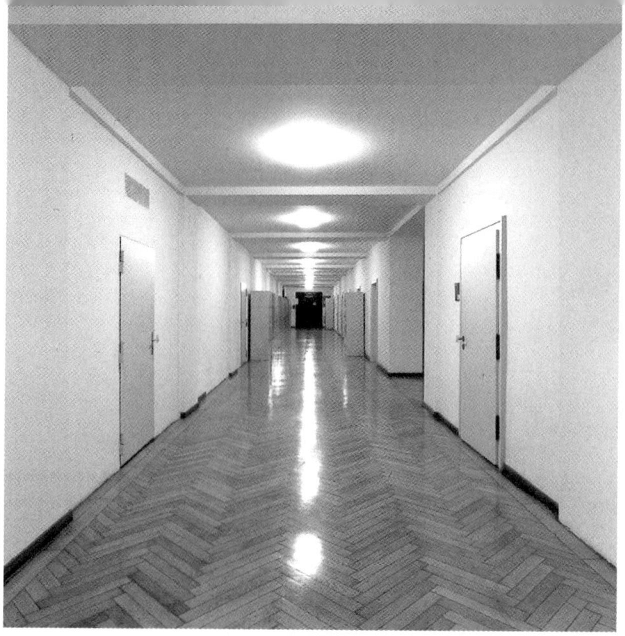

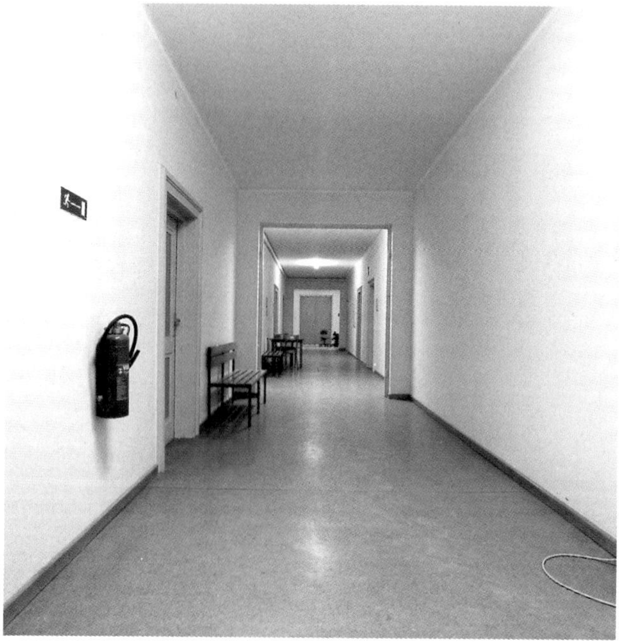

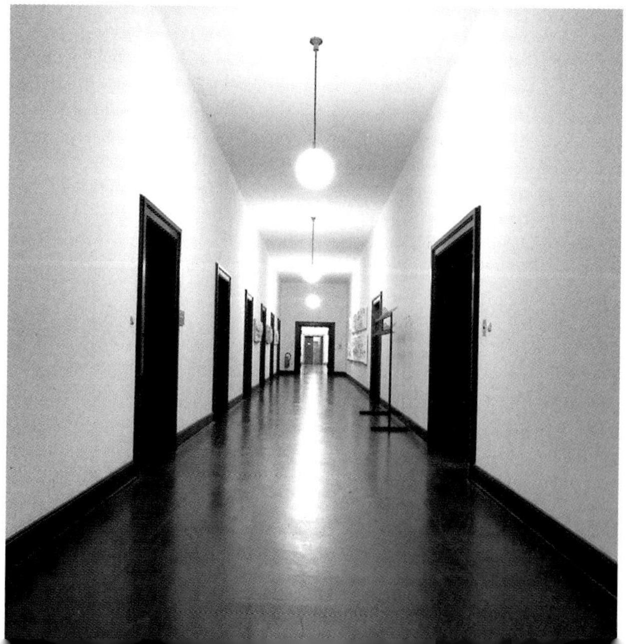

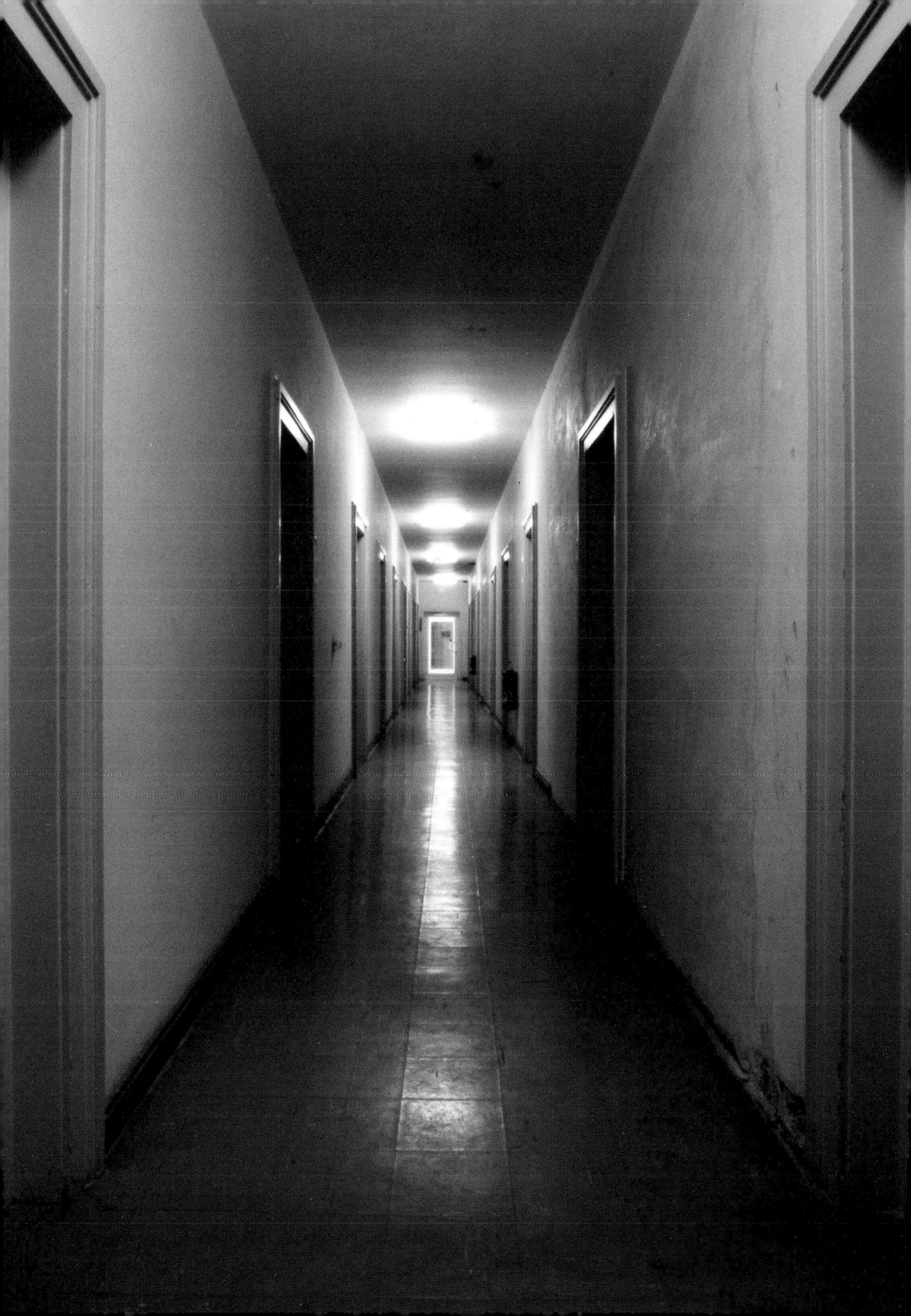

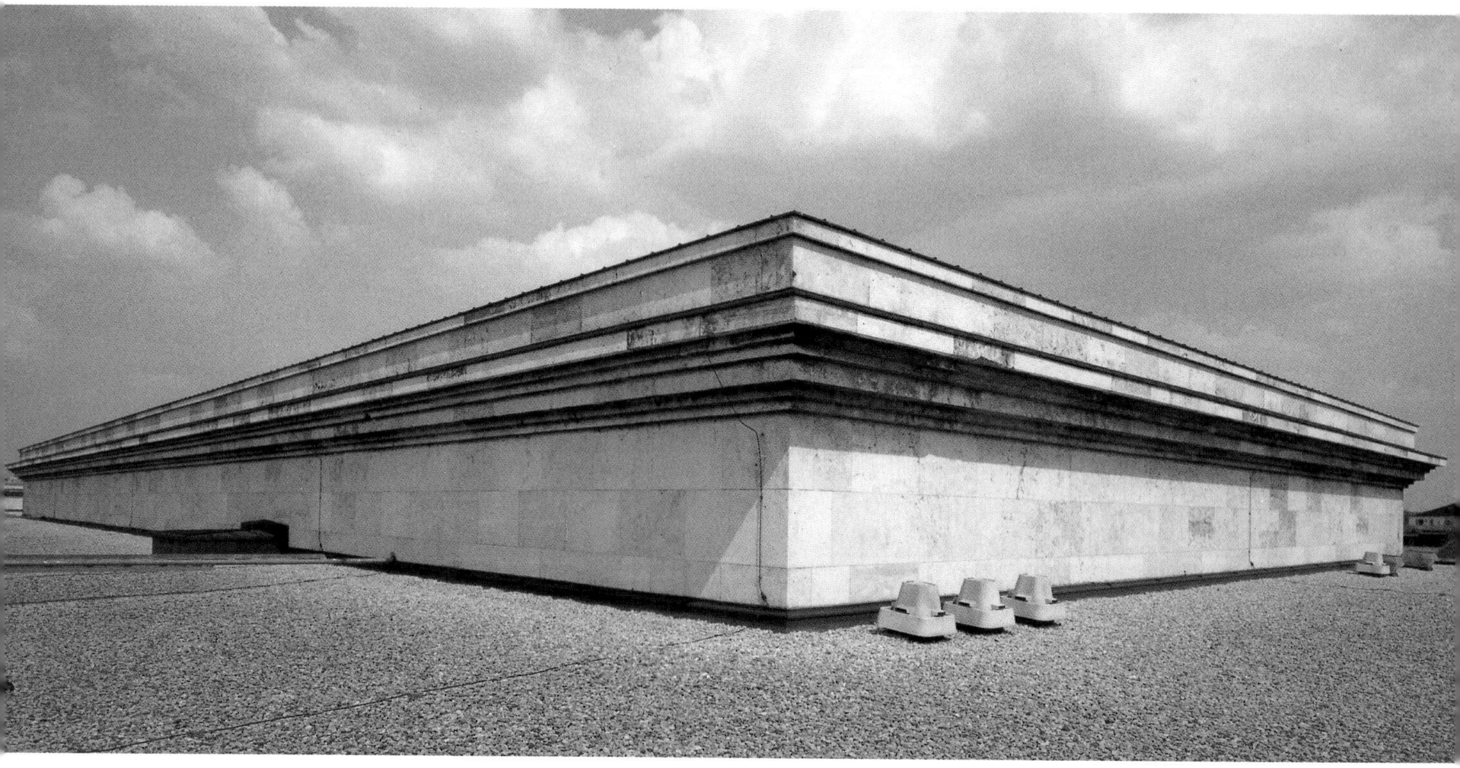

Hans-Günter Richardi

Der Königsplatz als Forum der nationalsozialistischen Selbstdarstellung im Spiegel der Münchner Lokalpresse

Es gibt keinen zweiten öffentlichen Platz in München, der von den Nationalsozialisten mit einer solchen Ausschließlichkeit in Besitz genommen wurde wie der Königsplatz. Seine Bedeutung, die er als örtlicher Rahmen für die nahezu kultische Selbstdarstellung der Nationalsozialistischen Deutschen Arbeiterpartei (NSDAP) erlangte, übertraf noch die der Feldherrnhalle. Entsprechend groß war die Beachtung, die Massenveranstaltungen auf dem »Königlichen Platz«, wie ihn der bayerische Innenminister und Gauleiter des sogenannten Traditionsgaus München-Oberbayern, Adolf Wagner, in Abkehr von jeder Erinnerung an die Monarchie bezeichnete, in der NS-Presse fanden. In den Berichten spiegelt sich wider, mit welchem Aufwand der Platz für die nationalsozialistische Propaganda vereinnahmt wurde. Am Beispiel der Berichterstattung in den bereits im März 1933 gleichgeschalteten Münchner Neuesten Nachrichten (MNN) soll das hier veranschaulicht werden.

Aufgrund der zahlreichen Berichte über Veranstaltungen auf dem Königsplatz kann festgestellt werden, daß der Platz vier Funktionen erfüllte: Er war erstens ein Ort der Machtdemonstration, an dem die »Volksgenossen« zur Kampfentschlossenheit und damit zur geschlossenen Front gegenüber den angeblichen Feinden im In- und Ausland eingeschworen werden sollten, wobei allein die Partei bestimmte, wer zum Gegner des NS-Staates gezählt wurde und wer nicht. Zweitens diente der Platz als eine Weihestätte zur Treuebekundung des Volkes gegenüber der Führung, was die dort stattfindenden Vereidigungen deutlich machten. Drittens erhoben die Nationalsozialisten den Königsplatz zu ihrer bedeutendsten Kultstätte, die in Verbindung mit dem Mahnmal an der Feldherrnhalle der Erinnerung an die Kampfzeit der NSDAP gewidmet war. Hier sollten, wie bereits in der Ewigen Wache mit den Toten des »Marsches auf die Feldherrnhalle« am Rande des Platzes zum Ausdruck kam, die Opfer der NS-Bewegung in einer Weise verherrlicht werden, die fast schon religiöse Züge annahm. Vermutlich stand dahinter die Absicht, mit den »Helden von 1923« eine neue Mythologie zu begründen, die das Christentum aus dem Tausendjährigen Reich verdrängen sollte. Und viertens nutzte die Partei den Platz nach antikem Vorbild als einen Ort des Triumphes, der mit seinen beeindruckenden Bauwerken aus der Zeit König Ludwigs I. eine würdige Kulisse für Siegesfeiern nach politischen und militärischen Erfolgen bot.

Auf die zukünftige Bedeutung des Platzes im öffentlichen Leben des NS-Staates wurde die Münchner Bevölkerung bereits vor der Umgestaltung des Königsplatzes in der Presse mit Nachdruck hingewiesen. Die ausführliche Berichterstattung, die auch in den Münchner Neuesten Nachrichten zu finden war, diente dazu, die Leser nach den Regeln der nationalsozialistischen Propaganda auf den Ort einzustimmen, dem durch Adolf Hitler eine historische Aufgabe zugewiesen worden sei. Noch bevor die Pläne und Modelle für den neuen Königsplatz mit den beiden geplanten Großbauten der NSDAP, dem sogenannten Führer- und dem Verwaltungsbau, im Ausstellungsgebäude im Alten Botanischen Garten der Öffentlichkeit präsentiert wurden, brachten die MNN am Sonntag, dem 18. März 1934, eine Dokumentation, die über anderthalb Seiten dem Gesamtprojekt von Professor Paul Ludwig Troost gewidmet war.

»Am Königsplatz«, stellte einer der beiden Autoren, Alexander Heilmeyer, fest, *»wächst ein neues München empor, das an Hoheit der Baugesinnung, an großzügiger Planung in seinen wahrhaft monumentalen Formen und Ausmaßen würdig neben dem ludovizianischen München bestehen wird. Die Bauten, Führer- und Verwaltungsbau der N.S.D.A.P., kraftvoll und schlicht empfunden im Grundriß und in der äußeren Gestaltung folgerichtig und übersichtlich klar aus der Aufgabe entwickelt, sind durch die Reinheit und Harmonie ihrer Formgebung über den Charakter des bloßen Zweckbaues hinausgewachsen und zum Symbol der nationalsozialistischen Bewegung geworden.«*

Um die Bedeutung des städtebaulichen Vorhabens noch mehr hervorzuheben, verband Heilmeyer das Projekt mit dem Namen von Adolf Hitler, dem er das Verdienst zuschrieb, den Platz für die Partei entdeckt zu haben. *»Immer schon dachte sich der Führer den herrlichen, von antikem Geist erfüllten Königsplatz als die gegebene Stätte würde- und weihevoller Kundgebungen. Wie sich dann die Erwerbung des Braunen Hauses dazufügte, da erstand in ihm der organisch beseelte und großzügig gedachte Plan, die ganze künftige bauliche Entwicklung, Führerhaus und Verwaltungsgebäude mit dem Königsplatz zu einer monumentalen Platzanlage zusammenzuschließen – wahrlich ein städtebaulicher Gedanke von größtem Wurf und Ausmaß, wie er seit Ludwigs I. Tagen nicht mehr erdacht und ausgeführt wurde.«* Die Aufgabe, die der Platz einmal erfüllen sollte, war ihm von Anfang an genau zugewiesen. *»Die Neugestaltung des Königsplatzes«*, erklärte Heilmeyer, *»sieht vor, daß dieser, wie das Forum antiker Städte, der Platz ist für die großen öffentlichen Kundgebungen, Staatshandlungen, Volksversammlungen und Feste der durch den Geist des Führers zum bewußten Volk gewordenen Deutschen.«* Mit ihm sollte kein anderer Platz in München in Konkurrenz treten. Er allein war dafür bestimmt, dem *»Geist der Bewegung«* den *»geschichtlichen Raum«* zu geben.

Auch der zweite Autor, Hans Kiener, der in den MNN am 18. März 1934 die geplante Neugestaltung des Königsplatzes in den höchsten Tönen pries, erblickte in den Bauten die Verkörperung des nationalsozialistischen Geistes. *»Ruhe ist Kraft«*, stellte er fest, um dann gleich in den Stil der Parteipropaganda zu verfallen, der dem Leser mehr Worthülsen als Fakten bot. *»Die Bauten sind in ihrem unvergleichlichen, in sich ruhenden Zusammenklang aller Teile ein Symbol des durch unerhörte Kraftentfaltung aus dem Chaos zum Kosmos geläuterten Volkes. Die Dynamik der Revolution ist für den Nationalsozialisten als die aufbauende Bewegung schlechthin nur Mittel zum Zweck, niemals Selbstzweck, wie für die destruktiven Revolutionen. Sein Ziel ist nicht die Zerstörung, sondern die Ordnung selbstsicherer Kraft. Und der höchste Ausdruck selbstsicherer und innerlich reicher Kraft ist Harmonie und Klarheit.«* Als hier von *»Harmonie und Klarheit«* die Rede war, befanden sich bereits seit dem 22. März 1933 – dies läßt die Leere dieser Worte erkennen! – Hunderte von Verfolgten im Konzentrationslager Dachau vor den Toren der Stadt, nur etwa achtzehn Kilometer vom Königsplatz entfernt, in Schutzhaft der Bayerischen Politischen Polizei (BPP) und lernten dort die brutale Kehrseite der *»aufbauenden Bewegung«* unter der Knute der SS kennen. Bald aber ließ das Regime auch in der Öffentlichkeit mehr und mehr die Maske des Friedvollen fallen und zeigte der Welt sein wahres Gesicht, was für jeden, der es sehen wollte, in den aufpeitschenden Reden der Parteiführer vor den versammelten Massen auf dem Königsplatz zu erkennen war.

Von Anfang an war es das Ziel der Nationalsozialisten, die Geschichte ihrer Bewegung eng mit dem Königsplatz zu verknüpfen. Hitler war am 30. Januar 1933 in Berlin gerade erst zum Reichskanzler ernannt worden, da strömten seine Münchner Parteigenossen bereits zum Platz an den Propyläen, um dort den Sieg der NSDAP zu feiern. Kein Polizist hinderte sie daran, obwohl in Bayern noch Ministerpräsident Dr. Heinrich Held die Staatsgeschäfte führte und die Kundgebung nicht genehmigt war. *»Gegen Anbruch der Dunkelheit«*, berichteten die

Münchner Neuesten Nachrichten am 30. Januar 1934 rückblickend auf das handstreichartige Unternehmen im Vorjahr, »*marschierten unter klingendem Spiel mit Musik, Trommlern und Pfeifern aus der ganzen Stadt und von den Außenbezirken her S.A. und S.S. geschlossen durch die Straßen zum Königsplatz. Zivilbevölkerung erwartete dort die Getreuen Adolf Hitlers. Kurze Reden führender Nationalsozialisten, die der Bedeutung des Tages gerecht wurden, erklangen unter nächtlichem Himmel. Das Deutschland- und das Horst-Wessel-Lied, von Musik begleitet, brauste über den weiten Platz, der schon so viele denkwürdige Kundgebungen erlebt hat.*
Mustergültig wie der Anmarsch vollzog sich das Abfluten der Menge. Trotzdem (sic!) die unangemeldete, improvisierte Veranstaltung innerhalb der Bannmeile (des nahen Bayerischen Landtags in der Prannerstraße, Anm. d. Verf.) *an sich unter das allgemeine Polizeiverbot gefallen wäre, nahmen die durch ein großes Aufgebot bewaffneter Bereitschaftspolizei vestärkten blauen Polizeikräfte* (der Stadt München, Anm. d. Verf.) *keinen Anlaß, einzugreifen. Sie duldeten, wohl auf höhere Weisung, die ›verbotene Ansammlung‹ und waren in der Hauptsache auf die Aufrechterhaltung des Verkehrs bedacht.*«

Am Abend des 9. März 1933 waren die Nationalsozialisten dann auch in München an ihrem Ziel, nachdem sie an diesem schwarzen Donnerstag mit Unterstützung des Reichsinnenministers Dr. Wilhelm Frick von Berlin aus die Regierung des Ministerpräsidenten Heinrich Held (BVP) gestürzt hatten. Wieder bot der Königsplatz am 21. März 1933 die Kulisse für eine Siegesfeier der NSDAP, als in der Potsdamer Garnisonskirche der neue Deutsche Reichstag (nach den halbwegs noch freien Wahlen vom 5. März) in Anwesenheit des Reichspräsidenten, Generalfeldmarschall Paul von Hindenburg, und des Reichskanzlers Adolf Hitler eröffnet wurde. (Dieses Ereignis feierten die Nationalsozialisten als »Tag von Potsdam«.)
»*Münchens klassisch schöner Königsplatz, der schon so vielen denkwürdigen Veranstaltungen den Rahmen gab*«, schrieben die MNN am Tag darauf, »*erlebte gestern nach Einbruch der Dunkelheit eine Kundgebung von kaum noch gesehenem Ausmaße. Der Bedeutung der Stunde entsprechend, war das ganze nationale München aufmarschiert. (...) Ein Wald von Fahnen, Standarten und anderen Abzeichen füllte die Stufen zum Gebäude der Neuen Staatsgalerie. Scheinwerfer und brennende Fackeln erhellten das Dunkel der Nacht.*
Fanfarentöne. Unter den Weisen des Badonviller-Marsches erscheinen der kommissarische Staatsminister des Innern Adolf Wagner mit dem Kommissar Stabschef (der SA, Anm. d. Verf.) *Hauptmann a. D. Röhm, kommissarischem Bürgermeister Fiehler und großem Gefolge auf dem Platze. Hauptmann Röhm spricht zu den braunen und feldgrauen Kameraden. München und Bayern soll (sic!) seine deutsche Sendung erfüllen und dafür sorgen gleich allen anderen Gleichgesinnten, daß unser Vaterland wieder frei, glücklich und stolz werde. Dann brauste das Horst-Wessel-Lied über den Platz.*
Adolf Wagner forderte in eindringlicher Rede zum Zusammenschluß aller auf, die am nationalen Wiederaufbau Deutschlands mithelfen wollen. Für immer soll Deutschland eins in allen seinen Teilen und Stämmen sein. Nicht Haß beseele die Kämpfer der nationalen Revolution gegen die, die bisher gegen sie standen. Aber vor aller Welt sollen sie ein letztes Mal öffentlich zur Besinnung und Umkehr gemahnt werden. Das neue, junge erwachende Deutschland werde alle Verbrecher und Narren vernichten, die des Reiches Bestand weiterhin stören wollen, ebenso wie es dafür sorgen werde, einstens alle wieder zu vereinen, die deutscher Zunge sind.«

Wagners Drohungen waren keine leeren Worte. Am Tag nach der Feier auf dem Königsplatz wurde in der Nähe des damaligen Marktes Dachau das erste Konzentrationslager in Bayern eröffnet. Als Wagner am Abend des 21. März 1933 vor der Menschenmenge sprach, übernahm gerade die 2. Polizei-Hundertschaft der Bayerischen Landespolizei zum erstenmal den Wachdienst in der verwaisten Pulver- und Munitionsfabrik Dachau, die das »*Sammellager für politische Gefan-*

gene«, wie es zunächst hieß, aufnehmen sollte. Wagner wußte davon, als er auf dem Königsplatz seine Drohungen ausstieß, die sich vor allem gegen die Kommunisten richteten. Und auch seine Zuhörer waren informiert; denn am selben Tag hatte die Presse die bevorstehende Eröffnung des KZ Dachau gemeldet, in dem die *»gesamten kommunistischen und – soweit notwendig – Reichsbanner- und marxistischen Funktionäre, die die Sicherheit des Staates gefährden, zusammengezogen«* (MNN) werden sollten.

Die nächste Kampfansage der Nationalsozialisten, für die wieder der Königsplatz in der Öffentlichkeit den äußeren Rahmen bot, richtete sich am Freitag, dem 31. März 1933, gegen die Juden. In einer Massenkundgebung sollten die »Volksgenossen« auf den Boykott jüdischer Geschäfte, Rechtsanwälte und Ärzte am 1. April eingestimmt werden, mit dem die NS-Führung die sogenannten Greuelnachrichten über das Dritte Reich im Ausland beantworten wollte. *»Gegen 1/2 9 Uhr«*, berichteten die Münchner Neuesten Nachrichten am folgenden Tag, *»eröffnete der stellvertretende Gauleiter Nippold im Namen des Zentralkomitees zur Abwehr der jüdischen Greuel- und Boykotthetze die Massenkundgebung und wies darauf hin, daß genau so wie jetzt in München Hunderttausende in diesem gewaltigen Abwehrkampfe zusammenstehen, sich in ganz Deutschland, beseelt vom gleichen Willen, aber Millionen (sic!) zusammengefunden haben zum Protest. Nippold teilte mit, daß am Freitag in München die ersten großen, jüdischen Geschäfte mit Posten besetzt wurden und daß am Samstag, Punkt 10 Uhr, insgesamt sechshundert jüdische Geschäfte in der gleichen Weise besetzt werden. Zur gleichen Stunde werden S.A.-Leute die Wohnungen aller jüdischen Rechtsanwälte und Ärzte mit Plakaten kennzeichnen, auf dem (sic!) das Wort ›Jude‹ leuchtet. Für die deutschen Geschäfte, Anwälte und Ärzte hingegen wurden Plakate geschaffen mit dem Aufdruck ›Deutsches Geschäft‹, ›Deutscher Anwalt‹, ›Deutscher Arzt‹, die von allen benützt werden sollen.*
Und nun trat Julius Streicher, den Adolf Hitler an die Spitze des Abwehrkampfes gesetzt hat, an das Mikrophon. In zündenden Worten geißelte er die unwahren Greuelnachrichten in der Auslandspresse und die damit eingesetzte Boykotthetze gegen Deutschland als das finstere Machwerk Alljudas. Streicher erinnerte daran, daß die Nationalsozialisten und er schon vor vierzehn Jahren den Kampf gegen die Juden aufnahmen und vor diesem übelsten Feinde des ganzen Volkes warnten. Damals seien sie als Warner verschrien worden. Heute sei die ganze Welt im Innersten aufgewühlt über das Treiben des ›ewigen Juden‹, des Erbfeindes des Friedens. Unter stürmischem ›Bravo‹ kündete Streicher an: ›Heute sind die, die einst das Golgatha geschaffen haben, selbst auf dem Wege nach Golgatha.‹«

Und der kommissarische Innenminister Adolf Wagner warnte schließlich in gewaltgeladener Drohung: »*Nicht mit papierenen Protesten führe man den Kampf, sondern der Feind soll die Faust des neuen Deutschlands spüren.*« Die Volksmassen, die auf dem Königsplatz versammelt waren, schwiegen dazu. Niemand erhob seine Stimme zum Protest. Und die »Volksgenossen« schwiegen auch (was sie nach dem Ende der NS-Gewaltherrschaft, schnell vergaßen, ohne sich ihrer Unaufrichtigkeit zu schämen!), als am 10. Mai 1933 auf demselben Platz die Bücher unerwünschter Autoren verbrannt wurden. Jeder konnte die Ankündigung am Morgen desselben Tages in den MNN lesen: »*Heute, Mittwoch abend, findet ein großer Fackelzug der Studentenschaft der Universität München statt. Er nimmt um 10 Uhr 30 seinen Ausgang am Siegestor, geht durch die Ludwigstraße zum Odeonsplatz, biegt hier in die Adolf-Hitler-Straße ein und endet auf dem Königsplatz. Hier trifft er etwa um 11 Uhr ein. Es spricht der Älteste der Deutschen Studentenschaft, Kurt Ellersiek. Daraufhin werden volkszerstörende Bücher auf einem Scheiterhaufen verbrannt. Die gesamte Öffentlichkeit wird eingeladen, in den Straßen, durch die der Fackelzug geht, Aufstellung zu nehmen und an der Feier am Königsplatz sich zu beteiligen. Der gesamte Platz vor der Glyptothek bis zur Straße ist für die Öffentlichkeit freigehalten.*«

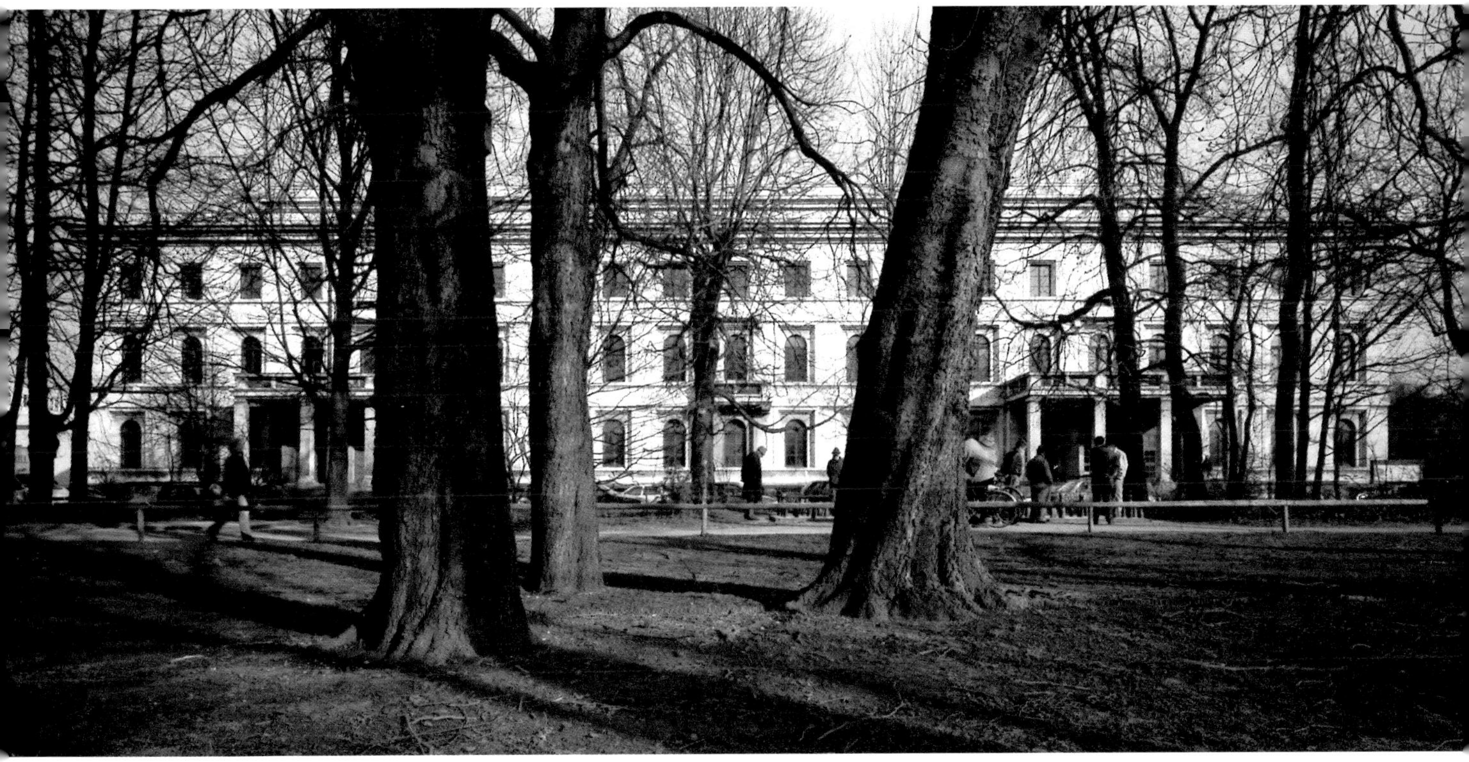

Unter der Überschrift »*Flammen auf dem Königsplatz*« berichteten die Münchner Neuesten Nachrichten am 12. Mai ausführlich über das schändliche Schauspiel, das die Nationalsozialisten der Welt boten: »*Den Teilnehmern unvergessen wird die nächtliche Feier der Münchner Studentenschaft auf dem Königsplatz sein. Die Kundgebung (...) vollzog sich in einem feierlich-eindrucksvollen Rahmen. Hinter den Pylonen vor dem staatlichen Kunstaustellungsgebäude stand auf der Freitreppe ein Wald von Fahnen und Bannern. Fackelträger reihte sich an Fackelträger(,) und in weitem Rund füllten ungezählte Tausende den Königsplatz. Lautsprecher vermittelten allen den unmittelbaren Eindruck des Geschehens.*
Während die Feier bereits ihren Anfang nahm, marschierten noch immer die Fackelträger ein. Der Scheiterhaufen mit den Büchern und Zeitschriften, die zur Verbrennung bestimmt waren, war schon am Nachmittag errichtet worden. Den tiefen Sinn des Verbrennungsaktes legte der Älteste der Deutschen Studentenschaft Kurt Ellersiek in packenden Worten dar. Wenn heute hier volkszersetzende und volksverhetzende Bücher und Schriften verbrannt werden, so solle damit symbolisch angedeutet sein, daß alles Undeutsche in unserem Volke ausgebrannt werden wird. Zugleich aber soll das reinigende Feuer auch aller Welt den Wiederaufstieg Deutschlands verkünden. (...)
Bei den Schlußworten des Redners flammte der Scheiterhaufen auf. Die Fackelträger traten im Kreis um die Flammen und warfen die brennenden Fackeln in die verzehrende Glut. Die Lautsprecher trugen die Versicherung über den weiten Platz, daß nun Raum in Büchereien und auf Bühnen für junge deutsche Kunst geschaffen wird, und die Bitte, im ganzen Volk dem Beispiel dieser Säuberung zu folgen.«

Immer deutlicher zeigte sich nun die Richtung, die Hitler in seiner Politik einschlug. Sein erklärtes Ziel war es, wie er bereits vor seiner »Machtübernahme« immer wieder angekündigt hatte, die Gebiete zurückzuholen, die Deutschland nach der Niederlage im Ersten Weltkrieg verloren hatte. Den Friedensvertrag von Versailles empfand er wie die Mehrheit der Deutschen als »Diktat der Sieger«, dem er kampfentschlossen entgegentreten wollte. Gezielt schürten die Nationalsozialisten mit ihren öffentlichen Auftritten die Bereitschaft im Volk, dem Bruch des »Versailler Vertrages« zuzustimmen, der am 28. Juni 1919 in Versailles unterzeichnet worden war und am 10. Januar 1920 mit zweifellos schwersten Belastungen für Deutschland in Kraft getreten war.

Diesem Ziel diente auch die »*Riesenkundgebung gegen Versailles*« (MNN) am 28. Juni 1933 auf dem Königsplatz. In Erinnerung an den Tag, an dem vor vierzehn Jahren die deutschen Reichsminister Hermann Müller und Dr. Johannes Bell im Spiegelsaal des Schlosses in Versailles ihre Unterschrift unter den Vertrag gesetzt hatten, stellten die Münchner Neuesten Nachrichten in ihrem Bericht über die Veranstaltung am 29. Juni fest: »*In dem durch die nationale Revolution erneuerten Deuschland stehen die Volksmassen auf, um in gewaltigen Kundgebungen das Verbrechen von Versailles zu brandmarken und Wiedergutmachung zu fordern.*«
Über zweihunderttausend Münchner folgten dem Aufruf der Partei und begaben sich am Abend, vorbei an Straßenbahnen, die Trauerwimpel trugen, zum Königsplatz, wo auf den umliegenden staatlichen Gebäuden die Flaggen auf halbmast wehten. »*Die Pechpfannen loderten auf,*« beschrieben die MNN den Beginn der Kundgebung. »*Flutlicht tauchte Glyptothek und Staatsgalerie in hellen Schein, aus dem die Spitzen der Fahnen zauberhaft funkelten und schimmerten. Eine Kette von S.A.-Männern vor den Propyläen entzündete ihre Fackeln. Der Gauleiter von München-Oberbayern, Staatsminister Wagner, war angefahren und hatte die Schwerkriegsbeschädigten begrüßt. Es war gegen 21 1/2 Uhr – da dröhnte aus der Ferne eherner Marschschritt. Die Reichswehr im schlichten Feldgrau mit Stahlhelm und Obergewehr marschiert im Paradeschritt an, voran stumm die Kapelle. (...) Es begann die mächtigste und eindrucksvollste Riesen-Kundgebung, die der Königsplatz in München, die Geburtsstätte der deutschen Freiheitsbewegung, je erlebt hat.*« Adolf Wagner bezeichnete in seiner Rede die »*Überwindung*

von Versailles als die Aufgabe, die dem jetzt lebenden deutschen Menschen gestellt ist«.

Mit Eile gingen die Nationalsozialisten daran, diesem Ziel näher zu kommen. Der Weg zur uneingeschränkten Macht war für den Führer der NSDAP endgültig frei, als Hindenburg am 2. August 1934 starb und Hitler nun die Ämter des Reichspräsidenten und des Reichskanzlers in seiner Hand vereinigen konnte. Am Todestag des Reichspräsidenten versammelte sich die Münchner Bevölkerung in den Abendstunden auf dem Königsplatz, um dort des Verstorbenen zu gedenken. Zugleich wollte die Partei mit dieser Veranstaltung an den Beginn des Ersten Weltkriegs vor zwanzig Jahren erinnern. Zweifellos diente diese »*Weihestunde*« (MNN) ebenfalls dazu, die Kriegsbereitschaft im Volk zu wecken, auch wenn dies nicht so offen ausgesprochen wurde. Aber deutlich waren die Worte, die über die Lippen des evangelischen Wehrkreispfarrers Schübel kamen. »*Er*«, berichteten die Münchner Neuesten Nachrichten, »*erinnerte an den 2. August 1914, an dem sich in das Läuten der Sonntagsglocken der Aufruf zur Mobilmachung mischte, die uns aufgezwungen wurde. Auch heute wollen die Feinde nicht dulden, daß unser Volk wieder zur Ruhe kommt.*«

Am selben Abend erfuhren die Münchner aus dem Mund des Befehlshabers im Wehrkreis VII, Generalleutnant Adam, vom letzten Schritt, der die nationalsozialistische Diktatur besiegelte. »*Deutsche Volksgenossen!*« erklärte er vor der Menge auf dem Königsplatz. »*Nach dem Hinscheiden des Generalfeldmarschalls, unseres Reichspräsidenten, darf es kein Interregnum, keine Lücke in der Regierungsgewalt geben. Darum hat die autoritäre Reichsregierung heute ein Gesetz beschlossen, das das Amt des Reichspräsidenten und Reichskanzlers vereinigt. Wer wäre würdiger, wer wäre größer, um an die Spitze des Reiches zu treten, als Adolf Hitler? Und die Wehrmacht wird in allen deutschen Landen heute auf das neue Oberhaupt der Nation vereidigt.*« So eilig hatte es Hitler, seine Macht zu festigen und das Militär an seine Person zu binden. Die Eidesformel, die Adam den angetretenen Soldaten vorsprach, lautete: »*Ich schwöre bei Gott diesen heiligen Eid, daß ich dem Führer des Deutschen Reiches und Volkes, Adolf Hitler, dem Oberbefehlshaber der Wehrmacht, unbedingten Gehorsam leisten und als tapferer Soldat bereit sein will, jederzeit für diesen Eid mein Leben einzusetzen.*«

Der Generalleutnant schloß seine Ansprache mit den unbegreiflichen Worten: »*Nur weil Hindenburg und Hitler Soldaten waren, konnten sie uns das Dritte Reich schenken. Ein Volk, ein Herz, ein Reich, das wollen wir dem toten Marschall und dem neuen Oberbefehlshaber geloben.*« Kein Widerspruch regte sich, und niemand auf dem Königsplatz gedachte mehr der Menschen, die erst vor wenigen Wochen der »Röhm-Affäre« zum Opfer gefallen waren. Auch die Offiziere und die Führer der Freikorps verloren kein Wort über den ermordeten Stabschef der SA, Ernst Röhm, der sie erst vor zehn Monaten auf demselben Platz in der Öffentlichkeit geehrt hatte, als die Fahnen der ehemaligen Freikorps, die der NSDAP nahestanden, in einer Feierstunde am 8. November 1933 der SA übergeben worden waren. Vor den angetretenen »*Freikorpskämpfern in ihren alten Uniformen*« (MNN) erklärte Röhm auf dem Königsplatz: »*Heute, meine Kameraden aus den Freikorps, ist das, für was auch Sie gekämpft haben und für was wir alle Soldaten draußen im Felde gestritten, Wirklichkeit geworden: Wir haben wieder ein Deutschland, in dem es sich lohnt, zu leben und zu kämpfen, ein Deuschland, in dem es sich auch lohnt, für das Vaterland zu sterben, weil diese Opfer dem ganzen Volk, dem ganzen Vaterlande zunutze kommen. So schließt nun die Ära der Kämpfe, die Sie geführt haben, ab und geht über in die Geschichte der Armee, die berufen war, die Freiheit und die Ehre für Deutschland wiederzuerkämpfen (,) und die berufen ist, diese Freiheit und Ehre, dieses Gut der soldatischen Volksgemeinschaft in Deutschland für alle Zeiten zu sichern und zu halten.*« Mit dieser Armee hatte Röhm nicht etwa die Reichswehr, sondern die braunen Bataillone der SA gemeint, an deren Spitze er militärische Macht erlangen wollte. Doch er machte seine

Rechnung ohne Hitler, der den ehrgeizigen Plänen des Freundes entgegentrat und die SA mit Hilfe der SS am 30. Juni 1934 blutig entmachtete, um die Reichswehr, die der SA ablehnend gegenüberstand, zu besänftigen und für seine kriegerischen Absichten zu gewinnen.

Bereits im Herbst 1933 wiesen die Nationalsozialisten dem Königsplatz, der bisher nur als Versammlungsort für Kundgebungen gedient hatte, seine zweite Funktion als Weihestätte der NS-Bewegung zu. Dies fand seinen Ausdruck in feierlichen Vereidigungen von Gefolgsleuten, die dazu auf dem Platz zusammenkamen. Den Anfang machten am 9. November 1933 die Bürgermeister aller bayerischen Gemeinden, die dort vor dem Innenminister und Gauleiter Adolf Wagner den Treueid auf den NS-Staat leisteten. Ihnen folgten die Politischen Leiter der NSDAP sowie die Führer der Hitler-Jugend (HJ), des Bundes Deutscher Mädel (BDM) und des Freiwilligen Arbeitsdienstes, die am 25. Februar 1934 zur Vereidigung auf dem Königsplatz erschienen.

Am 13. August 1934 schließlich unterwarfen sich Hunderttausende von »Volksgenossen« bedingungslos ihrem Führer, als Hermann Göring auf dem Königsplatz zur Volksabstimmung für Adolf Hitler am 19. August aufrief, die den Diktator nach dem Tode Hindenburgs als alleiniges Staatsoberhaupt Deutschlands bestätigen sollte. Beschwörend rief der preußische Ministerpräsident den Massen zu: »*Der Führer, der allein die gesamte Verantwortung auf seine starken Schultern zu nehmen bereit ist, der Deutschland aus Not und Schmach und Schande wieder emporführt zu Glück und Größe, dieser Führer stellt heute an sein Volk die Vertrauensfrage. Darum hat das Volk am 19. August zu entscheiden.*« Das Ergebnis der Abstimmung, das die Münchner Neuesten Nachrichten am 20. August veröffentlichten, lautete: »*Gesamtzahl der Stimmberechtigten (in ganz Deutschland): 45 202 667, Ja-Stimmen: 38 124 030, Nein-Stimmen: 4 275 248.*« Damit waren die Würfel gefallen – die Mehrzahl der Deutschen hatte sich für Hitler entschieden und damit auch ihre Zustimmung zur Politik der nationalsozialistischen Gewalt gegeben, deren Absichten ja, wie hier festgestellt werden konnte, bei den Massenveranstaltungen der Partei auf dem Königsplatz nicht zu überhören waren.

Damit war für Hitler das Fundament gelegt, auf dem die Verherrlichung der NS-Bewegung einsetzen konnte. Als Kultstätte der NSDAP wurde der Königsplatz ausersehen, wo die sechzehn Opfer (»Blutzeugen«) des Marsches auf die Feldherrnhalle vom 9. November 1923 in zwei »Ehrentempeln« für Deutschland die Ewige Wache halten sollten. Zur Erinnerung an die Erschossenen war bereits am 9. November 1933 von Hitler ein »Ehrenmal« an der Feldherrnhalle enthüllt und zum erstenmal der Weg abgeschritten worden, den die Putschisten am Tag ihrer Erhebung vom Bürgerbräukeller durch die Innenstadt zur Feldherrnhalle genommen hatten, wo die Revolte unter den Schüssen der Bayerischen Landespolizei blutig zusammenbrach. Mit der Überführung der »Toten vom 9. November« zu den Ehrentempeln wurde der Gedenkmarsch am 9. November 1935 erstmals von der Feldherrnhalle zum Königsplatz weitergeführt. Der letzte Zug der Gefallenen, dessen Inszenierung bereits kultische Formen annahm, wurde mit großem Aufwand vorbereitet. In einem Aufruf forderte der stellvertretende Gauleiter Otto Nippold die Bevölkerung der »Hauptstadt der Bewegung« auf, die Häuser mit Fahnen zu schmücken: »*Münchner! Wenn an diesem Tage die ersten Blutzeugen Adolf Hitlers übergeführt werden in die Ehrentempel am Königsplatz und Wache beziehen vor den Toren des Dritten Reiches, grüßen wir sie zu ihrer letzten Fahrt mit dem Banner des Freiheitskampfes und des neuen Deutschland.*«

Über die Ankunft der »*16 deutschen Freiheitskämpfer*« (MNN), deren Särge auf den Lafetten von Geschützen ruhten, auf dem Königsplatz, der nunmehr bald »*durch Opfergedächtnis geweihte(n) Gemeinschaftsstätte*« (Der Neue Brockhaus, Leipzig 1937), unterrichteten die Münchner Neuesten Nachrichten ihre Leser bis in alle Einzelheiten. »*Jetzt*«, so schrieb der Berichterstatter über den Höhepunkt

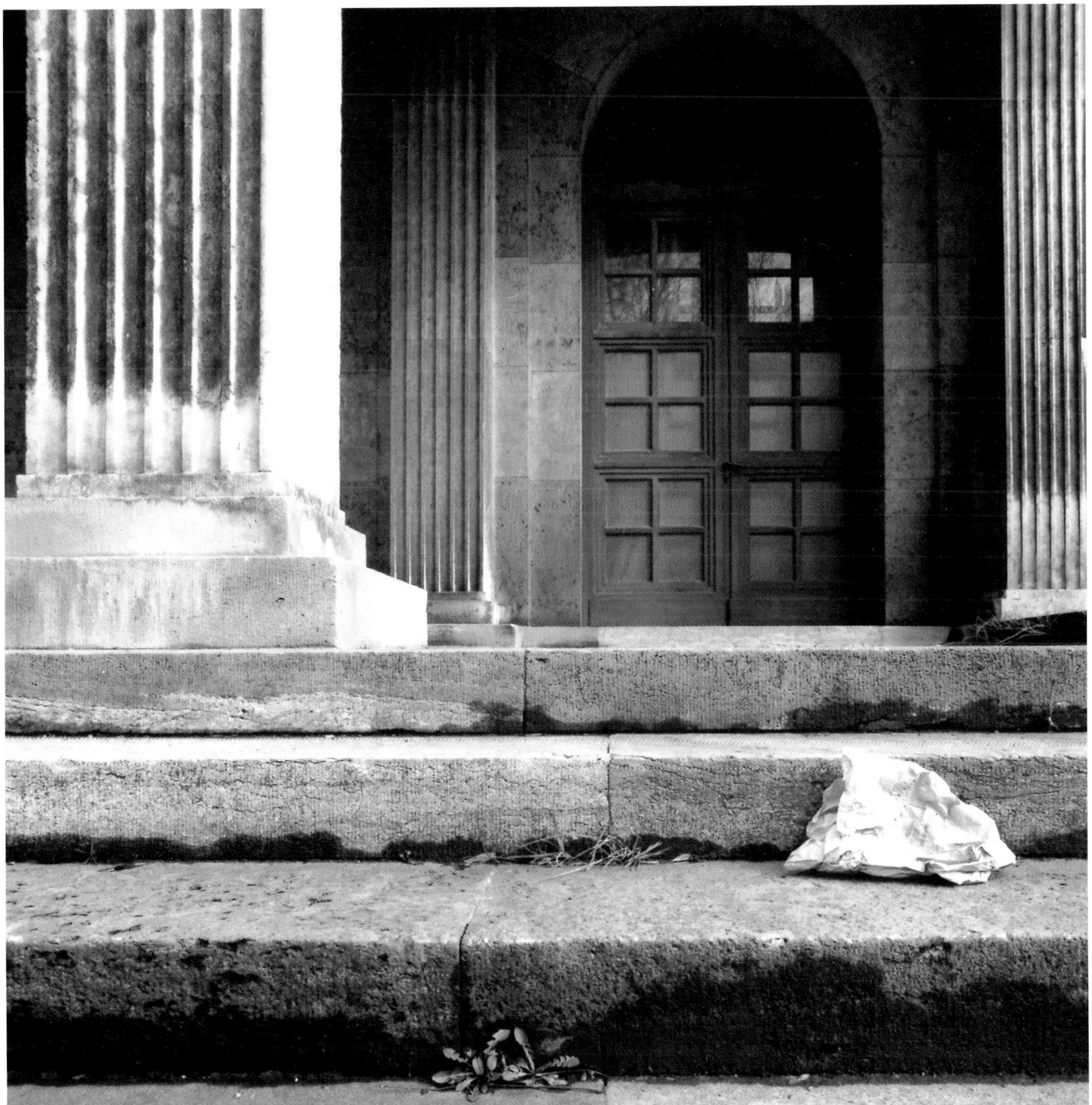

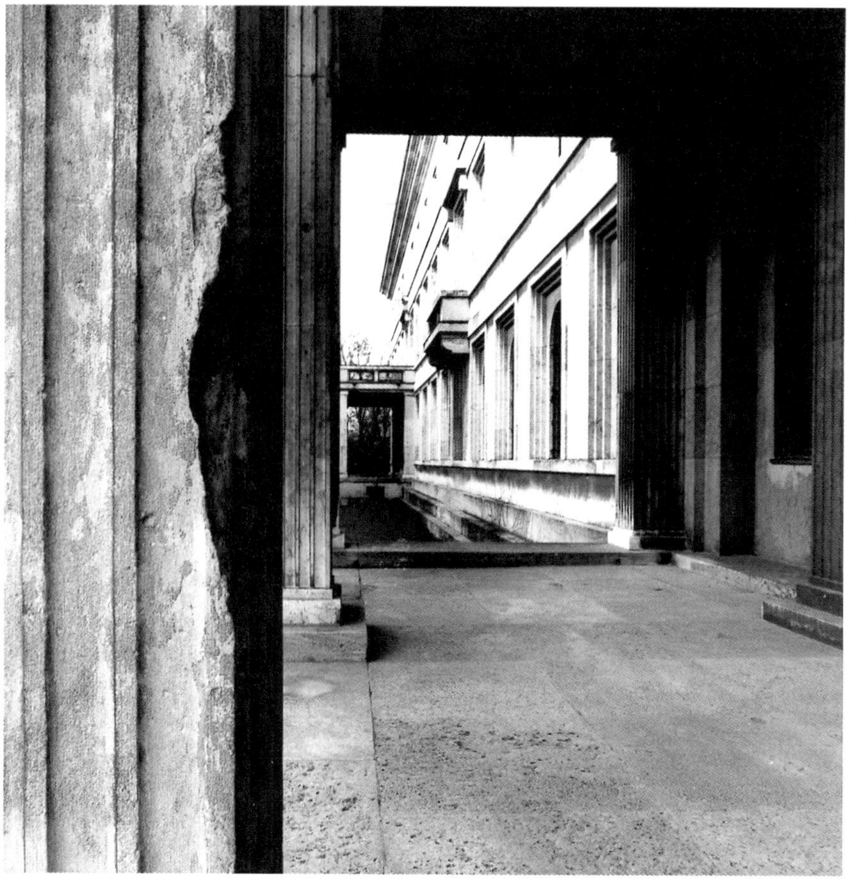

des mittäglichen Schauspiels, *»sind die Pioniere des neuen Reiches am Ziel der Fahrt: vor dem Königlichen Platz, der durch des Führers schöpferischen Kunstsinn die Krone der Kunststadt und das gewaltige Forum der Hauptstadt der Bewegung geworden ist. Dieser Platz atmet Licht, ist das Sinnbild von Licht und Kraft. Schon beizeiten waren die Fahnenabordnungen der S.A., S.S., des N.S.K.K., des Arbeitsdienstes aus dem ganzen Reich aufmarschiert zu zwei mächtigen Blocks, die eine breite Mittelstraße bis zu den Propyläen freilassen. Zu beiden Seiten der Glyptothek, der Staatsgalerie, der Propyläen stehen die Tribünen, längst vor Ankunft des Zuges dicht besetzt. (...)*

Es ist 1 Uhr vorüber. Ein Fanfarenstoß meldet die Ankunft des großen Zuges. Die Leibstandarte Adolf Hitler marschiert vor bis zu den Propyläen, nimmt zu beiden Seiten der hier errichteten Führertribüne Aufstellung. In den Ehrentempeln werden die Flammen entzündet, die Fahnenblocks nehmen auf Kommando Front zur Mittelstraße, heben ihre Banner hoch. Die Standarten der nationalsozialistischen Bewegung, die die Nacht über an der Feldherrnhalle die Ehrenwache gehalten haben, rücken ein, in die Mitte des Platzes.

Die Lafetten fahren vor, biegen rechts und links in die Arcisstraße ein. Die sechs alten Kämpfer, die seit der Abfahrt von den Friedhöfen jedem der Gefallenen das Geleit gegeben hatten, heben die Särge herunter, setzen sie nieder auf die vor den Ehrentempeln errichteten Podien, in nächster Nähe der Hinterbliebenen. Der Führer nimmt seinen Platz auf den Stufen der Propyläen ein. (...) Um 1/2 2 Uhr abermals feierlicher Fanfarenstoß. Der Führer verläßt seinen Platz, schreitet, gefolgt von der Blutfahne und Julius Streicher mit der Führergruppe, durch die Mittelstraße vor zu den Särgen seiner toten Kameraden. Die Fahnen senken sich. Der Trauermarsch von Hanfstaengl gibt diesem Augenblick die Weihe.

Nun ruft der Sprecher der Partei, Adolf Wagner, zum letzten Appell. Bei jedem Namensaufruf hallt aus den Kehlen der Jungmannschaft, aller Vertreter der Bewegung und der ganzen Nation ein einziges lautes ›Hier‹ über den Platz. Nach jedem ›Hier‹ ertönen Trommeln und Pfeifen zur ›Vergatterung‹ (akustisches Signal, das den Dienstantritt einer Wache ankündigt, Anm. d. Verf.). Die Särge werden von den alten Kämpfern aufgenommen, in die Ehrentempel getragen, in die Sarkophage niedergelassen. Das Bahrtuch wird über jeden Sarg gebreitet.

Was sich hier vollzieht, ist keine Bestattung in düsterer Gruft. Wie die Weise des Aufziehens der Wache erklingt, so beziehen diese Helden nunmehr die Ewige Wache vor den Führerhäusern, vor Deutschland. Ein Ehrensalut begrüßt diese Ewige Wache. Trommelwirbel: Der Führer betritt, hinter ihm seine getreuesten Paladine, die Ehrentempel, grüßt seine Kameraden, geht allein zu jedem Sarg und widmet jedem seiner heldenhaften Mitstreiter einen prachtvollen Kranz.

Sobald der Führer auf seinen Platz zurückgekehrt ist, rückt mit frisch klingendem Spiel von den Propyläen her das Wachkommando der S.S.-Standarte ›Deutschland‹ vor. Dem Führer wird Meldung erstattet, die Posten ziehen auf, vertreten sichtbar die Ewige Wache. Der Badenweiler Marsch rauscht in seinem anfeuernden Rhythmus auf. Der Sprecher der Partei, der Gauleiter des Traditionsgaues, Adolf Wagner, ruft: ›Der letzte Appell‹ ist beendet. Die Nationalsozialisten, die Rotmord und Reaktion am 9. November 1923, heute vor 12 Jahren erschossen, sind auferstanden im dritten Jahr des Dritten Reiches, im Jahre der Freiheit 1935. Sie haben auf diesem ›Königlichen Platz‹ zu München ›ewige Wache‹ bezogen.«

In jedem Jahr wurde nun am 9. November der Marsch vom Bürgerbräukeller zum Königsplatz wiederholt. Insgesamt noch dreimal bot sich den Münchnern das Schauspiel dieses nationalsozialistischen Totenkults in seiner ursprünglichen Form, bis dann mit der Entfesselung des Zweiten Weltkrieges durch Hitlers Überfall auf Polen am 1. September 1939 eine Zäsur eintrat. Danach erreichten die Gedenkfeiern für die Opfer der NS-Bewegung nie mehr den großen Aufwand, der die Veranstaltungen in den dreißiger Jahren ausgezeichnet hatte. Am Ende mußte sich die Partei im Krieg mit Kranzniederlegungen an der Ewigen Wache und am Mahnmal an der Feldherrnhalle begnügen. Hitler selbst erschien zu keiner Gedenkfeier für die »Toten von 1923« in München mehr. Am 9. November 1940 ließ er sich durch Rudolf Heß vertreten, am 9. November 1941 durch den Gauleiter Adolf Wagner und in den folgenden Jahren durch dessen Nachfolger Paul Giesler. Wehmütig stellten die Münchner Neuesten Nachrichten am 9. November 1939 die Frage, als wegen des Kriegsbeginns der Gedenkmarsch unterblieb: »*Haben wir jemals deutlicher gefühlt als an eben diesem Tage, wo zum erstenmal seit 1933 der gewohnte Marsch der Alten Kämpfer auf der Straße des 9. November ausbleibt, haben wir je tiefer und glühender gefühlt, was diese Straße in der deutschen Geschichte bedeutet?*« In Gedanken ging der Autor die Straße noch einmal ab, und als er sich schließlich der Ewigen Wache auf dem »Königlichen Platz« zuwandte, schrieb er: »*16 Tote schlummern in den Särgen, auf die das Antlitz des Himmels niederschaut, und 16 Jahre ist es heute her, daß sie fielen. Wie hat sich die Welt verändert seit der Stunde, wo sie aus ihr schieden! Die Straße des 9. November, ihre Straße, ist zur Straße der Weltgeschichte geworden. Sie hat sich hinaus erstreckt aus dem engen Bezirk der Stadt in das Reich; sie dringt über dessen Grenzen hinaus. Sie stößt gegen Bollwerke vor, die noch kein Jahrhundert vor uns erschütterte.*«

Sechs Jahre nach diesen Zeilen lag das Tausendjährige Reich in Trümmern, hatten Hochmut, Machtgier und Menschenverachtung ein Erbe hinterlassen, das in der Geschichte bisher ohne Beispiel war. Die »Straße des 9. November«, die in der Tat über Münchens Grenzen hinausgedrungen war, erwies sich als Blutweg der nationalsozialistischen Gewalt durch Europa. Er führte nach Auschwitz und nach Stalingrad und endete im Untergang des Dritten Reiches, der Millionen von Menschen ins Verderben riß.

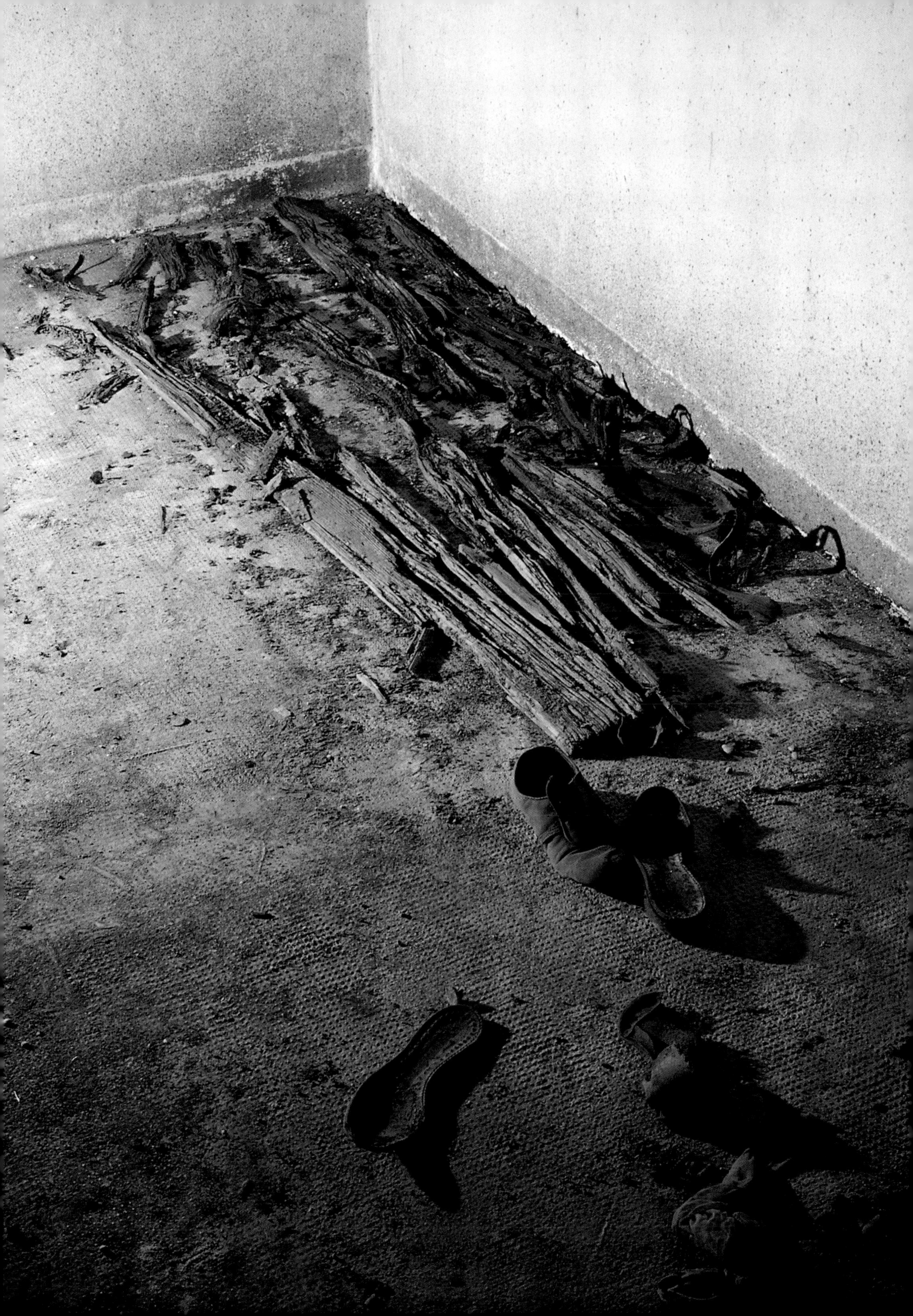

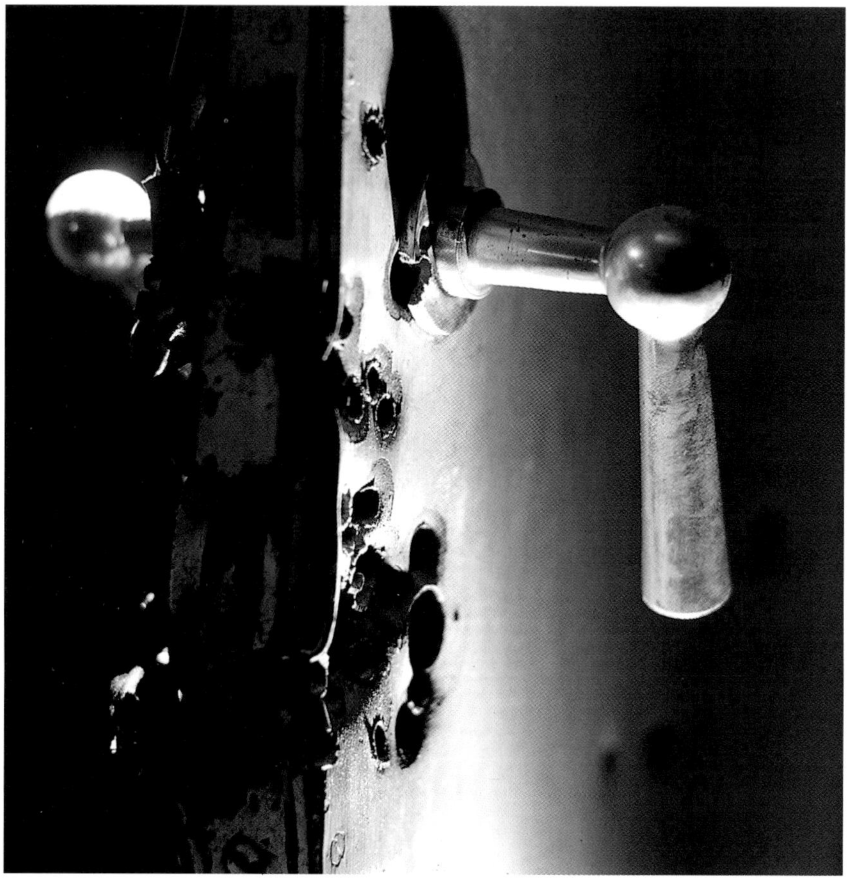

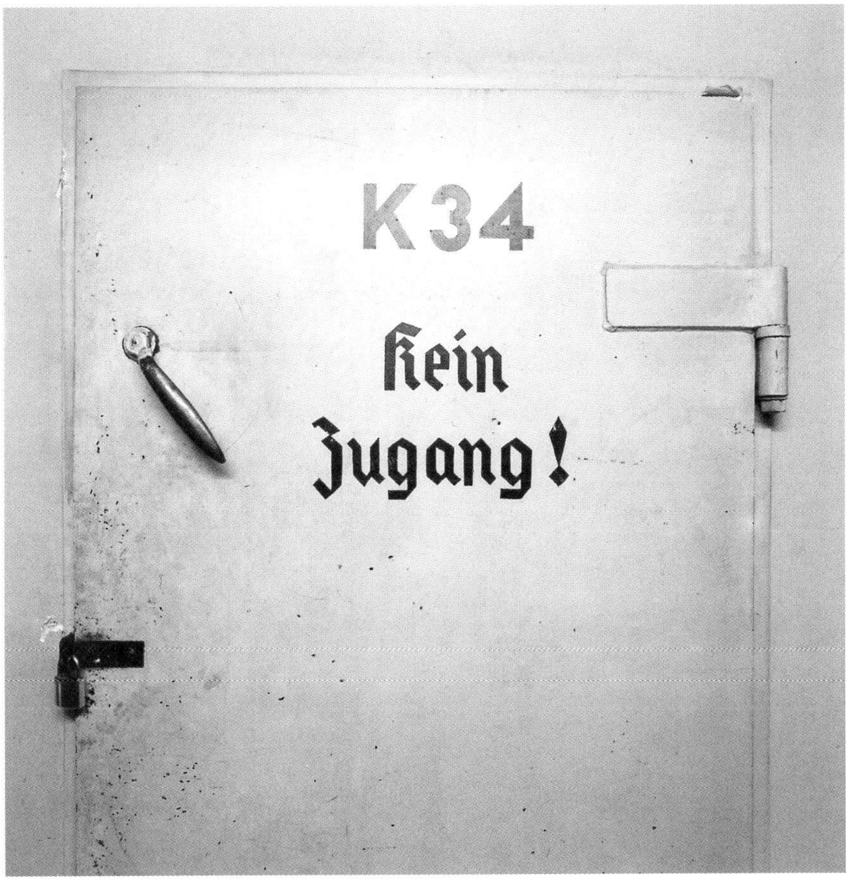
K34
Kein
Zugang!

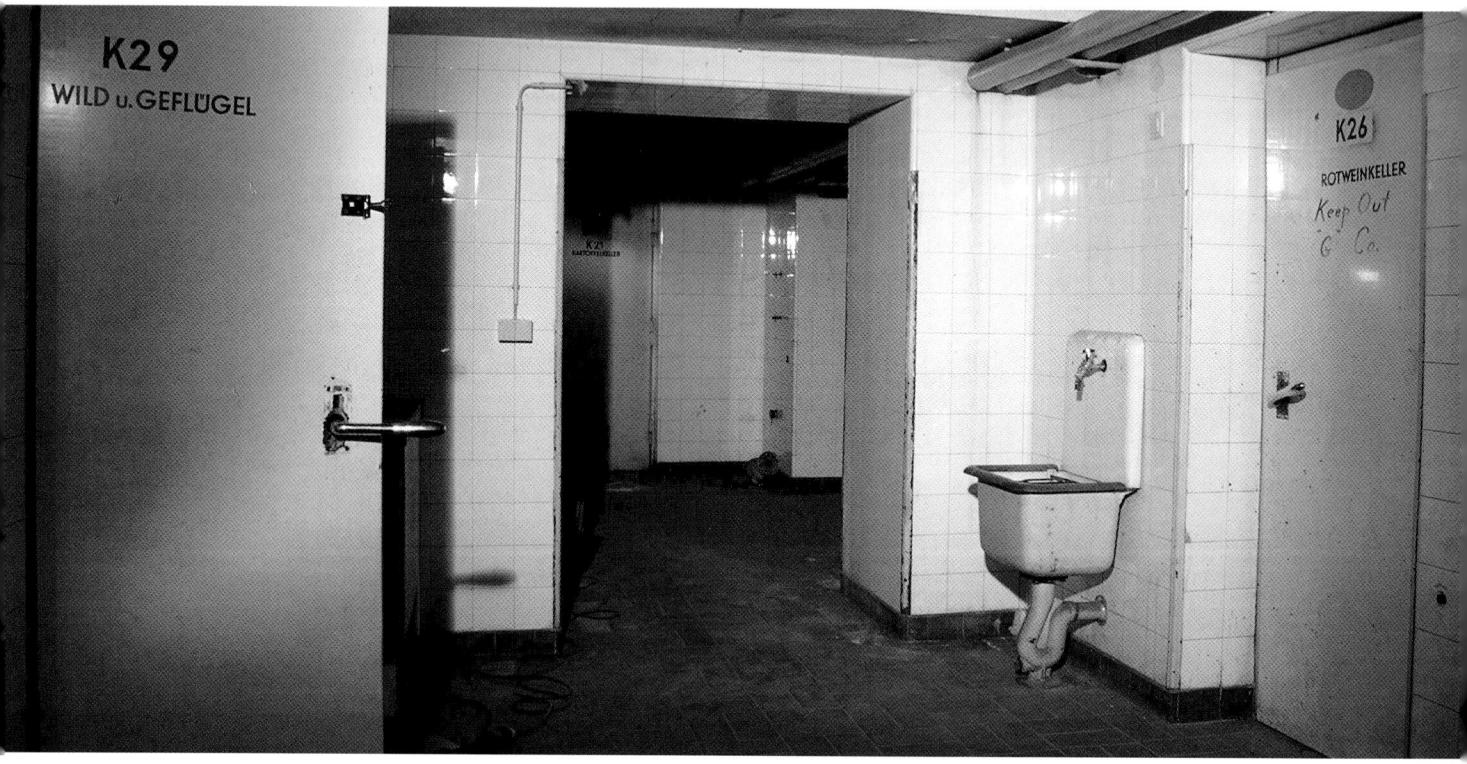
K29
WILD u. GEFLÜGEL
K26
ROTWEINKELLER
Keep Out
"G" Co.

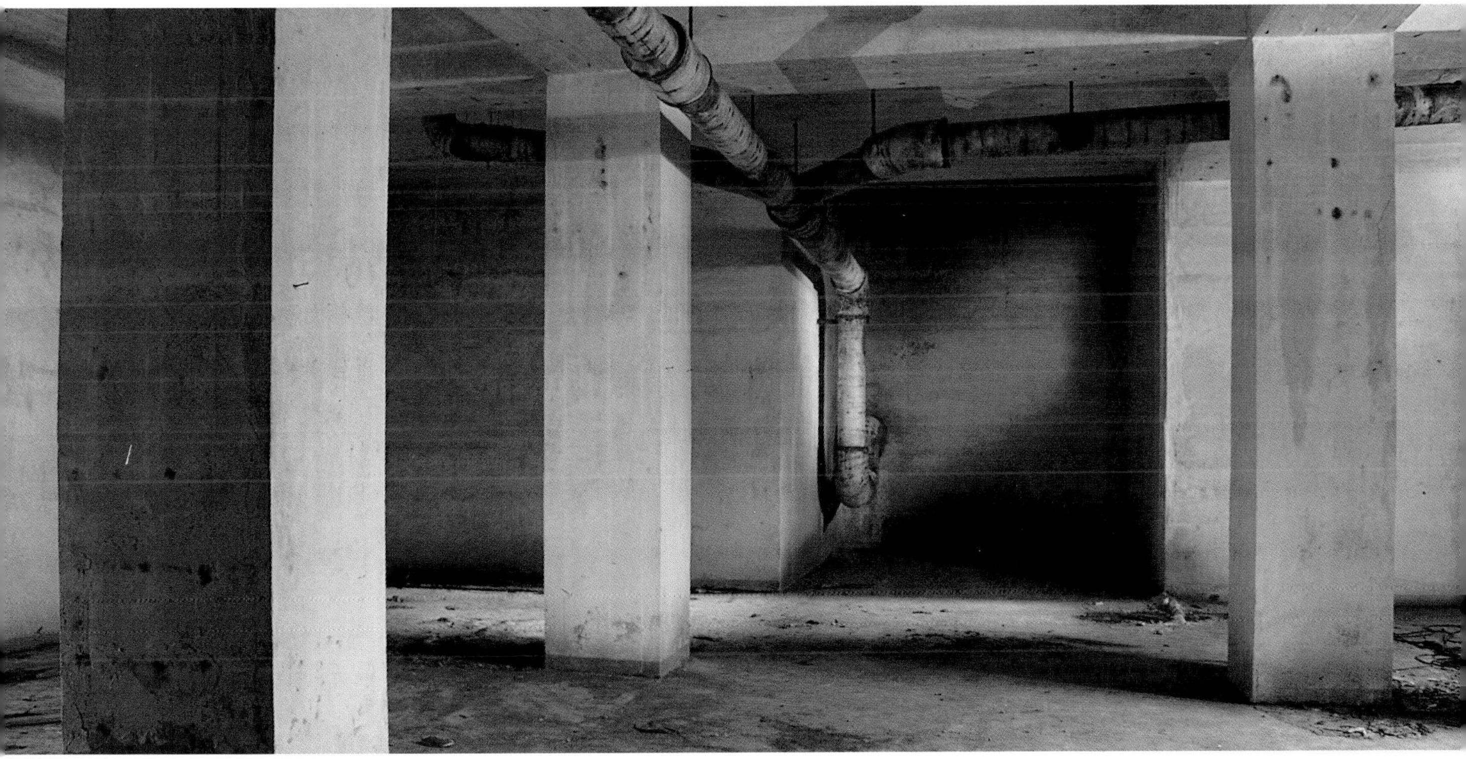

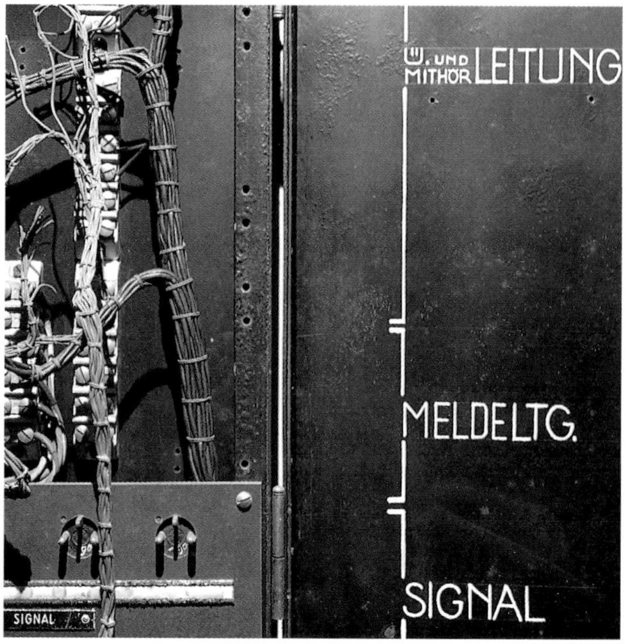
LEITUNG
MELDELTG.
SIGNAL
SIGNAL

Abteilung Mitte
Abteilung Süd

DNV

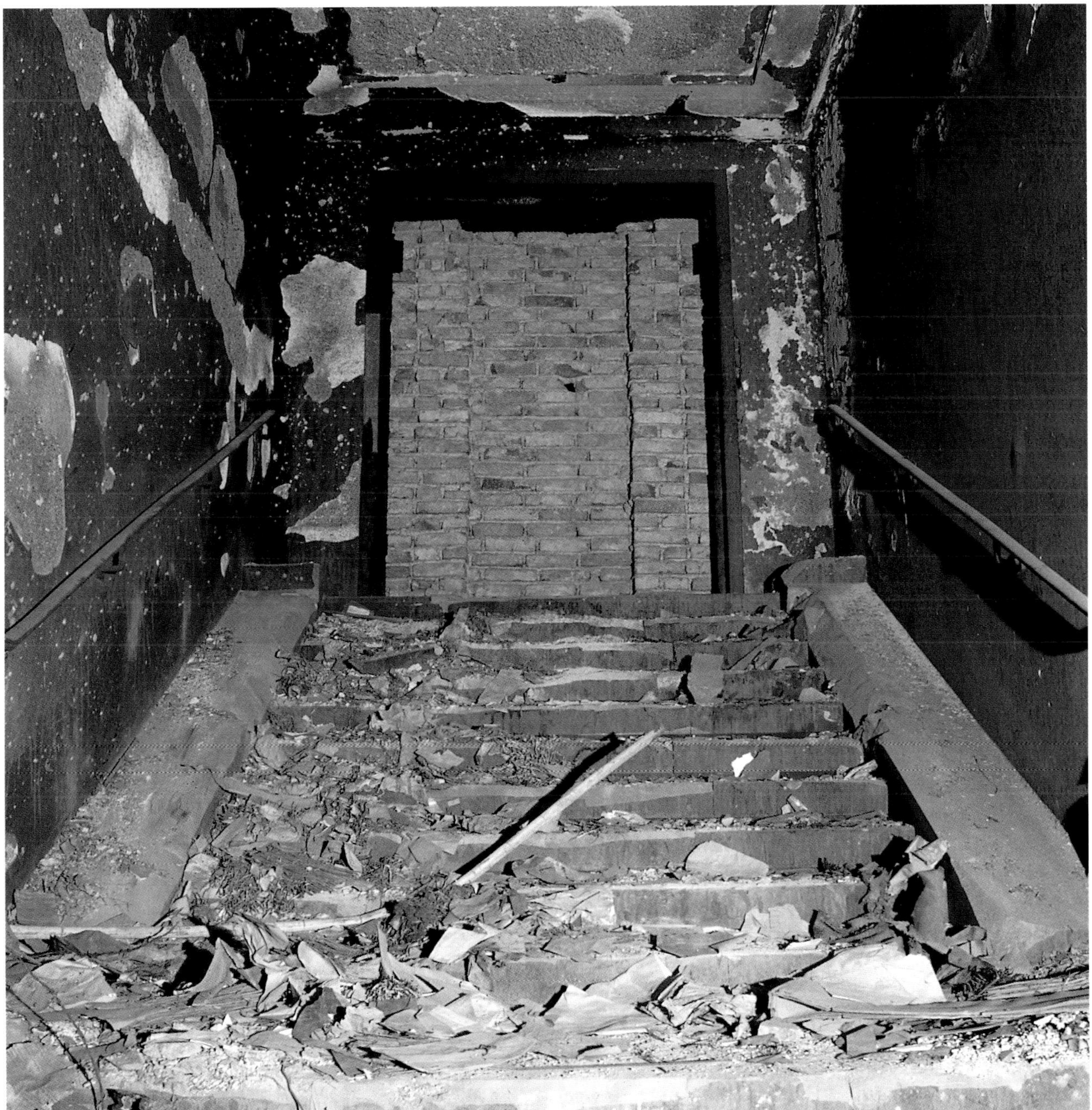

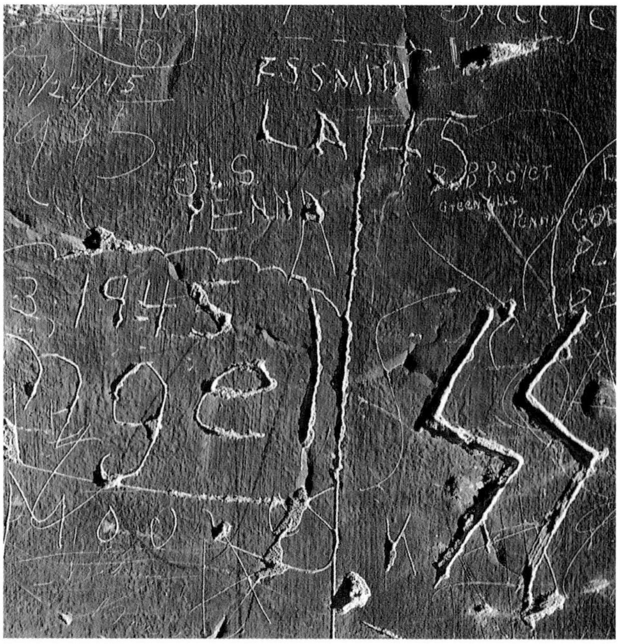
F.S. SMITH
1945

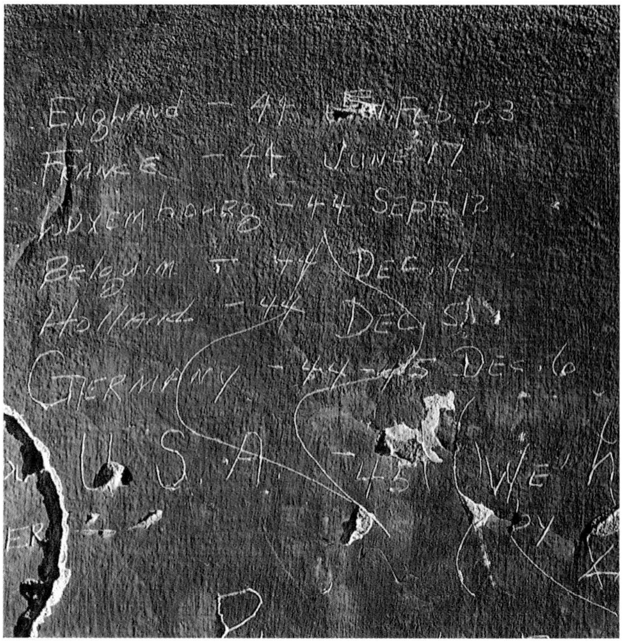
U. S. A.

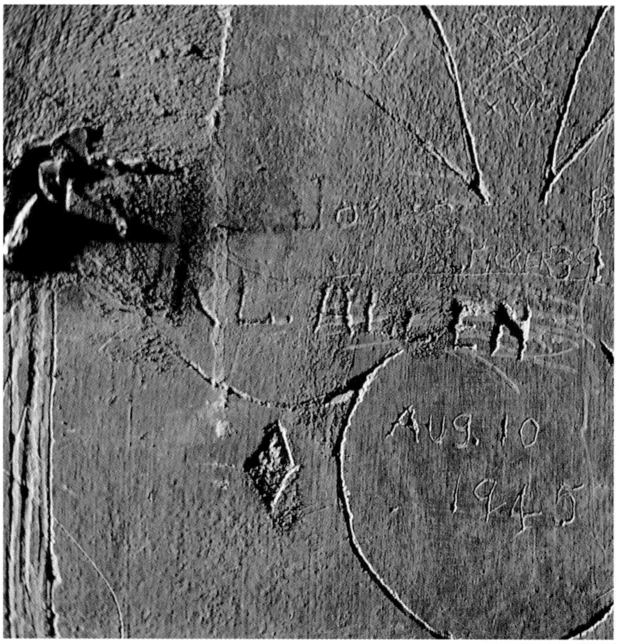
L. ALLEN
AUG. 10
1945

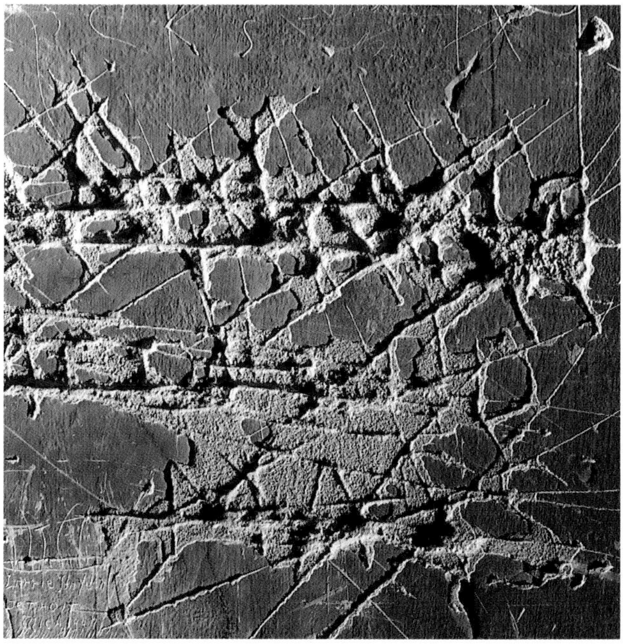

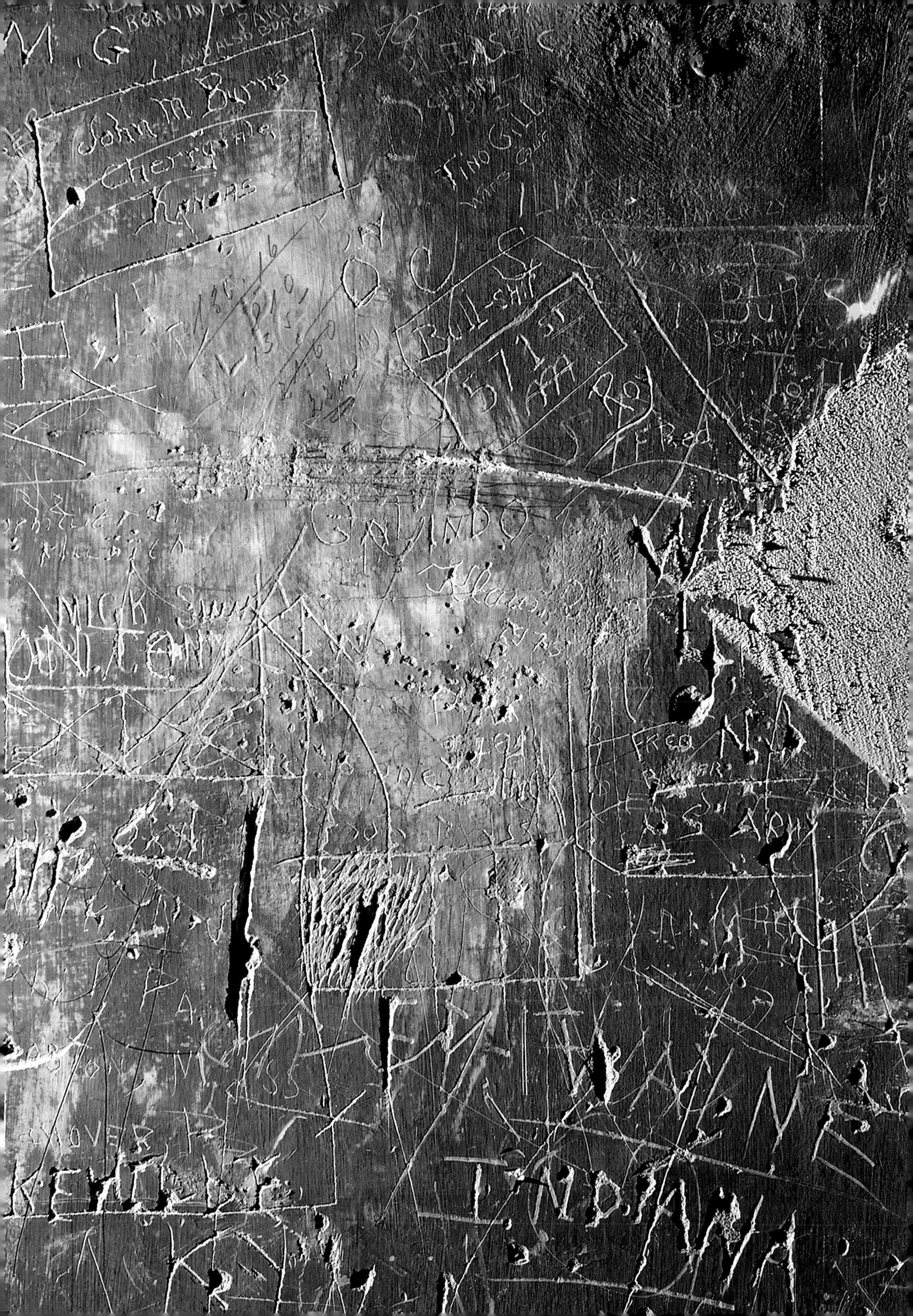
John M Burns
Cherryvale
Kansas
INDIANA

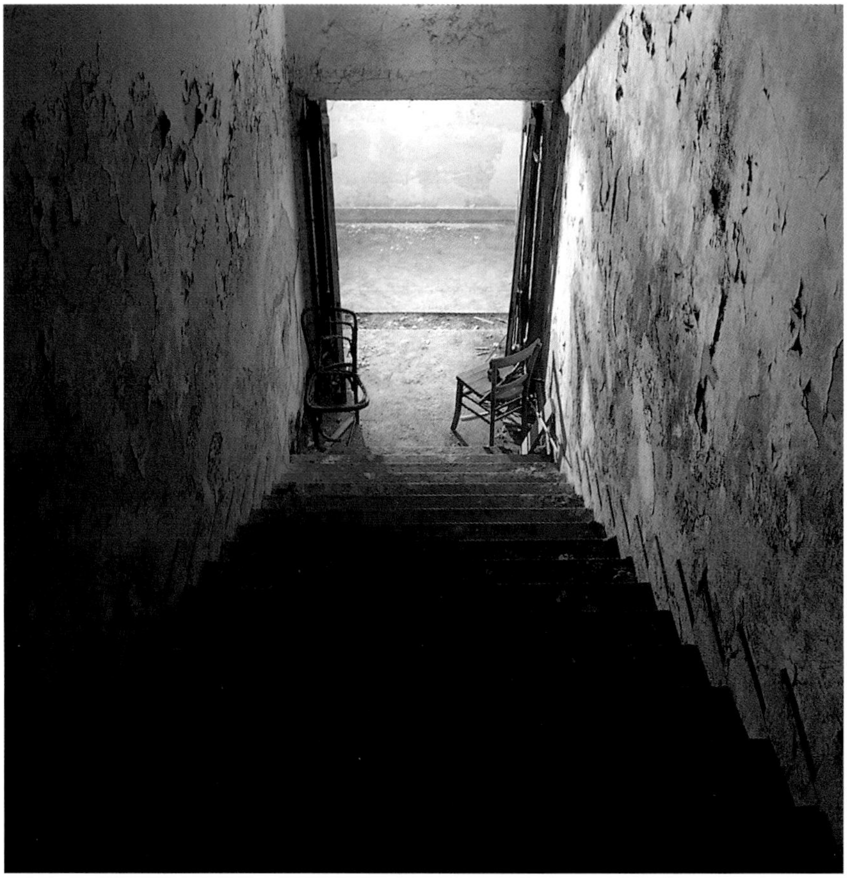

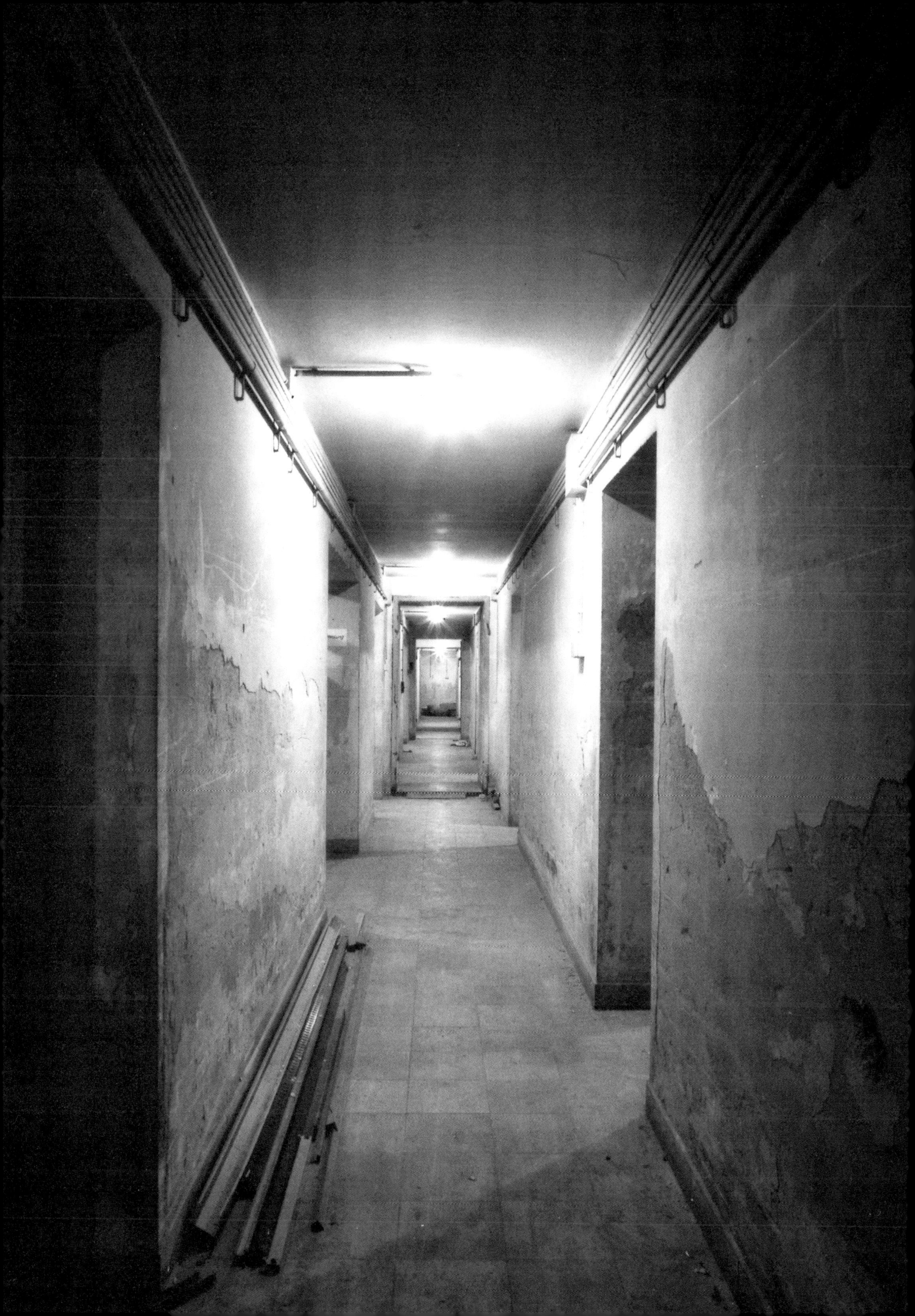

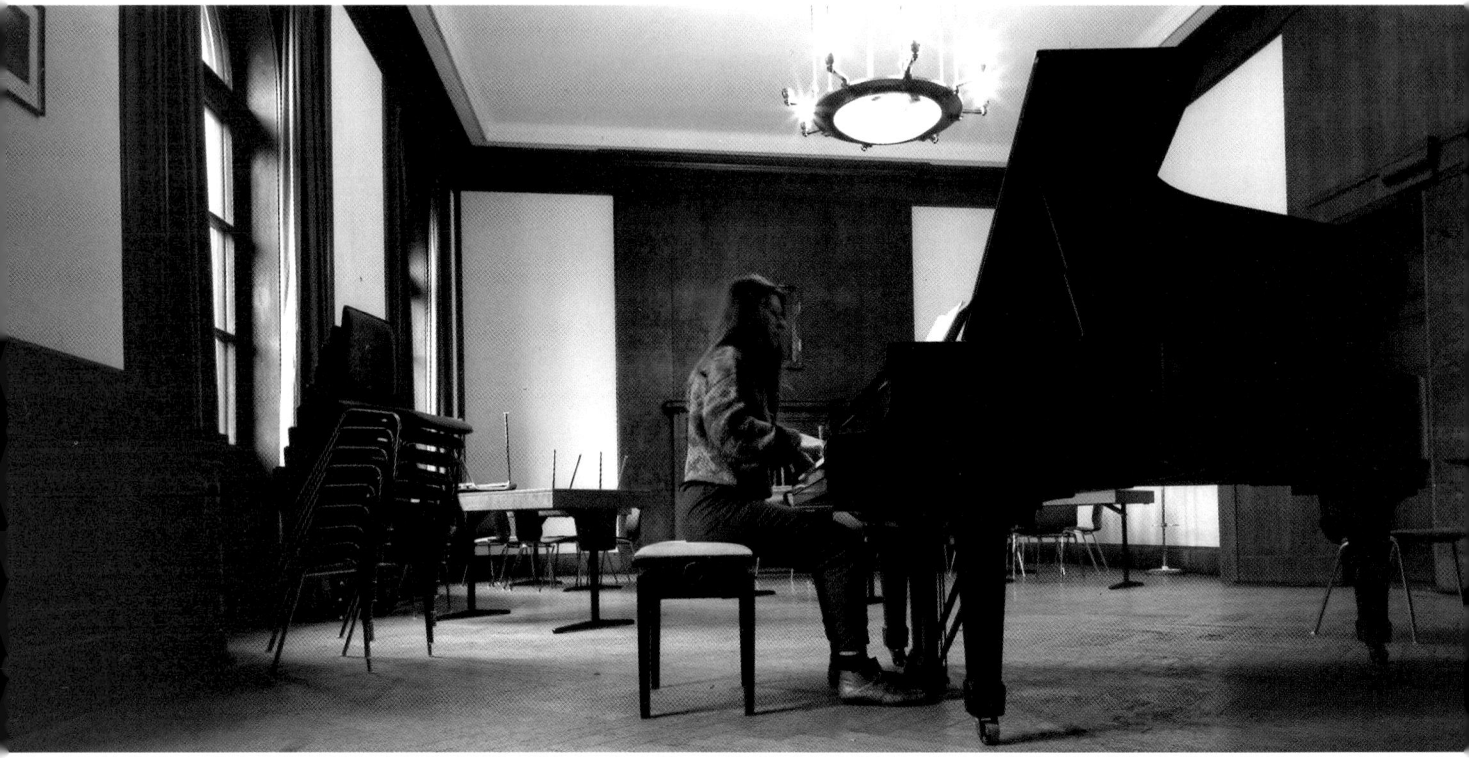

Richard Chaim Schneider

ISAR 12 oder warum es egal ist, wo ich ein Mädchen küsse

Was war sie spannend, diese Verfolgungsjagd in Schwarz-Weiß: der weiße Opel Rekord, ich glaube zumindest, daß es einer war, raste mit quietschenden Reifen um die Kurven des Königsplatzes, der ausladende schwarze in natura dunkelgrüne BMW, mit den langgezogenen Kotflügellinien und dem Blaulicht auf dem Dach immer hinterher. Dazu schrille, quäkende Trompetenmusik und das Tatütata des Martinshorns. Der kleine Junge vor dem Fernseher konnte vor Aufregung sein Butterbrot nicht aufessen, wo's doch eigentlich höchste Zeit war, denn gleich nach Ende des spannenden Films mußte der Kleine ins Bett. »Isar 12« hieß die aufregende Polizei-Fernseh-Kriminalserie, die ich als Kind so liebte und der ich die erste Erinnerung an den Königsplatz verdanke.
Diese schwarz-weißen Zelluloidbilder sind bis heute tiefer in mir verhaftet als all die Tausende Male, die ich über den Königsplatz in all seinen Variationen seit Ende der fünfziger Jahre gefahren bin: im Auto meines Vaters, später dann mit dem Fahrrad, dem Mofa und schließlich mit dem eigenen Wagen oder gar mit der U-Bahn unten drunter.
Und noch ein Bild ist mir in Erinnerung: Adolf Hitler bei einer dieser pompösen Nazifeiern am Königsplatz. Von weit oben aus der Vogelperspektive aufgenommen. Dieses Bild habe ich erst vor kurzem in einem Fernseharchiv gesichtet, weil ich sie für einen Film benötigte, an dem ich arbeitete.

Neben den schwarz-weißen Erinnerungen gibt es aber auch die farbigen: der für Externe offiziell eigentlich nicht erlaubte Besuch der Kantine der Musikhochschule während meiner Examenszeit. Wir waren eine Gruppe befreundeter Studenten, unter ihnen Maxim Biller, die Tag für Tag im großen Lesesaal der Bayerischen Staatsbibliothek an ihren Magisterarbeiten werkelten. Und da geistige Arbeit Hunger macht, hatten wir bald herausgefunden, wo man auf jeden Fall besser und zumindest ebenso preisgünstig essen konnte als in der entsetzlichen Massenabfütterungshalle auf der Leopoldstraße, genannt Mensa. In der Musikhochschule betrieb damals ein italienisches Ehepaar die Lokalität und so gab es täglich frische, köstliche Pasta, die nicht nur gut schmeckte, sondern uns obendrein auch noch die Illusion von dolce vita vermittelte und uns daher animierte, unsere Aufmerksamkeit den hübschen Musikstudentinnen um uns herum zu widmen. Mit der einen oder anderen spazierten wir dann in diesen warmen Frühlingstagen hinüber zur Glyptothek, setzten uns auf ihre Stufen, blinzelten in die strahlende Maisonne und vertieften uns in das Studium der weiblichen Anatomie und Körperlichkeit, ganz wie es sich vor diesem ehrwürdigen Museum geziemte ...

Als ich gebeten wurde, für den vorliegenden Band über den Königsplatz einen Beitrag »aus jüdischer Sicht« zu schreiben, sagte ich spontan und bereitwillig zu. Die Geschichte des Königsplatzes ist so eng mit der Zeit des Nationalsozialismus verbunden, die umliegenden Gebäude wie etwa die Musikhochschule sind so unheilig eine Topographie des Terrors geblieben, daß ich – verführt durch das Wissen darüber – glaubte, es sei ein Leichtes »als Jude« die eigene Befindlichkeit zu Papier zu bringen. Ich wollte über die Gestapo und die SS, über die Paradeaufmärsche und die mythische Wirkungskraft der nationalsozialistischen Idee schreiben, ich wollte über die Hauptstadt der Bewegung und über die Anfänge der NSDAP berichten und wollte Adolf Hitler einmal mehr als das decouvrieren, was er war: ein vom Volk gewollter Diktator.
Doch je länger ich über diesen Auftrag nachdachte, desto klarer wurde mir, daß die Aufgabe, die mir gestellt wurde, eine typisch gojische Sichtweise auf die

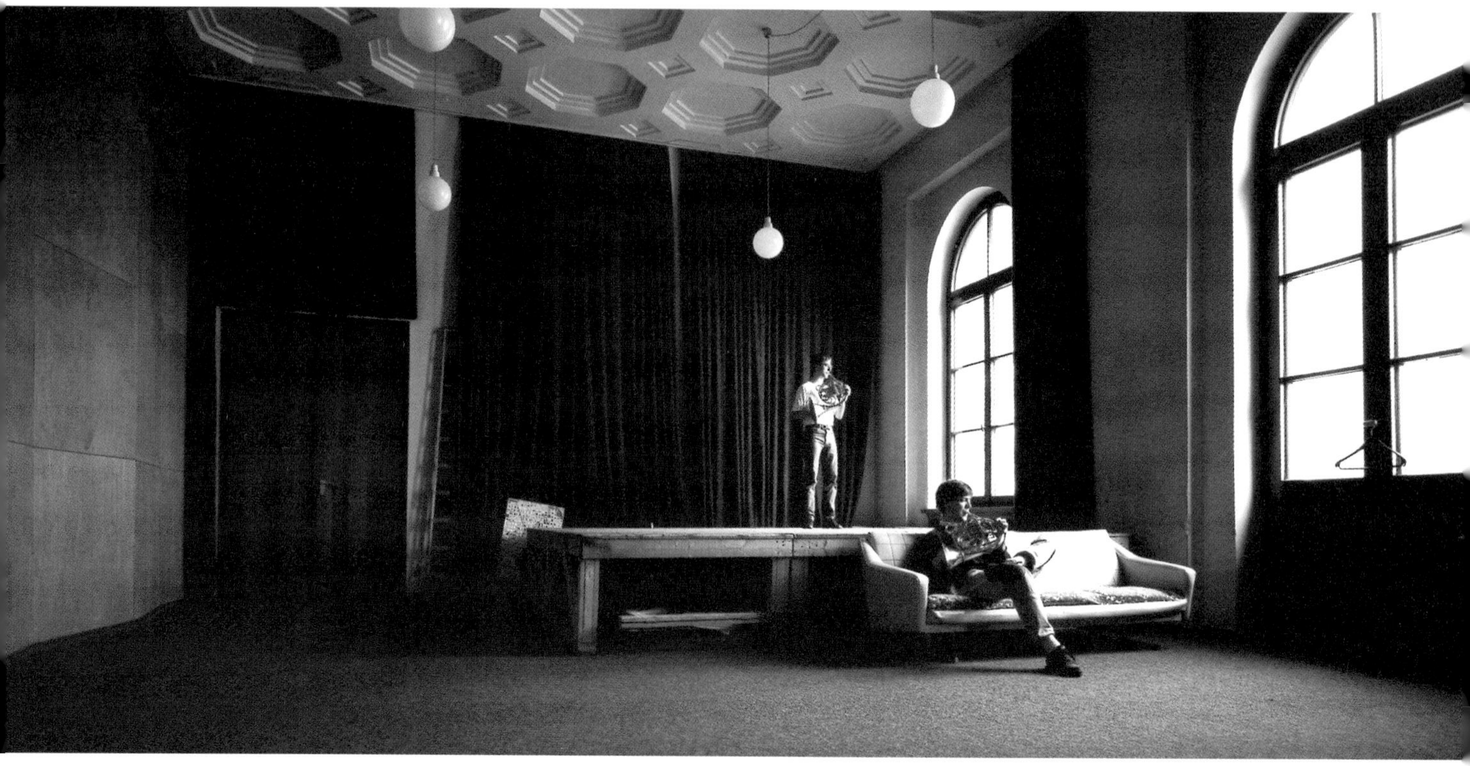

eigene Geschichte ist. Und ich sollte dazu in dieses gojische Strickmuster hineingezwängt werden, denn da gehört es sich nun mal, daß auch ein Jude zu Wort kommen darf, der sich betroffen oder entrüstet, verzweifelt oder wütend über die nationalsozialistische Vergangenheit äußert und somit das masochistische Bedürfnis seiner deutschen Leser für einen Augenblick befriedigt, ihnen das Gefühl vermittelt, sie seien politically correct, ehe sie sich dem nächsten Beitrag in diesem Band zuwenden und den des Alibijuden bereits vergessen haben.

Denn was anderes sollte ich mit meinem Aufsatz machen? Ich wurde ja nicht als Autor oder als Journalist oder als Münchner gebeten, meine ganz persönliche Geschichte des Königsplatzes zu erzählen. Und da wäre der olle Schicklgruber ganz gewiß vorgekommen und wahrscheinlich auch die Gestapo und vielleicht auch das Münchner Abkommen. Nein, man bat mich, »aus jüdischer Sicht« zu schreiben, und das konnte nur bedeuten: Achtung, hier handelt es sich um einen historischen kontaminierten Platz, um ein nationalsozialistisch verseuchtes Gebiet mit einer Halbwertzeit von Tausend Jahren, über das zu gehen, wandeln oder fahren, nach wie vor große Gefahren in sich birgt: etwa das der Verdrängung oder gar der Reanimation alten Gedankengutes, auf jeden Fall bedeutet es nichts Gutes und die Luft über diesen Platz ist braun eingefärbt und ganz gewiß unheilschwanger.

Und so hätte ich dann wohl darüber schreiben sollen, wie das angeblich so war als Kind von Shoa-Überlebenden, wenn ich mit meinem Papa im Auto über den Platz fuhr und er tief seufzte und hinüber guckte zu diesem »griechischen Tempel,« wo Hitler gestanden hatte und er mir erklärte, wie grauenvoll die Geschichte dieses Ortes gewesen sei und da hinten, in diesen anderen Häusern, da seien die Parteiheinis und »Goldfasane« gesessen, und noch ein Stück weiter hinten die Leute von der Gestapo mit ihren Ledermänteln und Schlapphüten. Und ich hätte weiter schreiben müssen, wie mein Papa dann den Tränen nah gewesen und mir als sieben- oder achtjähriger Junge ganz schlecht geworden sei, wie ich dann an all meine vergasten Großeltern, Onkeln und Tanten gedacht hätte, und wie mein Papa und ich ganz still geworden seien im Wagen, bis wir den Königsplatz und die Schatten der Vergangenheit hinter uns gelassen hatten.

Oder ich hätte schreiben sollen, daß ich es kaum fertig gebracht hatte, damals, zusammen mit Maxim, der ja auch Jude ist, dieses entsetzliche Gebäude der Musikhochschule zu betreten. Und wie wir mit wankenden Schritten in die Kantine geschlichen seien, beide mit einem Kloß im Hals, der es gar nicht zugelassen hatte, diese herrliche, aber doch profane Pasta an diesem unheiligen, tödlichen Orte zu essen. Ich hätte dann also weiter schreiben müssen, wie Maxim und ich still, gedankenverloren und trauernd über einer Tasse Kaffee gesessen hätten, immerzu mit dem Löffel in ihm rührend, während uns die unerträglichen Bilder der Nazis vor Augen gestanden und wir somit die schönen aber eben arischen Mädels um uns herum einfach ignoriert hätten, beziehungsweise gar nicht wahrnehmen konnten, weil sich die Vergangenheit mit aller Macht und Wucht vor die Bilder der Gegenwart geschoben hätte.

Diese Klischees kann ich beim besten Willen nicht bedienen. Denn so war es nicht und konnte es auch gar nicht sein. Was an diesem Königsplatz ist schon so besonders oder anders als an irgendeinem anderen Platz oder irgendeiner Straße in dieser Stadt? Gewiß, dieser Platz diente den Nazis für ihre abartigen, kultischen Feierlichkeiten. Aber ansonsten? Wo sollte für mich »als Jude« denn der feine Unterschied bestehen zwischen dem Königsplatz und der Brienner Straße gleich davor und dahinter? Oder dem Stiglmaierplatz oder dem Rotkreuzplatz oder dem Marienplatz? Gibt es denn ein Entrinnen aus der braunen Vergangenheit in diesem Land? Macht es einen Unterschied, ob ich am Königsplatz oder, sagen wir mal, in der Maillingerstraße stehe? Dürfen mir die Tränen nur dort, aber nicht da kommen? Muß ich einen Kloß im Hals in der Arcisstraße haben, oder darf er mir auch an der Münchner Freiheit kommen?

Der verzweifelte Versuch, die eigene Vergangenheit »in den Griff« zu bekommen, macht es offensichtlich so notwendig, die Nazis auf bestimmte Orte festlegen, das Grauen an bestimmten Plätzen festnageln zu wollen. Die unselige Debatte, ob wir denn nun in Deutschland ein Holocaust-Denkmal brauchten, wo doch ganz Deutschland eigentlich – auch wenn's den Bewohnern einfach nicht gefällt – ein einziges gigantisches Holocaust-Denkmal ist, diese Debatte ist nicht die meinige. Ich brauche keine Orte der Erinnerung – die Erinnerung ist in mir. Ich brauche keine Denkanstöße, ich denke immer an die Geschichte meiner Familie.

Insofern ist die Bitte, ich möge »als Jude« einen Beitrag zu diesem Band schreiben, so gojisch. Das Exzeptionelle des Königsplatzes ist für mich nichts besonderes. Wo ist die Straße, in der keine Nazihorden herumgelaufen sind? Wo das Haus, aus dem keine Juden vertrieben wurden oder die Nachbarn aus ihren Fenstern den Pogromen auf der Straße zugeschaut – oder auch weggeschaut hatten? Wo also, mit anderen Worten, ist denn in dieser Stadt, in diesem Land – die Unschuld? Es gibt sie nicht. Und weil sie nirgends zu finden ist, macht es keinen Unterschied, ob ich ein Mädchen auf den Stufen der Glyptothek küsse oder in irgendeiner unbekannten Münchner Straße, die kein Taxifahrer findet, weil sich dort lediglich Fuchs und Hase gute Nacht sagen.

Die Luft in Deutschland ist überall kontaminiert. Damit muß dieses Land fertig werden, wird es aber nicht. Und somit wird diese braune Luft neuerdings in einem einzigartigen physikalischen Verfahren auf wenige Orte und Plätze zusammengepreßt, wo sie dann zentnerschwer auf dem Menschen lasten soll, damit er schön betroffen wieder von dannen ziehen kann, nachdem er, ähnlich dem Prinzip des antiken, griechischen Theaters, an diesen geographischen Punkten seine Katharsis erfahren hat.

Mahnmale, Gedenkstätten, Plätze: Hilflose Versuche, sich seiner Geschichte zu erwehren, sie auszusperren. Die Verdrängung, die in der Sprache längst stattgefunden hat, wird nun auch noch architektonisch-geographisch vollzogen.

Was gehen mich all diese Geschichten an? Was die ewige Verdrängung sovieler Deutscher? Was geht mich vor allem der Königsplatz an? Denke ich an dieses sonderbare Ungetüm, dann fallen mir zwei Institutionen ein, die in seiner unmittelbaren Nähe liegen. Das Amerikahaus und das Lenbachhaus. Das eine erinnert an die Freiheit von heute, das andere an die Freiheit von einst. In der Kultur der Neuen Welt und der Kultur einer untergegangenen Welt, hier repräsentiert durch den Blauen Reiter, fühle ich mich wohl und zuhause. Dazwischen liegt nun einmal – historisch und geographisch – der Nationalsozialismus, präsent eben durch diesen unglückseligen Platz, dessen Architekten doch ursprünglich ganz andere Intentionen hatten. Das aber ist symptomatisch für Deutschland. Ursprünglich hatte wohl das ganze Land ganz andere Intentionen als mal schnell ein paar Millionen Menschen auszurotten. Und heute bemüht es sich, wieder anders zu scheinen, woanders anzuknüpfen, möglichst vor dem Jahr 1933.

Der Königsplatz heute ist wieder ein Ort der Kunst und Kultur. Und um das auch noch zu bestätigen, quasi festzutrampeln, hatte sich die Stadt München schon vor einiger Zeit entschlossen, ihm auch wieder sein früheres Aussehen zurückzugeben. Die Granitplattenwüste auf der sovieler schwere Stiefel herumstampften, ist einer schönen Grünanlage gewichen. Daß damit zugleich im buchstäblichsten Sinn versucht wurde, über die eigene Geschichte Gras wachsen zu lassen, macht diesen Rösselsprung zurück zu einer Vorvergangenheit, so sichtbar grotesk und dumm und albern und idiotisch und lustig und traurig und schön und entsetzlich zugleich.

Und darum möchte ich anläßlich dieses 50. Gedenk- und Verdrängungsjahres 1995 den politisch Verantwortlichen in unserer schönen bayerischen Landeshauptstadt einen Vorschlag machen: Laßt uns den Königsplatz zur visualisierten Realität der Metaphern machen: Nachdem also jetzt schon wieder Gras über die Geschichte wächst, würde ich vorschlagen, ein feinmaschiges Netz über den Königsplatz zu spannen, an dem, na, sagen wir mal beziehungsreich: Tausend (selbstverständlich feinste Natur-) Schwämme hängen. Dieses »Schwamm drüber« wäre zugleich eine adäquate Symbolik für den allgemeinen Tenor in dieser neuen, vereinten Republik! Christos Reichtagsverpackung würde bei solch einer Installation völlig in Vergessenheit geraten. Der Medienrummel wäre gewiß und am Ende könnte vielleicht sogar der Mythos entstehen, daß München eine Stadt sei, die progressiv und avantgardistisch mit ihrer Vergangenheit umgehe. Da allerdings würde ich – »als Jude« versteht sich – dann angesichts dieses ernsten Themas endlich einmal herzhaft lachen können.

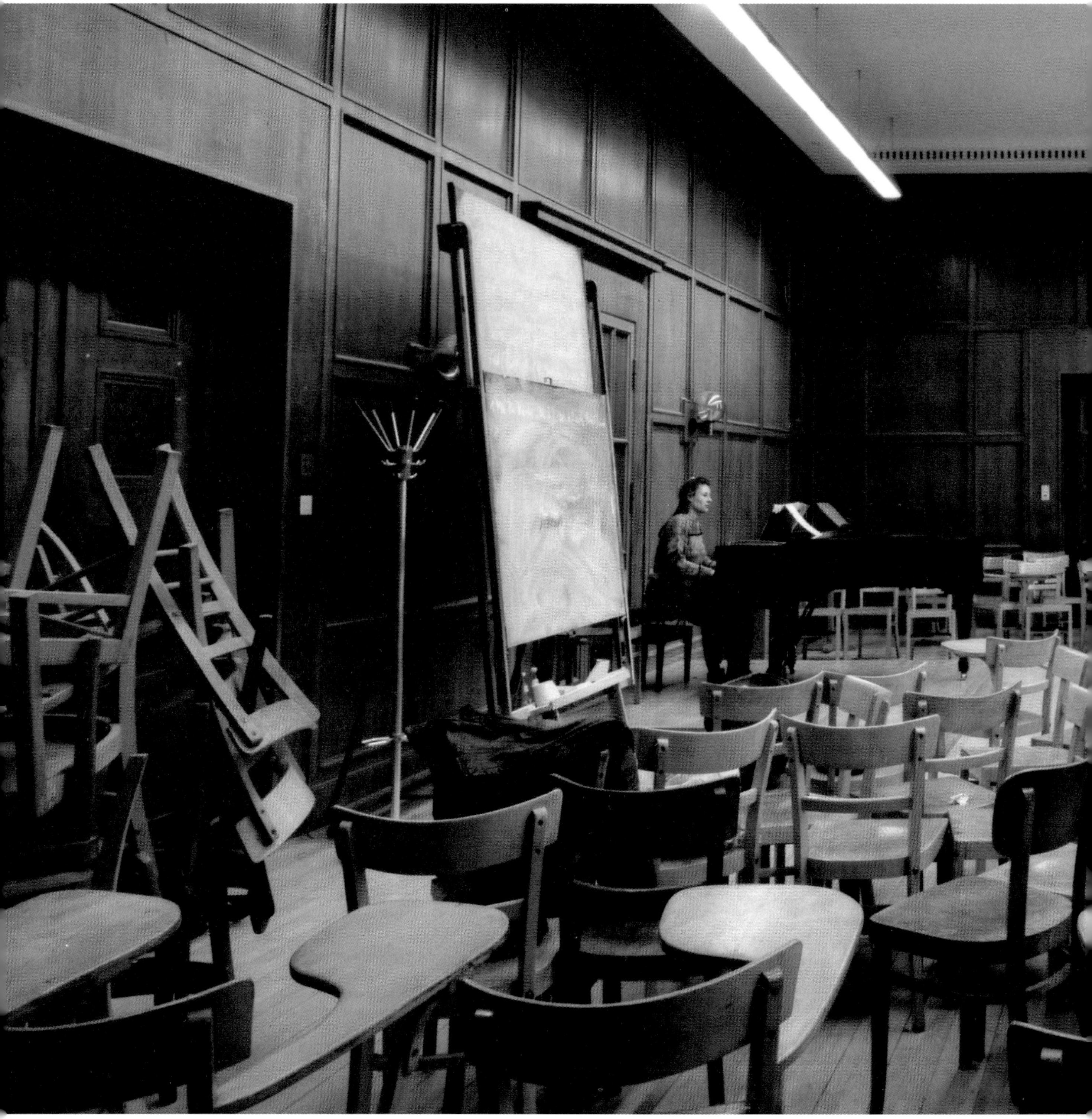

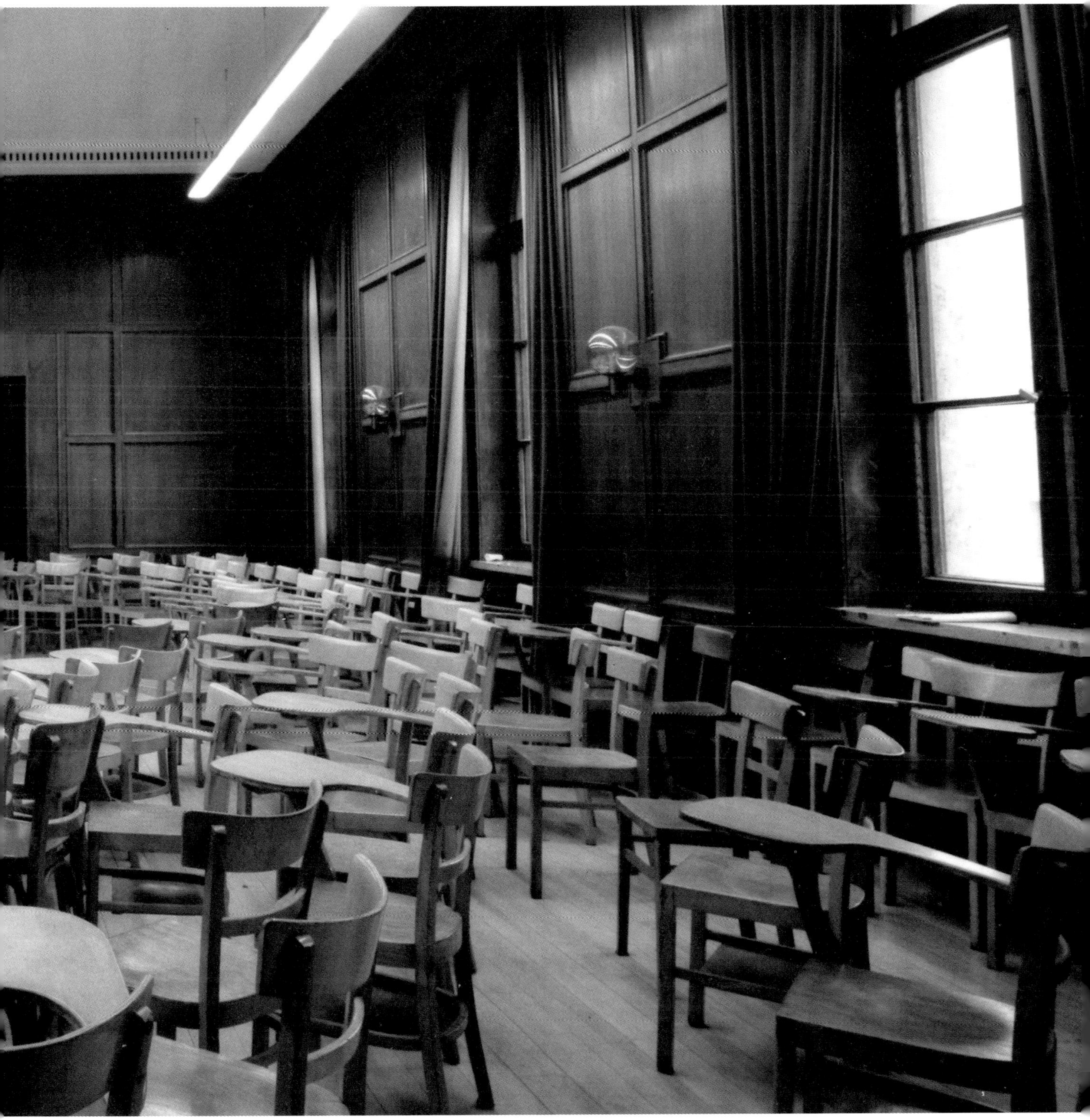

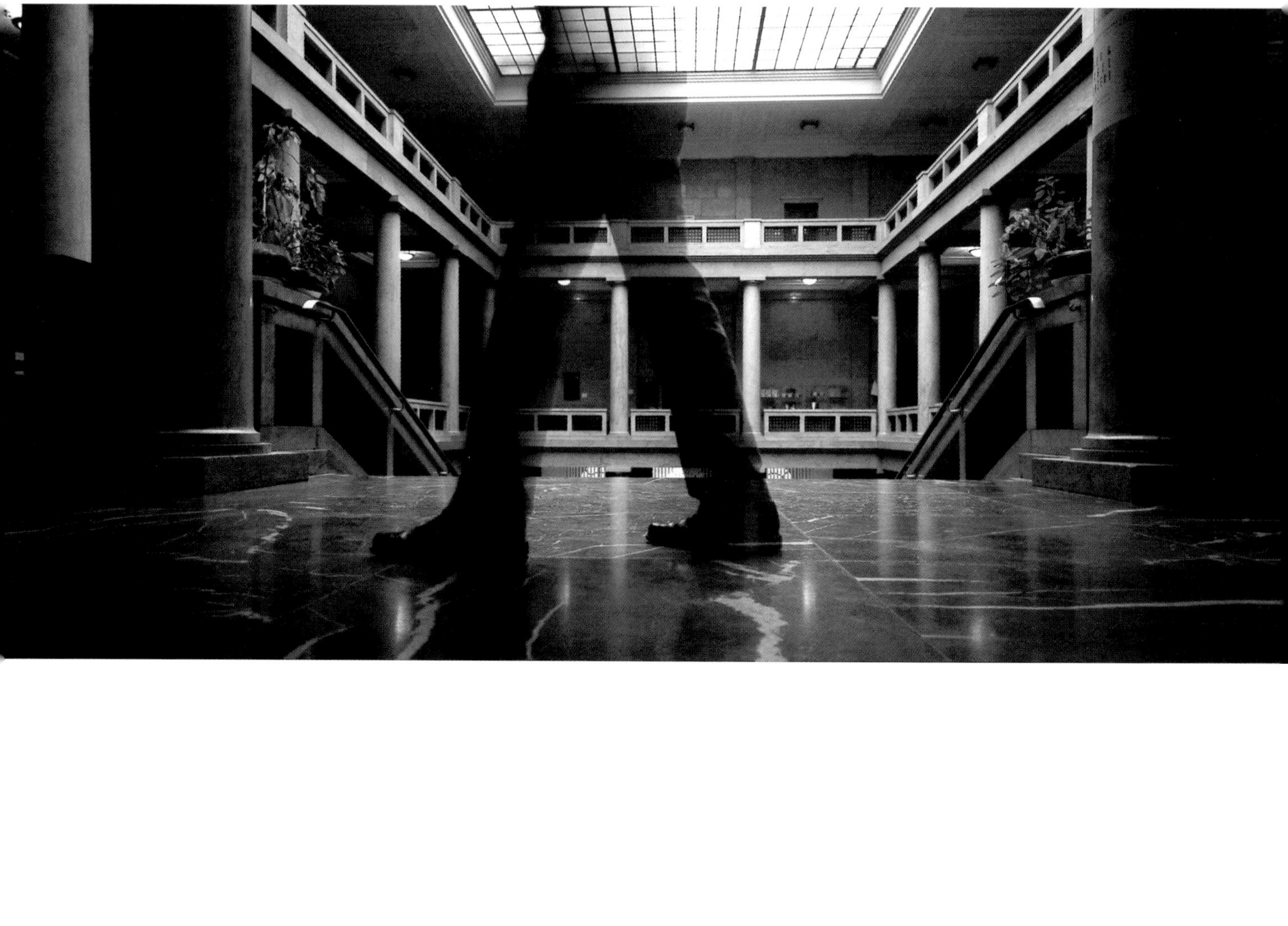

Christoph Hackelsberger

Soldaten aus Plastilin
Ansprache am 8. Juni 1988 anläßlich der Wiederbegrünung des Königsplatzes

Meine sehr verehrten Damen, meine Herren,
noch eine kleine Ansprache zur »Beinahe-restitutio-ad-integrum« des Königsplatzes, nicht von einem Politiker, deshalb völlig ungewichtig.
Da feiern wir also eine Wiedergeburt und wir haben einigen Grund dazu, ohne genau zu ahnen, was denn wiedergeboren wäre. Man hat in dieser schönen und trotz anerkannter Musealität so aktiven Institution, der staatlichen Antikensammlung, eine Ausstellung zum Thema zustandegebracht mit vielen Texten. Ein historisches Zeitalter sind wir, besetzt von einer Art Bürger, die ihren Alltag mindestens feierabendlich nach hinten wegträumen und ohne rechte Fenster nach vorn verleben, konsumbemühte Privatiers mit servogestützter Medienromantik.

Oh die gute alte Zeit der Großbürger, Großväter und -mütter und des Feudalismus mit Aussicht aufs Hinaufdürfen, verklärt und überlegen jener unseres Aushilfsfeudalismus der Großkutschen ohne Pferde und ohne Domestiken, aber mit elettrodomestici, wie die kleinen biederen Aushilfen so verräterisch in der drittältesten Kultursprache des Kontinents heißen.
München, fast erstickt unter dem 1623 usurpierten Kurhut, wurde damals, zu Beginn des 19. Jahrhunderts, aus seiner zusammengeschlagenen, stockfleckigen Bürgerprovinzialität gerissen, um unversehens napoleonisch gefördert ins Royale, in das recht späte Königliche zu parvenieren.
Es waren die fast vergessenen Genies Sckell und Fischer, die das Kunststück fertig brachten, im Sinn einer barocken Ordnung Architektur und Natur in Verschmelzung, sozial, das hieß damals sanitär, utilitär begründet – nach Nutzen stand nämlich der Sinn dieser Zeit – ins Umfeld auszubreiten.

Ab 1804 gingen die Gedanken im Westen der Stadt ins Gebaute, ins Grüne, 1808 geformt in den Entwürfen zur »Maxvorstadt«.
Wo Masse fehlte, gleich ob Mensch, Geld, Bauwerk hatte Natur auszuhelfen. Le Nôtre, der große Zauberer von Versailles, hatte gezeigt, wie die Ausweitung ins Perspektivisch-Unendliche zu bewirken sei. Warum sollte man solches nur lichter, lockerer nicht auch in München, der heruntergekommenen Churresidenz, welche von den Pfalz-Birkenfeldern nur im Zorn gegen Mannheim vertauscht worden war, versuchen?

Die Jahre zwischen 1812 und 1815 waren dürre Jahre. Dreißigtausend Mann in Rußland geblieben, zu viel Geld für das arme, eben sechs Jahre alte Satellitenkönigreich ins Mitmarschieren investiert. Fahnenwechsel während der Schlacht von Leipzig und die mühevolle Pein, sich im Lager der Sieger zu behaupten. Da war man demütigend beschäftigt und der Kronprinz wurde damals traumatisch zum »Teutschen« mit eigenem Programm.
Bauen als Manifest des sich in die Zukunft Rettens vor einer Gegenwart, die wenig Anlaß zur Freude bot, ist ein Weg, wie sich zeigt, ein königlicher. Bauen als Verwischen von Fährten, des sich Hinwegstehlens aus der unbegreifbar gewordenen Gegenwart, ist ein anderer; das scheint mir unsere Version zu sein.

Der Königsplatz also ein Manifest, eine steinerne und grüne Aufforderung, die Welt an München zu messen. Dazu ein Stadtentree zu Ende der Fischerschen Bescheidenheit, eine durchgrünte Landschaft mit ville suburbane.

Die ungleichen Dioskuren Klenze und Ludwig wollten demonstrieren, jeder für sich, irgend etwas. Rechts und links je dreihundert bayerische Fuß (87 Meter) Baukörper. Einmal Antikenmuseum, einmal Armeedenkmal. Dazu vier quadratische Eckmarkierungen. Kurz darauffolgend vierseitige Umbauungsvorschläge Klenzes. Im Niemandsland geschah dies alles damals, Kulturkolonisation.
1821 Klenzes Entwurf mit dreiseitiger Bebauung. Das sieht schon sehr ähnlich aus wie der heutige Zustand. 1824 noch einmal Variation. Bäume ersetzen Architekturen, die in diesen Tagen weder zu füllen noch zu bezahlen waren. 1823 fertigte Carl August von Sckell, der Neffe des großen Friedrich Ludwig, Begrünungspläne und auf diese geht unsere wiedergewonnene Flächengestaltung zurück. Schön ist das, nicht weil es historisch ist, sondern weil es dem Sinn dieses oberbayerischen Hellas auf der grünen Wiese, im Hain, weil es diesem hochgebildeten Mißverständnis so voll entspricht.
Verlassen wir, ohne je Gründlichkeit bezweckt zu haben, die königlich-bayerische Bildungsdemonstration und sehen wir, was sich mit solcher Anlage weiter anfangen ließ.

Der Kosmopolitismus, Philhellenismus schlug, drei Generationen später, um in den Sauerkraut-Patriotismus der im Felde unbesiegten, dolchgestoßenen Nation, nicht zuletzt der Münchner. München war damals, vor allem nach seinem Räterepublikintermezzo, die wohl ressentimentgeladenste Stadt der schlecht zusammengekitteten deutschen Reichsrepublik.
Am 1. Mai 1934 standen dann als Erfolg der Ressentiments 80 000 Hitlerjungen auf den Grünanlagen des Königsplatzes. »Das Volksleben Münchens wird«, so ein Zeitzeuge, »nicht vom Verstand, sondern vom Gemüt beherrscht.« Damals ebenso sichtlich wie heute. Da Hitler und Troost, wieder zwei ungleiche Dioskuren, schon 1931/32 ihr Auge auf diesen Platz geworfen hatten, wurde er rasch zum »königlichen« heroisiert und gepflastert, damit die Nagelstiefel nicht das Gras zerträten und auch akustisch zur Geltung kämen. Damals wurde die nie ganz ernste, heitere Fläche todernst.

Ich erzähle Ihnen jetzt meine erste wesentliche Begegnung mit dieser Platte. Es muß im Oktober 1937 gewesen sein. Ich war meinem Vater beim Spazierengehen entlang der großen Baustellen der Arcisstraße ausgerissen und ging die Stufen zu einem der sogenannten »Ehrentempel« – wie ich heute weiß – hinauf, Häuser mit merkwürdig aufgebrochenen Dächern, wo reglos schwarzgekleidete Soldaten standen. Ich habe mir diese lang betrachtet und gemeint, sie seien aus Plastilin wie meine eigenen in der Spielzeugkiste, nur unmäßig groß. Ich habe dann recht vorsichtig an die Stiefel von einem gefaßt und mich für sein Seitengewehr näher interessiert. Keine Reaktion, außer bei meinem Vater, der, inzwischen herbeigeeilt, mich abzog und mir erklärte, ein Soldat auf Wache dürfe sich nicht rühren und diese dort in Schwarz schon gar nicht. Das war meine erste Begegnung mit der – wie ich heute weiß – SS Leibstandarte, die früheste Erinnerung an den »Königlichen Platz«.

München war ein Weiheort, ein nationaler Wallfahrtsort, das religiöse Zentrum für die sozial-darwinistischen Romantiker des Grauens. Der »Königliche Platz« war der Weiheplatz, die Feldherrnhalle, östliche Schmalseite, die »Mauer des Tempels«. Mit den Kameraden des Mannes, dessen Stiefel und Seitengewehr ich damals berührt hatte, hat es bekanntlich noch viel Unheil gegeben, tödlichen für viele Millionen, darunter auch meinen Vater, mindestens erschreckenden auch für mich, und den dann irgendwann aufgewachten Rest der Nation.
Wie dies finstere Fatum aussehen würde, hätten mindestens die Älteren jeweils am Abend des 9. November jeden Jahres auf dem »Königlichen Platz« erleben können, wären sie nur bei Sinnen und bei Anstand gewesen.

Der »Königliche Platz« überstand den Krieg, was seine NS-Ausprägung anging, heil unter allerhand Tarnwerk, die königlichen Gebäude rundum gingen aber stark

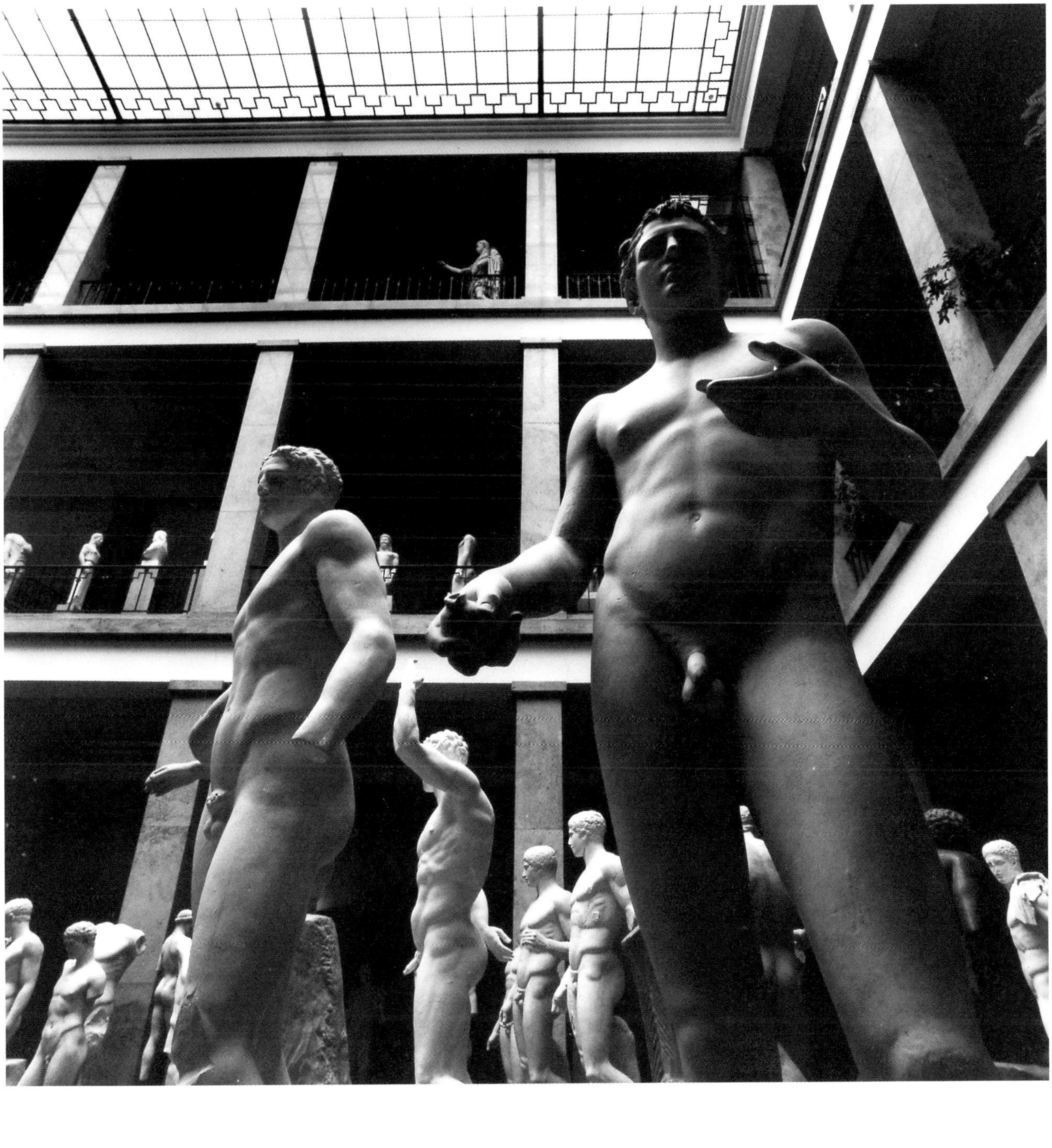

angeschlagen aus dem deutschen Ringen um »Sieg oder bolschewistisches Chaos« hervor. Der »tausendjährige« Flossenbürger Granit, das Hitlersche Traummaterial aus den Steinbrüchen des Sklavenwirtschaftsunternehmens SS, überstand die Bombardierungen. Es zerbrach erst unter der von Adolf Hitler ausgelösten Motorisierungswelle, welche vor allem dem deutschen Nachkriegswiederaufstieg so kräftig auf die Reifen geholfen, uns Weltgeltung verschafft und unsere bekannt-gefürchteten Aggressionen auf neue, ebenfalls von Hitler vorangetriebene betonierte Bahnen gelenkt hat.

Unter den Rädern dieses spät aufgeblühten Geschenks »KFZ« war der »Königliche Platz« nun wieder »Königsplatz« genannt, zur Schäbigkeit zermalen worden. Ich hatte keine Stunde etwas dagegen, daß die großmäulige Demonstration kaputt ging. »Kaputt« ist ja nicht der schlechteste Zustand für einen, der den Mißbrauch des Ganzen, des Großen, und den Mißbrauch von allem und jedem erlebt hat.
Hunderte von Malen bin ich über den Königsplatz gegangen; dort habe ich übungshalber für Döllgast die Nischen an der Glyptothek gezeichnet, die Schäden an den Propyläen, mit und ohne Schatten – Alltag.

Bewußt war ich wieder auf dem Platz, nicht an irgendeinem 1. Mai, sondern bei einer Demonstration für das Lebensrecht des Staates Israel, der damals von seinen arabischen Nachbarn gefährlich bedroht wurde (1967). Welch ein Bewußtsein, auf dem zerbrochenen Granit zu stehen und dort für die einzutreten, die es nach dem Ratschluß der »Endlöser« eigentlich gar nicht mehr hätte geben dürfen.
Damals habe ich wieder an den schwarzgekleideten Zwei-Meter-Plastilinhelden gedacht, vor den Tempeln, die es nicht mehr gab, der sich nicht rühren durfte, auf Befehl, sich dafür aber später, wiederum auf Befehl so schrecklich gerührt hat, wer weiß wo, in Dachau, irgendwo in Polen, in der Ukraine als Henker oder wenn er davongekommen ist, zu Hause in der Bundesrepublik, am Stammtisch.

Die schier endlosen Debatten um die Platzgestaltung, Wettbewerb oder nicht, dieverse Verkehrslösungen, einmal schmal, einmal breit, auch Umfahrung, all das rauschte vorüber. Mir wurde immer von zu vielen viel zu Vieles gewollt für diesen Platz. Es ist nicht wichtig, wer etwas macht, sondern eher, daß etwas am Schluß einen Sinn gibt. Harmlos war der ludovizianisch-klenzesche Versuch, zur Weltgeltung Münchens beizutragen und gerade deshalb so entwaffnend und eingängig. Vor dieser Stadt hat sich bis 1919 niemand gefürchtet; man hat vielleicht über sie gelächelt, mehr aber gestaunt.
Bösartig und starr war die Gestaltung von 1934 bis 1945. Totenkultische Vorfeier der Schlächterei, die der bellende Meister mit seiner willig folgenden Herrenrasse angerichtet hat. Dann kam die Zeit der Verkommenheit mit der glänzenden Wiederauferstehung, ja Neuschöpfung der Glyptothek durch Josef Wiedemann und den Herrichtungen der Pendents. Nun ist die Harmlosigkeit wiedergekehrt.

Neulich fragte mich ein Tourist, ob dies nicht einer der Plätze gewesen sei, die während des Dritten Reichs bedeutend waren. Ich habe dem etwa vierzigjährigen Herrn, der sichtlich aus dem »Reichsgau Saarpfalz« stammte, so gut es ging kürzesten Geschichtsüberblick gegeben, worauf er meinte, man hätte aber dann bei solchen Massenaufmärschen doch besser gepflastert. Er war beglückt, zu erfahren, daß man dies auch erkannt hatte.
Ich sagte ihm noch, wir hätten, Gott sei Dank, heute solche Massenaufmarschplätze nicht mehr nötig, wir hätten ja das Fernsehen. Das leuchtete ihm ein. Wir schieden sichtlich im Bewußtsein, daß die vorgenommene Rückbegrünung angesichts der eingetretenen geschichtlichen Entwicklung vernünftig und der Stadt förderlich sei, nicht ohne allerdings hinzuzufügen, daß solche Grünfläche pfleglicher Behandlung seitens der Bürger bedürfe. Wer könnte da nicht zustimmen? Nur durch Ordnung bleibt nämlich (nach deutscher Auffassung) etwas in Ordnung.

Christoph Hackelsberger

Das gilt, das brachte ja schon der Klassiker Lenin zum Ausdruck, für Grünanlagen selbst während Revolutionen in Deutschland.
Ernstere Sorgen als die Befindlichkeit des nun wieder aufkeimenden Grüns – dies kann ja jederzeit nachgefrischt werden – macht mir jene des Denkmalschutzes. Ist uns nicht durch Ausscheiden des wenn auch nur noch rudimentär vorhandenen »Königlichen Platzes« in situ – Unvernunft hat ja schon die Ehrentempel gesprengt, ahistorisches Siegerbewußtsein – ein wesentliches Substrat unserer nationalen Geschichte verlorengegangen? Zwar bemüht sich derzeit das Landbauamt München in sklavischer Treue die Parteibauten an der Arcisstraße wieder so herzurichten, daß der »Führer« samt Gefolge und »Tempelwachmannschaften« über solche Aufmerksamkeit nur beglückt sein könnten, kämen sie zurück. Wäre es aber nicht unser aller Aufgabe gewesen, insgesamt die Situation in situ zu re-installieren? Zu spät.
Trauer hierüber will sich bei mir nicht einstellen. Ich kann mich indes nicht selbst beschwichtigen, irgendwas muß mit mir nicht in Ordnung sein, ich fürchte, ich bin kein Historist, sonder ein Kulturanarchist.

Dankbar müssen wir dafür sein, daß wenigstens an dieser Stelle Deutschlands wieder etwas harmlos geworden ist, ohne daß man es hätte zu schönen brauchen. Es hat nichts mit Geschichtsfälschung zu tun, wenn man aufräumt. Deswegen sollten wir uns – ich glaube, ich spreche im Namen vieler – bei all denen bedanken, die aufgeräumt haben. Sie haben ihre Sache gut gemacht.
Die Usurpation des Königsplatzes durch das »tausendjährige« Reich ist vorbei.

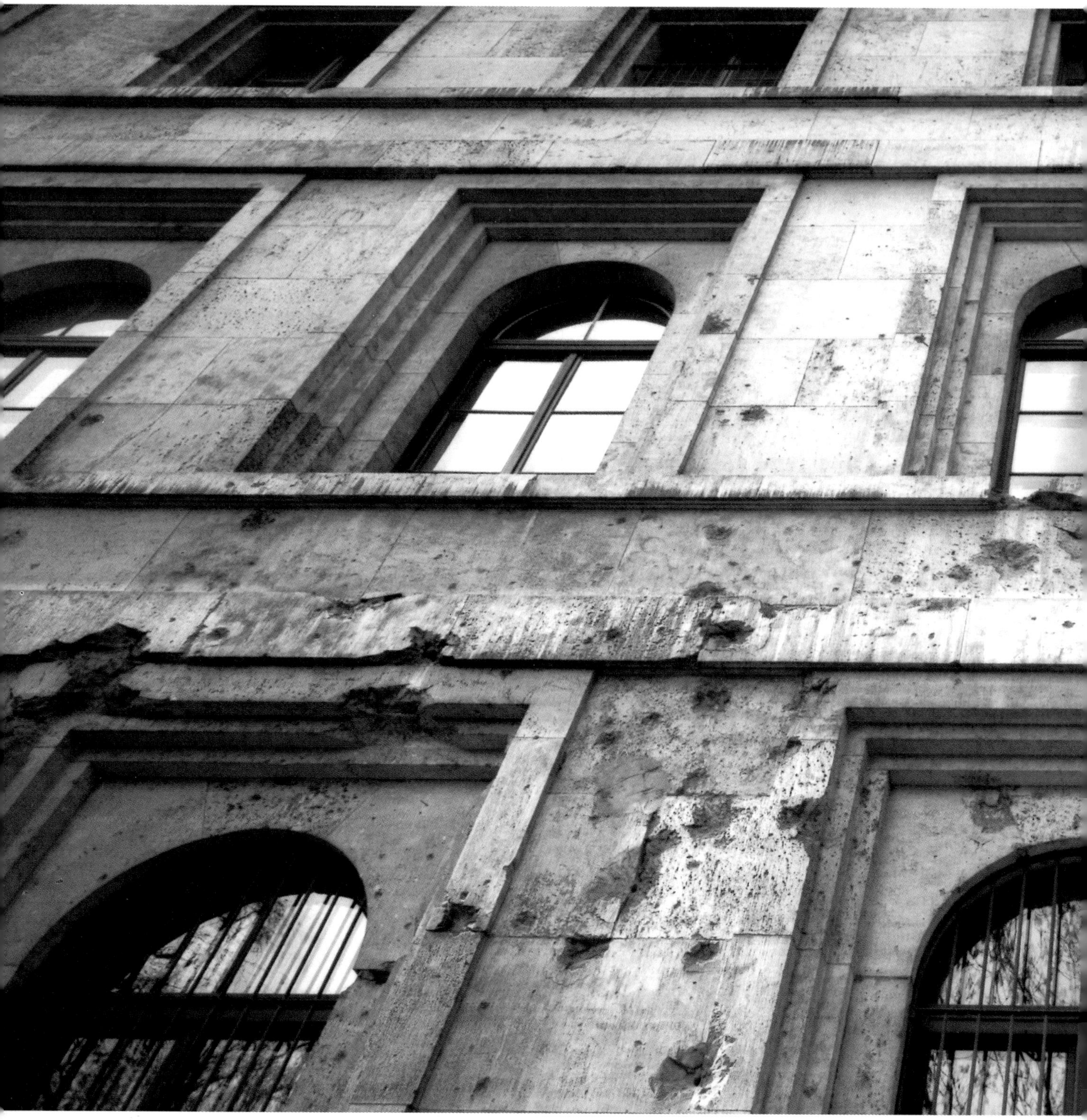

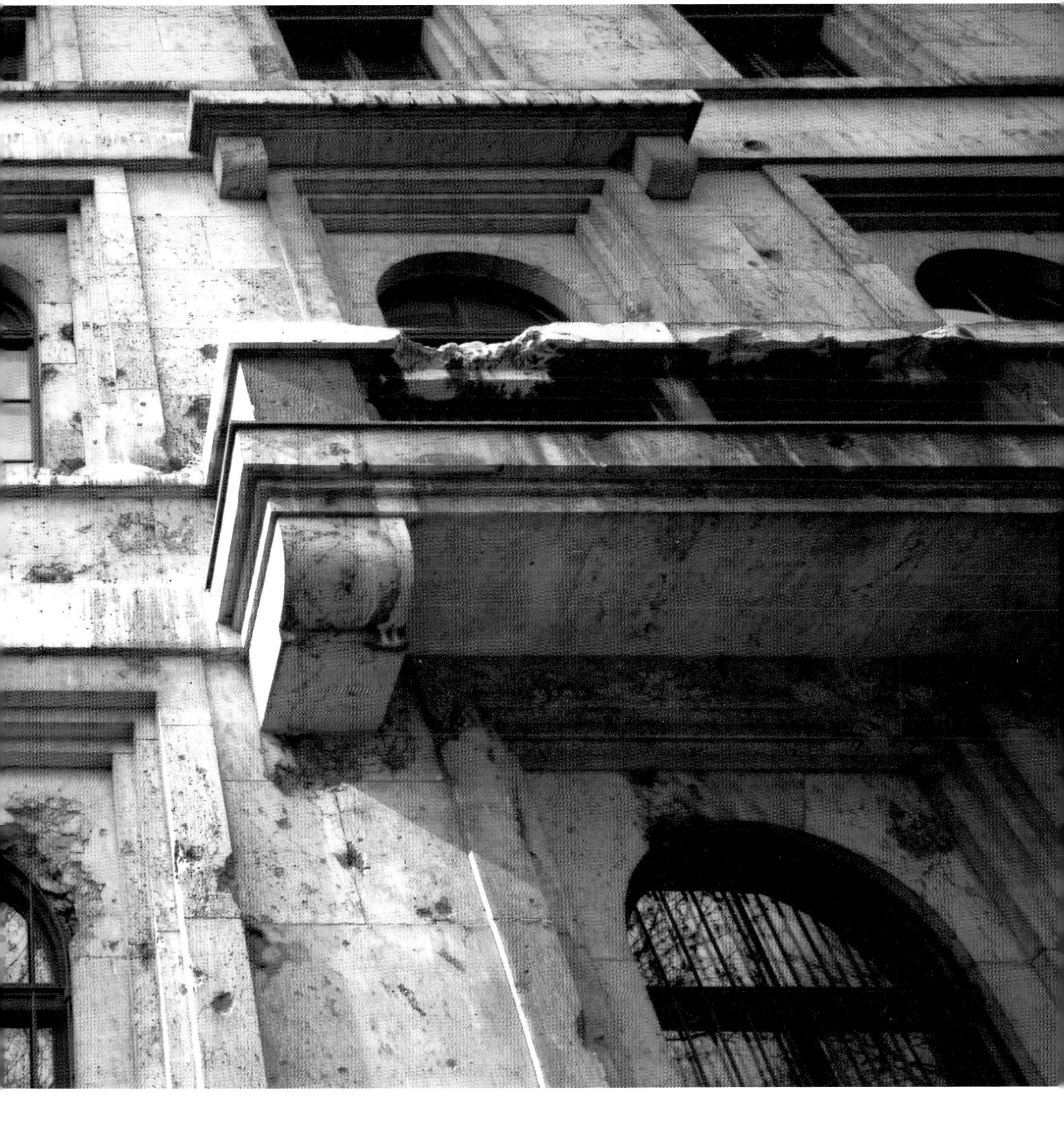

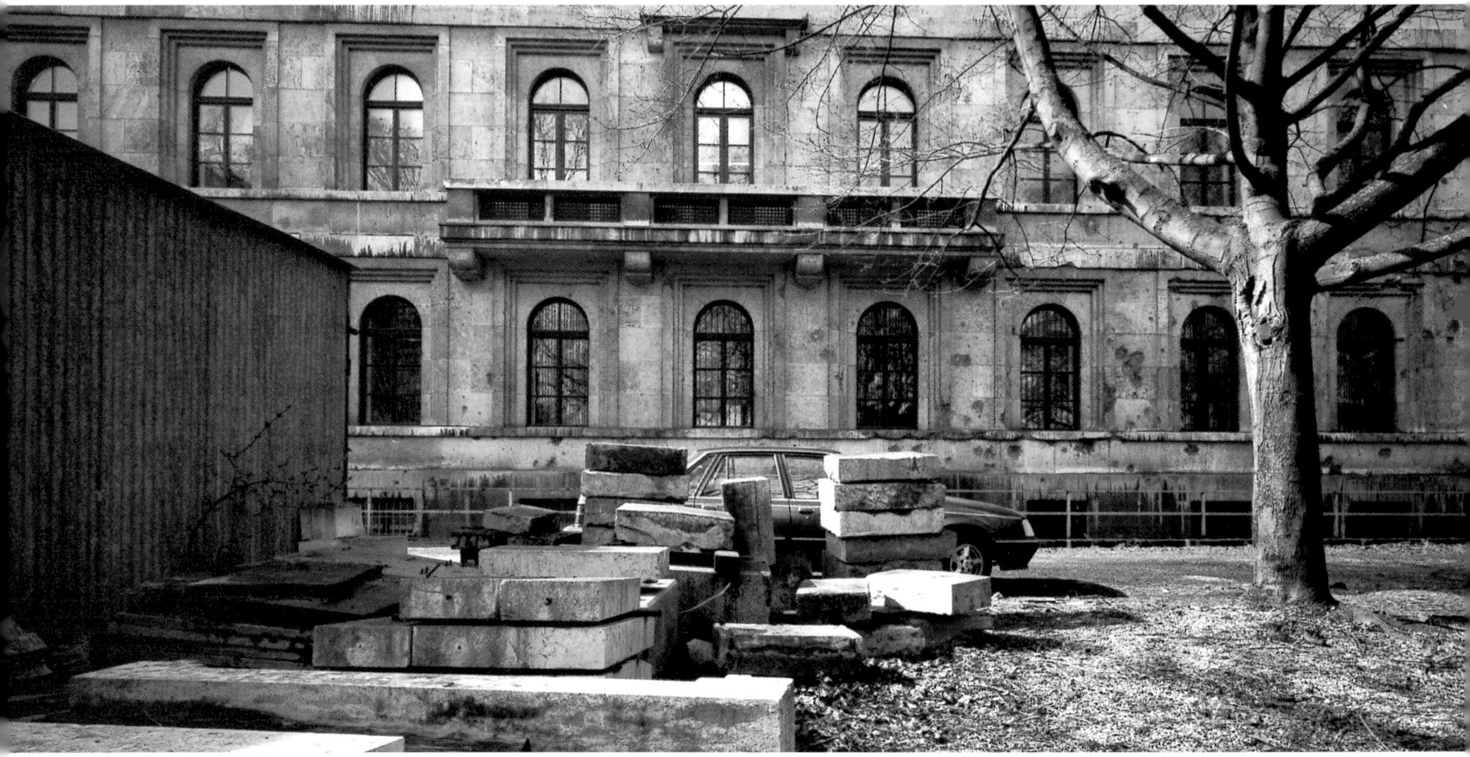

Hans-Ernst Mittig

Am Karolinenplatz

Beim Weg vom Königsplatz zum südöstlich benachbarten Rondell wandelt sich die Szene. Führerbau und Verwaltungsbau der NSDAP bleiben zurück, und man meint die Besichtigung der ehemaligen NS-Forumsanlage hinter sich zu haben. Ich ruhte also am Sockel des 1833 eingeweihten Karolinenplatz-Obelisken aus, doch bald rief ein seltsames Detail neue Fragen hervor, Fragen überdies, die dem Ernst der vorausgegangenen Betrachtungen zunächst unangemessen zu sein schienen und angesichts eines bronzenen Denkmals für »[...] dreyssigtausend Bayern die im russischen Kriege den Tod fanden« – so ein Teil der Inschrift – besonders irritieren mußten. Aus den Ecken des Sockelblocks, auf dem sich der Obelisk erhebt, springen vier Widderköpfe vor, deren Hörner üppige Laubgehänge halten. Wie sollte ich mir dieses Motiv an einem Denkmal für Soldaten erklären? Bei der Vorbereitung meines München-Aufenthaltes hatte ich in einem einschlägigen Buch[1] gelesen, nach Brehms Tierleben (Ausgabe von 1924) sei das Schaf »das blödeste, stumpfsinnigste Geschöpf, das man sich denken kann und daher ein Sinnbild der Dummheit«. Ich erinnerte mich auch, daß Ausdrücke wie »Hammelherde« und »Hammelbeine« bei der Militärausbildung – wer weiß wie lange schon – Tadel und Drohung verdeutlichen. Und entstammt der Viehwirtschaft nicht auch der seltsame Ausdruck »zu Paaren treiben«, ist er im vorigen Jahrhundert[2] nicht dazu benutzt worden, besiegte Soldaten mit einer gejagten Herde zu vergleichen?

In der einige Schritte entfernten Bibliothek des Zentralinstituts für Kunstgeschichte fand ich keine Erläuterung zu den Widdern am Obelisken, aber immerhin einen Hinweis darauf, daß ich mir den Kopf nicht etwa über ein bedeutungsleeres Schmuckmotiv zerbrach. Der Entwerfer Klenze hatte das Monument, die »ungeheure Masse« des Erzes in der Form des Obelisken, als »ganz symbolisch« bezeichnet.[3] Damit war wohl der Verzicht auf erzählende Plastik betont, aber doch die Annahme nahegelegt worden, daß nicht nur der Obelisk etwas bedeuten sollte, sondern auch sein Sockelschmuck. Selbst dessen weniger auffällige Motive sind ja beziehungsreich: Eichen- und Zypressenzweige bilden eine Girlande aus vier Festons. Für die Eiche als »deutschen« Baum fanden sich Belege im Reallexikon zur deutschen Kunstgeschichte, die Zypresse war auch ohne dessen Hilfe als »Baum des Todes« zu verstehen.[4] Eine Bedeutung der Widderköpfe erschloß sich daraus allerdings noch nicht.

Weitere Lektüre brachte in Erinnerung, daß figürliche Sockelplastik an einem Kriegsdenkmal nicht auf die eigenen Leute gemünzt zu sein braucht, sondern mehr oder minder symbolisch die Besiegten vorführen kann – wie ja auch von vielen Denkmälern zu lesen ist, daß sie aus der Bronze erbeuteter Kanonen gegossen seien. Dies half aber gar nicht weiter, denn der Untergang der bayerischen Soldaten bei Napoleons Katastrophe in Rußland 1812 überwog die Bedeutung der Siege, die sie in einzelnen vorausgegangenen Gefechten errungen hatten, und die wenigen Überlebenden hatten keine Trophäen mitgebracht. Die Bronze des Karolinenplatz-Obelisken stammt von Geschützen türkischer Schiffe, die 1827 bei Navarino[5] von Flotten Englands, Frankreichs und Rußlands (!) versenkt, später unter wittelsbachischer Verwaltung gehoben worden waren. Das Material konnte den Unterrichteten also an die Befreiung Griechenlands erinnern, aber nicht an besiegte Russen. Entsprechend ist anzunehmen, daß die Widderköpfe nicht von besiegten Feinden reden (kaum wären dann auch ihre Lorbeer-Kränze zu erklären), sondern doch von den im Krieg umgekommenen Bayern – wie die Inschrift.

1 Gabriele Huber, Die Porzellanmanufaktur Allach-München GmbH eine »Wirtschaftsunternehmung« der SS zum Schutz der »deutschen Seele«, Marburg 1992, S. 104.

2 Jacob Grimm, Rede auf Schiller, in: Ders., Kleinere Schriften (7 Bände), 1.Bd. Berlin 1864, S. 379.

3 Ulrich Bischoff, Denkmäler der Befreiungskriege in Deutschland 1813–1815, Teil 1, Berlin 1977, S. 290 nach einer Mitteilung von Barbara Eschenburg. Modelliert wurde der Sockelschmuck von Johann Baptist Stiglmaier.

4 Hans Martin von Erffa, Eiche. III., in: Reallexikon zur deutschen Kunstgeschichte, Bd. 4, Stuttgart 1958, Sp. 919; Brockhaus Enzyklopädie, 24. Bd., 19. Aufl. Mannheim 1994, S. 683.

5 August Alckens, Die Denkmäler und Denksteine der Stadt München, München 1936, S. 168; dafür sprechen auch die neuerdings von Thomas Raft, Die Sprache der Materialien, München 1994, S. 102, zusammengestellten Materialien. Zur Schlacht Christopher Montague Woodhouse, The Battle of Navarino, Chester Springs 1965.

Die Zeilen »[...] Auch sie starben für des Vaterlandes Befreyung« provozierten aber nur neue Fragen. Wie können Soldaten, die für die Unterdrückung Europas kämpfen mußten, für die Befreiung eines deutschen oder bayerischen Vaterlandes gefallen sein? Das Wort »für« läßt an ein Opfer aufgrund einer sinngebenden Intention denken, ein Opfer im Sinne von »sacrificium«.[6] Sollte der Sockelblock des Obelisken dies als »patriotischer Altar«[7] verdeutlicht haben? Für sich betrachtet hat er die Form eines Blocks, und sein Tierkopf- und Girlanden-Schmuck erinnert an antike Altäre.[8] Ich las, daß Köpfe von Opfertieren – man schor ihnen vielfach das Stirnhaar – am Altar aufgesteckt sein konnten und häufig in Stein nachgebildet wurden. Noch deutlicher als die lebensstrotzenden, kraushaarigen Widderköpfe am Münchner Obelisken verweisen die kahlen Schädelknochen am Obelisken des Alten Marktes in Potsdam (1753 – 1755) auf Opferbräuche. Aber wie stand es in München 1833 mit der sinngebenden Intention, also der Übertragbarkeit des Opfergedankens auf vaterländisch bewegte Menschen? Wessen Intention soll die Soldaten, die durch fremde Gewalt untergingen, zum »Opfer« bestimmt haben?

In einer Architekturzeitschrift wurde 1934 behauptet, Napoleon habe die Gefallenen mit – wenn auch böser – Absicht geopfert: er habe seine bayerische Truppe »ohne mit der Wimper zu zucken« umkommen lassen, um Deutschland zu schwächen und Europa unterwerfen zu können.[9] Aber der gen Paris flüchtende Napoleon war offenbar gar nicht in der Lage gewesen, ausgesuchte Teile seines Heeres ins Verderben zu dirigieren und die französischen zu retten.

Etwas einleuchtender wäre es, auf eine Intention des bayerischen Königs abzuheben, der eher als Napoleon dafür zuständig sein konnte, an einem »patriotischen Altar« zu amtieren: er hätte die Dreißigtausend geopfert, um Bayern von schlimmerer Unterdrückung loszukaufen. Aber daß Maximilian I. Joseph 1812 den fast restlosen Untergang dieser Truppe in Kauf genommen haben sollte, dürfte sein Sohn Ludwig I. – der Denkmalstifter – ihm 1833 nicht unterstellt haben, zumal es längst als besonders übler Mißbrauch fürstlicher Befugnisse kritisiert worden war, wenn Landeskinder in fremden Dienst gegeben wurden.[10] Gemeint sein muß also, daß die dreißigtausend Gefallenen aufgrund eigenen Willens zu Opfern geworden seien. Es fehlte ja nicht an literarischen Formeln für die Bereitschaft, »[...] zu fallen am Opferhügel/Für's Vaterland«.[11] Ist aber die wirkliche Denkungsart jener Soldaten überliefert?

In der einige Straßen entfernten Bayerischen Staatsbibliothek fand sich Grubers wortreiche Schilderung des Kriegszuges und der Denkmal-Errichtung (1834).[12] Ein Bewußtsein der Soldaten, in Rußland »für die Befreiung« zu leiden und zu sterben, ist in diesem Erlebnisbericht nicht faßbar.[13] »[...] sie hungerten und froren/Und siegten in dem Slavenlande doch./ Getreu der Pflicht, die sie dem König schworen,/ Gedachten sinkend, sterbend sie annoch/Des Ahnenruhms.«[14] An vielen Stellen betont Gruber so den Willen zu unverbrüchlicher Treue gegenüber dem geliebten König, der die Teilnahme am Feldzug befohlen hatte, und meint damit wohl, die Soldaten hätten sich in eine höhere »Nothwendigkeit«[15] gefügt, in einen Gang der Dinge, dessen Sinn nicht von der Intention der Gehorsamspflichtigen erreicht oder gar bestimmt wird, der aber unabhängig davon in eine bessere Zukunft[16] führen kann. Bös gesagt: Gehorsam egal zu welchem noch unsichtbaren Zweck und Ziel !

Nun begann ich den Ausgangspunkt meines Nachsuchens, die Schafsköpfe am Obelisken, zu vergessen, aber ein Emblembuch aus dem 17. Jahrhundert[17] ließ eine überraschende Verbindung erkennen und erklärte endlich, von welcher Intention die Widderköpfe gesprochen haben dürften. Bilder von Schafen, die dem Widder folgen, ihm sogar von einer Brücke ins Wasser nachspringen, stehen für Gehorsam (»ohn Zanck und Rumor«) und Folgsamkeit (»biß mitten im Todt«) der

---

6 Reinhart Koselleck, Bilderverbot. Welches Totengedenken? In: Christoph Stölzl (Hg.), Die Neue Wache Unter den Linden, Berlin 1993, S. 202–203; ders., Stellen uns die Toten einen Termin? In: Hans Gerhard Hannesen/Jörg Feßmann (Hg.), Streit um die Neue Wache. Zur Gestaltung einer zentralen Gedenkstätte, Berlin 1993, S. 33–34.

7 Zu anderen monarchischen Adaptationen dieses Motivs Kathrin Hoffmann-Curtius, Altäre des Vaterlandes. Kultstätten nationaler Gemeinschaft in Deutschland seit der Französischen Revolution, in: Anzeiger des Germanischen Nationalmuseums 1989, S. 289–294.

8 Vgl. Meinhold Lurz, Das Hessendenkmal. Vorgeschichte – Entstehung – Wirkung, in: Archiv für Frankfurts Geschichte und Kunst 62, 1993, S. 157–160 ohne Gedankenverbindung zum »autel de la patrie«.

9 Friedrich Paulsen, Städtebau? Wie sich das neue Reich städtebaulich darstellt, in: Monatshefte für Baukunst und Städtebau 29, 1934, S. 248.

10 Philipp Losch, Soldatenhandel (1933), Kassel 1974, S. 30–32, 42–53. Dort z. B. Gottfried Conrad Pfeffel 1779: »Schon verkauft Germania/Seine Helden wie die Rinder [...].« »Vgl. die wieder getilgte erste Strophe von Hölderlins »Der Tod für das Vaterland«, 1796/99: »Wie ein zahmes Thier, zum Dienste gebraucht«.

11 Ebenda dritte Strophe.

12 Ferdinand Josef Gruber, Der Obelisk auf dem Carolinen-Platz zu München, oder: Bewährte Schilderung der ausgestandenen Unfälle und gewirkten Kriegsthaten des Königlich Bayerischen Armeekorps im Feldzuge 1812 wider Rußland, Regensburg 1834. Verläßliche Angaben zum Obelisken fehlen dort, vgl . zum angeblichen Beute-Metall S. 1, 85, 88.

13 Vgl. z. B. die Formel auf S. 93. Der Verfasser selbst wagt erst am Schluß (S. 79 – 80), den Gedanken auf die »Befreiungsschlacht bei Leipzig« vorauszulenken, zitiert (S. 58) zustimmend die Bezeichnung »wahre Schlachtopfer«.

14 »Grabschrift« ebenda vor S. 1.

15 Ebenda S. 7.

16 Ebenda S. 52.

17 Julius Wilhelm Zincgref [f], Emblematum ethico-politicorum centuria, 2. Aufl. Frankfurt a. M. 1624 (Exemplar aus der Bibliothek von Andreas Felix Oefele, München); Nachdruck Heidelberg 1664 (»editio ultima«), Nr. 55 und 56 (Exemplar aus der Bibliotheca Palatina).

gemeinen Leute und der Soldaten gegenüber dem Fürsten und dem Hauptmann: »So treibt sie die Liebe zu ihrem Führer«.[18]

Dieses Wort ist selbstverständlich polyvalent und von neuem gebräuchlich. Aber es förderte doch Erinnerungen an die Kernsprüche, die die Zeremonien am Königsplatz vorbereitet und begleitet hatten. Der jährliche Marsch von der Feldherrnhalle zu den »Ehrentempeln« hatte im Bogen über den Karolinenplatz geführt. Sollten die Nazis den Obelisken dabei nicht beachtet haben? Sollte es nicht als Vorstufe zum Aufrufen der sechzehn Toten gegolten haben, wenn der Weg zur Bestattungsanlage an einem vaterländischen Totenmal (nach Gruber 1834 an einem »eigentlichen Grabmonument«[19]) vorüberzog?

Um diesen Fragen nachzugehen, suchte ich das einige Viertelstunden entfernte Institut für Zeitgeschichte auf.

»[...] Von den jungen Männern, die gefallen sind, wird es dereinst heißen, wie es am Obelisk zu lesen ist: ›Auch sie starben für des Vaterlands Befreiung‹. Das ist das sichtbare Zeichen des Gelingens vom 8. November, daß in seiner Folge die Jugend sich wie eine Sturmflut erhebt und sich zusam(m)enschließt. [...] Ich glaube, daß die Stunde kommen wird, da die Massen, die heute mit unserer Kreuzfahne auf der Straße stehen, sich vereinen werden mit denen, die am 9. November auf uns geschossen haben. Ich glaube daran, daß das Blut uns nicht ewig trennen wird. Die Armee, die wir herangebildet haben, die wächst von Tag zu Tag, von Stunde zu Stunde schneller. Gerade in diesen Tagen habe ich die stolze Hoffnung, daß einmal die Stunde kommt, daß die wilden Scharen zu Bataillonen, die Bataillonen zu Regimentern, die Regimenter zu Divisionen werden, daß die alte Kokarde aus dem Schmutz herausgeholt wird, daß die alten Fahnen wieder voranflattern[...]«.[20]

Mit diesem Konzept bereitete sich Hitler auf den letzten Verhandlungstag im Prozeß gegen die Putschisten vom 8./9. November 1923 vor. Auch in seinem Schlußwort[21] behielt er am 27. März 1924 das Zitat bei. »Auch sie starben für des Vaterlandes Befreiung« lautete mit ausdrücklichem Hinweis auf den »Obelisk« – die Kopfzeile einer »parteiamtlichen Totenliste« für das ganze Jahrzehnt bis 1933.[22] Hitler verglich die dreißigtausend Gefallenen von 1812 später sogar mit den Parteimitgliedern, die beim angeblichen Röhm-Putsch im Juni/Juli 1934 getötet worden waren: »Er erhob die von ihm ermordeten Männer gewissermaßen ebenfalls zu Blutzeugen der Bewegung« (so Domarus 1962).[23] Ein Stichwort hatte schon das Denkmal selbst gegeben, wenn es Napoleons bayerische Hilfstruppen posthum unter die Befreiungskämpfer einreihte: Hitler – und nicht er allein[24] – konnte an eine alte Beliebigkeit pseudohistorischen Deutens und Umdeutens anknüpfen.

Seine Reden am Vorabend des 9. November setzten dieses Traditionstiften schließlich bis zu den Toten des deutschen Feldzuges gegen die Sowjetunion fort (8. November 1941),[25] bei dem der »Führer« sich nicht zum ersten Mal mit Napoleon verglich.[26] Eine Landnahme im Osten war unverhohlenes Ziel schon in Hitlers »Mein Kampf«,[27] also um die Zeit, in der er prophetische Äußerungen auch an die Inschrift des Obelisken knüpfte. Die Grundform eines sich leicht verjüngenden metallumhüllten Vierkantpfeilers sollte noch das 212 Meter (!) hohe Denkmal der Bewegung« prägen, an dessen Planung bis 1944 gearbeitet wurde.[28]

Mir schien jetzt, daß die im Zentralinstitut gelesene Erläuterung zum Parteiforums-Plan (1934) einen nicht nur stadträumlichen Zusammenhang bezeichnet hatte, wenn sie bemerkte, man wolle den Königsplatz »mit dem Karolinenplatz zu einer Einheit zusammenschließen«, und wenn sie fünfmal die Ausrichtung des Parteiforums nach Osten ansprach: es könne »sehr wohl bei künftigen festlichen Veranstaltungen der Blick scharf nach Osten gezogen werden.« Nach Meinung

18 Deutsche Übersetzung bei Arthur Henkel/Albrecht Schöne, Emblemata, Handbuch zur Sinnbildkunst des XVI. und XVII. Jahrhunderts, Sonderausg. Stuttgart 1978, S. 538 nach der Ausgabe Heidelberg 1619, abweichend von der »editio ultima« Heidelberg 1664.

19 Gruber 1834, S. 2, ähnlich S. 85, 89.

20 Eberhard Jäckel/Axel Kuhn (Hg.), Hitler. Sämtliche Aufzeichnungen 1905–1924, Stuttgart 1980, Nr. 624, S. 1195–1196.

21 Ebenda Nr. 625, S. 1215.

22 Völkischer Beobachter, Münchener Ausgabe 8.11.1933

23 Max Domarus (Hg.); Hitler. Reden und Proklamationen 1932–1945, 1. Bd. Würzburg 1962, S. 458.

24 Vgl. z.B.: o. Vf., München in Erwartung, in: Völkischer Beobachter, Münchener Ausgabe 9.11.1933: »Befreiungskämpfer«.

25 Domarus 2, 1963, S. 1780–1781.

26 Mit der Absicht, Napoleons Fehler zu vermeiden: Otto Wagener, Hitler aus nächster Nähe, hg. von Henry A. Turner, 2. Aufl. Kiel 1987, S. 271; Albert Speer, Spandauer Tagebücher, Frankfurt a.M./Berlin/Wien 1975, S. 86.

27 34. Aufl. München 1933, S. 154, 742–743. Vgl. auch die zurückblickende Betrachtung bei Domarus 2, 1963, S. 1780–1781 (»schon am Ziel«).

28 München – »Hauptstadt der Bewegung«, Ausstellungskatalog Münchner Stadtmuseum, München 1993, S. 301–303.

dieses Autors war »vielleicht auch der Karolinenplatz ein viel echterer Ausdruck deutschen Wesens geworden, als ihn die Entwerfenden sich dachten«.[29] Die Entwerfer des Parteiforums hatten tatsächlich auf ihre Art weitergedacht. Der Karolinenplatz wurde im Jubiläumsjahr[30] seines Obelisken 1933 als bedeutungsvoller Annex des Königsplatzes eingeplant, als kriegsgeschichtlich akzentuiertes Bindeglied zum Odeonsplatz. Vor der Feldherrnhalle war dort – und reichsweit – der »Schwurtag der deutschen Wehrmacht« inszeniert worden; den Bericht davon verband der »Völkische Beobachter« am 8. November 1933 mit den Ankündigungen der Parteifeier. Indem der Obelisk den Blick über den »Königlichen Platz« hinauslenkte, eröffnete er der dort geschürten nekrophilen Begeisterung eine Zielrichtung. Sein Denkmal erinnerte nicht nur an ein Ostheer der Vergangenheit, sondern es rief künftige Bataillone, Regimenter und Divisionen auf. Der Obelisk sollte fortan nicht nur nach oben, sondern nach Osten weisen.

Eines jedoch fiel mir auf: Um dieser Einschätzung näher zu kommen, hatte ich mich immer weiter vom Karolinenplatz selbst entfernen müssen. Ich wünsche künftigen Rezipienten darum an Ort und Stelle eine Einrichtung, in der entstehende Fragen durch Lesen bearbeitet werden können.

29 Paulsen 1934, S. 245–248, der am Schluß mit »Tor nach dem Osten« ein topografisches Versehen begeht.

30 J.K., 100 Jahre Obelisk, in: Völkischer Beobachter, Münchener Ausgabe 16.10.1933; jetzt »Erz aus erbeuteten russischen Kanonen« (Sperrung im Original).

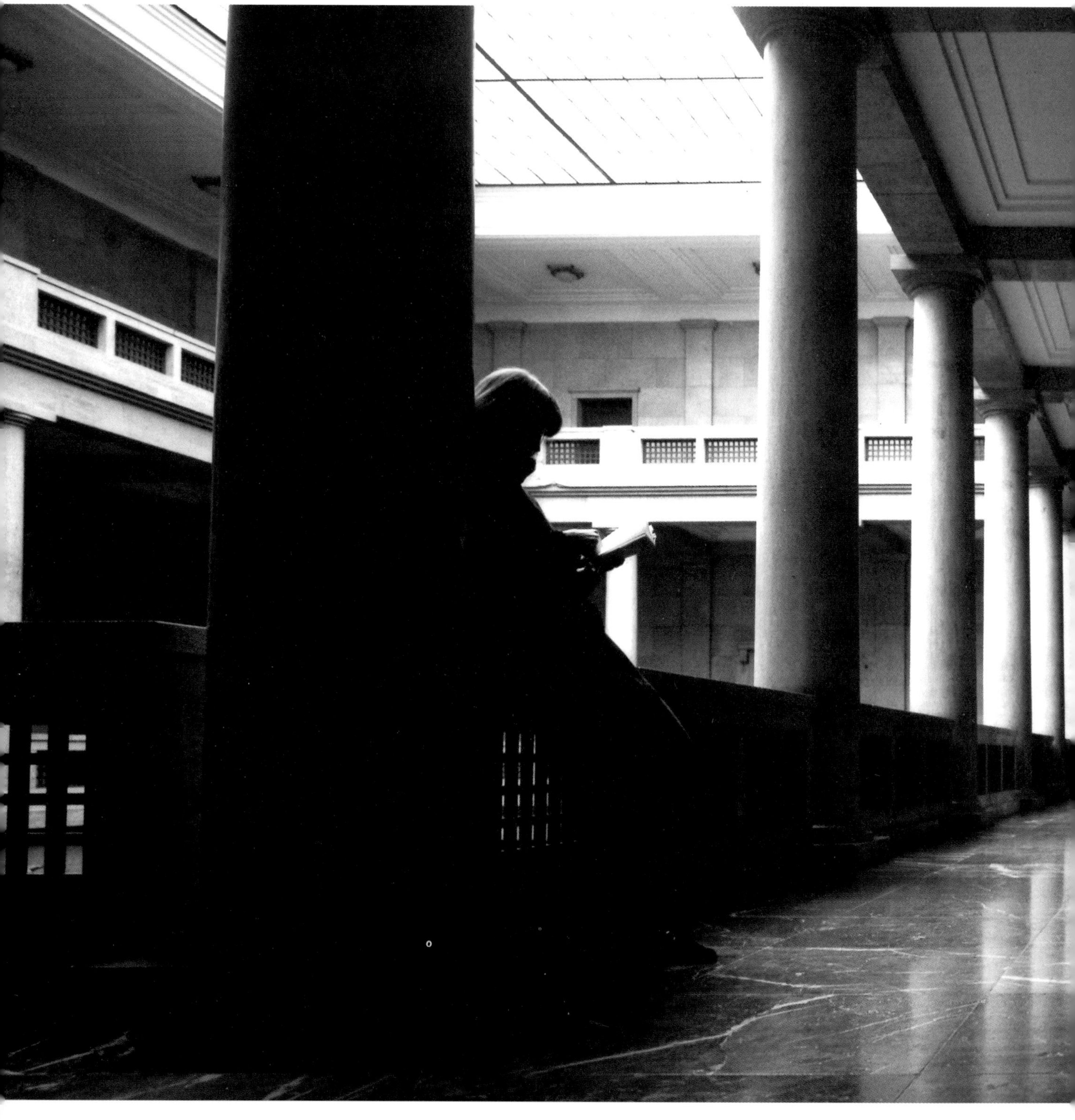

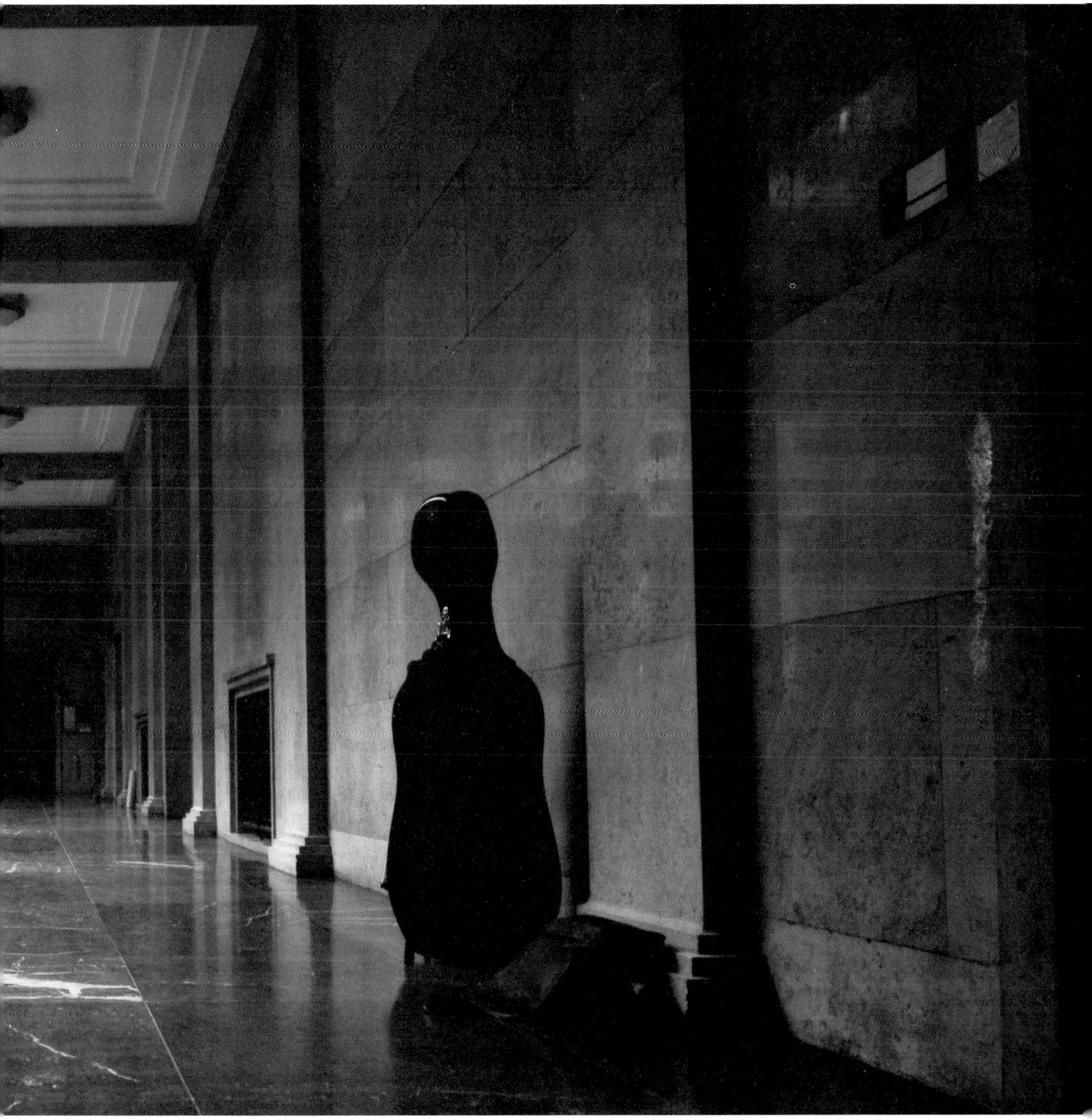

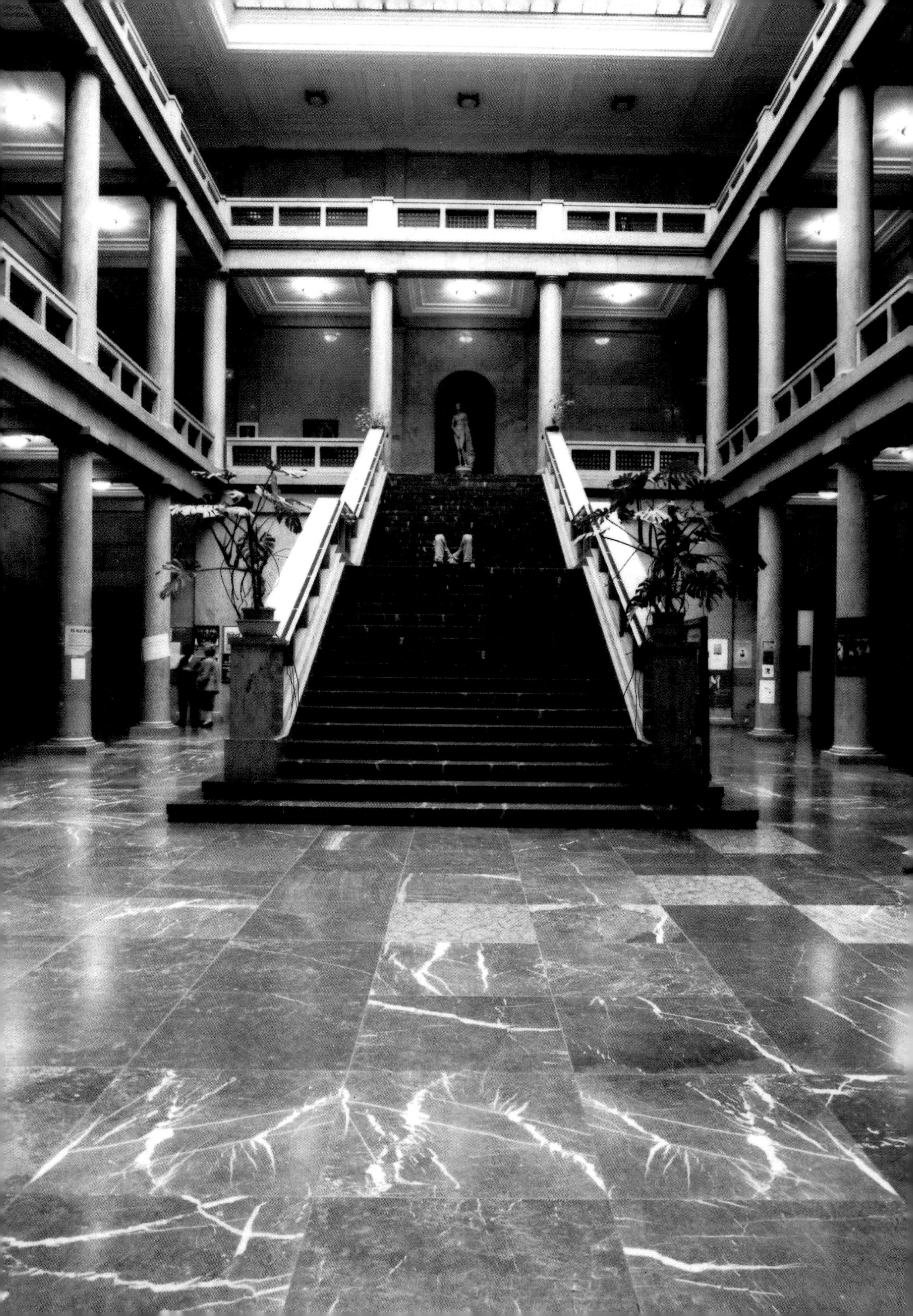

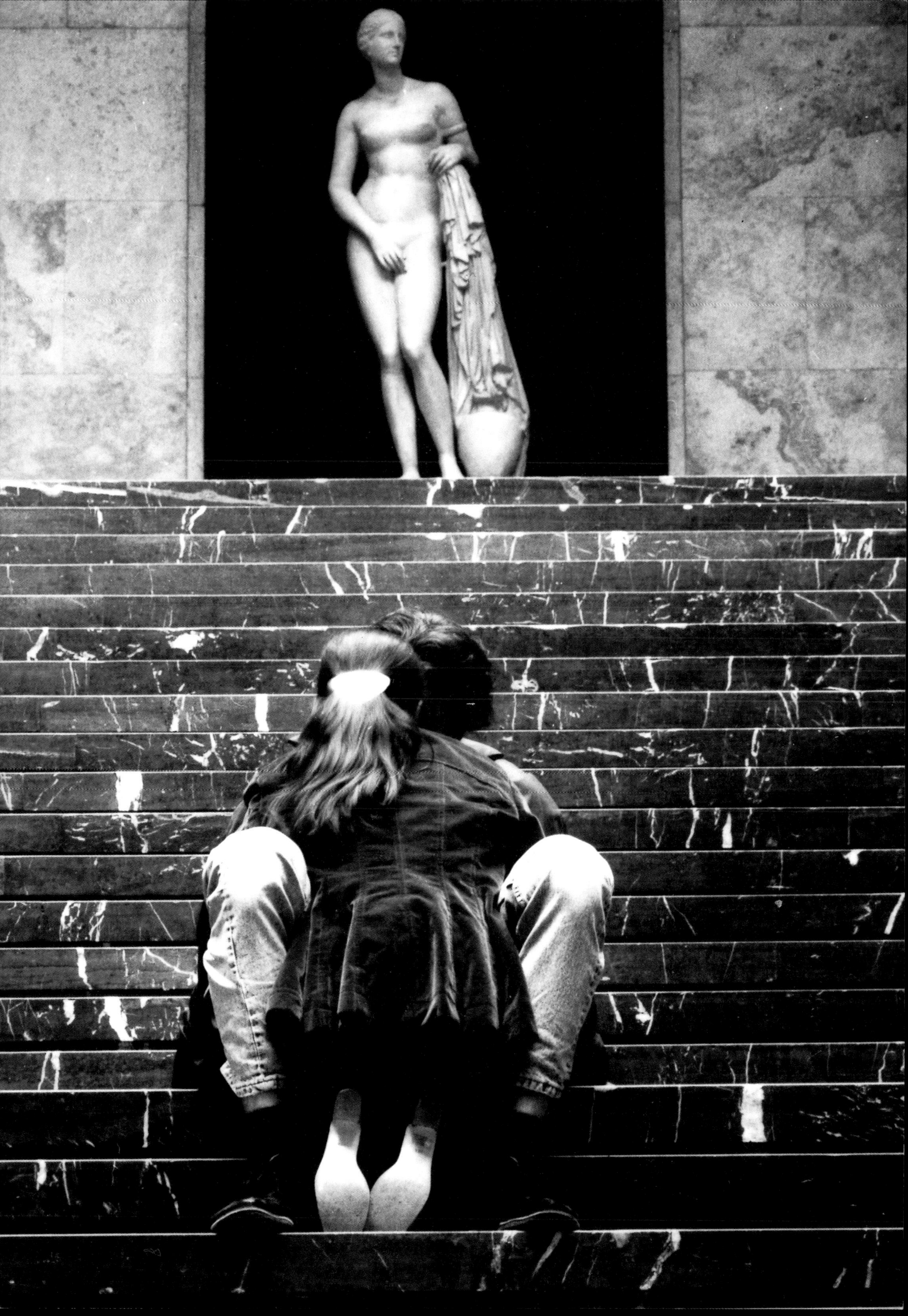

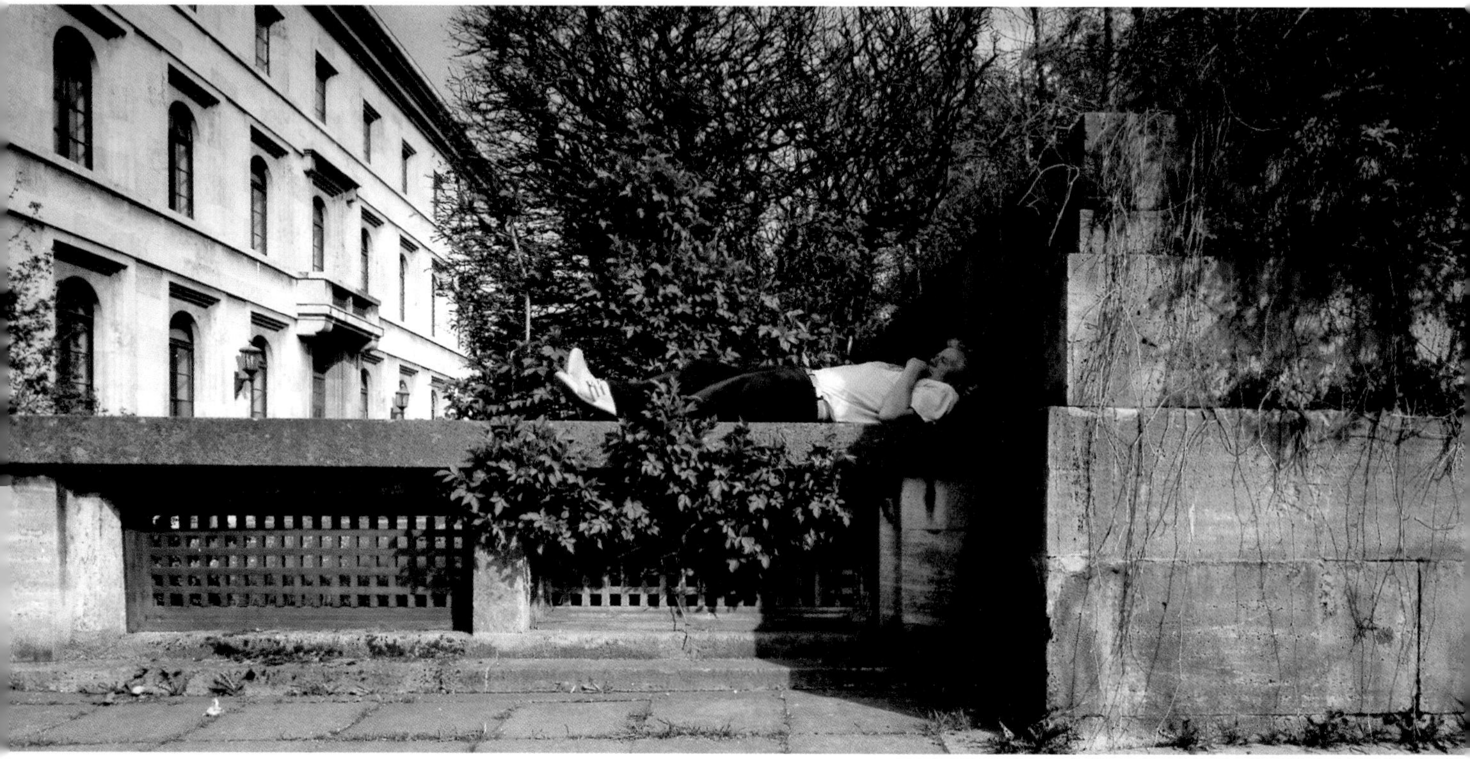

Christoph Sattler
Norbert Huse

Bauen auf »kontaminiertem« Boden
Zwei Stellungnahmen zum Wettbewerb von 1990 zur Bebauung des Areals der ehemaligen »Ehrentempel«

Christoph Sattler

Schon beinahe vergessen zu sein scheint der städtebauliche Ideenwettbewerb für die Brienner Straße zwischen Königsplatz und Karolinenplatz von 1990. Diese öffentliche Initiative zur Veränderung, die den Eindruck erweckte, man wolle mit Optimismus und neuen Museumsprogrammen die Fatalität dieses Ortes verdrängen, hat sich inzwischen offenbar im Sande verlaufen. Jedenfalls sah man damals die baulichen Nutzungsforderungen im Vordergrund. Die den Wettbewerb ausschreibenden Gremien der Stadt München und des Freistaats Bayern scheuten die Konfrontation mit der nationalsozialistischen Präsenz von Geschichte an dieser Stelle. Man unterließ es zunächst sogar, die vorhandenen unterirdischen Anlagen aus der NS-Zeit zwischen den beiden Führerbauten zu dokumentieren, um die Entwurfsprozesse der Architekten nicht durch die Auseinandersetzung mit den Relikten zu beeinflussen.
Ich will das Resultat meiner damaligen Überlegungen zum Thema Neubauten für die ägyptischen und prähistorischen Sammlungen, die der Wettbewerb ausgelöst hat, vorwegnehmen: eine Bebauung längs der Brienner Straße erscheint unsinnig, desgleichen eine Bebauung am Ostrand des Königsplatzes.

Das erste Argument ist stadträumlicher Natur. Die Hauptrechtfertigung für eine Bebauung längs der Brienner Straße wird aus C. v. Fischers berühmtem Konzept hergeleitet: enggefaßte Straßenraumabschnitte im Wechsel mit weiten Platzräumen. Dieses Konzept sei durch die Offenheit im betreffenden Abschnitt der Brienner Straße gestört und deshalb die Errichtung von Neubauten notwendig. Das Fischer'sche Konzept jedoch beinhaltet einen noch grundsätzlicheren stadträumlichen Ansatz, nämlich das aufklärerische Konzept einer offenen Stadt, in der von Gärten umgebene, wohlproportionierte Einzelbauten in gelassen geometrischer Anordnung zueinander gruppiert sind. Diese Vorstellung ist am Karolinenplatz noch spürbar, weiter zum Königsplatz hin durch Masse und Proportion der Führerbauten jedoch endgültig gestört. Die im Wettbewerb unternommenen Versuche, diesen Eindruck entlang der Straße dennoch zu rekonstruieren, wirken auf mich seltsam unarchitektonisch, kulissenhaft.
Begibt man sich aus dem Rondell des Karolinenplatzes in jenes Teilstück der Brienner Straße, entsteht jedoch nicht das Gefühl mangelnder Führung, nicht der dringende Bedarf nach Fassung des Straßenraumes.
Die Wettbewerbsvorschläge zur Bebauung am Ostrand des Königsplatzes schließen diesen allseitig, monumentalisieren ihn und lösen ihn durch eine zweite, verfrühte Torsituation aus dem Zusammenhang. Der Platz ist jedoch zur Stadt hin offen gedacht und nach Westen durch die Propyläen abgeschlossen. Diese bilden zudem – wie Siegestor, Maximilianeum und Friedensengel – den Abschluß einer der vier berühmten Münchner Stadtachsen.
Auch entspringen manche dieser Vorschläge dem Begriff von Stadtraum als einer Folge von Veduten. Man möchte durch Abriegelung den Blick auf die Nazibauten verstellen, um auf dem Platz eine neue Harmonie zu erzeugen: vedutenhaft, wie auf einer Zeichnung oder einem Foto – im Grunde zweidimensional. Aber die Führerbauten sind durch die räumliche Erinnerung präsent, denn man erlebt

Stadtraum in Wirklichkeit vierdimensional; die Dimension Zeit kommt hinzu.
Diese Stelle der Stadt weist Brüche auf, die an die Phase erinnern, in der sie »Hauptstadt der Bewegung« war. Das Aufscheinen von Gebrochenheit in den Zusammenhängen zuzulassen, erscheint mir jedoch als adäquate Haltung unserer Vergangenheit gegenüber. Gebaute Zeitzeugnisse leisten dies besser als es Gedenkstätten und nachträgliche Betroffenheit tun könnten. Die Rekonstruktion der grünen Platzoberfläche kann man als Verwischung jener Spuren betrachten. Ich liebe jedoch den neuen Blick auf die Klenzebauten aus der leicht abgesenkten Position in der Mitte der Anlage. Die unterirdischen Verbindungsgänge der Nazis zugänglich zu machen, wie Architekten im Wettbewerb vorschlagen, ist sehr zu wünschen und würde dem Platz eine zusätzliche, kryptisch-unheimliche Dimension hinzufügen.
Faßt man das erste Argument zusammen, so entsteht aus stadträumlicher Sicht kein gesteigertes Bedürfnis nach baulicher Veränderung.

Das zweite Argument betrifft die angestrebte Nutzung an diesem Standort. Die Kleinheit der Grundstücke und die Behutsamkeit mit der die meisten Wettbewerbsteilnehmer mit der Situation glauben umgehen zu sollen, haben zur Folge, daß sie einen Großteil der Museumsfläche unterirdisch planen und über der Erde Bauten vorschlagen, die typologisch eher als Zugangpavillons denn als Museen zu bezeichnen sind. Nun ist aber die ägyptische Sammlung die zweitwichtigste der Republik, nach Berlin (immer wieder dieses »nach Berlin«). Es erscheint mir eine Form der Perversion öffentlichen Bauens, wenn man die Neuerrichtung von Museen nicht städtebaulich dazu einsetzt, Quartiere aufzuwerten, Stadträume zu verbessern, sondern sie in die Erde versteckt. Denn sie machen den Glanz der Stadt aus und die steuerzahlenden Bürger haben ein Anrecht auf diesen Glanz. Ein mir unverständliches Beispiel für solches Verhalten aus neuester Zeit ist die unterirdische Anordnung der Kölner Philharmonie hinter dem Chor des Doms im Zusammenhang mit dem neuen Wallraff-Richards-Museum.
Dieses Verhalten hängt einerseits ganz einfach mit städtebaulichem Kleinmut zusammen. Man denkt unwillkürlich an vitalere Zeiten, an Ludwig's und Klenze's Pinakothek damals draußen in den Feldern oder an das Prinzregententheater weit jenseits der Isar. Andererseits existiert die Vorstellung, man müsse kulturelle Einrichtungen zu Zentren zusammenfassen, zu Inseln, auf die sich der Kulturbeflissene, vom städtischen Getriebe unbehelligt, zurückzieht. Ein extremes Beispiel hierfür ist der derzeitige Berliner Museumsstreit. Eine große Zahl von Museumsexperten möchte das frühere Konzept der Museumsinsel, nämlich die Präsentation der gesamten Kunstentwicklung der Menschheit, an einem Ort rekonstruieren. Ich halte eine dezentrale Anordnung von Kultureinrichtungen in der Stadt für sinnvoller. Man erlebt sie, wenn man in Rom alte Bilder sehen will und sich auf einen langen Spaziergang durch die Innenstadt begibt: von der Villa Borghese über die Galeria Barberini zum Palazzo Doria Pamphili zur Galerie Colonna, dann zum Palazzo Spada und schließlich in die Vatikanischen Sammlungen.
In München gibt es andere Grundstücke für die beiden Museen als die beiden 24m breiten Streifen an der Brienner Straße. Der Marstallplatz, die Praterinsel, das wunderschöne Grundstück an der Isarhangkante, das ehemalige Hofbräugelände, in der Abfolge: Stuckvilla, Maximilianeum, Gasteig, Deutsches Museum, Grundstücke, die zum Teil inzwischen Wohn- und Büronutzungen überlassen sind. Wir sind zu fixiert auf das engste, innerstädtische Zentrum Münchens, seit langem. Man stelle sich vor, der Mittlere Ring vom Olympia-Gelände bis zum Hypo-Hochhaus wäre nicht als Entlastungsautobahn, sondern als innerstädtischer Boulevard konzipiert worden. Wichtige Institutionen haben sich dennoch dort angesiedelt: die bedeutenden Sportanlagen. BMW, die Landeszentralbank, die Stadtsparkassenhauptverwaltung, 4 große Hotels, die anderen Bauten des Arabellaparks. Sie wenden sich jedoch alle von der Straße ab, sind sozusagen durch den Hintereingang erschlossen und fügen sich dadurch niemals zu einem städtebaulichen Ensemble. Die Investitionen sind oder werden noch getätigt, aber

es entsteht kein Stück Stadt. Das ist der Grund, weswegen man sich heute ein Museum in solchem Zusammenhang nicht vorstellen kann: aufgrund von Denkfehlern, nicht von mangelnder Finanzkraft oder fehlender gesetzlicher Möglichkeiten. So gesehen können wir uns vor der Kühnheit der Konzepte Brienner Straße, Ludwigstraße, Maximilianstraße und Prinzregentenstraße, die die Einzigartigkeit Münchens unter den deutschen Städten ausmachen, nur staunend verbeugen.
Dieses Abschweifen zeigt, daß die städtebauliche Betrachtung einer kleinen, allerdings neuralgischen Stelle der Innenstadt faszinierenderweise monopoliartig den ganzen Stadtplan ins Blickfeld rückt.
Das zweite Argument plädiert somit für einen neuen Standort der beiden Museen.

Das dritte Argument spürt der Atmosphäre des Ortes nach und ist mir fast das Wichtigste.
Begibt sich der aufmerksame Besucher – nochmals – auf einen Spaziergang durch die Stadt Rom, so werden ihm alsbald simpel eingezäunte Stellen mit Mauerresten auffallen. Sie haben keine architektonische, auch keine stadträumliche Qualität. Im Gegenteil: oft unterbrechen sie das Gewebe der barocken Stadt willkürlich. Ein Gefühl von Schauer und Zauber ergreift jeden Spaziergänger, und er erkennt: das sind die Ruinen des antiken Rom. Niemand wird behaupten, daß diese Stellen dem Erlebnis der Stadt Abbruch täten; im Gegenteil, sie beweisen Geschichte, sie schaffen perspektivische Distanz zur eigenen Existenz. Außerdem demonstrieren sie Gelassenheit und Großzügigkeit im Umgang mit wertvollen innerstädtischen Grundstücken.
Diese Haltung ist uns Münchnern völlig fremd. Wir wollen alles fertigmachen, ausfüllen, anstreichen, restaurieren, schließen, vereinheitlichen, eben harmonisieren. Es liegt etwas Ängstliches in dieser Haltung. Ich möchte nicht, daß die Sockel der »Ehrentempel« abgetragen und überbaut werden. Souverän ist es, diese etwas verwilderten Überreste der für die Nationalsozialisten sicher wichtigsten Kultstätte so liegen zu lassen, in Erinnerung an die düstere Phase dieser heiteren Stadt. Wie gerne würden wir Münchner ja die Hauptlast für jene Vergangenheit den Berlinern zuschieben.
Joseph Beuys hätte diese Stelle ein Stück Stadtverwaldung genannt. Ich liebe diese kleine Wildnis. Es liegt in ihr ein Element sanfter Subversion. Es mögen – von hier aus – endlose Rispen wilden Weins langsam die ordinären Profilierungen der beiden seitlichen Führerbauten überwuchern und verschleifen, wie sie dies so wohltuend am Haus der Kunst leisten. Der Blick – von hier aus – auf den Königsplatz erinnert an die romantischen Visionen griechischer Tempel in verwilderten Hainen, wie sie die diversen Klassizismen unserer Kulturgeschichte hervorgebracht haben.

Norbert Huse

Die Planungen und Gestaltungsversuche des städtebaulichen Ideenwettbewerbs von 1990 für die Areale der »Ehrentempel«-Sockel gelten nicht einem Niemandsland, sondern einem in mehrfacher Weise geschichtsträchtigen, geschichtsbefrachteten, geschichtsbelasteten Ort, der geprägt ist von dem konfliktreichen Verhältnis zweier Epochen, der Epoche Ludwigs I. und der Epoche des Nationalsozialismus und seiner Nachgeschichte.

Der ludovizianische Königsplatz hatte 1862 mit der Fertigstellung der Propyläen seinen Abschluß gefunden. Anfängliche Erwägungen Klenzes, auch die Ränder zu bebauen, waren verworfen worden (weshalb sich niemand, der heute dergleichen plant, auf König Ludwig berufen sollte). Es blieb die Konfiguration der drei Bauten Glyptothek, Kunstausstellungsgebäude, Propyläen, von Bäumen um- und hinter-

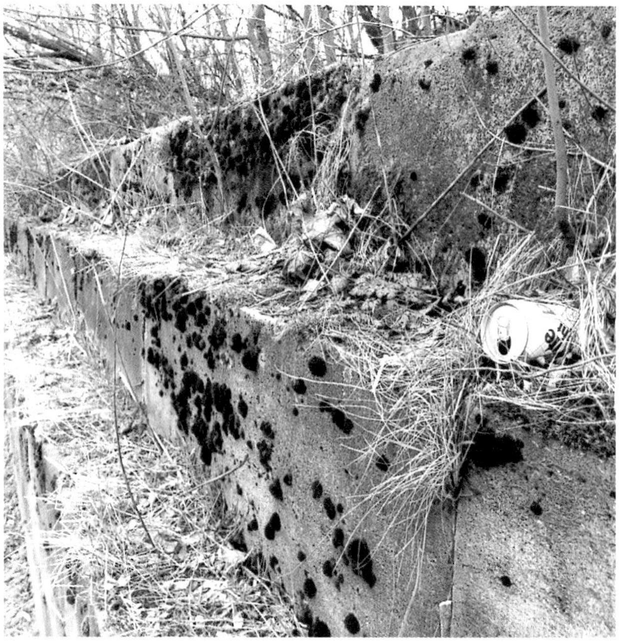

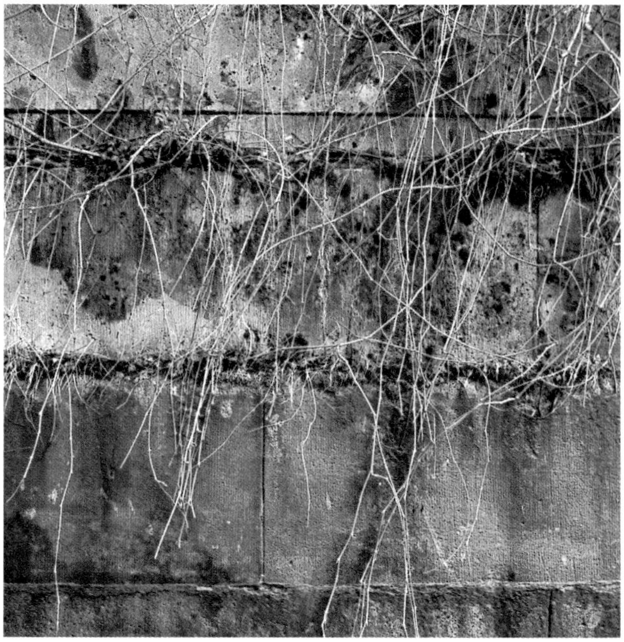

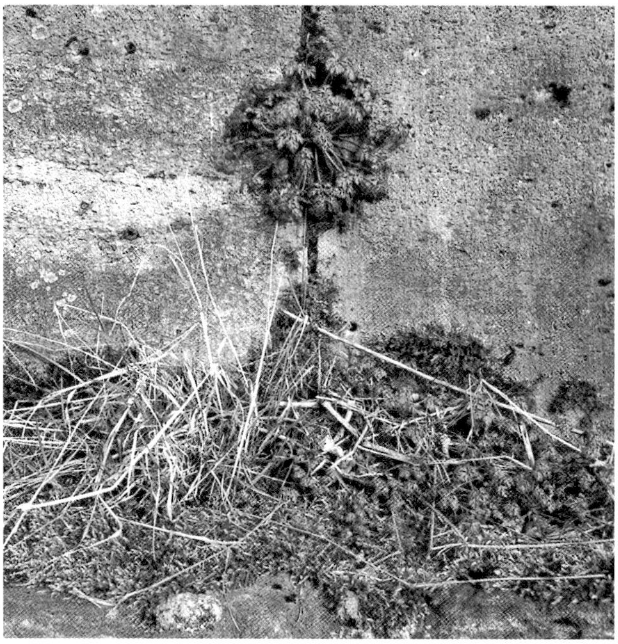

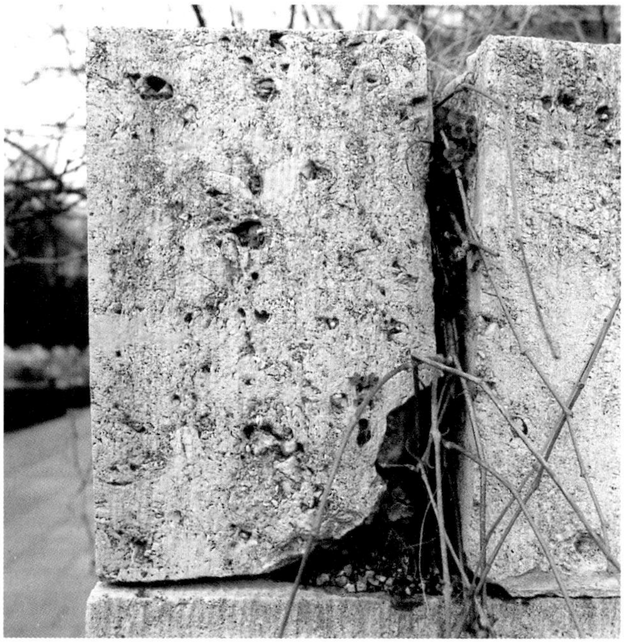

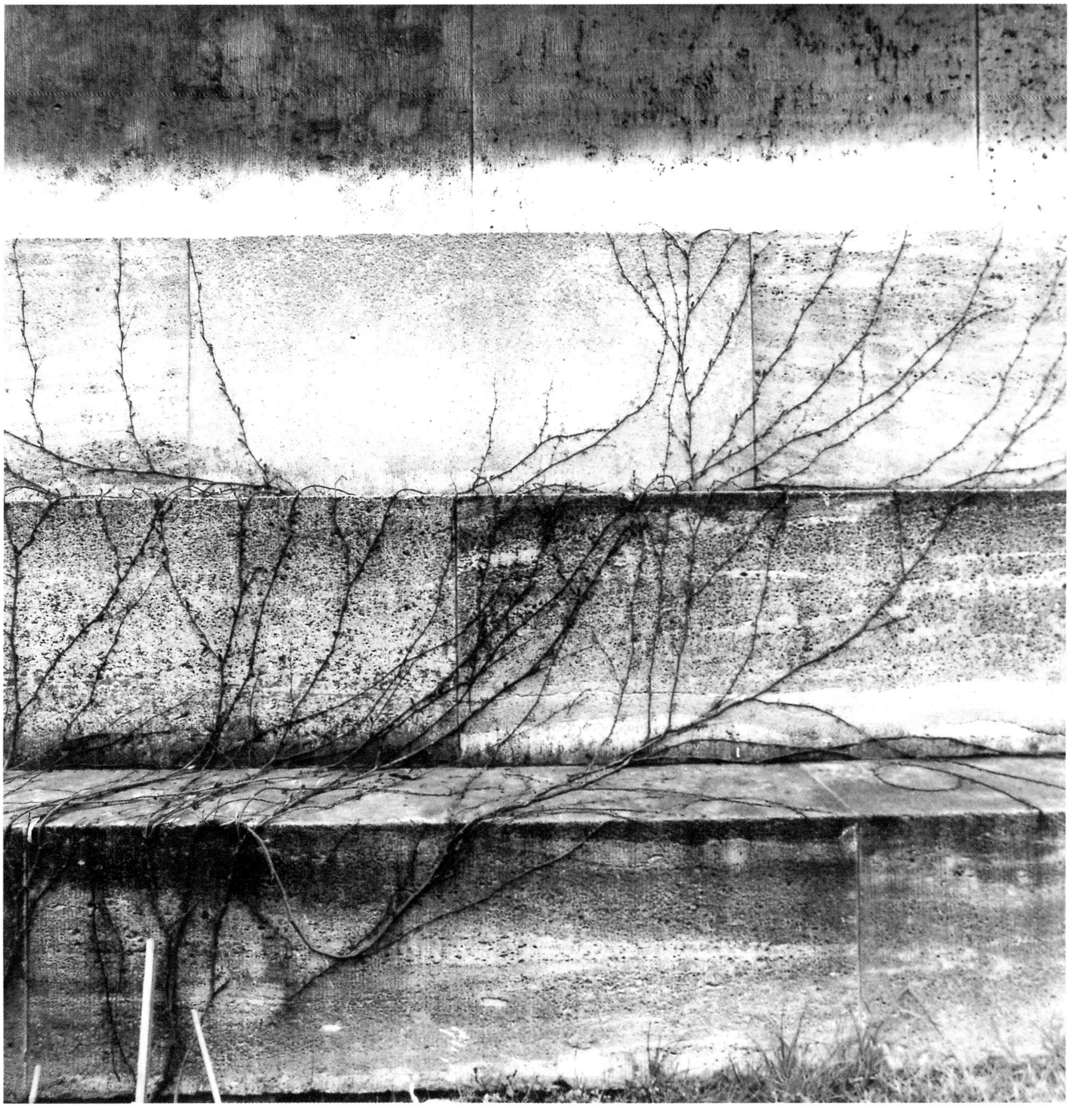

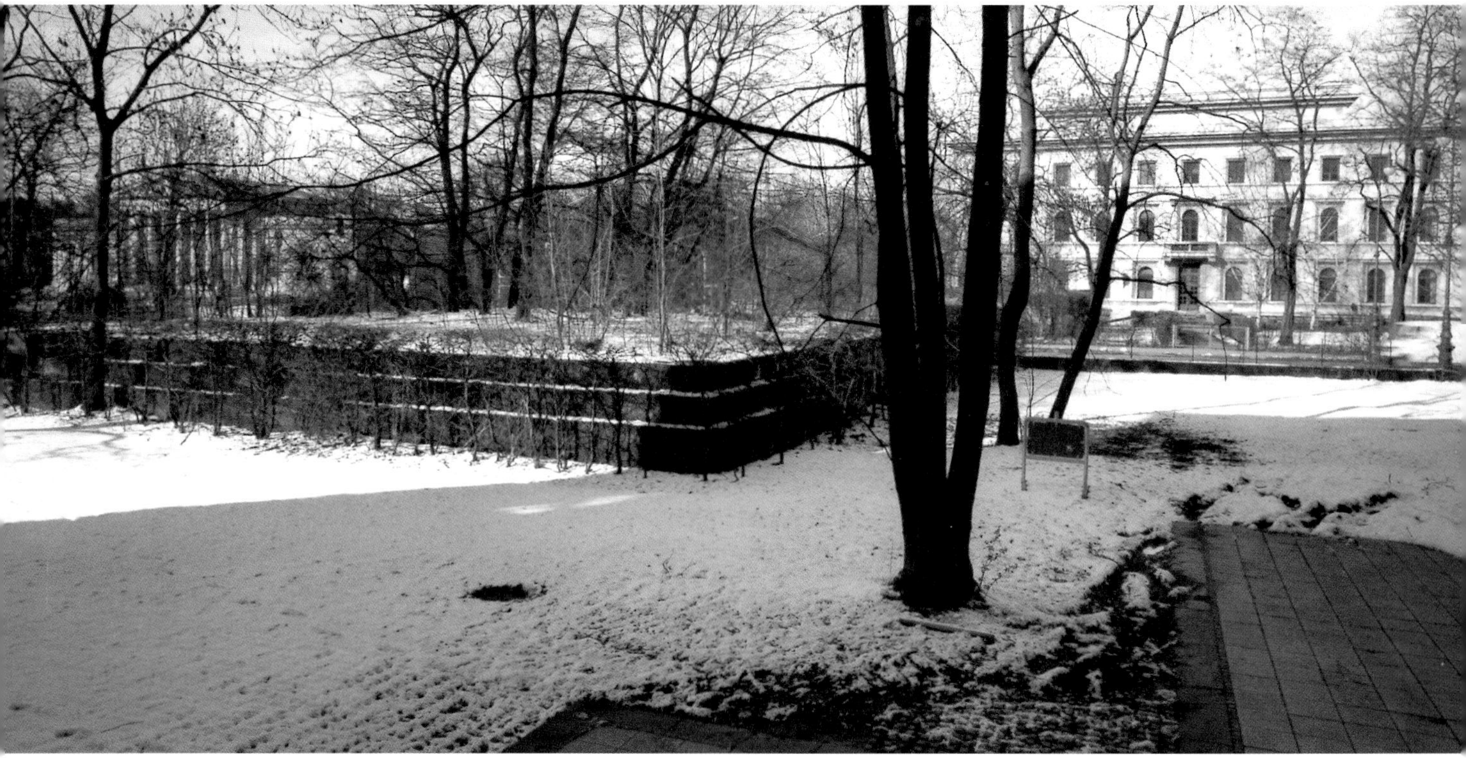

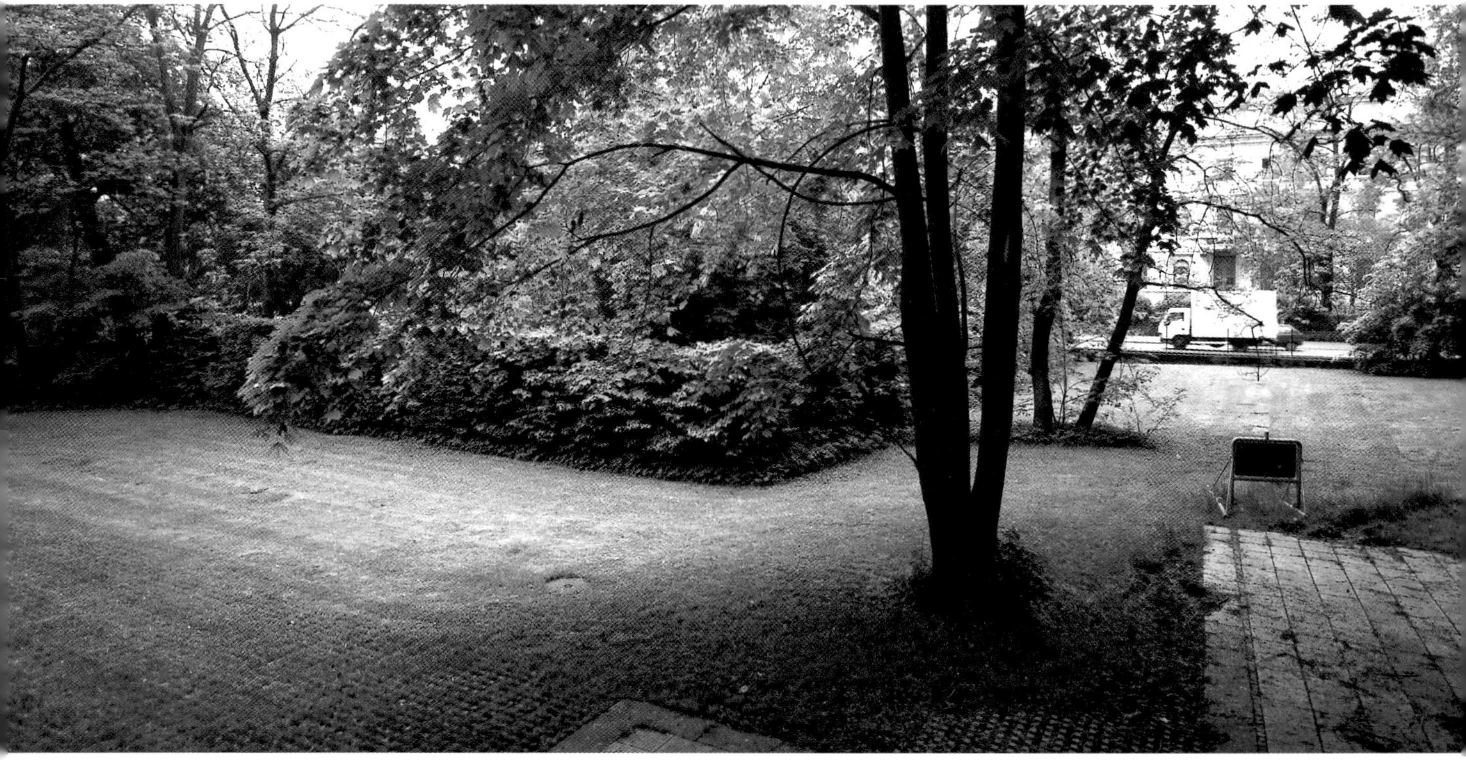

fangen, mit ihren drei Stilen, so Klenze, »ein Inbegriff der griechischen Architektur«, das Ganze »ein Bild des reinen Hellenismus, in unsere Welt verpflanzt«. Die nationalsozialistische Geschichte des Königsplatzes nahm ihren Anfang schon vor der Machtergreifung, als die Partei das 1828 entstandene Palais Barlow zum »Braunen Haus« machte. Unmittelbar nach der Machtergreifung begann Paul Troost mit dem »Führerbau« nördlich der Brienner Straße, heute Musikhochschule, und dem »Verwaltungsbau der NSDAP« südlich davon. Es folgten die »Ehrentempel« an den Ecken, denen das Wohnhaus Carl von Fischers und das des Malers Schnorr von Carolsfeld weichen mußten.

Am 9. November 1935 wurden die Särge der »Blutzeugen«, die 1923 bei der Feldherrnhalle ihr Leben verloren hatten, feierlich überführt. Der Platz wurde »umgekehrt«: Hatte er sein architektonisches Ziel bis dahin im Westen, bei den Propyläen, so wurde er nun zum Vorplatz für die nationalsozialistischen Neubauten im Osten. Eine steinerne Einfriedung drängte die Bäume in den Hintergrund, gewaltige Granitplatten wurden verlegt, der Verkehr ausgesperrt. Ein »Forum der NSDAP«, eine »Weihe- und Versammlungsstätte«, eine »Akropolis Germaniens« entstand.
Der Platz Ludwigs hatte nur noch dienende Funktion. Trotzdem war er für die Nationalsozialisten unverzichtbar, denn in der Frühzeit präsentierten sich die neuen Machthaber auch städtebaulich im Schafspelz. Ihrer Herrschaft noch unsicher, suchten sie sich zu legitimieren und nisteten sich deshalb bevorzugt in den Repräsentationsstraßen der bayerischen Könige ein: in der Brienner Straße, in der Ludwigstraße und in der Prinzregentenstraße.

Zum neuen Königsplatz gehörten nicht nur Fassaden, sondern auch eine bemerkenswerte Infrastruktur. Zum Beispiel ein leistungsstarkes Fernheizwerk und eine hochmoderne »Unterwelt«. Diese besitzt neben weitläufigen Bunkeranlagen u.a. zwei über 100 Meter lange Rohrkanäle. Der eine beherbergte die Installationen, der andere, der sogenannte Diplomatengang, war der repräsentativ ausgestaltete Verbindungsgang zwischen »Führerbau« und »Verwaltungsbau der NSDAP«. Aber auch zum »Braunen Haus«, zum Palais Toerring am Karolinenplatz und zum Heizwerk gab es unterirdische Verbindungen.
Man mag dergleichen nur als Beispiel effizienter Haustechnik betrachten. Aber vielleicht haben solche Vorrichtungen doch auch etwas mit der Vorsorge (und damit auch der Planung!) von Krieg und Bürgerkrieg zu tun, zumal die Planungen für die Luftschutzbunker schon von 1933 stammen. Diese Unterwelt ist in großen Teilen bis heute erhalten. Kann man sie so einfach zur Disposition stellen, wie es im Wettbewerb geschehen ist? Denn eigentlich ist doch klar, daß das spezifisch Nationalsozialistische am neuen Königsplatz nicht in der von der zeitgenössischen Propaganda beschworenen »germanischen Tektonik« der Einzelformen besteht, sondern in deren Verbindung mit den neuen Funktionen – und auch mit der zugehörigen Infrastruktur.
Der 8. Mai 1945 brachte am Königsplatz wie überall in Deutschland eine scharfe Cäsur, aber keine tabula rasa. Die von General Eisenhower im Sommer 1945 befohlene Schleifung der »Ehrentempel« suchten die Münchner zu verhindern. Einige wollten sie zu Ausstellungspavillons umfunktionieren, der Kardinal schlug eine kirchliche Nutzung vor. Die Entweihung des Platzes allerdings begann sofort. Es durften wieder Autos fahren, und die Sarkophage wurden entfernt.
Im Januar 1947 kam es doch zur Sprengung. Gleichzeitig wurde der Ostrand des Königsplatzes neu bepflanzt – eine Rückkehr zu dem Zustand vor 1933 und zugleich ein Versuch, die optische Dominanz der NS-Bauten zu vermindern. Von den Tempeln blieben die Sockel.
In München entbrannte eine lange Debatte, was nun geschehen könne, müsse, dürfe. Unter denen, die die Sockel nicht überbauen wollten, waren Sep Ruf und Hans Döllgast, unter denen, die für Grün optierten, waren Otto Ernst Schweizer, Rudolf Schwarz und Robert Vorhölzer. Den Ausschlag gab ein Vorschlag von Hans Eckstein, von der Denkmalpflege unterstützt, die Situation zu belassen.

1961 begannen die Überlegungen, den Königsplatz wieder zu begrünen und damit zu entnazifizieren, und 1988 schließlich kamen die Maßnahmen, deren Ergebnis heute so viel Anklang findet.

Bereits 1956/57 waren die noch erhaltenen Zugangstreppen im Osten der Tempelsockel abgebrochen worden. Oben pflanzte man Bäume und Sträucher. Ein Biotop entstand, der nicht einfach nur ein Naturprodukt darstellt, sondern, in Verbindung mit den Steinen, auch ein Dokument der Nachkriegsgeschichte und ihrer ohnmächtigen Versuche ist, Vergangenheit zu »bewältigen«. Unter dem Biotop und dem Sockel gibt es die erwähnte Unterwelt. Aber nicht nur in der Vertikalen verknüpfen die auf den ersten Blick so unansehnlichen Sockel die Bereiche, sondern auch in der Horizontalen: Schon durch ihre Position machen sie die städtebauliche Inbesitznahme des königlichen Münchens durch das nationalsozialistische in besonderem Maße anschaulich. Diese Beziehungsgefüge wären kaum noch nachvollziehbar, wenn die Sockel fielen oder überbaut würden. Sie müssen auch deshalb bleiben.

Manche freilich meinen, nach der Wiederbegrünung des Königsplatzes sei es doch nur konsequent, nun auch die Brienner Straße zu entnazifizieren. Wieder andere suchen den in München so beliebten Kompromiß: Man könnte doch, so schlugen einige Wettbewerbsteilnehmer vor, einfach die Grenze Meiser/Arcisstraße überschreiten und an die Ostseite des Königsplatzes gehen. Energischer gestalterischer Zugriff und städtebauliche Courage scheinen gefragt, so wie sie einst Klenze und Ludwig I. bewiesen hatten. Der Königsplatz, von dem dabei stillschweigend unterstellt wird, daß er 1933 unfertig gewesen sei, soll nun »fertiggebaut« werden. Die durch die Neubauten verdeckten NS-Bauten würden dann nicht mehr so stören, und notfalls könnte man den Denkmalschützern auch noch ihre Tempelstummel lassen.
Ein verführerischer Weg vielleicht, aber in jedem Fall, ich bin sicher, ein falscher. Denn: Die historische Bedeutung und damit auch der Denkmalwert des heutigen Königsplatzes und seines Umfeldes besteht nicht nur in der Addition notfalls auch verzichtbarer Einzeldenkmale, sondern ganz wesentlich in der Gesamtsituation, zu der die Propyläen ebenso gehören wie die Sockel in ihrem derzeitigen Zustand, die ludovizianische Grundlage ebenso wie die nationalsozialistische Usurpation und die Spuren der Heilungsversuche der Nachkriegszeit. Jeder Eingriff bei den Sockeln, gleichgültig ob durch Abreißen oder durch Verstecken, würde, heutigen Harmoniebedürfnissen zuliebe, eine Situation zerstören, in der die Verwerfungen der Münchner Geschichte anschaulich sind wie sonst nirgends in der Stadt.

Eine gestalterisch korrigierte und städtebaulich entsorgte Geschichte wäre im Moment ohne Zweifel populär. Nur: Zur Geschichte gehört auch das Dunkel. Das Geschichtsbild muß sich nach den Denkmalen richten, nicht umgekehrt. Und: Die eigene Geschichte kann man sich nicht aussuchen, weder als Person noch als Stadt.

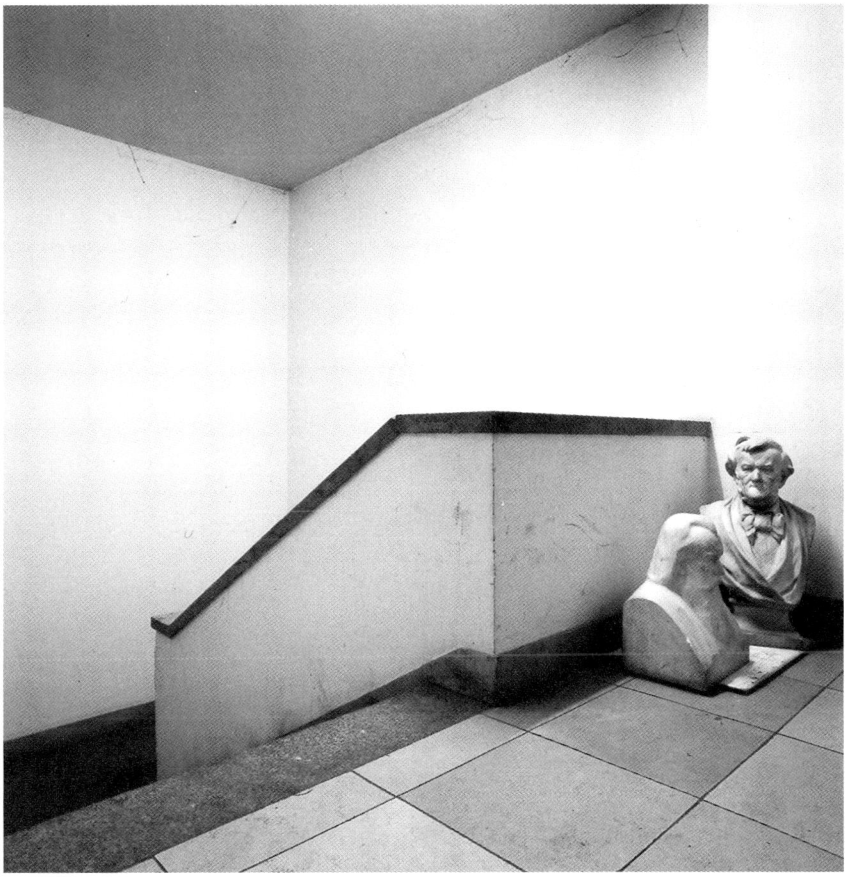

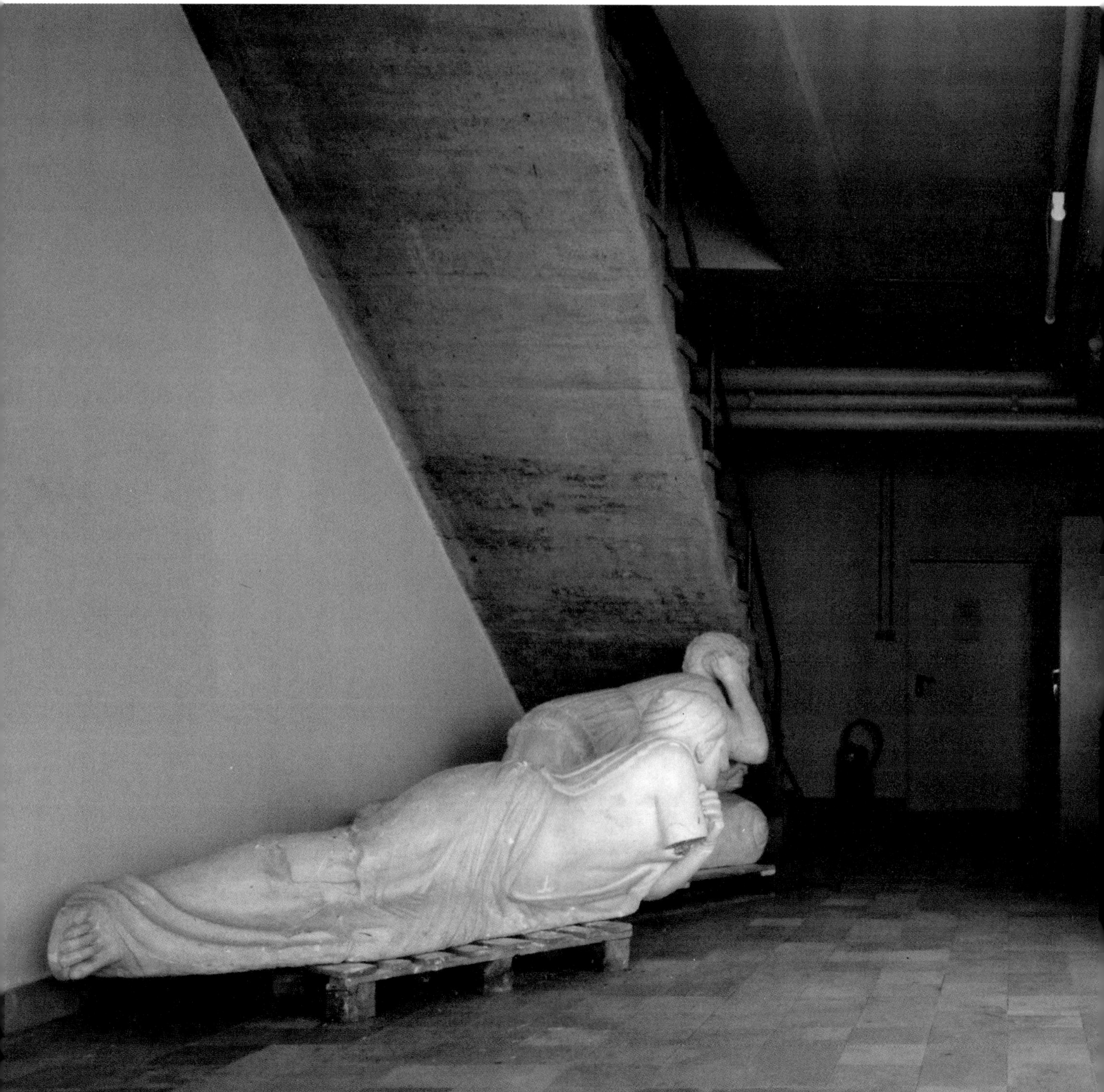

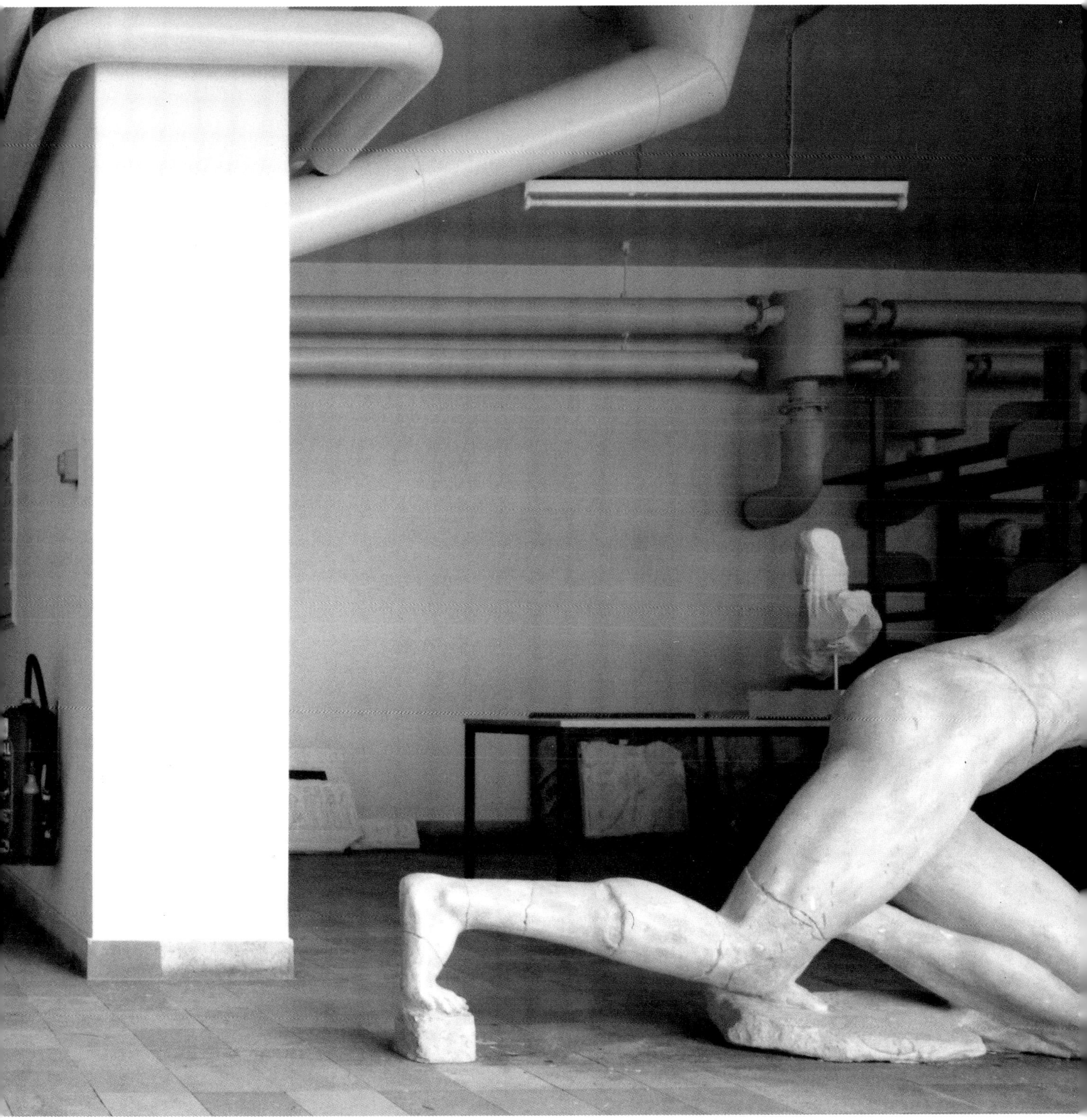

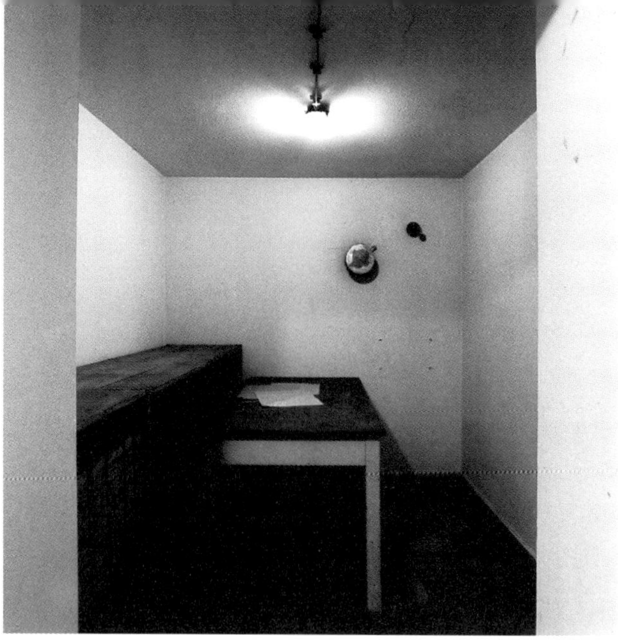

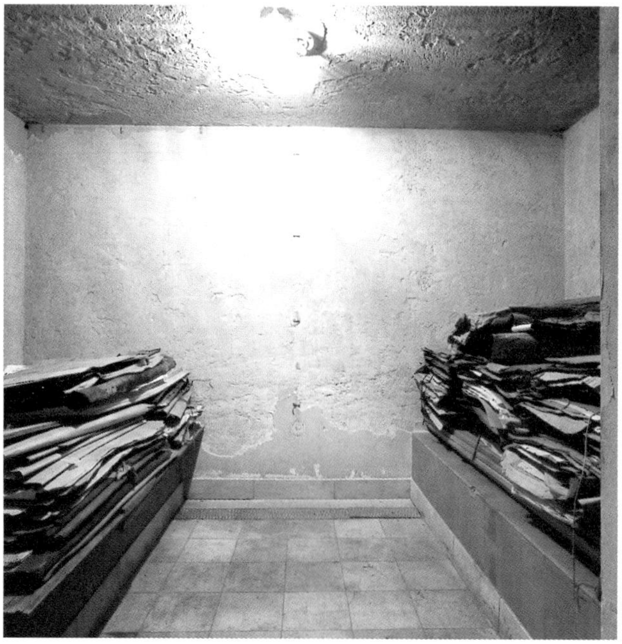

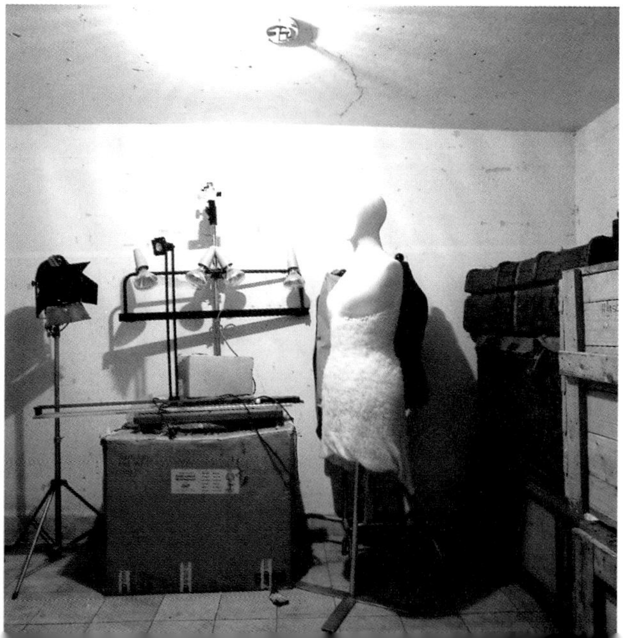

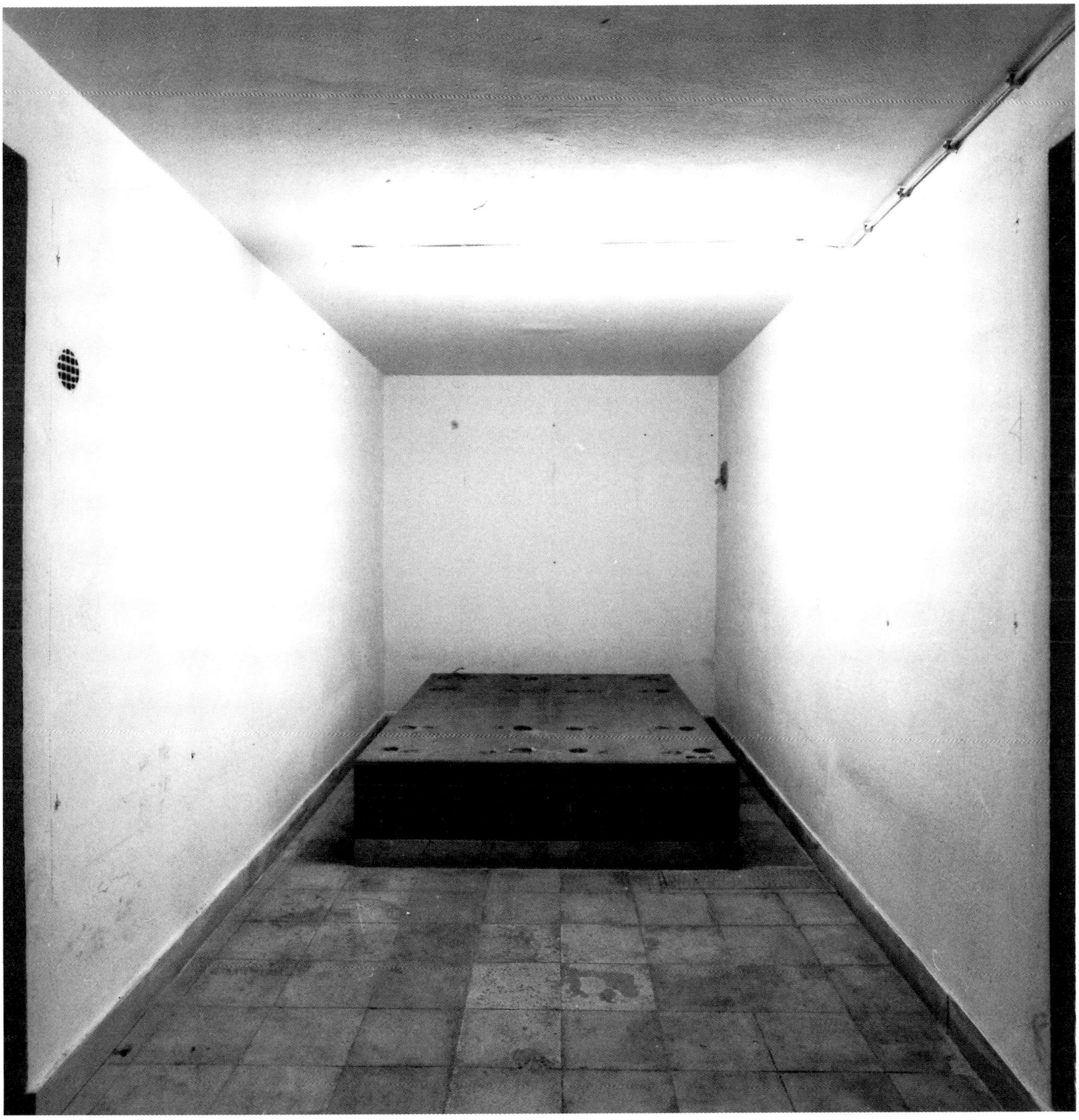

Bei Flieger-Alarm
bitte
Türe schließen.

Wolfram Kastner

Die ordentliche Begrünung der Geschichte
Einige unordentliche Anmerkungen
zum Königsplatz in München

»Mit der Umgestaltung des Königsplatzes nach der Idee König [!] Ludwig I. und seines Architekten Leo von Klenze hat dieser Platz wieder seine ihm zugedachte angemessene [!] Gestalt erhalten. Die nunmehr wieder begrünten [!] Flächen gliedern [!] ihn in die von Grünzonen [!] durchzogene Maxvorstadt ein.«[1]
Das ist die sattsam bekannte Methode deutscher Geschichts-Bewältigung: angesichts der gräßlichen Nazi-Geschichte des 20. Jahrhunderts machen wir einen gewaltigen Bewältigungs-Hops zurück in die Kultur des scheinbar unproblematischen Feudalismus. Schon der Begriff Bewältigung ist verräterisch. Wird damit doch stets unterstellt, als könne man mit den maßlosen Verbrechen dieser Geschichte überhaupt fertig werden oder zu Rande kommen, was das Wort ja meint. Besonders bemerkenswert erscheint mir, daß alle diese grundfalschen und untauglichen Unternehmungen den Versuch machen, die entsetzliche jüngste Vergangenheit durch einen Rückgriff auf die ältere, aber keineswegs demokratische Geschichte der Monarchie zu ersetzen. Die wird dabei in alter Tradition idealisiert und harmonisiert. Dachau sucht seine neue Identität im Rückgriff auf das ländliche idyllische Künstlerstädtchen von Königsgnaden, anstatt ein Zentrum für Studien und internationale Tagungen zur Förderung und Wahrung der Menschenrechte zu werden. In Dresden beruft man sich auf die identitätsstiftende Barocksilhouette der Monarchie und baut zumindest äußerlich das Schloß August des Starken und die Frauenkirche so auf, als wäre nichts gewesen. Die historisierenden Betonmauern des Schlosses werden mit vortrefflich gefälschten Riesenfresken verziert. Kann da etwas anderes als eine löcherige und zugekleisterte Verdrängungsidentität herauskommen?

In München verschwand die Erinnerung an dieses ganze unangenehme Nazi-Intermezzo – Schwuppdiwupp – zugunsten einer »angemessenen« Begrünung des Königsplatzes. Die Ausschreibung eines Ideenwettbewerbs zur Platzgestaltung wurde 1981 in original demokratischer Manier vom Stadtrat abgelehnt zugunsten der wirklich königlichen Lösung, den Königsplatz von allen zwischenzeitlich stattgehabten Auseinandersetzungen um angemessene Gesellschaftsformen zu bereinigen.
»Wenn nun endlich über den Königsplatz [...] anstelle des Plattensees unseligen nationalsozialistischen Angedenkens wieder Gras wächst, dann hat sich das Warten am Ende doch gelohnt: Ein einzigartiges städtebauliches Juwel erstrahlt in altem Glanz neu.«[2]
Waren da unter Umständen vielleicht Vorschläge eingereicht worden, die keinen milden, neo-klenzizistischen Rasenschleier über den Platz geworfen hätten und die einer selbstbewußten demokratischen Gesellschaft angemessen gewesen wären? Wer wollte denn und warum die Diskussion über solche möglichen Lösungen vermeiden? Verwechselten da möglicherweise ein paar Volksvertreter aus persönlicher Machtliebe die Demokratie mit einem monarchistischen Antiquitätenschuppen? Und ist das – unabhängig von aller Parteizugehörigkeit – der wahre Königspfad der Geschichtsverdrängung?
Vorlaute, unordentliche Gedanken?

Bezeichnend für den Geist, der bei der Vergrünung des Königsplatzes (ge)waltete, erscheint mir folgende Bemerkung aus der bereits zitierten Schrift: »Mit der Ausführungsvariante der Wiederbegrünung der Platzflächen (!) wurde auf die bereits

1 aus: Der Königsplatz in München 1811–1988, München 1988, Informationsschrift der Bayerischen Staatsregierung und der Landeshauptstadt München

2 ebenda; Geleitwort von Georg Kronawitter

von Leo von Klenze geplanten drei Querwege zurückgegriffen, nicht zuletzt um Trampelpfade (!) zu vermeiden.«

Gräßlich, stellen wir uns das mal vor: ein Volk sucht sich eigene Pfade und findet sie außerhalb oder schräg zu den amtlich vorgegebenen. Dem muß doch – schon im Interesse der Stadtgärtnerei, der klaren und geraden Linie der staatlichen Ordnung und Verwaltung sowie im Interesse eines gesunden dichten Rasenwuchses – vorgebaut werden, nicht wahr?

Womit wir bei der Geschichte des Platzes und offenbar wesentlichen Gestaltungskriterien angelangt sind. Denn bereits vor 1935, also vor der Beplattung (analog zur Begrünung) des Platzes durch die Nazis gab es dort bereits eine ganze Reihe rasenschädigender Gewalttaten.
Im September 1920 fand dort beispielsweise der Festakt zum »Landes-Schießen der Einwohner-Wehren Bayerns« mit namhaften Wegbereitern und Mitgliedern der Nazis statt. Im Zentrum des Geschehens standen so namhafte Personen wie der spätere Reichsstatthalter Oberst Epp, der Kommandeur von illegalen Militärverbänden, Forstrat Escherich, und der bayrische Ministerpräsident von Kahr. Oder: am 28. Juni 1922 gab es eine »Protestkundgebung gegen die Schuldlüge«. Dabei war der Platz dicht gefüllt mit deutschen Menschen, die dagegen protestierten, daß die Kriegserklärung ihrer Monarchen und ihre eigene Kriegsbegeisterung schuld gewesen seien an der Auslösung des 1. Weltkriegs. Ein Jahr später, am 10. Juni 1923 erlebte München auf dem Königsplatz eine gut besuchte Trauerfeier für den Märtyrer der Nazi-Bewegung Leo Schlageter.

Das sind alles Versammlungen einer bestimmten finsteren Art. Und es scheint so, als wäre der Königsplatz bei diesen Kreisen besonders beliebt gewesen als Veranstaltungsort. Auch die begrünte Gestalt des Platzes im Geiste Ludwig I. schien den Nazis und ihren Vor- und Mitläufern sehr passend als Rahmen für ihre Aufmärsche zu sein. Zufall? Oder haben diese Spießer, die nichts erfanden, sondern nur übernahmen und vergröberten, an diesem Muster in der Stadt ihres ersten Aufstiegs ihren Geschmack ausgebildet? Die Arbeiterparteien und Gewerkschaften bevorzugten offenbar weniger herrschaftliche Plätze wie die Theresienwiese.
So ist es also aus dieser Tradition heraus nur konsequent, daß eine der übelsten Veranstaltungen in dieser Stadt ebenfalls auf dem idealen Rasen des Königsplatzes stattfand. Diese Veranstaltung wurde mit großer Publizität vorbereitet und fand in der Presse ein starkes Echo. Ihren Charakter hatte Heinrich Heine über hundert Jahre vorher exakt beschrieben: »Das war ein Vorspiel nur; dort wo man Bücher verbrennt, verbrennt man auch am Ende Menschen.« Diese Veranstaltung fand in aller Öffentlichkeit statt. Wer Augen hatte zu sehen, dem konnte dies nicht entgehen. Die Studentenschaft der Technischen Hochschule, die Deutsche Studentenschaft Bayern und die Studentenschaft der Universität München luden zu einer Feier der nationalen Revolution am 10. Mai 1933 im Lichthof der Universität München ein. Die Feier wurde im Rundfunk übertragen, die bayrische Staatsregierung war vertreten. Der Rektor der Universität, Geheimrat Prof. Dr. Leo Ritter von Zumbusch hielt eine Ansprache. Die Vortragsfolge spricht für sich:

Vortragsfolge:
Beginn der Feier pünktlich 8 Uhr (Rundfukübertragung)
1. Egmont-Ouvertüre von Ludwig van Beethoven
2. Ansprache des Rektors der Universität, Geheimrat Prof. Dr. Leo Ritter von Zumbusch und Übergabe des Studentenrechtes
3. Zwei Sätze aus der kleinen Serenade, Stück 55, von Richard Trunk
4. Ansprache des Leiters des Kreises VII (Bayern) der Deutschen Studentenschaft cand. jur. Karl Gengenbach
5. Drei Lieder, gesunden von Staatsopernsänger Kurt Rodeck
    a) »Mahnung« von Hans Hermann
    b) »Heimweh« von Hugo Wolf
    c) »Friedericus Rex« von Carl Loewe

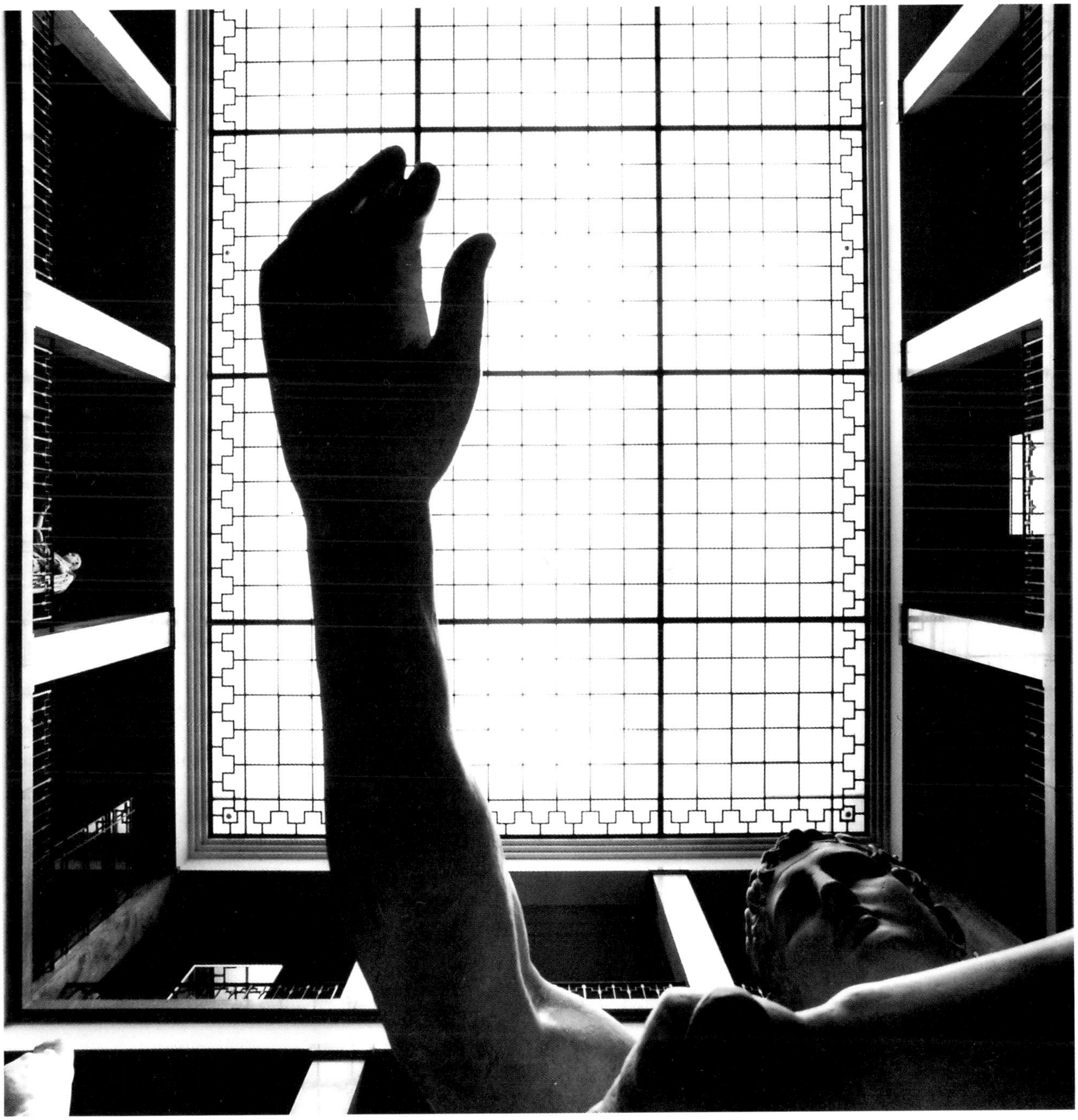

6. Festrede: Kultusminister Schamm
7. Anschließend der 1. Vers des Deutschlandliedes und der 1. Vers des Horst-Wessel-Liedes
8. a) Aus »Rolandsruf« von Hanns Johst
   b) »Deutsche Schicksalstunde« von Walter Flex
   c) »An die Freunde« (1815) von J. v. Eichendorff gesprochen von Staatsschauspieler Konstantin Delcroix
9. »Die Ehre Gottes aus der Natur« von Ludwig van Beethoven

Musikalische Leitung: Karl Kroher mit dem Kammerorchester des Studentenhauses; Begleitung am Flügel: Georg Schmidt

Mit derselben Einladungskarte wurde zum »Verbrennungsakt am Königsplatz«, anschließend um 11.30 Uhr nachts, eingeladen:

Mit dieser Karte haben Sie Zutritt auf dem abgesperrten Raum am Königsplatz (vor der Staatlichen Kunstausstellung). Der abgesperrte Raum muß um 11 Uhr nachts pünktlich betreten sein. Nach 11 Uhr trifft d. Fackelzug d. gesamten Studentenschaft Münchens ein.

1. Die vereinigten Kapellen spielen Marschmusik
2. Beginn der Feier 11.30 mit mit dem Lied »Burschen heraus«
3. Rede des Ältesten der deutschen Studentenschaft Kurt Ellersiek
4. Verbrennung volkszersetzender Bücher und Zeitschriften
5. Gemeinsamer Gesang der Lieder:

»Der Gott der Eisen wachsen ließ«
»Deutschland Deutschland über alles«
»Die Fahne hoch, die Reihen dicht geschlossen«

Verbrannt wurden Bücher von Henri Barbusse, Bertolt Brecht, Max Brod, Alfred Döblin, Lion Feuchtwanger, Karl Grünberg, Walter Hasenclever, Erich Kästner, Egon Erwin Kisch, Jack London, Heinrich Mann, Erich Maria Remarque, Arthur Schnitzler, Anna Seghers, Upton Sinclair, Ernst Toller, Kurt Tucholsky, Franz Werfel, Arnold Zweig, Stefan Zweig, Sigmund Freud, Carl von Ossietzky und vielen anderen.

Dazu wurden vorbereitete Sprüche deklamiert wie »Gegen Dekadenz und moralischen Verfall, für Zucht und Sitte in Familie und Staat«, »Gegen volksfremden Journalismus demokratisch-jüdischer Prägung«, »Für Achtung vor dem unsterblichen deutschen Volksgeist« und ähnliche sprachliche Glanzleistungen des am Sterben zu hindernden »deutschen Volksgeistes«. Etwa 25 000 Sympathisanten nahmen an diesem widerwärtigen Schauspiel teil.

Dieser Verbrennungsakt war der weithin sichtbare Auftakt für den gesamten Holocaust: alles brennt. Er hinterließ mehr als Brandflecken auf dem Rasen. Aber ich bin mir sicher, daß diese unschönen Brandflecken und die übrigen Spuren im Rasen für die Nazis ein Grund dafür waren, eine ordentliche und belastungsfähige Lösung für die Oberfläche des Platzes zu suchen, nicht zuletzt um Trampelpfade zu vermeiden. Und sie fanden eine, ihren Zwecken angemessene Gestaltung, die sicher tausend Jahre überdauern sollte.

Wie kann es sein, daß an die Brandspuren, die dieser Verbrennungsakt in der Geschichte dieses Jahrhunderts hinterließ, überhaupt nichts auf dem Königsplatz erinnert?

Die Sprengung der Ehrentempel als Kultstätten der Nazis im Jahre 1947 als demonstrativer Akt erscheint mir – nicht nur für den damaligen historischen Moment – sinnvoll, aber die restlose Bereinigung und das ludwiggetreue Herausputzen des Königsplatzes 40 Jahre später kommt mir als kleinkarierte Eselei vor. Mir war der Platz nie besonders sympathisch und ich kann auch die Meinung derer nicht recht nachvollziehen, die ihn in seiner Plattengestalt als den einzig »urbanen« in München erinnern. Urbanität verbinde ich mit Liberalität, mit demokratischer Offenheit, mit Vielschichtigkeit. Der Königsplatz erschien mir immer etwas gespenstisch und abweisend. Daran änderten auch nichts die Heerschauen der US-Army mit einladend-begehbaren Panzern oder tickenden Morseapparaten, nicht die Maikundgebungen mit hallenden Lautsprechern und auch nicht die Faschingsfeste – alles auf brüchigen Platten.

Aber zumindest Teile der steinernen Gestalt hätten erhalten werden müssen, vielleicht hätte man sie zu Haufen aufschichten können. Am besten wäre es vielleicht, den ganzen Platz entsprechend seiner historischen Schichten wie einen Schnittmusterbogen zu gestalten, dessen Linien wie Jahresringe über die Geschichte des Platzes Auskunft geben: Klenze-Klassik-Muster, Plattenkaro, Fußabdrücke von 80 000 Nazi-Jublern in Reih und Glied, Bücherverbrennungs-Spuren, Parkplatzlinien, Reifenspuren, Trampelpfade und die Markierungen der etwas beliebigen Kunstabstellungen, welche dort seit der Neovergrünung stattfanden.[3]

Die Beziehung zu den NS-Bauten in unmittelbarer Nähe müßte klargemacht werden, zu den unterirdischen Verbindungsgängen, die zusammen mit einem dieser Führerbauten zu einem Dokumentations-, Forschungs- und Ausstellungsinstitut für die NS-Zeit gehören sollten.

Auf jeden Fall sinnvoll wäre es, die einzige bisher realisierte und die Geschichte des Platzes aufgreifende Installation (von Günther Weber) dort am Königsplatz aufzubauen. »Hier«, so heißt die Installation, »Hier«, das war und ist der Ruf der Anwesenden und Einverstandenen.

Und es wäre notwendig, die räumlichen und inhaltlichen Beziehungen zu den Museen in der Umgebung herzustellen. In der Lenbachgalerie befinden sich einige Werke von Künstlern, die als entartet diffamiert wurden. Ein treudeutscher Direktor hatte frühzeitig deren Werke entfernt. Etliches davon blieb verschollen.

Auf einem neu gestalteten Platz, der seine Geschichte nicht mehr verbergen würde, könnten Ausstellungen, Konzerte und Märkte stattfinden. Und diese neue Nutzung des Platzes durch die Bürger der Stadt könnte und sollte die Platzgestalt mitprägen. Da bliebe möglicherweise nicht mehr viel Platz für Durchgangsverkehr, umso mehr aber für eine lebendige Auseinandersetzung mit Geschichte und Zukunft. Eine Geschichte in Reih und Glied oder mit geordneter Begrünung würde sichtbar konfrontiert mit seiner demokratischen Kultur freier Wege und Trampelpfade.

3 Da wären die aus Verlegenheit am Königsplatz aufgestellten Schautafeln der Ausstellung »I am you«, und die nicht sehr viel weniger beliebige Ausstellung »Argusauge« zu nennen.

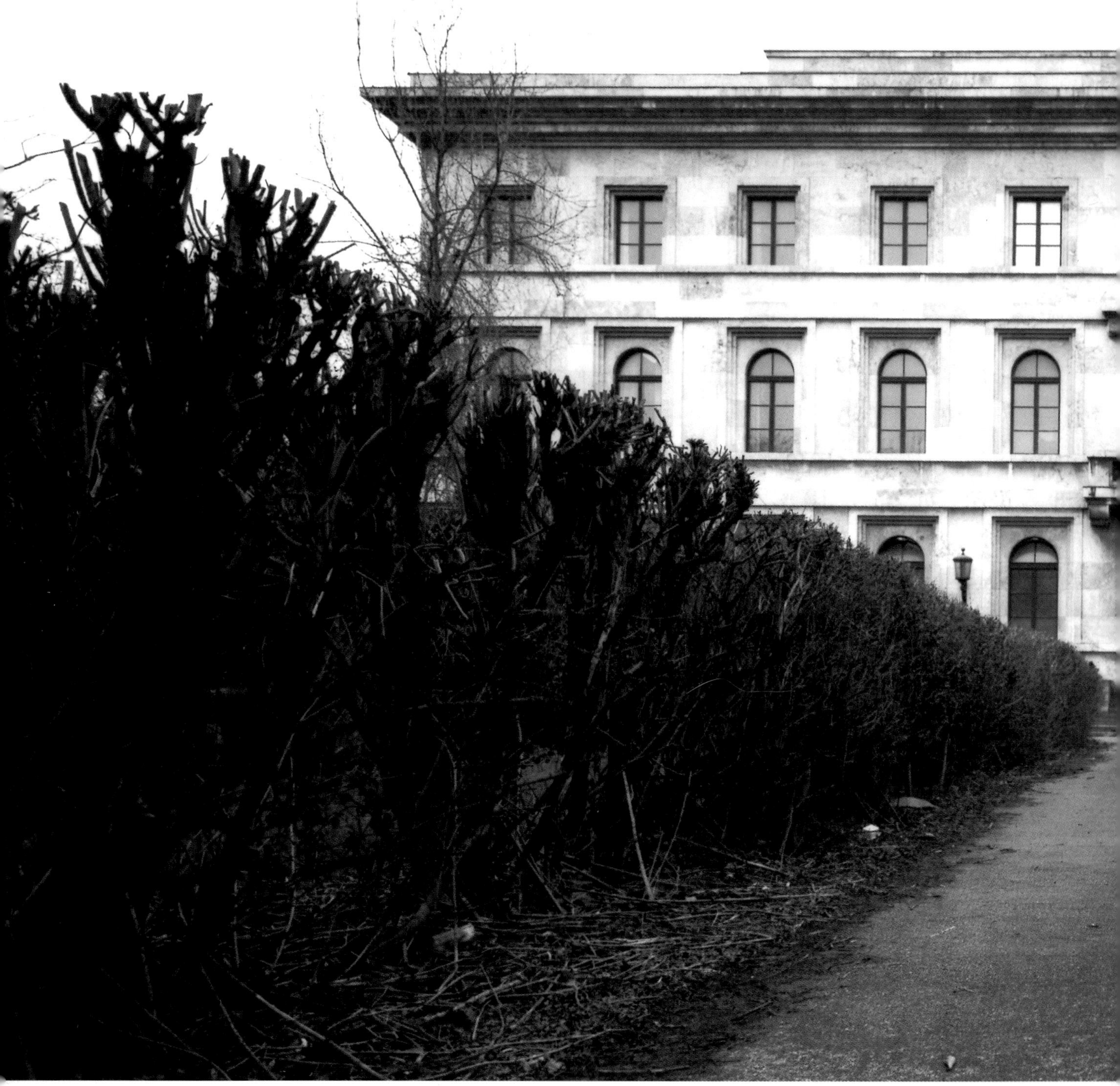

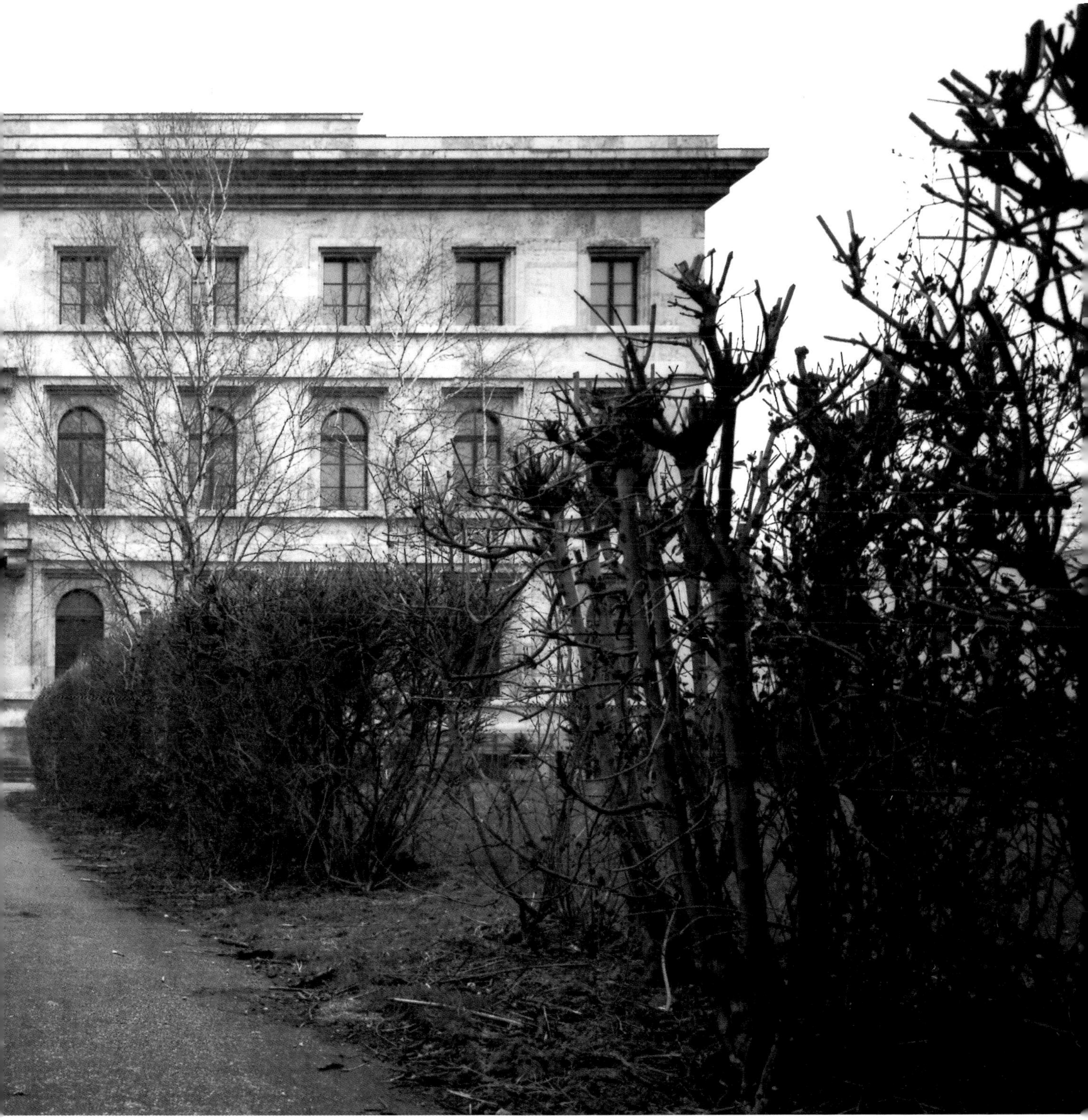

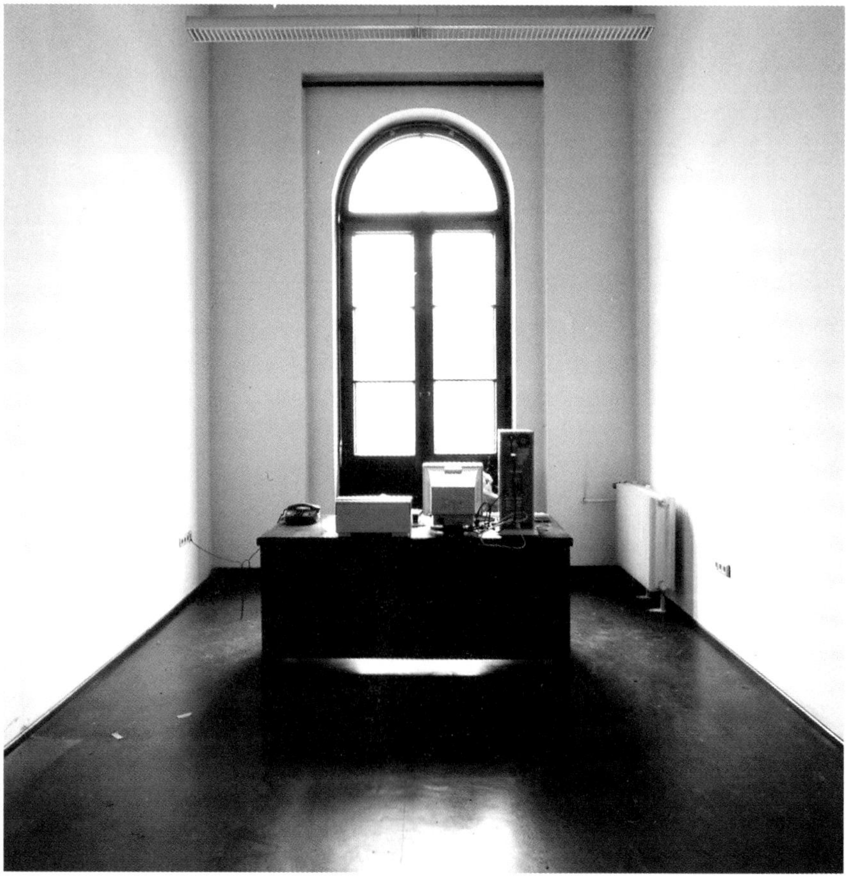

Anhang

Karl Arndt

Filmographie zu Paul Ludwig Troosts Bauten am Münchner Königsplatz

Filmdokumente im Institut für den Wissenschaftlichen Film Göttingen (IWF) und im Bundesarchiv Koblenz (BAK) und im Stadtarchiv München (StadtA Mü).
(Vgl. dazu: Medienkatalog Zeitgeschichte 1993. Hg. Institut für den Wissenschaftlichen Film Göttingen, sowie Findbücher zu Beständen des Bundesarchivs Bd. 8: Wochenschauen und Dokumentarfilme 1895–1950 im Bundesarchiv-Filmarchiv. Neubearb. von Peter Bucher, Koblenz 1984).
Berücksichtigt wurde – in chronologischer Folge – alles Material, das die Troostschen Bauten am Münchner Königsplatz sowie deren ursprüngliche Funktion und ideologisch-propagandistische Bedeutung – wenn auch z.T. nur in kurzen Passagen – veranschaulicht, oder das den Architekten vor Augen führt. Die Kurzhinweise zum Inhalt der Filme machen auf diese Einstellungen aufmerksam. Originale Filmtitel sind durch Anführungszeichen markiert.

1. »Das Haus der Deutschen Kunst«, 1934. Kulturpropagandafilm der Bavaria Film-AG.
Tonfilm, 335 m, 31 Minuten.
Hauptinhalt des Films ist die Feier der Grundsteinlegung zum »Haus der Deutschen Kunst« in München am 15. Oktober 1933; die Vorgeschichte des neuen Ausstellungsgebäudes wird ebenso thematisiert wie der Begriff »Kunststadt München«. Man sieht Paul Ludwig Troost mehrfach: als Teilnehmer der Grundsteinlegungsfeier, in einer Besprechung bei Gauleiter Adolf Wagner sowie gemeinsam mit Hitler bei der Besichtigung des Baumodells.
IWF G 251, BAK 1599.

2. Der Bau der Münchner »Ehrentempel«, 1935.
Ohne Ton, 158 m, 13 1/2 Minuten.
Vermutlich im Rohschnitt verbliebener unveröffentlichter Film, der die Errichtung der »Ehrentempel« am Münchner Königsplatz in wichtigen Abschnitten dokumentiert.
BAK 904.

3. Deulig-Tonwoche Nr. 201, 1935.
Tonfilm, 132 m, 12 Minuten.
Gezeigt wird u.a. das Richtfest für Troosts Bauten am Münchner Königsplatz.
BAK DTW 201/1935.

4. »Ewige Wache«, 1935. Propagandafilm der NSDAP.
Tonfilm, 137 m, 12 1/2 Minuten.
Gezeigt ist u.a. die Überführung der Toten des Hitlerschen Putschversuchs vom 8./9. November 1923 in die »Ehrentempel« am Königsplatz am 9. November 1935. Das dort vor und in der Kulisse der Troostschen Bauten vollzogene »November-Ritual« mit dem Aufruf der Toten als »Ewiger Wache« wird deutlich.
IWF G 137, BAK 68.

5. Deulig-Tonwoche Nr.202, 1935.
Tonfilm, 135 m, 12 1/2 Minuten.
Gezeigt ist u.a. die Überführung der Toten des Hitlerschen Putschversuchs von 1923 in die »Ehrentempel« am Münchner Königsplatz am 9. November 1935.
BAK DTW 202/1935.

6. Deulig-Tonwoche Nr. 254/1936.
Tonfilm, 112 m, 10 Minuten.
Gezeigt ist u.a. die Feier zum 13. Jahrestag des Hitlerschen Putschversuchs von 1923 am 9. November 1936 in München.
BAK DTW 254/1936.

7. »Mussolini in Deutschland«, Fox Tönende Wochenschau, Sonderausgabe, September 1937.
Tonfilm, 330 m, 30 1/2 Minuten.
Gezeigt wird u.a. der Empfang Mussolinis durch Hitler in München (am 25. September 1937) und in diesem Zusammenhang eine Kranzniederlegung in den »Ehrentempeln« am Königsplatz.
IWF G 149 und BAK 41 (vgl. UFA-Tonwoche Nr. 368, Deulig-Tonwoche Nr. 300 und Bavaria-Tonwoche Nr. 40: BAK UTW 368/1937, BAK DTW 300/1937 sowie BAK 2582).

8. »Für uns«, 1937. Filmbericht über die Münchner Feierlichkeiten am 14. Jahrestag des Hitlerschen Putschversuchs von 1923, 9. November 1937.
Tonfilm, 179 m, 16 1/2 Minuten.
Der Ablauf des gesamten »November-Rituals« – vom Bürgerbräukeller über die Feldherrnhalle bis zum umgestalteten Königsplatz als dem »Forum der NSDAP« – wird anschaulich.
BAK 77.

9. »Die Bauten Adolf Hitlers«, 1938. Architekturpropagandafilm der UFA.
Tonfilm, 174 m, 16 Minuten.
Thema des Films ist die Bautätigkeit des Dritten Reiches im Querschnitt, veranschaulicht durch Jugendherbergen, Siedlungen, Autobahnbrücken usw. Troosts Münchner Bauten werden als Beispiele der NS-Repräsentationsarchitektur gezeigt.
IWF G 179, BAK 8.

10. Eröffnung der Zweiten »Großen Deutschen Kunstausstellung« im »Haus der Deutschen Kunst«, München, 1938. UFA-Wochenschau-Ausschnitt.
Tonfilm, 55 m, 5 Minuten.
Aus: UFA-Wochenschau Nr. 410/1938.
Auszüge aus Hitlers Eröffnungsrede (am 10. Juli 1938) werden durch eingeblendete Beispiele regimetypischer Kunst illustriert. Am Anfang dieser Passage stehen bezeichnenderweise die Neubauten am Münchner Königsplatz.
IWF G 32 (die gesamte Wochenschau: IWF G 67 und BAK UTW 410/1938; vgl. Deulig-Tonwoche Nr. 341: BAK DTW 341/1938).

11. »Der Marsch zum Führer«, 1938. Propagandafilm der Deutschen Filmherstellungs- und Verwertungs-GmbH, Berlin.
Tonfilm, 520 m, 48 Minuten.
Thema des Films sind der Sternmarsch der Hitlerjugend zum 10. Reichsparteitag in Nürnberg (5.–12. September 1938) und die Kundgebung der HJ vor Hitler im dortigen Sportstadion; eine der gezeigten Marsch-Kulissen ist kaum zufällig das Münchner »Forum der NSDAP«, also der umgestaltete Königsplatz mit den Bauten Troosts.
IWF G 134, BAK 3003.

12. UFA-Tonwoche Nr. 422, 1938.
Tonfilm, 184 m, 17 Minuten.
Gezeigt wird u.a. die Unterzeichnung des »Münchener Abkommens« am 30. September 1938 im »Führerbau« am Königsplatz.
IWF G 210 und BAK UTW 422/1938 (vgl. UFA-Tonwoche Nr. 421 und Deulig-Tonwoche Nr. 353: BAK UTW 421/1938 bzw. BAK DTW 353/1938).

13. Die Feier des 9. November 1938 in München, 1938. Fox-Wochenschau-Ausschnitt.
Tonfilm, 80 m, 7 1/2 Minuten.
Aus: Fox Tönende Wochenschau Nr. 12, 47/1938.
Der Ablauf des gesamten Rituals – vom Bürgerbräukeller über die Feldherrnhalle bis zum umgestalteten Königsplatz – wird deutlich.
IWF G 46.

14. UFA-Tonwoche Nr. 428, 1938.
Tonfilm, 160 m, 13 1/2 Minuten.
Gezeigt werden vor allem die Münchner Feierlichkeiten zum 15. Jahrestag des Hitlerschen Putschversuchs (8./9. November 1938).
BAK UTW 428/1938.

15. »Das Wort aus Stein«, 1938/39. Architekturpropagandafilm der UFA.
Tonfilm, 208 m, 19 Minuten.
Gezeigt werden Hauptbeispiele der NS-Repräsentationsarchitektur (fast ausnahmslos in Modellen).
Programmatisch sieht man am Anfang kurz die Bauten Troosts am Königsplatz. Es folgt der nördlich an sie anschließend geplante Kanzleibau der NSDAP an der Gabelsbergerstraße.
IWF G 47, BAK 747.

16. »Welt im Film« Nr. 86, 1947.
Tonfilm, 140 m, 13 Minuten.
Gezeigt wird u.a. die Sprengung der »Ehrentempel« am Münchner Königsplatz.
BAK WiF 86/1947.

17. Sprengung der »Ehrentempel«, 1947.
Gezeigt werden Vorbereitungen und die Sprengung des südlichen »Ehrentempels« selbst am 16. Januar 1947.
StadtA Mü Nr. 1297.

Quellen bis zum Erscheinungsjahr 1945:

Das Bauen im Neuen Reich: Hg. Gerdy Troost. Bayreuth 1938

Die Baugilde 16. 1934: Führer- und Verwaltungsbau der NSDAP und die Ausgestaltung des Königsplatzes, S. 271–276

Der Baumeister 35. 1937. 3: Große Bauaufgaben in der Hauptstadt der Bewegung: Neugestaltung des Königsplatzes/ »Haus der Deutschen Kunst«. Architekt Professor Paul Ludwig Troost†, S. 73–80

Bauwelt. Zeitschrift für das gesamte Bauwesen:
- [Bauwelt 1934a] Bauwelt 25. 1934. 13: Die neuen Verwaltungsgebäude der NSDAP und die städtebauliche Ausgestaltung des Königsplatzes in München, S. 309–311
- [Bauwelt 1934b] Bauwelt 25. 1934. 17: Paul Ludwig Troosts Bauten für die NSDAP, S. 1–8 [Dass. in: Monatshefte für Baukunst und Städtebau 18. 1934, S. 205–212]

Die Bauzeitung 32. 1935: Die Künstler. Bauten des Dritten Reichs in München und Nürnberg, S. 433–448

Deutsche Bauzeitung 68. 1934: Umgestaltung des Königsplatzes in München. Die Verwaltungsgebäude der N.S.D.A.P. Nach Entwürfen von Professor Paul Ludwig Troost†, S. 273–276

[Breuer 1937a] Breuer, Peter: Paul Ludwig Troost. In: Ders.: Münchner Künstlerköpfe. München [1937], S. 345–347

[Breuer 1937b] Breuer, Peter: Das neue Bauen in München. In: Ders.: Münchner Künstlerköpfe. München [1937], S. 349–352

Deutschland baut. Bauten und Bauvorhaben. Vierundneunzig Bilder aus der Ersten und Zweiten Architektur- und Kunsthandwerk-Ausstellung zu München 1938 und 1939: Einleitung Herbert Hoffmann. Stuttgart ²1939

Dresler, Adolf: Paul Ludwig Troost†. In: Die Weltkunst 8. 1934. 4, S. 4

Dresler, Adolf: Die Bauten der NSDAP. in München. In: München baut auf. Ein Tatsachen- und Bildbericht über den nationalsozialistischen Aufbau in der Hauptstadt der Bewegung: Hg. Karl Fiehler. München 1937, S. 63–72

Dresler, Adolf: Das Braune Haus und die Verwaltungsgebäude der Reichsleitung der NSDAP. München ³1939

Fellheimer, Max Joseph: Dem Baumeister des Führers. In: Die Arbeitsschlacht 1934 in Südbayern. Gaue München-Oberbayern und Schwaben. Rückblick und Ausschau. München 1935 [ohne Seitenzählung]

Fischer, Karl J.: Das Haus der deutschen [sic] Kunst in München. In: Die Kunst. Monatshefte für freie und angewandte Kunst 34. 1933. 67, S. 368–372

Fischer, Karl J.: Die baukünstlerische Vollendung des Münchner Königsplatzes. In: Die Kunst. Monatshefte für freie und angewandte Kunst 35. 1934. 69, S. 228–229

[Giesler, Paul]: Dem Andenken von Paul Ludwig Troost. Gauleiter Paul Giesler sprach anläßlich der zehnten Wiederkehr des Todestages [mit dem Text der Rede]. In: VB 22. 1. 1944

Greiner, J.: Des Führers Bauten, Wunderwerke dienender Technik. In: VB 4. 11. 1935

Heilmeyer, Alexander: Die Stadt Adolf Hitlers. In: Süddeutsche Monatshefte 33. 1935, S. 135–141

[Heilmeyer 1937a] Heilmeyer, Alexander: Paul Ludwig Troost. Zum Gedächtnis des ersten Jahrestages seines Todes (21. Januar 1934), gesprochen im Reichssender München von Alexander Heilmeyer. In: KDR 1. 1937. 2, S. 35–47

[Heilmeyer 1937b] Heilmeyer, Alexander: Das junge Deutschland baut seiner Kunst ein eigen Haus. In: KDR 1. 1937. 7/8, S. 12–18

[Heilmeyer 1938a] Heilmeyer, Alexander: Führende deutsche Architekten I. Der erste Baumeister des Dritten Reiches: Paul Ludwig Troost. In: MNN 3. 3. 1938

[Heilmeyer 1938b] Heilmeyer, Alexander: Das Führerhaus in München. Die historische Stätte der Viermächtekonferenz am 29. September 1938. In: KDR 2. 1938. 10, S. 295–308

[Heilmeyer 1938c] Heilmeyer, Alexander: Paul Ludwig Troost. In: KDR 2. 1938. 10, Abt. Die Baukunst, S. 5–8

[Heilmeyer 1938d] Heilmeyer, Alexander: Der Verwaltungsbau der NSDAP. am Königlichen Platz in München. Entwurf Professor Paul Ludwig Troost. In: Moderne Bauformen 37. 1938, S. 401–408

Heß, Willi: Bauleitender Architekt des Hauses der Deutschen Kunst: Technik im Dienste der Kunst. In: KDR 1. 1937. 7/8, S. 29–32

[Hitler, Adolf] Die Eröffnung des Hauses der Deutschen Kunst in München am 18. Juli 1937. Die Rede des Führers. In: Die Kunst. Monatshefte für freie und angewandte Kunst 38. 1937. 75, S. 353–370

Hoffmann, Heinrich: München. Die Hauptstadt der Bewegung. Dießen 1937

Hofmann, Franz: Paul Ludwig Troost. Der Baumeister des Hauses der Deutschen Kunst. In: VB 15. 10. 1933

Hofmann, Franz: Paul Ludwig Troost†. In: VB 22. 1. 1934

Horn, Walter: Kunst und Technik. In: KDR 6. 1942. 2, S. 42–49

[Kiener 1934a] Kiener, Hans: Paul Ludwig Troosts künstlerische Sendung. In: MNN 24. 1. 1934

[Kiener 1934b] Kiener, Hans: Die Monumentalbauten der NSDAP in München. In: Deutsche Bauhütte 38. 1934. 8, S. 91–93

Kiener, Hans: Symbole Deutschen Zukunftsglaubens. In: Die Arbeitsschlacht 1934 in Südbayern. Gaue München-Oberbayern und Schwaben. Rückblick und Ausschau. München 1935 [ohne Seitenzählung]

[Kiener 1937a] Kiener, Hans: Kunstbetrachtungen. Ausgewählte Aufsätze. München 1937

[Kiener 1937b] Kiener, Hans: Germanische Tektonik. In: KDR 1. 1937. 2, S. 48–64

[Kiener 1937c] Kiener, Hans: Der Baumeister des Hauses. Haus der Deutschen Kunst – Prof. Paul Ludwig Troost. In: KDR 1. 1937. 7/8, S. 19–21

[Kiener 1938a] Kiener, Hans: Die Erste Deutsche Architekturausstellung im Hause der Deutschen Kunst in München 1938. In: KDR 2. 1938. 2, S. 36–42

[Kiener 1938b] Kiener, Hans: Das Werk von Paul Ludwig Troost. In: KDR 2. 1938. 9, Abt. Die Baukunst, S. 9–11

[Kiener 1942a] Kiener, Hans: Repräsentative Möbel des Architekten Leonhard Gall. In: KDR 6. 1942. 4, Abt. Die Baukunst, S. 67–82

[Kiener 1942b] Kiener, Hans: Schöpferische Möbelkunst. Paul Ludwig Troost. In: KDR 6. 1942. 1, Abt. Die Baukunst, S. 10–19

Kreis, Wilhelm: Neue Deutsche Baukunst. Ansprache zur Eröffnung der vom Generalbauinspektor für die Reichshauptstadt veranstalteten Ausstellung »Neue Deutsche Baukunst« in Kopenhagen. In: KDR 6. 1942. 2, Abt. Die Baukunst, S. 37–39

Lehr, Armin: Aus des Meisters jungen Jahren. Erinnerungen an Paul Ludwig Troost. In: VB 28. 7. 1937

Lingg, Anton: Die Verwaltung der Nationalsozialistischen Deutschen Arbeiterpartei. München (¹1939) ⁴1941 [ergänzte Aufl.]

Maier-Hartmann, Fritz: Die Bauten der NSDAP in der Hauptstadt der Bewegung. München 1942

Monatshefte für Baukunst und Städtebau 18. 1934: Paul Ludwig Troosts Bauten für die NSDAP, S. 205–212 [Dass. in: Bauwelt. Zeitschrift für das gesamte Bauwesen 25. 1934. 17, S. 1–8]

München. Vom Wesen einer deutschen Stadt: Hg. Kulturamt der Haupstadt der Bewegung. München 1939

München baut auf. Ein Tatsachen- und Bildbericht über den nationalsozialistischen Aufbau in der Hauptstadt der Bewegung: Hg. Karl Fiehler. München 1937

Organisationsbuch der NSDAP.: Hg. Reichsorganisationsleiter der NSDAP. München 1943

Paulsen, Friedrich: Städtebau! Wie sich das neue Reich städtebaulich darstellt. In: Monatshefte für Baukunst und Städtebau 18. 1934, S. 245–248

Paulsen, Friedrich: Paul Ludwig Troost. Zum 10. Jahrestag seines Todes. In: Bauwelt. Zeitschrift für das gesamte Bauwesen 35. 1944. 1–2, S. 1ff.

Rittich, Werner: Architektur und Bauplastik der Gegenwart. Berlin 1938

Rose-Jena, Hans: Jean Baptiste Métivier. Der Erbauer des Braunen Hauses in München. In: Zeitschrift des deutschen Vereins für Kunstwissenschaft 1. 1934, S. 49–71

Rüdiger, Wilhelm: Die erste Bauhütte des neuen Reiches. In: VB 29. 10. 1933

[Rüdiger 1935a] Rüdiger, Wilhelm: Vom Münchener Forum der Bewegung. In: Deutsche Bauhütte 39. 1935, S. 281–283

[Rüdiger 1935b] Rüdiger, Wilhelm: Der neue Königsplatz, das Forum der Bewegung. Eine Deutung seines Sinnes und seiner Form. In: VB 4. 11. 1935

Rüdiger, Wilhelm: Die ersten Träger des Nationalpreises. [Unter anderen:] Paul Ludwig Troost. In: VB 8. 9. 1937

Rühl, Adolf: Das Verwaltungsgebäude – Sinnbild der Kraft und des Willens der Bewegung. In: VB 10. 12. 1937, Sonderbeilage: Die Parteibauten am Königlichen Platz, S. 24 und 26

Sachs, Gert: Die Parteiverwaltung zieht um. Dienststelle des Reichsschatzmeisters im neuen Verwaltungsgebäude. In: VB 7. 11. 1936

Sachs, Gert: Im Führerhaus am Königlichen Platz. In: VB 10. 12. 1937, Sonderbeilage: Die Parteibauten am Königlichen Platz, S. 30

Schoen, Max: Die Bauten des Führers in München. Architekt: Professor Ludwig Troost. In: Die Baugilde. Zeitschrift des Bundes Deutscher Architekten und des Zentralvereins der Architekten Österreichs 19. 1937, S. 687–697

Scholz, Robert: Paul Ludwig Troost. In: VB 21. 1. 1936

Scholz, Robert: Paul Ludwig Troost zum 60. Geburtstag. In: VB 17. 8. 1938

[Scholz 1944a] Scholz, Robert: [Paul Ludwig Troost.] Idee und Persönlichkeit. In: KDR 8. 1944. 1, Abt. Die Baukunst, S. 8–20

[Scholz 1944b] Scholz, Robert: Paul Ludwig Troost. Der Erneuerer monumentalen Bauens. In: Nationalsozialistische Monatshefte 15. 1944, S. 24–30

Schrade, Hubert: Bauten des Dritten Reiches. Leipzig 1937

Schwarz, Franz Xaver: Aufbau und Ausgestaltung der Verwaltung der NSDAP. In: Nationalsozialistisches Jahrbuch 1936, S. 242–245

Schwarz, Franz Xaver: Führung und Verwaltung in der nationalsozialistischen Deutschen Arbeiterpartei. In: Nationalsozialistisches Jahrbuch 1937, S. 257–260

Speer, Albert: Paul Ludwig Troost. Seine Möbel. In: KDR 6. 1942. 1, Abt. Die Baukunst, S. 2–5

Speer, Albert: Paul Ludwig Troost. In: KDR 8. 1944. 1, Abt. Die Baukunst, S. 3–5

Steinlein, Gustav: Führer- und Verwaltungsbau der NSDAP und die Ausgestaltung des Königsplatzes in München. In: Die Bauzeitung 31. 1934, S. 127–131

Steinlein, Gustav: Die Bauten der N.S.D.A.P. in der Hauptstadt der Bewegung. Die Umgestaltung des Königsplatzes. In: Der Baumeister 33. 1935. 12, Beilage, S. 230–231

Stolzing-Cerny, Josef: Der Architekt des Führers†. Zum Tode des Münchener Architekten Paul Ludwig Troost. In: VB 23. 1. 1934

Leipziger Tagblatt 21.1.1938: Der geniale Baumeister der Bewegung

[Thieme/Becker] Troost, Paul Ludwig. In: Allgemeines Lexikon der Bildenden Künstler. Von der Antike bis zur Gegenwart. Begründet von Ulrich Thieme und Felix Becker. 33. Bd.: Hg. Hans Vollmer. Leipzig 1939, S. 427–428

Thies, Hans Arthur: Paul Ludwig Troost. Weg und Werk/ Zum zehnjährigen Todestag am 21. Januar 1944. In: VB 21.1.1944

Verzeichnis der Aufnahmen verschiedener Arbeiten von Paul Ludwig Troost. [o. O.] [ca. 1935]. [einsehbar in der Bibliothek des ZI]

Völkischer Beobachter [wenn nicht anders vermerkt, wird jeweils die Münchner Ausgabe zitiert]:
– VB 25.1.1934: Der Führer am Grabe seines Baumeisters. Ergreifende Anteilnahme der Münchener Bevölkerung am Staatsbegräbnis von Professor Paul Ludwig Troost. Doch sein Geist lebt
– VB 12.2.1937: Der Führer übergibt das Verwaltungsgebäude der Partei. Ehrenbürgerurkunde der Hauptstadt der Bewegung überreicht
– VB 21.1.1939: Gesetzgeber der deutschen Baukunst. [Anläßlich des 5. Todestages von Paul Ludwig Troost.]
– VB (Ausgabe Norddeutschland) 9.4.1941: L. Gall zum Vize in der RBK ernannt
– VB 20.8.1944: Mitschöpfer des neuen Baustiles. L. Gall zum 60. Geburtstag

[Wasmuths Lexikon der Baukunst] Troost, Paul Ludwig: Verf. Johannes Göderitz. In: Wasmuths Lexikon der Baukunst. 5. Bd.: Nachtrag. Berlin 1937, S. 562

[Wolf 1934a] Wolf, Georg Jakob: Die große Aufgabe. Pläne der Monumentalbauten am Königsplatz. In: Münchener Zeitung 22.3.1934

[Wolf 1934b] Wolf, Georg Jakob: Paul Ludwig Troost. In: Zentralblatt der Bauverwaltung 54. 1934, S. 82

Deutsche Allgemeine Zeitung 24.1.1934: Das Staatsbegräbnis für Prof. Troost

Kölner Zeitung 25.1.1934: Staatsbegräbnis für Prof. Troost

Zentralblatt der Bauverwaltung:
– Zentralblatt 54. 1934: Bauliche Gestaltung des Königsplatzes in München, S. 224–227
– Zentralblatt 59. 1939: Die Bauten der Partei am königlichen Platz in München, S. 430–449

[Zöberlein 1934a] Zöberlein, Hans: München, die Stadt der Bewegung. In: Das Bayerland 45. 1934, S. 589–593

[Zöberlein 1934b] Zöberlein, Hans: Adolf Hitler, der große Baumeister der Stadt. In: Das Bayerland 45. 1934, S. 594–595

Literatur und Quellen seit dem Erscheinungsjahr 1945

Adam, Peter: Art of the Third Reich. New York 1992

[Akademie 1991] Diskussion über Neubauten am Königsplatz. [Einführung: Gerd Albers; Statements: Norbert Huse, Christoph Sattler, Ferdinand Stracke, Joseph Wiedemann.] In: Jahrbuch der Bayerischen Akademie der Schönen Künste 5. 1991, S. 101–129

Angermair, Elisabeth und Ulrike Haerendel: Inszenierter Alltag. »Volksgemeinschaft« im nationalsozialistischen München 1933–1945. München 1993

Architektur und Städtebau der 30er/40er Jahre. Ergebnisse der Fachtagung in München, 26.–28. November 1993, des Deutschen Nationalkomitees für Denkmalschutz: Konzept und Redaktion Werner Durth, Winfried Nerdinger. (= Schriftenreihe des Deutschen Nationalkomitees für Denkmalschutz 48). Bonn 1994

Faschistische Architekturen. Planen und Bauen in Europa 1930–1945: Hg. Hartmut Frank. Hamburg 1985

Moderne Architektur in Deutschland 1900 bis 1950. Expressionismus und Neue Sachlichkeit: Hg. Vittorio Magnago Lampugnani, Romana Schneider. Ausstellungskatalog Frankfurt a. M. 1994

Arndt, Karl: Die ›Ehrentempel‹ und das Forum der NSDAP am Königsplatz in München und ihre Position in der jüngeren Geschichte des architektonischen Denkmalgedankens. In: Kunstchronik 21. 1968, S. 395–398

Arndt, Karl: Filmdokumente des Nationalsozialismus als Quellen für architekturgeschichtliche Forschungen. In: Zeitgeschichte im Film- und Tondokument: Hg. Günter Moltmann, Karl Friedrich Reimers. Göttingen 1970, S. 39–68

Arndt, Karl: Architektur und Politik. In: Albert Speer. Architektur. Arbeiten 1933–1942. Mit einem Vorwort von Albert Speer. Frankfurt a. M. 1978, S. 113–135

Arndt, Karl: Die Münchener Architekturszene 1933/34 als ästhetisch-politisches Konfliktfeld. In: Bayern in der NS-Zeit. III: Herrschaft und Gesellschaft im Konflikt. Teil B: Hg. Martin Broszat, Elke Fröhlich, Anton Grossmann. München 1981, S. 443–512

Arndt, Karl: Tradition und Unvergleichbarkeit. Zu Aspekten der Stadtplanung im nationalsozialistischen Deutschland. In: Die Städte Mitteleuropas im 20. Jahrhundert: Hg. Wilhelm Rausch. (= Beiträge zur Geschichte der Städte Mitteleuropas 7). Linz a. d. Donau 1984, S. 149–166

Arndt, Karl: Das ›Haus der Deutschen Kunst‹ – ein Symbol der neuen Machtverhältnisse. In: Nationalsozialismus und »Entartete Kunst«. Die »Kunststadt« München 1937: Hg. Peter-Klaus Schuster. München 1987

Arndt, Karl: Die NSDAP und ihre Denkmäler oder: Das NS-Regime und seine Denkmäler. In: Denkmal, Zeichen, Monument: Hg. Ekkehard Mai, Gisela Schmirber. München 1989, S. 69–81

Arndt, Karl und Hartmut Döhl: »Das Wort aus Stein«. In: Publikationen zu Wissenschaftlichen Filmen: Hg. Institut für den Wissenschaftlichen Film Göttingen. Reihe Geschichte/Publizistik 7. 1992, S. 45–92 [von K. Arndt neu bearb. 2. Aufl.]

Backes, Klaus: Adolf Hitlers Einfluß auf die Kulturpolitik des Dritten Reiches. Dargestellt am Beispiel der bildenden Künste. (Diss. Heidelberg 1985) Heidelberg 1984

Backes, Klaus: Hitler und die bildenden Künste. Kulturverständnis und Kunstpolitik im Dritten Reich. Köln 1988

Bärnreuther, Andrea: Revision der Moderne unterm Hakenkreuz. Planungen für ein ›neues München‹. München 1993

Baird, Jay W.: To Die for Germany. Heroes in the Nazi Pantheon. Bloomington und Indianapolis 1990

[Bartetzko 1985a] Bartetzko, Dieter: Illusionen in Stein. Stimmungsarchitektur im deutschen Faschismus. Ihre Vorgeschichte in Theater- und Film-Bauten. Reinbek 1985

[Bartetzko 1985b] Bartetzko, Dieter: Zwischen Zucht und Ekstase. Zur Theatralik von NS-Architektur. Berlin 1985

Bartetzko, Dieter: Zwischen Todesschwärmerei und Empfindelei. Erhabenheitsmotive in NS-Staatsarchitektur und postmodernem Bauen. In: Merkur 43. 1989, S. 833–847

Bauen im Nationalsozialismus. Bayern 1933–1945: Hg. Winfried Nerdinger. Ausstellungskatalog München 1993

Bauhaus – Moderne im Nationalsozialismus: Hg. Winfried Nerdinger. München 1993

[Bauwelt 1991] Ideenwettbewerb Brienner Straße in München. In: Bauwelt 82. 1991. 4, S. 126 f.

Bergmann, Eckart: Der Königsplatz, Forum und Denkmal. In: Glyptothek München. 1830–1980: Hg. Klaus Vierneisel und Gottlieb Leinz. Ausstellungskatalog München 1980, S. 296–309

Borrmann, Norbert: Paul Schultze-Naumburg. 1869–1949. Essen 1989

Breitenbach, Edgar: Historical survey of the activities of the Intelligence Department MFA&A Section OMGB 1940–49. In: College Art Journal 9. 1949/50. 2, S. 192–198

Brenner, Hildegard: Die Kunstpolitik des Nationalsozialismus. Reinbek 1963

Brix, Michael: Monumente der NS- und Trümmerzeit. Bewertungsprobleme der Denkmalpflege – Beispiel München. In: Kunstchronik 36. 1983, S. 178–184

Burmeister, Enno: Das Palais Carl von Fischer in München. In: Arx. Burgen und Schlösser in Bayern, Österreich und Südtirol 8. 1986, S. 129–134

Literatur und Quellen seit dem Erscheinungsjahr 1945

Dehlinger, Armand: Architektur der Superlative. Eine kritische Betrachtung der NS-Bauprogramme von München und Nürnberg. Masch.schr. München [um 1977] [einsehbar in der Bibliothek des ZI]

Design in Deutschland 1933–45. Ästhetik und Organisation des Deutschen Werkbundes im »Dritten Reich«: Hg. Sabine Weissler. (= Werkbund-Archiv 20). Gießen 1990

Deutschland 1933–1945. Neue Studien zur nationalsozialistischen Herrschaft: Hg. Karl-Dietrich Bracher, Manfred Funke, Hans-Adolf Jacobsen. Bonn 1992

Nationalsozialistische Diktatur 1933–1945: Hg. Karl Dietrich Bracher, Manfred Funke, Hans-Adolf Jacobsen. Bonn 1983

Durth, Werner und Winfried Nerdinger: Architektur und Städtebau der 30er/40er Jahre. (= Schriftenreihe des Deutschen Nationalkomitees für Denkmalschutz 46). Bonn 1993

Durth, Werner: Deutsche Architekten. Biographische Verflechtungen, 1900–1970. Braunschweig 1986

Eckstein, Hans: Treu nach Troost'schem Vorbild. In: SZ 8.11.1947

Eckstein, Hans: O.E. Schweizer. Die Neugestaltung des Königsplatzes in München. In: Das Kunstwerk 2. 1948. 3/4, S. 78–81

Entmachtung der Kunst: Hg. Magdalena Bushart u.a. Berlin 1985

Faszination und Gewalt. Zur politischen Ästhetik des Nationalsozialismus: Hg. Bernd Ogan, Wolfgang W. Weiß. Nürnberg 1992

Fest, Joachim C.: Hitler. Eine Biographie. Frankfurt a.M. 1973

Carl von Fischer, 1782–1820: Hg. Winfried Nerdinger. Ausstellungskatalog München 1982

Giesler, Hermann: Ein anderer Hitler. Bericht seines Architekten Hermann Giesler. Erlebnisse, Gespräche, Reflexionen. Leoni ²1977

Günther, Sonja: Innenräume des »Dritten Reiches«. Interieurs aus den Vereinigten Werkstätten für Kunst im Handwerk für Repräsentanten des »Dritten Reiches«. Berlin ²1979

Günther, Sonja: Design der Macht. Möbel für Repräsentanten des »Dritten Reiches«. Stuttgart 1992

Hanfstaengl, Ernst: 15 Jahre mit Hitler. Zwischen Weißem und Braunem Haus. München ²1980

Herzog, Hans-Michael: Der Königsplatz in München. In: Bauwelt 79. 1988. 28/29, S. 1222–1229

Herzog, Hans-Michael: Gelungene Nazifizierung – mißlungene Entnazifizierung: der Königsplatz in München. In: Kritische Berichte. Zeitschrift für Kunst- und Kulturwissenschaften 17. 1989, S. 104–116

Heuß, Anja: Der Bestand der Treuhandverwaltung für Kulturgut München im Bundesarchiv Koblenz. [Unpubliziertes Typoskript]

Heuß, Anja: Der Kunstraub der Nationalsozialisten. Eine Typologie. In: Kritische Berichte 23. 1995. 2, S. 32–43

Heute 1. 4. 1946: Museum ohne Besucher

Heym, Stefan: Die wahre Geschichte der großen Kartothek der Nationalsozialistischen Partei. In: Ders.: Die richtige Einstellung und andere Erzählungen. Frankfurt a. M. 1990, S. 65–80

Höbel, Wolfgang (Photos: Julian Rosefeldt, Piero Steinle): Unter uns. In: SZ-Magazin 18. 2. 1994

Hoffmann und Hitler. Fotografie als Medium des Führer-Mythos: Verf. Rudolf Herz. Ausstellungskatalog München 1994

[Inventar 1987] Meiserstraße 10. Inventar der historischen Ausstattung. Aufgestellt von Margaret Thomas Will in Zusammenarbeit mit Helga Himen. Landesamt für Denkmalpflege München Februar-April 1987

Kiaulehn, Walther: Das Schicksal der Münchener ›Ehrentempel‹. In: Die Neue Zeitung 20. 12. 1946

Kobler, Friedrich und Wilhelm Messerer: Der Königsplatz in München – Probleme seiner Erneuerung – Zwei Diskussionsbeiträge. In: Kunstchronik 33. 1980, S. 1–5

Der Königsplatz in München. Materialien und Diskussionsbeiträge: Vorgelegt vom Leistungskurs Kunsterziehung am Dante-Gymnasium München. München 1979

Der Königsplatz. 1812–1988. Eine Bild-Dokumentation zur Geschichte des Platzes: Hg. Klaus Vierneisel. München 1988

Wilhelm Kreis: Hg. Winfried Nerdinger, Ekkehard Mai. München 1994

Kruft, Hanno-Walter: Alfred Pringsheim, Hans Thoma, Thomas Mann. Eine Münchner Konstellation. München 1993

Kubin, Ernst: Sonderauftrag Linz. Die Kunstsammlung Adolf Hitler. Aufbau, Vernichtungsplan, Rettung. Ein Thriller der Kulturgeschichte. Wien 1989

Kunst auf Befehl? Dreiunddreißig bis Fünfundvierzig: Hg. Bazon Brock, Achim Preiß. München 1990

Kunst und Diktatur. Architektur, Bildhauerei und Malerei in Österreich, Deutschland, Italien und der Sowjetunion 1922–1956. 2 Bde.: Hg. Jan Tabor. Ausstellungskatalog Wien 1994

Lampugnani, Vittorio Magnago: Die Abenteuer der Bedeutung. Die entnazifizierte Baugeschichte. In: Die Bedeutung der Form: Hg. Benedikt Huber, Christian Süsstrunk. Zürich 1988, S. 10–29

Larsson, Lars Olof: Die Denkmalpflege und die Architektur des Nationalsozialismus – eine Zwickmühle. In: Die Deutsche Kunst und Denkmalpflege 47. 1989, S. 2–4

Lehmann-Haupt, Hellmut: Art under a dictatorship. New York 1954

Lükemann, Ulf: Der Reichsschatzmeister der NSDAP. Ein Beitrag zur inneren Parteistruktur. Diss. Berlin 1963

Miller-Lane, Barbara: Architecture and Politics in Germany, 1918–1945. Cambridge 1968

München – ›Hauptstadt der Bewegung‹: Redaktion Ulrike Haerendel, Bernadette Ott. Ausstellungskatalog München 1993

Nationalsozialismus und Entartete Kunst. Die Kunststadt München 1937: Hg. Peter-Klaus Schuster. München 1987 [erschien anläßlich der Ausstellung »Entartete Kunst. Dokumentation zum nationalsozialistischen Bildersturm am Bestand der Staatsgalerie moderner Kunst in München«]

Nerdinger, Winfried: Versuch und Dilemma der Avantgarde im Spiegel der Architekturwettbewerbe 1933–35. In: Entmachtung der Kunst: Hg. Magdalena Bushart u. a. Berlin 1985, S. 86–103

Nicholas, Lynn H.: The Rape of Europa. The Fate of Europe's Treasures in the Third Reich and the Second World War. London 1994 [deutsche Ausgabe 1995]

Petsch, Joachim: Baukunst und Stadtplanung im Dritten Reich. Herleitung, Bestandsaufnahme, Entwicklung, Nachfolge. München 1976

Rasp, Hans-Peter: Eine Stadt für tausend Jahre: München – Bauten und Projekte für die Hauptstadt der Bewegung. München 1981

Das Dritte Reich im Überblick. Chronik – Ereignisse – Zusammenhänge: Hg. Martin Broszat, Norbert Frei. München (¹1989) ³1992

Reichel, Peter: Der schöne Schein des Dritten Reiches. Faszination und Gewalt des Faschismus. München 1991

Report of the American Commission for the Protection and Salvage of Artistic and Historic Monuments in War Areas. Washington DC. 1946

Rorimer, James (Mitarbeit von Gilbert Rabin): Survival. The Salvage and Protection of Art in War. New York 1950

Rosefeldt, Julian und Piero Steinle: Stadt im Verborgenen. Unterirdische NS-Architektur am Königsplatz in München: Ausstellungsbeiheft München 1994

Roxan, David und Ken Wanstall: The Jackdaw of Linz. The Story of Hitler's Art Thefts. London 1964

Sauerländer, Willibald: Die Repatriierung der deportierten Kunst. Craig Hugh Smyth über den ›Collecting Point‹ in München. In: SZ 18. 5. 1995

Schäche, Wolfgang: NS-Architektur und Kunstgeschichte. Anmerkungen zum Forschungsstand und zur Forschungsperspektive. In: Kritische Berichte. Zeitschrift für Kunst- und Kulturwissenschaften 8. 1980. 1–2, S. 48–55

Schäfer, Bernhard: Der Münchner Königsplatz im Dritten Reich – Eine Studie zu den Anfängen und Intentionen repräsentativen Bauens im Nationalsozialismus. Magisterarbeit München 1994. [einsehbar in der Bibliothek des ZI]

Schmidt, Walther: Münchner Architektur und Städtebau im »Dritten Reich« – kritisch betrachtet. In: Mitteilungen der Deutschen Akademie für Städtebau und Landesplanung 23. 1979, S. 8–30

Schönberger, Angela: Die neue Reichskanzlei von Albert Speer. Zum Zusammenhang von nationalsozialistischer Ideologie und Architektur. Berlin 1981

Schroeder, Christa: Er war mein Chef. Aus dem Nachlaß der Sekretärin von Adolf Hitler: Hg. Anton Joachimsthaler. München ⁴1989

Scobie, Alex: Hitler's state architecture. The impact of classical antiquity. University Park 1990

Seckendorff, Eva von: Erster Baumeister des Führers. Die NS-Karriere des Innenarchitekten Paul Ludwig Troost. In: Kunst und Diktatur: Hg. Jan Tabor. Ausstellungskatalog Wien 1994. Bd. 2, S. 580–585

Selig, Wolfram: Aspekte der nationalsozialistischen Machtergreifung in München. München 1983

Smyth, Craig Hugh: Repatriation of Art from the Collecting Point in Munich after World War II. Background and Beginnings. With Reference especially to the Netherlands. Maarssen 1988

Speer, Albert: Erinnerungen. Berlin 1969

Speer, Albert: Spandauer Tagebücher. Frankfurt a. M. 1975

Hitlers Städte. Baupolitik im Dritten Reich: Hg. Jost Dülffer u. a. Köln 1978

Steinweis, Alan: Art, ideology and economics in the Nazi Germany. The Reich chambers of music, theater and the visual arts. Chapel Hill 1993

Stimme des Deutschen Werkbundes. 1925–1934: Hg. Felix Schwarz, Frank Gloor. Gütersloh 1969

Taylor, Robert: The word in stone. The role of architecture in the National Socialist ideology. Berkeley 1974

Teut, Anna: Architektur im Dritten Reich. 1933–1945. Berlin 1967

Thanner, Brigitte: Das Braune Haus in München. Masch.schr. Diss. München 1978

Thomae, Otto: Die Propagandamaschinerie. Bildende Kunst und Öffentlichkeitsarbeit im Dritten Reich. Berlin 1978

Utermann, Patrick: Der Ozeandampfer »Europa« – 1926–1930 – und sein Innenausbau durch Paul Ludwig Troost. Ein Beitrag zum Stil der Zwanziger Jahre. (Diss. München 1984) München 1988

Vogt, Adolf Max: Revolutionsarchitektur und Nazi-Klassizismus. In: Argo. Festschrift für Kurt Badt. Köln 1970. S. 354–363

[Vollmer] Gall, Leonhard. In: Allgemeines Lexikon der Bildenden Künstler des XX. Jahrhunderts: Hg. Hans Vollmer. Bd. 2. Leipzig 1955, S. 190

Wulf, Martin: Die bildenden Künste im Dritten Reich. Gütersloh 1963

Abkürzungsverzeichnis

BAK	Bundesarchiv, Koblenz
BAP	Bundesarchiv, Potsdam
Bauamt TU	Bauamt der Technischen Universität, München, Archiv
BayHStA	Bayerisches Hauptstaatsarchiv, München
-, GHA	Abteilung III: Geheimes Hausarchiv
-, MF	Staatsministerium der Finanzen
-, MK	Staatsministerium für Kultus und Unterricht
-, OBB	Oberste Baubehörde
BDC	Berlin Document Center
BSB	Bayerische Staatsbibliothek München
IB	Illustrierter Beobachter
IfZ	Institut für Zeitgeschichte
-, Sattler	Institut für Zeitgeschichte, Nachlaß Dieter Sattler
KDR	Die Kunst im Dritten Reich (ab September 1939: Die Kunst im Deutschen Reich)
MNN	Münchner Neueste Nachrichten
MSM	Münchner Stadtmuseum
OMGBY	Office of the Military Government for Bavaria
OMGUS	Office of the Military Government for Germany, U.S.
RGBl.	Reichsgesetzblatt
Slg.	Sammlung
StaatsA Mü	Staatsarchiv, München
StadtA Mü	Stadtarchiv, München
-, BuR	Bürgermeister und Rat
-, LBK	Lokalbaukommission
SZ	Süddeutsche Zeitung
VB	Völkischer Beobachter, Münchner Ausgabe (andere Ausgaben jeweils gekennzeichnet)
Vgl.	Vergleiche
ZI	Zentralinstitut für Kunstgeschichte in München

Namensregister

Abbe, James — 140
Abel, Adolf — 176
Albrecht V., Herzog — 137
Altdorfer, Albrecht — 163
Arendt, Hannah — 180, 189
Arndt, Karl — 89

Bauer, Friedrich Franz — 51, 52
Beblo, Fritz — 40
Behrens, Peter — 13, 14, 119
Berndl, Richard — 70
Berndt, Ministerialrat — 176
Bernini, Gianlorenzo — 177
Bestelmeyer, German — 198
Bieber, Oswald — 13, 19, 25
Bleeker, Bernhard — 176
Bloch, Ernst — 207, 209
Böckler, Erich — 56, 57
Böcklin, Arnold — 140
Bormann, Martin — 102, 103, 104, 105, 106, 141, 142, 146
Bouhler, Philipp — 95, 98
Braunfels, Stephan — 195
Breker, Arnold — 165
Breughel, Jan — 163
Brix, Michael — 198
Broszat, Martin — 187
Brown, John Nicholas — 171
Bruckmann, Elsa — 62, 119
Bruckmann, Hugo — 62, 119, 148
Buchner, Konrad — 44

Chamberlain, Neville — 115, 116, 132
Chaplin, Charlie — 140, 184

Daladier, Edouard — 115, 116, 132
Dallinger, Karl-Heinz — 138, 142
Defregger, Franz von — 140
Dietrich, Otto — 142
Döllgast, Hans — 176
Dresler, Alfred — 90, 134, 138
Dülfer, Martin — 119
Durand, Jean-Nicolas-Louis — 14

Eckart, Dietrich — 127, 151
Eckstein, Hans — 177
Ehard, Hans — 175
Eher, Verlag — 56
Eisenhower, Dwight D. — 171, 172
Elsässer, Martin — 177
Esterer, Rudolf — 176
Eyck, Jan van — 163

Fahrenkamp, Emil — 155
Farinacci, Roberto — 122
Faulhaber, Michael von — 173, 207

Namensregister

Feuerbach, Anselm	140
Fiehler, Karl	32, 40, 45
Fischer, Carl von	19, 33, 35, 173
Flick, Friedrich	62
Flöter, Hubs	53
Fohrbeck, Karla	207
Folkerts, Enno	51
Frank, Hans	161
Frieb, Hermann	206
Friedrich, Caspar David	134
Friedmann, H.M.	121, 125
Gablonsky, Fritz	63, 198
Gall, Leonhard	17, 19, 40, 45, 71, 120, 127, 131, 134, 138, 141, 142, 145, 153
Gärtner, Friedrich von	169
Giesler, Hermann	153, 155
Giesler, Paul	138, 144, 157
Gilly, Friedrich	155
Goebbels, Joseph	47, 62, 66, 105, 147
Goebl, Hanns	42, 44
Göring, Hermann	116, 161, 165, 184, 205
Grabar, André	186
Grabmeyer, Max	42
Gropius, Walter	144
Gsaenger, Gustav	176
Guiness, Alec	179
Haberstock, Kurt	142
Haffner, Horst	195
Hahn, Hermann	176
Haiger, Ernst	142
Hanssen, Ministerialrat	142
Hart, Franz	207
Haushofer, Karl	101
Hege, Walter	55, 56, 57, 58
Heilmeyer, Alexander	17
Heldmann, Josef	71, 114
Henlein, Konrad	115
Hertlein, Friedrich	173
Hess, Firma	56
Heß, Rudolf	93, 94, 96, 101, 102, 103, 105, 110, 131, 208
Heydenreich, Ludwig	166
Heymel, Alfred	119
Himmler, Heinrich	105
Hipp, Emil	138
Hitler, Adolf	passim
Hocheder, Karl	176, 177
Höchl, Joseph	19, 173
Hoenig, Eugen	62
Hoffmann, Heinrich	48, 51, 52, 53, 54, 55, 56, 112, 125, 141, 142, 143, 175
Hofmann, Franz	28, 37
Hofmann, Karl	119
Hrdlicka, Alfred	207, 208
Huse, Norbert	195
Huyghe, René	186

Ingwersen, Bernhard	176
Jaeger & Goergen, Firma	54, 56
Kaminski, Stephan	55, 56
Keitel, Wilhelm	105
Kiener, Hans	79
Klee, Paul	152
Klenze, Leo von	14, 17, 18, 19, 20, 23, 35, 37, 122
Knapp, Gottfried	195
Kohl, Helmut	207
Kolbe, Jürgen	195
Kollwitz, Käthe	207
Kreis, Wilhelm	74
Kunst, Hans-Jochen	89
Kurz, Otho Orlando	35, 36
Landauer, Herbert	176
Lang, Ernst Maria	195
Leitenstorfer, Hermann	176
Leonardo da Vinci	163
Ley, Robert	101
Lippl, Robert	176
Lotz, Wolfgang	166
Ludwig I.	15, 16, 17, 35, 37, 45, 73
Ludwig III.	35, 119
Maier-Hartmann, Fritz	109
Mann, Thomas	69, 123, 184
Menzel, Adolph von	140
Métivier, Jean-Baptiste	19
Meyer, Alfred	144
Michelangelo Buonarotti	163
Mies van der Rohe, Ludwig	152
Miller, Hermann von	176
Moll, Firma Leonhard	41, 44, 175, 177
Moser, Lukas	187
Mussert, Adriaan Anton	122
Mussolini, Benito	74, 115, 116, 118, 132, 137, 138
Neurath, Konstantin Freiherr von	116
Nolde, Emil	152
Oshima, Hiroshi	122
Palm, Johann Philipp	35
Panofsky, Erwin	187
Panzer, Hans	136
Patton, George Smith	160
Paul, Bruno	119
Petzet, Michael	195
Pölnitz, Gerhard von	62
Pössenbacher, Anton, Werkstätten	145
Pope-Hennessy, John	186
Posse, Hans	141, 142, 161, 163
Pringsheim, Alfred	69, 184
Pringsheim, Katja	184
Pütz, Wilhelm	74

Rasmussen, Jörg	189
Rath, Felix vom	119
Reger, Hans	142
Reich, Alfred	176
Reissinger, Hans	207
Rembrandt van Rijn	163
Riemerschmid, Richard	119
Riezler, Walter	156
Rodin, Auguste	163
Roosevelt, Franklin D.	116
Rosenberg, Alfred	39, 62, 142, 161, 162
Roth, Otto	176
Ruf, Sep	176
Ruff, Ludwig	137
Sagebiel, Ernst	196, 209
Sattler, Dieter	160, 172, 173, 175, 176, 177
Schäffer, Fritz	174
Scharnagl, Karl	45, 173
Schiedermaier, Otto	19, 62
Schinkel, Karl Friedrich	21
Schlageter, Albert Leo	35
Schloß, Alphonse (Sammlung)	159
Schmauß, Erika	52
Schmid-Ehmen, Kurt	21, 42, 44
Schmidt, Toni	195
Schmidt-Rottluff, Karl	152
Schmitt, Carl	103
Schreiber, Manfred	195
Schultze-Naumburg, Paul	119
Schwarz, Franz Xaver	74, 94, 95, 96, 97, 98, 100, 119, 120, 125, 127
Sckell, Friedrich von	19
Sedlmayr, Hans	186
Seidl, Gabriel von	198
Smyth, Craig Hugh	160, 163, 166
Speer, Albert	13, 55, 66, 105, 131, 133, 139, 147, 151, 153, 154, 155
Spitzweg, Carl	140
Stennes, Walther	149
Steppacher, Automobilgeschäft	112
Stölz, Christoph	207
Strasser, Gregor	101, 149
Streicher, Julius	53
Strenger, Reinhold	175
Stützel, Karl	64
Taut, Bruno	11
Tessenow, Heinrich	154
Thyssen, Fritz	62
Tiziano Vecelli	163
Troost, Gerdy	56, 57, 71, 120, 122, 127, 131, 134, 137, 138, 141, 142, 145, 147, 152, 153
Troost, Paul Ludwig	passim
Troost, Atelier	33, 40, 42, 43, 44, 71, 120, 121, 131, 135, 138, 141, 143, 144, 145
Unglehrt, Max	176

Venturi, Minister	122
Vogl, Wolfgang	176
Vorhoelzer, Robert	176
Voß, Hermann	161
Wackerle, Josef	136
Wager, Bebo	206
Wagner, Adolf	32, 33, 39, 40, 120, 145, 172
Wasow, Firma	56
Weiersmüller, Ludwig	71
Weizsäcker, Ernst Freiherr von	116
Wünscher, Horst	195
Ziebland, Georg Friedrich	17
Ziegler, Adolf	135
Zöberlein, Hans	19, 62

Abbildungsnachweis

Architekturmuseum der Technischen Universität München: Abb. 223, 224, 226

Archiv der Vereinigten Werkstätten, München: Abb. 118

BAK: Abb. 107–110, 123, 142

Bauamt der Technischen Universität München, Plansammlung: Abb. 76, 150, 156

Der Baumeister 22.1924.9, S. 60: Abb. 26

Bauwelt 82.1991.4, S. 126 f.: Abb. 228–231

BayHStA: Abb. 19, 29, 188, 190, 208, 209; NSDAP Baupläne: Abb. 53 (Nr. 1471), 56 (1472), 61 (6927), 63 (1353), 79 (331), 81 (1432), 85 (4627), 86 (4612), 90 (1476), 95 (1356), 96 (1356), 97 (6923), 98 (1357), 100 (7), Abb. 125 (929), 129 (6947), 130 (960), 131 (968), 132 (966), 133 (964), 134 (951), 140 (943), 144 (6978), 145 (875), 146 (873)

Bayerische Staatsgemäldesammlungen, München: Abb. 204

Bayerisches Nationalmuseum, München: Abb. 4

Das Bayerland 44.1933, S. 707: Abb. 27

BSB, Photoarchiv Hoffmann: Abb. 21, 65, 68, 77, 78, 80, 91, 127, 128, 136, 138, 139, 141, 149, 151, 152, 154, 155, 159, 160, 172, 225, 227;
BSB Troost Nachlaß: Abb. 52, 54, 56, 57; Ana 325: Abb. 117, 119, 120

Bilderdienst Süddeutscher Verlag: Abb. 17, 28, 189, 222

Cremers, Paul Joseph: Peter Behrens. Sein Werk von 1909 bis zur Gegenwart. Essen 1928, S. 33, 43: Abb. 1, 2

1. Deutsche Architektur- und Kunsthandwerksausstellung im Haus der Deutschen Kunst zu München. Ausstellungskatalog 1938, S. 1: Abb. 22

Eichler, Max: Du bist sofort im Bilde. Erfurt 1941, S. 70 f.: Abb. 106

Hitler befreit Sudetenland: Hg. Heinrich Hoffmann. Berlin 1938: Abb. 115, 116

IfZ, München: Abb. 111, 212–215, 218

Abbildungsnachweis

Karnapp, Birgit-Verena: Planungen zur Erweiterung von Zieblands Kunstausstellungs-Gebäude in München 1938. In: Oberbayerisches Archiv 113.1989, Abb. 6 bei S. 193: Abb. 6

KDR 1.1937.6, S. 190: Abb. 18; KDR 2.1938.10, S. 308, 301, 305, 304, 303: Abb. 153, 157, 162, 163, 164; KDR 2.1938.10, Abt. Die Baukunst, S. 14, 33, 35: Abb. 7, 71, 72, 82, 176; KDR 3.1939.5, Abt. Baukunst, S. 209: Abb. 177; KDR 6.1942.4, S. 68: Abb. 161

Herbert List Nachlaß, Hamburg: Abb. 192, 194–198, 201, 203

Moderne Bauformen 1938, S. 403, 408: Abb. 127, 168

München baut auf. Ein Tatsachen- und Bildbericht über den Aufbau in der Hauptstadt der Bewegung. München 1937, S. 69, 132: Abb. 5, 13

München. Vom Wesen einer deutschen Stadt: Hg. Kulturamt der Hauptstadt der Bewegung. München 1939, S. 10: Abb. 10

MSM: Abb. 87, 185, 186, 217; Slg Lang VI/12, VI/11, VI/10: Abb. 23–25

Münchener Zeitung 6.10.1935: Abb. 16

Photo Marburg: Abb. 9, 14, 15

Schönborn, Philipp, München: Abb. 31–48

Staatliche Antikensammlung und Glyptothek, München: Abb. 205

StaatsA Mü Landbauämter 2399: Abb. 12; Planslg.: Abb. 30 (Rolle 122), 75, 83 (Rolle 62), 84 (Rolle 123), 88, 89, 99 (Rolle 50), 101 (Rolle 3), 102 u. 103 (Rolle 50), 104 u. 105 (Rolle 3), 158 (Rolle 62), 166 (Rolle 56); Plan- u. Kartenslg. Bd. 32: Abb. 113

StadtA Mü: Abb. 3, 11, 49, 58–60, 65-67, 69, 73, 112, 211; LBK: Abb. 51 (Nr. 1623), 62 (741), 94 (11591)

Weber, Helmut: Walter Gropius und das Faguswerk. München 1961, Abb. 40: Abb. 170

Zentralinstitut für Kunstgeschichte, München/Photothek: Abb. 8, 50, 124, 135, 147, 148, 165, 187, 191, 193, 199, 200, 202, 206, 207, 210, 216, 219–221; Photo Margrit Behrens: Abb. 114, 143, 169; Verzeichnis [ca. 1935]: Abb. 20, 70, 74, 92, 93, 121, 122, 127, 136, 171, 173–175

Alle übrigen Aufnahmen stammen aus den Archiven der Autoren.

Bildlegenden
zu den Photographien auf Seite 182–342

Abkürzungen

HFM	Hochschule für Musik, Arcisstraße 12, ehemals »Führerbau«
HK	Haus der Kulturinstitute, Meiserstraße 10, ehemals »Verwaltungsbau der NSDAP«
FHW	Fernwärmeheizwerk, Meiserstraße 8
FA	Finanzamt, Meiserstraße 6, ehemals nichtöffentliches »Postamt der NSDAP«

Abbildungen

S. 182/183	Eingangsfoyer, HK
S. 185	Südlicher Lichthof, HK
S. 188	Lagerraum, Kellergeschoß, HK
S. 190	Südlicher Lichthof, 1. Obergeschoß, HFM
S. 191	Galerie, 2. Obergeschoß, HFM
S. 192/193	Nördlicher Lichthof, HK
S. 194	Treppenhaus der Bibliothek des Zentralinstituts für Kunstgeschichte, HK
S. 197	Galerie, 1. Obergeschoß, HFM
S. 200	Westfassade, HK
S. 201	Ostfassade, HK
S. 203	Eingangsportikus, Südwest-Ecke, HFM
S. 210/211	Eingangsportikus, HFM
S. 212 o. li.	Nordfassade, HFM
S. 212 o. re.	Seitenwand des Treppenaufgangs, Südfassade, HK
S. 212 u. li.	Brüstungsmauer vor Westfassade, HFM
S. 212 u. re.	Einschußlöcher an Ostseite des zurückgesetzten Attikageschoßes, HFM
S. 213	Sockel des südlichen »Ehrentempels«
S. 217	Westfassade, HK: Sockel und Befestigungspunkte eines nach Kriegsende demontierten Reichsadlers
S. 218	Südlicher Lichthof, HFM
S. 220/221	Brüstungsmauer vor Westfassade, HFM
S. 222	Treppenabgang an Ostfassade, HFM
S. 225	Sockel des nördlichen »Ehrentempels«, im Hintergrund: HFM
S. 226	Arbeitszimmer, Direktion der Staatlichen Antikensammlungen, 2. Obergeschoß, HK
S. 228/229	Treppenaufgang, Nordfassade, HFM
S. 230	Übungszimmer, HFM
S. 232	Herrentoilette im Erdgeschoß, HFM
S. 235	Galerie, 1. Obergeschoß, nördlicher Lichthof, HFM
S. 237	Königsplatz, Blick vom Dach der Propyläen nach Osten
S. 238/239	Übungsraum, Kellergeschoß, HFM, ehemals sogenanntes »Frühstückszimmer« Hitlers
S. 240	Bibliothek, 1. Obergeschoß, HFM
S. 242	Galerie, 1. Obergeschoß, südlicher Lichthof, HK
S. 245	Heute im ehemaligen Bunkertrakt der HFM eingerichtete »Bauernstube«
S. 246/247	Begehbarer unterirdischer Rohrkanal zwischen HFM und HK, Abzweigung links: Gang zum »Braunem Haus« und »Palais Toerring« (ehemalige Bezeichnungen)

Bildlegenden zu den Photographien auf Seite 182–342

S. 248 o.	Toilettenraum im ehemaligen Bunkertrakt, Kellergeschoß, HFM
S. 248 Mi./u.	Ehemaliger Bunkertrakt, Kellergeschoß, HK
S. 249	Ehemaliger Bunkertrakt, Kellergeschoß, HK
S. 250	Wandzeichnung der amerikanischen Besatzer im begehbaren unterirdischen Rohrkanal zwischen HFM und HK
S. 251	Einstiegsluke zum Kellerraum unter Sockel des südlichen »Ehrentempels«
S. 252	Gang, Kellergeschoß, HK
S. 255	Ehemaliger Standort des »Braunen Hauses«, rechts: Südfassade der HFM, im Hintergrund: Propyläen am Königsplatz
S. 256/257	Galerie, 1. Obergeschoß, nördlicher Lichthof, HK
S. 258	Garderobenraum, Erdgeschoß, HFM
S. 261	»Hitler-Adenauer-Büste«, ausgestellt 1993 im südlichen Lichthof, HFM (Photo: Silke Eberspächer)
S. 263	Ehemaliger »Diplomatengang«, heute Lagerraum der »Graphischen Sammlung«
S. 264	Unterirdischer Gang zwischen »Führerbau«, »Braunem Haus« und »Palais Toerring« (ehemalige Bezeichnungen)
S. 265 o.	Unterirdischer Rohrkanal, FHW
S. 265 Mi.	Unterirdischer Rohrkanal zwischen HFM und HK
S. 265 u.	Unterirdischer Gang zwischen »Führerbau«, »Braunem Haus« und »Palais Toerring« (ehemalige Bezeichnungen)
S. 266 o.	Ehemaliger Bunkertrakt, Kellergeschoß, FA
S. 266 Mi.	Ehemaliger Bunkertrakt, Kellergeschoß, FA
S. 266 u.	Ehemaliger Bunkertrakt, Kellergeschoß, HFM
S. 267	Ehemaliger Bunkertrakt, Kellergeschoß, FA
S. 268	Zurückgesetztes Attikageschoß, HFM
S. 273	Westfassade, HFM
S. 277	Nördlicher Portikus, HFM
S. 278	Eingangsportikus, HK
S. 281	Kellerraum unter Sockel des südlichen »Ehrentempels«
S. 282	Tür im ehemaligen Lebensmittellagertrakt, Kellergeschoß, HFM
S. 283	Tür zum ehemaligen Bunkertrakt, Kellergeschoß, HK
S. 284	Ehemaliger Lebensmittellagertrakt, Kellergeschoß, HFM
S. 285	Kellerraum unter Sockel des südlichen »Ehrentempels«
S. 286 o. li.	Klimaanlage, Kellergeschoß, HK
S. 286 o. re.	Mithöranlage im ehemaligen Bunkertrakt, Kellergeschoß, HK
S. 286 u. li.	Klimainstallationen im ehemaligen Bunkertrakt, Kellergeschoß, HK
S. 286 u. re.	Heizungsanlage, Kellergeschoß, HK
S. 287	Treppenaufgang vom ehemaligen »Diplomatengang« zum HK
S. 288/289	Wandzeichnungen der amerikanischen Besatzer im begehbaren unterirdischen Rohrkanal zwischen HFM und HK
S. 290	Fluchttreppe des ehemaligen Bunkertrakts, Kellergeschoß, HFM
S. 291	Ehemaliger Bunkertrakt, Kellergeschoß, HFM
S. 292	Übungsraum Zi. 105, ehemals Arbeitszimmer von Adolf Hitler, Ort des »Münchner Abkommens«, 1. Obergeschoß, HFM
S. 294	Konzert- und Übungsraum, 1. Obergeschoß, HFM
S. 297	Galerie, 1. Obergeschoß, südlicher Lichthof, HFM
S. 298/299	Übungs- und Vorlesungsraum, 1. Obergeschoß, HFM
S. 300	Südlicher Lichthof, HFM
S. 303	Südlicher Lichthof, HK
S. 305	Blick vom ehemaligen Flakturm am FHW
S. 306/307	Ostfassade, HK
S. 308	Ostfassade, HK
S. 311	Galerie, 1. Obergeschoß, nördlicher Lichthof, HFM
S. 313	Galerie, 2. Obergeschoß, HFM
S. 314/315	Galerie, 1. Obergeschoß, nördlicher Lichthof, HFM

S. 316	Südlicher Lichthof, HFM
S. 317	Haupttreppe, südlicher Lichthof, HFM
S. 318	Brüstungsmauer und Sockel des nördlichen »Ehrentempels«, im Hintergrund: Südfassade, HFM
S. 322 o. li.	Sockel des südlichen »Ehrentempels«
S. 322 o. re.	Sockel des nördlichen »Ehrentempels«
S. 322 u. li.	Sockel des südlichen »Ehrentempels«
S. 322 u. re.	Sockel des nördlichen »Ehrentempels«
S. 323	Westfassade, HK
S. 324	Sockel des südlichen »Ehrentempels«, im Hintergrund: HFM
S. 327	Untergeschoß, Treppenabgang zum Kellergeschoß, HFM
S. 328/329	Dachgeschoß, HK
S. 330 o.	Gang, Untergeschoß, HFM
S. 330 Mi.	Gang, 2. Obergeschoß, FA
S. 330 u.	Gang, 2. Obergeschoß, HK
S. 331	Gang, 3. Obergeschoß, FA
S. 332/333	Galerie, 1. Obergeschoß, südlicher Lichthof, HFM
S. 334	Tür zum ehemaligen Bunkertrakt, Kellergeschoß HFM
S. 337	Südlicher Lichthof, HK
S. 340/341	Südfassade, HFM
S. 342	Arbeitszimmer, 2. Obergeschoß; HK

Anmerkung: Die Aufstellung der Gipsabgüsse griechischer und römischer Skulpturen im Haus der Kulturinstitute variiert. Die Exponate stehen auf auf beweglichen Sockeln und werden immer wieder neu gruppiert.

Julian Rosefeldt und Piero Steinle photographierten mit einer Linhof Technorama 612 PCII und einer Zenza Bronica SQ-Ai 6x6. Beide Mittelformatkameras wurden freundlicherweise von der Linhof Präzisions-Kamera-Werke GmbH zur Verfügung gestellt. Die Schwarzweiß-Vergrößerungen wurden hergestellt von Gabriel Kiriakopoulos vom Fotofachlabor Sedan Sieben GmbH München.

Die Photographien entstanden zwischen März und Mai 1995.

Abbildungsnachweis

Photos Julian Rosefeldt:
Seiten 185, 190, 201, 210/211, 212, 213, 217, 220/221, 222, 226, 228/229, 232, 235, 238/239, 240, 245, 246/247, 248, 249, 255, 258, 263, 265, 273, 277, 278, 283, 291, 292, 298/299, 300, 303, 305, 322, 324, 337, 340/341

Photos Piero Steinle:
Seiten 182/183, 188, 191, 192/193, 194, 197, 200, 203, 218, 225, 230, 242, 252, 256/257, 266, 267, 268, 294, 297, 306/307, 308, 311, 313, 314/315, 316, 317, 318, 323, 327, 328/329, 330, 331, 332/333, 342

Photos Julian Rosefeldt/Piero Steinle:
Seiten 237, 250, 251, 264, 281, 282, 284, 285, 286, 287, 288, 289, 290, 334